추천의 글

역사가의 깊이 있는 지식과 현장을 목격한 사람의 놀랄만한 관찰이 버무려진 작품. 무슨 일이 벌어졌는지 생생하고 통찰력 있게 설명한다.

_〈뉴욕타임스〉

복잡한 이야기를 자세하고 매혹적일 뿐 아니라 익숙하게 보이는 사건에 새로운 통찰을 끊임없이 제공하는 짧은 대화와 함께 엮었다.

_〈LA타임스〉

소련의 몰락과 공산주의의 단말마에 관한 수많은 책 중에서 단연 돋보인다.

_〈워싱턴포스트〉

우리 시대의 위대한 이야기를 담은 짜릿한 파노라마다.

_〈샌프란시스코크로니클〉

마이클 돕스만큼 이 이야기를 잘 아는 사람은 없다. 베테랑 기자의 열정과 진정한 역사가의 세심함으로 제국이 붕괴하는 결정적 순간에 초점을 맞춘다. 관련된 모든 기록물을 보고 책에 등장하는 모든 현장을 다녀온 것처럼 보인다.

_데이비드 렘닉, 퓰리처상 수상 작가 겸 〈뉴요커〉 편집장

기자이자 이야기꾼으로서 탁월한 재능만으로도 충분히 흡입력 있는 설명을 한다. 20세기에 벌어진 기념비적 사건의 정치 드라마와 휴먼 드라마가 풍부한 역사서이자, 의미 있는 역사서를 쓰기 위해 한 걸음 더 들어가서 전직 관료의 회고록과 오랫동안 봉인된 기록물을 꼼꼼하게 조사했다.

_데이비드 쉬플러, 퓰리처상 수상 작가

소련 공산주의 붕괴에 관한 역작. 소련 제국의 종말을 주제로 현재까지 연구된 책 중 가장 훌륭한 책일 수도 있다. 시간순으로 구성한 이 책은 직접적이고 생동감 있게 드라마틱한 이야기를 들려줄 뿐 아니라 왜 소련 공산주의가 붕괴했는지에 대한 실질적인 설명을 제공한다.

_〈내셔널인터레스트〉

눈길을 끄는 단편적인 사건들이 페이지를 계속 넘기게 만든다. 1980년대 폴란드, 루마니아, 체코슬로바키아, 동독 등 공산권에서 벌어진 주요 민중 항쟁에 관해 상세하고 다채로운 설명을 한다. 아프가니스탄 전쟁에 관한 흥미로운 역사와 공산당 보수파 관료, KGB, 소련군, 고르바초프의 "개혁파" 사이에서 벌어진 권모술수도 실황 방송을 하듯 담았다.

_〈살롱〉

신랄한 아이러니, 투지 넘치는 주인공, 의미심장한 대립이 가득한 러시아 소설을 닮은, 심장을 두근거리게 만드는 휴먼 드라마. 1988년부터 1993년까지 모스크바 지국장으로 일한 저자는 레흐 바웬사가 주도한 1980년 파업 기간에 그단스크의 레닌조선소 출입을 허락받은 최초의 서방 언론인으로, 베를린 장벽 붕괴와 천안문 광장 학살을 목격하고, 크렘린 정치의 잔혹한 온상에서부터 루마니아의 차디찬 고아원과 우랄산맥의 노동 수용소까지 취재했다.

_〈퍼블리셔스위클리〉

1991

DOWN WITH BIG BROTHER

THE FALL OF THE SOVIET EMPIRE

1991

공산주의 붕괴와 소련 해체의 결정적 순간들

마이클 돕스 지음 | 허승철 옮김

M

그는 다시 노트로 눈길을 돌렸다.

무기력하게 앉아서 생각에 잠긴 동안에도

무의식적으로 글을 쓰고 있다는 것을 깨달았다.

더 이상 알아보기 힘들고 서툰 글씨가 아니었다.

손에 든 펜으로 부드러운 종이 위에서 관능적으로 미끄러지며

크고 깔끔한 대문자로 글을 써내려갔다.

빅브라더를 타도하라

빅브라더를 타도하라

빅브라더를 타도하라

빅브라더를 타도하라

빅브라더를 타도하라

그렇게 몇 번이고 반복하며 반 페이지를 가득 채웠다.

_조지 오웰의 『1984』

서문

1991년 12월 25일 크렘린에 게양된 소련 국기가 내려오면서 소련 시대가 끝났다. 1917년 11월 7일 볼셰비키의 상트페테르부르크 겨울궁전 습격이 소련의 시작을 의미한 것만큼 명백한 신호였다. 하지만 언제 소련이 붕괴하기 시작했는지 확실히 말할 수 있는 사람이 있을까?

1986년 4월 26일 소련 체제의 기술적 무능력을 보여준 체르노빌 원전 사고를 소련 붕괴의 신호탄으로 볼 수 있다. 54세의 미하일 고르바초프가 소련 공산당 서기장이 된 1985년 3월 11일을 또 다른 시작으로 볼 수 있다. 공산정권이 독립적인 자유노조가 노동자를 대표하도록 공식적으로 허용한 1980년 8월 31일을 그 시작으로 봐야 한다는 주장도 그럴듯하다. 스탈린이 사망한 1953년 3월 5일까지 거슬러 올라갈 수도 있다. 니키타 흐루쇼프가 "모든 시대와 민족의 가장 위대한 천재"의 명성을 파괴하기 시작하면서 공산주의 유토피아에 대한 믿음은 점차 시들기 시작했다.

나는 개인적으로 반볼셰비키 혁명이 시작된 날을 1980년 5월 8일로 본다. 그날 처음으로 스탈린 전통을 옹호하는 사람들을 자세히 볼 수 있었다. 그 이전에는 인민의 의지를 실현하도록 역사가 선택한, 무오류의 공산당을 고귀하게 대표하는 인물로 그린 선전도구의 프리즘을 통해서 멀리에서만 그들을 볼 수 있었다. 가까이에서 보니 한나 아렌트가 제3제국 지도자들을 보고 말한 "악의 평범성"이란 표현이 떠올랐다. 그들이 지닌 권위의 궁극적인 바탕인 관료주의적 익명성이라는 아우라가 산산이 부서졌다.

당시 나는 유고슬라비아의 수도 베오그라드에서 살고 있었다. 공산 유고슬라비아의 국부이자 제2차 세계대전의 전설적 인물로는 유일하게 남은 요시프 브로즈 티토가 막 사망한 시점이었다. 장례식날 유고슬라비아의 수도는 외국에서 온 고위급 조문객으로 넘쳐났다. 소련이 아프가니스탄을 침공한 지 다섯 달도 채 지나지 않은 때라서 레오니트 브레즈네프와 악수하는 모습을 보이기 싫었던 지미 카터 미국 대통령을 제외하고 알만한 인물들은 모두 있었다. 공산권 국가들은 최고위급 지도자가 참석했다. 그중에는 신격화된 북한 김일성과 20세기 가장 악명 높은 대량 학살자인 캄보디아의 폴 포트도 있었다.

나는 보안이 허술한 틈을 타서 기자증만 보여주고 VIP 구역에 들어갈 수 있었다. 그러고는 약 30분간 그 자리에 모인 마르크스-레닌주의 고위 성직자들과 잡담을 나누며 어울렸다. VIP 구역의 한쪽 구석에는 베를린 장벽을 쌓은 장본인과 '프라하의 봄' 당시 장례를 주관한 인물들(동독의 에리히 호네커와 체코슬로바키아의 후사크 - 옮긴이)이 농담을 주고받고 있었는데, 두 사람은 마치 국가 탄압을 상징하는 거대한 기계의 두 톱니바퀴처럼 보였다. 몇 발 떨어진 곳에서는 불가리아 대통령이 손님을 즐겁게 하려고 안달이 난 웨이터처럼 다른 지도자들과 소란스럽게 떠들고 있었다. 티토가 누워 있는 관을 보기 위해 줄을 서는 동안에는 자칭 "카르파티아의 천재"라는 지도자의 멍하고 사악한 눈을 나도 모르게 응시했다. 니콜라에 차우셰스쿠 루마니아 대통령은 그때껏 내가 본 사람 중 가장 기분 나쁜 얼굴을 하고 있었다. 날카롭고 긴 코 주변에 검은 주름이 깊게 파였고, 이마가 넓었으며 회색 곱슬머리였다. 대개 이런저런 "위대한 지도자"를 둘러싼 우상 숭배가 기괴하게 전개될수록 그 수혜자는 별 볼 일이 없기 마련이다.

모여 있는 사람들 중앙에는 속국의 왕에게 문안 인사를 받는 중세의 황제처럼 '빅브라더'가 앉아 있었다. 브레즈네프는 주변에서 벌어지는 일에 집중하는 것이 힘들어 보였다. 얼굴은 부어 있었고 아이가 유모에게 매달리듯 자신에게 없어서는 안 될 안드레이 그로미코 외무부 장관과 붙어 있었다. 그로미코 장관이 잠시 자리를 비웠을 때는 눈에 띌 정도로 허둥지둥거리며 "안드레이 안드레예비치 어디 갔지"라고 중얼거렸다. 브레즈네프는 아첨꾼들에게 에워싸였다. 방글라데시 대통령은 "평화를 위해 애써주셔서 감사합니다"라며 머리가 카펫에 닿는 듯한 자세로 아양을 떨었다. 브레즈네프는 넓은 눈썹을 치켜들며 쉰 목소리로 말했다.

"최선을 다하고 있소. 평화를 위한 부생이라면 무슨 일이든 할 것이오."

한낮이 되자 인구 150만 명의 도시 베오그라드는 1945년부터 유고슬라비아를 통치한 사람에게 조의를 표하기 위해 침묵에 잠겼다. 여느 때 같으면 소란했을 도시에서 시계 괘종소리와 새들이 재잘거리는 소리만 들렸다. 갑자기 공장의 사이렌 소리와 인근의 다뉴브강과 사바강에 정박한 선박의 뱃고동 소리가 침묵을 깼다. 군악대가 느린 장송행진곡을 연주하기 시작했다. 유고슬라비아 의회 건물 계단에 최고사령관의 수많은 훈장을 든 장군 8명이 나타났다. 유고 연방의 다양한 민족을 대표한 이 장군들은 새 집단 대통령제를 이끌어 갈 정치적 후계자로서 티토의 관을 운구했다. 나중에 아무 소용 없게 되지만 티토는 어느 한 사람이 자신을 대신하지 못하게 만들었다. 각자가 다른 위원의 결정을 비토할 수 있는 위원회가 승계하도록 한 것이다. 이런 처방은 우선은 국정 마비를 가져왔고 나중에는 내란을 촉발했다.

장례 행렬이 사바강이 내려다보이는 티토가 살던 곳에 다다르자 군악대가 세계 공산당 운동을 상징하는 노래인 〈인터내셔널가〉를 연주하기 시작했다. 관이 지하 묘지로 하관되고 "요시프 브로즈 티토 1892~1980"이라는 금박 글자가 새겨진 대리석 덮개로 봉인되었다. 집단 대통령제의 정치적 비중이 없는 인물들이 거만하게 느린 걸음으로 나갔다. 왕과 왕자들, 대통령과 수상, 영원히 존속될 것처럼 보였지만 이제 곧 무너질 세계 질서의 기둥인 공산당 서기장들과 제3세계 독재자들이 그 뒤를 따라 걸었다.

1980년 이전에 공산 세계에서 취재를 하는 것은 외향적인 일과 거리가 멀었다. 일단 취재원이 서방 외교관, 공식 선전원, 몇 안 되는 용감한 반체제 인사로 제한되었다. 일반 시민과 솔직한 대화를 나누는 일은 사실상 불가능했다. 정부에서 보낸 인솔자 없이는 공장조차 일절 접근할 수 없었다. 검열이 아주 엄격해서 시위가 끝난 지 한참 지난 뒤에야 소식을 들을 수 있었다. 우리가 할 수 있는 일은 조각조각 나뉜 정보로 사회 전체에 대한 통일된 그림을 그리는 것이었다. 마치 엄청나게 큰 퍼즐을 조각 수백 개를 잃어버린 상태에서 맞추는 것과 같았다.

이런 정적인 생활 방식은 말 그대로 하루아침에 사라졌다. 티토의 장례식에서 폴란드 지도자 에드바르트 기에레크를 우연히 만난 지 몇 달 지나지 않아 기에레크의 실각 소식을 특보로 타전했다. 얼마 안 가 파업, 단식 투쟁, 쿠데타, 전쟁, 유럽의 지도를 새로 그리는 일을 취재하게 되었다. 나는 소련 주재 〈워싱턴포스트〉 특파원으로서 동유럽을 시작으로 소련으로 이어진 "세계를 뒤흔든 10년"을 명당자리에서 지켜볼 수 있었다. 실제로 나와 내 동료들은 작게나마 혁명의 일부가 되었다. 우리가 작성한 보도는 일당 체제의 정보 독점을 뚫고 서방 라디오 방송국을 통해 공산권으로 재전파되었다.

나는 해체 중인 공산 세계를 돌아다녔고 베를린 장벽에서 천안문 광장까지, 적도의 니카라과에서 바람이 몰아치는 사할린섬까지 갔다. 부쿠레슈티의 꽁꽁 얼어붙을 정도로 추운 고아원부터 크렘린의 핵심 권력층이 있는 곳까지 그 이전에는 가볼 생각조차 하지 못한 지역을 방문했다. 모스크바의 KGB 본부 주변을 거닐고, 원전 폭발이 일어난 곳을 조사하고, 한때 우아했던 트빌리시와 부코바르 같은 도시의 폐허를 돌아다녔다. 운 좋게 안드레이 사하로프를 비롯하여 미하일 고르바초프에 이르기까지 공산주의 붕괴의 주연을 맡은 인물 대부분을 만날 수 있었다. 1980년 8월에는 당시만 해도 무명이었던 레흐 바웬사가 주도한 그단스크 레닌조선소 총파업 현장을 서방 기자로는 최초로 취재했다. 10년 후 보리스 옐친은 공산주의자들이 일으킨 쿠데타에 대항하기 위해 러시아 의회 앞에 있는 탱크에 뛰어올랐는데, 옐친 바로 앞에 있던 100여 명의 러시아 군중 사이에 나도 서 있었다.

원래 볼셰비키 혁명이 그랬듯이 공산주의 제국의 해체도 위대한 휴먼 드라마였
다. 공산국가에 살지는 않았더라도 냉전의 영향권에 있던 사람들을 포함해서 수
백만 명의 운명을 바꾼 사건이었다. 일부는 영감을 받아 위대한 행동에 나섰고,
일부는 죽음으로 내몰렸다. 10년간 희곡작가의 건기공은 대통령으로, 반체제 인
사는 수상으로 마술처럼 탈바꿈했다. 마르크스주의자는 민족주의자로 바뀌었고,
공산당 서기장들은 감옥을 제집 드나들듯 했다. 한 세대 동안 외교관과 정치인의
생각을 형성한 전략적 가정이 뒤집혔다. 초강대국 하나가 사라지고 새로운 민족
국가 20개가 UN에 가입했다. '체크포인트 찰리'와 '닥터 스트레인지러브'로 상
징된, 익숙하고 화석처럼 굳어진 듯 보인 냉전 세계가 영원히 사라져버렸다.

　　20세기 내내 공산주의가 긴 그림자를 드리웠던 만큼, 유토피아에서 진행된
실험이 실패한 결과는 다음 세기까지 파장을 미칠 것이다. 핵전쟁의 위협, 환경
재앙, 대규모 전쟁, 마피아 국가의 부상 등 인류의 미래를 위협할 수 있는 여러 재
앙 시나리오가 과거 공산 세계에서 비롯되었다. 포스트공산주의 사회를 현대 세
계와 통합하는 일은 오늘날 국제 사회가 직면한 가장 큰 도전일 것이다.

　　이런 난제를 풀기 위해 우선 어떻게 그런 문제가 시작되었는지 이해해야 한
다. 동유럽과 구소련을 휩쓴 격변은 전체주의 이념의 해체를 반영한다. 초기 민
족주의가 폭발한 것은 노멘클라투라(소련의 특권 계급 - 옮긴이)의 권력과 특권 유
지 시도에 그 뿌리가 있다. 러시아에서 경제 개혁이 중단된 것은 대체로 소련 경
제의 비효율적인 구조에서 비롯됐으며 군산복합체가 국가 자원의 대부분을 집어
삼켰기 때문이다. 신흥 부르주아의 흉악한 자본주의와 마피아식 사고는 공산주
의 체제의 조직적인 부패로 거슬러 올라갈 수 있다.

　　전체주의 지배체제라는 유령을 몰아내기 위해서는 적어도 한 세대, 어쩌면
두세 세대가 지나야 할 것이다. 광활한 유라시아 대륙의 강과 초원은 공산주의
지도자들의 자의적이고 무책임한 결정 때문에 발생한 원전 사고의 낙진으로 수

십 년간 오염된 상태로 남을 것이다. 베를린 장벽은 하루아침에 무너졌지만, 동유럽 주민들이 새로운 유럽의 시민으로 받아들여지기까지 많은 세월이 필요할 것이다. 차우셰스쿠의 기괴한 사회 정책으로 탄생한 루마니아 고아원의 고아 수만 명은 육체적으로나 정신적으로 성장을 저해당한 채 자랄 것이다. 세르비아인과 크로아티아인, 아르메니아인과 아제르바이잔인, 러시아인과 체첸인 사이의 민족 분쟁은 여러 세대에 걸쳐 학살과, 그에 따른 보복 차원의 학살을 초래할 것이다.

빅브라더가 죽었을지라도, 공산주의라는 유령은 앞으로 수십 년 동안 우리 앞에 출몰할 것이다.

차례

제1부

프롤레타리아의 반란

REVOLT OF THE PROLES

희망이 있다면, 프롤레타리아에게 있다.
_조지 오웰, 『1984』

자유와 민주주의의 행진은
마르크스-레닌주의를 역사의 잿더미 위에 남겨둘 것이다.
_로널드 레이건

1장

자레체

1979년 12월 26일

검정 질ZIL 리무진이 온통 얼어붙은 모스크바강을 가로질러 화려한 웨딩케이크 모양의 우크라이나 호텔을 지나 쿠투조프 대로의 곧고 넓게 트인 지역을 질주했다. 경찰들은 영하 10도에 가까운 강추위를 견디기 위해 겨울용 롱코트를 껴입은 채 흰색 경광봉을 정신없이 흔들며 다른 차량을 도로 가장자리로 이동하게 했다. 사복 보안요원들은 인도를 따라 어슬렁거리며 사람들이 혹시 수상한 행동을 하는 징후가 있는지 살폈다. 차창을 빈틈없이 가린 흰색 커튼과 육중한 방탄 장갑이 황량한 겨울 모스크바의 회갈색 눈덩이를 피해 조심스레 걷는 보행자들의 호기심 어린 시선을 가리며 서둘러 이동하는 리무진의 탑승자를 보이지 않게 했다.[1]

리무진에 탄 사람들은 소련 공산당 중앙위원회 정치국원으로서 크렘린 내부 엘리트에 속했다. 이들이 무표정하게 아래를 내려다보는 얼굴은 소련 전역의 광고판에 걸렸다. 이들의 따분한 연설문은 소련 서부 칼리닌그라드에서 동부 하바롭스크까지 곳곳의 책방을 채웠다. 시골 별장, 포르노 영화, 재단사가 만든 옷, 최고 수준의 의료서비스를 포함하여 이들이 필요로 하는 모든 것들은 KGB 제9국이 제공했다. 이들은 강력한 선전도구와 곳곳에 존재하는 정보기관에 의해 극진한 보좌를 받은 덕분에 여론조사, 항의 시위, 적대적인 언론을 포함해 서방 정치인들이 매일 겪는 스트레스에서도 자유로웠다. 이들은 절대 오류를 범하지 않는 당의 얼굴 없는 대표들이었다.

크렘린에서 방사형으로 뻗은 12개 도로 중 하나인 쿠투조프 대로의 모든 신호등은 파란불 상태였다. 스탈린이 모스크바로 들어가는 관문으로 설계한 쿠투조프 대로는 민스크, 바르샤바, 베를린과 직접 이어졌고 도로 양편으로 당 고위 간부용 고급 아파트가 늘어서 있었다. 러시아를 침공할 때 쿠투조프 대로를 이용했던 나폴레옹과 히틀러는 광활한 러시아 대지와 혹독한 겨울에 운명적 도박을 걸었다가 모든 것을 잃었다. 질 리무진은 경찰차의 경호를 받으며 모스크바 시민들이 당 지도자를 칭하는 말인 '왕솔방울big pine cone'을 위해 늘 비워둔 차선을 고수하며 시속 120킬로미터로 달렸다. 차량 행렬은 1812년 쿠투조프 장군이 나폴레옹을 격파한 것을 기념하는 개선문을 몇백 미터 지난 뒤 시경계에 다다랐다.

1970년대 모스크바는 주변의 거대한 소나무 숲을 삼키며 크게 영역을 넓혔고, 굽이굽이 흐르는 모스크바강이 있는 서쪽 지역을 빼고 모든 방향으로 확장했다. 이 지역은 수양버들 나무가 물결치는 아담한 언덕과 그림책에 나올듯한 마을 사이에 숨은 지배층의 휴양지였다. 미로처럼 복잡하게 얽힌 관료주의를 통제하기 위해 스탈린이 만든 정교한 상벌체계에서 이런 전원주택은 가장 큰 보상이었다. 정부 각료, 핵 과학자, 수석 무용수, 군 장성을 포함한 소련의 엘리트층에 '다차'로 불린 이런 별장은 휴식처일 뿐 아니라, 환경 오염과 늘 감시받는 데 따른 편집증에 시달리며 생활하는 모스크바의 억압적 분위기에서 벗어날 수 있는 곳이기도 했다.

짐 리무진 차량 행렬은 왼쪽으로 방향을 튼 뒤 출입금지 표시판 몇 개를 무시하며 완벽하게 관리된 시골길로 들어섰고, 이 길은 눈 덮인 숲으로 이어졌다. 차량 행렬은 꽁꽁 언 세툰강의 둑을 따라 달리다가 높이 3미터의 나무 울타리로 둘러싸인 사유지로 들어섰다. 모스크바 중심지를 떠난 지 약 20분 만에 신고전주의 양식을 흉내 낸 궁전 앞에 멈춰 선 것이다. 소련 지도자들이 좋아하는 화려한 부르주아 스타일로 장식된 궁전은 업무용 건물과 박물관을 합쳐 놓은 듯한 모습이었다. 궁전에는 실내외 수영장, 테니스장, 개인 영화관이 마련되어 있었다.[2] 커튼이 처진 리무진 탑승자들이 이곳에 온 목적은 공산당 중앙위원회 서기장에게 아프가니스탄 침공 계획을 보고하기 위해서였다.

부은 얼굴, 양피지색 피부, 멍하고 생기 없는 눈을 보면 짐작하기가 어렵지만 레오니트 일리치 브레즈네프는 한때 활기차고 사교적인 정치인이었다. 브레즈네프는 공식 교육을 거의 받지 못했고, 실제로 평생 거의 책을 읽지 않았다. 사냥하고 경주용 차를 몰고 TV로 아이스하키 경기를 관람하는 것이 가장 큰 취미였다. 서류를 들여다보는 데에는 별로 관심이 없고 대중연설도 시원찮았다. 하지만 볼셰비키 용어로 말하면 "당관료를 잘 다루었고" 자기관리도 잘했다. 브레즈네프의 지적 한계는 권력과 정치적 후원을 활용하는 능력과 동료 정치국원과 연대를 형성하는 재능으로 상쇄되었다. 누구에게 아첨하고, 누구를 조종하고, 누구에게 뇌물을 바치고, 필요한 경우에는 누구를 짓밟아야 하는지를 본능적으로 알아채는 능력을 통해 소련 관료제라는 사다리의 가장 높은 곳에 오른 것이다.

정치국의 동료들은 늘 브레즈네프를 과소평가했다. 이들이 1964년 실각한 니키타 흐루쇼프 후임으로 브레즈네프를 뽑은 주요 이유 중 하나는, 강력하고 카리스마 있는 지도자에 신물이 났기 때문이다. 마음대로 주무를 수 있는 과도기적 지도자를 원했고, 대세에 따라 자기 의견을 바꾸는 능력이 뛰어나서 "발레리나"라는 별명이 붙은 브레즈네프가 안성맞춤으로 보였다. 새 지도자가 흐루쇼프보다는 느긋하고, 당 조직을 뒤흔든 소동을 끝내리라는 그들의 생각은 맞아떨어졌지만 브레즈네프의 버티기 능력을 오판했다. 브레즈네프는 더 오래 살아남아서 노련하게 이들 모두를 압도했다.

브레즈네프는 집권 16년차에 들어서면서 신격화된 존재인 동시에 국가적 광대가 되었다. 브레즈네프를 둘러싼 우상화가 지나친 나머지 비웃음을 살 정도에 이른 것이다. 관영 매체는 73세의 노쇠한 지도자를 현명하고 혜안이 있는 정치인으로 묘사하는 데 만족하지 않고, 뛰어난 군사전략가이자 출중한 학자이자 걸출한 현대 사상가라고 선전했다. 선전선동가들은 브레즈네프를 소련을 창설한 블라디미르 일리치 레닌에 비유했다. 브레즈네프는 000002번 당원증을 자랑스럽게 소유했다. (000001번 당원증은 죽은 레닌을 위해 남겨두었다.)

브레즈네프는 점점 더 노쇠해지고 노망이 들수록 더 많은 영예와 포상을 받았다. 죽음을 앞둔 시점에는 레닌, 스탈린, 흐루쇼프가 받은 상을 다 합친 것보다 더 많은 상을 받았다. 제2차 세계대전 중 딱히 눈에 띄지 않은 브레즈네프의 전공을 나치 독일을 물리치는 데 결정적으로 기여한 것으로 바꾸기 위해 역사책을 수정했다. 자화자찬으로 가득하고 누군가 대필한 브레즈네프의 제2차 세계대전 회고록『작은 땅 *Malaya Zemlya*』은 소련 비평가들에 의해 대작으로 칭송받아 수백만 부가 인쇄되었다. 이 책은 라디오와 TV에서 낭독되었고 잡지에 연재되었으며 학교와 당 모임에서는 "학습"되었다.

이 모든 소동은 일반 소련 국민 사이에서 엄청난 웃음거리였다. 사람들은 공적인 모임에서 브레즈네프의 정치적 결단을 지지하는 결의를 하고 탄생일을 축하하는 행사를 열며 공식적으로 연출된 찬양을 했다. 하지만 집에 돌아가서는 형편없는 러시아어 구사력과 자아도취적인 버릇에 대해 조롱을 퍼부었다. 1978년 회고록이 나온 뒤 자레체 주민들은 담벼락으로 둘러싸인 브레즈네프의 관저를 "작은 땅"이라고 불렀다.[3]

브레즈네프의 말과 행동은 신문의 1면을 장식했지만, 브레즈네프는 대개 하루에 한두 시간밖에 일하지 않았다. 1970년대 후반 막강한 강대국이 된 소련의 국사를 돌보는 것은 둘째 치고 자기 몸도 추스르기 힘든 상태가 되었다. 정치국 회의도 15분이나 20분으로 줄였다. 브레즈네프는 모스크바에 있는 자택이나 크렘린 집무실에 거의 들르지 않았다. 자레체의 다차에 몇 주씩 칩거하거나, 모스크바강과 오카강이 만나는 지점인 자비도보의 사냥용 별장에 머물렀다. 가족 관계는 브레즈네프에게 짐이 되었다. 불량기 많은 딸 갈리나는 흥청망청한 생활과 미심쩍은 서커스 단원들과의 스캔들로 모스크바를 떠들썩하게 했다. 사위인 유리 추르바노프는 우즈베키스탄 목화 마피아의 얼굴마담이 되었다. 브레즈네프는 서재에 몇 시간이고 틀어박혀서 개인 경호원이자 오랜 전우인 알렉산드르 랴벤코와 체스나 도미노 게임을 하며 시간을 보냈다.

브레즈네프의 정확한 건강 상태는 크렘린이 가장 철저하게 감추는 비밀이었다. 비틀거리며 걷거나 발음이 새거나 멍한 표정을 짓는 걸 본 사람은 중병을 앓고 있다는 사실을 모를 리가 없었다. 정치국 내 원로

3~4명, 의사 몇 명, 경호원, 일부 친척만이 브레즈네프가 육체적으로나 정신적으로 얼마나 병들었는지 알았다. 브레즈네프가 뇌경색으로 가벼운 뇌출혈을 몇 번 겪은 1974년 이후 세계에서 가장 큰 나라가 제대로 된 지도자가 없는 상태라는 것은 분명한 사실이었다.[4]

브레즈네프는 뇌혈관이 경색되고 막히면서 여러 신체적 기능을 상실했다. 의사들은 중추 신경계 손상으로 인해 환자의 성격이 충격적일 정도로 되돌릴 수 없게 바뀐 것을 확인했다. 한때 쾌활하고 소탈했던 브레즈네프는 자기 행동을 비판적인 눈으로 바라보는 능력을 상실했다. 때로는 갑자기 아주 우울해 하거나 사소한 일에 눈물을 쏟았다. 어떤 때는 과대망상에 사로잡혀 관영 매체에 실린 자신에 대한 아부성 기사를 큰 소리로 읽었다. 두 번째 유아기로 접어든 뒤에는 속도가 빠른 자동차에 푹 빠졌다. 자신을 죽음으로 내몰 정도로 위험하게 차를 몬 적이 여러 번 있고, 여름 별장이 있는 크림반도의 산악도로에서는 경호원들이 기겁할 정도로 절벽 가까이 차를 몰았다.[5] 브레즈네프의 망상은 그가 소련 국민이 사랑하는 아버지일 뿐 아니라, 뛰어난 운전사라고 아첨하는 수행원들 때문에 더 심해졌다.

보통의 경우라면 중증이기는 해도 치료가 가능했을 브레즈네프의 병은 수면제와 처방약 중독으로 아주 심각해졌다. 브레즈네프는 오랫동안 만성 불면증에 시달렸다. 보좌관과 측근들은 강력한 신경안정제를 계속 제공했고, 브레즈네프는 즐겨 마시는 폴란드 보드카인 주브루프카와 함께 신경안정제를 복용했다. 1970년대 중반에는 KGB 간호사에 빠져 지냈는데, 그 간호사는 의사 모르게 다량의 약을 지속적으로 브레즈네프에게 제공했다. 간호사가 제공한 진정제는 신경계를 더 약하게 만들어서 브레즈네프를 무기력하게 만들고 치매 증상도 가져왔다. 결국 이런 상태는 불면증도 악화시켜 악순환이 반복되었다.

의사들과 경호원들은 서기장을 잘못된 습관에서 벗어나게 하려고 작은 속임수를 썼다. 주브루프카에 끓인 물을 타서 준 것이다. 브레즈네프는 보드카 잔을 바라보면서 "보드카가 뭔가 이상해"라며 불평했다, 어떤 때는 가짜 수면제를 주기도 했다. 이런 속임수의 문제는 브레즈네프가 진짜 약과 가짜 약을 구별하지 못한다는 것이었다. 브레즈네프는 어떻게든 잠을 청하려고 점점 더 많은 수면제를 삼켰다. 경호원들은 결국 브레즈네프가 자신이 한 행동으로 죽을까 봐 염려했다.[6]

브레즈네프가 대중 앞에 설 때는 엄청난 준비가 필요했다. 붉은광장에 있는 레닌 묘의 계단이나 전용기에 올라갈 수 있도록 특별히 설계한 에스컬레이터가 마련되었다. 정치국의 연설문 담당자들에게는 발음하기 힘든 긴 단어를 사용하지 말라는 지시가 떨어졌다. 응급처치팀이 항상 따라 다녔고, 브레즈네프가 머무는 곳마다 특수 의료기기가 설치되었다. 의사들에게는 브레즈네프가 행사에서 맡은 일을 제대로 할 수 있게 모든 수단을 동원하라고 엄명이 내려졌다. 나중에 크렘린 의료 책임자인 예브게니 차조프는 브레즈네프의 건강 상태를 숨기려는 시도가 "위선적"일 뿐 아니라 "가학적"이었다고 불평했다.[7]

브레즈네프가 연설할 때면 언제 연단에서 쓰러질지 알 수 없었다. 1979년 10월 차조프는 독일민주공화국(동독) 수립 30주년 기념식에 브레즈네프를 수행했다. 브레즈네프의 독일 방문은 만성 피로가 심해져서 다리의 감각을 잃는 바람에 거의 재앙으로 끝났다. 동독 의회의 특별 총회 한 시간 전에 경호원들은 브레즈네프를 숙소에서 간신히 끌어냈다. 브레즈네프는 연설할 시간이 되었을 때도 의자에서 일어날 수가 없었다. 폴란드의 에드바르트 기에레크와 동독의 에리히 호네커가 브레즈네프의 팔목을 부축해서 연단으로 끌고 가는 동안 차조프는 행사장 구석에 겁에 질린 채 앉아 있었다. 브레즈네프는 서방 기자들이 자

신의 건강 상태를 눈치채지 못하게 35분 연설을 거친 숨을 몰아쉬며 기적적으로 마쳤다.[8]

모든 행사가 끝났을 때 소련 외무부는 기에레크 서기장이 브레즈네프를 동독 의회 연단으로 걸어 나가게 도와준 "비우호적인 행동"에 대해 폴란드에 정식으로 항의했다. 이 항의문에 따르면 그런 행동은 브레즈네프 동지가 "노쇠하다"라는 잘못된 인상을 심어주었다. 나중에 차조프는 "감사" 표시를 하는 것이 제대로 된 조치였다며 "브레즈네프가 다른 사람 도움 없이 의자에서 일어날 수 있을지조차 확신할 수 없었다"고 덧붙였다.[9]

1906년에 태어난 브레즈네프는 사실상 자체적으로 나라를 지킬 수 없던 약소국 러시아가 전 세계가 두려워하고 경외하는 초강대국으로 바뀌는 과정을 목격했다. 볼셰비키는 1917년 정권을 잡은 직후, 브레스트-리토프스크 조약에 따라 러시아의 도시 인구 3분의 1이 사는 지역을 독일에 넘겨주어야 했다. 1945년에는 잃었던 모든 영토를 되찾았을 뿐 아니라, 중동부 유럽의 광대한 지역에 대한 지배권을 얻었다. 제2차 세계대전에서 승리한 뒤에는 슬라브 중심지역의 서쪽 경계에 약 800킬로미터에 달하는 완충 지역을 얻을 수 있었다. 제3제국을 상대로 승리한 미군과 소련군은 엘베강에서 합류했는데, 소련 수뇌부는 이 지점을 소련의 진짜 서쪽 경계선으로 보았다. 그렇게 되면 러시아 차르들이 꿈꿨던 영토를 훨씬 넘어서는 제국이 형성될 터였다.

소련 제국은 어머니 러시아(mother Russia : 러시아인들이 자국을 통상적으로 부르는 명칭 - 옮긴이)에서 바깥쪽으로 뻗어 나가는 동심원 고리 형태로 형성되었다. 내부 제국inner empire은 우크라이나인, 조지아인, 발트3국인, 우즈베크인, 카자흐인, 아르메니아인처럼 소련 제국에 병합된 민족들

제1부 프롤레타리아의 반란

로 이루어졌다. 다음 동심원은 동유럽의 폴란드, 동독, 헝가리 같은 '인민민주주의' 국가로 이루어졌다. 외곽 제국outer empire은 니카라과, 앙골라, 아프가니스탄처럼 제국주의의 족쇄를 벗어났지만 아직 '진정한 사회주의' 단계에는 두달하지 못한 국가들을 포함했다. 소련 붕기 전 마지막 10년만 해도 소련과 미국 전문가 모두 12개 나라 이상에서 마르크스-레닌주의 정당이 권력을 잡아서 전 세계적인 '힘의 상관관계'가 사회주의 쪽으로 거침없이 이동한다고 판단했다.

전략적으로도 전 세계 세력 균형은 모스크바에 유리한 쪽으로 기우는 것처럼 보였다. 지난 20년 간 소련은 대규모 군비 구축에 착수했다. 브레즈네프가 권좌에 올랐을 때만 해도 소련이 열세였지만 나중에는 전략적으로나 지정학적으로 미국과 대등해졌다. 전차와 지상 발사 미사일 등 일부 분야에서는 상당한 우위를 누렸다. 장거리 핵미사일 6000기가 항시 대기 상태에 있어서 버튼만 누르면 워싱턴, 시카고, 뉴욕, LA를 지도에서 지워버릴 수 있었다. 중거리 미사일 수백 기는 런던, 프랑크푸르트, 파리 같은 서유럽 도시를 겨냥하고 있었다.

브레즈네프는 이런 유산을 고스란히 지켜내서 후계자들에게 물려주는 것을 자신의 의무로 여겼고, 한 번 정복한 영토는 절대로 양도하지 않는다는 차르 시대의 원칙을 바탕으로 행동했다. 한 발짝도 물러서지 않는다는 차르의 원칙을 과학적 사회주의의 딱딱한 전문용어로 말하면 '역사의 불가역성'이었다. 한 국가가 역사의 한 단계에서 다음 단계로 진보하면, 즉 봉건주의에서 자본주의로 혹은 자본주의에서 사회주의로 나아가면 되돌릴 수 없다는 것이다. 사회주의에서 자본주의로 되돌아갈 가능성을 주장하는 것은 마르크스주의 변증법의 모든 기반에 의문을 제기하는 것이다.

개인적으로 브레즈네프는 외교정책의 목표에 대해 아주 솔직할 수 있었다. 1968년 8월 소련의 프라하 침공 후 알렉산데르 둡체크를 비롯한 체코슬로바키아의 개혁가들을 체포해서 모스크바로 압송했을 때, 브레즈네프는 현실정치realpolitik를 바탕으로 다음과 같이 둡체크에게 냉혹한 교훈을 주었다.

"제2차 세계대전의 결과는 불가침의 영역이고, 새로운 전쟁 위험이라는 대가를 치르더라도 지켜낼 것이오."[10]

체코슬로바키아의 "인간의 얼굴을 한 사회주의" 실험을 무자비하게 진압하고 10년 뒤, 소련 체제는 그대로였고 변할 것 같지도 않아 보였다. 국제 질서에도 유사한 불변성이 있었다. 세계는 이념적으로 서로 대립하는 두 진영으로 완전히 분리된 것 같았다. 핵 위협의 균형으로 억제된 양 진영은 상대 진영에 대한 승리를 보장할 수단이 없었다.

실상을 보면 소련 사회와 경제는 상상 이상으로 불안정했다. 멍하게 쳐다보거나 비틀거리며 걷는 브레즈네프는 되돌릴 수 없는 쇠락의 길에 들어선 거대한 다민족 제국의 상징적 얼굴이었다. 1979년 가을 소련은 이미 동맥경화증에 시달리는 거인과 같은 상태였다. 관료주의라는 동맥이 쭈글쭈글해지고 단단히 굳어버린 것이다. 수십 년에 걸친 이념적 세뇌, 좀 더 단순히 얘기해서 수십 년간 계속된 기만은 전면적인 냉소주의 분위기를 만들어 냈다. 정부의 포고령은 발표되자마자 잊혔다. 거창한 정책을 발표해도 절대 실현되는 법이 없었다. 통계도 아무런 의미가 없었다. 브레즈네프 정권 말기의 초현실적인 분위기에서 정부는 가상의 공장과 존재하지 않는 철도 건설에 천문학적인 예산을 할당했다. 중앙아시아 우즈베키스탄공화국의 지도자들이 일상적으로 목화 수확량을 허위로 모스크바에 보고하고 배당금을 자기들끼리 나누어 먹은 사실이 몇 년 후 드러나기도 했다.

지도부가 가장 중요하게 생각하는 군산복합 산업도 다른 경제 부문

을 갉아먹는 해악으로부터 자유롭지 못했다. 소련은 전차, 미사일, 군
병력에서 미국을 앞섰을 수 있지만 훨씬 중요한 경쟁에서 지고 있었다.
군 수뇌부는 서방에서 개발 중인 정교한 무기에 대항할 수 있는 '스마
트 무기'가 부족한 현실에 대해 우려의 목소리를 내기 시작했다. 미국
의 일부 공식 연구는 소련이 크루즈 미사일이나 대잠수함 무기 등의 일
부 핵심 군사 기술에서 미국을 앞서거나 미국을 따라잡고 있다고 평가
했지만, 소련 과학자들은 그런 분석이 사실과 거리가 있다는 것을 잘
알았다.[11] 소련은 서방 세계를 변화시키는 기술혁명에서 완전히 낙오될
위험에 처해 있었다.

　　내부에서 쇄신 에너지를 끌어모을 수 없던 소련 지도부는 외적 팽
창을 통해 정당성을 얻으려 했지만 이념의 인질이 되고 말았다. 역사의
불가역성이라는 원칙은 아무리 쓸모없고 아무리 비용이 많이 들더라
도 제국의 어느 한 부분도 양보할 수 없다는 것을 의미했다. 브레즈네
프는 국제적 영향력을 추구하면서 현실정치의 핵심 교훈 중 하나를 망
각했다. 언제 멈춰야 하는지 몰랐던 것이다. 스탈린 정권의 외무부 장
관이었던 뱌체슬라프 몰로토프의 말을 빌리면 "모든 것에 한계가 있다
는 것을 알아야 한다. 안 그러면 숨이 막혀 죽을 수" 있었다.[12]

　　소련 최고위층이 당면한 위기는 몇 달간 심화됐다. 1978년 4월 아
프가니스탄에서 소수의 급진적 지식인 그룹과 좌파 장교들이 권력을
장악해서 사회주의 정권 수립을 선언했다. 아프가니스탄은 소련의 남
부 국경에 자리 잡은 인구 1500만 명의 산악 국가였다. 크렘린 지도자
들은 로이터 통신 속보로 쿠데타 소식을 접했지만 아프가니스탄 지도
자들을 "동지"라고 부르기 시작했다.[13] 좌파 쿠데타의 성공에 흥분한
이념가들은 아프간 "혁명"을 제국주의 세력에 대한 또 다른 승리로 추

켜세웠다. 한 당관료apparatchik는 다음과 같이 열성적으로 선전했다.

"오늘날, 전 세계에 사회주의로 전환할 준비가 되지 않은 국가는 하나도 없다."[14]

씨족 중심의 정치 구조, 거의 중세와 같은 생활양식, 90퍼센트에 달하는 문맹률을 가진 아프가니스탄은 노동자 천국으로 적당한 후보국가와는 거리가 있어 보였다. 수도 카불에 붉은 기를 올린 지 18개월 만에 "혁명"은 좌초될 상황에 처했다. 이슬람 성직자들은 무신론자인 공산주의자들에 대항해 "성전"을 선언했다. 반정부 게릴라가 농촌과 일부 대도시를 장악했고 정부군은 와해되었다. 스스로 "4월 혁명의 위대한 지도자"라고 선언한 이상주의적 마르크스주의 이론가인 누르 무함마드 타라키는 여러 차례 소련에 지원을 요청했다.

브레즈네프는 전차, 헬리콥터, 군사고문단 등 타라키가 원하는 대부분을 지원했지만 아프간 내전에 직접 관여하는 일에는 확실히 선을 그었다. 1978년 9월 초 브레즈네프는 크렘린에서 열린 공식 행사에서 타라키를 껴안고 포옹했다. 얼마 안 가 타라키 아프가니스탄 대통령이 쿠데타로 실각하고 테러 혐의로 체포되었다는 소식이 들려왔다. 10월 9일 브레즈네프가 동베를린을 방문하고 모스크바로 돌아왔을 때 훨씬 괴로운 소식을 듣게 된다. 타라키가 살해된 것이다. 〈카불타임스〉는 타라키가 "얼마간 중병"에 시달렸다고 간결하게 보도했다. 사실 타라키는 후계자인 하피줄라 아민의 지시에 따라 살해되었다. 나중에 대통령궁 경호원 중 한 명은 "위대한 지도자"를 수건으로 침대에 묶은 다음 베개로 질식시킬 때 협조한 사실을 털어놓았다. 타라키의 마지막 발악은 15분간 계속되었다.[15]

쿠데타 뒤에 아프간 언론은 아민을 "용감한 혁명 사령관"이라고 불렀다. 하지만 소련 지도부는 아민의 충성심을 크게 의심했다. 소련 정보 보고에 따르면 아민은 파벌 정치와 억압 정책을 추구해서 민중 반란을 촉발할 수 있었다. 게다가 미국에 외교적 접근을 시도했다는 의심을 받았다. 미국에서 공부했기 때문에 CIA에 포섭되었을 수 있다는 소문도 돌았다. 크렘린 지도부는 "제국주의자"들에 대한 편집증적 시각을 가지고 있어서 남부 국경을 따라 감청소를 설치하여 소비에트 중앙아시아로 들어오는 모든 것을 감시했다.[16] 1978년 11월 무렵 카불 주재 KGB 본부는 아민을 권좌에서 강제적으로 끌어내려야 "혁명"을 살릴 수 있다고 결론지었다. 결국 소련의 군사적 개입이 필요했다.[17]

1979년 12월 추운 날씨에 브레즈네프의 다차에 모인 사람은 모두 볼셰비키가 페트로그라드에서 쿠데타를 일으키기 전에 태어난 사람들이었다. 서기장과 마찬가지로 이들은 시대가 만들어 낸 산물이었다. 광활한 러시아 평원의 시골 출신들이 오로지 소련 공산당 덕분에 경력과 지위를 얻은 것이다. 이들이 정치적으로 성장한 기간은 전쟁, 기근, 혁명으로 점철되었다. 이들 모두는 나중에 누군가가 설명한 것처럼 2억 5000만 명의 생사를 거머쥔 위대한 폭군의 "무자비하고 … 냉혹한 시선"을 느끼며 살아왔다.[18] 친구와 친척을 비롯해 소련 시민 수백만 명이 누군가의 독단에 의해 사라진 것처럼 보였지만, 그것은 오히려 이들이 소련 관료체제에서 위로 올라갈 길을 터주었고, 이제 노인이 되어 마침내 평생 절대적인 정치적 복종을 한 보상을 누리며 살고 있었다.

방에는 브레즈네프 외에 4명이 더 있었다. 유리 안드로포프 KGB 의장, 드미트리 우스티노프 국방부 장관, 안드레이 그로미코 외무부 장관, 서기장의 최측근 보좌관이자 절친한 친구인 콘스탄틴 체르넨코였다.[19] 이들 모두는 브레즈네프 덕분에 정치국의 요직을 차지했고, 만성질병에 시달리는 서기장의 통치가 영속되는 상황이 개인적으로 득이 되었다. 그런 상징적 충성에 대한 보상으로 브레즈네프는 부하들이 각자의 봉토를 마음대로 통치하고 자신의 후광을 이용할 수 있도록 했다.

국가보안위원회인 KGB 수장인 안드로포프는 정치국원 중 브레즈네프의 건강 악화에 대해 가장 먼저 알 수 있었다. 크렘린 의사들은 안드로포프에게 직접 보고했지만 오랫동안 이 정보를 공유하지 않았다. 치열한 권력 투쟁을 촉발하는 상황을 우려했기 때문이었다. 안드로포프는 크렘린 의료 책임자인 차조프에게 이런 말을 했다.

"국가와 당의 평화와 국민의 안녕을 위해 침묵해야 하오. 브레즈네프 동지의 건강이 위중하다는 사실을 비밀에 부쳐야만 한단 말이오. 강력한 지도부가 없는 무정부 상태에서 권력 투쟁이 벌어지면 경제뿐 아니라 체제 전체가 와해될 수 있소."[20]

안드로포프가 신중한 데는 다른 이유도 있었다. 너무 일찍 권력 투쟁이 시작되면 자신이 서기장이 될 가능성에 악영향을 미칠 수 있었다. 차조프가 보기에 안드로포프는 알렉세이 코시긴이나 니콜라이 포드고르니 같은 다른 막강한 인물에 대해 "겁을 먹고" 있었고, 이들의 힘이 점점 줄어들고 자신의 입지가 강화된 뒤에야 브레즈네프의 건강 상태를 정치국에 알리는 것을 굳이 막지 않았다.

큰 키에 은발을 뒤로 빗어 넘기고 금속테 안경을 걸친 수도자 같은 모습을 한 안드로포프는 세계 곳곳에서 스파이, 정보원, 공작원, 프락치 네트워크를 운영했다. KGB는 레닌이 만든 정보기관인 체카Cheka와 스탈린이 만든 NKVD의 후신이자 제국 내의 제국이었다. 소련 공산당의 "창과 방패"로 알려졌으며, 반체제인사 색출뿐 아니라 통신 감청에서 외국 정보 수집과 지도층 보호까지 모든 일을 도맡았다.

이처럼 무소불위로 보이는 권력 기관의 수장으로서 안드로포프는 소련 권력의 취약성을 너무 잘 알고 있었다. 안드로포프의 측근들은 그의 "헝가리 콤플렉스"에 대해 이야기했다.[21] 40대 초반의 잘 나가는 당 관료였던 안드로포프는 부다페스트에 대사로 파견되었다. 그곳에서 안드로포프는 자신의 경력에서 아주 중요한 사건을 경험했다. 1956년 헝가리 공산정권에 대항하는 무장봉기가 일어났고 소련 전차가 이 봉 기를 무자비하게 진압했다. 안드로포프는 대사관 창문을 통해 공산주 의자들이 가로등 기둥에 교수형 당하는 것을 목격했고, 소련 고위 간부 를 영접하려 공항으로 가는 중에는 총격을 받기도 했다. 이때 큰 충격 을 받은 부인 타티아나는 신경쇠약으로 쓰러져서 죽을 때까지 완전히 회복되지 못했다.[22] 안드로포프는 헝가리에 단단히 뿌리를 내린 것처럼 보인 공산주의 정권이 무너지는 속도에 경악했다. 불만을 품은 몇몇 지 식인과 사관생도가 몇 주 만에 강력한 반체제 운동을 조직했다. 비밀경 찰은 불과 몇 시간 만에 와해되었다. 충성을 의심할 필요가 없어 보였 던 공산당원들은 하룻밤 사이에 극렬 반공산주의자로 탈바꿈했다.

헝가리 봉기에서 안드로포프는 또 다른 교훈도 얻었다. 군사력을 무자비하게 동원해서 반혁명 운동을 중도에 좌절시킬 수 있다는 사실 이었다. 압도적 무력을 제대로 보여주면 나중에 벌어질 반란도 막을 수 있었다. 헝가리 주재 소련 대사로서 안드로포프는 무장봉기 진압에 핵 심적인 역할을 했고, 헝가리 총리가 소련 군대를 자국으로 진입하도록 하는 "초청" 편지에 서명하게 했다.[23] 거의 반세기가 지난 후 안드로포 프는 헝가리 시나리오를 아프가니스탄에 적용하자고 제안했다.

정치국에서 안드로포프와 가장 가까운 동지는 우스티노프 원수였 다. KGB 수장과 마찬가지로 우스티노프는 엄청나게 강력한 군을 대표 해서 발언했다. 180개가 넘는 사단과 500만 명의 병력을 보유한 소련 군은 경외심을 불러일으키는 거대 조직이었다. 붉은군대가 없다면 소 련도 존재하지 않았을 터였다. 러시아 내전에서 볼셰비키에 승리를 안겨주고, 독일군의 침공을 물리치며 뒷걸음질하는 나라를 초강대국으로 변화시킨 군부를 위해서는 어떤 희생도 아깝지 않았다. 소련군은 국가적 자부심의 근원이고, 거대한 다민족 제국을 유지하는 도구였다. 100만 명이 넘는 우즈베키스탄, 러시아, 리투아니아, 조지아의 18세 청년이 매년 2년간 의무 복무를 하기 위해 민족적 용광로에 들어갔다. 군대는 신병들을 훌륭한 군인으로 만드는 동시에 충성스러운 소련 인민으로 만드는 과업을 수행했다.

엔지니어 출신인 우스티노프는 군산복합체의 화신이었다. 33세에 스탈린에 의해 발탁된 그는 나치 독일군을 물리치는 데 필요한 무기를 소련군에 공급하는 중요한 임무를 맡았다. 군비 담당 인민위원으로서 군수시설을 유럽 러시아에서 시베리아로 옮기는 일을 감독한 것이다. 1941년 6월 히틀러가 소련을 침공한 지 6개월이 지나지 않은 시점에 군수공장 1500개의 설비가 화물 기차 약 150만 량에 실려 약 1600킬로미터 동쪽으로 옮겨졌다.[24] 이 일은 제2차 세계대전 중 가장 놀랄만한 조직적 위업이었고, 소련이 궁극적으로 승리하는 데 필수적인 전제조건이었다. 전쟁이 끝난 뒤 우스티노프는 소련의 핵폭탄 운송체계 구축 임무를 감독했다. 한마디로 기병 시대에 머물러있던 붉은군대를 핵무기 시대에 맞게 탈바꿈시킨 것이다.

1976년 우스티노프가 국방부 장관이 되었을 때 소련의 군수공장은 하루에 전투기 5대, 전차 8대. 대포 8문, 대륙간탄도미사일 1기를 찍어내듯 생산했다.[25] 정치국 회의에서 우스티노프는 늘 군대에 더 많은 재원을 할당할 것을 요구했고, 원하는 것을 대부분 얻었다. 군비 지출로 소련 경제 자원이 바닥나고 있다는 사실을 지도부에 있는 사람은 다 알았지만, 여기에 제동을 걸만큼 용기 있는 사람은 없었다. 오직 힘의 우위를 바탕으로 제국주의자들과 협상할 수 있었다. 브레즈네프는 이런 말을 즐겨했다.

"인민들은 우리를 이해할 것이다. 평화를 위해서는 마땅히 대가를 치를 필요가 있다."[26]

우스티노프 국방부 장관은 러시아 농민 특유의 고집이 있었다. 마음이 넓고 사람들과 어울리는 것도 좋아했다. 안드로포프를 빼면 정치국원 중 가장 성실해서 70세가 넘어서도 하루에 15시간씩 일했다.[27] 안드로포프는 소련 지도부의 다른 원로들과 마찬가지로 골수 스탈린주의자였고, 1956년 제20차 공산당대회에서 흐루쇼프가 비밀연설을 통해 독재자에 대한 기억을 더럽힌 사실을 절대 용서하지 않았다. 흐루쇼프는 스탈린의 죄상을 비난함으로써 소련의 역사를 진흙탕으로 처박았고 공산주의 이념에 대한 인민의 신뢰를 훼손시켰다. 우스티노프는 지도부의 다른 인사들에게 이렇게 말했다.

"흐루쇼프는 적보다 더 많은 불행을 우리에게 가져왔소. 서방 사람들이야 당연히 우리를 싫어하죠. 그렇지만 흐루쇼프는 서방인들이 수년간 써먹을 많은 논쟁거리와 탄약을 제공했소."[28]

국가안보 3인방의 세 번째 인물은 그로미코였다. 서방인 다수에게 그로미코는 소련 외교정책의 물리적 화신이었다. "음울한 그롬Grim Grom"이라는 별명이 붙은 그로미코의 쌀쌀맞은 태도는 국제관계에 대한 크렘린의 접근 방식을 압축적으로 보여주는 듯했다. 언어에 능했고 엄청나게 오랜 기간 외무부 장관으로 일해서 사실상 그로미코 자신이 외무부 그 자체였다. 전후 유럽의 운명이 결정된 포츠담회담과 얄타회담에서 스탈린의 심부름을 도맡았고, 샌프란시스코에서 UN 창립헌장을 작성하는 데 참여했다. UN에서 흐루쇼프가 구두를 벗어 단상을 내리친 사건이 벌어졌을 때는 그 옆에 앉아 있었다. 그로미코는 샤를 드골, 저우언라이, 헨리 키신저, 호찌민과도 협상한 적이 있었다.

서방 신문은 그로미코에게 "미스터 네트Mr. Nyet(Nyet는 '아니오'를 의미하는 러시아어 - 옮긴이)"라는 별명을 붙여주었다. 1946년부터 1948년까지 초대 UN 주재 소련 대사직에 있을 때는 안전보장이사회에서 26번 연속으로 거부권을 행사했다. 그런 그로미코도 크렘린에서는 상급자에게 비굴할 정도로 복종을 잘해서 "예스 동무Comrade Yes"로 불렸다.[29] 직업 외교관인 그로미코는 오랜 기간 충성심을 보임으로써 소련 관료제의 최상층에 올라갈 수 있었다. 1973년에는 정식으로 정치국원이 되어 자신의 야망을 달성했고, 특혜 받은 지위를 위험하게 할 일은 절대 하지 않았다. 브레즈네프의 병이 악화되면서 정책 결정 책임이 차츰 눈에 띄게 커졌지만, 정치국 내 우스티노프나 안드로포프처럼 더 힘있는 인물들과 맞서는 일을 피했다. 대개 중대한 국가안보 문제에서는 우스티노프 국방부 장관과 안드로포프 KGB 의장의 목소리가 더 중요하게 받아들여졌다.[30]

이날 자례체를 찾은 마지막 인물은 콘스탄틴 체르넨코였다. 체르넨코는 외교정책 결정과는 거리가 먼 인물이었지만, 30년 이상 브레즈네프와 함께 일한 덕분에 그 자리에 있었다. 크렘린의 행정 책임자로서 정치국의 회의록 작성을 책임졌다. 브레즈네프 찬양 기사를 스크랩하고, 브레즈네프에게 담배를 건네거나 과거 무용담을 주고받는 등 서기장에게 꼭 필요한 잡무를 수행했다. 체르넨코는 보좌관이나 경호원 등 뒤에서 조롱할 정도로 둔한 인물이었다.

체르넨코는 "다 괜찮아, 다 괜찮아"라는 말을 좋아해서 툭하면 이 말을 내뱉었다. 가끔은 이 말이 문제가 되기도 했다. 어느 날 체르넨코가 사무실에 앉아 있을 때 브레즈네프가 전날 잠을 한숨도 못 잤다고 불평했다. 브레즈네프와 마찬가지로 불면증에 시달리던 체르넨코는 잠이 덜 깬 상태에서 어떤 상황인지도 모르고 "다 괜찮아"라고 중얼거렸다. 그러자 브레즈네프가 고함을 쳤다.

"괜찮기는 뭐가 괜찮아? 내가 잠을 못 자는데 계속 다 괜찮다고만 하는 게 말이 되나?"

그제야 잔이 확 달아난 체르넨코가 더듬거리며 말했다.

"아, 안 괜찮군요."[31]

소련군 총참모부는 아프가니스탄 침공 계획을 크게 우려했다. 아프가니스탄의 험난한 지형과 전사warrior 전통은 차르 시대 러시아와 대영 제국에 큰 곤경을 안겨준 바 있었다. 소련의 아프간 침공이 불러올 국제 사회의 반향을 두려워한 외무부 관리들도 군 장성들과 마찬가지로 우려를 표했다. 우스티노프 국방부 장관과 안드로포프 KGB 의장은 막강한 군사력을 과시해서 반대파를 겁주면 아프가니스탄의 질서가 회복된다고 확신했다. 두 사람은 1968년 체코슬로바키아 침공처럼 단기간에 격렬히 실행할 작전을 염두에 두었다. 소련군의 보호와 지원을 받는 "건전 세력"이 권력을 찬탈한 아민으로부터 아프간 정당에 대한 통제권을 되찾을 터였다. 수도 카불을 비롯한 군사 거점에 소련군이 주둔하면 아프간 군대가 반란군을 제압할 수 있었다. 소련군은 어떤 상황에서도 무자헤딘을 상대로 한 전투에 관여하면 안 되었다. 실제 전투는 아프간인들의 몫이었다.[32]

총참모부 수뇌부가 침공 작전에 우려를 표하자, 국방부 장관은 반대자들을 집무실에 호출했다. 원수 두 명과 장군 한 명이 레닌 초상화 아래에 있는 우스티노프의 책상 앞에 차렷 자세로 섰다. 우스티노프가 화를 내며 따졌다.

"이제 소련에서는 장군들이 정책을 결정하는 건가? 귀관들이 할 일은 구체적으로 작전을 수립하고 하달된 명령을 따르는 거야."[33]

소련 공산주의자들이 죽을죄로 여기는 보나파르티즘을 들먹이며 비난한 것은 반대자들을 정신 차리게 하기에 충분했다. 장군들은 재빨리 경례를 붙이고 맡은 일에 착수했다.

외교정책 3인방이 아프가니스탄에 무력을 사용하기로 마음먹자 침공 계획을 제지할 수 있는 사람은 서기장밖에 없었다. 브레즈네프는 공식 석상에서 서로 포옹한 지 며칠 지나지 않아서 타라키에게 닥친 소름 끼치는 운명에 충격을 받았고, 아민이 소련의 충고를 받아들이지 않은 것을 개인적 모욕으로 받아들였다. 브레즈네프는 욱하는 마음에 보좌관들에게 물었다.

"다른 나라들은 뭐라고 할까? 지원하고 보호해준다는 모든 약속이 말뿐이라면 브레즈네프의 말을 믿을 수 있겠어?"[34]

12월 12일 저녁 정치국은 아프가니스탄 침공 결정을 승인했다. 정치국원 12명이 브레즈네프 서기장에 이어 "A" 국가에 일련의 "조치"를 취하는 데 동의하는 중앙위원회 결의문 176/125에 차례차례 서명했다.[35] "조치" 내용은 극비여서 문서로 기록할 수 없었다. 체르넨코는 정치국 타자수가 내용을 유출할 가능성을 막기 위해 결의문을 손으로 썼다.

작전은 두 단계로 이루어졌다. 일단 아민의 동의하에 표면적으로는 "혁명을 구할" 목적으로 소련군 3개 사단을 투입할 예정이었다. 2단계 작전에서는 아민을 강제로 하야시키고 더 고분고분한 아프간 지도자를 앉힐 예정이었다. 소련군 작전기획자들은 "형제애적 지원"과 침공을 하나로 합쳐서 "폭풍 작전Operation Storm"을 구상했다.[36]

정치국 핵심 멤버들이 브레즈네프의 다차에서 회동하는 사이 소련군 수송기 400대가 이미 카불 바그람 공항에 몰려들었다. 수송기는 3~4분에 한 번씩 착륙하여 엔진을 끄지 않은 상태에서 병력과 장갑차

　　　　　　　　　　제1부 프롤레타리아의 반란

를 내려놓고 다음 수송 임무를 위해 이륙했다.[37] 우스티노프, 안드로포프, 그로미코가 작전을 감독하고 결과를 브레즈네프에게 보고했다.

브레즈네프는 엄청나게 많은 피를 흘리며 구축한 제국을 보존하는 것이 자신의 임무라고 확신하고는 "폭풍 작전" 개시를 명령했다. 다음 날 체르넨코는 서기장이 "동지들이 가까운 미래를 위해 작성한 작전 계획을 승인"했다고 기록한 공문을 작성했다.[38] 얼마 안 가 브레즈네프는 "작전이 3~4주 안에 끝날 것"이라고 장담하는 보고를 받았다.[39]

많은 세월이 흐른 뒤 12월 27일의 유혈 사태를 일으킨 정치적 결정에 대한 공문서를 조사했을 때 체르넨코가 작성한 문서 2건만 찾을 수 있었다. 아프가니스탄 침공이라는 운명적 결정을 내린 인물들은 그 무렵 이미 죽은 지 오래되었고, 소련이라는 나라 자체도 더 이상 존재하지 않았다.

2장

카불

———

1979년 12월 27일

하피줄라 아민은 소련군이 자신을 구출하러 온다고 확신했다. 아민이 모스크바에 보낸 특사는 소련이 마침내 아프가니스탄에 "형제애적 지원"을 할 준비가 되었다는 소식을 가지고 돌아왔다. 크렘린은 아프간 혁명의 원조 "위대한 지도자"인 타라키를 권좌에서 끌어내려 죽인 아민의 해명을 받아들였다. 곧 아민 정권은 안전을 보장받을 터였다.

어려운 순간도 있었다. 지난 몇 주간 타라키에게 충성한 공산주의자들이 새 정권의 인사들에 대한 암살 작전을 개시했다. 이들은 12월 초 아민에게 가벼운 상처를 입히고 아민의 조카를 살해했다. 반공산주의 반군은 수도에서 몇 킬로미터 앞까지 진격했다. 아민은 일주일 전 안전 문제 때문에 카불 시내에 있는 아프간 하원에서 나와야 했다. 새로운 거처는 과거 아프간 왕이 건설한 거대한 3층짜리 요새인 다르-올-아만 궁전이었다. 카불에서 남서쪽으로 약 11킬로미터 떨어진 힌두쿠시산맥의 초입에 있는 이 궁전은 아프간 보병 여단이 방어하고 있

제1부 프롤레타리아의 반란

었고, 구불구불하고 유일한 접근로를 전차가 지키고 있었다.

아민은 아프간군의 충성심을 다소 의심했어도 소련 군사고문단은 전적으로 신뢰했다. 아민은 타라키를 죽인 사실에 대해 소련 지도부가 화났다 것을 알았지만 소련 정부가 결국 이긴 쪽 손을 들어주리라 판단했다. 자신이 아프간 내전의 승리자라고 확신한 그는 소련의 "보호" 제안을 고맙게 받아들였다. 그래서 "무슬림 대대"라고 불린 소비에트 중앙아시아에서 파병된 정예부대가 궁전 인근에 배치되는 것을 허락했다.[40] 소련 군사고문단은 아민 측의 경비태세를 낱낱이 알고 있었다. 아프간 요리사가 자신을 독살할 수 있다고 우려한 아민은 우즈베키스탄공화국 출신 요리사 두 명을 채용하기까지 했다.

12월 27일 아민은 정부 각료들에게 오찬을 대접했다. 새 관저를 보여주고 소련과의 관계를 자랑하려고 한 것이다. 아민은 바그람 공항에 몰려오는 소련군 수천 명을 언급하며 손님들에게 이렇게 장담했다.

"소련군 사단들이 이미 오고 있소. 다 잘될 것이오. 그로미코 동지와 계속 연락하고 있고, 소련이 우리를 지원하기로 한 결정을 다른 나라에 어떻게 알려야 할지를 논의 중이오."[41]

오찬이 끝날 무렵 식탁에 있던 사람들은 모두 심한 통증을 느꼈다. 아민도 의식을 잃었다. 소련 의사와 아프간 의사가 현장에 불려왔다. 집단 식중독이 분명했지만 아무도 소련에서 온 요리사를 의심하지는 않았다.

의사들은 비참한 광경을 보게 되었다. 복도, 계단, 대기실 할 것 없이 궁전 전체에 아프간의 저명인사들이 기괴한 모습으로 누워있었다. 일부는 아직 의식이 없었다. 일부는 몸을 웅크린 채 배를 움켜잡고 있었다. 일부는 고통을 못 이겨 비명을 질렀다. 아프간 정권 전복 계획을 몰랐던 소련 의사들은 아민이 반바지만 입은 채로 누워있는 2층 침실로 안내되었다. 환자는 맥박이 약했다. 고개를 늘어뜨리고 눈알도 뒤집혀 있었다. 의사들은 배를 누르며 식중독 해독 주사를 놓고 정맥에 링거 주사도 놓았다. 갑자기 아민의 눈꺼풀이 떨리기 시작했다. "용감한 사령관"은 의식을 되찾고는 질문을 퍼붓기 시작했다.

"내 집에서 무슨 일이 벌어졌소? 누구 짓이오? 사고요? 아니면 누가 어떤 장난을 친 거요?"[42]

그러면서도 아민은 소련 동지들을 의심할 생각을 하지 못했다. 그래서 오찬에 참석하지 않은 부인에게 이렇게 말했다.

"믿건 말건 이건 타라키 세력이 한 짓이야."[43]

그리고리 보야리노프가 소련의 마지막이자 대규모 식민지 모험의 시작이 될 임무에 착수하는 동안 카불의 허물어진 대로와 구불구불한 골목길에는 인적이 거의 없었다. 저녁 7시부터 통행금지가 실시되었고 보안요원만 거리를 오갈 수 있었다. 시 외곽에 제멋대로 펼쳐진 진흙탕의 빈민가는 평화로워 보였다. 아프간 가정은 저녁을 먹을 준비를 했다. 수많은 집 안마당에서 TV와 라디오 소리가 크게 울렸다. 기름과 고기 장작불에 같이 구워지는 샤슬릭(중앙아시아에 시작된 러시아식 꼬치 요리 - 옮긴이) 냄새가 상쾌한 겨울 공기를 채웠다.

음식에 독을 넣어 아프간 지도자를 연금하려는 소련의 계획은 실패로 돌아갔다. 아민은 음식을 조금만 먹었기 때문에 금방 깨어날 수 있었다. 보좌관들은 아민을 카불에 있는 소련군 병원으로 후송하는 데 반대했다. 집단 식중독에 놀란 아프간 당국은 궁전 주변의 경비를 강화했다. 애초에 이날 밤 11시로 계획된 소련군의 공격 계획은 앞당겨져야 했다.

그리고리 보야리노프는 다르-올-아만 궁전에서 3킬로미터 정도 떨어진 곳의 병력수송장갑차에서 쭈그리고 앉아 공격 신호를 기다렸다. 57세의 대령인 보야리노프는 60명으로 편성된 공격팀에서 가장 경험이 풍부했다. 보야리노프는 게릴라전에 있어서 소련 최고의 전문가라고 할 만한 인물이었다. 제2차 세계대전 당시 젊은 초급 장교였던 그는 독일군 후방에 낙하산으로 침투해서 적 후방을 교란시킨 공로로 훈장과 포상을 다수 받았다. 관련 주제로 논문까지 썼고 KGB 저격수 양성학교를 운영하기도 했다. 18년간 KGB 참모대학 게릴라전 학과의 학과장으로 있으면서 얼마 안 가 실전에서 함께 싸울 젊은이들을 훈련시켰다. 소련이 아프간을 침공한 1979년 초에는 아프가니스탄에서 3개월간 머물렀고 아프간군에 자문을 하며 아프간군의 현황을 분석했다.

보야리노프는 아프가니스탄에서 작전이 시작되는 경우 자신도 직접 참여하고 싶어 했다. 잘생기고 건장한 보야리노프는 사람들에게 그리샤라는 이름으로 알려졌고, 보야리노프 자신은 KGB의 알파분대와 제니스분대에 소속된 자신이 키운 "아이들"에 대한 의무감이 있었다. 물론 다른 직업 장교와 마찬가지로 아프간 전체 문제에 대한 약간의 의구심도 있었다. 보야리노프는 잠시 귀국한 뒤 아프간으로 돌아오기 전에 공격팀에 끼지 못한 동료를 위로하면서 이렇게 말했다.

"걱정하지 마. 아프가니스탄 문제가 쉽게 끝날 것 같진 않아. 씁쓸하게 들리겠지만 나는 오히려 이 전쟁이 오래갈까 봐 걱정 돼."[44]

상관의 작전 계획 브리핑을 들은 뒤에는 한 친구에게 이런 말을 냉담하게 했다.

"이번 공격을 준비한 사람들이 자신들이 무슨 일을 하는지 알기를 기대해 보세."[45]

7시 30분이 되기 직전 소련군 특수부대는 52킬로그램짜리 플라스틱 폭약으로 카불 우체국을 폭파했다. 아프간 수도 카불은 통신체계가 마비되었다. 카불을 에워싼 산 때문에 폭발음은 메아리로 울려 도시 곳곳에 흩어진 특공대에 작전을 시작하라는 신호 역할을 했다. 몇 분 만에 소련군과 아프간군은 내무부, 총참모부 본부, 중앙교도소 등 핵심 건물을 장악하기 위한 전투를 벌였다. 밤하늘에 붉은 예광탄과 연막탄이 번쩍였다. 소련군 무슬림 대대는 다르-올-아만 궁전에 사격을 퍼부으며 장갑차 대열이 구불구불한 진입로를 따라 진격했다.

공격 작전은 시작부터 잘못되었다. 너무 일찍 폭격하는 바람에 기습공격의 이점을 살리지 못했다. 궁전의 두꺼운 벽에 부딪힌 포탄이 고무공처럼 튕겨 나오는 것 같았다. 불에 탄 버스가 진입로를 가로막고 있어서 특수부대는 구보로 서둘러 이동해야 했다. 궁전 위층에서 아프간군이 집중포화를 퍼붓자 소련군 특수부대는 유탄발사기를 휴대한 채 궁전 1층으로 뛰어들었다. 전투 시작 30분이 지나지 않아 소련군 공격부대원의 절반이 쓰러져 죽거나 다쳤다.

드미트리 볼코프는 궁전 진입로에 있는 전차를 탈취한 뒤 목에 수류탄 파편을 맞았다. 겐나디 주딘은 궁전 전면을 장식한 코린트식 기둥 뒤에 웅크리고 있다가 머리에 관통상을 입었다. 궁전에 가장 먼저 진입한 대원인 발레리 예미셰프는 아프간군 수류탄에 오른손이 날아갔다. 예미셰프의 동료는 잠시 전투를 중단하고 예미셰프의 축 늘어뜨린 손을 15초 만에 고무밴드로 다시 붙였다. 소련 의사인 빅토르 쿠스네첸코프는 십자 포화에 사망했다.

궁전 안은 완전히 혼란 상태에 빠졌다. 소련군 특수부대는 정체를 감추기 위해 잘 맞지 않는 아프간 군복을 입고 있었다. 양측 모두 소련제 무기로 무장해서 아군과 적군을 구별하기가 어려웠다. 소련군은 기관총 포화가 빗발치는 궁전의 긴 복도를 뒤지며 러시아어로 욕을 하며 동료와 적을 구분했다. 발로 문을 부수고 수류탄을 던지고는 다음 방으로 이동했는데 사방에서 비명과 신음이 들렸다. 상황이 모두 종료되었을 때 뒤처리를 담당한 소련군 병력은 트럭 두 대 분량의 아프간군 시신을 옮겼다.

보야리노프 대령은 궁전에 진입하려다 총상을 입었다. 얼굴과 손에는 피가 흘러내렸다. 궁전 1층을 장악하는 임무에 대원 30명이 투입되었는데 이들 대부분이 보이지 않았다. 복도에서 뛰어가던 보야리노프는 포탄으로 인해 충격을 받고 중상을 입은 세르게이 쿠빌린을 발견했다. 보야리노프가 소리쳤다.

"통신실을 파괴해야 해. 아무도 안 남았어. 나 혼자야."

"그럼, 이제 우리 두 사람만 남았군요."[46]

보야리노프는 통신실에 수류탄 몇 개를 던지고는, 1층을 쿠빌린에게 맡기고 아민의 개인 거처가 있는 곳으로 뛰어 올라갔다. 그 순간 계단 위에서 자동화기가 불을 뿜으며 보야리노프의 얼굴을 날려버렸다.

소련군 포탄이 대통령궁을 강타하자 하피줄라 아민은 경호대장에게 어디서 포탄이 날아오냐고 물었다. 그러고는 확신을 하며 이렇게 덧붙였다.

"소련군이 우릴 도우러 올 거야."[47]

몇 분 뒤 경호대장이 공포에 질린 채 돌아왔다. 전화는 불통이었다. 경호대장은 무선 통신으로 간신히 카불의 총사령부와 연락이 닿았다. 총사령부도 공격받기는 마찬가지였다. 기지를 비우고 이동한 아프간 부대는 없었다. 폭동이나 소요사태가 있다는 보고도 없었다. 한 가지 가능성밖에 없었다. 대통령궁을 공격한 군대는 다름 아닌 "우군"이었다. 아민은 불쌍한 보좌관에게 재떨이를 던지며 소리쳤다.

"말도 안 돼. 거짓말하지 마. 아프간 반란군의 소행이라고."[48]

이전에 체코슬로바키아의 둡체크가 그랬던 것처럼, 아민은 동맹인 소련이 등을 돌리리라고는 생각하지 못했다. 아민은 잔인한 지도자이긴 해도 카불 대학 학생 시절부터 사회주의 세계의 종주국에 대한 순진한 믿음을 간직했다. 젊은 공산주의자로서 그는 추종자들에게 붉은군대의 용맹성에 관한 이야기를 자랑스럽게 떠들었다. 그런 소련군이 자신을 공격한다는 것은 단순한 배신이 아니었다. 불경스러운 일이었다.

포성이 점점 거세지자 아민은 방에서 뛰어나갔다. 소련 의사 두 사람이 복도에 있는 긴 테이블 밑에 몸을 숨겼다. 의사들은 아민이 붕대 감은 팔에 링거 주사를 꽂은 채 흰 반바지 차림을 한 모습을 볼 수 있었다. 의사 중 한 명은 아민의 팔에서 주삿바늘을 뽑은 후 테이블 뒤로 끌고 왔다. 갑자기 어둠 속에서 어린이가 우는 소리가 들렸다. 아민의 다섯 살 먹은 아들이었다. 아들은 아버지를 보자마자 발을 붙잡으며 달려들었다. 아버지와 아들은 벽 옆에 함께 쓰러졌다.

소련군은 피에 흥건히 젖은 두 시신을 발견했다. 두 사람은 십자 포화에 희생된 것이 확실했다. 쓰러져 죽어가는 동안 독재자 아민은 아들의 머리를 가슴 쪽으로 바짝 끌어당겼다.[49] 전투가 차츰 잦아든 뒤 아프간 내 아민의 정적 중 한 명은 "당과 인민의 이름으로" 아민을 공식적으로 사형 선고하자고 주장했다.[50] 독재자 아민은 이미 죽었지만 정적들은 여러 차례 더 확인 사살하는 것을 마다하지 않았다.

소련 특수부대가 다르-올-아만 궁전을 공격하는 동안 얼마 안 가 아프간 대통령 자리를 물려받을 인물은 카불 반대편에 있는 벙커에서 웅크리고 있었다. 허영심이 많고 수다스러운 술고래인 바브라크 카르말은 아프간 "혁명"의 원조 지도자 중 한 명이었다. 카르말은 타라키와 아민과 다툰 뒤 체코슬로바키아 대사로 추방되었다. KGB는 침공 4일

전인 1979년 12월 23일 카르말을 카불로 몰래 데려왔다.[51]

나중에 카르말은 자신이 아민에 대항하는 "민중 봉기"를 지휘했다고 떠벌렸지만 카르말은 사실상 전투에 전혀 관여하지 않았다. 새로운 아프간 정치국의 첫 회익는 카르말의 KGB 경호원들이 지켜보는 가운데 바그람 공항의 소련군 기지에서 열렸다. 이곳에서 카르말은 스스로를 아프가니스탄 인민민주당 중앙위원회의 서기장으로 임명했다. 그러고는 소련 국경 마을인 테레즈의 송신기로 송출되는, 미리 녹음한 자신의 대국민 연설을 들었다. 이 연설에서 카르말은 아민을 "미 제국주의의 첩자"라고 비난하고 이렇게 선언했다.

"자유와 부활의 날이 왔습니다. 야만적인 도살자이자 사형 집행인, 권력 찬탈자, 수십만 인민을 살해한 폭군 아민과 그 추종자의 포학한 고문 체제는 분쇄되었습니다."[52]

이날 밤늦게, 아민이 죽은 뒤 카르말은 소련군 장갑차에 탑승했다. 장갑차는 소련군 전차 3대가 엄호하는 소련군 차량 행렬에 끼어서 조심스럽게 카불 방향으로 향했다. 차량 행렬은 새벽이 밝아오면서 카불 중심부에 들어섰다. 쾌청하고 상쾌한 아침이었다. 곳곳에 무장병력이 깔려 있었다. 불타는 차량과 포격으로 잔해만 남은 건물 사이를 전차와 장갑차가 요란한 소리를 내며 달렸다. 소련군은 카르말과 경호원들을 자신들이 확실히 장악한 내무부 건물에 데려갔다.

아프가니스탄의 새 대통령이 카불에 도착하는 동안 또 다른 차량 행렬이 반대 방향으로 이동하고 있었다. 다르-올-아민 궁전을 공격하다가 사살된 소련군 특수부대원 12명의 시신을 담은 관이 공항에서 소련 수송기에 실렸다.[53] 거의 10년간 지속되고 소련군 1만 3000명과 아프간인 50만 명이 희생된 전쟁의 첫 사상자들이었다. 보야리노프 대령에게는 특별히 소비에트 연방 영웅 훈장이 수여되었다.

추운 겨울 아침 바그람 공항에서 동료들의 시신을 담은 관이 수송기에 실리는 모습을 지켜보던 대통령궁 공격 작전의 생존자들은 전쟁이 끝났다고 확신했다. 그러나 이제 시작일 뿐이었다.

아프간 침공의 장기적 결과는 소련 정치국 지도부의 목표와는 정반대였다. 침공으로 아프간 야당 세력이 진압되기는커녕 오히려 새 생명을 불어넣었다. 제국주의자들에게 타격을 주기는커녕 서로 손잡기 어려운 미국, 중국, 사우디아라비아가 연합하게 했다. 전 세계 사회주의의 위신을 지키기는커녕 소련 국민들이 세계 두 번째 강대국이란 나라가 도대체 어디로 향하고 있는지 의문을 제기하도록 만들었다.

마침내 전사자가 잠든 관이 소련 땅에 내려졌을 때 누구도 경례하거나 장송곡을 연주하지 않았다. 소련 정부는 아프가니스탄에서 벌어진 전투에서 소련 인민이 죽은 사실이 알려지는 것을 원치 않았다. 장례식은 비밀리에 치러졌다. 정부는 희생자 유가족에는 존재하지 않는 전쟁에서 전사자가 발생한 사실에 대해 상투적인 설명을 했다. 보야리노프를 비롯한 특수부대원들은 "국제주의자 임무를 수행"하다가 사망한 것이었다.

3장

피춘다

1979년 12월 28일

흑해 쪽으로 돌출되고 숲이 우거진 조지아의 피춘다 휴양소는 고대 그리스 시대부터 빼어난 경치로 유명했다. 수백 년 된 소나무가 바닷가까지 펼쳐져 있어서 겨울철 돌풍과 뜨거운 여름 태양을 피할 곳을 마련해 주었다. 1세기 그리스인들은 이곳의 좁은 반도에 요새화된 무역항을 만들고 높은 담을 쌓아 해적이 접근하지 못하게 했다. 1000년 뒤 비잔틴 통치자들은 이곳을 멋진 목욕탕을 갖춘 중세 요양지로 개조했다.

조지아가 소련에 병합된 후 피춘다는 공산당 간부들의 휴양지가 되었다. 니키타 흐루쇼프는 이곳을 아주 좋아해서 바닷가에 눈에 거슬리는 높은 콘크리트 담으로 둘러싸인 호화 별장을 지었다. 휴양 시설로는 올림픽 규모의 수영장, 실내체육관, 테니스 코트 등이 있었다. 그 인근에는 하급 간부들을 위한 빌라 두 채가 지어졌다.[54] 1964년 10월 흐루쇼프가 자신을 강제로 실각시킨 크렘린 쿠데타가 벌어진 사실을 안 곳도 이곳 피춘다였다.

쌀쌀한 오후, 흐루쇼프가 지은 오래된 다차의 구불구불한 산책길을 젊은 정치국원 두 명이 걷고 있었다. 두 사람은 소련이 잘못된 방향으로 간다는 사실을 인정했다. 미하일 고르바초프와 예두아르트 셰바르드나제는 투철한 공산주의자였고, 자신들을 후원하고 승진시켜준 체제에 전적으로 충성했다. 두 사람이 원로 정치국원과 다른 점은 젊은 에너지와 낙관주의, 사회주의가 더 완전해질 수 있다는 순진하다시피 한 믿음이었다. 이들을 러시아어로 부르는 명칭이 있었다. "셰스티데샤트니키" 즉 "60년대 세대"였다. 이들의 성장기는 스탈린주의의 공포와 브레즈네프 시기의 침체기 사이에 짧게나마 진행된 흐루쇼프의 해빙기로 특징지어졌다. 브레즈네프로 대표되는 구세대는 만연한 공포 분위기에서 성장했다. 뼛속까지 보수적인 구세대는 전체 구조가 무너지는 것이 두려워서 체제에 조금이라도 손을 대려고 하지 않았다. 반면 전쟁과 공포 정치를 직접 경험하지 않은 "60년대 세대"는 자신들의 능력을 확신하고 잘못된 일을 어떻게든 바로잡고 싶어 했다.

소련 지도자들 사이의 세대 차이는 브레즈네프의 황혼기에 유행한 농담에 잘 압축되어 있다. 스탈린, 흐루쇼프, 브레즈네프가 시베리아 한가운데에서 고장이 난 열차에 타고 있었다. 몇 시간을 기다린 후 이들 사이에 어떻게 기차 운행을 재개할 것인가를 두고 논쟁이 벌어졌다. 스탈린이 먼저 말했다.

"기관사 한 놈을 총살해. 그러면 다른 기관사들이 우리가 뭘 원하는지 알아차릴 거야."

흐루쇼프가 반대하고 나섰다.

"아뇨, 그건 비인간적입니다. 사회주의의 규범을 지켜야 합니다. 기관사 월급을 올려줍시다."

서로 의견이 충돌한 두 연장자는 브레즈네프에게 의견을 물었다.

　　　　　　　제1부 프롤레타리아의 반란

브레즈네프는 오랫동안 고심한 끝에 답했다.

"알겠습니다. 블라인드를 내리고 기차가 움직이고 있는 척하면 어떨까요? 아무도 차이를 모를 겁니다."

소련은 사실상 지난 15년간 멈춰있었다. 고르바초프와 셰바르드나제는 어떻게 다시 열차를 움직이게 할 수 있을지는 몰랐지만, 열차가 섰다는 사실을 인정하는 것이 최우선이라고 생각했다. 블라인드를 올리고 어느 정도 환기를 시킨 뒤 소련이 한 차례 사회주의 승리에서 또 다른 승리로 나아간다는 가면을 벗는 것이었다.

정치국에서 농업을 담당한 고르바초프는 중앙계획경제의 파멸적 효과를 지켜볼 수 있는 좋은 위치에 있었다. 소련은 세계에서 가장 큰 나라였다. 캐나다와 미국의 광활한 농지를 합친 것보다 더 큰 경작지를 가진 나라였다. 하지만 자국민이 충분히 먹을 식량을 생산하지 못했다. 1917년 볼셰비키 혁명 전에 농산물 수출국이던 러시아는 이제 매년 서방 자본주의 국가에서 식량을 수입하는 처지에 놓였다. 스탈린의 집단화 정책으로 거대한 국영농장의 울타리 안에 갇힌 러시아 농민들은 어떻게 농사를 짓는지 잊어버렸다. 시장이 필요로 하는 농산물을 생산하는 대신 관료의 명령에 따를 뿐이었다. 농산물 가격은 행정명령에 따라 결정되고 실제 생산 원가와 아무런 관련이 없었다. 왜곡된 가격구조는 여러 가지 우스꽝스러운 상황을 만들어 냈다. 국가의 대규모 보조금 지원으로 빵값이 곡물값보다 저렴하기 때문에 농민들이 가축 사료로 빵을 쓰는 것이 경제적으로 오히려 합리적이었다.

충분히 예상할 수 있듯이 농산물 생산을 늘리려는 고르바초프의 초기 시도는 완전히 실패로 끝났다. 1979년 곡물 수확량은 목표치에서 4000만 톤 부족한 1억 7900만 톤이었다. 부족량은 수입으로 채워야 했다. 늘 그렇듯 소련 지도자들은 날씨 탓을 했다. 고르바초프는 문제의 본질이 소련의 농업, 좀 더 확대하면 소련의 경제 전체가 움직이는 방법에 있다는 사실을 너무 잘 알았다. 일을 꼭 해야 한다는 의식이 희박해서 매일 집단농장의 농민 수십만 명이 출근하지 않았다. 농업 수확물의 3분의 1이 식탁에 오르기 전에 사라졌다. 제대로 된 보관 시설이 없고 운송 체계도 시대에 뒤떨어졌으며 전반적으로 농기계 결함도 많았다. 트랙터와 수확기는 형편없는 상태로 만들어져서 매번 농장에 지급되자마자 수리를 해야 했다.[55]

고르바초프는 공식적으로는 계속 아무런 문제가 없는 척했다. 하지만 20년 이상을 알고 지낸 셰바르드나제에게는 솔직하게 털어놓았다. 두 사람은 공통점이 많았다. 젊은 시절 고르바초프와 셰바르드나제는 공산주의 청년 연맹인 콤소몰을 시작으로 미끄러지기 쉬운 소련 정치의 사다리를 함께 올라갔다. 1970년 고르바초프는 고향인 스타브로폴의 공산당 제1서기가 되었다. 39세에 미국 일리노이주 크기의 주로 농업 지구로 이루어진 지역에 대한 사실상의 크렘린 전권대사가 된 것이다. 2년 뒤 스타브로폴에서 캅카스산맥 반대편에 있는 조지아공화국에서는 그곳 출신인 셰바르드나제가 공산당 당수가 되었다.

두 공산당 지도자는 피춘다에서 겨울 휴가를 함께 보냈다. 소나무 숲을 긴 시간 같이 걸으며 셰바르드나제는 조지아에서 농부들에게 장려금을 지급해서 농업 생산량을 끌어올리려 한 시도에 대해 설명했다. 이 실험은 교조적 마르크스주의자들을 놀라게 했는데, 그 이유는 스탈린이 말살한 소위 쿨라크Kulak 계급, 즉 완고할 정도로 독립적인 부농이 다시 나타나는 상황을 두려워했기 때문이었다. 셰바르드나제는 자기 농장에서 젖소 열 마리를 키우는 새로운 쿨라크 중 한 명을 고르바초프와 만나게 했다. 당면한 문제는 이런 이념적 흉물을 어떻게 처리하느냐였다. 셰바르드나제가 심한 조지아 억양으로 말했다.

"원한다면 쿨라크를 척결할 수 있소. 그렇게 되면 농장이나 우유나 가축이 남아나지 않을 거요."

당의 새로운 농업담당 서기가 된 고르바초프는 웃으며 답했다

"물론 척결할 수 있죠. 그러면 공산주의 이론가들의 화를 돋우시는 않겠죠. 하지만 이런 류의 쿨라크가 없으면 어떻게 농민들의 삶을 향상시킬 수 있겠소?"[56]

또 다른 만남에서 셰바르드나제는 소련의 모든 것이 썩었다고 불쑥 말하고는 이렇게 덧붙였다.

"이런 식으로 계속 살 수 없소. 우리가 나라를 구할 수 있다고 생각해야만 하오."[57]

고르바초프와 셰바르드나제는 소련 정치의 실상을 잘 아는 경험 많은 관료였다. 두 사람은 자신들의 "실험"을 무해하게 들리는 이름으로 위장하는 방법을 알았다. 가끔 둘만 있는 자리에서 속마음을 털어놓았지만, 다른 소련 지도자들과 마찬가지로 공개적인 자리에서는 의식적으로 위선적인 태도를 보였다.

고르바초프는 스타브로폴을 방문하는 VIP에게 아첨하는 능력을 갈고닦았다. 따뜻한 기후와 산악 온천을 갖춘 스타브로폴은 모스크바의 "왕솔방울"들이 즐겨 찾는 휴양지였다. 지방의 공산당 당수인 고르바초프는 재미있는 농담으로 유력 인사들을 업무 스트레스에서 벗어나게 해주어야 했다. 스타브로폴 같은 지역의 당수들은 휴양소 서기라고 불리곤 했다. 부정부패를 저지를 기회가 엄청 많았다. 이웃한 크라스노다르 지역의 당수인 세르게이 메두노프는 지역 마피아와 밀접한 관계를 맺고 뇌물을 챙기는 것으로 악명이 높았다. 반면 고프바초프는 비교적 깨끗하다는 평가를 받았다. 그런 고르바초프도 정치적 생존을 위해 손님들에게 온갖 비위를 맞추며 선물 보따리를 안겨야 했다.[58]

젊은 시절 아마추어 배우로 활동한 고르바초프는 특히 연기력이 뛰어났다. 브레즈네프를 찬양하거나 다음 세대 소련 인민들이 맞을 영광스러운 미래를 말할 때는 진한 갈색 눈동자가 열의와 신념에 타오르는 듯이 보였다. 정치국 회의에서는 항상 원로들의 의견에 따랐다. 자신이 말할 차례가 되면 아무리 불합리하거나 강경하더라도 브레즈네프의 입장을 일관되게 지지했다. 나라 전체가 브레즈네프의 회고록을 긍정적으로 평가하도록 동원되었을 때도 열성적으로 찬양했다. 스타브로폴에서 열린 이념 토론회에서는 "엄청난 일정", "깊고 철학적인 통찰력", "레닌식의 지도력"을 거론하며 노쇠한 서기장을 칭송했다. 그러고는 이렇게 선언했다.

"스타브로폴의 공산주의자와 모든 노동자는 레오니트 일리치 브레즈네프의 진정으로 당의 정신이 충만한 문학적 업적에 대해 무한히 감사드립니다."

고르바초프는 "스타브로폴 노동자들의 수많은 청원에 응하여" 복잡하고 따분한 브레즈네프 회고록을 지역 신문에 연재하도록 지시했다.[59]

고르바초프가 아첨에 능했다면 셰바르드나제는 아첨의 대가였다. 조지아 전통에 따라 셰바르드나제는 힘 있는 사람의 발에 머리를 조아렸다. 1976년 제21차 공산당대회에서는 브레즈네프의 "뛰어난 능력, 폭넓은 비전, 구체성, 인간애, 타협하지 않는 계급적 입장, 충절, 원칙에 입각한 태도, 대화 상대의 영혼을 꿰뚫는 능력, 인민 사이에 신뢰감을 만드는 능력"을 칭송했고, 조지아 민족이 빅브라더인 러시아 민족에게 불멸의 충성을 바칠 것을 번지르르한 말로 다짐했다.

"사람들은 조지아를 볕이 드는 땅이라고 말합니다. 그러나 동지들이여, 우리에게 진정한 태양은 동쪽이 아니라, 러시아가 있는 북쪽에서 뜹니다. 그것은 레닌주의 이념이라는 태양입니다."[60]

미래의 서기장과 외무부 장관은 피춘다에서 휴가를 보내는 동안 공산주의 강대국의 새로운 계획을 그리는 자신들의 노력에 긴 그림자를 드리우는 발표를 들었다. 1979년 12월 28일 아침, 라디오 모스크바는 "자유의 날"이 밝았다고 선언하는 바브라크 카르말의 연설을 재송출하기 시작했다. 몇 시간 후 라디오 방송 아나운서는 아프간 정부가 소련에 "군사적 지원을 포함한 정치적·도의적·경제적 지원을 즉각 해 달라고 요청"했다고 전하면서 "소련 정부가 아프가니스탄의 요청을 수용"했다고 덧붙였다.[61]

고르바초프와 셰바르드나제는 의결권이 없는 정치국원 후보자여서 아프가니스탄 침공 계획을 사전에 통보받지 못했다. 나중에 두 사람은 이 결정에 큰 충격을 받았고, "중대한 실수"이며 "인류에 대한 범죄"라고 비난했다.[62] 하지만 1980년 6월에는 만장일치로 이루어진 결의에 다른 중앙위원회 위원과 함께 동참했다. 이 결의안은 "제국주의자들"이 아프가니스탄을 소련 침략의 "교두보"로 삼으려는 계획을 붉은군대가 좌절시켰다고 선언했다. 셰바르드나제는 선견지명이 있는 브레즈네프의 지도력을 칭송하기까지 했고, 아프간 침공이 모든 소련 인민의 지지를 받는 "용감하고, 더할 나위 없이 헌신적이며, 더할 나위 없이 대담한 조치"라고 했다.[63]

크렘린 지도부는 아프가니스탄에 군대를 파병함으로써 1968년 체코슬로바키아 침공이 그랬던 것처럼, 수년간 평화롭고 안정된 시절이 올 것으로 생각했다. 그러나 그것은 큰 오판이었다. 고르바초프를 비롯한 당 중앙위원들이 아프가니스탄에 대한 "형제애적 지원" 결의에 동의하기 위해 손을 드는 사이에 제국의 반대편인 폴란드에서 더 심각한 문제의 징후가 나타나기 시작했다.

4장

그단스크

1980년 8월 15일

내가 파업 이틀째인 레닌조선소에 도착했을 때는 정문이 닫혀 있었다. 레닌조선소 파업은 공산주의 붕괴의 전조가 되는 사건이었다. 조선소 정문 앞면에는 공산주의 정권의 폭거로부터 파업 노동자들을 보호하는 부적처럼 폴란드 출신 교황 요한 바오로 2세의 초상화가 걸려 있었다. 정문 상단에는 흰색과 붉은색의 폴란드 국기가 축 늘어져 있었다. 근처에는 스트라이크 오쿠파치이니STRAJK OKUPACIJNY, 즉 "점거 파업"을 알리는 현수막이 걸려 있었다. 때 묻은 작업복 차림의 노동자들은 회색 철책을 움켜잡고 친척과 지지자 수백 명으로 이루어진 군중을 응시했다. 정문은 방금 꺾어온 붉고 흰 꽃으로 장식되어 있었다. 지난 몇 주간 폴란드 전국 수백 곳에서 육류 가격 인상에 항의하는 파업이 일어났지만, 항상 막후에서 문제가 해소되었다. 파업 지도부는 기자, 특히 외신 기자가 나타나면 정권과의 협상을 복잡하게 만들 뿐이라고 생각했다. 공산주의 사상가들은 공장, 탄광, 조선소를 계급의 적의 공격을 견디기 위해 구축한 프롤레타리아의 요새로 여겼다. 수년간 소련 진영을 돌아다닌 나는 정부 관리의 안내 없이 공장 방문을 허락받은 적이 한 번도 없었다.

놀랍게도 조선소 정문에 갑자기 약간의 틈이 생겼고, 나는 금지된 세계로 안내되었다. 마르크스주의 사상가들은 그때 내가 맞닥트린 장면을 마땅히 설명할 말을 절대 찾을 수 없을 것이다. 노동자가 "노동자의 국가"를 상대로 반란을 일으킨 것이다. 파업참가자들은 잔디밭 주변을 어슬렁거리거나 석면 더미에 앉아 있었다. 곳곳에서 평생 침묵을 강요당한 사람들이 풀려난 것처럼 열띤 토론을 벌이고 있었다. 일부 노동자는 조선소 담벼락에 올라가 지나가는 자동차 운전자들에게 파업 지지를 알리는 경적을 울려달라고 요청했다. 환자복에 붉은 드레싱 가운을 입은 환자 수십 명이 조선소 병원에서 나와 돌아다니는 모습은 파업 상황과는 어울리지 않는 느낌이었다. 내가 서방 신문사 기자라는 사실을 알아차린 파업참가자들은 다가와서 흥분하며 나를 껴안았다. "아메리카, 아메리카"라는 외침이 조선소에 울려 퍼졌다.

나는 한쪽 끝은 블라디미르 레닌 동상으로, 반대 쪽은 항해 중인 배 모형으로 꾸며진 커다란 방으로 안내되었다. 파업위원회와 조선소장인 클레멘스 그니에흐 사이에 협상이 진행 중이었다. 곧장 그니에흐 반대편에 앉은 인물이 내 시선을 끌었다. 약 170센티미터 정도의 작은 키에 넥타이를 매지 않고 체크무늬 셔츠와 구겨지고 검은 양복 차림이었다. 긴 콧수염 외에 주의를 처음 끈 것은 재빨리 움직이는 눈, 장난기 있는 미소, 무례하고 거슬리게 들리는 목소리였다. 그는 타고난 대중선동가의 모습을 하고 있었다. 나를 안내하던 고레고즈 오베르니초비츠가 속삭이듯 말했다.

"저 사람이 우리 지도자입니다. 이름은 레흐 바웬사입니다. 기자님을 여기 모시게 한 분이죠."

바웬사는 거의 본능적으로 대중의 관심을 끄는 능력이 자신의 가장 소중한 자산이라는 것을 이해했다. 공산당 정권의 정보 봉쇄를 우회하는 데 서방 언론을 활용할 수 있다는 사실도 알았다. 바웬사는 어린 시절부터 자유유럽방송과 BBC 방송을 들었다. 그래서 서방 기자가 쓴 파업 관련 기사가 서방 라디오 방송국을 통해 폴란드로 곧장 송출되어서 폴란드인 수백만 명이 들을 수 있다는 것도 알았다.

바웬사가 가진 비장의 무기는 공개적으로 진실을 말하는 것이었다. 진실은 경멸의 대상이 된 관료와 바웬사를 차별화하고 바웬사에게 권위를 부여했다. 첫날 내가 바웬사에게 다른 파업 지도자는 기자를 멀리하는데 왜 외국 기자를 조선소에 들어오게 했냐고 묻자 이런 대답이 돌아왔다.

"사람들에게 두려워할 필요가 없다는 것을 보여주고 싶었습니다."

얼마 후 레닌조선소 파업은 국제적인 미디어 이벤트가 되었다. 환한 TV 조명이 비치는 가운데 협상이 진행되었다. 처음 며칠간 분위기는 아주 친밀했다. 나는 마치 정교한 연극 연출이 이루어지는 무대 뒤에서 돌아다니는 느낌이 들었다. 수년간 공산정권은 서방 기자들이 2층 특별석에서만 쇼를 보도록 강제했다. 우리는 무대 위에서 벌어지는 일이 조작되었다고 의심을 했지만 확신할 수 없었다. 배우들은 당 이론가가 써준 대사를 완전히 숙지했다. 하지만 이곳에서, 사람들은 조선소장에게 반기를 들고 대본을 다시 썼다. 공산당 선전기구가 만들어 낸 가공의 세계가 산산이 부서진 것이다.

나는 노동자들이 서로에 대한 신뢰를 쌓는 모습을 보면서 폴란드 당국이 장벽과 울타리를 중요하게 여긴 이유를 이해했다. 권력을 유지하고 강화하기 위해 공산주의자들은 "분리통치divide and rule" 전략을 가능한 극단적으로 활용했다. 가장 명백한 장벽은 공산주의 국가를 바깥 세상과 분리하는 철의 장막이었다. 그러나 그에 못지않게 중요한 장벽은 노동자를 지식인으로부터 분리하고, 기중기 기사를 용접공과 분리하고, 폴란드인을 유대인과 분리하는 내부의 벽이었나. 이런 장벽 중 일부는 실제로 존재했고 검열, 이동의 자유 제한, 모든 형태의 독립 단체 금지라는 형태로 나타났다. 대부분은 심리적인 장벽으로, 수십 년간 지속된 전제적 통치와 뼛속까지 스며든 공포 분위기가 남긴 유산이었다. 결사의 자유는 전체주의 체제에 치명적인 위협이었다. 역사적 진보의 도구라고 자임한 공산당은 원자화되고 패배한 사람들의 사회를 통제하고 있었다.

조선소의 파업을 돌이켜볼 때 가장 강렬하게 남은 것은 놀라울 정도로 경쾌한 분위기였다. 물론 긴장된 순간도 많았다. 특히 초기에 그랬지만 대체로 곁에 있는 사람에게 전염될 정도로 쾌활한 분위기였다. 8월의 따뜻한 햇볕도 휴일 분위기를 자아냈다. 하지만 더 중요한 것은 사람들이 얼굴에 띤 미소와, 벽이 무너진다는 느낌, 그리고 이 모든 것의 불경스러움과 비현실성이었다. 노동자들이 공산주의 압제에 희생된 사람들을 기리는 기념비에 사용할 재료에 대해 토론할 때 누군가가 연단에 실물 크기의 레닌 동상을 가리키며 제안했다.

"더 이상 레닌 동상이 필요할 일은 없을 겁니다. 저걸 씁시다."

1980년 8월 조선소에서 오간 대화는 자기 해방적 특성이 있었다. 수년간 기만당한 사람들이 마침내 서로의 눈을 바라보며 진실을 이야기하고 바웬사의 기대처럼 두려워하지 않는 법을 배우고 있었고, 그 과정에서 우리가 가진 선입견에서 벗어나게 해주었다. 우리는 그전에는 마르크스가 말한 룸펜 프롤레타리아(의식화되지 않아서 반동세력에 이용당하는 최하층 노동자 - 옮긴이)에 불과하다고 무시한 사람들이 희망과 걱정과 다양한 시각을 가진 개인이라는 사실을 발견했다.

나는 조선소 정문 밖에 시선이 닿는 끝까지 늘어선 군중의 모습도 기억한다. 1년 전 여름 고향에 돌아온 교황을 환영한 선량하고 질서가 있으며 아주 참을성 있는 군중이었다. 공장 노동자, 사무 노동자, 학생 등 사회 각층의 사람들이 모두 있었다. 이들은 바웬사가 나타나기를 기다리는 동안 즉석에서 토론회를 열었다. 나는 존 리드가 러시아 혁명에 관해 쓴 책을 떠올렸다. 존 리드는 『세계를 뒤흔든 열흘』에서 이렇게 썼다.

"페트로그라드에서는 몇 달 동안 거리 곳곳에 연단이 마련되었다. 열차 안이나 전차 안에서 항상 즉석 토론이 벌어졌다."

이후 10년간 나는 폴란드인의 뒤를 이어 발트3국인, 체코인, 우크라이나인, 독일인, 그리고 마지막으로 러시아인이 존 리드가 기록한 혁명이 해체되는 광경을 수도 없이 보았다.

레흐 바웬사는 폴란드의 전후 세대였다. 그는 공산주의 세계에 처음으로 자유노조운동을 일으킨 거대한 사회 변혁, 즉 궁핍한 농촌 인구의 대규모 이주, 무신론 정권을 상대로 한 가톨릭교회의 투쟁, 1970년대 발트해 연안에서 벌어진 시위에 참여했다.

바웬사가 폴란드 중부의 작은 마을 포포보에서 태어났을 때, 폴란드는 독일의 지배를 받고 있었다. 생후 몇 개월 뒤인 1943년 9월, 바웬사의 아버지는 나치 집단수용소에 끌려갔고 2년 후 그곳에서 사망했다. 바웬사가 학교에 다닐 무렵 동쪽에서 온 붉은군대에 의해 해방된 폴란드는 소련이 확고히 장악하고 있었다. 소련은 폴란드 동부를 병합하고 그 대신 과거 독일 땅인 서쪽의 폭 약 320킬로미터 지역을 폴란드에 주었다. 소련은 바르샤바에 공산주의 정권을 세우고 모든 중요한 자리를 모스크바가 육성한 간부로 채웠다. 단기 집중적인 산업 정책과 곳곳에 배치된 비밀경찰부터 스탈린식 건축, 사회주의 유토피아를 약속하는 희망적 구호에 이르기까지 새 정권의 모든 것은 소련 모델에 바탕을 두었다.

폴란드인들은 소련의 점령을 비롯해 외세의 지배에 저항한 긴 투쟁의 역사를 통해 폴란드를 공산주의화하려는 시도에 저항했다. 아이들은 학교에서 공산당 소년단, 즉 피오네르가 되어 "레닌 할아버지"의 발자취를 따르도록 교육받았다. 하지만 집에서는 19세기 러시아의 지배에 저항한 봉기에 관한 이야기와, 1920년 8월 요세프 피우수트스키 원수가 붉은군대를 물리친 "비스와강의 기적"에 관한 이야기를 들었다. 노동자들은 주중에 공장에서 의무적으로 참석하는 공산당 모임에서 끊임없이 이어지는 마르크스주의 선전에 노출되었다. 하지만 일요일에는 교회 미사에 참여하여 전능한 것처럼 보이는 국가의 손에서 벗어나 영적 갈망을 채웠다.

1966년 23세가 된 바웬사는 폴란드 젊은이 수백만 명을 따라 중부 폴란드에서 그단스크로 이사했다. 과거 단치히 자유시였던 그단스크는 나치 독일 패망 후 폴란드가 "되찾은" 땅이었다. 제2차 세계대전 직후 첫 번째 대규모 이주 당시 대부분 독일계였던 주민들이 추방되었다. 1950년대와 1960년대에는 공산주의 정부의 맹렬한 산업화 정책 때문에 두 번째 이주 물결이 일었다. 대체로 농업 국가였던 폴란드는 20년 만에 도시 국가로 바뀌었다.

이런 사회적 변혁이 이루어진 데에는 정치적인 이유가 있었다. 마르크스주의 신봉자들은 도시 노동자 계급을 형성하는 것이 당의 권력을 강화하고 교회의 반동적 영향력을 분쇄하는 가장 효과적인 방법이라고 생각했다. 농촌에서는 교회가 계속 영향력을 발휘하더라도 도시는 공산당이 장악할 수 있었다.

공산당이 새로운 프롤레타리아에게 제대로 된 노동과 생활 환경을 제공했다면 이 전략이 먹혔을 수도 있었다. 하지만 노동자 국가의 공장과 광산은 약속한 사회주의 유토피아를 보여주기는커녕 찰스 디킨스의 소설 속 영국을 떠올리게 하는 노동력 착취의 현장이었다. 바웬사의 기억에 따르면 레닌조선소에는 노동자에게 필요한 아주 기초적인 편의시설도 부족했다.

"도착해서 보니 조선소는 씻거나 화장실에서 용변도 볼 수 없는 더러운 누더기 차림의 노동자가 우글거리는 공장이었다. 화장실이 있는 1층으로 내려가는 데 적어도 30분이 걸리기 때문에 아무 데나 볼일을 봤다. 이런 노동 조건이 얼마나 모욕적인지 상상도 못할 것이다."[64]

비가 오는 날에는 옷을 갈아입을 곳이 없어서 노동자들은 홀딱 젖은 채로 귀가했다. 안전 기준도 형편없었다. 바웬사가 견습공으로 일한 지 얼마 안 가 급하게 작업하던 배에서 폭발사고가 나서 노동자 22명이 화장되는 일이 있었다.

주거 환경도 열악했다. 젊은 노동자들은 한 방에 3~4명 들어가고 복도 끝에 부엌과 화장실을 공유하는 기숙사에서 생활했다. 이곳에서는 싸움이 자주 일어났는데, 특히 월급날에 비참한 상황을 잊기 위해 보드카를 잔뜩 마셔서 더 그랬다. 기숙사 주변은 깨진 유리와 방치된 쓰레기가 있는 불모지였다.

그단스크에는 자유의 정신이 넘쳐났다. 인구 약 50만 명으로 전략적으로 중요한 항구도시인 그단스크는 항상 외부에 열려있었다. 14~17세기에는 발트해에서 가장 중요하다고 할만한 무역의 거점이기도 했다. 바로크 양식과 고딕 양식으로 지어진 교회와 르네상스 양식의 상공업조합 건물은 그단스크가 브뤼헤, 런던, 함부르크처럼 훌륭한 무

역 도시였을 때 지어졌다. 비스와강의 제방에 늘어선 거대한 식량창고
는 폴란드가 유럽 최대 곡물 수출국이던 시절을 떠올리게 했다. 공산정
권 시절 폴란드가 식량 수입국이 되면서 곡물을 들여오기 시작했다.

　제1차 세계대전 뒤 국제연맹의 감독을 받는 자유시가 된 그단스크
는 제2차 세계대전을 촉발한 장소이기도 했다. 히틀러는 단치히를 되
찾아 바다로 이어지는 폴란드의 육로를 차단하기로 했다. 1939년 9월
1일 독일 순양함 슐레스비히-홀슈타인함은 단치히에서 수 킬로미터
떨어진 베스테르플라테의 해안 요새에 첫 포격을 가했다. "단치히를
위해" 죽느냐 사느냐가 지도에서 단치히를 잘 찾지도 못하는 유럽 젊
은이 수백만 명에게 화급하고 도덕적인 문제가 되었다.

　정치적 소요사태의 화약고라는 그단스크의 명성은 1970년 12월
노동자들의 반란으로 굳어졌다. 조선소 정문 앞에서 치안 병력과의 첫
대치 상황이 벌어졌다. 애초에 노동자들은 반정부 시위대가 수백 년간
내세운 빵과 자유를 요구하며 시청으로 행진하려고 했다. 공산주의 민
중가요인 〈인터내셔널가〉를 부르는 노동자들을 맞이한 것은 자동소총
의 총성이었다. 몇 초 만에 시위대 수십 명이 고꾸라졌다. 이 사건으로
4명이 사망하고 15명이 부상을 입었다.[65]

　당시 조선소 파업위원회 위원인 바웬사는 희생된 동지들을 추모해
야 한다는 생각을 잊은 적이 없었다. 그는 시위 생존자들이 살해된 동
료들의 헬멧에 검은 크레이프천을 씌워서 조선소 정문에 걸어놓은 사
실을 기억했다. 조선소 병원 창문에는 희생자들의 붉은 피로 십자가 네
개를 그린 침대시트를 걸어놓았다.

　"그런 다음 국가를 불렀는데, 특히 '외국 군대가 우리에게서 빼앗
아 간 것을 칼로 되찾을 것이다'라는 부분을 특별히 강조하며 불렀다.
정부의 하수인이 우리가 하는 말을 들을 수 있도록 정문에 확성기를 설

치하고는 '살인마, 살인마'라고 외치기 시작했다."[66]

공산주의 정권은 모든 비극의 흔적을 지우기로 했다. 희생자 시신을 한밤중에 몰래 옮겨서 눈에 띄지 않는 무덤에 매장했다. 친척들에게 침묵을 강요했고, 말을 듣지 않으면 일터에서 쫓아내고 주택 공급 명단에서도 제외할 것이라고 위협했다. 발포 명령을 내린 당 간부와 군 장성은 처벌받지 않았다. 희생자를 위한 추모비를 세운다는 약속은 지켜지지 않았다. 정확히 몇 명이 죽었는지도 밝혀지지 않았다. 공식 발표는 54명이지만 그단스크 시민 다수는 실제 희생자가 훨씬 많다고 추정했다.

바웬사는 1970년 12월 소요사태 기념일을 정권을 비난하는 기회로 이용했다. 그는 조선소 제2정문 앞에서 비공식 집회를 조직하여 희생자 추모비를 세우기로 한 약속을 지키라고 요구했다. 집회 참석자들은 1976년 6명에서 시작해서 1977년 100명, 1978년 500명으로 늘어났다. 1979년 12월 조선소 간부들은 "에너지 절약"을 이유로 노동자들을 일찍 귀가시켜 추모 집회를 방해하려 했다. 하지만 노동자 약 5000명이 모여 공산당의 통제를 받지 않는 자유노조 설립을 주장하는 바웬사의 연설을 들었다. 바웬사는 연설 끝부분에 다음 해에는 같은 장소에 모든 참석자가 큰 돌을 가지고 모일 것을 촉구했다.

"우리는 그 돌로 무덤을 만들고, 그 위에 시멘트를 바를 겁니다. 그게 우리의 추모비입니다. 우리가 직접 추모비를 만들 겁니다!"[67]

원래 레닌조선소의 파업은 1980년 8월 13일에 시작할 예정이었다. 바웬사는 집에서 오랫동안 앓던 부인 다누타를 도와야 했다. 바웬사의 부인은 다섯째를 막 출산한 상태였고, 혁명은 24시간 늦춰졌다.

파업 주동자는 세 명의 젊은 노동자인 유레크 보로프치크, 루드비크 프라진스키, 보그단 펠스키였다.[68] 모두 20대 초반이고 책임질 가족이 없으며 거리낌이나 사실상 잃을 것이 없었다. 이들은 나이든 노동자들과 마찬가지로 비참한 주거 환경과 일당 독재 국가의 오만에 대해 분노하면서도 몸을 사릴 필요가 없었다. 1970년 12월 폴란드 치안 병력이 조선소 밖에서 노동자를 상대로 발포했을 때, 세 사람은 아직 어렸고 정치적인 패배를 경험하지 않은 상태였다. 젊은이들의 관심을 정치에서 멀어지게 하는 수단으로써 공산당이 조장한 1970년대 소비문화 덕분에 세 사람은 서방의 패션과 사상을 접할 수 있었다. 나이든 노동자들은 공산주의 정부의 억압 정책을 두려워했지만 세 젊은이는 신경 쓰지 않았다.

보로프치크와 동지들은 다른 노동자들을 시위에 동참하도록 설득할 수 있다는 확신이 꽤 있었다. 7월 초 폴란드 노동자 수십만 명이 정부가 육류 가격을 인상하려는 시도에 대항해 이미 파업을 벌인 적이 있었다. 노동자들은 임금을 올려준다는 정부의 약속을 믿고 매번 시위를 중단했다. 그런 승리는 높은 인플레이션 상황에서 아무 의미가 없었다. 몇 달 지나지 않아 노동자들의 상황은 이전과 마찬가지로 어려워졌다. 그단스크 파업은 제대로 조직하는 것이 중요했다.

젊은 급진주의자들은 시위를 계속하고 조선소의 모든 노동자를 파업에 동참시키기 위해 경험 있는 인물이 필요하다는 것을 깨달았다. 바웬사는 여기에 이상적인 인물이었다. 1970년 8월 조선소 폭동은 실패했지만 폭동 주동자 중 한 명인 바웬사는 상당한 권위가 있었고, 발트 지역 지하 자유노조운동의 저명한 일원으로서 그단스크에서 잘 알려져 있었다. 그단스크에는 바웬사보다 지식이 풍부하고 더 뛰어난 전략적 비전을 지닌 반정부 인사가 두 명 있었다. 그러나 바웬사에게는 특별한 재능이 있었다. 대중 앞에서 자신을 요란하게 드러낼 줄 알았고,

정권을 비난할 모든 기회를 놓치지 않았다. 버스 같은 대중교통에 올라타 즉석에서 반정부 유인물을 나눠 주곤 했으며, 택시에 타서는 택시기사를 자유노조 지지자로 만들었다. 1976년 바웬사의 행동에 분노한 조선소 측은 건방지다는 이유로 바웬사를 내쫓았다. 정부 당국은 툭하면 바웬사를 48시간 구금한 뒤 풀어주었다. 키가 별로 크지 않지만 혈기왕성한 전기공인 바웬사를 통제하려는 모든 시도는 소용이 없었다. 바웬사는 자신을 가둔 교도소장과도 논쟁을 벌이곤 했다.

8월 초 조선소 측은 자유노조가 파업을 벌일 확실한 명분을 제공했다. 정년을 5개월 앞둔 크레인 기사인 안나 발렌티노비치를 파면한 것이다. 해고 통지서에는 노동 규율을 "심각하게 위반"했다고 적혀있었다. 발렌티노비치의 진짜 죄는 자유노조의 유인물인 〈연안노동자 Coastal Worker〉를 지속적으로 배포한 일이었다. 자유노조는 앙갚음을 하기로 했다.

파업의 초기 조직 단계에 이론적 토대를 제공한 인물은 〈연안노동자〉의 편집장인 30세의 보그단 보루세비치였다. 루블린 가톨릭대학 출신인 보그단은 정권과 오랫동안 갈등을 빚은 역사가 있었다. 1968년 학생 시위 때는 그단스크에서 불법 유인물을 배포한 죄로 3년 징역형을 받았다. 바르샤바의 지식인과 반체제인사와도 긴밀한 접촉을 유지했다. 동료 노동자의 파업 동참을 위해 조선소 파업을 주동한 세 젊은이 보로프치크, 프라진스키, 펠스키를 설득한 사람도 다름 아닌 보루세비치였다. 공모 방법에 익숙했던 보루세비치는 엄격한 보안의 필요성을 강조했다. 바웬사조차 최종 파업일을 24시간 전에 통보받았다.[69]

8월 14일 아침 세 젊은이는 넓게 펼쳐진 조선소를 가로지르며 사방으로 흩어졌다. 각자가 〈연안노동자〉의 불법 인쇄기로 인쇄한 포스터 10여 장과 유인물 500여 장으로 무장했다. 보로프치크는 조선소 중앙을 가로지르는 수로 건너편에 있는 자신의 작업장인 K-5로 향했다. 작업장 한쪽에는 수백만 달러를 들여서 수입하고도 아무도 제대로 된 사용법을 몰라서 녹슨 채 방치된 용접 기구가 쌓여있었다.[70]

보로프치크가 개인 물품 보관함에서 유인물을 뿌리기 시작하자 노동자들이 주변에 몰려들었다. 〈연안노동자〉의 편집진이 서명한 유인물은 안나 발렌티노비치의 복직을 주장하는 내용이 담겼다.

"당국은 잠재적 지도력을 보여준 사람을 고립시키는 방법을 자주 쓰고 있다. 오늘 우리가 반대 의사를 분명하게 표현하지 않으면 앞으로 누구도 노동 시간 확대, 안전 규칙 위반, 강제적인 초과근무에 대해 항의하지 않을 것이다. 우리의 이익을 보호하는 가장 좋은 방법은 서로를 보호하는 것이다."[71]

보로프치크는 더 많은 노동자가 파업에 공감하도록 1000 즈워티(폴란드 화폐 단위 - 옮긴이) 임금 인상을 두 번째로 주장했다. 동료 노동자들은 파업에 공감했지만 겁을 먹었다. 한 노동자가 말했다.

"좀 더 큰 작업장에서 파업을 시작하는 게 좋지 않을까요?"

다른 노동자가 염려스러운 눈으로 주변을 살피며 말했다.

"여기 계속 서 있으면 안 돼요. 안으로 들어갑시다."

보로프치크는 노동자들이 안으로 들어가면 감독관과 공산당 서기의 감시로 모든 일이 물거품이 된다는 사실을 알았다. 보로프치크는 다른 작업장이 파업에 동참할지 확신하지 못했지만 모험을 하기로 했다. 그래서 대형 선체를 조립하는 두 작업장을 가리키며 말했다.

"K-3와 K-4 작업장으로 갑시다. 둘 다 작업을 중단했습니다."[72]

노동자 30여 명이 보로프치크와 같이 가기로 했다. 시위대는 두 가지 요구 조건을 내건 간이 현수막을 들고 다리를 건너 조선소의 중심 구역으로 행진했다. 곳곳에서 호기심이 발동한 노동자들이 모여서 거대한 크레인과 영광스러운 공산당의 미래를 찬양하는 대형 선전 포스터 때문에 난쟁이처럼 작고 외롭게 보이지만 결연한 시위대의 행진을 지켜보았다. 시위대가 구호를 외쳤다.

"동참합시다."

10년 전에도 조선소 주변에 똑같은 외침이 울려 퍼졌었다. 노동자 3~4명의 소그룹이 반쯤 건조된 배에서 내려와 급격히 인원이 불어나는 시위대에 동참했다. 누군가가 파업 시작을 알리는 조선소의 경보 사이렌을 울렸다.

회청색 작업복에 노란 헬멧을 쓴 노동자들은 4년 전 바웬사가 일한 전기공 작업장인 W-4 구역 뒷쪽을 빙 둘러서 조선소 맨 끝 제3정문 옆에 있는 K-3 작업장으로 향했다. 루드비크 프라진스키가 붙인 포스터를 본 노동자 수백 명이 K-3 구역 앞에 이미 모여 있었다. 두 시위대가 합쳐지면서 분위기가 후끈 달아올랐다. 시위대는 "만세, 만세"라고 외쳤다. 갑자기 노동자들은 더 이상 혼자라는 두려움을 느끼지 않았다.

이제 시위대는 수천 명으로 불어났다. 좀 더 자신감을 얻은 시위대는 한 번 더 조선소 전체를 천천히 돌며 더 많은 동조자를 끌어모았다. 시위행진은 1970년 12월 비극이 발생한 조선소 제2정문에서 멈췄다. 이번에는 거리로 쏟아져 나가는 대신 그 자리에 멈춰 서서 1분간 희생자들에 대한 묵념을 했다. 감정에 복받쳐 목이 멘 시위대는 국가를 불렀다.

"폴란드는 아직 사라지지 않았다. 적어도 우리가 살아 있는 동안에는 그렇다."

레흐 바웬사는 스토기에 있는 자택에서 조선소의 사이렌 소리를 들었다. 스토기는 그단스크 동쪽 외곽의 쓰러져가는 조립식 노동자 아파트 단지가 있는 칙칙한 교외였다. 바웬사는 사이렌 소리가 의미하는 바를 정확히 알았다. 세계 최초로 사회주의 국가를 건국한 사람의 이름을 따서 만든 조선소가 파업에 돌입한 것이다.

바웬사는 가족 문제로 너 일찍 파업에 참여할 수 없었다. 며칠 전에는 자유노조 활동 때문에 딸 아니아의 출생을 지켜보지 못했다. 아내 다누타가 막 출산을 하려는 순간 경찰이 48시간 체포영장을 가지고 아파트 문을 두드렸다. 정식 기소 없이 반체제인사를 48시간 잡아 가두는 것은 통상적인 탄압 형태였다. 바웬사가 풀려났을 때 딸 아니아는 이미 출생한 후였다. 산모는 사람이 붐비고 위생 상태가 엉망인 병원에서 출산한 후유증으로 탈진을 하는 바람에 서 있기도 힘들었다. 그녀는 바웬사가 세상을 바꾸려고 서둘러 나가기 전에 나머지 자녀들의 옷을 입혀 학교에 데려가게 했다.

바웬사는 갖고 있는 옷 중 가장 단정하지만 허름해서 드라이클리닝이 필요해 보이는 회색 양복을 입고 시내 전차를 탔다. 바웬사는 자신이 왜 재구속되지 않았는지 궁금했다. 경찰차가 전차를 뒤쫓아오는 것이 보였다. 비밀경찰은 항상 바웬사를 감시했다. 당국은 그단스크에서 문제가 발생할 것을 예상했고, 며칠 전 공산당 이념 지도자는 경찰이 폴란드 반정부 활동가 1만 2000명의 이름과 주소를 알고 있다고 자랑했다. 그단스크 같은 도시에서 문제를 일으킬 소지가 있는 사람을 사전에 체포하는 일은 어렵지 않았다. 바웬사는 갑자기 이런 생각을 했다.

"사실 당국이 파업을 허용한 뒤에 또다시 시위대 전체에 총격을 가할지도 모른다."[73]

35분 뒤 조선소에 도착했을 때 바웬사는 시위를 해야 하는지에 대한 의구심을 떨쳤다. 막 태어난 딸 아니아와 인민의 나라 폴란드에서 딸에게 펼쳐질 미래를 생각했다. 되돌아갈 수는 없었다. 공산당 관료의 마키아벨리적 계산과 상관없이 평범한 폴란드인은 자기 운명을 스스로 책임져야 했다.

한 무리의 군중이 조선소 주 출입구인 제2정문 근처에서 서성거리고 있었다. 바웬사는 경비원이 모든 출입자의 신분증을 확인하는 모습을 볼 수 있었고, 4년 전 쫓겨난 조선소로 다시 들어가기 위해 근처의 벽돌담에 기어올랐다.

붉은 벽돌로 지은 조선소 병원 바로 앞 대형 광장에서 회의가 진행되고 있었다. 조선소장인 클레멘스 그니에흐는 파업을 중단하도록 시위대를 설득했다. 조선소장의 노력은 어느 정도 효과를 거둔 것 같았다. 야유가 있었지만 일부 노동자는 일터로 발길을 돌렸다. 이때 바웬사가 굴착기에 올라가 그니에흐의 어깨를 치며 화난 목소리로 물었다.

"내가 누군지 아시죠? 이 조선소에서 10년을 일해서 아직도 조선소 노동자라고 느끼고 있습니다. 나는 노동자들을 믿습니다. 일자리를 잃은 지 벌써 4년이 됐네요."[74]

조선소장은 너무 놀라서 입을 떼지 못했다. 시위대는 바웬사를 응원했다. 상황이 유리하다고 느낀 싸움닭 바웬사는 몇 가지 요구 조건을 새로 내놓았다. 여기에는 자신의 복직과 희생된 노동자를 위한 추모비를 세우는 것이 포함되었다. 임금을 2000 즈워티 인상하는 요구도 추가했다. 응원 함성이 훨씬 커졌다. 시위대가 자기편이라고 판단한 바웬사는 "점거 파업"을 선언하고 마지막까지 조선소에 남겠다고 노동자들에게 약속했다. 나중에 바웬사는 이렇게 회상했다.

"왼손으로 잽싸게 스트레이트를 먹이자 조선소장이 링에서 떨어질 뻔했다. 나는 노동자들이 원하는 것을 얻었다고 확신하기 전에는 꼼짝도 하지 않을 거라고 조선소장에게 소리쳤다. 노동자들은 용기를 얻었고 나는 시위대의 리더가 되었다."[75]

제1부 프롤레타리아의 반란

5장

바르샤바

———————

1980년 8월 15일

에드바르트 기에레크는 소련에서 휴가를 즐기는 동안 레닌조선소 파업 소식을 들었다. 흑해 인근에서 휴가 즐기는 일은 동유럽의 소련 식민지 총독들의 연례행사였다. 매년 8월 각국 공산당 서기장은 브레즈네프의 초청을 받아 크림반도 남쪽 끝에 있는 19세기에 지어진 궁전에 모였다. 이들은 차르 시대의 영광을 즐기며 바다 공기를 마셨고, 자본주의 세계를 괴롭히는 불행을 고소하며 자축하는 공식 성명을 발표했다.

기에레크에게 크림반도 방문은 브레즈네프와의 관계를 과시할 기회였다. 두 공산당 지도자가 서로 볼을 비비는 장면이 의례적으로 TV에 방송되는 것은 고국의 정적들에게 보내는 신호였다. 이것이 노동쟁의가 폴란드를 휩쓸고 있을 때 기에레크가 휴가를 간 이유 중 하나였다. 정치국 동지들은 기에레크의 경제정책에 대해 불평하고 등 뒤에서 관료적 음모를 끊임없이 벌였다. 기에레크가 크렘린의 신임을 받는 것처럼 보이는 한 심각한 반발 움직임이 있을 가능성은 거의 없었다.

이번 방문은 편히 쉴 수 있는 휴가가 아니었다. 7월 말 크림반도에 도착하자마자 기에레크는 브레즈네프와 불편한 대화를 나눴다. 브레즈네프는 모스크바-베를린 철도 노선을 마비시킨 폴란드 동부 도시 루블린에서 벌어진 파업을 크게 우려했다.[76] 동독에 배치한 최전방 부대와 본토와 연결된 철도망도 4일간 끊어졌다. 브레즈네프는 이런 상황을 도저히 용납할 수 없다고 확실히 말했다. 기에레크는 늙은 브레즈네프를 안심시키려고 애를 썼다. 며칠간 파업이 진정되는 것처럼 보였다. 그러던 찰나 그단스크에서 충격적인 뉴스가 전해졌다.

제1서기를 폴란드로 데려오기 위해 바르샤바에서 특별기가 급파되었다. 공항에 도착한 기에레크는 곧바로 공산당 본부로 이동했다. 기에레크가 정치국 회의실의 참나무 문을 열고 들어가자 동료들이 경의를 표하며 모두 자리에서 일어났다.[77]

정치국은 레닌조선소가 파업에 돌입한 하루 전날부터 비상체제에 돌입한 상태였다. 안보를 담당한 당서기 스타니슬라프 카니아가 파업으로 그단스크 지역 대부분이 이미 마비 상태라고 보고했다. 발트해 연안 지역에는 물건 사재기가 극성이었다. 다른 지역으로도 문제의 징후가 퍼지고 있었다. 군에는 경계령이 떨어졌고 그단스크에 군과 경찰 예비병력이 파견되었다. 유화로 그린 레닌 초상화 바로 아래 타원형 회의 테이블의 상석에 앉은 기에레크가 물었다.

"당원들은 모두 어디 간 거요?"[78]

턱 아래 살이 두껍게 늘어지고 네모난 농부 얼굴을 한 카니아에게 질문이 떨어졌다. 기에레크가 크림반도에 머무는 동안 바르샤바를 책임진 카니아는 그단스크를 비롯해 전국적으로 문제가 발생한 지역을 방문했기 때문에 기에레크가 아직 모르는 사실을 알고 있었다. 당의 권위는 이미 무너진 상태였다. 카니아가 답했다.

"당원들은 지금 벌어지는 일을 막을 힘이 없습니다. 조선소에서 파업이 일어날 조짐은 없었습니다. 느닷없이 당한 겁니다. 이제 걷잡을 수 없을 정도로 위험한 상황입니다."[79]

다른 정치국 위원들도 카니아를 거들었다. 기에레크가 자리를 비운 2주간 매일 파업이 벌어졌다. 생활 수준이 점점 나빠지자 일반 당원의 사기도 떨어졌다. "반사회주의적 요소"가 노동자들의 정당한 불만을 부추겼다. 경제적 요구는 자유노조 설립 같은 정치적 요구로 바뀌었다. 엄격한 검열과 관영 매체의 낙관적인 발표에도 불구하고 계속 발생하는 노동쟁의 소식은 빠르게 전파되었다. 외국 라디오 방송, 특히 자유유럽라디오는 위기를 하나도 빠뜨리지 않고 전달하는 데 모든 노력을 기울였다.

그단스크 뉴스는 기에레크에게 정치적 재앙이었다. 광부 출신으로서 노동자 친화적이라는 명성을 얻은 기에레크는 1970년 대대적인 노동쟁의로 권위주의적인 전임자 브와디스와프 고무우카가 실각하자 정권을 잡았다. 당 제1서기로 임명된 지 몇 주 뒤 기에레크는 레닌조선소를 방문하여 노동자들에게 "도움"을 주겠다고 약속했다. 노동자들은 이렇게 화답했다.

"기에레크 동지, 우리가 돕겠소."

노동자들이 말한 "돕겠소"라는 표현은 기에레크 정권의 구호가 되었다.[80]

기에레크는 회의실 내에 있는 누구보다도 당 정치의 살벌한 세계를 잘 알고 있었다. 그래서 정치국 내의 정적들이 자신에게 반기를 들기 위해 최근 발생한 파업을 이용할 수 있다고 의심했다.[81] 기에레크는 공산당 당수들이 대개 이런 상황에서 하는 질문을 스스로에게 던졌다.

'내가 쫓겨나면 누구에게 득이 될까?'

답은 분명해 보였다. 보안기관이었다. 사회적 격변이 일어나는 시기에는 군과 내무부가 정치적 안정을 보장하는 기관이 되었다. 파업이 끝날 때까지 두 기관은 큰 변동이 있을 수 없었다. 공작원과 정보원의 방대한 네트워크를 보유한 보안기관의 수장이 노동쟁의를 자신들에게 이익이 되도록 조작할 가장 좋은 자리였다.

카니아는 그다지 위험해 보이지 않았다. 카니아는 술독에 빠져 점심 식사 뒤에는 중요한 업무를 할 수 없는 경우가 잦았다. 공산당 세계에서 이런 약점은 고위직에 올라가는 데 대개 장애로 여겨지지 않았다. 오히려 정치국 동료들에게 더 유연하고 더 의존적인 사람으로 여겨졌다. 하지만 최근 카니아는 독자적인 행동을 취하며 우려스러운 신호를 보였다. 게다가 카니아에게는 국방부에 강력한 우군, 즉 보이치에흐 야루젤스키 장군이 있었다.[82]

다른 많은 고위직 당원과 마찬가지로 기에레크는 보안기관의 수장들이 왜 노동쟁의가 확산되게 내버려 두고, 기본적인 조처를 하지 않았는지 이해할 수 없었다. 기에레키가 보기에, 이들이 파업을 중단하려고 했다면 주요 문제 인사를 격리하고 바르샤바에 있는 서방 기자들에게 들어가는 정보를 차단하기만 하면 되는 간단한 일이었다. 그러나 카니아는 상황이 정리되었다며 기에레크에게 크림반도 휴가를 일정대로 진행하라고 거듭 말했었다. 이제 파업이 발트해 연안에서 확산되면서 질서를 회복하는 일은 더 어려워졌다.

기에레크의 본능적인 첫 반응은 반격이었다. 그는 정치국원들에게 파업이 "외부 세력"에 의해 조장되었다고 말했다.

"오늘 논의할 사항은 아니지만 꼭 생각해 볼 필요가 있소."

그러면서 무력 진압을 선호한다는 의견을 제시했다.

"긴장된 시기가 무한정 계속되도록 둘 수 없소. 더 위험한 상황이 벌어질 수 있고, 그런 상황에서 무력을 사용하지 않을 수 없소."[83]

기에레크가 바르샤바로 돌아온 지 몇 시간 만에 만반의 진압 준비를 갖춘 시위진압 병력이 그단스크 방향으로 향했다. 폴란드 정부는 그단스크 지역에 주둔한 3개 육군 연대에 경계태세를 발령했다. 발트해 연안에는 소련 해군 함정이 출몰했다. 동독과 소련 서부 지역의 바르샤바조약 군대가 소집되자 소련 통신사인 타스는 "통상적 기동"이라고 에둘러 표현했다.[84] 그단스크와의 전화 통신은 차단되었다. 내무부에는 반란을 진압하고 "정치·사회적 상황"을 정상화할 TF팀이 편성되었다. "80년 여름"이라는 암호가 붙은 이 진압 계획에는 레닌조선소를 헬리콥터로 기습하여 바웬사를 비롯한 시위 지휘부를 체포하고 "반사회주의 세력"을 24시간 감시하는 작전이 포함되었다.[85] 가장 시급한 것은 폭동 세력을 레닌조선소 안에 고립시키는 것이었다.

기에레크가 그단스크 사태에 대한 정보를 은폐하는 동안, 낡은 실크 가운 차림의 대머리 인물이 가능한 빨리 정보를 퍼뜨리느라 정신없이 바빴다. 야체크 쿠론은 당 중앙위원회 건물에서 전차tram로 15분 거리에 있는 아담 미츠키에비치 거리의 방 3칸짜리 아파트에 살고 있었다. 지난 한 달 동안 쿠론은 매일 3~4시간 이상을 자지 않았다. 폴란드 전역에 만들어진 파업위원회에서 나온 정보를 바르샤바 주재 서방 통신사에 밤낮없이 전화로 전달했다.

쿠론의 주소록에는 폴란드 전역의 도시와 마을의 반체제 운동가 수백 명의 전화번호가 적혀있었다. 서방 특파원들은 쿠론의 주소록이 소련 제국 전체에서 가장 반역적인 문서라고 농담하곤 했다. 쿠론은 반쯤 마신 커피잔과 구겨진 담뱃갑, 오래된 신문, 반쯤 휘갈겨 쓴 메모, 낡은 오렌지색 전화기로 어질러진 커다란 나무 책상 뒤에 앉아 있었다. 인간 발전기라고 할 정도로 정력이 넘치는 쿠론은 잠시도 쉬는 법이 없었다. 전화를 걸고는 15~20초간 듣고 나서 큰 소리로 몇 가지 지시를 했다. 넌더리 날만큼 말하고 담배를 피우고 술을 마시는 바람에 목이 쉬었고 쉬는 시간이라고 해봐야 전화 다이얼을 돌리는 순간뿐이었다. 쿠론은 언제라도 전화가 끊어질지 모른다는 듯 따발총을 쏘듯 말을 쏟아냈다. 전화를 걸지 않는 드문 시간에는 아파트에 물밀 듯이 계속 찾아오는 손님 맞이에 최선을 다했다. 마지막 손님이 떠난 뒤에야 방구석에 있는 소파에서 몇 시간 잠을 청하곤 했다.

폴란드의 공산당 지도자들에게 쿠론은 인간의 탈을 쓴 악마 루시퍼이자 "국가의 적"이고 "세계 제국주의의 하수인"이었다. 폴란드에서 급증하는 반체제 운동에서 쿠론은 거의 신화적 인물이었다. 사상가와 조직책과 지도자를 하나로 합쳐놓은 존재였다.

"붉은 소년단" 출신이자 바르샤바 대학 강사인 쿠론은 정통 마르크스주의 교육을 받았다. 공산당 청년조직에서 적극적으로 활동했고 공산당 내에서 장래가 촉망받는 것처럼 보이기도 했다. 하지만 쿠론은 1960년대 초 공산주의 관료집단이 자본가와 마찬가지로 노동 계급을 잔인하게 착취하고 있다고 비난하는 트로츠키식 비평문을 써서 정권의 눈 밖에 났다. 1965년 이후에는 "반국가 활동" 혐의로 6년 이상 감옥살이를 했다. 수감 생활 중에는 정치적 시각이 진화했다. 폴란드 역사책, 특히 19세기 러시아에 저항해 일어난 반란에서 영감을 얻었고 마르크스주의적 시각을 버렸다. 무신론자였던 쿠론은 폴란드의 민족적 정체성을 보존하는 가톨릭교회를 존중하게 되었고, 전체주의 정권의 그늘에서 시민사회의 발전 방법이라는 문제에 대해 진지하게 고민하기 시작했다.

제1부 프롤레타리아의 반란

관영 매체에서 이야기하는 것과는 정반대로 쿠론은 국가를 상대로 한 전면적인 대결을 옹호하지 않았다. 실제로 쿠론은 중무장한 적과 최후의 결전을 벌여서는 이길 가능성이 없다고 확신했다. 그것은 1970년 노동자 바라에서 얻은 교훈이었다.

유일한 해결책은 공산당을 완전히 우회하는 것이었다. 시민사회가 공산주의 정권의 권력 기관을 무시하고 전체주의의 경계를 끌어내리면서 자체적으로 비공식 체계를 만들 터였다. 폴란드인들은 마치 자유로운 것처럼 행동함으로써 결과적으로 자유를 얻을 수 있었다. 지하신문들은 정부 검열을 조롱거리로 만들 수 있었다. "비행 대학flying university"이라고 불린 가정에서 이루어진 모임이 정부의 교육제도를 우회하는 수단이었다. 시민방어위원회 네트워크는 사실상 결사의 자유를 가져올 수 있었다. 공산주의 권력 구조는 크렘린을 위한 이념적 위장막으로 작동하고 폴란드는 겉으로는 아닐지라도 실질적인 다원주의 사회가 될 수 있었다. 쿠론은 다음과 같은 모토를 내세웠다.

"당 위원회를 파괴하지 말라. 자체적인 위원회를 만들라."

그단스크의 자유노동조합원들은 쿠론의 반체제 그룹의 일부를 형성했다. 네트워크의 중심에는 폴란드어 첫 글자로 KOR로 표기되는 노동자방어위원회Workers' Defense Committee가 있었다. 경찰의 잔학 행위에 희생된 사람을 지원하는 바르샤바 지식인 그룹으로 결성된 KOR은 얼마 안 가 정치적 압력 단체로 발전했다. KOR 회원들은 인권 탄압에 주의를 환기하는 동시에 공산당의 경제정책을 비판하는 성명을 발표했고, 농민방어위원회에서 반체제 출판인에 이르기까지 타 저항 그룹을 아우르는 조직이 되었다. 1980년 정부의 육류 가격 인상 결정으로 새로운 노동쟁의가 잇달아 벌어지자 쿠론은 자기 아파트에 파업정보센터를 만들었다.

쿠론과 동료들은 폴란드 공산주의자들이 힘겹게 손에 넣은 정치 권력을 자발적으로 일절 내놓지 않을 것이라는 사실을 알았다. 그러면서도 경제 침체라는 냉혹한 현실 때문에 반대세력과 타협을 모색할 수밖에 없다고 판단했다. 동유럽의 공산 국가들은 일반 시민의 생활 수준을 억누름으로써 1950년대와 1960년대에 놀랄만한 경제성장률을 달성했다. 하지만 1979년에는 제2차 세계대전 후 처음으로 폴란드 경제는 마이너스 2퍼센트 성장을 기록했다. 인민들의 희생은 쓸모가 없었다. 경제 호황은 물거품이 되었다.

정권이 직면한 가장 시급한 위기는 감당할 수 없는 외채였다. 1970년대 초 기에레크 정부는 대규모 투자 사업에 재원을 대기 위해 수십억 달러를 빌렸다. 서방의 은행과 정부는 무리한 신용공여를 제공했다. 공산권은 대개 리스크가 감당할만하다고 여겨졌기 때문이었다. 소련 정부가 위성국이 파산하도록 내버려 두지 않을 것이라는 주장도 있었다. 기에레크는 "제2의 폴란드" 건설을 내세웠다. 공장 수백 개를 새로 세우고 소비재 생산을 극적으로 늘려서 서방에 대한 수출 증가로 빌린 돈을 갚을 생각이었다. 그러나 이 계획은 실패했다. 모르는 것이 없을 것 같았던 정책입안자들이 선택한 사업 중 경제적으로 타당한 것은 거의 없었다. 대개는 폴란드 지도자들의 개인적 변덕, 서방 기업이 준 고액 뇌물 수수, 또는 순전히 관료주의적 무능이 빚은 결과였다. 1980년 폴란드 외채는 약 180억 달러에 달했다. 폴란드가 외국과의 교역으로 벌어들인 모든 달러는 외채 상환에 사용되었다.

비공식적인 야당도 정부에 위기에서 탈출할 방법을 제시하며 도왔다. 거기에는 대가가 있었다. 폴란드 사회가 "자치" 기관을 육성할 수 있게 허락하는 것이었다. 공산당은 더 이상 폭력을 마음대로 사용하지 않고 정권 취약기에 제공한 권리를 파기하지 않겠다고 보장해야 했다.

제1부 프롤레타리아의 반란

과거에는 자신 외에 누구에게도 책임을 지지 않던 공산당 지도자들은 어떤 식으로든 사회적 통제를 받아야 하는 상황에 처했다. 이것은 적어도 국가가 당면한 사회·경제적 재앙에 대해 공개적으로 토론하는 것을 의미했다

정부가 그단스크와 바르샤바 사이의 전화선과 전보선을 차단하자 지칠 줄 모르고 적극적인 쿠론은 정보 차단을 우회할 수 있는 인력을 활용한 정보전달 체계를 고안했다. 레닌조선소에서 무슨 일이 발생하면 자유노조운동에서 일하는 쿠론의 추종자들은 바르샤바 방향으로 수백 킬로미터를 차로 이동했고, 통화가 가능한 전화를 발견하는 경우 쿠론에게 전화를 걸었다. 이런 체계는 성가시긴 해도 작동은 했다.

8월 16일 토요일 쿠론이 투입한 정보원은 파업위원회가 임금 인상 타협안에 동의해서 파업을 취소했다고 보고했다. 하지만 몇 시간 뒤 조선소 노동자들이 그단스크 지역의 다른 노동자와의 연대를 유지하기 위해 파업을 계속하기로 했다는 뉴스가 들어왔다. 쿠론이 그런 소식을 전달하는 동안, 아내와 아이가 있는 집으로 돌아가려던 바웬사는 다른 공장의 격앙된 노동자 대표들과 마주쳤다. 버스와 전차 운전사 파업노동자 대표가 소리쳤다.

"당신이 우리를 버리면 우린 희망이 없습니다. 버스는 탱크와 맞설 수 없어요."

주로 젊은 노동자로 구성된 노동자 수백 명이 "연대, 연대"를 외치며 바웬사를 에워쌌다. 마이크를 잡은 바웬사는 조선소 정문에 모인 군중을 상대로 연설하기 시작했다.[86]

"저는 끝까지 남기로 했습니다. 파업을 계속하길 원하시는 분?"

"저요! 저요!"

"파업 중단을 원하시는 분?"

그러자 침묵이 흘렀다.

"그럼 계속하죠!"

쿠론이 바로 알아차렸듯이 이때가 결정적 순간이었다. 정부 당국은 이제 단편적으로 벌어지는 노동쟁의가 아니라, 폴란드 사회 전 분야를 삼킬 때까지 확산되는 거대한 저항 운동을 상대해야 했다. 첫 단계로 그단스크의 노동자들은 폴란드 전역에서 파업에 나선 노동자들의 이익을 보호하기 위해 공장간 파업위원회를 구성하고 바웬사를 위원장으로 뽑았다. 공산주의 이념의 심장을 비수로 찌르는 노동자들의 핵심 요구사항은 자유노조였다.

6장

바르샤바

―――

1980년 8월 29일

에드바르트 기에레크는 자신이 정권을 잡았을 때 나라 전체가 안도의 숨을 쉰 일을 씁쓸한 심정으로 기억했다. 발트해 연안의 파업 노동자들은 기에레크를 기꺼이 동지로 인정했다. 당관료들은 기에레크가 실추된 당의 권위를 되살릴 것으로 기대했다. 크렘린도 "뛰어난 마르크스-레닌주의자"라며 아낌없이 칭찬했다. 심지어 서방측도 데탕트와 경제 협력의 가치를 이해하는 것처럼 보이는 매력적인 공산주의 지도자라며 칭찬을 보탰다. 다들 1956년 잇따른 노동쟁의로 정권을 잡은 고무우카에 진저리를 쳤다.

기에레크는 폴란드 역사의 수레가 다시 원점으로 돌아왔다고 생각했다. 1970년 12월 모두가 고무우카에게 등 돌린 것처럼, 이제 자신에게 등을 돌렸다. 불과 며칠 사이에 모두가 기에레크를 조롱했다. 10년 전 그단스크의 레닌조선소에서 "기에레크 동지, 우리가 돕겠소"라고 외치던 노동자들은 그가 최근에 TV에 출연하자 야유를 보냈다. 정치국의 동지들도 기에레크와 어울리는 것을 당황스러워하는 듯 보였다. 소련은 폴란드에서 벌어지는 "사회주의에 대한 위협"과 폴란드 지도부가 저지른 "실책"에 대해 위협하듯 불평을 했다. 한때 문턱이 닳도록 기에레크를 찾던 서방 지도자들은 기에레크 권력이 이례적으로 도전받는 상황을 흡족한 듯 바라봤다. 곳곳에서 사람들은 이제 기에레크의 정치 생명이 끝났다고 떠들었다. 폴란드 일반 국민은 정치 지도자에 대한 감정을 이런 농담으로 표현했다.

질문 : 기에레크와 고무우카의 차이점은?
정답 : 없다. 기에레크만 그걸 아직 모를 뿐이다.

정치국 회의에서 카니아와 야루젤스키는 이미 기에레크의 경제정책을 공격 목표로 삼았다. 원래 기에레크가 우군으로 여긴 야루젤스키는 자유유럽방송을 통해서 폴란드가 진 대규모 외채를 알게 되었다고 주장했다. 국가안보를 담당한 카니아는 정치국이 "철처히 수모"를 당하고 있다고 불평했다.[87] 그전에는 굽신거리던 정치국원들도 공격에 가담했다. 기에레크는 비판을 잠재우기 위해 최측근 6명을 희생시켜야 해서 엄청난 중압감에 시달렸으며 고립되고 버려진 기분이었다.[88]

기에레크는 아직 방탄 리무진, 예의를 지키는 비서, 경호원 등 권력에 뒤따르는 장식물로 둘러싸여 있었다. 책상에 놓인 검정 전화기는 브레즈네프와 직통으로 연결되었다. 검정 전화기와 한 세트인 흰색 전화기로는 체코슬로바키아에서 불가리아까지 공산권 국가 당 지도부와 즉각 통화할 수 있었다. 복도를 따라가면 특수 통신실이 있었는데, 내부 벽이 폴란드의 각 주를 나타내는 49개의 소형 전구가 설치된 대형 폴란드 지도로 채워졌다. 기에레크는 마이크 앞에 앉아 폴란드의 주지

사 누구와도 직접 대화를 나눌 수 있었다. 49개 전구를 모두 켜서 주지사 49명이 명령을 이행할 준비를 하게 할 수도 있었다. 지시가 아래로 전달되는 명령경제command economy의 완벽한 사례였다.[89]

기에레크에게 실망스럽게도 관료들은 더 이상 명령에 반응하지 않았다. 다른 누군가가 권력 수단을 차지한 것이라기보다 권력 수단 자체가 더 이상 기능하지 않았다. 고위 관리가 TV에 나와도 아무도 주목하지 않았다. 평당원에게 지시가 떨어져도 바로 잊혔다. 115호 지도실에 있는 전구에 불이 켜졌지만, 파업에 동참하는 공장의 명단은 점점 늘어났다. 레닌조선소의 공산당 조직과 전국 곳곳에 수백 개에 달하는 프롤레타리아 요새가 하룻밤 사이에 사라졌다. 당원이 300만 명이 넘는 당이 아무 일도 하지 않았다. 당 지도부는 병력이 없는 장군 꼴이 되었다.

애초에 기에레크는 파업 지도자들이 노동자를 대표하지 않는다는 생각을 위안으로 삼았다. 그단스크에 파견한 정부 대표 미에치스와프 야기엘스키는 기에레크를 착각에서 벗어나게 했다. 야기엘스키는 파업이 시민사회의 "전폭적 지지"를 받는다고 주장하며 8월 26일 이렇게 보고했다.

"제가 느끼기에는 자유노조 설립에 동의해야 할 것 같습니다. 오늘 노동자들은 여전히 정부의 (자유노조 설립) 승인을 요구하고 있습니다. 내일은 굳이 그렇게 하지 않을 수도 있습니다."[90]

다음날인 8월 27일 폴란드 주재 소련 대사는 폴란드 사태에 대한 크렘린의 우려를 담은 편지를 가지고 기에레크를 만나러 왔다. 소련 지도부는 레닌조선소에 외국 기자들이 엄청 많이 있다는 사실에 격분했고, 파업 노동자들에 대항하는 훨씬 강력한 선전 활동을 요구하면서 1921년 "노동조합주의자" 저항을 레닌이 어떻게 다루었는지를 언급했다. 기에레크는 이것이 반정부 지도자 제거와 수천 명의 목숨을 앗아간 크론시타트 해군기지 반란에 대한 붉은군대의 무자비한 진압을 의미한다는 사실을 이해했다. 그런 비유에 충격을 받은 기에레크는 소련 대사에게 거리에 군대를 투입하면 사태가 더 나빠질 뿐이라고 했다.

"탱크에 탑승한 병사는 발포 의지가 있을 때만 유용합니다. 병사들도 폴란드인입니다. 노동자를 향해 발포할 수 있을지 모르겠습니다."[91]

기에레크는 어떻게 할지 결정을 미뤘다. 기적을 바라거나, 적어도 모스크바에서 모든 마르크스-레닌 이론이 틀렸음을 입증하는 위기에 대처하는 방법에 관한 더 구체적 지시가 있기를 기대하는 것처럼 보였다. 상황은 계속 악화되어 8월 29일 금요일에는 폴란드 공장의 절반이 파업에 참여했다. 공식 집계에 따르면 약 700개 공장이 노동자 약 70만 명에 의해 점거되었다. 나머지 공장 다수에도 "파업 경보"가 발령되었다. 시위가 총파업으로 확대되기 직전이었다. 노동쟁의는 발트해 연안에서부터 폴란드 중부 방직 도시인 우치와 남부 실롱스크의 탄광지대까지 확대되어 사실상 폴란드 산업 전 부문에 영향을 미쳤다.

광부들이 파업에 동참했다는 소식은 정부에 큰 타격을 주었다. 실롱스크를 자신의 지지 기반으로 여긴 기에레크는 절대 자신을 배반하지 않을 지역으로 생각했다. 실롱스크는 기에레크가 정치 경력을 쌓기 시작한 발판이었다. 실롱스크 주민들은 절제력이 강하고 근면해서 정치적 선동에 쉽게 휩쓸리지 않았다. 현지 치안 병력은 반체제인사들을 철저히 감시했다. 기에레크는 폴란드 나머지 지역의 상황이 점점 나빠지면 실롱스크를 최후의 보루로 삼을 생각이었다. 기에레크는 이미 자신이 졌다는 사실을 아는 사람의 절박한 목소리로 측근에게 말했다.

"바르샤바에서 남쪽으로 철수해서 거기서부터 한 개 주 한 개 주를 다시 장악할 걸세."[92]

지난 2주간 기에레크는 노동쟁의에 어떻게 대응해야 할지에 대해

제1부 프롤레타리아의 반란

여러 번 마음을 바꾸었다. 사건 발발 10년 뒤에 쓴 회고록에서 기에레크는 일관되게 무력 사용에 반대했다고 밝혔다. 정치국의 동료와 소련 외무부 담당자는 긴장이 고조된 기간에 기에레크가 보여준 행동과 심리 상태에 대해 다른 그림을 제시했다. 이 설명에 따르면 기에레크는 사태 초기에 소련에 군사적 지원을 요청하는 것을 검토했다. 정치국의 동료들은 그런 생각에 반대했고 결국 아무 일도 없었다. 기에레크가 시위를 평화적으로 진정시켜야 한다고 주장하는 경우도 있었다. 자리를 보전하려는 욕구, 주변 사람의 배신에 대한 쓰라림, 자기 명성에 대한 우려 등 복잡다단한 감정이 기에레크의 마음속에서 들끓었다. 이 시기에 기에레크의 최측근인 카니아는 이렇게 회고했다.

"각기 다른 여러 명의 기에레크가 있었다. 사회적 지지를 받은 1970년대 초의 기에레크뿐 아니라 정치 무대를 떠나야 했던 말기의 기에레크도 있었다. 매 시기에 여러 명의 기에레크가 있었다. 가장 어려운 시기에는 하루에도 여러 기에레크가 있었다."[93]

이제 정치국 회의에서 자신을 둘러싼 토론이 진행되는 동안 기에레크는 조용히 앉아있었다. 기에레크가 선택한 지연 작전은 더 이상 통하지 않았다. 기본적으로 두 가지 방안이 있었다. 하나는 자유노조 설립 요구를 들어주는 것이고, 다른 하나는 무력을 동원해 진압하는 것이었다. 내무부 대응반은 레닌조선소를 급습하고 발트해 항구를 장악하는 계획을 세웠다. 그날 아침, 대응반 반장인 보구스와프 스타후라 장군은 병력이 "그단스크의 반혁명 세력을 제거할" 준비를 마쳤다고 보고했다.[94] 정치국에서 강경파를 대변한 인물은 노조위원장 출신으로 스탈린 시대의 유물과 같은 존재인 브와디스와프 크루체크였다. 크루체크는 즉각적인 비상사태 선포를 요구하고 나섰다.

"정권이 자체 방어를 시작해야 합니다. 아무리 멋진 말을 하더라도 아무런 결과를 만들어내지 못합니다."[95]

크루체크의 발언은 안보를 담당한 정치국원의 반격을 알리는 신호였다. 이들은 비밀리에 시위진압 계획을 수립했지만 실행에 옮기기에는 너무 이르다고 생각했다.[96] 카니아는 바웬사를 체포하는 계획을 "공상"이라고 했다. 현실적인 군 장교인 야루젤스키는 폴란드 헌법에는 "비상사태" 선포 규정이 없다는 점을 지적했다. 무력을 사용하려면 "전쟁 상태"을 선포해야 했지만 나라의 절반이 파업에 들어간 상태에서 "비현실적"이었다. 이행되지 않을 명령은 내리지 않는 편이 나았다. 경찰청장인 스타니스와프 코발치크도 비슷한 주장을 했다. 치안 부대는 모든 곳을 동시에 진압할 충분한 병력이 없었다. 그단스크 항구는 장악할 수 있지만 유혈 사태가 일어날 것이 뻔했다.

정치국은 진퇴양난에 빠졌다. 기에레크는 모스크바에 지침을 내려줄 것을 간청했지만 아무런 답이 없었다. 브레즈네프는 공식적으로 "부재중"으로 알려졌다. 크렘린은 폴란드 정부에 자유노조라는 이단을 허락하는 시혜를 내릴 준비가 되어있지 않았다. 크렘린 입장에서는 "반사회주의 야당을 합법화"하는 것과 마찬가지였다.[97] 한편으로 소련 지도부는 폴란드 지도부가 노동자들과 모종의 타협을 이루지 못하는 경우 벌어질 일에 겁을 먹고 있었다. 그래서 소련 관료들이 대개 결정을 내리지 못할 때 하는 행동을 했다. 전화를 받지 않는 것이었다. 폴란드에 파병한 소련 병력에 "최고 경계태세"를 하달하고, 예비군 10만 명도 소집했다.[98] 기에레크는 정치국 동료들에게 정치적으로나 이념적으로 자유노조를 받아들일 수 없다는 말로 회의의 분위기를 정리했다. 하지만 쓸만한 단기 처방법이 없었다.

"총파업의 위협에 놓여있습니다. 차악을 선택한 다음 거기에서 벗어날 방법을 찾아야 합니다."

　　　　　　　　　　　　제1부 프롤레타리아의 반란

7장

그단스크

1980년 8월 31일

레닌조선소 파업 마지막 날은 늘 그렇듯 군중과 함께 시작되었다. 조선소 중앙에 임시로 나무로 만든 연단을 마련해서 그 위에 카펫을 깔고 나무 십자가를 세웠다. 몇 미터 떨어진 행정건물 벽에는 색 바랜 낫과 망치 깃발이 걸렸다. 화려한 흰 사제복을 입은 신부가 무릎을 꿇은 노동자 1만 명과 전 세계에서 몰려온 TV 카메라 앞에서 성찬용 빵을 잘랐다. 다른 신부들은 고해성사를 듣기 위해 군중 사이로 흩어졌다.

독립적인 노조 결성 권한을 인정하는 합의서에 서명할 시간이 되자, 바웬사는 지난해 교황의 폴란드 방문을 기념하는 30센티미터쯤 되는 기념 펜을 꺼내 보였다. 수백만 명의 동료 노동자들에게 유머러스하게 메시지를 전달하는 바웬사 특유의 동작이었다. 바웬사는 국영 TV가 서명식 대부분을 중계할 계획이라는 사실을 알았고, 협상 상대인 공산당 관리와 자신을 차별화하고 싶었다. 바웬사는 절대 그들 중 한 사람이 될 생각이 없었다. 전체주의적 통치에 반대 목소리를 내도록 영감을 불어넣어 준 교황에게 진 빚을 공개적으로 인정하고도 싶었다. 그런 전략은 성공했다. 이날 저녁 폴란드 TV 시청자들은 지난 2주간 공산당 정부에 저항한 파업노동자의 모습을 볼 수 있었다. 비싸 보이는 양복을 걸친 관료들 옆에 덥수룩한 콧수염에 교황의 초상이 새겨진 펜을 든 노동자를 본 시청자들은 곧장 어느 편에 서야 할지 알아차렸다.

바웬사는 평소답지 않게 미리 준비한 원고를 읽으며 파업 종료를 선언하고는 정부 측 협상 대표인 야기엘스키와 무력 사용을 자제한 정치국 내의 "다소 이성적인 그룹"에 사의를 표했다.

"우리는 폴란드인으로서 폴란드인과 합의했습니다. … 원하던 모든 것을 이루고 우리의 염원과 꿈을 달성했을까요? … 다 이룬 것은 아닙니다. 그러나 많은 것을 얻은 사실을 다들 알고 있습니다. … 현 상황에서 얻을 수 있는 것은 다 얻었습니다. 독립적이고 자치적인 노조라는 가장 중요한 것을 얻었으니 나머지도 이룰 겁니다. 이것이 우리의 미래를 보증합니다."[99]

바웬사는 마치 마법의 주문이라도 되는 것처럼 "독립"과 "자치"라는 단어를 강조한 후 "파업 종료를 선언"하며 말을 맺었다.

이번에는 8월의 눈 부신 태양 아래 모인 협상단과 군중들에게 야기엘스키가 말할 차례였다. 부총리인 야기엘스키는 조마조마했던 지난 48시간 동안 그단스크와 바르샤바를 오가며 정치국 동료들과 소련 대사를 만났다. 크렘린은 자유노조 설립에 대한 교조적 질문에는 응하지 않았다. 소련의 침묵을 폴란드 정부는 파업을 끝내기 위한 모든 조치를 알아서 하라는 신호로 받아들였다. 야기엘스키가 말했다.

"존경하는 청중 여러분, 우리는 우리가 실제로 추진하고 시행할 수 있는 것의 현실적 한계를 보여주려고 노력했습니다. 저는 지금까지 나온 말을 한 번 더 반복하고 확인하겠습니다. 우리는 폴란드인 대 폴란드인으로, 폴란드인이 서로 대화하듯 이야기했습니다."

야기엘스키가 바웬사와 같은 생각을 밝히자 큰 박수가 터져 나와 연설이 중단되었다. 야기엘스키는 합의를 끌어냄으로써 일주일간 끌어온 협상에서 맡은 역할에 충실했다. 부패하고 인기가 없는 정권을 품위 있게 대표한 것이다.

정부대표단이 떠나자 파업위원회 회원들은 바웬사를 어깨에 태우고 마지막으로 제2정문으로 데리고 갔다. "스토 라트", 즉 "만세"라는 외침이 조선소 주변에 울려 퍼졌다. 바웬사가 지게 트럭 위에 올라가 승리를 축하하는 의미로 주먹을 공중에 뻗자 대규모 군중이 바웬사의 애칭인 "레-셰크, 레-셰크"를 연호하기 시작했다. 마치 영화의 한 장면 같았다. 환희에 넘치는 지친 얼굴들, 바람에 날리는 흰색과 적색의 폴란드 국기, "모든 공장의 노동자여, 단결하라!"라는 구호가 적힌 붉은 현수막. 실제로 이날 벌어진 일은 얼마 안 가 영화로 만들어졌다. 조선소 군중 중에는 안제이 바이다가 있었는데, 그는 새 영화를 구상했다. 〈철의 사나이Man of Iron〉라는 제목의 영화였다.

환호가 잦아들자 바웬사는 군중에게 혼자서는 아무 일도 이룰 수 없었다고 말했다.

"함께 해냈어요. 다 함께요. 그게 우리의 힘이자 강점입니다."

그리고는 왜 조선소 제2정문으로 계속 돌아왔는지 설명했다.

"제가 한 행동은 1970년과 관련 있습니다. 누군가는 제가 독재자가 되어간다고 비난할 테지만, 우리가 매년 12월 16일 이 자리에 모여야 한다고 생각합니다. 매년, 매년 말입니다. 우리는 항상 고인이 된 이들을 기억해야 합니다."[100]

군중들은 "레-셰크, 레-셰크"라고 다시 연호하기 시작했고, 이번에는 훨씬 큰 소리로 외쳤다. 노란 작업모를 쓴 노동자들이 조선소 정문을 거칠게 열어젖히자, 파업참가자들이 햇볕이 내리쬐는 그단스크의 거리로 쏟아져 나왔다. 그 순간 모든 것이 가능해 보였다. 8월은 망각을 딛고 기억이 승리한 달이었다. 하지만 이제 막 먹구름이 모여들기 시작했다.

8장

워싱턴

1980년 12월 3일

폴란드에서 벌어지는 드라마를 백악관에서 지켜보던 지미 카터 대통령의 국가안보보좌관 즈비그뉴 브레진스키는 점점 더 비관적인 생각이 들었다. 폴란드 출신 미국인이 대개 그렇듯 브레진스키는 자유노조인 연대Solidarity의 출범과 폴란드의 민족 감정이 부활한 사실에 열광했지만, 크렘린이 권위에 대한 심각한 도전을 무시하기는 어려울 것으로 판단했다. 1953년 동독, 1956년 헝가리, 1968년 체코슬로바키아에서 소련은 자신들의 동유럽 제국을 유지하기 위해서 기꺼이 무력을 동원한다는 점을 거듭 보여주었다. 결국 폴란드 역사는 러시아의 지배에 용감하게 저항했지만 불행한 결말을 맞는 항쟁으로 가득 차 있었다.

브레진스키는 핵전쟁 위험을 감수하지 않는 이상 폴란드에 소련 탱크가 투입되는 상황을 막을 수 없다는 것을 잘 알았다. 그러나 그런 행위에 따르는 위험성을 높일 수 있었다. 소련이 폴란드 침공을 준비하고 있다고 미국이 믿을만한 근거가 있다면 그걸 밝혀내는 것이 의무였다.

1968년 미국은 체코슬로바키아 인근에서 소련군이 대규모 기동을 한다는 확실한 증거를 포착했지만 그런 정보를 근거로 행동에 나서지는 않았다. 브레진스키가 판단하기에, 미국의 수동적 대응은 알게 모르게 소련 정치국 강경파의 입지를 강화했다. 존슨 정부가 소련의 브레즈네프에게 체코슬로바키아 침공이 동서 관계에 미칠 파멸적 효과에 대해 경고했다면 역사는 다르게 전개되었을 수 있었다. 소련 진영에 관한 권위 있는 대학 교재를 쓴 브레진스키는 존슨의 실책을 카터 대통령이 되풀이하지 않게 하기로 마음먹었다. 브레진스키의 전략은 소련이 군사적 개입을 하지 못하도록 최대한 시끄럽게 만드는 것이었다.[101]

12월에 들어서면서 미국 정보 위성은 브레진스키가 가장 염려하는 바를 뒷받침하는 것처럼 보이는 정보를 수집했다. 위성사진에 따르면 독일과 폴란드 사이의 민간 교통량이 현저히 줄었는데 이것은 국경이 차단된 것을 의미했다. 소련과 폴란드가 맞닿은 국경지대에서는 병사들이 의료용 천막을 치고 탄약을 쌓고 있었다. 체코슬로바키아 북부에서는 길게 늘어선 탱크와 야포 행렬이 전선으로 이동하고 있었다. 도로가 얼어붙어 위험해서 대규모 야외 훈련을 하기에는 이례적인 시점이었다. 가끔 탱크가 도랑에 빠지거나 전신주에 부딪히는 사고가 일어났다. 폴란드에서는 남서부의 레그니차 지역에 주둔한 소련군 탱크 사단 2개가 높은 수준의 경계태세 상태였다.

특별히 믿을만한 폴란드 정보원이 정찰위성으로 수집한 정보를 확인해 주었다. 공산주의에 환멸을 느끼고 1970년 그단스크 노동자 시위 학살에 충격을 받은 리샤르트 쿠클린스키 대령이 10여 년간 CIA에 협조해왔다. 쿠클린스키는 아주 이상적인 정보원이었다. 폴란드 국방부 장관 야루젤스키의 절대적 신임을 받는 참모였기 때문에 정권의 가장 내밀한 정보에 접근할 수 있었다. 쿠클린스키는 소련의 전쟁계획과 폴

제1부 프롤레타리아의 반란

란드군이 크렘린 통제에 어느 정도 종속되었는지에 관한 충격적이고 상세한 정보를 워싱턴에 제공했다. 1980년 10월 자유노조가 창립된 지 3개월 만에 쿠클린스키는 계엄령 선포를 위한 기초 작업을 위해 국방부 내에 편성된 비밀 실무단에 참사했고, 폴란드 정부를 겁박하려는 소련군 작전에 관한 최신 정보를 CIA에 상세하게 제공할 수 있었다.[102]

12월 초 쿠클린스키는 소련이 폴란드에 최후통첩을 보냈다고 CIA에 보고했다. 12월 8일 자정 소련군 15개 사단, 체코군 2개 사단, 동독군 1개 사단으로 편성된 바르샤바조약군 18개 사단이 폴란드에 투입될 예정이었다. 폴란드군은 철저히 협조하라는 지시를 받았다. 폴란드어로 '소이우스 80', 즉 '동맹 80'이라는 암호명의 이 작전은 통상적 훈련으로 표현되었지만 실제로는 위장된 침공이었다. 큰 충격을 받은 야루젤스키는 집무실 문을 걸어 잠근 채 최측근도 만나지 않았다. 동독병력이 작전에 동참한다는 사실이 특히 충격적이었다. 이 최후통첩이 실행되면 소련군이 독일군과 함께 반세기 만에 폴란드를 두 번이나 나누는 셈이었다. 폴란드 총참모부는 망연자실하여 마비될 정도였다.[103]

폴란드를 재분할하려는 위협에 브레진스키는 화들짝 놀라 행동에 나섰다. 나치의 폴란드 침공 직전인 10세 때 폴란드를 떠난 브레진스키는 한때 고국이었던 나라와의 연을 대부분 끊었다. 그럼에도 그는 교황 요한 바오로 2세 카롤 보이티와, 미국 국무부 장관 에드먼드 머스키, 이스라엘 수상 메나힘 베긴, 1980년 노벨 문학상 수상자인 체스와프 미워시 등으로 대표되는 눈에 띄는 폴란드 이민사회의 일원이었다. (자유노조 위기 내내 폴란드 이민 사회는 폴란드 문제에 대해 강력한 권한을 가진 국제적 싱크탱크 역할을 했다. 긴장이 아주 고조된 어느 한 시점에 요한 바오로 2세와 브레진스키는 폴란드어로 통화를 하며 의견을 주고받기도 했다.)

브레진스키의 아버지는 제2차 세계대전 이전에 폴란드 외교관으로 일했다. 아들인 브레진스키는 1년 뒤 자유노조를 상대로 전쟁을 선포하는 야루젤스키 국방부 장관과 약간의 인연이 있었다. 브레진스키의 이복형과 야루젤스키는 둘 다 바르샤바에 있는 마리안 수도원이 군대식으로 운영하는 가톨릭 기숙학교 출신이었다.[104] 두 소년은 짙은 푸른색 교복 차림으로 예배문을 암송하고 폴란드의 군사 독재자인 피우수트스키를 찬양하는 노래를 부르며 많은 시간을 함께 돌아다녔다. 두 사람은 제2차 세계대전이 발발하자 다른 방향으로 갈라지게 되었다. 야루젤스키 가족은 소련으로 추방되었고, 나중에 공산주의 앞잡이가 되어 폴란드로 돌아왔다. 브레진스키 가족은 캐나다를 거쳐 미국에 정착했다.

지난 며칠간 브레진스키는 폴란드인들에게 소련의 위협에 맞서 이견을 드러내지 말 것을 촉구했다. 자유노조 측이 보낸 특사에게는 대결을 피하고 이미 얻은 것을 확고하게 지키라고 조언했다. 폴란드 정부 지도자들에게는 바르샤바조약기구에는 잔류할 테지만 소련의 침공에는 저항할 것이라고 소련 측에 말하도록 부추기기도 했다. 브레진스키의 전략은 과거의 실수를 반복하지 않으려는 욕망에서 나왔다. 브레진스키가 판단하기에, 소련은 1968년 체코슬로바키아에서 아무런 대가를 치르지 않고 행동할 수 있었다. 체코군이 저항하지 않는다는 사실을 미리 알았기 때문이다.[105]

시간이 촉박한 상황을 우려한 브레진스키는 카터 대통령에게 "핫라인"으로 브레즈네프에게 연락할 것을 건의했다. 백악관과 크렘린 사이에 연결된 텔레타이프는 음성 통화가 불가능했기 때문에 전화와 비교하면 기술적으로 떨어졌다. (팩스는 1986년에야 설치되었다.) 그러나 소통 문제로 핵전쟁 직전까지 갔던 1962년 쿠바 미사일 위기 뒤에 설치한 기기를 미국 대통령이 사용하는 그 자체가 상황의 심각성을 분명히 보

제1부 프롤레타리아의 반란

여주었다.

얼마 안 가 브레즈네프의 집무실 복도에 설치한 낡은 텔레타이프에서 카터 대통령이 보낸 친서가 출력되기 시작했다. 메시지는 안도감을 주는 말로 시작되있다.

"미국은 폴란드 사태를 이용하거나, 이 지역에 걸린 소련의 합법적인 안보 이익을 위협하지 않을 것이라는 확고한 의도를 귀하께 전달합니다."

그러고는 위협이 이어졌다.

"그와 동시에 폴란드 문제 해결을 위해 무력이 동원되면, 양국 관계는 아주 부정적인 영향을 받을 것이라고 표명하는 바입니다."

맺음말에는 본문과 어울리지 않는 표현이 들어갔다.

"행운을 빕니다, 지미 카터."[106]

모스크바 시각 0시 21분 워싱턴 시각 16시 21분, 미국 측에 수신 확인 메시지가 도착했다.

9장

모스크바

1980년 12월 5일

소련 지도부의 호출에 응해 모스크바로 날아가는 스타니스와프 카니아와 보이치에흐 야루젤스키는 파멸이 임박했음을 느꼈다. 두 사람은 바르샤바조약군이 폴란드 국경 주변에 진을 치고 언제라도 폴란드를 침공할 준비가 된 사실을 알았다. 실탄이 지급되고 부상자를 치료하기 위한 야전 병원이 설치되었다. 통신선도 가설되었다. 브레즈네프와의 단독 면담 요청은 묵살되었다. 폴란드의 운명을 결정하는 공산권 긴급 정상회담의 첫 회의에 폴란드 지도부는 제외되었다.

기에레크의 후임으로 폴란드 공산당 제1서기를 맡은 카니아는 군복무 중인 아들 미레크를 생각했다.[107] 소련이 침공하는 경우 폴란드 병사들이 어떻게 대응할지 아무도 알 수 없었다. 병영을 지키라는 지침이 떨어졌지만 자발적으로 소련군에 저항할 가능성이 아주 컸고, 그 경우 끔찍한 유혈 사태가 벌어질 것이 거의 확실했다. 야루젤스키는 외세의 지배에 대한 폴란드인의 항쟁이 피비린내 나는 실패로 끝난 수많은 사례를 떠올렸다. 야루젤스키의 할아버지와 두 명의 작은할아버지는 1863년 러시아에 대항한 항쟁에 참여한 죄로 시베리아에서 12년형을 선고 받았다.[108]

브레진스키와 미친기지로 카니아와 야부셸스키는 1968년 프라하의 봄 항쟁을 소련군이 어떻게 진압했는지에 대해 계속 생각했다. 둡체크가 이끄는 체코슬로바키아의 개혁파는 "인간의 얼굴을 한 사회주의"라는 구호를 내걸고 마르크스-레닌주의의 거룩한 성배를 훼손함으로써 소련의 신뢰를 저버렸다. 폴란드 공산주의자들은 다른 전략을 채택했다. 이들은 폴란드에서 소련식 사회주의의 믿을만한 옹호자로 자신들을 내세웠다. 다른 공산권 지도자들이 공격하자 그런 비판을 순순히 받아들였다. 이들은 "반사회주의" 세력이 심각한 위협이 된다는 점을 인정했다. 그와 동시에 자신들이 상황을 통제하고 있고 사회주의의 적을 분쇄할 수단과 의지 모두를 갖고 있다고 주장했다. 상황을 통제할 수 없게 되면 스스로 "형제애적 지원"을 요청할 것이라는 의사도 내비쳤다.[109]

소련 지도부는 레닌 언덕 맨 위에 자리 잡은 별장을 이단을 심문할 장소로 택했다. 구불구불한 모스크바강과 노보데비치 사원의 금도금을 한 반구형 지붕이 내려다보이는 전경은 수백 년간 이 당시는 물론 이후의 러시아 통치자들의 사랑을 받았다. 1812년 9월 바로 이곳에서 나폴레옹은 유럽 대륙 전체를 점령한 뒤 화염에 휩싸인 모스크바의 지붕을 바라보았다. 러시아군의 초토화 작전에 직면한 나폴레옹은 급속히 줄어드는 프랑스 대육군Grand Armee의 기수를 돌려 파리로 퇴각할 수밖에 없다는 결론을 내렸다. 그것은 역사상 가장 큰 규모라고 할만한 군사작전의 전환점이었다. 소련 시대에 정치국은 레닌 언덕 꼭대기에 높은 콘크리트 벽에 둘러싸이고 육중한 철제 대문으로만 통하는 화려한 영빈관 시설단지를 지었다. 바로 이곳에서 폴란드 지도자들은 반혁명의 증거에 대해 조사를 받게 되었다.

폴란드 인사들은 통역 부스가 설치된 대형 회의실로 안내되었다. 커튼이 내려졌고 육중한 샹들리에 밑의 거대한 사각형 테이블 맞은편에는 전날 이미 따로 만난 소련과 5개 바르샤바조약국의 지도자들이 앉아 있었다. 그중 헝가리의 야노시 카다르와 체코슬로바키아의 구스타프 후사크는 소련 침공의 직접적 결과로 권좌에 오른 인물이었다. 다른 한 명인 에리히 호네커는 1953년 소련 탱크가 베를린의 노동자 항쟁을 진압할 때 공산주의 청년동맹에서 승승장구했다.

이단 심문을 주관한 것은 호네커였다. "폴란드 전염병"이 동독으로 퍼질 것을 우려한 호네커는 소련 측에 군사개입을 해달라고 적극적으로 로비했고, 동독군 2~4개 사단을 군사작전의 성공을 위해 투입할 의향이 있었다. 모스크바로 오기 전 동독 정치국의 동료들로부터 폴란드 침공 시 "전권"을 위임받은 호네커는 이렇게 말했다.[110]

"유럽 대륙의 질서가 위험에 처했습니다. 폴란드 내부에서 자체적인 해법이 거의 고갈되었습니다. 우리는 반혁명 투쟁을 도울 준비가 되어 있습니다. 그단스크 합의는 적 세력에 굴복한 실책입니다. 더 이상 후퇴는 없습니다."[111]

개인 체육관에서 매일 운동을 하는 운동광인 호네커는 "사회주의의 이익"을 지킨 경험이 많았다. 1961년 8월 동독 보안 기관의 수장이던 그는 베를린 장벽 건설을 감독했다. 공산주의자들이 "반파시스트 방어벽"이라고 이름 붙인 콘크리트 벽, 철조망, 기관총 초소로 이루어진 160킬로미터짜리 베를린 장벽은 동독 시민이 서독으로 도망가는 것을 막기 위해 구축되었다. 나중에 호네커는 전 세계가 독일민주공화국에 "주목하게" 만든 장벽 구축 작전이 "중요한 것을 하나도" 놓치지

않고 진행했다고 회고했다.[112]

체코슬로바키아 침공에 불참해서 서방 자본을 끌어들인 개성 강한 루마니아 독재자 차우셰스쿠가 공격에 가담했다. 국민의 지지를 얻고 서방을 속여 무여에서 양보를 얻어내기 위해 스스로를 "카르파치아 산맥의 천재"라고 부른 차우셰스쿠는 "민족 독립" 노선을 추구했다. 사실 차우셰스쿠 정권은 스탈린 정권의 판박이였다. 루마니아의 최고지도자로서 차우셰스쿠는 곳곳에 존재하는 보안기관, 절대복종하는 당, 부조리한 차원의 개인숭배로 권력을 유지하고 있었다. "폴란드 전염병"이 확산되는 경우 모든 것이 무너질 수 있다는 사실을 이해할 정도의 머리도 가지고 있었다. 차우셰스쿠가 푸념하듯 내뱉었다.

"어떤 양보든 당이 항복하는 것이나 마찬가지입니다. 정부의 권한을 강화하고 반혁명을 분쇄하기 위해 정치적 방법 이외에 다른 조처를 해야 합니다. 무력을 동원해야 해요."

이번에는 헝가리의 카다르 차례였다. 1956년 헝가리 항쟁 뒤 붉은 군대의 지원을 받아 권력을 잡은 카다르는 동유럽 지도자 중 가장 섬세하고 유연한 인물이라는 평판을 받았다. 그는 "굴라쉬 공산주의"로 알려진 소비자 이념을 촉진시키고, 경제에서 시장 메커니즘을 실험함으로써 "부다페스트의 도살자"라는 자신의 이미지를 완화했다. 그러면서도 소련이 지닌 인내의 한계와 소련 지도부의 성격에 대해서는 철저히 현실적이었다. 카다르는 소련 탱크가 체코슬로바키아로 밀고 들어오기 3일 전 초조하게 둡체크에게 물었다.

"정말 어떤 인간들과 상대하는지 모릅니까?"[113]

카다르가 신중하게 계산한 전략은 당시 폴란드를 휩쓰는 혁명적 변화로 위태로워질 수 있었다. 감정이 북받쳐 목소리가 갈라진 카다르는 지금 폴란드에서 일어나고 있는 일은 "폴란드 문제"지만, "사회주의 공동체 전체"에 영향을 미친다고 소련 진영 동료들에게 말했다.

"폴란드 동지들이 이 점을 잘 헤아리고 있을 것으로 생각합니다. 그럼에도 그들에게 연대를 표하고 지원해야 합니다."

소련 침공 이후 체코슬로바키아 "정상화" 책임을 맡은 후사크가 큰 소리로 말했다.

"1968년 다른 사회주의 국가들이 체코슬로바키아에 제공한 군사적 지원은 꼭 필요한 조치로 판명되었습니다. 폴란드 지도자들은 좋은 사람이지만 용기와 결단성은 부족합니다."

후사크의 눈에 눈물이 고였다. 후사크는 스탈린 압제의 희생자였고, 조작된 "부르주아 민족주의" 혐의로 8년을 감옥에서 보냈다. 그럼에도 후사크는 둡체크를 몰아낸 뒤 체코슬로바키아 공산당원의 3분의 1을 숙청했다. 체코슬로바키아 지식인들 다수는 후사크 때문에 육체노동을 해야 했는데, 그런 억압적 정치 분위기가 형성되자 지식인들은 후사크를 미워했지만 후사크 본인은 신경 쓰지 않았다. 후사크는 야망이 아주 컸고 공산주의 국가에서 성공하려면 모스크바가 원하는 일을 묻지도 따지지도 않고 실행해야 한다는 것을 잘 이해했다.

크렘린 지도부는 다들 한마디씩 하게 한 다음 폴란드 지도부를 끌고 와서 다시 위협을 했는데, 이번에는 일대일로 했다. 야루젤스키는 소련 국방부 장관인 우스티노프에게 1968년 체코슬로바키아군과 달리 폴란드군은 충성심이 강하고 훈련이 잘되었다는 점을 설득하려고 노력했다. 원수복 차림의 우스티노프는 야루젤스키의 말을 무시하며 거만한 태도로 주먹으로 테이블을 치면서 반복해서 이런 말을 했다.

"과감하고 공격적으로 행동할 필요가 있소."[114]

두 공산당 지도자 사이에 결정적 만남도 이루어졌다. 카니아는 브레즈네프에게 소련의 군사개입이 데탕트(1970년대 동·서 진영 간의 긴장 완

제1부 프롤레타리아의 반란

화 - 옮긴이)에 파괴적인 타격을 줄 뿐 아니라 민중 폭동을 부추길 수 있다고 설명하려 했다. 카니아는 폴란드 젊은이들이 제2차 세계대전 말 화염병을 들고 독일 탱크에 달려든 과거를 떠올리고는, 폴란드만큼 독립을 위해 모든 것을 희생할 준비가 된 유럽 국가는 없다고 브레즈네프에게 말했다. 마지막으로 폴란드 공산당은 "헌법 질서"에 대한 어떠한 변화도 허용하지 않을 것이라고 약속했다.

카니아가 말을 마치자 노쇠한 브레즈네프는 폴란드 위기에 대한 크렘린의 총체적 인식을 요약하는 것처럼 보이는 수수께끼 같은 말을 내뱉었다.

"좋소, 우린 개입하지 않겠소."

브레즈네프는 힘들게 숨을 쉬며 잠시 침묵하고는 이렇게 덧붙였다.

"하지만 문제가 복잡해지면, 개입하겠소. 개입할 거요."

다시 긴 침묵이 흐른 뒤에는 이렇게 말했다.

"하지만 협의를 하고 개입하겠소."[115]

몇 시간 후 바르샤바조약군 최고사령부는 12월 8일 자정 정예 전투 병력으로 편성된 18개 사단에 '동맹 80' 작전의 "기동"을 위해 폴란드로 이동하라는 명령을 취소했다.[116] 위기의 첫 단계는 이렇게 끝났고, 두 번째 단계가 이제 막 시작될 예정이었다.

폴란드 지도부가 바르샤바로 귀환하는 동안 "반혁명"을 진압할 예정이던 소련, 동독, 체코슬로바키아 군대가 해산하기 시작했다. 하루하루가 지나도 소련의 침공 위협이 실행에 옮겨지지 않자, 서방 국가의 수도에서는 안도의 한숨이 나왔다. 아프가니스탄 침공으로 심하게 손상된 두 초강대국 간의 관계가 또다시 빙하기로 내던져지지는 않게 되었다. 흥미로운 질문이 남았다. 크렘린의 노인들이 벼랑 끝에서 돌아선 이유가 뭘까?

카니아와 브레진스키의 회고록에서 두 사람은 모두 브레즈네프가 물러선 공을 어느 정도 자신에게 돌린다. 폴란드 지도부의 설득, 백악관이 보낸 공식·비공식 경고가 소련의 계산에 어느 정도 영향을 미친 것은 틀림없었다. 그러나 공산주의 붕괴 후 공개된 정치국 기록은 소련이 자제한 배경에 대한 또 다른 설명을 제공해준다. 소련 지도부는 대규모 민중 봉기가 일어나서 최후의 수단을 써야 하는 경우를 제외하고는 폴란드를 침공할 의도가 전혀 없었다. 크렘린의 전략은 처음부터 끝까지 손에 피를 묻히는 일을 폴란드 지도부가 직접 하도록 압력을 가하는 것이었다. 미국 첩보 위성이 분명히 포착할 폴란드 국경 지역에서 벌어진 대규모 군사 행동은 심리적인 판돈을 끌어올리는 데 아주 효과적인 방법이었다. 소련의 폴란드 침공에 대한 미국의 거듭된 경고는 폴란드 정부가 자유노조를 상대로 극단적인 행동을 취하도록 더 세게 압박함으로써 의도치 않게 모스크바의 전략이 먹히게 했을 수 있었다.

크렘린 문서에 따르면 야루젤스키가 오랜 궁리 끝에 마침내 행동하기 14개월 전인 1980년 10월에 이미 소련 지도부는 계엄령 카드를 적극적으로 검토하기 시작했다. 소련 측은 우발사태에 따른 비상계획을 알았고 폴란드 지도부가 계획을 실행에 옮기기를 원했다. 브레즈네프는 폴란드 지도부의 미온적 태도를 유고슬라비아에서 티토의 후계자들이 취한 억압적 정책과 대조했다. 유고슬라비아에서는 사소한 노동쟁의를 구실로 알바니아 반체제인사 300명을 체포했다. 브레즈네프가 투덜거리며 말했다.

"바웬사가 폴란드 구석구석을 돌아다니며 사람들로부터 크게 존경받고 있소. 실제로 계엄령을 선포해야 할 것 같소."

다른 정치국원들도 동의했다. 우스티노프 국방부 장관이 의견을 확

제1부 프롤레타리아의 반란

실히 내놓았다.

"계엄령을 선포하지 않으면 상황이 점점 더 복잡해질 겁니다. (폴란드)군도 동요하고 있습니다."[117]

소련 장성들이 폴란드 장성들에게 침공 계획을 공유하면서 보인 과시적 태도에는 정치적 위협의 기미가 보였다. 소련 장성들은 폴란드 대표단에 바르샤바조약군 18개 사단이 배치될 정확한 위치가 담긴 지도의 사본을 넘겨주기도 했다. 폴란드 참모 장교들은 폴란드에 정찰 활동을 하러 온 소련군 선발대와 동행했다.[118] 12년 뒤 1980년 당시 상황을 돌이켜 본 야루젤스키는 소련 지도부가 "우리를 겁에 질리게 하려고" 정상회담을 연출했음을 인정했다.[119] 바르샤바조약군 부참모장인 아나톨리 그립코프 장군은 크렘린이 "가능한 모든 방법으로 폴란드 지도부와 국민을 압박하려" 했음을 시인했다.[120]

군사 행동은 의도된 결과를 가져왔다. 모스크바에서 귀국한 야루젤스키는 계엄령 준비에 박차를 가하라고 지시했다. 비상사태 발령 즉시 체포할 자유노조 활동가 4000명의 명단이 작성되었다.[121]

1981년 초가 되자 크렘린의 전략이 분명해졌다. 1월 7일 우스티노프는 정치국에 이렇게 말했다.

"폴란드 지도부를 계속 압박해야 합니다. 3월에 폴란드에서 군사 행동을 할 계획입니다. 군사 행동을 확대해서 언제라도 (개입할) 준비가 되었다는 인상을 심어줘야 한다고 생각합니다."[122]

3개월 뒤 크렘린이 작성한 비밀문서는 소련의 폴란드 침공에 대한 공포를 "가능하면 최대한 활용"해야 할, "반혁명을 억제할 수 있는 요소"로 서술했다.[123]

소련이 폴란드 지도부에 가한 압박은 잘 포장된 또 다른 침공 협박이 이루어진 4월에 최고조에 달했다. 소련 군용기가 허가도 받지 않고 폴란드 상공을 비행하기 시작했다.[124] 우스티노프와 안드로포프는 군용기를 보내 카니아와 야루젤스키를 데려와서 비밀회담을 했다. 과거 폴란드인 수십만 명이 당한 일을 기억하는 두 폴란드 지도자는 무사히 귀국할 수 있을지를 우려했다.[125] 회담은 소련 국경 쪽 숲에 정차된 기차 객차에서 이루어졌다. 회담이 진행된 6시간 내내 우스티노프와 안드로포프는 폴란드 지도부가 "반혁명"에 눈 감고 있고 "반소비에트 공격"에 제대로 대응하지 않는다며 비난했다. 소련 측의 장광설은 새벽 3시까지 계속되었다.

카니아와 야루젤스키는 계엄령을 선포하라는 요구를 회피하는 대신 "자력으로 질서를 회복"하겠다고 약속했다. 안드로포프는 정치국에 폴란드 동지들이 "극도로 긴장하고", "불안해하며", 심리적으로 "매우 지쳐" 보였다고 보고했다.[126]

소련은 군사적 개입 위협을 계속했지만 그렇게 하지 않을 이유도 많았다. 우선은 경제적 이유였다. 소련 고위 관리가 폴란드인들을 혼내주려고 안달한 호네커에게 설명했듯이 소련 경제는 3년간 계속된 흉작으로 휘청거렸다. 군사 부문과 민간 경제를 떠받치는 원유 생산량은 1980년 예상 목표에 10퍼센트쯤 모자랐다. 부족량을 메우기 위해 천연가스 수출을 크게 늘려야 했다. 그러나 그런 조치는 서방 국가의 대규모 기술 및 재정 지원을 받아야 가능했다.[127] 서방측이 폴란드 침공에 대해 무역제재로 대응하면 재앙적인 결과가 나타날 수 있었다.[128]

군사 전략적 이유는 훨씬 더 설득력이 있었다. 약 10만 명에 달하는 소련 병력이 이미 아프가니스탄에 파병된 상태였다. 상대적으로 손쉽고 신속한 작전으로 계획된 침공 작전이 전형적인 군사적 수렁이 되어 끝이 보이지 않았다. 작전을 수립하고 지휘하는 일을 도운 안드로포프는 이제 소련군이 비정규전에 제대로 준비되지 않았다는 사실을 깨달

앉다. 몇몇 측근들이 보기에 안드로포프는 작전 전체를 재고하는 것처럼 보였다.[129] 그런 상황에서 폴란드 침공은 크렘린에 큰 부담을 줄 수 있었다.

양국 국방부 강관이 합동 군사훈련을 준비하는 부대를 사열하는 동안 우스티노프가 야루젤스키에게 소련 측 시각을 설명했다.

"사실상 우리는 이미 3개 전선에서 싸우고 있소."

우스티노프는 헬리콥터 엔진 소음에도 목소리가 잘 들리도록 전선을 하나하나 열거했다. 우스티노프가 말한 3개 전선은 아프가니스탄, 미국에 협조하는 중국, 자유노조가 제국주의자의 "트로이 목마" 역할을 하는 폴란드였다. 우스티노프가 말하고자 하는 것은 이 세 전선 중 하나를 제거해야 한다는 것이었다.[130]

정치국의 이념 담당 서기이자 폴란드위원회 의장인 미하일 수슬로프는 이 문제를 더욱 명료하게 표현했다. 동료들에게 소련은 "제2의 아프가니스탄"을 허용할 수 없다고 말한 것이다.[131]

폴란드와 소련 지도부는 마지막 전투를 치르는 장군처럼 "체코식 해법"에 집착했다. 1968년 이후 세상은 크게 바뀌었고 체코슬로바키아와 폴란드는 여러 모로 달랐다. 소련이 아프간이라는 수렁에 빠지지 않았더라도 폴란드 침공은 상대적으로 평화로웠던 체코슬로바키아 작전보다 훨씬 큰 군사적 문제를 야기했다. 폴란드 인구는 체코인이나 슬로바키아인보다 두 배 이상 많았고, 폴란드인들은 외국 군대에 항쟁한 역사가 있었다. 게다가 소련은 둡체크를 포기했듯이 폴란드 지도부를 포기할 수는 없었다. 특히 야루젤스키는 모스크바에서 평이 좋았다.[132]

벨라루스 숲에 있는 객차 안에서 비밀 회동이 진행되는 동안 우스티노프는 기분이 축 처진 상태에서 우유부단한 태도를 보이는 카니아와 야루젤스키 때문에 심란했다. 그러면서도 지쳐서 자리에서 물러나고 싶다는 야루젤스키의 청원을 퉁명스럽게 무시했다. 며칠 후 우스티노프는 정치국 동료들에게 이렇게 말했다.

"이 두 친구는 필요합니다."[133]

소련 지도부는 폴란드 지도부를 국제 공산주의 운동의 원칙에 따르는 하수인으로 보았다. 브레즈네프는 카니아나 야루젤스키와 통화할 때면 옴스크나 톰스크 같은 소련 도시에서 일하는 아랫사람에게 사용하는 호칭을 썼다. 반면 카니아와 야루젤스키는 브레즈네프에게 윗사람에게 쓰는 경칭을 신중하게 썼다. 두 사람은 얼버무리는 듯한 브레즈네프의 혼잣말을 인간 지혜의 정수인양 반응하고, 브레즈네프의 지속적인 "신임"과 "지원"에는 온순하게 감사를 표했다. 소련 측이 폴란드 지도부를 대하는 방식은 때로는 이유 없이 모욕적이었다. 바르샤바조약군 사령관인 빅토르 쿨리코프 원수는 카니아가 술에 취했다는 의혹만으로 한밤중에 관저에서 내쫓기도 했다.[134]

1980년과 1981년 폴란드를 둘러싼 판돈이 크게 걸린 정치적 포커 게임에서 소련 지도부는 한 가지 점에서 절대적 우위가 있었다. 상대가 손에 쥔 패를 볼 수 있었다. 폴란드와 미국은 소련이 언제든 침공할 수 있다고 봤지만, 크렘린의 진정한 의도에 대해서는 추측만 할 뿐이었다. 반면 소련 지도부는 폴란드 정치국에서 일어나는 일을 사실상 손바닥 들여다보듯 했다. 공장, 관공서, 군대 할 것 없이 소련 스파이가 폴란드 곳곳에 있었다. 폴란드 주재 KGB 요원은 폴란드 치안부에서 진행되는 모든 일을 파악했다. 폴란드군은 소련군 지휘체계에 통합되었고 모든 직급에 소련 "고문"과 "검열관"이 포진해 있었다.[135] 소련 지도부는 카니아의 음주벽과 야루젤스키의 우울증에 주의를 기울였다.

결국 소련은 폴란드 "동지"들의 강점과 약점에 대한 이런 사사로운 정보까지 파악한 덕분에 지고 있는 게임에서 승기를 잡는 데 성공했다.

10장

바르샤바

1981년 12월 12일

마른 체형에 융통성이 없으며 극도로 소심한 보이치에흐 야루젤스키는 폴란드인들에게 수수께끼 같은 존재였다. 야루젤스키의 연설을 들은 사람들은 그가 폴란드를 정복한 자들의 정치적 어휘를 흡수한 정통 마르크스주의자라는 것을 알았다. 야루젤스키가 모스크바의 신임을 받는 것도 알았다. 그렇지 않았다면 33세에 폴란드군 최연소 장군이 될 수 없었다. 폴란드인들에게는 그의 귀족적인 면과 완벽한 발음도 인상 깊었다. 소문에 따르면 야루젤스키 가문은 공산주의 정권 이전에 특권을 누려 슐라흐타szlachta로 알려진 봉건 지주 귀족 계급에 속했다. 야루젤스키 가족은 소련 때문에 고생을 많이 했다는 말도 돌았다. 펜싱과 승마에 능숙한 이 귀족 출신 장군이 무슨 생각을 하는지는 검은 안경 뒤에 영원히 감추어져 있는 것 같았다.

야루젤스키가 태어나고 자란 바르샤바 북동쪽 숲 지대의 트셰치니라는 작은 마을 주민들은 더 혼란스러웠다. 마을 사람들은 야루젤스키의 아버지인 브와디스와프를 잘 기억했다. 1920년 폴란드-소련 전쟁에 뛰어들었을 때 눈에 띄는 활약을 했기 때문이다. 어머니 완다는 조용하면서도 결연한 여인으로, 아이들을 신앙심 깊은 가톨릭 신자이자 훌륭한 폴란드인으로 키우며 러시아의 지배에 항쟁한 폴란드 영웅들의 이야기를 들려주었다. 마을 사람들은 야루젤스키의 어린 시절도 기억했다. 열 살 때 짐을 싸서 바르샤바 기숙학교로 보내지기 전까지 야루젤스키는 주일마다 성당 미사에 빠지지 않은 내성적이고 허약한 아이였다. 마을 사람들은 그런 아이가 나중에 공산정권의 수장이 되고, 폴란드 공산당의 제1서기가 되었다고 믿기 힘들었다. 야루젤스키에게 무슨 일이 일어난 게 분명했다. 소련인들이 진짜 야루젤스키를 납치하고, 교묘하게 똑같이 생긴 공산주의자를 폴란드로 돌려보냈다는 이야기도 돌았다.[136]

그러나 그는 진짜 야루젤스키였다. 야루젤스키는 마르크스-레닌주의가 말한 "계급의 적"에 딱 들어맞는 인물이었다. 야루젤스키 가문의 상징인 눈을 가린 까마귀 심볼의 유래는 13세기까지 거슬러 올라간다. 야루젤스키의 친할아버지는 1863년 대규모 반차르 항쟁에 참여한 뒤 쇠사슬에 묶여 시베리아로 추방당했다. 이 일로 가족들은 재산 대부분을 잃었다. 귀족 신분인 아버지는 한때 가족 소유 농장의 관리인 신세가 되었다. 1939년 소련군이 폴란드를 점령하자 야루젤스키 가족은 친척이 있는 리투아니아로 도피했다. 1941년 6월 히틀러가 소련을 침공하기 며칠 전 아버지 브와디스와프는 "사회적으로 위험한 분자"라는 혐의로 체포되었다. 스탈린과 폴란드 망명정부 수반인 시코르스키 장군의 협상이 이루어진 뒤인 1942년 1월에 브와디스와프는 강제노동수용소에서 풀려났지만, 몸무게가 100킬로 이상 나가던 건장한 사람이 45킬로그램도 되지 않아 뼈만 남은 것처럼 보였다. 6개월 뒤 브와디

스와프는 이질과 영양실조로 사망했다.[137]

남은 가족도 아버지 못지않게 고생했다. 아버지가 체포될 당시 야루젤스키는 어머니와 여동생과 함께 시베리아로 추방되었다. 사람들을 잔뜩 실은 화물 열차가 목적지에 도착하는 데 한 달이 걸렸다. 야루젤스키는 노예노동자와 다름없는 신세로 시베리아에서 2년을 보냈다. 나무를 베고 거대한 밀가루 포대를 주변 창고로 날랐다. 극심한 요통에 시달렸고, 1981년처럼 긴장된 시기에는 통증이 재발했다. 소련 비밀경찰인 NKVD는 폴란드 동부가 소련에 병합되었다는 이유로 야루젤스키에게 소련 신분증을 발급받을 것을 강요했다. 야루젤스키가 거절하자 NKVD는 그를 상습범이 있는 감옥에 집어넣었고, 그곳에서 야루젤스키는 소지품을 도난당하고 폭행당했다. 3주간 이런 대접을 받은 후 야루젤스키는 비밀경찰의 제안을 받아들였다. 얼마 안 가 야루젤스키는 소련 영토에서 조직된 지그문트 베를린 휘하의 폴란드군에 지원했다. 나중에 야루젤스키는 군입대가 "무기를 손에 들고 폴란드로 돌아갈" 기회를 의미했다고 설명했다.[138]

야루젤스키는 당 이력서에 세심하게 묘사했듯이 16세에 소련에 "있는 걸 알게" 되었을 때에는 러시아나 공산주의에 동조하지 않았다. 학생 시절에는 "성모마리아의 병사들"이라는 열성적인 가톨릭 청년단체 소속이었다. 야루젤스키의 설명에 따르면, 그는 폴란드 슐라흐타 계급의 반소비에트 신념을 갖고 있었다. 붉은군대에 대한 야루젤스키의 첫인상은 정복을 일삼는 야만인 무리였다. 나중에 야루젤스키는 이런 글을 남겼다.

"처음에 놀란 점은 도대체 인구가 얼마나 많냐는 거였다. 긴 회색 외투 차림으로 소총을 잔뜩 든 사람이 수천수만 명이라는 인상을 받았다. 소름 끼치고 기이하고 적대적인 군대라는 기분이 들었다."[139]

소련에서 폴란드로 귀국한 후에는 외국 사상에 심취한 군인이 되었고, 1947년 24세에는 나중에 자칭 영적인 "거듭남"이라고 묘사한 경험을 했다. 공산당에 입당 원서를 내자 곧바로 받아들여졌다.[140]

야루젤스키에 따르면 이처럼 놀라운 전향은 단계별로 이루어졌다. 시베리아의 침엽수림 숲에서 야루젤스키는 평범한 소련인은 그전에 자신이 상상한 것 같은 사탄이 아니라는 사실을 알게 되었다. 소련인과 소련의 억압적 정치 체제를 구별하기 시작했다. 소련인의 인내심이 거둔 놀랄만한 위업과 "스탈린을 위하여, 조국을 위하여"라고 소리지르며 스스로 전투에 뛰어드는 모습을 존경하게 되었다. 공산주의는 잔인하고 무서울 수 있지만, 나름대로 그런 단점을 상쇄하는 면도 있었다. 더 공평하고 정의로운 사회에 대한 갈망은 슐라흐타 계급의 전통적인 반러시아 감정만 빼면 야루젤스키의 어머니 완다가 자식들에게 심어주려던 사회적 가치와 크게 다르지 않았다. 공산당은 전후 복구 계획과 과거 독일 영토를 신속하게 흡수하는 문제에서 부르주아 정당보다 더 현실적인 정책을 제시하는 것처럼 보였다. 전쟁 말기에 당에 힘을 보탠 야루젤스키 같은 군인뿐 아니라 체스와프 미워시와 레셰크 콜라코프스키 같은 지식인도 같은 생각을 했다.

야루젤스키의 사상적 거듭남에 관한 또 다른 설명은 성과에 집착하는 성격에서부터 시작할 수 있다. 어릴 때부터 야루젤스키는 윗사람의 인정을 받기 위해 최선을 다했다. 바르샤바의 가톨릭 기숙학교에서도 뛰어난 학생으로 인정받았다. 수녀 선생님의 보수적인 견해를 흡수하고, 폴란드의 군사 독재자인 피우수트스키 원수를 찬양하는 노래를 부르고, 스페인 프랑코 총통의 군사작전을 주시했다. 열성적인 보이스카우트였던 그는 "붉은 침략자"에 대항해 폴란드 방어에 나선 보이스카우트 영웅을 롤 모델로 삼았다. 나중에 바르샤바조약군 사령관과 소련 정치국 국원들에게 좋은 인상을 남기는 일에도 그에 못지않은 열성을 보였다. 1989년 폴란드 자유노조가 권력을 잡자, 야루젤스키는 한때 자신이 감옥에 집어넣은 아담 미흐니크 같은 과거 반체제인사와도 관계를 맺었다.

이런 모든 성과에는 사회적으로 받아들여지려고 몸부림치는 외톨이 처지가 작용했다. 학창 시절 야루젤스키는 아주 왜소한 아이였다. 공산당 정치에서 야루젤스키는 마을의 하급 귀족의 후손이어서, 그의 말에 따르면 "노동계급"에 대한 열등감에서 결코 벗어나지 못했다.[141] 은퇴할 때에는 역사적 명성을 회복하기 위해 투쟁하는 폴란드의 마지막 공산주의 지도자였다.

야루젤스키는 관료체계의 사다리를 올라가는 동안에는 여러 불쾌한 일에 눈을 감았고, 명령은 수행하되 질문하지 않는 군인다운 습관이 있었다. 1968년 국방부 장관 시절 소련이 주도하는 체코슬로바키아 침공에 폴란드 병력이 가담하도록 명령하는 데에도 아무런 거리낌이 없었다. 서독이 무기를 비축하고 서방이 체코슬로바키아 정권을 전복시키려고 한다는 소련의 선전선동도 전혀 의심하지 않고 받아들였다.

때로는 비정상적일 정도로 호기심이 없었다. 1981년 카니아의 후임으로 공산당 지도자로 선출되었을 때에 폴란드 정권의 가장 내밀한 기밀과 스캔들이 보관된 금고의 열쇠를 건네받았다. 그 금고는 악명이 높았음에도 불구하고 내용물을 굳이 들여다보지 않았다. 나중에 야루젤스키는 이렇게 털어놓았다.

"왜 이렇게 호기심이 없는지 나도 모르겠다. 성격 탓인 것 같다."[142]

소련에서 보낸 5년은 야루젤스키에게 현실정치의 냉혹한 교훈을 가르쳐 주었다. 미국 본토 횡단 거리의 2배가 되어서 기차로 한 달이 걸린 시베리아로 가는 여정은 폴란드 동쪽 이웃 국가의 광활함을 깨달게 했다. 그는 소련 체제의 힘과 강력한 군사력에 대한 통찰을 얻었다. 폴란드의 낭만적 전통과 결별한 야루젤스키는 현실주의적 성향을 드러냈다. 직접적인 경험을 통해 거대한 제국을 상대로 저항하는 것이 쓸데없다는 사실을 깨달았다. 또 한차례 소련의 침공이라는 공포로부터 폴란드를 구하는 일은 야루젤스키의 의무였고, 한 동료에게 개인적으로 말했듯이 "소련의 간섭을 막는 것이 역사적 과제"였다.[143]

어떤 이유로 전향을 했든 간에 소련 측은 야루젤스키를 전적으로 신임했다. 제1서기로 선출된 직후에는 브레즈네프로부터 축하 전화를 받았다. 브레즈네프는 "반혁명"을 분쇄할 야루젤스키의 계획을 실행하라고 촉구하며 미리 준비한 글을 띄엄띄엄 읽어내려갔다.

"PZPR(폴란드 공산당) 내에서 동무처럼 절대적 권위를 누리는 사람은 없소."[144]

야루젤스키의 계급 출신과 정치 문제에 대한 군대의 간섭을 뜻하는 보나파르티즘에 대한 소련의 오랜 의심에 비추어 보면 크렘린의 절대적 신뢰는 이상하게 보였다. 아무 불평 없이 스탈린의 억압을 견딘 사실이 소련 지도부에 좋은 인상을 준 것은 사실이다. 전시 복무 경험, 공산주의 지도력으로 폴란드군을 건설한 일, 러시아어에 유창하다는 점도 신뢰감을 주었다.[145]

야루젤스키의 공식 이력에 따르면 제2차 세계대전 직후 반공산주의 저항 운동 조직인 폴란드 국내군Home Army과의 치열한 결전을 벌인 것이 명확히 드러난다. 야루젤스키는 폴란드 국방부를 감독한 소련군 장군들 밑에서 지원과 교육을 받았다. 러시아 출신 국방부 장관인 콘스탄틴 로코솝스키 원수의 1956년 해임과 소련 소환에 반대표를 던진 유일한 폴란드 장군이 야루젤스키라는 이야기도 있다.[146] 그 뒤로 야루젤스키는 군인들을 상대로 한 정치 교육을 담당했다. 이 직책은 소련 측과 관계가 좋은 사람만 차지할 수 있는 극도로 민감한 자리였다. 1968년 야루젤스키가 민족주의적 성향을 보인 마리안 스피할스키의 후임으로 국방부 장관에 오르자 소련 측은 아주 좋아했다.[147]

야루젤스키는 회고록에서 자신을 공산주의 독트린의 "광적 신봉자"로 묘사했다.

"말할 것도 없이 우리 교회와 우리의 신조를 지켜야한다."[148]

소련 지도부는 이따금 야루젤스키가 "용기"와 "결단력"을 갖추지 못했다고 불평했다. 그러나 야루젤스키의 "도덕적·정치적" 신뢰성에 대해서는 전혀 의심하지 않았다.[149] 소련 측은 야루젤스키와 관련된 서류 일체를 철저히 검토했고, 자신들의 하수인이 누구인지 잘 알았다.

야루젤스키는 폴란드인민공화국의 모든 주요 직책을 차근차근 섭렵해서 군 최고사령관이자 총리이자 공산당 제1서기가 되었다. 한때 "성모마리아의 군인"이던 그에게 마지막으로 남은 일은 자신을 군사독재자로 선언하는 것뿐이었다. 그러나 결정을 할 수 없었다.

야루젤스키는 총리에 오른 뒤 우야즈도프스키에 거리에 있는 폴란드의 마지막 군사독재자 피우수트스키 원수의 집무실로 이사했다.[150] 1926년 쿠데타 후 피우수트스키가 "국가 정화" 정책을 만든 곳이 바로 그 집무실이었다. 야루젤스키가 폴란드가 당면한 문제에 대한 해결책을 찾으려 애쓰는 동안 우파 전임자의 유령이 출몰하는 것 같았다. 위기가 심화되자 야루젤스키는 2층 구석에 있는 집무실의 군용 침대에서 잠을 자며 밤을 보내곤 했다. 엄청난 책임감 때문에 누워서도 몇 시간씩 깨어 있곤 했다. 권총을 보관한 책상 서랍을 수시로 열었다가 몇 분씩 권총을 쳐다본 후 다시 책상 서랍을 닫았다.[151]

사방에서 압박이 가중되었다. 소련군이 국경에 집결하고 있다는 소문이 다시 돌았다. 야루젤스키는 침공이 시작되더라도 별일 없을 것이라는 환상을 품지 않았다. 브레즈네프가 양 볼에 따뜻하게 입을 맞춘 둡체크를 며칠 뒤에 어떻게 체포했는지도 기억했다. 위기 시작 단계부터 모스크바로 송환된 체코슬로바키아 공산당 지도부의 모습도 머릿속에 가득했다.[152] 체코슬로바키아 침공은 소련군이 폴란드 침공 시 벌어질 피 튀기는 대참사에 비하면 장난과도 같을 터였다.

또 다른 걱정거리는 경제였다. 산업 생산량은 1979년 2퍼센트 하락, 1980년 4퍼센트 하락에 이어 1981년에는 12퍼센트 하락했다. 폴란드의 주요 외화 획득원인 석탄은 광부들의 주당 노동시간을 44시간으로 제한하면서 급감했다. 외환보유고도 사실상 바닥난 상태였다. 폴란드는 원자재 공급을 전적으로 소련에 의존했다. 몇 주 전 모스크바는 폴란드에 대한 원유공급을 3분의 2로 줄이겠다고 위협했다. 천연가스, 인, 철광석, 목화 공급도 50퍼센트 감소할 예정이었다. 이런 원자재 공급이 중단되면 폴란드 산업은 멈춰버릴 수 있었다.[153]

야루젤스키는 자유노조를 탄압하면 서방 국가들이 강경하게 대응하리라는 사실을 알았다. 새로 출범한 레이건 행정부도 폴란드 위기의 "내부적 해결"에 안도의 숨을 쉴 것이라고 믿을 충분한 이유도 있었다. 야루젤스키는 미국 정부가 폴란드 막후에서 진행되는 일에 대해 속속들이 파악하고 있다는 사실을 알았다. 11월 초 야루젤스키가 신임하는 측근인 쿠클린스키 대령이 계엄령 선포에 대한 상세한 계획을 들고 서방으로 망명한 상태였다. 폴란드 지도부는 레이건 행정부가 임박한 위험을 자유노조에 알릴 것을 염려했으나 아무 일도 일어나지 않았다. 야루젤스키는 미국의 침묵을 암묵적 동의로 해석했다. 미국이 계엄령을 동서 관계에 재앙적 결과를 가져오는 소련의 폴란드 침공보다는 나은 대안으로 생각하리라고 판단한 것이다.[154]

레이건 행정부가 쿠클린스키 대령의 정보를 바탕으로 행동에 나서지 않는 것에 대한 또 다른 설명이 있다. 즉 정보기관 간의 해묵은 경쟁이다. 쿠클린스키의 존재를 아는 소수의 CIA 관리는 관련 정보를 미국 정부 내부자와 공유하지 않기로 했고, 정보원이 폴란드를 탈출한 후에도 이런 태도를 유지했다. 야루젤스키가 감히 시민을 상대로 폴란드군을 동원하지 않을 것이라는 자유노조 지도부의 직감을 믿고, 계엄령이 발령된다는 쿠클린스키의 경고를 회의적으로 받아들인 것이다.[155]

야루젤스키는 나중에 "인생에서 가장 힘든 하루"라고 묘사한 날을 평소처럼 군사 참모들과 함께 시작했다.[156] 오전 9시 "전시 상황" 실행을 책임진 사람들을 집무실로 불렀다. 자유노조 활동가 수천 명을 체포하고 모든 저항 활동을 진압하는 책임은 내무부 장관 체스와프 키슈차크에게 떨어졌다. 키슈차크는 방첩부대 사령관 출신으로 정무 감각이 뛰어난 장군이었다. 폴란드군 총참모장인 플로리안 시비츠키는 소련군과의 협조를 포함한 군사 부문을 맡았다. 야루젤스키의 또 다른 오랜 피후견인인 미하우 야니셰프스키는 계엄령 법령안을 작성하고 정부 관료를 감독하는 책임을 맡았다. 이 네 장군이 새로운 구국군사회의의 핵심을 이루었다.

장군들은 자유노조가 그들의 궁극적인 무기인 총파업을 시작할 것으로 확신했다. 노동자들은 1980년 8월에 그랬듯이 공장을 점령할 터였다. 하지만 이번에는 정부 당국이 준비를 철저히 했다. 야루젤스키가 절대 그런 사태는 없다고 약속했듯이 폴란드 병사는 폴란드 노동자에게 사격할 필요가 없었다. 철저한 보안 속에 정권은 폴란드어 약자로 ZOMO로 알려진 전문적으로 훈련받은 전경 3만 명을 편성한 상태였다. 진압 방패, 가스 방독면, 물대포로 무장하고 영화 〈스타워즈〉의 다스 베이더 복장을 한 ZOMO는 파업을 하나씩 체계적으로 진압하는 임무를 맡았다. 폴란드 정규군 32만 명은 ZOMO를 지원하고 정부 시설을 보호하며 대규모 무력시위로 시민들을 위협하는 일을 맡게 되었다. 군부대에서 탱크 수천 대를 이동하는 일은 야루젤스키가 "형제애적 지원"이 필요하지 않다는 점을 소련 지도부에 보여주는 부가적 역할을 했다.[157]

크렘린에 주눅이 들고 자유노조의 활약에 구석에 몰린 폴란드 당국은 계엄령이 사태를 푸는 유일한 방법이라고 확신했다. 시위대는 바르샤바에서 5일간의 대규모 반정부 시위를 계획했다. 다시 며칠 뒤에는 병사 수천 명이 제대하고 그 자리를 훈련도 받지 않고 자유노조 운동에 물든 신병들이 채우게 되어 있었다. 행동할 시점은 공장이 비어 있는 다가올 주말이었다.[158]

야루젤스키는 "X 작전"을 소련의 경제 지원과 연계시켰다. 야루젤스키의 요청을 받은 크렘린은 며칠 전 고위 경제관리인 니콜라이 바이바코프를 바르샤바에 파견해 약 20억 달러에 달하는 폴란드의 지원 희망 목록에 대해 논의하도록 했다. 협상 결과 암묵적 합의가 이루어졌다. 폴란드 정부가 자유노조를 진압하기 위해 강경 조치를 취하면 소련은 폴란드가 경제적 위기에서 탈출하는 데 필요한 지원을 할 예정이었다.[159] 야루젤스키는 계엄령 실행 명령을 최종적으로 내리기 전에 폴란드에 대한 소련의 군사적 의도를 명확히 알고 싶어 했다.

공산당 정치에서 흔히 벌어지는 일이지만, 모스크바와 바르샤바의 관계에는 이례적인 수준의 음모와 기만이 있었다. 야루젤스키가 나중에 밝혔듯이 그의 상대는 어느 날 입맞춤 세례를 퍼부은 사람을 전복하기 위해 다음에 탱크를 보내는 사람들이었다.[160] 야루젤스키는 소련이 폴란드 강경파와 좋은 관계를 유지한다는 사실을 알았고, 이들 강경파

제1부 프롤레타리아의 반란

는 소련의 군사적 개입을 정당화시켜주는 "초청장"을 소련에 보낼 준비가 되어 있었다. 야루젤스키로서는 상황에 따라 자신도 소련의 도움을 요청할 수 있다는 인상을 주는 것이 중요했다. 그렇게 함으로써 그런 초청을 할지 말지에 대한 최종 결정권을 자신이 가져야 했다.

이것이 X 작전이 폴란드의 질서 회복에 실패하는 경우 폴란드의 군사적 지원 요청이 언급된 소련 문서에 대한 가장 그럴듯한 설명이다. 야루젤스키는 모스크바에 대한 충성을 표시할 뿐 아니라 소련의 의도를 떠보길 원했다. 야루젤스키에 따르면 그는 상대방의 의도를 계속 "탐색"했다.[161] 크렘린 지도부도 의심하기는 마찬가지였다. 정치국에서 폴란드위원회 의장인 수슬로프는 이렇게 말했다.

"야루젤스키는 어떤 간계를 부리고 있습니다. 이런 요청으로 자신에게 유리한 알리바이를 만들고 있어요. … 나중에 이렇게 말할 수 있게 말입니다. '소련에 도움을 요청했지만 도움을 받지' 못했다."[162]

12월 12일 아침 야루젤스키는 동료 3명이 지켜보는 가운데 브레즈네프에게 전화를 걸었다. 브레즈네프는 몸 상태가 좋지 않아 수슬로프와 통화하게 했는데, 중병을 앓기는 수슬로프도 마찬가지였다. 정확히 어떤 대화가 오갔는지는 논란거리로 남아 있다. 소련 관리들은 야루젤스키가 X 작전이 실패하는 경우 소련의 도움을 요청했다고 말했다. 야루젤스키는 계엄령 선포를 소련이 폴란드 "내부" 문제로 간주한다는 보장을 받기를 원했다고 주장했다. 야루젤스키는 한 해 전 브레즈네프가 카니아에게 한 경고를 상기시키며 물었다.

"일이 복잡해지면 어떡하죠?"

수슬로프가 답했다.

"글쎄, 동무는 이 문제를 폴란드 병력으로 해결할 수 있다고 늘 말하지 않았소?"[163]

두어 시간 뒤 소련 국방부 장관인 우스티노프의 전화가 왔다. 임박한 싸움에 앞서 야루젤스키에게 확신을 주려고 한 것이다. 늘 그래왔듯이 우스티노프는 사령관이 부하에게 하듯 위협조로 말하고 말끝마다 "공격", "단호히" 같은 표현을 썼다.[164] 야루젤스키는 지난 1년 반 동안 이런 표현을 자주 들었다.

모스크바의 의견을 들은 뒤 야루젤스키는 그단스크 상황에 주목했다. 지난 열흘간 자유노조와의 관계는 최악이었다. 정부가 소방관 후보생의 파업에 전투경찰을 투입한 것이 위기의 직접적 원인이었다. 본격적 진압 작전의 예행연습 성격의 소방학교 급습에 자유노조 지도부는 반정부 거리 시위 촉구로 대응했다. 이들은 자유 선거와 임시정부 수립 여부를 묻는 국민투표 제안을 검토하기 위해 반정부 운동이 시작된 그단스크의 레닌조선소로 돌아갔다. 야루젤스키가 보기에 자유노조의 제안은 폴란드에서 공산당 권력을 해체하는 것과 마찬가지였다.

자유노조 전국위원회 곳곳에는 비밀경찰 프락치가 있었다. 이들은 비타협적 회의 분위기를 곧장 바르샤바에 보고했다. 오후 2시 야루젤스키는 자유노조 측 의견은 충분히 들었다고 판단해서 부하를 불러 X 작전을 실행에 옮기라고 지시했다.[165]

11장

그단스크

1981년 12월 12~13일

승리의 순간이어야만 했다. 레흐 바웬사는 레닌조선소에 돌아와 폴란드 공산정권과 그단스크 합의를 협상한 회의장에 앉아 있었다. 회의장은 TV 조명 세례를 받았다. 500일이라는 기간에 바웬사는 소련 제국 구석의 이름 없는 반체제인사에서 언론이 주목하는 국제적 스타가 되었다. 일본과 프랑스를 방문하고, 제네바의 국제노동기구에서 갈채를 받고, 바티칸에서 교황과 환담을 했다. 바웬사가 이룬 성과에 크렘린과 백악관은 예의 주시했다. 전 세계 언론인들은 간결하고 함축적인 바웬사의 발언을 상세하게 분석했다. 바웬사는 노벨평화상 후보로 추천되고 〈타임〉의 "올해의 인물"로도 선정되었다.

바웬사는 대체로 언론의 관심을 즐겼다. 폴란드 곳곳에서 자신을 따라다니는 파파라치에게도 호의를 베풀었다. 교회에서 기도하고 자식들을 혼내는 모습뿐 아니라 승리의 제스처로 공중에 주먹을 날리고 심지어 목욕하는 모습까지 찍게 했다.

이날은 바웬사답지 않게 침울하고 소극적으로 보였다. 그는 정부가 가장 최근에 벌인 "도발"에 대한 대응을 두고 주변에서 소용돌이치듯 벌어지는 극적인 논쟁을 의식하지 못하는 듯 보였다. 바웬사는 한쪽으로 약간 몸을 기울인 채 쌓인 신문을 대충 훑어보고 종이비행기를 만들고 새로 산 체코제 담뱃대를 만지작거렸다. 얼굴은 붓고 창백해 보였다. 동료들이 연이어 강경한 결의를 통과시키는 동안에도 투표에 불참했다. 폴란드 반정부 운동 조직의 브레인인 쿠론은 연정을 만들자고 제안했다. 과격파 중 한 명이 자유노조 지도자가 적어도 토론에 참여해야 하지 않냐며 바웬사의 화를 돋웠다.

"바웬사, 인도 왕국의 군주처럼 아무 말 없이 앉아 있군요. 뭔가 말을 하세요."

바웬사가 날카롭게 대꾸했다.

"여기서 쓸데없는 얘기만 잔뜩 하고 있는데 차라리 누가 음식에 뭐를 넣었는지 확인하는 게 나을 거요."[166]

바웬사는 정부와 자유노조 동료 모두와의 끝없는 논쟁으로 진이 빠진 상태였다. 그는 다가오는 대격변이 공산 세계 최초로 설립한 자유노조의 힘을 엄중하게 시험할 것이라고 느꼈다. 11월 초 야루젤스키와의 마지막 협상에서 상대의 입장은 단호해 보였다. 정권 내의 힘의 균형이 무력 사용을 선호하는 쪽으로 기우는 듯했다. 바웬사에게 조언하는 사람 다수도 정부가 마지막 결전을 준비하고 있다고 경고했다.

1980년 8월부터 바웬사에게 조언을 해주던 중세 역사학자 브로니스와프 게레메크는 자유노조 전국위원회 지도부에 지식인들의 우려를 표현했다.

"정부와의 전면 대결에서 이길 수 없습니다. 우리는 준비가 안 되어 있지만 상대는 그렇지 않습니다. 기억하십시오. 전면 대결의 시간과 장소를 결정하는 것은 우리가 아니라 상대방입니다."

참석자들은 침묵 속에 게레메크의 주장을 받아들였다.

회의장 밖 일상은 여느 때와 같았다. 눈이 많이 쌓였다. 전 세계 뉴스 사진에 등장해 유명해진 조선소 제2정문에서 자유노조 기념품을 파는 가게는 장사가 잘되었다. 가게에는 1982년 자유노조 벽걸이 달력, 포스터, 공산정권 이전에 사용된 머리에 왕관을 쓴 독수리 엠블럼, "나는 소련을 사랑해"처럼 조롱 섞인 새 구호를 새긴 배지 수십 개 등이 있었다. 조선소 입구에는 "폴란드 국민을 살인하고 강도를 저지른 자"를 처벌하기 위한 인민재판소 설치를 주장하는 현수막이 걸려 있었다.

초저녁 무렵 불안한 뉴스들이 조선소에 도착하기 시작했다. 그단스크 남동쪽으로 약 160킬로미터 떨어진 올슈틴의 자유노조 대표가 완전 무장을 한 ZOMO 부대가 병영을 나섰다고 전화로 알려왔다. 군병력이 그단스크 남쪽과 동쪽으로 이동한다는 정보도 전신으로 들어왔다. 자유노조 지도부가 지역 민병대장에게 전화로 문의하자 "걱정하지 마시라"라는 답이 돌아왔다. 그단스크 지역의 범죄 소탕을 위해 대규모 경찰 작전이 진행 중이라는 것이었다. 자정이 되기 직전 바웬사에게 한 측근이 다음과 같은 소식이 적힌 종이를 건넸다.

"모든 전화와 전신이 차단됨."

바웬사는 자리를 박차고 일어났다. TV 조명 때문에 바웬사의 얼굴은 훨씬 더 부어 보였다. 나중에 말한 것처럼 무슨 일이 일어날지에 대한 "잠재의식에 따른 예감"이 있었지만 저항이 무의미하다고 결론지었다.[167]

"여러분, 바깥 세계와의 모든 통신이 끊겼습니다. 내일 복구될 수도 있고, 그렇지 않을 수도 있습니다. 이와 관련해 여러분의 편안한 밤을 기원합니다."

바웬사는 일어서서 마치 "내가 할 수 있는 일은 더 이상 없다"고 말하는 듯 공중으로 손을 들어 올리고는 방에서 성큼성큼 나가버렸다.

바웬사가 그단스크 교외의 아파트에 도착할 무렵 ZOMO 부대가 폴란드 전역에서 잘 알려진 자유노조 지지자들의 집 문을 두드리고 있었다. 아무 반응이 없는 경우에는 그냥 문을 부수고 들어갔다. 노조에 직접 참여한 사람 외에도 작가, 배우, 역사가, 영화제작자, 학자 등 폴란드에서 가장 널리 알려진 사람 일부를 X 작전으로 잡아 가뒀다. 검거 활동이 조금이라도 공평하게 보이도록 기에레크를 비롯한 전 공산당 지도자 몇 명도 가뒀다. 일부 대상자는 이미 사망한 상태였는데, 이것은 명단이 몇 달 전에 작성된 사실을 보여준다.

새벽 두 시 푸르스름한 전투복 차림의 ZOMO 부대가 자유노조 전국위원회가 머물던 그단스크의 모노폴 호텔을 포위해 모든 출구를 봉쇄했다. 전경들은 방마다 돌아다니며 자유노조 간부를 수갑에 채운 뒤 밖에 대기 중인 트럭에 실었다. 꽉 끼는 방탄조끼를 입은 대테러 분대의 일부 병력은 지붕을 감시했다. 자유노조 바르샤바 지부장인 27세의 즈비그니에프 부야크는 길 건너편에서 이 광경을 지켜보았다. 처음 드는 생각은 정부가 정신이 나갔다는 것이었다. 폴란드 전체가 파업에 나설 상황이었다.[168]

새벽 3시쯤 자스파 거리에 있는 바웬사의 아파트 도어벨이 울렸다.[169] 바웬사가 잠들어서 부인인 다누타가 문구명을 들여다보니 지역 공산당 당수인 타데우시 피슈바흐가 주지사 무리와 쇠지렛대를 든 경찰 6명과 함께 있었다. 자유주의자로 알려진 피슈바흐도 조금 전 강제로 일어나서 "야루젤스키와의 면담"을 위해 바웬사를 비행기에 태워 바르샤바로 보내라는 명령을 받았다. 바웬사는 화가 난 것처럼 보였고 처음에는 바르샤바에 가지 않으려고 했다. 피슈바흐가 ZOMO가 강제로라도 데려갈 것이라고 하자 바웬사는 옷 몇 벌을 챙겨서 집을 나섰다. (바웬사는 야루젤스키를 못 만났다. 바르샤바 교외 정부 별장에서 몇 주를 보낸 후 한때 폴란드 "붉은 부르주아"의 휴양지인 소련 국경 인근의 사냥용 별장으로 이송되었다.)

오전 6시 장군 정복을 입은 야루젤스키가 옆에 폴란드 국기를 배치한 채 TV에 나와 이렇게 선언했다.

"조국이 벼랑 끝에 서 있습니다. 폴란드의 미래가 위태롭습니다. 우리 세대가 싸워 준비한 미래 말입니다."

야루젤스키는 감정이 실린 목소리로 "테러 행동"에서부터 경제적 파괴 행위에 이르기까지 모든 혐의를 거론하며 자유노조 지도부를 비난했다. 현 상황을 계속 내버려 두면 "기근", "대혼란", "내전"이 초래될 것이라고도 선언했다. 사회주의가 폴란드를 위한 유일한 길이었다. 야루젤스키는 무거운 마음으로 폴란드 전역에 전시태세가 발령되었다고 밝혔다. 재앙의 벼랑 끝에서 폴란드를 구하기 위해 구국군사회의가 편성된 상태였다. "국익"을 해치는 모든 행동을 엄중히 처벌하기 위해 군사 법정 설립도 진행되었다.

야루젤스키는 "우리가 살아 있는 한 폴란드는 사라지지 않을 것"이라는 폴란드 국가의 첫 소절로 연설을 마쳤다. 연설 중에는 18세기 폴란드 분할 이후 망명한 폴란드 병사들이 부른 애국적인 마주르카(폴란드 민속 음악 - 옮긴이) 선율이 배경으로 깔렸다.

야루젤스키의 관점에서 보면 계엄령 선포 후 며칠간은 상황이 아주 좋았다. 가장 중요한 인물인 부야크를 포함해 몇몇 자유노조 지도자는 잠적했지만 대부분은 체포되었다. 예상대로 대규모 공장 다수에서 노동자들이 점거 파업을 시도했다. 그러나 모든 파업이 야간통행 금지 시간을 이용한 ZOMO의 무자비하고 효율적인 진압으로 해산되었다.

전 국민이 자유노조의 중심 요새로 여긴 레닌조선소는 일주일도 버티지 못했다. 파업 지도부는 겁먹은 노동자들이 제2정문을 비롯한 조선소 주변 방어에 나서도록 설득하는 데 실패했다. 심리적 우위를 확보한 ZOMO는 몇 군데 지점에서 조선소를 돌파하여 시위대를 포위했다.

가장 심각한 사상자는 자유노조 지지자들이 도끼, 쇠사슬, 쇠막대기로 무장한 실롱스크의 부예크 석탄 광산에서 발생했다. 광부들은 실롱스크 내 다른 지역의 진압 과정에서 일어난 폭행과 대규모 체포 소식을 듣고 자체적인 방어를 결심했다. 계엄령 시행 3일 후 탱크와 헬리콥터까지 동원한 ZOMO 부대가 광부들을 공격하면서 격렬한 육탄전이 벌어졌다. 좁은 마당에 광부들에 의해 포위된 폭동 진압 경찰이 총을 쏘기 시작하자 광부 9명이 총탄에 쓰러졌다. 광부들이 죽음을 맞은 벽은 임시 성지가 되었다. 벽 꼭대기에는 희생자들이 쓴 헬멧이 몇 달간 전시되었고, 꽃과 금지된 자유노조를 지지하는 메모로 덮인 둔덕이 만들어졌다.[170]

자유노조 운동이 이룬 가장 큰 성취는 폴란드인을 분열시킨 공포를 극복하게 만든 데 있었다. 야루젤스키는 자유노조에 심각한 타격을 줌으로써 그런 성취를 무위로 만드는 데 성공했다. 1980년 8월 이전과 마찬가지로 공산정권은 다시 분열되고 패배감에 젖은 사회를 통제했다. 자유노조가 성공적으로 무너트린 심리적 장벽은 사실상 하룻밤 사이에 재건되었다. 일반인들은 또다시 서로를 의심하기 시작했다. 누구든 경찰 프락치일 수 있었다. 절망적인 경제 상황도 야루젤스키를 도왔다. 혹독한 추위가 닥친 1981년 겨울에 대부분의 가정은 정치가 아니라 따뜻하게 생활하고 먹을 것을 충분히 구하는 것이 최우선 과제였다.

야루젤스키가 도박에서 이겼다는 사실은 계엄령 선포 다음 날 거리를 걷는 사람들의 얼굴만 봐도 충분히 알 수 있었다. 자유노조 시절의 특징이었던 활기와 자부심은 하루아침에 사라졌다. 사람들 자체가 달랐다. 일반 자유노조 지지자들은 안전한 집에 숨었다. 이들이 차지했던 거리는 여러 형태로 공산정권과 연결된 수십만 명이 차지했다. 이들은 자유노조 포스터를 뜯고 공공건물을 방어하며 각종 허가증을 만들었다. 이들의 냉소적이고 방종한 얼굴에는 크게 안도한 표정이 보였다. 이런 사람들이 사방에 넘쳤고 좋은 시절을 기다리며 숨죽이고 있었을 뿐이었다.

단기적으로 야루젤스키는 폴란드 국민과의 "전쟁"에서 이겼다. X 작전은 오랫동안 향후 군사독재자가 연구할 일종의 성공 사례였다. 이 쿠데타는 정보 혁명을 되돌릴 수 있다는 것을 보여주었다. 아무리 정교한 통신 기술도 전체주의 정권을 상대로는 보장되지 않았다. 아주 단호한 독재자는 복사기에 자물쇠를 채우고, 자동 전화교환기의 플러그를 뽑아버리고, 타자기와 컴퓨터를 끝까지 추적할 수 있었다.

이 모든 일의 대가는 엄청났다. 야루젤스키는 공산당 통제를 복원하기 위해 나라를 중세시대로 되돌려놓았다. 유럽 심장부의 산업국가를 외부 세계와 완전히 차단되고 전화와 전신이 없는 곳으로 만들었다. 1만 명에 달하는 국가 최고의 인재들을 구금했다. 대중매체를 상대로 숨 막히는 검열을 하고 수백 개 신문을 폐간시켰으며 TV 뉴스 진행자들에게 군복을 입혔다. 계엄령 법령에는 강제노동과 공무원 수백만 명에 대한 정치적 충성도 테스트 도입부터 여가용 요트 타기와 휘발유 판매 금지 등 온갖 제재가 포함되었다. 일몰부터 일출까지 강제 통행금지령도 시행되었다. 정보가 나라 안에 자유롭게 유통되는 것을 막기 위해 허가 없는 여행도 금지했다. 간신히 체포를 피한 자유노조 활동가들에게 자금이 전달되는 것을 막기 위해 예금 인출도 못 하게 했다.

이런 규제가 부과된 국가가 현대 세계에서 경쟁할 방법은 없었다. 차츰 제재는 완화되었지만, 야루젤스키는 권력을 유지하기 위해 공산당 반개혁세력의 지지에 의존하지 않을 수 없었다. 이것은 경제 개혁의 희망을 모두 포기하고 향후 10년간 또다시 불경기가 이어지는 것을 의미했다.

그게 전부가 아니었다. 공산당이 군의 힘을 빌려 살아남은 사실은 굴욕적인 실패를 인정하는 것이었다. 제2차 세계대전 직후에 폴란드 공산주의자들은 일종의 혁명적 기백을 느꼈다. 전쟁으로 폐허가 된 나라를 재건하고, 독일로부터 얻은 "서부 영토"를 통합하는 데 성공함으로써 대중적 지지를 확보했다. 1981년 12월 기관총과 수용소의 도움 없이 공산주의가 폴란드에서 유지될 수 없다는 것이 분명해졌다. 야루젤스키는 노동 계급과 전쟁을 벌여야 했다. 자유노조 지도부를 군 정치위원으로 교체하고, 공장에 진입하기 위해 탱크를 동원해야 했다.

역설적으로 계엄령은 자유노조에게 위장된 축복일 수 있었다. 자유노조 운동은 16개월간 정부와의 힘든 싸움을 벌인 뒤 분열 징후를 드러냈다. 몇몇 자유노조 지도자는 노조가 국가의 독립이라는 명분을 위해 싸우길 원했지만, 몇몇은 자유노조가 사회적 문제에 집중하기를 원했다. 일부는 자신들을 자유 시장에 의해 위협받는 거대한 산업 공장 노동자의 대변인으로 생각했지만, 일부는 경제 개혁을 공산주의를 폐기하는 첫걸음으로 여겼다. 역사가 평범한 경로를 밟았다면 이런 생각의 차이는 공공연한 분열로 이어졌을 것이다. 군대를 동원한 탄압은 서로 적대적인 분파를 단합시키고 자유노조 신화가 때 묻지 않고 유지되는 효과를 가져왔다.

야루젤스키가 강제수용소로 보낸 자유노조 지도부는 제2차 세계대전 중 카틴숲에서 소련군에 의해 학살당한 장교나 1830년과 1863년 반차르 항쟁에 희생된 사람들을 자신들과 같은 위치에 놓고 보았다. 선조들과 마찬가지로 정의로운 명분인 폴란드의 국가적 독립을 위해 고생한다고 느낀 것이다. 이들은 "정복당하되 항복하지 않으면 그것은 승리다"라는 피우수츠키 원수의 모토에 따르기로 결의했다. 1960년대와 1970년대 방전된 폴란드의 민족 감정이라는 배터리는 다시 한번 완전히 충전되었다.

결과적으로 계엄령은 야루젤스키에게 피로스의 승리(희생이 커서 패전이나 다름없는 승리 - 옮긴이)였다. 폴란드 전체의 사기가 땅에 떨어진 가장 암울한 시기인 1981년 12월에도 폴란드 역사의 수레는 다시 도는 것이 분명했다. 시민들은 정복당했지만 항복하지 않았다. 구질서를 다시 세우는 데는 한계가 있었다. 자유노조 경험으로 폴란드인은 달라졌고, 공산주의 이념은 사람들을 자극하는 힘을 잃어버렸다. 중앙계획 경제체제는 구제 불가능할 정도로 비효율적이었고, 끝없이 반복될 것처럼 보이는 경제 위기와 정치적 파열에서 벗어나려면 이 체제는 해체되어야 했다. 야루젤스키와 참모들은 전면적 변화가 필요하다는 것을 알았지만, 공산당 권력 기반이 훼손될 것을 염려하여 정치적 통제를 풀지 못했다. 딜레마를 풀 방법이 없었다.

자유노조 탄압은 소련에도 피로스의 승리였다. 1956년과 1968년처럼 자유의 요정을 다시 억지로 병 안에 가두는 데는 성공했다. 동유럽은 소위 "사회민주주의"에 다시 안전한 곳이 되었다. 소련 탱크는 소련과 독일 사이에 있는 광활하고 전략적인 평원을 오갈 터였다. 다른 한편으로 소련 지도자들은 폴란드가 서방의 경제봉쇄로부터 살아나도록 지원하는 부담을 떠안게 되었다. 국내 경제 상황이 악화되는 시점에 국제적으로 경제가 마비된 국가를 하나 더 책임질 여유가 없었다. 브레즈네프는 정치국 동료들에게 "능력껏 폴란드인을 돕고 있는데 계속 더 많은 요구"를 한다며 불만을 터뜨렸다. 그러고는 경제 원조를 "소련 경제에 큰 부담을 주지 않도록" 위신을 세울 정도의 사업으로 한정할 것을 제안했다.[171]

소련의 경제정책을 수립하는 사람들은 브레즈네프에게 힘든 경제적 결단을 내리도록 설득하는 게 어려웠다. 아첨꾼들에게 둘러싸이고 의사와 경호원들에게 전적으로 의존하는 서기장은 정치적 현실 감각을 잃었다. 브레즈네프의 정책은 모든 이를 만족시키고 인위적 공물을 당연한 대가로 받도록 이루어졌다. 거대한 환상에 사로잡힌 브레즈네프는 자신이 항상 옳고 대체할 수 없는 인물로 생각했다.[172]

그런 브레즈네프도 죽음을 앞두고 있었다.

12장

모스크바

1982년 11월 10일

11월 7일 브레즈네프는 소련 지도자의 의무적인 의식인 붉은광장에서 거행된 연례 혁명기념일 행사를 주관했다. 브레즈네프는 살을 에는 추위 속에 레닌묘지 위에 있는 사열대에서 여러 시간 서 있었고, 아주 오래된 자갈이 깔린 광장을 굉음을 내며 지나가는 T-72 탱크와 핵미사일 부대를 향해 힘없이 손을 흔들었다. 퍼레이드가 끝난 직후에는 휴일을 보내기 위해 자비도보의 사냥용 별장으로 이동했다. 11월 9일에는 자레체의 다차로 복귀했다. 개인 이발사가 거나하게 취해서 오후에 정기적으로 하는 면도를 할 수 없었지만 이런 일에 신경 쓰기에는 몸 상태가 너무 좋지 않았다. 브레즈네프가 너그럽게 말했다.

"쓸모없는 인간이군, 또 곯아떨어지다니."[173]

브레즈네프는 노망이 들면서 자신이 통제하기 힘든 가족과 점점 멀어지고, 모든 수발을 들어주는 KGB 경호원들에게 의존하게 되었다. 경호원들은 브레즈네프에게 유모와 같았다. 75세의 늙은 지도자가 아침에 침대에서 일어나는 것을 돕고, 옷을 갈아입히고, 밥을 주고, 도미노 게임을 같이 하고, 기분을 맞춰주고, 건강을 걱정해 주었다. 마치 어린아이를 돌보는 것 같았다.

11월 9일 저녁 브레즈네프는 일찍 잠자리에 들었다. 보통 저녁 9시까지 뉴스 프로그램인 〈브레먀〉를 시청하고 잠들었지만, 자비도보에서 차로 160킬로미터를 이동하느라 피곤했다. 브레즈네프는 목이 아프다고 불평했다. 다음 날 아침 경호원들은 영부인인 빅토리야 브레즈네바가 일어나는 것을 기다렸다가 브레즈네프를 깨우러 침실로 들어갔다. 9시가 조금 안 된 시간이었다. 브레즈네프는 잠자듯이 옆으로 누워있었다. 야간 근무 책임자인 블라디미르 메드베데프가 브레즈네프를 조심스레 흔들어 깨웠다.

"서기장 동지, 일어날 시간입니다."

아무 반응이 없었다. 메드베데프가 더 세게 흔들어 깨웠지만 브레즈네프는 눈을 뜨지 않았다. 몸도 차갑게 느껴졌다. 경호원들은 이런 상황이 발생했을 때 해야 할 일을 했다. 심장을 펌프질하고 인공호흡을 했다. 크렘린 주치의 예브게니 차조프를 부르자 12분 뒤에 현장에 나타났다. 얼마 안 가 응급치료팀이 방으로 뛰어 들어와 인공 소생술을 확실히 시작했다. 차조프에게 이 모든 미친 짓은 보여주기 위한 것일 뿐이었다. 브레즈네프는 이미 여러 시간 전에 죽은 상태였다.[174]

현장에 제일 먼저 달려온 정치국원은 브레즈네프의 후계자가 될 전 KGB 의장 안드로포프였다. 안드로포프는 지난 18년간 소련을 통치한 사람의 시신을 보고는 자기도 모르게 헉 하는 소리를 내고는 이미 파랗게 창백해진 죽은 지도자의 부은 얼굴을 뚫어지게 보았다. 갑자기 상념에서 깨어난 안드로포프는 시신에 작별 인사를 하고 방에서 나갔다.

제1부 프롤레타리아의 반란

소련 국민들은 26시간 지나서야 브레즈네프가 사망했다는 소식을 들었다. 비탄에 빠진 정치국을 대신해서 사망 발표자로 선택된 사람은 이고리 키릴로프였다. 키릴로프는 중앙방송의 뉴스 프로그램 고참 진행자로 20여 년간 빅브라더의 얼굴과 목소리 역할을 했다. 억양과 어조를 자유자재로 조절해서 크렘린의 선전을 대중들에게 전달하는데 도가 튼 인물이었다. 키릴로프의 목소리는 5개년 계획의 성공적 달성을 전할 때는 달콤한 자부심이 묻어났다. 정치국 성명을 발표할 때는 정직한 사람이라면 전혀 의문을 가질 수 없는 자명한 진리인 것처럼 읽어나갔다. 실업이나 범죄처럼 자본주의 국가 뉴스로 넘어가면 곧장 도덕적 분노에 찬 어조로 진행을 했다. 브레즈네프의 사망 소식을 전할 때는 침울하면서도 안정감을 주는 톤을 택했고 효과를 극대화하기 위해 중간중간에 말을 멈췄다.

친애하는 동무들이여(잠시 멈춤)

소련 공산당과 온 국민은(잠시 멈춤)

큰 상실감에 빠졌습니다(잠시 멈춤).

레오니트 일리치 브네즈네프(찬양조로, 길게 멈춤)

레닌의 위대한 명분을 충성스럽게 영속화하고(잠시 멈춤)

열렬한 애국자이자(잠시 멈춤)

뛰어난 혁명가이자 평화와 공산주의를 위해 싸우는 투사이며(잠시 멈춤)

뛰어난 정치인이자 우리 시대의 정치가가(잠시 멈춤)

운명하셨습니다(슬픔에 잠겨, 길게 멈춤).

그러나 동무들이여 기다리시오. 모두 잃은 것은 아닙니다.

인민들은 경험을 통해 배웠습니다.

어떠한 사태가 발생하고 어떠한 시험이 닥쳐오든(잠시 멈춤)

우리 당은 역사적 과제를 이행할 능력을

갖추고 있다는 것을 말입니다(점점 더 확신에 찬 음성으로).

레오니트 일리치 브레즈네프의 영도하에

섬세하게 만들어진 소련 공산당의 대내외 정책은(찬양조로, 잠시 멈춤)

일관되고 단호하게 시행될 것입니다(추모 음악이 배경으로 깔리기 전 최종적으로
   승리의 어조로).

수년 후 공산주의가 무너진 다음 키릴로프는 자신이 유명한 스타니슬랍스키 연기학교에서 메소드 연기를 배웠다고 밝혔다.[175] 사실적인 연기를 하려면 철저히 극중 인물로서 삶을 살아야 한다. 스스로 완전히 사랑에 빠졌다고 확신할 수 있으면 남도 확신시킬 수 있었다. 스탈린의 공포 정치가 한창이던 1932년에 태어난 키릴로프는 다른 동년배가 그렇듯이 수백만 명을 죽게 만든 강제수용소와 인위적인 대기근에 대해 잘 알았지만 머릿속에서 지워버렸다. 당이 하는 일이 항상 옳다고 스스로 확신했다. 결국 브레즈네프에 대한 개인숭배가 거의 우스꽝스러운 수준에 이르자 키릴로프도 의문을 갖기 시작했다. 하지만 여전히 과거와 같이 행동했다. 키릴로프는 2억 8700만 명의 국민을 장악한 이중적 사고체계의 완벽한 전형이었다.

키릴로프가 이념적 확신이 있는 것처럼 연기한 사실은 브레즈네프 시대를 비유적으로 잘 보여준다. 대체로 평범한 소련인들은 더 이상 사회주의 이념을 믿지 않았지만 믿는 시늉을 계속했다. 전 국민이 거대한 기만에 동참했다. 각 가정의 부엌에서는 비틀거리는 지도자를 비웃었지만 공개적으로는 모르는 체했다.

나중에 소련 역사가들은 브레즈네프 시기를 "침체기"로 깎아내렸

제1부 프롤레타리아의 반란

다. 하지만 이 시기에 소련에서 아무런 일도 일어나지 않았다고 결론 내리는 것은 틀릴 수도 있다. 브레즈네프 시기에 일어난 이념적 환멸은 고르바초프의 혁명에 꼭 필요한 서곡이었다. 18년간 계속된 브레즈네프 정권은 인민의 성신을 통제하려는 투쟁을 포기하고 외적 행동에 집중했다. 수백만 명을 동원할 수 있고 모든 것을 아우르는 종교가 비관주의자의 이념이 되었다. 서기장조차 사회주의 유토피아라는 미래를 더 이상 믿지 않았다. 브레즈네프는 동생 야코프에게 이렇게 말했다.

"공산주의에 관한 모든 것은 인민을 상대로 한 과장된 이야기야. 결국 인민에게 뭔가 믿을 것을 줘야 했어. 교회를 없애고 차르를 처형했으니 대체할 것이 필요했단 말이야. 그래서 인민들이 공산주의를 만들게 한 거야."[176]

30여 년 전 스탈린이 죽었을 때와 비교하면 브레즈네프의 장례식 분위기는 절제되고 차분했다. 스탈린은 죽어서도 두려움과 경외심을 불러일으켰다. 1953년 3월 정치국원들은 다차에서 임종을 맞은 스탈린의 시신 앞에서 몸서리쳤다. "시대를 초월한 모든 인민의 위대한 지도자"의 사망 소식을 들은 소련인 수천만 명은 몸을 가누지 못하고 쓰러져 울었다. 유해 일반 공개에 엄청난 인파가 몰려와서 500명이 모스크바 거리에서 밟혀 죽는 사태가 일어났다. 브레즈네프가 죽었을 때 소련 시민들은 그냥 어깨를 으쓱했을 뿐이다. 붉은광장에서 공들여 진행한 장례식은 스탈린 때와 사실상 동일했다. 정치국원들이 운구하고, 공장에는 사이렌이 울리고, 예포가 발사되고, 쇼팽의 〈장송행진곡〉이 연주되었다. 그러나 진심으로 슬퍼하는 사람은 없었다.

아주 신기하게도 일반 국민이 어느 때보다 잘살게 된 시기에 이념적 위기가 찾아왔다. 생활 수준의 향상은 정권이 약속한 것에 훨씬 미치지 못했다. 보건 수준도 형편없고, 육류와 버터도 보기 힘들었으며,

임금도 낮았다. 그럼에도 불구하고 브레즈네프 통치기는 스탈린 시기의 공포와 끝날 줄 모르는 가난에서 잠시나마 벗어날 수 있는 시기였다. 나중에 나이든 세대는 브레즈네프 시기를 황금기로 기억했다. 빵한 덩어리에 16코페이카고, 실업자가 없었으며, 모든 소련 인민은 5평방미터의 무상 주택을 보장받았다. 소련 가정은 냉장고, 컬러 TV 수상기 같은 사치품을 갖추기 시작했고 양철쪼가리로 만든 소련제 자동차도 꿈꿀 수 있었다.

브레즈네프의 후계자들이 이런 단계적 생활 수준의 향상을 이어갈수 있었다면, 페레스트로이카나 제2의 러시아 혁명은 없었을 수도 있었다. 하지만 소련이 아프가니스탄에서 전쟁을 벌이고, 미국과의 군비경쟁에 돈을 쏟아붓고, 제3세계 국가 여러 곳을 지원하던 시기에는 인민의 생활 수준 향상을 꾀할 수 없었다. 80년대 초반쯤 소련 엘리트 중분별력이 있는 사람들이 보기에 이런 낭비가 계속될 수 없는 것이 명확했다. 지속적으로 증가하는 제국 유지비용을 감당하기 위해 보물창고같은 천연자원을 뒤져야만 했다. 요컨대 자국의 미래를 팔아 생활한 것이다.

경제정책 담당자들이 노쇠한 서기장에게 이런 사실을 지적하려고하면, 브레즈네프는 참을성 없이 손사래를 치며 물리치곤 했다. 소련이보유한 천연자원은 "소진될 수 없다"는 것이 브레즈네프의 신조였다. 한때 브레즈네프는 국가계획위원회의 위원장인 바아바코프에게 이렇게 말했다.

"동무나 동무가 보여주는 숫자는 지긋지긋하오. 사냥이나 하러 갑시다."[177]

브레즈네프가 죽고 몇 달이 지난 1983년 4월 경제학자와 사회학자 수백 명이 소련의 영속적인 문제를 논의하기 위해 시베리아의 노보시비르스크에 모였다. 이 모임에서 다룬 질문은 "누구에게 책임이 있는가"와 "어떻게 해야 하는가"였다. 세계 두 번째 강대국을 다시 움직이게 만들려는 안드로포프의 요구에 용기를 얻은 회의 참가자들은 쇠락하는 경제 성과의 원인을 분석하려고 애를 썼고 열악한 기후 환경, 숙련된 인력 부족, 근무 기강 해이 등의 상투적인 설명은 제외하고 중앙계획경제의 훨씬 폭넓은 폐단에서 문제점을 찾으려 했다. 학자들이 내린 평가에 따르면 소련 경제는 낮은 생산성, 조잡한 생산물, 천연자원의 낭비라는 스탈린 시대의 낡은 틀에 갇혀 있었다. 모르는 것이 없어 보이는 경제정책 담당자들이 만든 목표를 달성해야 한다는 강박관념은 개인의 진취성을 말살했다. 모든 중요한 결정을 중앙에서 내리는 중앙통제체제는 산업기반이 형성되던 시기에는 꽤 잘 작동했지만 이때의 경제 난국은 제대로 대처할 수 없었다.

노보시비르스크 회의 참가자들은 검열 문제를 회피하기 위해 자신들의 결론을 마르크스-레닌주의 용어로 포장하는 데 신경을 썼다. 결과보고서는 58부로 한정하고 번호를 매겼다. 표지에는 "기밀-대외비"라는 도장을 찍었다. 이렇게 보안에 신경 썼지만 한 부가 서방에 유출되어 하룻밤 사이에 큰 파장을 일으켰다.[178] 소위 노보시비르스크 보고서는 세계를 휩쓰는 기술혁명이 제기한 문제에 어떻게 대응할 것인가를 놓고 벌어진 소련의 막후 논쟁을 들여다볼 수 있게 해주었다. 획일적이고 정체된 것처럼 보이는 겉모습 뒤에서 뭔가가 움직이고 있었다.

스탈린 시대에 소련은 경제 성장을 위해 단순한 공식을 채택했다. 생산량은 "생산 요소"인 인력, 원료, 토지의 투입에 직접적으로 비례해서 증가한다는 것이었다. 필요하면 강제력을 동원해 원하는 결과를 얻을 수 있었다. 스탈린의 공업화 운동이 절정에 이른 1930년대에 농민

약 3000만 명이 사회주의 산업에 노예 노동력을 제공하기 위해 강제적으로 농촌을 떠나야 했다. 또 다른 소련 시민 1500만 명에서 3000만명은 테러나 기근의 희생양이 되었다. 볼셰비키 지도자들은 어떤 희생도 사회주의 유토피아를 건설한다는 목표로 정당화할 수 있다고 확신했다. 숨이 턱 막히게 하는 오만이었다. 스탈린의 동조자 한 명은 이렇게 떠벌렸다.

"볼셰비키가 공략할 수 없는 요새는 없다. 우리의 과제는 경제를 연구하는 것이 아니라 그것을 변화시키는 것이다. 우리는 어떠한 법에도 구속되지 않는다."[179]

스탈린의 후계자들은 이런 양적 성장 모델을 약간만 변형한 채 유지했다. 흐루쇼프와 브레즈네프는 둘 다 개발되지 않은 국가 자원을 이용해야 하는 대규모 정책에는 약점이 있었다. 흐루쇼프는 식량 위기를 해결하기 위해 카자흐스탄 북부의 처녀지 개간 운동을 벌였으나 효과를 거두지 못했다. 브레즈네프는 시베리아 북부 툰드라를 가로질러 우도칸의 구리 매장지와 야쿠티아의 금광으로 이어지는 철로를 구축하라는 명령을 내렸다. 1980년대 초반 소련은 철광석, 석탄, 목재, 시멘트 생산량처럼 기본적 경제 지표에서 선두를 달렸다. 세계에서 가장 큰 수력발전소, 가장 큰 철강공장, 가장 육중한 트랙터, 가장 강력한 미사일 보유도 자랑했다. 그와 동시에 제대로 된 면도날을 만들지 못하고 화장지 수요도 충족시키지 못했다.

노보시비르스크 개혁가들이 제안한 것은 양적 성장에서 질적 성장으로의 전환이었다. "양이 아니라 질"이 새 유행어가 되었다. 서방 연구에 따르면 소련의 공장은 서방 공장보다 2~3배의 에너지를 쓰고도 질 나쁜 물건을 만들었다. 소련과 서방의 기술 격차는 날이 갈수록 더 벌어졌다. 브레즈네프가 사망한 1982년 소련은 1인당 컴퓨터 보유 대

수에서 1대 400으로 미국에 뒤처져 있었고, 산업로봇 수는 1대 15로 뒤처져 있었다.[180]

소련 경제에 대한 향후 비판에 비하면 노보시비르스크 보고서는 아주 온건한 편이었지만 당시에는 혁명적이었다. 보고서는 또한 소련이 이미 "계급 차별이 없는 사회"라는 공식적인 레닌주의 신조에 도전했고, 경제 개혁이 각기 다른 이익 집단 사이에서 정치 투쟁을 촉발할 것으로 예측했다. 보고서는 개인의 진취성을 장려하기 위해 경제 운영 시스템을 완전히 "재편"할 것을 요구했다.

당시에는 아무도 인식하지는 못했지만 공산주의 세계를 뒤바꿀 새로운 정치 구호가 이미 제시되었다. 바로 페레스트로이카였다.

13장

노바 후타

1983년 6월 22일

세계 공산주의 지도자들이 브레즈네프에게 작별을 고하는 동안, 소련 제국의 변방에서는 브레즈네프 후계자들이 직면한 이념적 도전의 규모를 보여주는 작은 드라마가 진행 중이었다. 노바 후타는 폴란드 남부의 인구 약 20만의 도시였다. 그곳 노동자들은 중앙광장을 장식한 블라디미르 일리치 레닌 동상을 지독히 혐오했다. 그래서 동상에 달려들어 공산주의에 반대하는 내용의 낙서를 하고 갈퀴와 밧줄로 동상을 끌어 내리려고 했고, 바람에 흩날리는 외투에 휘발유를 뿌리고 불을 붙여 손 하나를 날려버리기도 했다.

공산당 당국은 감사할 줄 모르는 후손들로부터 레닌을 보호하기 위해 검게 그을린 2층 높이의 기념상 둘레에 함석으로 만든 울타리를 세웠다. ZOMO 전경 수천 명도 노바 후타에 투입했다. 무장 경찰이 밤낮으로 광장을 순찰했다. 긴장이 고조된 순간에는 경찰차 12대가 동상 주변을 바리케이드처럼 에워쌌다. 기습적인 공격에 대비해 인근에 물

       제1부 프롤레타리아의 반란

대포가 대기했다.

계엄령의 심리적 충격에서 아직 벗어나지 못한 국가에서 이 사건에는 재미있는 아이러니가 있었다. 폴란드어로 "새로운 제철소"를 뜻하는 노비 후디는 공산주의 공농제의 모범사례로 계획되었다. 폴란드 통치자들은 신을 두려워하는 폴란드 농민을 마르크스와 레닌이 말한 새로운 프롤레타리아로 바꿀 수 있는 사회경제적 실험장소를 원했다. 이들은 노바 후타를 인근에 있는 폴란드의 고대 수도이자 보수반동의 요새로 여긴 크라쿠프에 대한 정치적 균형추로 보았다. 1950년대 초 노바 후타 건설은 안제이 바이다의 영화 〈대리석 인간〉에 영감을 준 "사회주의 노동 영웅"들의 놀라운 위업이라는 선전 공세와 함께 이루어졌다. 도시 건설 완공을 기념해 노바 후타의 거대한 제철소는 레닌이라는 신성한 이름이 붙었다.

동독의 칼막스슈타트부터 소련 극동의 콤소몰스크나아무르에 이르기까지 소련 제국에는 이와 유사한 수백 개의 "시범" 도시가 세워졌다. 이 도시들은 영혼을 파괴하는 칙칙함, 격자형 구획, 거만한 도시 건축 등에서 획일적이었다. 레닌 대로가 레닌 광장으로 이어지고, 광장에는 택시를 잡듯이 오른손을 뻗은 거대한 레닌 동상이 있었다. 각 광장에서 가장 큰 건물은 항상 지역 공산당 본부고, 당 제1서기는 예외 없이 건물 2층 집무실을 썼다. "공산당에 영광을", "5개년 계획의 달성을 약속한다" 같은 구호가 적힌 색 바랜 현수막이 곳곳이 움푹 팬 거리를 장식했다. 상점들은 "제8호 식품점," "제12호 제과점," "미용실" 같은 간판을 달고 있었다. 회색 아파트 건물은 벽이 똑바른지, 발코니가 거리에 떨어질지 아무도 신경 쓰지 않는 것처럼 날림으로 만든 티가 났다. 사회주의 특유의 냄새도 있었다. 냄새의 조합은 나라마다 조금씩 차이가 나지만 기본 냄새는 항상 같았다. 저옥탄가 휘발유, 몸에서 나

는 냄새, 설거지하지 않은 프라이팬, 싸구려 향수, 갈탄, 양배추, 마른 오줌, 퀴퀴한 신문지 냄새였다

이런 도시 다수는 제철소나 탄광이나 대형 군수공장처럼 몇 킬로미터 떨어진 곳에서도 보이는 국영공장 주변에 지어진 공장 도시였다. 이 공장은 도시의 경관뿐 아니라 시민들의 생활도 지배했다. 사람들에게 일자리를 제공하고 마실 공기와 물을 오염시켰다. 아이들을 위한 탁아소와 여름 학교를 만들어서 지속적인 공산주의 선전에 노출시켰고, 살 곳을 주고 경찰국가의 한 부분으로 운영했다. 잘못된 행동을 하면 아파트 대기자 명단에서 이름이 지워질 수 있었다.

노바 후타는 한 가지 아주 중요한 면에서 다른 사회주의 시범 도시와 달랐다. 카를 마르크스 대로와 위대한 프롤레타리아 대로의 모퉁이에는 원래 계획에는 없는 고층 콘크리트 건축물이 있었다. 꼭대기에 거대한 철제 십자가가 달린 '폴란드의 여왕, 성모 마리아 교회'는 도시의 모든 사람에게 아르크Ark로 알려졌다. 도시계획이 잘못되었음을 보여주려는 투쟁은 모든 시민에게 저항의 정신을 불어넣어 주었다.

이 현장에 1957년 고무우카가 선거에서 압승하게 한 민중 소요에 이어 첫 번째 십자가가 나타났다. 이후 10년간 경찰이 십자가를 허물면 지역 주민들이 끈질기게 다시 세우는 일이 반복되었다. 마침내 1967년 노바 후타가 건설되고 17년 뒤에 크라쿠프 대주교가 이 도시 최초의 성당을 지을 터에 첫 삽을 떴다. 관료적인 장애물과 건설 자재 부족으로 아르크를 완성되는 데 다시 10년이 더 걸렸다. 산 계곡에서 돌 200만 개를 옮기는 일을 포함해서 대부분의 공사를 지역 주민이 맨손으로 했다. 1977년 성당 완공을 기념하는 봉헌식에서 대주교는 이렇게 선언했다.

"노바 후타는 신이 없는 도시로 건설되었지만, 이곳에서 일한 시민

과 신의 의지가 이겼습니다. 이 일을 교훈으로 삼읍시다."[181]

해당 대주교는 나중에 455년 만에 처음으로 비이탈리아인non-Italian 교황에 오른 요한 바오로 2세가 되었다. 1979년 고국 첫 순례에 나선 요한 바오로 2세의 아르크 방문은 불허되었다. 이 때문에 교황은 어눕고 검은 악마처럼 서 있는 제강공장을 배경으로 크라쿠프의 옥수수밭에서 미사를 진행했다. 교황은 폴란드를 한 번 더 방문했는데, 이번에는 노바 후타를 방문할 예정이었다. 레닌 동상을 철거하려는 시도가 좌절된 일에 흥분한 "신 없는 도시"의 주민들은 자신들이 누구에게 충성하고 있는지 온 세상에 보여주기로 했다.

교황의 첫 폴란드 방문은 자유노조가 부상하는 데 필요한 정신적인 힘을 제공했다. 폴란드인들은 자국 출신 교황을 맞이하고 그가 가는 곳마다 따라다니는 수백만 군중에 동참함으로써 서로에게 연대감을 느꼈다. 전체주의의 암울한 시기에 느꼈던 외로움과 고립감을 더 이상 느끼지 않았다. 고립감을 느낀 쪽은 오히려 폴란드 공산주의 통치자들이었다.

요한 바오로 2세는 1979년 순례 기간에 공산정권과는 달리 단순하고 직접적으로 메시지를 전달했다. 교황은 35년간의 공산주의 경험은 일시적 현상이고 로마 가톨릭교회에 대한 1000년간의 헌신과 비교하면 중요하지 않다고 했다. 방문 첫날 바르샤바의 승리 광장에서 행한 연설에서 무신론 사회를 만들려는 시도에 대해 공격했을 때 그런 메시지가 더욱 선명하게 전달되었다.

"예수 그리스도는 지구 어느 곳에서건 인간의 역사에서 배제될 수 없습니다."

교황의 외침에 군중은 10분간 박수 치고 마지막에 "우리는 신을 원한다, 우리는 신을 원한다"라는 구호를 외쳤다.[182] 그 순간부터 교황 바오로 2세인 카롤 보이티와는 왕관을 쓰지 않은 폴란드의 왕이 되었다.

교황은 폴란드를 방문한 일주일간 자신이 가장 중요시하는 주제인 유럽의 영적 통합에 관해 자세히 설명했다. 그는 자신이 사랑하는 크라쿠프를 정치적 경계선이 큰 의미가 없는 전 유럽 문명의 일부로 생각했다. 교황이 생각하는 유럽, 즉 폴란드가 기독교 국가가 된 966년의 유럽에는 철의 장막이나 베를린 장벽이 없었다. 사제, 학자, 사상이 한 마을에서 다른 마을로 자유롭게 이동했다. 보이티와는 자신이 교황으로 선출된 사실이 폴란드인, 체코인, 슬로바키아인, 크로아티아인, 세르비아인, 심지어 러시아인도 훨씬 폭넓은 기독교 문명의 일부라는 점을 서유럽인들에게 깨우치기 위한 신의 섭리라고 확신했다.

폴란드가 "비스와강의 기적"으로 불리는 전투에서 소비에트 러시아를 격퇴한 1920년에 태어난 카롤 보이티와는 가족의 비극, 중노동, 정치적 억압을 몸소 체험했다. 어머니는 학교 교사였는데, 보이티와가 여섯 살 때 난산으로 세상을 떠나서 어머니에 대한 기억이 거의 없었다. 오스트리아-헝가리제국군에 복무한 아버지는 제2차 세계대전이 발발한 해에 전사했다. 나중에 보이티와는 이렇게 회상했다.

"스무 살 때 내가 사랑하는 사람 전부를, 그리고 내가 사랑했을 모든 사람을 잃었다. 큰누나는 내가 태어나기 6년 전에 죽었다는 말을 들었다."[183]

심리학자들은 미래에 교황이 될 보이티와가 자신이 결코 받아보지 못한 어머니의 사랑을 검은성모마리아교Marian cult of Black Madonna에서 보상받으려고 했다고 추정했다.

크라쿠프 신학교 학생이던 보이티와는 독일 점령의 공포를 직접 경험했다. 폴란드인을 노예로 다루라는 히틀러의 지시를 받은 잔인한 한

　　　　　　　　　제1부 프롤레타리아의 반란

스 프랑크 폴란드 총독은 바벨 왕궁에 자리를 잡았다. 히틀러의 지시는 다음과 같았다.

"폴란드인의 생활 수준을 낮게 유지하라. 사제들은 우리가 원하는 바를 설교해야 한다. 그들의 임무는 폴란드인을 조용하고 멍청하며 둔하게 만드는 것이다."[184]

보이티와는 크라쿠프에 사는 유대인들이 몇 킬로미터 떨어지지 않은 아우슈비츠 죽음의 수용소로 끌려가는 것을 보았다. 폴란드 지식인들도 비슷한 방법으로 제거되었다. 독일군은 보이티와를 처음에는 채석장에서 일을 시켰고, 다음에는 정수장에서 석회암 통을 나르게 했다. 1944년 8월 6일 독일 게슈타포는 바르샤바 항쟁에 대한 보복으로 15세에서 50세 남성을 모조리 체포했다. 이때 보이티와가 발각됐다면 죽었을지도 몰랐다. 보이티와는 젊은 신학자로서는 운 좋게 크라쿠프 대주교인 아담 사피에하가 마련해 준 은신처에 몸을 숨겼다.

보이티와는 신학생과 대주교 자격으로 약 15년간 중간중간에 프란치스찬스 거리에 있는 집에 살았다. 1983년 보이티와가 교황이 되어 돌아오자 마치 집으로 돌아온 것 같았다. 교황은 수녀들의 이름을 부르며 인사하고, 거리에서 교황을 만나려고 기다리던 젊은이 수천 명과 같이 노래를 부르고 농담을 했다. 군중들은 "교황님, 당신을 믿습니다. 폴란드를 구원해 주세요"라고 외쳤다.

교황은 폴란드 방문 마지막 날 온종일 바벨 성 앞의 넓은 목초지인 브워니에에서 진행된 미사에서 설교를 했다. "자유노조여 영원하라", "자유노조 없이는 자유도 없다"라고 적힌 현수막이 군중 200만 명의 머리 위에서 나부꼈다. 교황은 야루젤스키가 선포한 계엄령을 언급하면서 절대 포기하지 말 것을 촉구했다. 그러면서 폴란드는 "승리의 부름을 받았다"고 선언했다.

교황의 말에 군중 200만 명이 조용히 공중에 손을 들어 승리의 상징인 V자를 표시했다. 경찰의 체포를 피해 숨어있던 자유노조 지하운동가 유게니우스 슈미에코는 군중 뒤에 있는 강둑 위에 있었다. 슈미에코는 갑자기 검은 머리의 바다가 흰 주먹의 물결에 가라앉는 것을 보았다.[185] 자유노조를 탄생시킨 정신을 야루젤스키가 짓누를 수 없다는 것을 보여주는, 입이 딱 벌어지는 증거이자 광경이었다. 미사 후에 군중중 다수 무리가 현수막을 들고 교황이 새 성당을 축성하는 것을 보기위해 노바 후타를 향해 도보 행진하기 시작했다. 시민들은 1970년과 1980년의 투쟁 구호를 외쳤다.

"함께 가자. 오늘은 폭행이 없을 것이다."

사람들은 신축 성당에 도착하여 이미 모인 신도 약 25만 명에 합류했다. "신이 없는 도시"의 전 주민이 교황을 만나러 나온 것이다. 그 광경은 계엄령 선포에 따른 탱크, 수용소, 철제 울타리로는 역사를 되돌릴 수 없고, 노바 후타에 세워진 2층 높이의 세계 공산주의 창시자의 동상이 언젠가는 끌려 내려질 것이라는 증거였다.

크렘린은 교황 요한 바오로 2세의 성공적인 고향 방문 뉴스에 드러내놓고 분노를 표현했다. 소련 언론은 폴란드 사제들이 교구 신자들을 자극해 "정치적 폭력"과 "반혁명적인 소요"에 나서도록 했다고 비난했다. 소련 지도부는 폴란드 지도부에 가톨릭교회의 "반동적" 분파를 탄압하도록 촉구했다. 외무부 장관인 그로미코는 폴란드 정치국원들에게 불만을 털어놓았다.

"폴란드 공산당은 교회를 상대로 한 투쟁에 크게 힘을 쏟지 않고 있소. 수천수만 명이 로마 교황 앞에 무릎을 꿇는 상황에 이르렀소."[186]

야루젤스키는 교회를 탄압하라는 모스크바의 권고를 받아들이지 않았다. 그는 폴란드에 평화와 안정을 가져오고, 국내외에서 신뢰를 회복하는 활동의 "우군"으로 교회가 필요하다는 설명을 하려고 애를 썼다. 크렘린 수뇌부는 적대적 태도를 버리지 않았다. 소련의 의구심은 자신을 공산주의라는 단일 신앙을 열렬하게 옹호하는 사람이라고 밝힌 최연소 정치국원이 동료들에게 한 말로 표현되었다.

"야루젤스키는 상황을 장밋빛으로 칠하려고 노력하고 있습니다. 야루젤스키의 진짜 의도를 파악해야 해요. 폴란드에 다원주의 체제 정부를 도입하려고 하는지 확인해야 합니다."[187]

이것이 미하일 세르게예비치 고르바초프가 소련 공산당 서기장이 되기 1년 전에 취한 입장이었다.

제2부

체제의 반란

REVOLT OF THE MACHINES

폴란드에서 1980년 8월 파업한 것은 인간이었다.
소련에서는 무생물이 파업하는 것이 목격되고 있다.
_아담 미하니크

인간적인 모든 것은 진보하지 않으면 퇴보해야 한다.
_에드워드 기번, 『로마제국 흥망사』

14장

사할린섬

1983년 9월 1일

로널드 레이건이 미국 제40대 대통령으로 선출된 후, 펜타곤은 소련의 군사 위협에 대한 연례 보고서를 발행하기 시작했다. 뉴욕과 LA를 공격할 수 있는 미사일 컬러 삽화, 바르샤바조약군이 전투준비를 갖춘 탱크와 병력에서 점점 앞서나가는 상황을 묘사한 표, 저해상도 핵잠수함 사진을 잔뜩 담은, 유광 코팅이 된 보고서 책자는 세력 균형이 불가피하게 공산주의 강대국에 유리하게 바뀌는 세상을 보여주었다. 『소련의 군사력Soviet Military Power』이라는 이름의 이 책자는 개정판이 나올 때마다 지구 표면의 훨씬 더 넓은 지역을 붉은색으로 칠한 지도가 실렸다. 세계의 주요항로로 뻗은 불길한 붉은 화살표는 크렘린이 함정 1000척을 보유한 해군 건설이라는 목표를 달성하기 위해 안간힘을 쓰는 상황을 나타냈다. 아시아, 아프리카, 라틴 아메리카 대부분 지역은 소련·쿠바·동독 군사고문단이 주재한다는 사실을 보여주는 표시로 뒤덮였다. 세계 어느 곳도, 심지어 미국도 점점 확대되는 공산화 위협에서 안전하지 않아 보였다.

미국 군사전략가들은 위성 기술 덕분에 평화로운 시기에는 전례 없던 소련의 군사력 증강을 지켜볼 수 있었다. 오히려 소련 생산 시설에서 만든 핵탄두 다수를 탐지하지 못해서 군사력 증강의 규모를 과소평가했다. 높은 곳에서 내려다볼 수 있었지만 지상에서 실질적으로 벌어지는 일을 놓친 것이다.

가까이에서 보면 소련의 군사력은 하늘에서 보는 것만큼 위협적이거나 효율적이지 않았다. 소련의 군수산업은 소련 경제의 여타 부문과 마찬가지로 비효율성, 낭비, 기술적 후진성, 관료주의 등의 문제점에 골머리를 앓았다. 소련 지도부는 경제 자원의 점점 더 많은 부분을 군사 부문에 투입하면서도 여전히 불안해했다.

몇 년 뒤 냉전이 막을 내리기 시작했을 때 소련군 수뇌부는 자신들의 세계관을 반영한 지도를 미군 수뇌부에 보여주었다. 미국 지도와는 완전히 다른 소련 지도는 적에게 에워싸인 거대한 나라가 표현되었다. 동쪽으로는 광활하긴 해도 인구가 적은 시베리아로 확장할 기회를 엿보는 중국이 있고, 남쪽으로는 러시아가 500년간 전쟁을 벌인 이슬람이 있었다. 서쪽에는 이념적으로 절대 화해할 수 없는 제국주의 세력이 있었다. 그리고 전 방향으로 군사 기지, 전자 감청소, 체제 전복을 노리는 라디오 "목소리", 모든 것을 장악하는 소비문화를 가진 라이벌 강대국이 있었다.

크렘린 지도부는 이런 이중 삼중의 위협으로부터 자국을 지키기 위해 "성스러운" 국경이라는 독트린을 선전했다. 소련의 국경은 병사 수백만 명의 피로 신성해졌기 때문에 절대 옮길 수 없었다. 그런 국경을 끝까지 지키는 일은 모든 인민의 애국적 의무였다. 병력 50만 명이 국경 순찰 임무에 투입되었다. 소련 방공 체제는 캄차카에서 칼리닌그라드까지의 8000킬로미터에 이르는 반원에 배치된 전투기 2500대와 조기경보체계 5000개, 지대공 미사일 1만 기로 편성되어 있었다.[1]

군에 떨어진 지시는 명확했다. "무기와 전투 장비를 동원해서" 어떤 침입자라도 격파하는 것이었다. 마침내 시험일이 다가왔을 때 국경경비대는 시험을 망쳐버렸다.

1983년 9월 1일 동트기 한 시간 전, 겐나디 오시포비치는 Su-15 요격기의 조종석에 올랐다. 오시포비치는 러시아 동쪽 끝에서 돌출된 화산 반도인 캄차카에서 사할린섬으로 접근하는 정체불명의 "군사" 목표물의 좌표를 받았다. 목표물이 소련 영공에 재진입하면 격추하는 것이 오시포비치의 임무였다. 사할린 시각 오전 5시 42분 출격 명령이 떨어졌다.

오시포비치가 마침내 이륙했을 무렵 "침입" 항공기는 소련 영공에서 거의 한 시간 이상 돌아다니고 있었다. 전투기 4기가 캄차카에서 긴급 출격했지만, 목표물이 오호츠크해로 향하면서 놓치고 말았다. 나중에 밝혀진 바에 따르면 캄차카와 사할린의 레이더 기지 11곳 중 8곳이 제대로 작동하지 않았다.[2]

극동에서 10년간 근무한 베테랑 조종사인 오시포비치는 소련의 국경이 절대 뚫리지 않는다고 자랑하는 이야기가 근거 없는 믿음인 걸 알았다. 소련의 방어체계에는 커다란 구멍이 뚫려 있었다. 미군은 소련 조종사의 패기를 시험하는 일을 즐기는 것 같았다. 미군 전투기는 국경으로 곧장 향하다가 마지막 순간에 기수를 돌리곤 했다. 미군의 RC-135 정보수집기는 끊임없이 요란하게 국경 주변을 돌아다녔다. 신경전은 대가를 치렀다. 6개월 전 미국 태평양 함대 소속의 전투기 편대가 소련이 제2차 세계대전 말기에 일본으로부터 빼앗은 쿠릴 열도 영공을

과감하게 침범했다. 상급 조사위원회는 소련군 조종사들을 경계태세 태만이라며 질책했다.[3]

소련 방공군인 PVO는 개인의 자주성을 높게 평가하지 않았다. 최신예 전투기를 조종하는 소련 공군의 탑건 조종사들은 PVO 동료들을 지상관제사의 조종을 받는 "로봇"이라고 비하하기도 했다. 오시포비치가 조종한 Su-15는 전형적인 PVO 전투기로 성가실 정도로 연료 소모가 많고, 고도 상승을 빠르게 할 수 있지만 기동이 어려웠다. 소련에서 망명한 한 조종사는 Su-15를 두고 "고고도 미사일 발사대"에 불과하다고 설명하기도 했다.[4] PVO 전투기는 항속거리가 제한적이었다. 소련 전투기 조종사 한 명이 최신예 전투기인 MiG-25로 일본까지 날아가는 일이 있은 후 PVO 항공기에는 외국 비행장에 도달할 만큼 연료를 많이 넣지 말라는 명령이 떨어졌다. 이 때문에 최대 비행시간은 간신히 임무를 마칠 수 있는 40~45분이었다.[5]

오시포비치는 약 10분간 비행한 뒤에 얇은 구름층 사이로 침범기를 발견했다. 처음에는 지름 2~3센티미터의 날아다니는 점처럼 보였다. 반짝거리는 운항등이 밤하늘을 배경으로 선명하게 보였다. 약 5킬로미터 내로 접근하자 등에 혹이 있어 보이는 이상한 항공기를 발견했다. 오시포비치가 그때껏 본 항공기 중 크기가 가장 컸다.

새벽 6시 15분 오시포비치의 헤드폰에 지직거리는 소리와 함께 "발사 준비" 명령이 들렸다. 사할린의 지상관제소는 오시포비치를 콜사인 805로 부르며 목표물에 미사일 시스템을 "락온(지정한 목표물을 자동으로 추적하게 하는 기능 설정 - 옮긴이)"했는지 물었다.

오시포비치는 계기판에 번쩍거리는 불빛을 보고 "락온 완료"라고 응답했다. 요격기에는 R-98 공대공 미사일 2기가 장착되어 있었다. 그중 1기는 항공기 배기구처럼 적외선이 배출되는 곳을 추적하도록 프로그램되어 있었다. 나머지 한 개는 레이더 유도 미사일이었다. 오시포비치는 목표물에 좀 더 가까이 접근하기 위해 추력 강화 장치인 애프터버너를 켰다. 무전기로 지직거리며 지시가 떨어졌지만 오시포비치는 알아들을 수 없었다.

"다시 말해주기 바란다."

지상 관제사가 외치듯 크게 말했다.

"805, 목표물 국경 침범. 격추하라!"[6]

목표물인 KAL 007편에는 마지막에 집행유예의 순간이 있었다. 지상에서는 사할린의 공군기지 사이에 교신이 정신없이 오갔다. 사할린 섬은 군 시설들이 들어선 평원에 솟은 눈부시게 아름다운 산이 1600킬로미터에 걸쳐 뻗어 있는 곳이었다. 오시포비치가 소속된 비행대대의 당직 장교는 침범기의 이례적일 정도의 "멍청한" 행동에 놀랐다. 자살 임무는 미군의 방식이 아니었다. 그래서 인근 부대 동료에게 "매우 의심스러운" 것 같다고 했다.

"적기가 이렇게 멍청하게 행동할 리가 없을 것 같아. 혹시 아군기가 아닐까?"

당직 장교는 사할린섬 동쪽 끝에 있는 통제소에서 근무하는 마카로바에게 연락했다. 침범기의 이동 경로를 확인하기 위해서였다. 마카로바는 쾌활하게 답했다.

"아직 폭격하지는 않았습니다."[7]

사할린에서 서쪽으로 약 650킬로미터 떨어진 하바롭스크의 지휘통제소도 "목표물"의 정체에 대해 비슷한 의심을 했다. 당직 장교는 침입기가 민항기일 수 있다고 생각하고 이렇게 주장했다.

"항공기 정체를 파악하는 데 필요한 모든 조치를 취해야 합니다."

당직 장교의 상관인 카멘스키 장군도 혼란스럽기는 마찬가지였다.

카멘스키 장군은 사할린 방공사령관인 코르누코프에게 보고했다.

"어쩌면 민항기일지도 모릅니다. 어떻게 알겠습니까?"

"무슨 민항기?"

평소보다 45분 일찍 잠자리에서 일어나 미군 RC-135기가 사할린으로 곧장 접근하고 있다는 보고를 받은 코르누코프 방공사령관은 짜증을 냈다. 그는 그런 항공기를 도망가게 두는 경우 어떤 처벌이 떨어질지 알았다.

"항공기가 캄차카 상공에서 비행했다. 정체도 밝히지도 않고 바다에서 침입했다. 공격 명령을 내리겠다."[8]

몇 초 뒤 코르누코프도 의심이 들기 시작했다. 야간에 벌어진 드라마를 제대로 이해하려고 애를 쓴 코르누코프는 침범기를 격추하라는 명령을 번복하고는 갑자기 소리를 지르며 물었다.

"항법등이 켜졌나? 꺼져있나?"

다음 1분간 코르누코프는 같은 질문을 5번 더 반복했다. 운항등이 꺼져있다면 적대적 의도가 있다는 증거가 될 터였다. 코르누코프의 질문은 오시포비치에게 전달되었고 이런 응답이 돌아왔다.

"항법등이 켜졌다. 항법등이 켜졌다."

코르누코프 장군이 명령했다.

"경고 신호로 요격기 항법등을 켜. 조종사에게 목표물에 다가가서 날개를 흔들고 강제 착륙하게 하라고 해."

자신의 헤드폰으로 들어오는 시끄러운 잡음을 없애기 위해 코르누코프는 오시포비치가 소속된 비행대대 지휘관에게 또 다른 명령을 내렸다.

"지휘소 주변 사람들은 조용히 하라고 해. 귀관과 나, 통제관만 교신하고 나머지는 빠져."[9]

침범기의 후방 약간 아래에 있던 오시포비치는 네 번에 걸쳐 기총 243발을 발포했다. 침범기가 속도를 늦추자 오시포비치의 Su-15기는 침범기 앞쪽으로 기총을 쏘게 되었다. 두 항공기는 이제 12분간 사할린섬을 동쪽에서 서쪽으로 가로질러 동해로 향했다. 오시포비치가 보기에 동트기 전 하늘의 달빛에 비친 짙은 안개 속에 목표물이 회피 비행을 했다. Su-15기는 속도를 더 낮추면 추락할 수도 있었다. 그래서 2000피트를 급강하한 후 다시 침범기에 접근했다. 오스포비치는 계기판에 반짝이는 불빛에 정신이 없었다.[10]

앵커리지에서 서울로 향하는 대한항공 007편에 탑승한 승객 240명은 항공기의 둥근 창 바깥에서 어떤 드라마가 펼쳐지는지 몰랐다. 몇몇 승객은 담요를 덮고 꾸벅꾸벅 졸았다. 몇몇은 비행기가 일본을 지나 한국으로 접근하는 동안 아침 식사를 제공할 승무원을 기다리고 있었다. 기내 영화 상영을 위해 창 대부분에 빛 가리개가 내려져 있었다. 조종실에서 조종사들은 하품을 참으며 휴가와 세관 절차에 대해 이것저것 얘기를 나눴고, 공항 환전소 위치에 관한 얘기가 나왔다. 한 조종사가 물었다.

"무슨 돈을 바꾸려고 하는데? 달러를 원화로 바꾸면 돼?"

"네."

"국내선 건물에 환전소가 있어. 아침 9시에 열 수도 있고, 10시에 열 수도 있어."[11]

천병인 기장과 조종사들은 2시간 이상 소련 영공을 들락거렸고 소련 요격기들이 추격한다는 사실을 전혀 몰랐다. 앵커리지에서 이륙한 직후 조종사들은 늘 다니던 서울로 가는 항로를 보잉기 컴퓨터에 입력했다. 이때 조종사들은 실제보다 200킬로미터 동쪽에 있는 일본 해안

가 상공의 국제 공역에 있는 것으로 착각했다. 치명적인 실수가 있었다. 비행기는 계획된 항로가 아니라 자침 방향을 지속적으로 따르는 바람에 소련 영공을 침범했다. 관성항법장치가 제대로 작동하지 않았는데, 그 이유는 조종사가 스위치를 너무 늦게 작동시켰거나 레버를 잘못된 위치에 놓았기 때문이었다. 실수를 알아챌 기회가 여러 번 있었지만 길고 지루한 비행이었고 누구도 비행기가 정해진 항로에서 벗어난 사실을 몰랐다.[12]

오시포비치가 기총 사격에 집중하는 동안 천병인 기장은 도쿄의 항공교통관제소와 교신했다. 천 기장은 2000피트를 상승해 3만 7000피트 고도로 올라가는 것을 허락받았다. 통상 그 시점에 연료 절감을 위해 취하는 기동이었다. 오시포비치는 이런 고도 상승을 도주 시도로 해석했다.

이제 침범기는 소련 영공을 벗어나고 있었고, 지상에 있던 소련 장군들은 기겁하기 시작했다. 침범기가 도망가면 임무 태만으로 비난받고 쫓겨날 수도 있었다. 더 이상 목표물의 정체를 확실히 파악할 시간이 없었다. 오시포비치가 탄 요격기의 연료도 바닥나기 시작했다. 비행 시간이 10~15분 정도밖에 남지 않았다. 이론적으로 오시포비치는 국제적으로 인정된 121.5메가헤르츠 비상 주파수로 침범기와 교신을 시도할 수 있었지만, 그 경우 지상관제소와 교신이 끊기고 그럴 시간도 없었다.[13]

새벽 6시 21분 사할린섬에 동이 트는 바로 그 시각 KAL 007은 소련 영공을 벗어나고 있었다. 코르누코프가 최종 결정을 내렸다. 지지직거리는 소리와 함께 명령이 떨어졌다.

"미사일을 발사해, 목표 6065, 목표 6065를 격추해."

"오시포비치에게 발사 명령을 내리겠습니다. 바로!"

"임무를 수행하라, 격추하라!"

"136을 오시포비치 뒤로 이동시켜 격추 여부를 확인하게 해!"

"805, 목표에 접근해 파괴하라!"

오시포비치는 보잉기 뒤로 선회하는 동안 '적기 격추'라는 한 가지 생각밖에 없었다. 이런 순간을 꿈에 그리기까지 했다. 소련 요격기 조종사로서 경력의 정점이 될 순간이었다. 오시포비치는 열추적 미사일을 발사하기 위해 검지로 스위치를 눌렀다. 2초 뒤에는 레이더유도 미사일도 발사했다. 그리고 이렇게 보고했다.

"발사 완료."

미사일이 두 비행기 사이의 거리인 약 8킬로미터를 날아가는 데 대략 30초가 걸렸다. 오시포비치는 적기 꼬리 부분에서 노란 불꽃이 일어나는 것을 보았다. 항법등이 곧장 꺼졌다. 처음에 적기는 상승하는 것처럼 보였다. 오시포비치가 오른쪽으로 벗어나는 동안 적기가 바다로 곤두박질치는 것을 볼 수 있었다. 오스포비치가 흥분된 목소리로 보고했다.

"목표 파괴됨."[14]

15장

크렘린

———

1983년 9월 2일

대한항공 007편 격추는 역사학자 바바라 터크먼이 "바보들의 행진"이라고 말한 국익에 반하는 행위의 극적 사례였다. 소련은 269명의 무고한 사람의 목숨을 하늘에서 앗아감으로써 레이건 대통령이 붙여준 "악의 제국"이란 딱지가 사실임을 확인해 주는 것처럼 보였다.

소련 지도부는 민항기 격추 사실을 약 일주일간 인정하지 않음으로써 선전 활동에서의 재앙을 악화시켰다. 소련 국영 통신사인 타스는 이 사건에 대해 처음 보도할 때 격추에 대해 전혀 언급하지 않았다. "항법 등을 켜지 않은" 불상 항공기가 소련 영공을 침범했다고 주장했다. 소련 요격기들은 불상 항공기를 "가장 가까운 비행장"으로 유도하려고 했지만 침범기는 모든 "신호와 경고"를 무시하고 "동해 쪽으로 비행을 계속했다." 이런 주장은 레이건의 말에 따르면 모스크바가 "거짓말하고 속임수를 쓸" 의향을 냉철하게 바라보는 미국의 보수주의자들에게는 선물과도 같았다. 격추 사건을 둘러싼 소련 측의 책임은 쉽게 입증할 수 있었다. 미국 측은 사할린 지상관제소와 요격기 조종사 사이에 오간 교신을 녹음한 테이프를 긴급 소집된 UN 안보리 회의에서 공개했다.

이띤 개인노 사조한 재앙에 대해 비난을 받지 않았다. 이 사건은 수십 년간 자발적 고립이란 곁길로 새게 한 체제, 반대 의견을 억누르고 새로운 도전을 유연하게 다룰 능력이 없는 체제, 상식보다 이념을 중시하는 체제의 총체적인 우둔함을 보여주었다. 크렘린 지도자들이 진보라는 이름으로 자국민 수백만 명을 죽이고 단기적 경제이익을 위해 자연환경을 파괴할 뿐 아니라 뛰어난 작가와 과학자를 박해하고, 위험성에 대해 수많은 경고에도 불구하고 이길 수 없고 인민의 지지도 얻지 못한 아프가니스탄 전쟁에 뛰어들게 한 것과도 똑같은 우둔함이었다. 소련 체제는 너무 막강하고 너무 단단하게 뿌리내려서 그 그늘 아래 사는 사실상 모든 이들을 마비시켰다.

브레즈네프가 사망한 지 10개월 채 지나지 않았지만 이 사태는 안드로포프에게 타격을 주었다. 급격한 건강 악화와 엄청난 책임에 완전히 지친 소련의 새 지도자는 해골처럼 보였다. 오랜 동료들도 안드로포프를 알아보기가 어려웠다. 안드로포프는 단추를 누르면 자세를 바꿀 수 있고 머리 받침대를 갖춘 치과용 낡은 의자에 앉은 채 온갖 의료 장비와 크렘린과 연결된 전화가 설치된 병실에서 오랜 시간을 보냈다. 1983년 여름 안드로포프의 신장 기능이 완전히 멈춰서 일주일에 두 번 투석을 받아야 했다.[15] 소련 국민에게 서기장은 느끼고 감지할 수 있어도 볼 수는 없는 유령과 같은 존재가 되었다. 안드로포프는 인민과 소통할 필요가 있을 때면 "소련 지도부로부터"라는 성명, 타스 통신 보도문, 혹은 〈프라우다〉와의 인터뷰 등의 글을 통해 소통했다.

안드로포프 시대는 희망적인 분위기로 시작했다. 브레즈네프 시기의 표류와 정체를 겪은 대부분의 소련 시민들은 아무리 작더라도 변화의 신호를 반겼다. 무기력에 빠진 관료주의를 뒤흔들려는 새 지도자의 시도에 감명도 받았다. 브레즈네프의 측근을 겨냥한 반부패 운동은 KGB 의장 출신인 안드로포프가 단호하지만 국가에 다시 활기를 불어넣을 공정한 통치자라는 이미지를 부각시켰다. 마침내 소련에 쓸모없는 인간들을 처벌하고 질서와 규칙 정신을 되살릴 진정한 주인이 나타났다. 건실한 지도력을 열망한 다수의 소련인은 근무 태만을 엄중하게 단속하기 위해 경찰의 일과 중 목욕탕 기습 단속 같은 상징적 조치에도 호의적인 반응을 보였다.

공산당 엘리트들은 치과용 의자에 앉은 주름이 쭈글쭈글한 사람을 동 세대 최고의 인물로 여겼다. 15년간 세계 최대 첩보 기관의 수장으로 일한 경험은 안드로포프에게 소련의 실상과 그 라이벌인 자본주의자에게 얼마나 뒤처졌는지에 대해 독특한 통찰을 주었다. 브레즈네프와 비교하면 안드로포프는 결단력과 활력이 있었다. 안드로포프는 변화의 필요성을 이해했고, 새로운 아이디어에도 마음이 열려있는 것 같았다. 그러나 이 죽어가는 지도자에게는 스탈린 치하에서 성장한 당관료로서 과거 시대의 잔재라는 어두운 면이 있었다. 전쟁과 혁명을 겪지 않은 정치국의 소장파와는 다르게, 안드로포프는 소련의 힘이 다수에게 자기 의지를 강요하는 무자비한 소수의 능력에 의존한다는 것을 알았다. 개혁이 필요할지라도 엄격하게 통제된 상태에서 진행해야 했다.

안드로포프가 보기에 소련처럼 광대한 나라를 통치하는 비결은 절대 약한 모습을 보이지 않는 것이었다. 이런 원칙은 국내정치와 외교에 모두 적용되었다. 사회주의의 적들은 프롤레타리아 독재가 우유부단하거나 분열의 모습을 보이는 순간을 기다리며 숨어있었다. 압도적인 군사력으로만 해결할 수 있는 상태까지 사태를 방치해서는 안 되었다. 이것은 반체제인사를 감시하고 체제에 대한 중대한 도전이 되기 전에 저항의 싹을 잘라야 한다는 것을 의미했다. 안드로포프는 서기장이 되기 이전에도 정치국 회의에서 일관되게 잠재적 반제제인사와 말을 안 듣는 지식인을 상대로 강력한 조치를 해야 한다고 주장했다. 안드로포프는 "혁명은 그것을 어떻게 방어하는지 알 때만 가치가 있다"는 레닌주의자의 격언을 즐겨 인용했다.[16] 안드로포프는 동료들에게 이런 말도 했다.

"사회 질서를 파괴하는 일은 아주 쉬워. 특히 감춰진 불만의 요소가 많고, 민족주의가 표면 아래 잠재된 경우 더 그래. 반체제인사들은 자신들의 목표를 선동적인 구호 아래 감추고 있더라도 우리 사회체제의 적이야."[17]

안드로포프는 실험을 진행할 소양과 의지를 모두 갖고 있었지만 체제의 포로로 남았다. 혁신적 사고체계가 군산복합체의 압도적 비중, 중앙계획경제, 경제에 대한 정치의 지배 같은 근본적인 요소에 대해 도전하는 것을 막았다. 다른 소련 지도자들과 마찬가지로 그 역시 자신이 가진 절대 권력의 희생자가 되었다.

안드로포프는 세르게이 에이젠시테인의 서사 영화 〈이반 뇌제〉의 열렬한 팬이었다. 〈이반 뇌제〉는 스탈린을 위해 특별히 만든, 독재적 통치에 대해 얄팍하게 위장된 변명을 담은 영화였다. 안드로포프는 영화 도입부에서 반항하는 귀족들을 상대로 차르가 자신의 의지를 강요하려는 장면에서 특별히 감명을 받았다. 귀족들이 유럽과 로마 모두 나이 어린 지도자를 인정하지 않을 것이라고 투덜거리자, 한 예수회 신부가 "강한 자는 모든 사람이 인정할 것"이라며 반박했다. 안드로포프는 미국 "제국주의자들"에게 강하게 맞서야 할 필요성을 제기할 때 이 말을 인용하곤 했고, 측근에게 이런 말을 했다.

"우리나 미국 둘 다 이 원칙에 따라 살고 있어. 누구도 약하게 보이기를 원치 않지."[18]

과거 스탈린과 이반 뇌제가 그랬듯이, 안드로포프는 교활한 내부의 적과 적대적 외국 세력이 지배하는 세계에 살았다. 그런 세계에서 생존하고 국민의 안녕을 보장하려면 무자비함, 간계, 심한 편집증을 활용할 수밖에 없었다.

군사력은 소련의 주춧돌이었다. 안보에 대한 집착은 "피스메이커"라는 이미지가 필요한 크렘린의 다른 외교정책을 약화시켰다. 안드로포프는 서기장이 된 뒤에도 군산복합체의 뜻에 거스르기를 꺼렸다. KAL 007 사건이 발생했을 때 외무부는 소련 영공을 의도적으로 침범하는 공작을 했다고 미국을 비난하면서도 서기장이 격추 사건에 대해 책임지라고 건의했다. 그러나 국방부 장관인 우스티노프는 소련이 민항기를 격추한 사실을 절대 인정해서는 안 된다고 주장했다. 우스티노프는 병상에 있는 안드로포프와 전화 회의에서 이렇게 말했다.

"걱정 마십시오. 다 괜찮을 겁니다. 아무도 어떤 사실도 증명하지 못할 겁니다."[19]

스탈린 시대 이후 정치국 회의는 잘 짜놓은 의식을 따라 진행되었다. 회의는 공개 토론의 장이라기보다는 공산당 핵심 엘리트 그룹의 주간 충성 의식이었다. 회의 진행 방향은 대개 서기장과 특정 영역에서 상당한 자치권을 누리는 소수의 힘 있는 가신들이 미리 정했다. 정치국 테이블에는 엄격한 서열이 있었다. 소장파는 원로에게 발언권을 양보하고 이미 정해진 당의 노선을 정중하게 지지를 하며 맞장구쳤다. 특정 결정에 대해 의례적인 지지를 하고 기계적으로 책임을 졌다. 이 과정은 소련 공산당원 1800만 명 모두의 의견을 일치시키기 위해 조직의 말단까지 계속 반복되었다. "민주적 중앙집권제"의 통치 아래 정치국이 일단 공식적으로 결정을 내리면 어떤 반론도 허락되지 않았다.

정치국의 언어와 의식을 보면 거대한 갈취 시스템의 꼭대기까지 이를 악물고 올라가는 마피아 두목들의 모임과 닮았다. 공산당은 모략에 뿌리를 두었다. 모략의 원래 목적인 지상 낙원 건설은 이미 오래전에 잊혔다. 이념은 냉소주의에 자리를 내주었지만 조폭식 사고는 남았다. 간부들은 권력과 특권을 유지하기 위해 단결해야 한다는 것을 알았다.

일부 러시아 전문가들이 중요하게 여기는 개념과 반대로 정치국은 매파와 비둘기파로 나뉘지 않았다. 브레즈네프와 안드로포프 시기의 모든 정치국원은 매파로 정의할 수 있다. (매에 둘러싸인 비둘기가 살아남는 유일한 방법은 스스로 매가 되는 것이다.) 앞서 발언한 사람만큼 강경한 발언을 해서 자신의 신뢰성을 입증하는 것이 의식의 일부였다. 의견 불일치는 공개적 논쟁보다는 뉘앙스와 강조점의 미묘한 차이로 표현되었다. 크렘린 정치의 생물학적 법칙은 색깔이 없는 사람들이 생존한다는 것이었다. 서기장이나 최측근 중 한 명이 제안한 합의에 대해 직관적으로 거기에 올라타는 것을 의미했다. 서기장은 일부 예외적인 경우가 있지만 모든 소련 정치인은 가면을 쓸 필요가 있었다.

안드로포프가 부재중인 상황에서 브레즈네프에게 담뱃불을 붙여주던, 호흡이 거친 천식 환자인 콘스탄틴 체르넨코가 대한항공기 격추 사건에 대한 정치국 논의를 시작했다. 체르넨코는 죽은 브레즈네프의 후원 덕분에 이제 당의 이념 지도자chief ideologist가 되었다. 체르넨코는 자신들의 질서정연한 세계가 달갑지 않은 영공 침범으로 방해받은 관료로서 269명의 목숨을 앗아간 민항기 격추 사건에 반응했고, 분노를 삭이며 말했다.

"한 가지는 분명합니다. 외국 비행기가 우리 영공을 제멋대로 드나들게 할 수 없습니다. 자존심 있는 국가라면 허용하지 않을 겁니다."[20]

다음 발언자는 소련군의 명예를 지키기로 마음먹은 우스티노프 국방부 장관이었다. 우스티노프가 정치국에 제출한 보고서에는 부하들에게 어떤 책임도 지우지 않으려고 꾸민 뻔한 거짓말이 포함되었다. 보잉 747기가 "경고등을 켜지 않고" 비행했다는 그의 주장은 요격기 조종사의 증언과는 전혀 달랐다. 우스티노프는 침범기가 소련 비행장에 착륙하도록 "반복적으로 지시"했고, "국제 규약에 명시된 대로 예광탄으로" 경고 사격을 했다고 주장하고는 이렇게 쏘아붙였다.

"이 상황에서 제 의견은 우리가 확고하고 냉정한 태도를 보여야 한다는 겁니다. 움츠러들면 안 됩니다. 여기서 움츠리면 온갖 나라가 우리 영공에서 날아다닐 기회를 주게 됩니다."

우스티노프에게 맞설만한 권위가 있는 유일한 정치국원은 민항기 격추에 대한 국제적 분노의 화살을 맞아야 했던 안드레이 그로미코였다. 74세의 외무부 장관인 그로미코는 극도로 신중했다. 스탈린의 대숙청에서 살아남은 그는 늘 이기는 쪽에 서서 간신히 최정상까지 올랐다. 그로미코의 몸속 모든 세포는 우스티노프처럼 막강한 권력을 가진 사람과 충돌하지 말라는 신호를 보냈다. "음울한 그롬"이란 별명을 가진 그로미코는 적당한 타이밍이라고 판단하는 경우 정치국 내부 토론에서 미국과의 군축협상 논의에 대한 사실상의 지지자가 될 수 있었다. 군에 반대할 것인지, 외무부가 선호하는 정책을 포기할 것인지 사이의 선택에서 그로미코는 대부분 후자를 택했다. 그는 외무부가 비둘기파라는 명성을 얻는 상황을 원치 않았다.[21]

그로미코는 소련군이 대한항공기를 격추한 것이 "올바른" 행동이라고 정치국에서 발언했다. 그와 동시에 소련은 "제국주의 선전선동"

이 전개되는 상황에 대비하고 "미사일 발사" 사실을 인정해야 한다고 판단했다.

"솔직하게 말해야 합니다. 우리가 거짓말을 한다고 비난할 수 없게 말입니다. 항공기가 소련 영공에서 비행했고, 우리 영토에 아주 깊숙이 침투했다는 사실에 방점을 찍어야 합니다."

이제 미하일 고르바초프가 말할 차례였다. 최연소 정치국원인 고르바초프의 입장은 미묘했다. 안드로포프 서기장은 고르바초프가 농업을 넘어 관심 분야를 넓히도록 격려했는데, 안드로포프가 그런 고르바초프를 아낀다는 사실을 모르는 사람은 없었다. 원로들은 고르바초프의 젊은 활력과 능력이 필요했지만 위협도 느꼈다. 고르바초프는 자신들을 옆으로 밀어버릴 수 있는 사람이기도 했다. 고르바초프는 원로들의 신뢰를 얻고 최고위직에 도전하기 위해 아주 섬세한 노선을 걸어야 했다. 소련 관료체제의 모든 부문에서 기득권을 위협하지 않으면서도 당의 열정적이고 창의적인 대변자라는 사실을 보여주어야 했다.

고르바초프는 크렘린 정치에서 일반적으로 사용하는 전략에 의존했다. 확실하지 않을 때는 "제국주의 세력"을 공격하는 것이다. 그는 동료들에게 소련 영토에 대한 무단 침범을 미국이 인지했던 것이 틀림없다고 했다. 대한항공기가 소련 영공에서 머무른 시간의 길이, 즉 약 두 시간은 잘 계획된 "도발"이라는 점을 보여주었다. 고프바초프는 매파적 입장을 말하며 결론지었다.

"이제 침묵해도 소용이 없습니다. 공세적으로 나가야 합니다."

그날 저녁, 정치 활동을 더 많이 "개방"하겠다는 안드로포프의 선언에 따라 소련 인민에게 정치국 회의가 열린 사실이 알려졌다. TV의 주요 뉴스 속보에 발표된 공식 성명에 따르면 "컬러 TV 생산 증대"와 "노동생산성 증대" 방안이 회의에서 논의되었다.[22] 대한항공기의 비극은 언급되지 않았다. 소련 당국이 실제로 민항기를 격추했다는 사실을 인정하기까지 5일이 더 걸렸다. 9월 10일 크렘린은 고르바초프의 주장대로 공세로 전환해 대한항공기를 공중에서 격추한 인물의 TV 인터뷰를 방송으로 내보냈다.

겐나디 오시포비치는 충격을 받고 당황했다. 감정을 감추려고 애를 썼지만 오시포비치를 만나는 사람 누구에게나 정신적 고뇌가 또렷이 보였다. 평소에 힘 있게 하던 악수는 차갑고 맥이 빠졌다. 표정도 끔찍할 정도로 산만했다. 심한 구역질이나 상관의 무자비하고 호된 꾸짖음에 시달리는 사람처럼 행동했다. 자신만의 세계에 갇힌 채 대화에 집중하지 못하고 먼 곳을 응시하는 듯 보였다. 혼잣말로 이런 말도 했다.

"아마 비행기에 아무도 없었을 겁니다."

"보잉기에 좌석이 정확히 얼마나 있는지 얘기해 줄 사람 없나요?"[23]

지난 며칠간 오시포비치의 세계는 여러 번 뒤집혔다. Su-15기를 몰고 소콜 비행장에 착륙했을 때에는 영웅 대접을 받았다. 연대 전체가 나와서 "침범기"를 격추한 오시포비치를 환영했다. 포옹하고, 뺨을 맞추고, 보드카 축배가 있었다. 오시포비치는 후배 조종사들의 부러운 시선을 받으면서도 불안감을 떨칠 수 없었다. 그래서 실제로 무슨 일이 일어났는지 알기 위해 "목표물 격추" 명령을 내린 코르누코프 장군에게 전화를 걸었다. 혹시 해당 항공기가 "아군기"였을까? 코르누코프가 걸걸한 목소리로 답했다.

"아냐, 외국 비행기였어. 그러니 견장에 새로운 별을 달 구멍이나 뚫게나."[24]

그러고는 소문이 돌기 시작했다. 서방 라디오 방송국은 소련이 승객 269명이 탑승한 민항기를 격추했다고 보도했다. 모스크바에서 정부 위원회가 도착했다. 질문과 조사가 끝도 없이 진행되었다. 신중함이 몸에 밴 윗사람들은 오시포비치를 이상한 눈으로 보기 시작했다. 오시포비치는 국방 신문인 〈붉은별〉 인터뷰를 위해 모스크바에서 날아온 기자에게 이렇게 불평했다.

"사람들이 왜 저를 미친놈 취급을 하죠? 며칠간 혼자 화장실에도 못갔어요. 계속 감시당하고 있습니다."[25]

기자들은 모스크바에서 출발하기 전 충분히 지침을 받은 상태였다. 그들이 할 일은 "첩보기" 격추에 관한 정부의 선전을 요격기 조종사가 확인해 주게 하는 것이었다. 이것은 소련이 전 세계에 말한 거짓말과 같은 말을 떠드는 것을 의미했다. 모스크바는 이미 전체 각본은 짜놓았다. 오시포비치가 할 일은 대사를 외워서 카메라 앞에서 반복적으로 읊는 것이었다. 오시포비치는 지시대로 했지만 그 결과는 절망적일 정도로 인위적이고 경직되어 보였다. TV 기자들은 만족하지 않았다.

오시포비치는 휴식을 요청했다. 누군가 보드카 한 병을 꺼내자 오시포비는 연거푸 급하게 잔을 비웠다. 안정을 좀 찾아서 다시 TV카메라 앞에 선 오스포비치는 자연스럽게 분노의 말을 쏟아냈다. 그는 미국이 도발한 당일에 사할린의 한 학교에서 "평화"에 대한 강의를 할 예정이었다며 핵전쟁의 위험에 대해 말했다. TV 리포터인 알렉산드르 티호미로프는 침범기를 "적기"라고 확신했는지 물었다. 오시포비치가 안락의자에서 구부정한 자세를 취한 채 말했다.

"네. 그렇게 생각했습니다. 항공기가 국경을 침범한 뒤에는 더 확신하게 되었죠. 우리 영공을 침입한 적기가 이제 우리 집 위에서 날고 있었어요. 거의 아군기지 상공을 비행했습니다. 그 시간에 사람들은 편안히 잠을 자고 있었고, 그사이 적기가 스파이 임무를 수행했습니다."[26]

대한항공기 비극은 두 열강에 카타르시스적 경험이었다. 이 사건은 1962년 쿠바 미사일 위기 이후 어느 때보다 두 국가를 핵무기로 인한 아마겟돈에 근접하게 했지만, 동서 관계에 새 시대의 심리적 기반을 마련하게도 했다. 혼전 끝에 뒤엉켜 정신을 못 차리는 권투선수처럼 미국과 소련의 지도부는 비틀거리며 절벽 끝까지 걸어갔다가 낭떠러지를 본 뒤 한발 물러섰다. 미국과 소련이 말폭탄을 주고받는 걸 본 사람은 세계가 낭떠러지에 서 있다고 결론을 내릴 만 했다. 미국은 크렘린이 "인류에 대한 범죄"를 저지르고 무고한 민간인 269명을 고의로 "학살"했다고 비난했다. 소련은 레이건을 세계를 지배하려 했던 히틀러에 비견할 만한 "미치광이"라며 응수했다. 이런 가시 돋친 말싸움에는 확실히 예측 가능한 것도 있었다. 양측은 상대방에게 감당할 수 없는 피해를 가할 수단을 갖고 있다는 사실을 알기 때문에 적대감을 분출할 다른 방법을 찾아야 했다. 공포의 균형에 못지않게 말의 균형도 있었다.

모스크바와 워싱턴의 설전은 미국이 서유럽에 미사일을 배치한 사실을 두고 힘의 시험이라는 배경에서 진행되었다. 서방 여론을 상대로 레이건이 세계를 핵 대결의 벼랑 끝으로 밀어붙인다는 주장을 받아들이게 만들면 크렘린이 싸움에서 거의 이긴 셈이었다. 반면 레이건 행정부는 단호하면서도 이성적으로 인식되길 원했다. 대한항공기 사건의 여론전에서 진 안드로포프는 결코 회복하지 못했다. 소련이 서유럽을 겨냥해 먼저 배치한 SS-20 미사일에 대응하여 미국은 퍼싱 탄도미사일과 크루즈 미사일 배치를 예정대로 진행했다.

소련은 서방 여론과의 싸움에서 졌다. 그에 못지않게 중요한 전투가 벌어졌는데 그것은 레이건의 머리에서 벌어진 전투였고, 여기에서는 역설적으로 안드로포프가 레이건에 앞섰다. 모스크바의 전쟁정신병war psychosis은 레이건 대통령으로 하여금 소련을 너무 몰아붙이는 것이 현명하지 않다고 확신하게 했다. 구석에 몰린 적은 비이성적으로 반응할 수가 있었다. 레이건 대통령은 1983년 말 "소련 사회구조의 최고 위층 다수가 미국과 미국인을 진정으로 두려워하고, 이들이 선제공격에서 핵무기를 발사할지도 모른다"고 생각한다는 걸 알고 깜짝 놀랐다.[27] 레이건은 그런 인식을 없애야 할 책임감을 느꼈다.

핵전쟁에 대한 레이건의 공포는 ABC 텔레비전 영화 〈그날 이후〉의 시사회를 보면서 심해졌다. 이 영화는 소련과의 핵전쟁으로 파괴된 캔자스주 로런스의 모습을 그렸다. 몇몇 정부 관리는 영화가 소련의 선동에 이용될 것을 우려했지만 군 통수권자인 대통령의 반응은 달랐다. 레이건은 회고록에 이런 말을 남겼다.

"잘 만든 영화였고, 700만 달러 가치가 있었다. 아주 사실적이어서 보고 나서도 아주 우울했다. 무슨 수를 써서라도 억제 수단을 가져야 하고 핵전쟁을 막아야 한다."[28]

크렘린 정치가 병원 침대 주변에 머무는 동안 두 강대국 관계에 극적인 변화가 있을 수 없었다. 죽음을 앞둔 안드로포프는 정치국에 공문을 보내 젊고 활기찬 고르바초프가 후계자가 되기를 원한다는 의사를 전했다. 안드로포프의 바람은 새로운 세대를 지도자로 받아들일 수 없는 늙은이들의 파벌에 의해 좌절되었다. 1984년 2월 안드로포프가 사망했을 때 왕관을 넘겨받은 사람은 그 역시 중병에 걸린 74세의 체르넨코였다. 서기장이 되려는 고르바초프의 희망은 78세의 니콜라이 티호노프 총리에 의해 좌절되었다. 티호노프는 측근에게 이런 말을 했다.

"고르바초프는 아직 젊어. 그런 중요한 자리에서 어떻게 행동할지 알 수 없어. 코스챠(콘스탄틴 체르넨코의 애칭 - 옮긴이)가 딱이야."[29]

하지만 자연의 법칙을 영원히 무시할 수는 없었다. 공룡들의 시대는 이제 거의 끝나갔다.

16장

크렘린

___

1985년 3월 10일

검정 질 리무진 차량들이 바실리 성당과 붉은광장 남단의 처형대 사이를 질주하는 동안 이미 어둠이 깔렸다. 리무진이 요새화된 크렘린 담을 통과할 때 약 75미터 높이의 스파스키 문Spassky Gate 정면의 신호등이 자동으로 빨간불에서 파란불로 바뀌었다. 무릎까지 올라오는 부츠와 겨울용 롱코트 차림의 경비병들이 차렷 자세로 경례를 붙였다. 일요일 밤 10시에 정치국원들이 회의하러 모이는 일이 통상적이지는 않지만, 경비병들은 비밀스러운 지도자들의 습관에 대해 절대 의문을 갖지 않도록 훈련받았다.

크렘린 내부로 들어간 리무진 차량들은 1600년 보리스 고두노프가 만든 이반 뇌제 종탑에서 우회전해서 300년 이상 차르가 대관식을 거행하고 장례를 치른 화려한 성당을 지났다. 차량은 한 번 더 우회전해서 경비병을 지나 연철로 만든 문 한 쌍을 통과한 후 크렘린 벽 옆에 있는 겨자색 궁전 앞에 멈췄다. 삼각형 모양의 3층 건물은 일종의 내부 요새로 크렘린 내의 또 다른 크렘린이었고, 차르 시대에는 상원과 법무부가 있던 건물이었다. 1918년 3월 레닌이 페트로그라드에서 모스크바로 수도를 다시 옮긴 후 상원 건물은 새 정권의 본거지가 되었다. 기계압에 의해 높은 곳에 게양된 적기red flag가 늘근 구리 지붕 위에 펄럭이고 있었다. 벽 건너편 붉은광장에서 보면 이 적기는 레닌 묘지를 중심으로 스파스키 대문과 니콜라이 대문 꼭대기에 반짝이는 적색 별이 에워싼 소련 권력의 상징적 광경에 왕관을 씌운 것처럼 보였다.

약 70년의 소련 역사가 이 건물 안에 농축되었다. 레닌이 차르와 왕족을 처형하도록 명령한 곳도, 스탈린이 정치적 반대자를 조직적으로 숙청하고 나치 침략군에 대항하는 군사작전을 지휘한 곳도, 괴물 베리아가 겁에 질린 정치국 동료들에 의해 체포된 곳도 이 건물이었다. 스탈린의 상속자들이 건물에 들어갈 때 이용한 화강암 계단도 나름대로 역사가 있었다. 당관료들의 표현에 의하면 "이 계단으로" 소환되는 것은 스탈린이 접견 기회를 베푼 것을 의미했다.[30] 독재자의 겁먹은 부하들은 계단을 올라가는 동안 자신에게 무슨 일이 벌어질지를 전혀 알지 못했다. 화가 난 표정이 승진의 서곡일 수도 있었다. 미소가 죽음을 의미할 수도 있었다. 모든 것은 폭군의 변덕에 달렸다.

시대가 바뀌었고 이번에는 모두가 "계단으로" 호출되길 기대했다. 안드로포프의 뒤를 이어 서기장 된, 무기력한 관료인 콘스탄틴 체르넨코는 몇 주간 폐병과 폐렴과 싸우고 있었다. 이날 저녁 7시 20분 결국 체르넨코는 73세의 나이로 사망했다. 불과 3년 만에 세 번째로 새로운 차르를 뽑아야 했다.

정치국원들은 서기장 집무실이 있는 건물 3층까지 엘리베이터를 타고 올라갔다. 엘리베이터 문을 나서면 중앙에 붉은 양탄자가 깔끔하게 깔리고 천장이 높은 복도가 보였고 복도 양쪽에는 문이 있었다. 어느 문으로 들어가는가는 연공서열에 따라 결정되었다. 전통적으로 표결권을 가진 정치국원은 서기장 집무실 옆에 있는 떡갈나무로 마감된 방으로 들어갔다. 표결권이 없는 정치국 후보위원은 좀 더 평범한 방에서 중앙위원회 서기들과 만났다. 이 방은 "탈의실"이라는 별명이 붙었다. 정해진 시간에 두 그룹은 정치국 회의실에서 만나 큰 시합을 앞둔 라이벌 축구팀 선수들처럼 악수했다. 명문화되지 않은 이런 전통의 목적은 서기장이 정치국 회의가 시작되기 전에 서열이 가장 높은 정치국원들을 미리 만나게 하기 위한 것이었다. 주요 결정은 종종 떡갈나무 방에서 기록하는 사람 없이 내린 후 정치국 회의실에서 추인되었다.[31]

일요일 밤 동료 정치국원을 기다리는 미하일 고르바초프는 아직 최고 권력에서 몇 발 떨어져 있었다. 고르바초프는 체르넨코가 없는 동안 회의를 주재하면서도 일부 원로 정치국원이 고르바초프가 최고 권력에 오르는 것을 막기 위해 자신들이 선택한 빅토르 그리신을 민다는 사실을 알았다. 모스크바 시당 위원장인 71세의 그리신은 무능하고 부패한 인물로 알려졌다. 몇 주 전 그리신은 죽음을 앞둔 체르넨코가 TV 카메라 앞에서 투표하는 장면을 도와주면서 자신이 체르넨크의 후계자라는 것을 연출한 적이 있었다. 티호노프 총리도 고르바초프가 서기장 후보가 되는 것을 막기 위해 막후에서 움직였다. 그러나 중앙위원회의 일반 위원들은 고르바초프를 확고히 지지했다. 13개월간 체르넨코가 집권한 뒤 당과 국가는 변화를 원했다.

후계자 선정 작업에 핵심적으로 관여한 인물은 스탈린 이후 모든 지도자를 섬긴 외무부 장관인 안드레이 그로미코였다. 우스티노프도 죽은 상황에서 정치국에서 그로미코의 명성과 권위에 도전할 사람은 없었다. 그로미코는 고르바초프가 태어난 1931년에 공산당에 가입한 후 사람들이 기억하는 한 계속 활동했다. 과거에는 고르바초프와 이견이 있었고, 고르바초프가 1984년 12월 성공적으로 영국을 방문한 후 서방 언론에서 받은 호의적인 극찬에 짜증이 났다. 그러면서도 정치적 힘의 균형에 대해 현실적으로 평가했다. 그로미코의 아들인 아나톨리도 고르바초프를 적극 지지했다. 그로미코는 고르바초프를 주대함으로써 소련 원로 정치인으로서 입지를 확고하게 할 수 있었다.

사전 약속대로 고르바초프와 그로미코는 다른 사람이 오기 몇 분 전에 떡갈나무 방에서 만났다. 고르바초프는 이 기회를 이용하여 지지를 공개적으로 부탁했다. 고르바초프가 말했다.

"우리의 힘을 합쳐야 합니다. 지금이 아주 중요합니다."

"내가 보기에 모든 것이 분명한 듯하군요."

"장관님과 제가 손잡게 될 것이라고 믿겠습니다."[32]

그로미코의 지지를 확보했다고 확신한 고르바초프는 장례위원장이라는 위로의 보상을 제안하기 위해 그리신에게 접근했다. 모스크바 시당위원장인 그리신은 정중하게 보이는 고르바초프의 제안이 함정일 수 있다는 것을 이해할 만큼 눈치 빠른 정치인이었다. 장례위원장은 권위는 있어도 순전히 명예직에 불과한 자리였다. 수락하는 경우 확실한 보상을 얻지 못한 상태에서 다시 한번 꼴사납게 권력을 탐하는 것처럼 보일 위험이 있었다. 그리신은 조심스럽게 전통적으로 서기장 대행이 장례위원장직을 맡았다고 답했다. 그러고는 다른 정치국원의 반대가 있을 것으로 기대하며 고르바초프에게 장례위원장 자리를 권했다.[33]

지방 당 서기들의 뜻이 알려지면 자신에 대한 지지가 확대될 것으로 판단한 고르바초프가 답했다.

"서두를 필요 없습니다. 밤사이에 생각해 보겠습니다."

고르바초프는 정치국 회의실에 들어가자마자 전통적으로 서기장이 앉는 자리 쪽으로 의자를 조금 옮겼다. 예의를 지켜야 했다. 회의실은 여전히 새로 탄생한 왕을 반기기 보다는 이전 왕의 죽음을 애도하는 분위기였다. 정치국은 체르넨코의 진료기록, 서거 기사 준비, 장례일 선정, 정책을 결정할 중앙위원회 위원의 모스크바 소집 등 크게 중요하지 않아 보이는 세부 사안을 다루었다. 그로미코가 말문을 열었다. 그로미코는 고르바초프가 장례위원장을 맡아야 한다는 생각이 확고했다. 고르바초프를 서기장 후보로 민다는 의사를 그런식으로 표현한 것이었다. 일부 불필요하게 서두르지 말자는 중얼거림이 있었지만 반대하는 사람은 없었다.[34]

그로미코 외에도 고르바초프는 또 다른 유력한 지지자가 있었다. 고르바초프는 모스크바 시당 중앙위원회 기구에서 일하는 동안 인사업무를 담당하는 서기인 예고르 리가초프와 동맹을 맺었다. 시베리아 출신으로 권위적이지만 힘든 일을 마다하지 않는 리가초프는 안드로포프에게 발탁되어 당내의 무능력한 인사를 정리하는 임무를 맡았다. 고르바초프와 마찬가지로 리가초프도 브레즈네프 시대의 표류에 염증이 났다. 그래서 지난 3년간 소련 각지를 다니며 브레즈네프의 오랜 동지들을 젊은 인물로 교체하는 일을 했다. 일상적으로 국가를 통제하는 당 간부 조직의 맥박도 진단했다. 중앙위원회 의석의 40퍼센트를 차지한 이런 토호 세력은 1964년 흐루쇼프를 제거하는 데 핵심적 역할을 했다. 그리신이 서기장 후보로 나서서 정치국에 교착상태가 벌어지는 경우 이들이 결정적 역할을 하게 될 터였다. 리가초프는 머릿수를 세었다. 이들은 사실상 만장일치로 고르바초프를 지지했다.

그리신을 지지할 가능성이 있는 원로 정치국원 중 두 사람이 이 중요한 정치국 회의에 불참했다. 카자흐스탄 제1서기인 딘무함메트 쿠나예프는 다음날에야 모스크바에 도착했다. 우크라이나 당수인 블라디미르 셰르비츠키는 공식 방문 중인 샌프란시스코에서 발이 묶였다. 지도자 선출 문제가 마무리될 때까지 셰르비츠키의 귀국 항공편은 알수 없는 이유로 지연되었다. 항공편이 지연된 것은 전적으로 우연일 수 있지만 크렘린 음모론자들은 고르바초프 지지 세력의 기획이라고 당연히 의심했다.[35]

새벽 3시경 고르바초프는 리가초프와 조직 문제에 대한 협의를 마친 뒤 정치국원이 누리는 혜택 중 하나인 모스크바 교외에 있는 다차로 돌아갔다. 부인인 라이사가 고르바초프를 기다리고 있었다. 고르바초프가 아무리 늦게 귀가해도 늘 두 사람은 함께 저녁 산책을 했다. 아내와의 산책은 고르바초프가 집무실에서 긴 일과를 마친 뒤 긴장을 푸는 방법이었다. 가장 가까운 사람과 도청장치가 없을 만한 곳에서 대화를 나누는 방식이기도 했다.

눈 덮인 정원을 산책하는 동안 고르바초프는 다음날 서기장이 될 가능성이 크다고 불쑥 털어놓았다. 약간 주저하는 마음이 있기는 했지만 자신이 서기장이 되어야 한다고 생각했다. 농업담당 정치국원으로 열심히 일했지만 "실질적인 것은 아무것도" 달성하지 못했다. 당시의 정치적 분위기에서 개혁을 부르짖는 것은 계란으로 바위 치기와 같았다. 소련 인민은 "희망에 가득" 찼고, 이들을 실망시킬 수 없었다. 남부 러시아의 넘실거리는 평원에서 올라온 54세의 농촌 소년이 말했다.

"계속 이렇게 살 순 없어. 변화가 있어야 해."[36]

고르바초프가 라이사와 대화를 나누는 동안 고르바초프 지지 세력은 소련 제국 곳곳에서 중앙위원회 위원 300명을 모스크바로 서둘러 소집했다. 다음날 오후 위원들은 붉은광장 반대편에 있는 대리석으로 장식된 대회의장에 모였다. 1964년 흐루쇼프 실각 뒤 처음으로 정치적으로 아주 긴장된 분위기가 감돌았다. 막 두 번째 정치국 회의를 했고, 아무도 어떤 결정이 내려졌는지 몰랐다. 소련이 갈림길에 서 있다는 것은 모든 이들에게 분명했다. 당의 젊은 간부들은 로비에서 이루어지는 사적 대화에서 변화에 대한 전반적인 열망을 정치국이 가로막으면 어떻게 할 것인지 논의했다. 고르바초프가 정식으로 서기장 후보가 되지 못하면 조직적으로 항의해야 한다고 목소리를 높이는 사람도 있었다.

연단 왼쪽에 있는 문이 열리고 정치국원들이 연공서열에 따라 입장했다. 이들이 10미터가 조금 안 되는 붉은 색과 오렌지색의 레닌 모자이크 아래 단상에 자리를 잡자 왁자지껄한 대화 소리가 잦아들었다. 당 제2서기인 고르바초프가 고인이 된 지도자에 대한 묵념을 제안했다. 그로미코가 연단에 올랐다. 긴장이 고조되었다. 관록의 외무부 장관이 스스로 지도자 자리에 도전할 것인가? 그로미코가 체르넨코에 대한 의례적 조의를 표하는 동안 심장이 멎는 듯한 서론이 있었다. 그러고는 모두가 기다리던 말이 나왔다. 그로미코는 마치 UN 안보리에서 "녜트(아니오)"라고 말하듯이 무표정한 얼굴로 홀을 쳐다보며 쉰 목소리로 말했다.

"정치국이 만장일치로 추천하기로 한 사람은, 미하일 세르게예비치 고르바초프입니다."[37]

우레와 같은 박수가 터져 나왔다. 갑자기 모두 일어서는 손뼉을 치고 웃었다. 고르바초프의 지명을 막으려고 안간힘을 쓴 강경한 원로들조차 이제는 고르바초프를 지지했다. 지난 24시간 계속된 긴장이 갑자기 해소되었다. 레닌 이후 가장 젊은 소련 지도자인 새 서기장은 지나친 환호에 당황한 듯 연단에 앉은 채 머리를 숙였다. 고르바초프가 멈춰달라고 손짓을 했지만 환호는 계속되었다.

세계 최초의 사회주의 국가에 새로운 차르가 탄생했다.

다음 6년 내내 전후 세계에 대한 전제가 뒤바뀌면서 서방 전문가들은 미하일 고르바초프 같은 사람이 어떻게 러시아 지방의 무명 인사에서 벗어났는지 신기해했다. 잇따라 늙은이들이 서기장 자리를 차지한 뒤에 원고 없이 연설하고 부축을 받지 않고 걷는 소련 지도자의 모습 지체가 놀라웠다. 새 시노자가 60년 이상 공산주의 전통으로 신성하게 여겨온 생각과 관습에 도전하려 한다는 사실은 거의 기적에 가까웠다. 20세기 가장 지속성이 강한 전체주의 체제인 소련에서 어떻게 이런 사람이 나왔을까?

사실 고르바초프 같은 인물이 나온 데에는 그럴만한 이유가 있었다. 고르바초프는 엄청난 독재자의 그늘에서 자라고 사회주의 국가에서 생을 보낸 정치인의 한 세대를 대표하는 인물이었다. 공산주의에 대한 신념이 심각하게 시험받았지만 완전히 훼손되지는 않은 세대였고, 끝없는 정치적·도덕적 타협에 익숙한 세대였으며, 전임자들의 잘못을 바로잡을 기회를 끈기 있게 기다린 세대였다. 소련 공산당의 새 서기장은 "60년대" 세대의 꿈과 악몽, 힘과 실패, 믿음과 환상을 공유했다.

미하일 세르게예비치 고르바초프는 1931년 3월 2일 캅카스산맥에서 북쪽으로 뻗은 비옥한 스텝 지대에 있는 프리볼노예에서 태어났다. 러시아어로 "프리볼노예"는 두 가지 의미가 있다. 넓고 열린 공간과 자유였다. 북캅카스에는 두 가지가 다 있었다. 17·18세기 북캅카스에는 러시아와 우크라이나의 농노 신분에서 도망친 코사크 농민들이 정착했다. 코사크 농민들은 자유를 누린 대신 캅카스 이슬람 부족을 상대로 러시아 제국의 남쪽 국경 수비를 도왔다. 그곳에는 모든 사람을 위한 땅이 충분했다. 미샤(고르바초프의 애칭 - 옮긴이)의 외가 쪽 증조부는 우크라이나에서 이곳으로 이주했고, 부친 쪽 증조부는 중부 러시아의 보로네시 지역에서 이주해 왔다.

고르바초프의 카리스마와 낭만적 기질은 우크라이나 쪽 고프칼로스 가문의 영향을 받은 듯 보인다. 짙은 갈색 눈동자는 할머니인 우크라이나계 바실리사에게서 물려받았고, 수다스러움과 가끔 나타나는 고집은 어머니에게 물려받았다. 스탈린의 정교회 탄압이 절정에 이른 시기에 고르바초프가 세례를 받도록 한 사람은 할머니 바실리사였다. 고르바초프는 할머니와 어머니가 가르쳐준 우크라이나 민요를 기억했고, 서기장이 된 뒤에도 가끔 부드러운 바리톤 목소리로 손님들에게 민요를 불러주곤 했다.[38] 러시아 쪽 선조로부터는 절제력과 기꺼이 타협하는 성격을 물려받았다. 고르바초프의 표정에 나타나는 특징, 특히 미소는 아버지 세르게이와 닮았다.[39]

고르바초프가 태어난 해는 스탈린의 살인적인 농업집단화 시기와 일치했다. 독재자 스탈린은 낙후된 소련을 서둘러 산업국가가 되게 하려고 농민들이 농지와 농기구를 모아 거대한 국영 콜호스, 즉 집단농장에서 일하도록 지시했다. 자영농을 퇴출하고 도시에 공급하는 식량과 노동력을 늘리기 위해 강제조달량을 할당하는 방법을 썼다. 새로운 질서에 저항하는 시늉이라도 하는 사람은 "계급의 적"으로 낙인찍어 무자비하게 탄압했다.

강제적인 농업집단화의 결과는, 특히 러시아의 곡창지대인 북캅카스와 우크라이나에서 극적으로 나타났다. 『서글픈 추수*Harvest of Sorrow*』를 쓴 로버트 콘퀘스트는 1930년대 초 대기근으로 북캅카스에서만 대략 100만 명이 사망했다고 평가했다. 수십만 명의 부농, 즉 쿨라크가 추방되었다.[40] 때로는 가족 전체가 희생되었다. 2세 이하 영아의 사망률이 특히 높았다. 시골 소년이 이런 인재man-made disaster에서 살아날 확률은 50퍼센트가 조금 넘었다. 고르바초프는 회고록에서 마을의 다수 농가가 비었고 절반은 허물어졌으며 주민들이 기아로 죽었다고 기억했다.[41]

거의 모든 가족이 그런 공포에 영향을 받았고, 고르바초프 가족도 예외가 아니었다. 1934년 고르바초프가 겨우 세 살일 때, 할아버지인 안드레이가 곡식을 숨기고 봄철 파종 계획을 "고의적으로 방해"했다는 이유로 고발당했다. 완고한 개인주의자인 안드레이는 이 시기에 스타브로폴 지역에서 만들어시고 있는 집단농장에 들어가는 것을 거부했다. 늘 그렇듯이 터무니없는 재판을 받은 안드레이는 시베리아에 벌목공으로 쫓겨났다. 가장을 잃은 고르바초프 가족은 급격히 가난해졌다. 몇 달 안에 안드레이의 자식 6명 중 3명이 굶어 죽었다.

고르바초프가 그럭저럭 살아남을 수 있었던 이유는 농업 집단화 운동 초기에 핵심적인 역할을 한 우크라이나계 외할아버지인 판텔레이 예피모비치 고프칼로 덕분일 것이다. 지역 집단농장의 제1위원장인 고프칼로는 마을에서 힘 있는 사람 중 하나였다. 고프칼로는 다른 농민들로부터 곡물을 징발하는 일을 했고, 그 대상에는 안드레이도 포함되었던 것 같다. 1937년 대숙청이 한창일 때 한밤중에 고프칼로가 체포되어 "우익 트로츠키 반혁명 조직" 소속이라는 혐의로 기소되었다. 박해하던 사람이 박해받는 상황은 그 당시의 전반적인 불안정성을 보여주었다. 고르바초프는 자기 집이 "계급의 적"과 관련되어 아무도 감히 방문하지 않는 "전염병이 발생한 집"이 된 사실을 기억했고 회고록에 이렇게 기록했다.

"이웃집 아이조차 나랑 전혀 어울리려고 하지 않았다. 그 일을 평생 기억했다."[42]

소련인들이 겪은 전형적인 운명의 장난으로 외할아버지 고프칼로는 제2차 세계대전 발발 직전에 복권되었다. 고프칼로는 "스탈린은 NKVD(비밀경찰)이 무슨 짓을 하는지" 전혀 모른다고 주장하면서 그 후로 17년간 "붉은 10월" 집단농장의 책임자로 일했다.

1930년대에는 정치적 탄압이 너무 광범위하게 이루어져서 완벽하게 깨끗한 가족 기록을 가진 노동자와 농민만 입당시키는 일은 비현실적이었다. 고르바초프의 동료 다수는 개인 기록에서 고프바초프 만큼이나 숨길 것이 많았다. 침묵을 지키는 한 그 자체가 고위직에 오르는 데 방해되지는 않았다. 이런 문제를 공개적으로 거론하는 사람은 "정치적 신뢰성"에 의문을 불러일으킬 수 있었다. 고르바초프는 가족이 겪은 고난에 대해 절대 말하지 않았다. 1991년 8월 실패로 돌아간 강경파의 쿠데타 이후까지 할아버지에 관한 KGB 기록물 열람을 요청하지 않았다. 나중에 고르바초프가 설명했듯이 공산당에 대한 충성심이라는 "정신적 장애물"을 넘을 수 없었던 것이다.[43]

고르바초프가 다른 여러 사람과 마찬가지로 이 모든 고통이 고귀한 목적에 이바지했다는 착각에서 벗어날 수 없었다는 사실은 스탈린주의의 심리적 유산이 어느 정도 남았는지 알 수 있는 척도였다. 고르바초프와 가까운 사람들이 치른 희생은 소련 체제를 거부할 이유가 아니라 계속 믿을 이유가 되었다. 1990년 11월 고르바초프는 수사적인 의문을 제기했다.

"내가 사회주의 이상에 헌신한 할아버지에게 등을 돌려야 할까요? 쿠르스크를 방어하고 무릎까지 핏물이 찬 드네프르강을 걸어서 건너고 체코슬로바키아에서 다친 아버지에게 등을 돌려야 할까요? 스탈린주의와 모든 더러운 것을 씻기 위해 할아버지와 아버지, 그리고 두 사람 모두가 한 일을 비판해야 할까요?"[44]

소련 관료 중 구세대에게 고르바초프의 이력 중 가장 두드러진 것은 고르바초프가 러시아에서 대조국전쟁이라고 불리는 제2차 세계대전 당시 너무 어려서 참전하지 않은 점이었다. 소련인의 삶에서 소련 인민 2000만 명이 죽은 대조국전쟁이 차지하는 위치와 전후 지도자들의 생각에 미친 영향은 아무리 강조해도 지나치지 않다. 브레즈네프와 안드로포프 같은 인물에게 1941년 독일군이 4개월간 지속한 전격전을 통해 모스크바와 레닌그라드 문턱까지 다다른 기억은 잊을 수 없는 교훈이었다. 이 사건은 국가안보에 대한 집착, 외세에 포위되는 상황에 대한 광적인 두려움, 깊숙이 뿌리내린 보수주의를 설명해 주었다. 이들은 경험을 통해 경계를 늦추는 것이 치명적이라는 교훈을 얻었다. 나치 침략자에 대한 승리는 공산주의 체제의 우월성을 궁극적으로 증명해 주는 사건이었다. 스탈린의 강제적인 산업화가 없었다면, 인류 역사상 가장 강력한 군대를 꺾고 붉은군대가 승리할 수 있게 해준 탱크와 대포를 만들 수 없었다. 숙청과 인민재판이 없었다면 소련은 내부적 분열로 망가졌을 터였다.

나치 독일군이 쳐들어왔을 때 고르바초프는 열 살에 불과했다. 독일군은 고르바초프에게 큰 인상을 남기기에는 너무 짧은 기간인 5개월만 스타브로폴 지역을 점령했다. 900일간 계속된 레닌그라드 포위전에서 살아남아서 나중에 서기장 군사 고문이 된 세르게이 아흐로메예프 원수는 고르바초프에게 전쟁 경험이 없다는 사실에 대해 구세대의 전형적인 반응을 보였다. 아흐로메예프는 "소총과 화염병만으로 파시스트 탱크를 상대로 싸우고, 독일군 전투기가 자신과 동료를 급습하는 것을 무력하게 지켜보고, 침략자들이 도시와 마을을 불태우고 평화로운 민간인들을 학살하며 조국의 재산을 파괴하는 동안 수백 킬로미터를 철수"해야만 했던 경험이 없는 세대를 고르바초프가 대표한다고 회고록에 적었다.[45] 고르바초프가 목격한 것은 전쟁의 끔찍한 여파였다. 사람들은 기아와 추위 속에서 친척의 생사도 모른 채 뼈가 부서지도록 재건을 위한 노동을 해야 했다. 아흐로메예프는 이런 경험이 서기장의 "평화주의적" 성향에 영향을 미쳤을 수 있다고 생각했다.

고르바초프의 인격 형성기는 제2차 세계대전 때가 아니라 1953년

3월 스탈린의 죽음과 흐루쇼프의 해빙기였다. 그 당시 고르바초프는 모스크바대학교의 젊고 감수성이 예민한 법대생이었다. 고르바초프는 1950년에 달랑 옷 하나를 걸친 채 모스크바에 도착했다. 집단농장 책임자의 손자였던 그는 공산당이 최고의 명문 교육기관에 보내길 원했던 부류에 정확히 부합하는 인물이었다. 고르바초프는 딱 맞는 "계급" 출신이었다. 프리볼노예 인근 고등학교에서 고르바초프는 "스탈린은 우리 전투의 자랑거리, 스탈린은 우리 청년의 비행"이라는 주제로 졸업 시험 과제를 완성했다.[46] 공산당 청소년 조직인 콤소몰에서 적극적으로 활동했고, 곡식 수확 장비인 콤바인 운전사로 일해서 국가 훈장인 노동적기훈장을 받기도 했다. 나중에 아내가 될, 시베리아 출신의 젊고 맵시 있는 철학과 여학생 라이사 티타렌코를 만난 곳도 모스크바대학이었다.

고르바초프의 정치적 견해는 아주 보수적이었지만 일정한 지적 독립성도 보였다. 조숙하고 자신감이 넘쳤던 그는 고등학교와 대학에서 선생님과 논쟁하곤 했다. 그는 학생 기숙사에서 벌어지는 자유분방한 논쟁에 즐겨 참여했다. 체코에서 온 룸메이트였던 즈데네크 플리나르시에게 한 말을 보면, 공산주의 이념과 소련의 현실 사이의 괴리를 잘 알고 있었다. 한때 두 학생은 북캅카스의 집단농장을 미화한 선전 영화 〈쿠반의 코자크들The Cossacks of Kuban〉을 보았다. 영화에서 농민의 식탁이 음식과 술로 가득한 장면이 나오자 고르바초프는 더 참지 못하고 플리나르시에게 집단농장 농민들의 끼니가 실제로는 얼마나 형편없는지에 대해 말했다. 또 한번은 "집단농장법" 강의 뒤 집단농장원에게 가장 중요한 법은 무자비한 폭력이었다고 플리나르시에게 분명히 말했다.[47]

스탈린이 죽고 몇 달 뒤 고르바초프는 추수를 돕고 지방 검사실 업무를 배우기 위해 스타브로폴로 돌아왔다. 모스크바대학의 흥분된 분위기를 경험한 고르바초프는 시골 생활의 "수동성과 보수성"에 충격을 받고는 미래의 배우자에게 이런 편지를 썼다.

"이곳 상황은 아주 우울해. 특히 토호 세력의 생활방식이 그래. 모두 일을 미리 결정한 채 관행을 수용하고 복종할 뿐 아니라, 관리들은 노골적으로 뻔뻔하고 오만함이 느껴져. 토호 세력을 쳐다보면 뚱배 말고는 눈에 띄는 것이 없어. 그러면서 점잔 떨고, 자기 과신에 빠지고, 거들먹거리고, 잘난 체는 엄청나게 하지!"[48]

흐루쇼프의 스탈린 격하 운동은 "인민의 아버지"를 숭배하도록 교육받고 자란 고르바초프에게 큰 충격이었다. 한편 이 사건은 고르바초프에게 정치적 이상과 주변에서 본 현실과의 괴리를 좁힐 수 있게 했다. 이제, 다시 한번 뭔가 믿을 것이 나타났다. 공산당이 "스탈린주의자의 오물"을 제거하는 데 성공하면 소련을 약속된 유토피아로 이끌 수 있을 터였다.

고르바초프는 레닌의 시신과 나란히 있는 스탈린의 시신을 붉은광장 묘지에서 제거하는 결정을 투표한 1961년 제22차 공산당원대회의 대의원이었다. 크렘린의 새로운 대회의장Palace of Congresses에서 열린 이 대회는 시대정신을 반영하는 낙관주의 정신으로 가득 차 있었다. 흐루쇼프가 전 외무부 장관 몰로토프가 이끄는 스탈린주의자 일당을 정치국에서 막 물리친 상태였다. 소련은 우주 경쟁에서 미국을 제쳤다. 대의원 중에는 우주비행사 유리 가가린도 있었다. 소련은 아직 가난하고 후진적인 사회지만 모든 분야에서 빠른 진보를 이루고 있었다. 경제성장률도 높았다. 국제적으로는 식민제국들이 무너지고 있었다. 제국주의는 퇴조하는 기색이 역력했다. 흐루쇼프가 1970년까지 1인당 국민소득에서 미국을 추월하고 1980년까지 완전한 공산주의를 이룰 것이라고 장담했을 때 크렘린에 모인 충실한 지지자들은 그 말을 기꺼이 받아들였다.

1968년 8월 소련군이 둡체크가 "인간의 얼굴을 한 사회주의"를 실험하던 체코슬로바키아를 침공했을 때 "60년대 세대"의 희망은 산산이 부서졌다. 체코슬로바키아 침공은 동유럽뿐 아니라 소련의 개혁을 한 세대 뒤로 돌려놓았고, 소련은 신스탈린 정책으로 갑자기 전환했다. 침공 1년 뒤 고르바초프는 소련 공산당 대표단 일원으로 체코슬로바키아를 방문했고, 대표단에는 리가초프도 포함됐다. 고르바초프로서는 불편하고 불안한 경험이었다. 나중에 고르바초프는 이렇게 회상했다.

"우리가 공장을 방문했을 때 아무도 우리와 대화하려고 하지 않았다. 노동자들은 우리가 인사를 해도 받지 않았고 보란 듯이 등을 돌렸다. 기분이 불쾌했다."[49]

고르바초프는 감정을 철저히 조절했다. 스타브로폴 당수 출신으로 정치국 농업문제를 담당한 드미트리 쿨라코프와의 친분이 크게 작용해서 정치권에서 잘 나가기 시작한 것은 바로 이때였다.[50] 다른 힘 있는 후원자로 유리 안드로포프와 미하일 수슬로프도 있었다.

"60년대 세대"는 공산당이 불순물을 제거하고 인민을 좀 더 나은 생활로 이끌 수 있다는 확신을 흐루쇼프로부터 물려받았다. 세계에서 가장 큰 나라가 목표 없이 표류하던 오랜 정체기에 이들을 지탱한 것도 그런 믿음이었다. 고르바초프가 서기장으로 선출되기 전날 부인인 라이사에게 "변화가 필요"하다고 말했을 때도 실제로 벌어지게 되는 혁명적 변화를 염두에 둔 것은 전혀 아니었다. 3개월도 지나지 않은 시점에 고르바초프가 공산당 활동가를 상대로 한 연설에서는 "새천년을 맞이해서 위대하고 번영하는 국가로 진입하게 할" 기술혁명의 필요성을 역설했다.[51] 고프바초프는 공산주의 체제를 매장하기보다는 강화

　　　　　　　　　　　　　　제2부 체제의 반란

하기를 원했다. 그런 희망이 "환상"에 불과하다는 것을 공개적으로 인정하는 데 거의 8년이 걸렸다. 공산주의 쿠데타가 실패한 지 2년 후인 1993년 고르바초프는 이렇게 회고했다.

"우리는 흐루쇼프의 미친개지였다. 체세를 개선하고 더 많은 산소를 주입하고 두 번째 숨을 쉬게 하려 했다. 서기장 자리를 제안받을 것이라고 느꼈을 때 뭘 할지 머리를 짜내서 생각해 보았다. 소련에 뭐가 문제인지 알았다. 그저 과거처럼 계속 갈 수는 없었다. 이미 엄청난 재정 적자가 있었다. 국가소득도 감소하고 있었다. 시스템도 낡았다. 기술도 시대에 뒤떨어졌다. 상점에는 상품이 없었다. 원유 생산도 감소하고 있었다. 우리는 뭘 수출해야 했을까? 석유와 보드카밖에 없다. 나는 이 모든 것을 분명히 보았다. 우리는 개혁 조치가 있어야 하고, 생산자와 지역에 좀 더 많은 자유를 줘야 한다는 것을 알았다. 사회의 여러 규제를 철폐해야 한다는 것을 알았다. 이 모든 것을 현재의 체제 안에서 이룰 수 있다고 생각했다."[52]

고르바초프가 스스로 정한 이런 목표는 러시아 역사에서 전례가 없는 것이었다. 여러 인물 중 몇 명만 거론하면 이반 뇌제, 표트르 대제, 스탈린 같은 지도자도 러시아를 후진성에서 벗어나게 해서 서방을 따라잡으려고 시도했다. 그러나 이들 모두는 민중을 동원하기 위해 중앙집권화된 국가의 강제력에 의존했다. 러시아 개혁가가 선택한 도구는 채찍과 처형대였다. 고르바초프와 고르바초프를 지지한 세력은 억압적 전통이 문제의 큰 부분을 차지한다는 사실을 알았다. 소외되고 냉담한 노동자가 기술혁명을 할 수 없었다. 고르바초프는 개별 인간의 에너지 발산을 통해 "사회주의의 거대한 잠재력"을 실현하기를 원했다.

고르바초프는 자신이 추구하는 혁명은 위에서부터 시작해야 한다는 사실을 알았다. 전체주의적 지배에 저항해 긴 투쟁의 역사를 가진 폴란드 같은 나라와는 다르게 소련은 독립적인 목소리를 갖지 못했다. 고르바초프는 혁명이 아래서부터 지속되어야 한다는 사실도 아주 빨리 깨달았다. 그렇지 않으면 흐루쇼프의 해빙이 그랬던 것처럼 관료주의 집단에 의해 혁명이 질식될 수 있었다.

17장

크렘린

1985년 3월 14일

러시아 차르들은 외국 손님들에게 신성한 러시아가 위엄과 힘을 갖춘 나라라는 인상을 주기 위해 크렘린 심장부에 군사적 영광을 기리는 성소를 만들도록 지시했다. 가장 화려한 대리석과 작은 나무 조각들을 짜맞춘 마루로 된 약 60미터 길이의 방은 러시아 제국이 수여하는 최고 훈장의 이름을 따서 성 게오르기 홀로 알려졌다. 흰색과 금색의 벽에는 폴란드부터 알래스카에 이르기까지 러시아가 군사력으로 정복한 땅의 목록, 제국에 흡수된 지방의 심볼, 나폴레옹을 격파한 지휘관들의 이름이 새겨져 있었다.

공산주의자들은 성 게오르기 홀에서 성대한 연회로 중요한 날을 기념하는 전통을 이어갔다. 스탈린이 1945년 독일에 대한 승리를 축하하는 연회를 연 곳도, 흐루쇼프가 인류 최초로 우주여행을 하고 돌아온 가가린을 맞이한 곳도 바로 이곳이었다. 서기장의 장례식에 참석한 외국 조문단을 위한 연회도 이곳에서 열렸고, 세계 지도자들이 11개 시간대에 걸쳐 있으면서 3만 5000기의 핵미사일을 보유한 국가의 새 통치자에 대한 첫인상을 형성하는 곳도 성 게오르기 홀이었다.

외국 손님 대부분의 첫 평가는 고르바초프가 만만치 않은 상대가 되리라는 것이었다. 새 서기장은 79세의 총리와 75세의 외무부 장관을 양옆에 대동하고 홀에 모습을 드러냈다. 서기장은 수행 인사들보다 젊고 활력이 넘칠 뿐 아니라 사람들에게 훨씬 적극적으로 다가가는 스타일이었다. 손님과 쉽게 어울렸고 서방 정치인처럼 상대방의 눈을 진지하게 바라봤다. 하지만 수행 인사들과 마찬가지로 이념적 천으로 재단된 것처럼 보였다. 이날 고르바초프를 만난 외국인 대부분은 고르바초프가 소련 지도자로 부상한 것은 전체주의 국가의 성형술에 불과하다고 결론지었다.

서방이 느낀 부자연스러움은 고르바초프 덕분에 가장 극적인 혜택을 받는 서독 총리 헬무트 콜에 의해 표현되었다. 나중에 헬무트 콜은 고르바초프의 대인관계 기술을 나치의 선전부 장관인 요세프 괴벨스의 기술과 비교했다. 동유럽 지도자들도 회의적이긴 마찬가지였다. 이들은 고르바초프가 크렘린이 사회주의 진영의 "주권"과 "독립"을 존중할 것이라고 말했을 때 공감하지 못했다. 소련 제국이 무너진 후 보이치에흐 야루젤스키는 "브레즈네프도 같은 말을 했고, 그 말은 당시 큰 의미가 없었다"고 회상했다.[53] 고르바초프는 야루젤스키에게 동유럽에서 "사회주의 질서를 훼손하려는 어떠한 시도"도 절대 받아들일 수 없다고 했다. 자유노조의 재합법화는 이루어질 수 없을 터였다.

조지 부시가 이끈 미국대표단은 가까운 방으로 안내를 받아 고르바초프와 85분간 면담했다. 부시 부통령은 크렘린 장례식에 지쳐있었다. "당신들은 죽고, 우리는 날아갑니다You die, We fly"가 부시 일행의 비공식 모토가 되었다. 부시 부통령은 이번 장례식에 참석함으로써 붉은광장에서 진행된 비잔틴식 고별행사를 40개월 동안 세 번이나 지켜본 셈이었다. 워싱턴으로 되돌아온 부시는 고르바초프를 "인상적인 아이디어를 가진 세일즈맨"이라면서도 크렘린의 기본적 정책에는 큰 변화가 없을 것으로 내다보았다. 바뀐 것은 내용이 아니라 형식이었다. 5주 후 모스크바 주재 미국대사 아서 하트만은 귀국해서 워싱턴에서 레이건 대통령에게 고르바초프에 대한 최초 경과보고를 했다. 부시는 회고록에 이렇게 기록했다.

"하트만은 나의 믿음을 확인해 주었다. 고르바초프는 다른 소련 지도자만큼 강경할 것이다. 그가 확고부동한 이념신봉자가 아니라면 정치국에서 절대 선출되지 않았을 것이다."[54]

새로운 소련 지도자에 대해 가장 통찰력 있는 평가를 한 것은 마가렛 대처 영국 총리였을 것이다. 3개월 전 고르바초프는 런던을 방문했고, 빠릿빠릿한 머리와 세상 어떤 주제에 대해서도 기꺼이 대화에 나서는 태도로 영국 총리에게 큰 인상을 남겼다. 대처 총리는 이렇게 선언했다.

"우리는 고르바초프 서기장과 일할 수 있다."

두 사람은 성격이 비슷했는데, 엄청난 자신감과 변화에 대한 그칠 줄 모르는 갈망이 있었다. 대처는 다른 서방 지도자와는 달리 공산주의 체제를 개혁하려는 고르바초프의 의지가 진심이라는 걸 알았지만 성공할 수 있을지는 확신하지 못했다. 그래서 조지 슐츠 미 국무부 장관에게 이런 말을 했다

"고르바초프는 체제가 작동하는 방식에 문제가 있다고 생각했어요. 체제가 더 잘 작동하도록 바꿀 수 있다고 생각하죠. 체제 자체가 문제라는 점은 이해 못해요."[55]

18장

니즈네바르톱스크

1985년 9월 4일

고르바초프가 직면한 문제의 규모는 얼마 안 가 분명해졌다. 고르바초프가 서기장에 선출된 지 몇 달 지나지 않아 소련은 또 다른 경제적 충격을 받았다. 수십 년 만에 처음으로 석유 생산이 감소하기 시작했다. 이런 상황은 새 지도자의 성격에 더 관심을 보인 서방의 주의를 끌지 못했으나, 고르바초프의 개혁을 위한 활동의 전체 방향을 형성하게 되었다. 고르바초프의 야심적인 산업 현대화 계획은 대규모 투자를 전제로 했다. 오일 붐(국제 석유 가격이 높거나 석유 대량 판매로 수입이 크가 증가한 시기 - 옮긴이)이 꺼지면 아무 일도 할 수 없었다. 고르바초프의 페레스트로이카 개혁은 적어도 애초에 구상한 대로라면 실패할 수밖에 없었다.

1960년대 말 서시베리아에서 발견한 거대 유전은 경제와 정권에 과거보다 더 큰 활력을 불어넣어 주었다. 브레즈네프를 비롯한 당시 소련 지도부에게는 특히나 운 좋은 때에 오일 붐이 찾아왔다. 스탈린식 지휘-관리 시스템은 이미 작동을 멈췄지만 공산주의 국가의 기반을 뒤

흔들어야 폐기할 수 있었다. '프라하의 봄'에 놀란 소련 지도부는 자유 시장 경제의 기미가 조금이라도 있는 것은 무조건 반대했다. 석유 수출로 돈을 벌어들이는 뜻밖의 횡재 덕분에 경제 개혁은 거의 무기한 미룰 수 있었다. 1973년의 아랍-이스라엘 전쟁으로 급상승한 원유 가격으로 인한 서방의 에너지 위기와 오일 붐이 겹친 것도 그에 못지않은 행운이었다. 소련 선전선동가들은 미국과 서유럽에서 화가 난 자동차 운전자들이 주유소를 점령한 사진을 자본주의가 최종적으로 파산한 증거로 써먹었다. 이들의 눈으로 보면 에너지 위기는 "계획된" 경제에서는 일어날 수 없는 순전히 자본주의적 현상이었다.

오일 붐 덕분에 크렘린은 곡물 수입 재원을 충당하고 늘어나는 외채를 갚으며 제3세계 동맹국에게 돈을 댈 수 있었다. 아프가니스탄 전쟁 비용, 앙골라와 에티오피아에 쿠바 병력이 주둔하는 비용, 76개국에 15만 명이 넘는 기술고문 인력이 주재하는 비용도 마련해 주었다. 제1차 오일쇼크가 발생한 후 10년간 소련은 서방에 원유 수출을 해서 300조 정도를 벌어들였다.[56] 이 수치가 커 보일 수도 있지만 빙산의 일각에 불과했다. 원유 생산의 약 75퍼센트는 국내 소비용으로 비축했다. 추가 10~15퍼센트는 위성국에 배정했다. 바르샤바에서 아바나, 하노이에서 마나과(니카라과의 수도 - 옮긴이)까지 부패하고 비효율적인 공산 정권은 아주 값싸게 제공되는 시베리아 원유 덕분에 빚을 질 필요가 없었다. 국내 시장에서 유가는 더 저렴해서 갤런당 몇 센트밖에 하지 않았다. 석유가 계속 흘러들어오는 한 공장 책임자들은 생산 방식을 바꿔야 할 이유가 별로 없었다. 나중에 고르바초프의 경제 자문이 되는 소련 경제학자 스타니슬라브 샤탈린은 이렇게 말했다.

"오일로 번 돈은 일종의 마약이었다. 다른 마약과 마찬가지로 몸을 더 망가뜨리고 병을 훨씬 더 치명적으로 만들면서도 건강해지고 있다고 착각하게 만든다."[57]

돌이켜보면 에너지 위기는 서방에 전화위복이었다. 공장들은 생산 원가를 낮추고 에너지 절약형 새 기술을 도입하게 되어 서방 국가 다수에서 이미 진행 중인 기술 혁명에 속도를 내는 효과가 있었다. 반면 소련은 수요공급의 법칙이 관료의 결정으로 대체되는 환상의 나라로 더 깊이 들어갔다. 공장 관리자들은 값싼 원자재를 거의 무제한으로 공급받는 데 익숙해졌다. 1980년대 중반 소련의 일반적인 공장은 미국 공장보다 2~3배 많은 원료를 사용하고도 훨씬 질이 떨어지는 물건들을 만들었다. 마침내 에너지 위기가 공산주의 세계를 덮쳤을 때 그 충격은 재앙적이었다.

다가오는 참사의 첫 징후는 1970년대 말에 나타났다. 경제정책 담당자들은 브레즈네프에게 소련이 분수에 넘치는 소비를 한다고 경고했다. 1981년 10월 크렘린은 동유럽 국가에 제공하는 석유를 10퍼센트 줄여서 위성국의 항의를 받았다. 동독 지도자 에리히 호네커는 특히 흥분하여 에너지 가격이 갑자기 오르게 된 상황을 "노동 계급"에 설명할 수 없다고 주장했다.[58] 우유부단하면서도 어디에서든 불평이 나오지 않게 하려고 애를 쓴 브레즈네프는 계획된 감축량을 줄였다. 결과적으로 절약된 석유의 양은 미미했다.

고르바초프가 권력을 잡았을 때 위기의 징후가 너무 분명해서 더이상 무시할 수 없었다. 고르바초프는 서기장으로 선출된 지 한 달 뒤 정치국 회의에서 소련 경제의 후진성을 나타내는 사례를 하나하나 설명했다. 그리고는 자신이 가장 경험이 많은 농업 분야의 암울한 상황에 집중했다. 식품 산업에서는 수작업으로 생산되는 양이 전체 생산량의 3분의 2를 차지했다. 노동생산성은 서방 수준의 60퍼센트에 머물렀다. 수확한 농산물의 3분의 1은 낭비와 비효율로 인해 식탁에 오르기도 전에 버려졌다. 소련 도시 300개 이상에 상하수도가 없었다. 도심지 도로의 절반은 비포장도로였다.[59] 소련 언론에 공개된 공식 회의록에는 검열로 삭제된, 고르바초프가 정치국 동료들에게 이야기한 솔직한 평가는 다음과 같았다.

"이런 추세를 바꾸지 않으면 이번 세기가 끝날 무렵에는 제3세계 국가로 전락할 겁니다."[60]

새 지도자가 품은 야망의 크기는 자원 배분 문제를 훨씬 더 크게 키웠다. 고르바초프는 취임 후 몇 달간 소련 곳곳을 휩쓸고 다니며 수십 년간 이어온 소련 사회의 구조적 문제점을 드러냈다. 고쳐야 할 것이 너무 많았다. 목표는 분명했다. 공장과 설비를 바꾸고 일반 노동자의 생산성을 높여서 나라를 다시 움직이게 만드는 것이었다. 한 가지 불분명한 점은 이런 거대한 현대화 정책을 추진할 재원을 어디서 마련하는가였다.

그것은 전형적으로 "총과 빵" 중 하나를 선택해야 하는 딜레마였다. 한 가지 방법은 군비를 줄이는 것이었다. 미국과의 관계가 껄끄러운 당시 상황으로서는 군비 감축은 불가능했다. 고르바초프가 취임한 지 얼마 안 가 군수뇌부는 군비 증액을 서기장에게 건의했다. 정치국의 비밀 결의안에 따르면 1986~1990년 내내 국방 예산을 매년 4.5퍼센트 늘여서 계획된 국민소득 증가율을 넘어섰다.[61] 두 번째 방법은 소비를 줄이는 것이었다. 그러나 고르바초프의 취임으로 나타난 인민의 기대를 고려할 때 받아들일 수 없는 방법이었다. 인민들이 더 열심히 일하도록 설득하려면 우대책을 줄이지 말고 늘려야 했다.

이런 논의가 진행되는 동안 고르바초프는 서시베리아에서 들려온 뉴스 때문에 국내 방문 계획과 경제 관련 구상을 바꿔야 했다. 브레즈네프 시대의 오일 붐이 꺼지고 있다는 뉴스였다. 긴급하게 조치를 취하지 않으면 경화(미국 달러나 스위스 프랑처럼 국제적으로 널리 통용되는 화폐 - 옮긴이)를 얻을 가장 믿을만한 재원을 잃게 될 상황이었다.

고르바초프는 자신이 탑승한 Tu-135가 북극권 언저리에 있는 세계에서 가장 큰 유전의 3만 5000피트 상공을 선회하는 동안 소련 국력의 경제적 기반을 한눈에 볼 수 있었다. 연이어 물결치는 숲으로 이루어진 자연 그대로의 타이가(북반구 냉대 기후 지역의 침엽수림 - 옮긴이)가 산업화로 인해 끔찍하게 바뀐 불모지에 자리를 내주었다. 누군가가 녹색 캔버스를 칼로 거칠게 갈라서 여기저기로 찢어놓은 것 같았다. 거대하고 뒤얽힌 도로, 송유관, 유정탑이 오비강 양옆으로 수백 킬로미터에 걸쳐 펼쳐져 있었다. 때때로 비포장도로에 흉한 반점처럼 뭉쳐진 진흙탕, 콘크리트 슬래브로 조립한 아파트 단지, 잿빛 하늘에 화염과 연기를 끊임없이 뿜어내는 공장이 보였다.

러시아인들에게 수세대 동안 시베리아는 특정한 공간일 뿐 아니라 어떤 개념이기도 했다. 전통적으로 시베리아라는 이름은 러시아인에게 서로 상충하는 이미지를 떠올리게 했는데, 그것은 바로 자유와 독재였다. 개척되지 않은 광활한 영토는 러시아판 미국 서부였다. 희망과 기회의 땅은 어디에나 있는 관료주의에서 탈출하려는 수많은 개척자를 끌어들였다. 그러나 시베리아는 많은 인민이 생각하기에 수백만 명에 달하는 인민의 억압과 아주 혹독한 기후 조건 때문에 차르와 공산당 서기장의 정적이 사라지는 장소이기도 했다.

공산주의 시절 시베리아는 또 다른 개념의 동의어가 되었는데, 그것은 소련이 자원이 "무한"한 나라라는 개념이었다. 볼셰비키들은 정치적 의지만 있으면 이런 자원을 이용할 수 있다고 생각했다. 목적은 늘 수단을 정당화했다. 지도부가 특정 정책이 국가적으로 최우선적으로 중요하다고 판단하는 경우 인간적으로나 환경적인 희생은 아무런 상관이 없었다. 공산주의 사회 건설이 궁극적 목표라는 명목으로 어떠한 희생도 정당화되었다. 스탈린은 이런 유토피아를 추구하면서 자연을 엄청나게 파괴했고, 시베리아를 거대한 수용소로 만들었다. 노예 노동자 수백만 명을 동원해서 얼어붙은 불모지에 운하를 건설하고 철로를 깔았을 뿐 아니라, 우라늄을 얻기 위해 산을 깎고 해안가에는 군수공장을 지었다.

시베리아라는 보물 창고는 천연자원이 고갈되고 한참 뒤에도 오랫동안 소련식의 공산주의를 지탱했다. 브레즈네프 세대의 소련 지도부가 제국의 나머지 부분을 강타한 경제 위기의 탈출구를 찾은 곳도 시베리아였다. 1970년대 초 중앙통제 경제가 심각한 병목현상을 겪었을 때 정치국은 북시베리아에서 엄청난 양의 광물을 이용하기 위해 BAM으로 알려진 약 3200킬로미터에 달하는 철도 건설을 명령했다. 중앙아시아의 목화재배지가 과도한 경작으로 땅이 말라가자 경제정책 담당자들은 단순한 해결책을 제시했다. 시베리아에 있는 강을 북쪽에서 남쪽으로 돌리는 것이었다. 1970년대 말 소련이 초강대국으로서 짊어진 의무를 감당하기 어려워지자 시베리아 석유업자들에게는 생산 활동을 더 강화하라는 지시가 떨어졌다. 시베리아는 무자비하게 약탈할 수 있는 변경의 식민지로서 소련 제국의 원자재 공급용 부속물 기능을 수행했다. 브레즈네프를 비롯한 소련 지도부는 시베리아가 "마르지 않는" 부의 원천이라는 신화에 의문을 제기하는 어떠한 시도도 이념적으로 용납하지 않았다.

경제적 관점에서 보면 시베리아는 소련식 공산주의를 가능하게 만들었다. 죽기 전 극심한 고통이 가장 눈에 띄게 보이는 곳도 시베리아였다. 결과적으로 자연마저 탐욕스러운 주인에게 반기를 들었다.

고르바초프가 향하는 니즈네바르톱스크는 경제 발전에 대한 스탈린식 접근의 전형적인 사례였다. 25년 전 황량한 니즈네바르톱스크 지역에 있는 것이라고는 원주민인 한티인이 사는 목조 움막 수백 채뿐이었다. 유목민인 한티인은 주변 숲에 사는 순록과 오비강에 풍부한 물고기를 잡아먹으며 생활했다. 지질학자들은 원주민에게 사모틀로르(죽은 호수라는 의미)로 알려진 인근 늪지대가 석유 매장지일 가능성이 있다는 사실을 발견했다. 1965년 다수의 석유 굴착팀이 이 지역에 대한 탐사를 시작했다. 작업 여건은 끔찍했다. 도로도 없고 기온도 영하 40~50도까지 떨어졌다. 습지를 헤치고 목표 지점에 도달하는 데 한 달이 넘게 걸렸다. 하지만 언 땅을 굴착기로 뚫자 상상 이상의 석유가 나왔다. 1970년대 초부터 엄청난 양의 석유가 생산되기 시작했다.

이후 10년간 사모틀로르 유전은 쿠웨이트보다 더 많은 양의 석유를 생산했다. 소련이 수출하는 석유량을 넘어서는, 전체 생산량의 4분의 1이 먼 서시베리아 구석에서 나왔다. 유전을 처음 발견한 사람들은 훈장을 줄줄이 받았다. 경화로 바꿀 수 있는 것이라면 무엇이든 간절히 원했던 소련 지도부는 생산 목표를 계속 상향했다. 석유업자들은 모스크바의 요구량에 보조를 맞추기 위해 절차를 무시하기 시작했다. 서둘러 땅속 석유를 채굴하기 위해 기본 시설을 최대한 줄이고 주변 환경은 전혀 신경 쓰지 않았다. 조잡한 석유 채굴 기술로 인해 유전이 침수되고 자연압력을 잃기도 했다. 값비싼 목재를 가공하는 수고를 하는 대신 늪지에서 썩게 했다. 남는 천연가스를 제거하기 위한 파이프라인을 설치하는 대신 그냥 불태웠다. 매일 유럽 여러 도시를 따뜻하게 하기 충분한 양의 천연가스가 니즈네바르톱스크 주변 유전에서 불태워졌다.[62]

합리적인 자원 관리 기술이 있었다면 사모틀로르 유전에서 수십 년간 엄청난 양의 원유를 계속 생산할 수 있었을 것이다. 그러나 너무나 엉성한 방식으로 석유가 채굴되어서 유전의 수명이 불필요하게 짧아졌다. 고르바초프가 권좌에 올랐을 때 석유 생산량은 이미 급감하기 시작했다.

석유로 얻은 부는 니즈네바르톱스크 주민들에게는 전혀 돌아가지 않았다. 유전이 바닥나자마자 30만 명이 넘는 사람들이 사는 니즈네바르톱스크는 조잡한 아파트 단지와 움푹 팬 거리가 타이가 숲에 버려질 임시변통적인 도시 같았다. 석유 노동자들을 임시로 수용하기 위해 설계한 철제 화물 기차가 도시의 4분의 1을 차지했다. 1년에 6개월 이상이 영하 이하로 떨어지는 날씨에도 불구하고 서너 가구가 옥외 화장실을 공유해야 했다. 주민들은 쇼핑을 제대로 하려면 비행기를 타고 3시간이 걸리는 모스크바로 가야 했다. 여가나 문화 시설은 사실상 없는 거나 마찬가지였다.

고르바초프가 모스크바에서 특별히 공수된 방탄 질 리무진에서 내리자 군중이 파도처럼 몰려왔다. 크렘린 경호원들은 기름때 묻은 노동자들이 서기장과 고급 여성복을 멋지게 차려입은 영부인 라이사가 꼼짝할 수 없을 정도로 달려들지 않게 하느라 애를 먹었다. 두 사람이 방문하는 곳마다 환호하고 호기심에 찬 군중이 맞아주었다. 당황스러운 장면이 연출되지 않게 하려던 지역의 당관료들은 뒤로 물러나 불안하게 서 있었다. 관료들의 표정에는 새 지도자의 비위를 맞추려는 간사한 욕구와 서기장의 예측할 수 없는 행동에 대한 불안이 뒤섞여 있었다.

이것은 서로 다른 두 세계, 즉 홈브루크 모자를 쓰고 외투를 입은 당관료와 면도도 안 하고 씻지도 않은 채 올이 나간 파카와 털모자를 쓴 군중들의 만남이었다. 그리고 그곳에 마치 활인화(사람이 분장을 해서 정지된 모습으로 명화나 역사적 장면을 연출한 것 - 옮긴이) 한가운데에서 아래위로 조금씩 자꾸 움직이듯 새로운 소련 지도자의 미소 띤 얼굴이 있었다. 고르바초프는 마치 현대판 "차르-바튜시카(배려심 많은 아버지 차르라는 의미로 평민들이 차르를 부르는 말 - 옮긴이)"처럼 사람들에게 팔을 뻗었다.

공산당 지도자가 일반인과 어깨를 맞대는 모습은 니즈네바르톱스크 주민들에게 기적처럼 보였다. 그날 저녁 TV를 통해 이 광경을 보는 나머지 국민도 마찬가지였다. 선전 기관은 국경일에 레닌 묘소 위에서 힘없이 팔을 흔드는 사람들의 개성을 제거하기 위해 모든 노력을 기울였다. 러시아 정교회의 주교들처럼 공산당 지도부는 자신들의 탁월함으로 대중을 매혹하는 능력보다는 끝없이 이어지는 의식에 참여함으로써 권위를 끌어냈다. 이들을 둘러싼 신비함과 익명성이라는 아우라는 정권을 지속하는 힘의 주요 원천이었다.

고르바초프는 세계 두 번째 강대국을 21세기로 끌어올리려는 목표를 달성하기 위해서 현상타파에 관심이 없는 보수적인 당 기구의 손아귀에서 벗어나야 한다는 것을 알았다. 관료들의 포로가 되면 변화는 바로 물 건너갈 터였다. 해결 방법은 관료들을 건너뛰어서 오랫동안 고통받은 러시아 민중, 즉 나로드narod와 직접 소통하는 것이었다. 그렇게 함으로써 개혁 정책을 밀어붙이는 데 필요한 독자적 권력 기반을 확보할 수 있었다. 고르바초프는 방문지 중 한 곳의 호의적인 청중에게 이런 말을 했다.

"관료들을 통제하도록 합시다. 여러분들이 한쪽 끝에 서고 우리가 다른 한쪽에 서겠습니다. 노동자들의 지지가 없으면 모든 정책은 아무런 의미가 없습니다. 노동자들이 지지하지 않는 것은 정책이 아닙니다. 다소 억지스러운 일일 뿐입니다."[63]

니즈네바르톱스크에 도착할 때쯤 고르바초프는 잠든 인민을 깨울 마법의 도구를 이미 알아낸 상태였다. 고르바초프는 텔레비전의 힘을

　　　　　　　　　　　제2부 체제의 반란

이해한 첫 서기장이었다. 잘나가는 관료로서 고르바초프는 어떻게 TV가 브레즈네프나 체르넨코 같은 지도자들에 대한 인민의 신뢰를 파괴하는 데 일조했는지 지켜봤다. 차츰 환상에서 깨어나는 인민들에게 눈에 띄게 병약한 지도자의 모습을 보여준 것은 실책이었다. 이제 고르바초프는 TV를 이용해 평범한 인민들이 겪는 문제와 씨름하는 역동적인 새 지도자로 자신을 내세웠다. 국영 TV 방송망은 그에게 매료된 시청자를 제공해 주었다. 매일 저녁 9시 정각 11개 시간대 걸쳐 있는 소련 전역에서 1억 5000만 명이 모든 주요 채널이 내보내는 뉴스 프로그램인 〈브레먀〉를 시청했다. 집권 초기 첫 뉴스는 거의 항상 미하일 고르바초프에 관한 보도였고, 지방 관리를 질책하고 군중에 몸을 던지며 경청하는 노동자들에게 정책을 설명하는 모습이 방영되었다. 고르바초프는 스스로 뉴스거리가 되는 동시에 방송국 편집국장 역할도 했다. 〈브레먀〉의 제작진은 고르바초프나 그 측근의 전화를 자주 받았는데, 그때마다 뉴스에 포함될 내용과 뺄 내용에 관한 세부적인 지시를 받곤 했다.[64]

서시베리아에서 고르바초프가 가는 사실상 모든 곳에 TV 카메라가 따라다녔다. 이곳에서 고르바초프는 자신이 신속하게 시작하려는 혁명에서 "인적 요인"이 가장 중요한 요소라는 생각을 하게 되었다. 시베리아를 방문한 다른 많은 사람과 마찬가지로 고르바초프는 땅에서 뿜어나오는 부와 인민이 처한 누추한 생활 사이의 격차에 충격을 받았다. 슈퍼마켓, 시추 시설, 가스압축소를 방문할 때마다 조잡한 주택, 형편없는 식품 공급, 공기 오염, 낡은 설비, 소비재 부족 등의 불평이 쇄도했다. 목적이 수단을 정당화할 수 없는 것이 분명했다. 스탈린식 경제 운영 체제는 국가나 인민에게는 혜택이 돌아가지 않고 체제 자체만 먹여 살리는 괴물을 만들어냈다.

새 서기장은 니즈네바르톱스크가 국가 재정에 매년 수십조 루블을 충당하면서도 인민을 위한 영화관이 한 곳도 없다는 사실에 큰 충격을 받았다. 가끔 공산당 청년회관에서 영화가 상영되었지만 극장표를 구하기가 쉽지 않았다. 이 모든 점이 튜멘주의 주도 튜멘에서 지역 당 간부를 만나기 위해 비행기로 이동하던 고르바초프의 마음을 불편하게 했다. 다음날 고르바초프는 보좌관들이 작성한 연설문을 수정하려고 일찍 일어났다.[65] 석유생산 감소를 막기 위해 시급한 대책을 마련해야 한다는 정책담당자의 의견에는 동의했지만 고르바초프가 전하고 싶은 또 다른 메시지가 있었다. 개별 인민에 맞춰 경제 전체가 방향을 수정해야 한다는 것이었다. 고르바초프는 머리가 모자라는 학생을 대하듯 앞에 앉은 당 일꾼들에게 이렇게 말했다.

"시추 감독관이 니즈네바르톱스크에서 받을 수 있는 가장 큰 우대책이 극장표라고 말하는 상황에서 석유 수백만 톤과 천연가스 수백만 세제곱미터에 관해 이야기하는 것은 당혹스러운 일입니다. 무엇을 위해, 석유와 가스 수백만 톤을 뽑아낼 필요가 있는 겁니까? 막대한 생산량을 자랑하기 위한 것이 아닙니다. 인민의 생활을 향상시키고, 경제를 더 튼튼하게 만들고, 국방을 강화하고, 생활여건을 개선할 수 있기 때문입니다. 이 모든 것이 필요한 이유가 여기에 있습니다."[66]

고르바초프는 이런 초기 순회 유세에서 미리 준비한 연설문을 자주 무시했다. 순전히 자신의 웅변 능력으로 청중을 매혹했던 초기 볼셰비키식 연설을 모델로 삼은 것이다. 즉흥 연설은 준비한 연설문을 간신히 읽어나간 전임자들과 큰 대조를 이루었다. 다른 한 편으로 이런 연설 방식 때문에 횡설수설하기도 했는데, 이것은 자기주장이 반박되는 경우가 드문 절대 권력자의 직업병이었다. 말의 홍수 속에 말하려는 요점을 잃어버리기도 했다. 때로는 강조하려는 점을 잊고 자기만의 미사여구에 사로잡히기도 했다.

새 차르는 소련 경제의 문제점에 대해 아주 명확한 의식이 있었지만 어떻게 바로잡을지는 크게 확신하지 못했다. 혁명적 수사와 좋은 의도를 빼놓고 보면 고르바초프의 조기 성책은 결과적으로는 같은 이야기에 머물렀다. 여전히 중앙에서 분배하는 방식의 사회주의 체제를 계속 신뢰한다고 선언했다. 서방 방문자들은 고르바초프가 시장 경제에 사실상 무지하다는 사실을 알게되었다. 이념적 한계와 소련 관료로서 몸에 밴 습관을 떨쳐버리지 못한 상태에서, 서시베리아 당수들은 새 지도자의 비판과 훈계에 대해 기존 방식으로 반응했다. 유정 수백 개를 더 파고, 생산목표를 달성하기 위해 노동자들을 더 압박했다. 기존 유정의 유지·보수나 합리적이고 장기적인 유전 관리에 대해서는 거의 신경을 쓰지 않았다. 석유 노동자의 생활여건 개선에는 형식적인 노력만 기울였다. 이 당시의 대표적인 구호는 "우스코레니예(가속화)"였다.

다음 2년간 석유 생산량은 실제로 소폭 늘어났다. 그러나 정신없이 새 유정을 파면서 상황은 더 혼란스러워졌고 유전 침수 문제가 악화되었다. 1988년 소련의 석유 생산량은 되돌릴 수 없을 만큼 급감했다. 적어도 단기적으로 더 우려스러운 일은 1985년 여름 사우디아라비아가 원유 생산을 대폭 늘리기로 결정한 것이었다. 고르바초프가 시베리아를 방문한 직후 국제 석유 가격이 폭락했다. 소련은 석유 가격으로 최고가였던 1980년 배럴당 거의 40달러를 받았지만, 1986년 1분기에는 배럴당 10~12달러밖에 받지 못했다. 고르바초프 집권 첫 2년간 수출을 통한 경화 수입이 거의 3분의 1로 떨어졌다.

페레스트로이카는 시작도 하기 전에 불행한 운명을 맞았다.

고르바초프의 서시베리아 방문은 결과적으로 또 다른 이유로 중요했다. 잘못 구상한 금주 운동이 절정에 달했고, 소련 인민은 다른 어떤 조치보다 이런 정책에 더 큰 소외감을 느꼈다. 돌이켜보면 금주 정책은 페레스트로이카 초기 단계에 새로운 지도부가 저지른 가장 큰 실책이라고 할만한 것이었다.

음주는 수 세기 동안 러시아인의 삶에서 골칫거리였다. 1839년 러시아를 방문한 프랑스 작가 마르키스 드 퀴스틴은 "러시아인에게 가장 큰 즐거움은 음주, 다시 말해 잊는 것"이라고 했다.[67] 브레즈네프 정권은 암묵적으로 보드카 판매를 장려했는데, 이것은 세수의 중요한 원천이었고 인민들이 정치적으로 고분고분하게 따르게 하는 데 도움이 되었다. 브레즈네프 시기에 증류주 소비량은 거의 네 배 늘었다. 고르바초프가 정권을 잡았을 때 알코올중독이 이미 급속히 확산된 상태였다. 공식 연구에 따르면 모든 범죄의 70퍼센트가 술과 관련이 있었다. 음주로 인해 광범위한 결근이 일어났고 이혼율이 급증했으며 남성의 기대수명이 급감했다.

금주 운동의 추진 동력을 제공한 인물은 고르바초프가 서기장이 되는 것을 도운 두 명의 정치국원, 즉 예고르 리가초프와 미하일 솔로멘체프였다. 리가초프는 주변에서 벌어지는 도덕적 타락에 염증을 느낀 금욕주의자로, 고향인 톰스크에서 금주령을 이미 시행한 적이 있었다. 한때 알코올중독자였던 솔로멘체프는 전향자의 열정으로 알코올과의 전쟁을 벌였다. 두 사람은 알코올 생산과 판매를 엄격히 제한하도록 정치국을 설득했다. 소련 전역에서 주류매장 수십만 개가 문을 닫았고, 수백 년간 포도 농사를 지은 캅카스의 포도밭을 갈아엎었으며, 공식 연회에서 술이 금지되었다. 오후 2시까지 모든 주류의 판매도 금지되었다. 판매 허가가 난 소수의 주류판매점 앞에는 불만에 찬 소비자들이 길게 늘어섰다.

금주 운동의 효과는 소련에서 가장 크고 가장 이익이 남는 사업을 지하로 몰아낸 것이었다. 불법으로 생산된 밀주가 급증하면서 하루아침에 설탕은 "부족 품목"이 되었다. 사람들은 정부 상점에서 보드카를 살 수 없게 되자 기용한 내체물을 이용했다. 어떻게든 알코올을 섭취하려고 했던 수천 명이 향수, 아교, 창문 세척제, 구두약 등 유해 물질을 섭취하다가 죽었다. 정부는 탐욕스럽게 지켜온 주류 판매 독점권을 범죄집단에 넘겨주었다. 주류 판매 금지로 일어난 세수 부족은 정부 예산에 회복할 수 없는 구멍을 냈다. 1985년부터 인민들의 수입과, 상품과 용역 공급 가격 사이에 메울 수 없는 격차가 생기기 시작했다. 정부는 행정명령으로 고정 가격제를 유지했기 때문에 시장에서 물건이 사라지고 광범위한 상품 부족 사태가 벌어졌다. 1988년 금주 운동을 소리소문없이 포기했을 무렵 정부 당국은 통화 제도에 대한 통제력을 잃은 상태였다.

고르바초프는 금주 운동에 앞장서지는 않았지만 진심으로 지원했다. 인민들은 금주 운동을 고르바초프의 운동으로 받아들였다. 얼마 안 가 새 지도자를 조롱하는 농담이 돌았다. 사람들은 고르바초프를 "서기장" 대신 "광천수 서기"로 부르기 시작했다. 고르바초프는 그런 비판에도 의연했다. 오히려 정치국 회의에서 알코올에 대한 투쟁을 공산주의를 위한 투쟁의 일부로 여긴다는 의사를 분명히 밝혔다. 고르바초프는 정치국 동료들에게 국가의 "유전적 미래genetic future"가 위태롭다고 했다. 국가계획위원회인 고스플란의 부위원장이 금주 조치로 세수가 최대 12퍼센트까지 줄 것이라고 하자 부위원장의 말을 자른 고르바초프는 이렇게 호통쳤다.

"보드카가 우리를 공산주의로 이끌지 않을 겁니다."[68]

인민의 의사에 반하더라도 자국민의 맨정신을 유지하려는 고르바초프의 결단은 민주주의와 개방성에 관해 자신이 내뱉은 말과 대비되는 권위주의적 일면을 보여준다. 고르바초프는 화난 총대주교처럼 집게손가락을 청중들을 향해 흔들며 니즈네바르톱스크의 석유노동자들에게 말했다.

"금주 운동이 하루 이틀에 끝나거나 1년 만에 끝나지는 않으리라는 것을 명심하세요. 무기한 계속될 겁니다."[69]

자신들의 생활방식을 바꿀 생각이 없던 노동자들은 시무룩하게 박수를 쳤다.

19장

제네바

1985년 11월 19일

고르바초프는 서기장으로 지명되고 하루가 지난 뒤 정치적 우선순위를 개인 메모장에 기록했다. 목록의 맨 위 있는 것은 제국주의 국가의 선두에 있는 미국과의 관계 개선이었다.[70] 이제 실행에 옮길 시간이 되었다. 고르바초프는 크렘린 선전선동가가 세계 지배의 야망에 사로잡혔다며 히틀러에 빗댄 로널드 레이건 미국 대통령과 얼굴을 맞대고 회의를 하게 되었다.

전 세계에서 몰려온 100여명의 사진기자가 소련 서기장과 미국 대통령이 5년 만에 악수하는 장면을 기록할 준비를 했다. 정기적으로 열리던 미소정상회담은 1979년 소련의 아프가니스탄 침공과 모스크바의 정치적 혼란으로 중단되었다. 두 번째 임기를 시작한 레이건 대통령은 처음에는 안드로포프와 다음에는 체르넨코와 정상회담을 할 준비를 했다. 나중에 레이건이 불평했듯이, 소련 지도자들은 "눈앞에서 계속 죽어 나갔다."[71] 이제 고프바초프가 등장해서 레이건은 마침내 대화를 나눌 젊고 활기찬 지도자를 만나게 되었다.

레이건은 공산주의자를 본능적으로 혐오했고, 그런 태도는 제2차 세계대전 뒤 할리우드에서 노조 활동을 하던 시절로 거슬러 올라간다. 당시 레이건은 빨갱이가 미국 영화산업을 장악하려 한다고 의심했다. 대통령이 된 다음 진행한 첫 기자회견에서는 소련이 세계 혁명이라는 목표를 추구하기 위해 "어떤 범죄라도 저지르고, 어떤 거짓말도 하며, 어떤 속임수도 쓸 것"이라며 소련 지도부를 영혼 없는 로봇으로 치부했다.[72] 하지만 제네바 호수의 플뢰르도 별장의 뜰에서 고르바초프의 손을 잡는 순간 "뭔가 호감이 가는 점"을 발견했다. 나중에 레이건은 이렇게 회고했다.

"고르바초프의 얼굴과 태도에는 그때까지 봤던 대부분의 소련 고위 관리에게 느낀 혐오에 가까운 냉담함이 아닌 온기가 있었다."[73]

백악관 선발대는 레이건이 고르바초프와 서먹서먹한 분위기를 깰 수 있는 장소를 몇 주에 걸쳐 물색했고, 가장 좋은 카메라 앵글을 찾아 줄자와 망원렌즈를 들고 19세기에 만들어진 성의 공터를 천천히 돌아다녔다. 두 사람이 격의 없이 친밀하고 동격이라고 느끼면서도 보안이 잘 유지되는 분위기를 만드는 것이 중요했다. 선발대는 최종적으로 본청에서 90미터 정도 떨어지고 고풍스러운 벽난로가 있는, 호숫가의 아늑한 보트하우스를 회담장으로 정했다. 이미지를 중요하게 여기는 사람들에게 이상적인 장소였다. 세계 최고의 두 권력자가 호숫가를 한가로이 거닐고 난롯가에서 서로 마주 보는 푹신한 의자에 앉아 전쟁과 평화라는 거대한 문제를 다룰 예정이었다. 이 회담은 "노변정상회담fire-side summit"이 될 터였다. 레이건이 존경하는 영웅인 프랭클린 루스벨트 대통령의 편안한 "노변정담fireside chats"의 기억을 불러일으키면 금상첨화였다.[74]

정상회담은 이념과 인권에 관한 논쟁으로 불길한 분위기로 시작되었다. 나중에 고르바초프는 이렇게 회고했다.

"처음에는 세계에서 가장 강력한 두 국가의 지도자 사이의 실무 대화라기보다 공산주의와 자본주의의 내兆주자 간 논쟁 같았다."[75]

레이건은 긴장을 풀기 위해 바람을 쐬면서 산책을 하자고 제안했다. 두 정상 중 나이가 어린 고르바초프는 서슴없이 응했다. 두 사람이 보트하우스에 다다를 무렵 최고 수준의 보안 인가가 떨어진 관료 한 명이 수행했고 벽난로에는 이미 불이 타오르고 있었다.

고르바초프가 안락의자에 앉자 레이건은 메모 카드에 타자로 입력한 원고를 들여다보았고 가끔 카드를 섞기도 했다. 레이건은 소련에서 온 손님을 어떻게 부를지 잠시 고민했다. 결국에는 "서기장님Mr. General Secretary"이라는 호칭을 쓰기로 했는데, 첫 만남에서 "미하일"이라고 이름을 부르는 것이 오해를 불러일으킬 수 있다는 조언을 받아들인 것이다. 레이건은 형식적인 절차는 제쳐두고 몇 가지 공통점에 대한 의견을 말했다.

"여기 우리가, 우리 둘이, 이 방에서 마주 앉아 있습니다. 서기장님도, 나처럼, 거대한 나라의 한가운데에 있는, 눈에 띄지도 않는 작은 마을에서 태어났습니다. 이렇게 가난하고 출신도 보잘것없는 우리가 미국과 소련의 지도자가 되었습니다. 우리 둘은 아마 이 세상에 제3차 세계대전을 일으킬 수 있는 유일한 사람일 겁니다. 그리고 제3차 세계대전을 막을 수 있는 유일한 두 사람일 겁니다."[76]

언뜻 보면 74세의 미국 대통령과 54세의 소련 서기장만큼 서로 다른 사람을 찾기 힘들어 보였다. 한 사람은 반공 이념으로 출세했고, 또 한 사람은 공산주의에 새 생명을 불어넣으려 했다. 한 사람은 정부 정책의 세부 내용에는 따분해하며 보고서를 치우고 영화 〈사운드 오브

뮤직〉을 한 번이라도 더 볼 인물이었지만, 또 한 사람은 성명서와 정보 판단서의 흥미로운 부분을 무지개색 펜으로 밑줄을 그으며 탐독하는 일 중독자였다. 한 사람은 어떤 불변의 원칙을 고수했지만, 또 한 사람은 타고난 협상가였다. 한 사람은 농담을 즐기고 붙임성 있는 성격의 소유자였지만, 또 한 사람은 농담을 별로 좋아하지 않고 어느 정도 상대를 못살게 굴 수 있었다.

이 모든 차이에도 불구하고 고르바초프에게 두 사람이 공통점이 많다고 한 레이건의 말은 옳았다. 근본적으로 두 사람은 자기 생각과 감정을 많은 사람과 소통하는 능력을 갖춘 명배우였다. 레이건은 할리우드의 훌륭한 영화 스튜디오에서 훈련을 받았다. 타고난 TV 연기자인 레이건은 시청자의 공감을 끌어내기 위해 어떻게 제스처를 취하고 목소리를 내야 하는지 알았다. 때로는 자신이 출연한 영화의 인물을 따라 하는 것처럼 보이기도 했다. 반면 고르바초프는 크라스노그바르데스코예에 있는 제1고등학교의 무대에서 연기에 입문했다. 고르바초프는 19세기 러시아 희극의 로맨틱한 주인공 역할을 그럴듯하게 해서 한때 배우가 될 생각을 하기도 했다.[77] 이때 고르바초프는 의도적이고 과장된 몸짓, 극적인 손짓, 화려한 무대 등장으로 현장 관중의 이목을 끄는 기술을 배웠다.

레이건과 고르바초프 둘 다 미래를 내다보는 거의 예언가와 같은 자질도 있었다. 두 지도자는 세상을 더 나은 곳으로 만들 수 있다는 확신을 가진 낙관주의자였다. 다른 여러 정치인과 다른 꿈을 꾸었고, 두 사람이 품은 꿈과 환상은 두 강대국의 지정학적 계산에 포함되었다. 레이건의 낙관주의는 아메리칸 드림을 몸소 체험하고 다른 사람과 자신의 행운을 공유하고 싶어 하는 밝은 낙관주의였다. 레이건의 낙관주의는 때로는 과거에 대한 향수에 가까웠다. 핵미사일 공격으로부터 미국을 보호하는 우주 방어를 제안함으로써 젊은 시절의 안보와 안녕을 재건하기를 원한 것이다. 고르바초프의 낙관주의는 스탈린 사후 흥분되는 정치적 해빙기에 성장한 젊은이의 경험에서 비롯되었고, 사회주의가 스탈린 시대의 기형석인 상태와 오용을 치유할 수만 있다면 모든 것이 여전히 가능하다고 확신했다.

두 지도자는 핵전쟁의 공포도 공유했다. 핵 시대의 여명은 상호 불안에 바탕을 둔 공생 관계를 만들며 미국과 소련을 공동운명체로 만들었다. 나폴레옹과 히틀러의 침략을 격퇴하게 해준 광활한 소련 영토는 경고가 떨어지기 무섭게 미국 핵잠수함이 발사한 핵미사일에 의해 크렘린이 파괴되는 상황에서 아무런 의미가 없었다. 소련의 핵탄두는 미국을 2세기 동안 외세의 침략으로부터 보호해 준 대양을 30분 내로 건널 수 있었다. 미국은 영국에 대항한 독립 전쟁 이후 처음으로 자국 심장부가 직접 위협받았다.

제네바 정상회담 이전 레이건은 소련 정치인을 거의 만나보지 못했다. 1973년 캘리포니아에서 브레즈네프를 짧게 만났고, 1984년 9월 백악관에서 그로미코와 좀 더 진지한 만남을 가졌다. 소련 정치인을 악마로 만들기는 쉬웠다. 소련 정치인들은 전체주의 이념의 특징 없는 대표자로 행동하는 일에 자부심을 느끼는 듯 보였다. 한번은 그로미코가 "나 자신도 내 성격에 관심이 없다"고 말하기도 했다. 이들의 무신경한 겉모습과 완고한 협상 방식은 동서 관계가 선과 악의 거대한 투쟁이라는 레이건의 시각을 거듭 확인해 주었다.

레이건 대통령은 1940년대 말과 1950년대 초에 할리우드 좌파와 싸우기는 했어도 공산주의와 공산주의자에 관한 지식이 대체로 이론에 머물렀다. 그런 지식의 대부분은 캘리포니아에 있을 때 친구가 준

『니콜라이 레닌의 10계명*The Ten Commandments of Nikolai Lenin*』이라는, 겉으로만 그럴싸한 레닌 어록집에서 나온 것이었다.[78] 레이건은 이 책을 집무실 책상 서랍에 두고 소련이 배신했다고 주장할 때 자주 참고했고, 여러 외국 지도자나 의회 지도자에게 다음 구절을 즐겨 인용했다.

"자본주의의 마지막 보루를 굳이 정복할 필요는 없을 것이다. 숙성한 과일처럼 우리가 뻗은 손에 떨어질 테니."[79]

미국 정부 내 소련 전문가들은 이 구절을 비롯해 책에 있는 인용문 다수가 틀렸다는 사실을 대통령에게 알려주느라 애를 먹었다.

레이건은 공산주의가 본질적으로 사악하다는 믿음을 절대 버리지 않았다. 그러나 자신을 지지하는 보수파에게는 실망스럽게도 소련 지도부를 다루는 전술에는 변화가 있었다. 소련을 두고 세계 지배를 향한 광적인 열망으로 움직이는 "악의 제국"이라고 말하는 것도 그만두었다. 레이건은 1984년 초에 이미, 모스크바에 대한 계산된 연설에서 "이반과 아냐"가 "짐과 샐리"와 함께 비를 피할 피난처를 같이 사용하면 어떤 일이 일어날지에 대해 생각했다. 레이건은 "공포 없는 세상" 만들기라는 보통 사람이 가진 "공동의 관심사"가 "모든 국경"을 초월하는 현상이라고 결론지었다.[80]

레이건의 내적 갈등은 행정부 내의 균열로 나타났다. 한쪽에는 조지 슐츠 국무부 장관이 이끄는 실용파가 있었는데, 이들은 고르바초프에게서 좋은 인상을 받고 소련의 새로운 정치적 분위기를 이용하려 했다. 다른 한쪽은 캐스퍼 와인버거 국방부 장관으로 대표되는 이념파로, 모스크바의 변화를 대체로 허울뿐이라고 보고 군축협상의 실효성에 대해 아주 회의적이었다. 레이건은 가슴으로는 이념파 편을 들었지만, 정치적 본능과 할리우드에서 숙달한 협상 기술에 대한 확신에 따라 진지한 대화의 시간이 왔다고 느꼈다.

영부인 낸시는 1984년 대선 준비 기간에 레이건이 크렘린에 대해서 온건하고 더 회유적인 태도를 갖도록 설득하는 데 중요한 역할을 했다. 낸시는 레이건의 강경하고 냉전적인 발언이 표를 깎아먹을 수 있다는 어론조사에 불안해했다. 그래서 에어포스원을 타고 이동하는 동안 국가안보 보좌관인 로버트 맥팔레인이 들을 수 있는 거리에서 남편에게 이런 말을 했다.

"로니(레이건의 애칭), 좀 더 평화로운 이미지를 보여줘야 해요."[81]

영부인은 두 지도자의 별점을 본 점성가 친구인 조앤 퀴글리 때문에 레이건에게 고르바초프가 좋은 협상 파트너가 될 것이라는 확신을 더 굳혔다. 조앤 퀴글리는 낸시에게 "아이디어와 정신을 상징하는 행성"인 "로니의 수성"이 "사랑의 행성"인 "고르비의 금성"에 매우 가깝다고 설명했다. 고르바초프가 "미국 대통령이 제안하는 아이디어들을 좋아하고 수용"할 것이라는 말이었다. 두 지도자의 별점 궁합은 "놀라운 가능성"이 있지만, 레이건은 제네바로 가기 전 "악의 제국"식 태도를 반드시 버려야 했다. 에어포스원이 제네바로 출발한 1985년 11월 16일 오전 8시 35분은 조앤 퀴글리가 점성술 차트에서 고르바초프의 행성이 "승천"해서 "로니에게 끌리게" 하기 위해 정한 시각이었다.[82]

고르바초프와 실질적인 대화를 할 수준에 이르려면 점성가의 도움 이상이 필요했다. 이념적 악령을 정화하고 소련인을 2차원적 악당이 아니라 입체적인 인간으로 보기 위해 비슷한 생각을 하는 사람이 필요했다. 여기에 핵심적인 역할을 한 인물이 입심이 좋고 러시아 역사에 관한 인기 도서 다수를 쓴 수잔 매시였다. 수잔은 레이건의 눈높이에서 이야기할 수 있는 재능이 있었으며 18번의 비공식 만남을 통해 소련의 길거리 일화, 저속한 농담, 전통적인 격언 등을 뒤섞은 이야기를 들려주어서 광활하고 모순적인 나라인 소련에 대한 레이건의 관심을 촉발시켰다. 레이건이 끝임없이 반복해서 사용한 "도베랴이, 노 프로베랴이(일단 믿되 검증하라)"를 포함하여 즐겨 사용한 러시아 격언 다수의 출처는 수잔이었다.

20년에 걸친 수잔의 러시아 사랑은 가족의 비극으로 더 불붙었다. 수잔의 아들 바비는 혈우병 환자였다. 아들의 병을 치료하는 과정에서 수잔과 남편 로버트 매시는 혈우병 환자 중에 가장 널리 알려진 러시아 황태자 알렉세이 니콜라예비치의 생애와 미친 수도사인 라스푸틴의 치료 능력에 매료되었다. (이 연구는 나중에 로버트 매시의 『니콜라스와 알렉산드라 *Nicholas and Alexandra*』라는 베스트셀러 책으로 결실을 맺었다.) 수잔은 1967년 처음 레닌그라드에 여행을 갔을 때 그곳 사람들에게 금방 친근감을 느꼈다. 수잔은 나중에 "내가 속했지만 존재하는지 몰랐던 대가족을 찾은 것과도 같았다"고 했다.[83] 수잔은 출국 시 공항 검색을 받던 중 소련인 다수의 이름과 전화번호가 적힌 수첩이 발견되어 10년간 소련 입국이 금지되었다. 1983년 9월 KAL기 격추 사건으로 조성된 위기 당시 다시 소련을 방문했을 때에는 두 강대국 사이에 연락망이 사실상 붕괴된 것에 놀랐다. 양국이 상대방을 악마로 보는 관점을 누군가가 바로잡아야 한다고 생각한 수잔은 레이건 대통령을 만나게 해달라고 백악관에 간청했다. 마침내 만남이 이루어졌을 때 레이건은 가장 먼저 이런 질문을 던졌다.

"소련 사람들은 진심으로 자기 이념을 믿습니까?"

수잔이 답했다.

"제가 거기에 대해 답할 수는 없습니다. 하지만 소련인들이 지도자를 어떻게 생각하는가에 대해서는 말할 수 있어요. 지도자를 '큰엉덩이 Big Bottom'이라고 부릅니다. 지도자들이 유일하게 관심을 가진 것은 자기 의자, 즉 자리뿐이라고 생각합니다. 이념은 중요하지 않죠."[84]

수잔은 레이건 대통령과 이야기하는 것이 심술궂은 큰할아버지와 이야기하는 것 같다고 느꼈다. 레이건은 소련에 대해 잘 모르던 캘리포니아 시절 친구에게 들은 이야기를 통해 갖게 된 소련에 대한 어떤 고정관념이 있었다. 하지만 자신의 실수를 웃고 넘길 수 있었고, 스스로 이미 "현대 세계의 악의 진원지"라고 낙인찍은 나라에 대해 배우고 싶어 했으며, 자존심은 문제가 되지 않았다. "소통의 달인"이라는 명성을 가진 레이건은 수수께끼 같은 인물이었다. 꿍꿍이속을 알기가 어려웠다. 관리들이 없을 때는 편안하게 보였다. 수잔은 일대일 대화 시간에 대통령에게 러시아의 다양성과 포괄성을 느끼게 해주려고 노력했다. 소련식 공동 주택에 사는 것이 어떤 건지, 소련인들이 줄을 서서 기다리면서 어떤 얘기를 나누는지, 소련인이 어떤 사람인지에 대해 얘기해주었다. 미국 언론이 이미 슈퍼맨 같은 존재로 키운 고르바초프와의 협상에 대한 자신감도 불어넣어 주려고 애를 썼다. 대통령이 제네바로 떠나기 전에 수잔은 이런 말을 했다.

"대통령님이 모든 면에서 고르바초프보다 강합니다. 경험이 풍부하고 나이도 많아서 더 현명하십니다. 미국인들의 마음에 든든하게 자리 잡고 있습니다."

수잔은 소련인은 기본적으로 "다스릴 수" 없다며 덧붙였다.

"대통령님이 소련의 서기장이었다면 곤경에 처하셨을 겁니다."

레이건은 성경에 나오는 아마겟돈에 관한 예언을 진지하게 받아들였고, 하늘에서 별이 떨어지며 모든 것을 오염시킨다는 요한계시록 내용을 읽었을 때 핵전쟁의 결과에 대해 생각했다. 레이건의 관점에서 핵무기는 평화를 보장하는 것이 아니라 인류 문명의 종말을 가져오기 때문에 근본적으로 비도덕적이었다. 1971년 레이건은 이렇게 선언했다.

"역사상 처음으로 아마겟돈 전쟁과 예수의 재림이 일어날 여건이 마련되었습니다."[85]

이것이 사실이라면 심판의 날로부터 국민을 보호하는 것은 정치인의 명백한 책임이었다.

1980년 대선 기간 중 레이건은 미국인을 핵전쟁의 위협에서 보호하기 위해서 어떤 조치를 해야한다는 자신의 견해를 더욱 굳게 해주는 경험을 했다. 레이건이 핵공격을 탐지하는 임무를 맡은 NORAD(북미항공우주방위사령부)를 방문했다. 콜로라도주 샤이엔산Cheyenne Mountain에 깊이 숨겨진 지하도시인 NORAD 지휘소는 제임스 본드 영화의 세트장이 될 수 있었다. 다량의 레이더 탐지기와 컴퓨터가 겨울에 남쪽으로 이동하는 새떼부터 카자흐스탄 사막에서 발사하는 대륙간탄도미사일까지 전부 추적했다. 정교한 통신 장치를 통해 미국 대통령은 지구상 어디에 있던지 즉각 보고받을 수 있었다. 레이건은 소련 미사일 사이트 수백 곳의 정확한 위치를 보여주는 깜박거리는 계기판과 대형 스크린을 보며 소련이 미국 도시를 겨눈 채 미사일을 발사하면 뭘 할 수 있는지 NORAD 사령관에게 물었다. 산속 요새의 으스스한 정적 속에 사령관이 답했다.

"아무것도 안 합니다. 발사되자마자 알 수는 있지만 해당 도시의 관리가 핵미사일이 떨어질 것이라는 정보를 받을 때쯤에는 10~15분밖에 시간이 없습니다. 우리가 할 수 있는 일은 그게 답니다. 미사일을 막을 수 없습니다."

대답을 들은 레이건은 깜짝 놀랐다. 미국이 소련 미사일을 막을 수 없다는 사실이 믿기기는커녕 받아들일 수 없었다. 레이건은 LA로 돌아온 뒤 자신이 얼마나 놀랐는지 한 보좌관에게 털어놓았다.

"그렇게 돈을 많이 쓰고 그렇게 장비가 많은데 핵미사일 한 발을 막

제2부 체제의 반란

을 방법이 없군."[86]

레이건이 받은 충격은 소련이 쏜 미사일의 요격과 파괴를 최우선으로 하는 정책 개발로 이어졌다. 레이건은 "악의 제국" 연설을 하고 불과 2주 뒤인 1983년 3월 23일 백악관 집무실에서 진행한 TV 연설에서 핵전쟁으로 인한 아마겟돈을 피할 방법에 관한 비전을 정리했다. 레이건은 핵무기 개발에 반세기 동안 전념한 과학자들에게 "핵무기를 무력화해서 쓸모없게 만들 방법을 제시해" 달라고 요청했다.[87]

줄여서 MAD라고 부른 상호확증파괴Mutually Assured Destruction 독트린은 새로운 포트리스 아메리카Fortress America 독트린으로 대체될 계획이었다. 과거와 달리 이번에는 바다가 아니라 우주에 구축한 방어체계를 통해 미국을 보호할 터였다. 이 정책의 공식 명칭은 평화적 의도를 강조한 SDI, 즉 전략방위구상Strategic Defense Initiative이었다. 하지만 레이저, 입자 빔, 운동에너지무기 등 관련 기술이 너무 환상적이어서 언론은 얼마 안 가 SDI를 블록버스터 공상과학 영화의 이름을 따서 "스타워즈"라고 불렀다.

모스크바는 미국 대통령의 발표에 경악했다. 크렘린 지도부는 SDI가 군비경쟁을 더욱 부채질할 것이고, 소련이 어렵게 달성한 군사적 균형 상태를 깨기 위한 정책이라고 생각했다. SDI가 순전히 방어를 위한 것이라는 미국의 장담을 받아들일 수 없었고 그렇게 생각하는 이유는 간단했다. 공격 미사일로부터 미국 도시를 방어할 미사일요격체계를 배치하는 데 성공하면 미국이 엄청난 전략적 우위를 누리기 때문이다. 그 경우 보복 우려 없이 선제공격하거나 적어도 핵 공격 협박을 할 수 있었다. 라이벌 강대국과 또 다른 고달픈 첨단기술 경쟁에 휘말리게 할 정책은 소련 지도부에 아주 위협적이었다.

고르바초프는 "스타워즈"에 미국만큼 돈을 쓸 수 없다는 사실을 금방 깨달았다. 제네바 정상회담에서 고르바초프는 레이건에게 포괄적 거래를 제안했다. 미국이 1972년 체결한 탄도미사일방어체계 금지조약을 준수하는 경우 소련은 SS-18 미사일을 포함해서 양국 핵무기를 50퍼센트 감축하는 데 동의할 생각이었다. 미국이 타협을 거부하는 경우 "상응 조치"를 취할 수밖에 없었다. 자체적인 핵 공격 방어체계를 구축하는 방식으로 SDI와 직접 경쟁하기보다 더 크고 성능이 좋은 공격 미사일로 미국 방어체계를 제압할 계획이었다. 고르바초프는 레이건에게 이렇게 경고했다.

"우리가 우주에서의 군비경쟁을 막을 방법을 못 찾으면 모든 것이 멈춰 설 겁니다."[88]

레이건은 미리 준비한 노트를 보지 않고 대꾸했다.

"방패를 말하는 것이지 창을 말하는 게 아닙니다. 양측이 (공격용 미사일을) 50퍼센트 줄이더라도 여전히 무기가 너무 많아요. SDI는 그 문제에 대한 대응책입니다."

레이건이 완강하게 나오자 짜증이 난 고르바초프가 되받아쳤다.

"그건 너무 감정적입니다. … 꿈같은 이야깁니다. 무기 숫자를 줄이고 싶은데 SDI는 새로운 군비경쟁 위협입니다."

로널드 레이건은 비상식적인 생각을 하는 것처럼 보이거나 세부사항에 무관심하기로 악명이 높았다. 하지만 그런 모든 결점에도 불구하고 정치적 감각이 뛰어났다. 정적들은 레이건을 여러 번 과소평가했다. 레이건의 보좌관들은 평범한 정치인이 달성하거나 상상도 못할 것으로 보이는 목표를 겉보기에 큰 노력도 없이 달성하며 승승장구한 레이건의 능력에 몹시 놀랐다. 레이건과 가까운 사람들에게조차 이런 점은 설명하기 어려운 역설이었다. 1984년 세부사항에 집착하는 성격인 맥

제2부 체제의 반란

팔레인은 안보보좌관 자리에서 내려온 직후 감탄하며 이렇게 말했다.

"대통령은 아는 것이 거의 없지만 아주 많은 걸 이뤘다."[89]

레이건이 소련을 상대하는 데 성공한 이유 중 하나는 미국 정부 체제의 강점을 확고히 믿었기 때문이었다. 레이건 취임 직후 장 프랑수아 르벨이라는 프랑스 지식인이 『민주주의는 어떻게 소멸되는가_How Democracies Perish_』라는 책을 썼는데 이 책은 미국 보수파의 바이블이 되었다. 이 책은 다음과 같은 우려스러운 전망으로 시작된다.

"결국 민주주의는 하나의 역사적 사건, 즉 우리 눈앞에서 닫히는 짧은 괄호가 될지 모른다."

이 책의 핵심 논지는 공산주의 국가가 경제위기로 온건해지거나 붕괴될 것으로 기대해도 소용없다는 것이다. 프랑스와 르벨에 따르면 반대로 될 가능성이 훨씬 컸다. 소련 지도부는 내부의 실패를 덮으려고 더 공격적이고 더 군사적으로 나올 터였다. 전체주의 사회는 본질적으로 응집력이 있고 엄격하게 통제될 수밖에 없다. 공산주의가 허약한 서구 민주주의를 압도할 가능성이 점점 커질 수 있었다.

레이건은 소련이 의기양양한 상태라는 의견에 동의하지 않았고, 전체주의에 비해 민주주의는 다원성으로 인해 훨씬 강한 정부 형태라는 사실을 육감적으로 알았다. 레이건은 공산주의의 종말을 알리는 곡소리가 이미 들린다고 본능적으로 믿었고, 그런 확신을 1982년 6월 영국 의회 연설에 표현했다.

"역설적이게도 카를 마르크스가 옳았습니다. 오늘날 우리는 거대하고 혁명적인 위기, 경제 질서의 요구가 정치 질서의 요구와 직접 충돌하는 거대한 혁명적 위기를 목격하고 있습니다. 그러나 이 위기는 마르크스주의를 택하지 않은 자유진영이 아니라, 마르크스-레닌주의의 고향인 소련에서 벌어지고 있습니다."[90]

"자유와 민주주의의 행진"이 공산주의를 "역사의 잿더미"에 남겨 놓을 것이라는 레이건의 예언은 특히 르벨 같은 사상가에게는 헛된 희망으로 보였지만 결국 놀랄 만큼 정확한 것으로 드러났다.

레이건은 고르바초프를 상대하면서 "냉전의 전사"라는 자신의 명성과는 달리 유연성과 전술적 수완을 보여주었다. 몸에 밴 낙관주의와 자기 확신 덕분에 여러 보수주의자가 현명하다고 생각하는 수준 이상으로 군축을 진척시켰다. 3일간의 제네바 정상회담이 끝날 무렵 레이건은 고르바초프에게 이런 농담을 했다.

"우리가 악수하면 양국의 강경파들이 피를 흘릴 것이라고 장담합니다."[91]

마치 서로 매우 다른 두 명의 레이건이 있는 것 같았다. 하나는 강경한 냉전주의자이고, 다른 하나는 실용적인 할리우드 협상가였다. 강경한 레이건은 공산주의 국가와 맺은 조약은 조약 내용이 적힌 종이만큼의 가치도 없다고 말하는 것 같았다. 실용적인 레이건은 라이벌 강대국과 역사상 가장 포괄적인 군축 협정을 맺었다. 강경한 레이건은 소련을 "악의 제국"이라고 비난했다. 실용적인 레이건은 제국의 심장부를 방문해 소련과 함께 냉전을 땅에 묻었다. 강경한 레이건은 공산주의자가 이해하는 유일한 언어는 힘이라고 이야기하는 데 반해, 실용적인 레이건은 공산주의 지도자와 남캘리포니아의 별장과 수영장 위를 헬리콥터로 여행하며 자본주의 체제의 우월성을 설득시킬 수 있다고 생각하는 몽상가였다.

두 레이건 모두에게 공산주의의 붕괴에 객관적으로 필요한 요소가 있었다. 레이건이 소련의 군비 증강과 아프가니스탄 침공에 적극적으로 대응하지 않았다면, 크렘린은 진로를 바꿀 동기가 훨씬 적었을 것이다. 다른 한 편으로는 우파 친구들의 조언에 따라 고르바초프가 건넨

제2부 체제의 반란

올리브 나뭇가지를 거부했다면 냉전을 평화롭게 끝낼 역사적 기회를 잃었을 것이다. 오랫동안 주미 소련 대사로 일한 아나톨리 도브리닌은 이렇게 말했다.

"1985년과 1986년에 레이건이 강경책을 고수했다면 고르바초프도 훨씬 강경한 입장을 취할 수밖에 없었다. 안 그랬다면 다른 정치국원들은 협상을 원치 않은 레이건에게 모든 것을 양보했다는 이유로 고르바초프를 비난했을 것이다. 더 허리띠를 졸라매고 국방에 더 많은 지출을 했을 것이다. 당시 공산당이 아직 모든 것을 통제했고, 이것이 현실적인 대안이었다는 점을 기억해야 한다."[92]

미국 주변에 핵 방패를 구축한다는 레이건의 꿈은 나중에 고르바초프와의 협상을 아주 힘들게 했다. 하지만 레이건 대통령의 구상은 소련의 경제적 약점을 드러냄으로써 모스크바와 워싱턴의 정치적 역학 관계를 바꾸는 효과를 가져왔다. 생각지도 못한 방식으로 초강대국 관계에서 극적인 돌파구를 마련한 것이다.

"스타워즈" 착수는 소련에서 모순적인 반응을 불러일으켰다. 소련 정계에 인맥이 넓은 무기 개발자들은 군내 일부의 지지를 받아서 SDI에 대항하는 데 필요한 재원을 얻기 위해 적극적으로 로비를 했다. 실제로 1986~1990년 국방비 지출을 획기적으로 늘리는 결정이 내려졌다. 새로운 첨단무기 기술 경쟁 전망은 크렘린 정책담당자들의 정신을 번쩍 들게 하는 충격도 주었다.

레이건의 제네바 정상회담을 도운 수잔 매시는 이렇게 말했다.

"소련은 레이건이 한다면 하는 사람이라고 진심으로 믿었다. 실제로 그런 인식이 있었고 그렇게 믿었다. 이런 점이 레이건 대통령의 가장 큰 성취일지 모른다. 대통령은 자신의 정치적 의지를 전달했다."[93]

소련 외무부의 대표적인 미국 전문가인 알렉산드르 베스메르트니흐는 이런 말을 했다.

"SDI 프로그램은 우리에게 오랫동안 지속적으로 충격을 주었다. 우리는 우리가 살아온 전략적 균형 상태가 아주 위험해지고 있는 것을 깨달았다."[94]

고르바초프가 소련의 이름 없고 구석진 집단농장에서 세계무대의 중심으로 가는 긴 여정에서 제네바는 결정적 발자취를 남겼다. 레이건과 마찬가지로 고르바초프도 복잡하고 모순적인 인물이었다. 조국에 대한 원대한 이상을 가지고 있으면서도 때로는 화가 날 정도로 둔감해질 수 있었다. 과감하고 실천력이 있는 사람이라는 명성을 서방에서 얻었지만 긴 시간 우물쭈물하는 것처럼 보일 때도 있었다. 자기 분을 이기지 못할 때도 있지만 아무 일도 없는 것처럼 행동하기도 했다. 엄청나게 매력적일 수도 있었고 매정할 정도로 차갑게 행동할 수도 있었다.

이런 모순적인 면의 일부는 제네바 정상회담 하루 전에 CIA가 레이건 대통령에게 보고한 고르바초프의 성격에 관한 문서에도 담겼다. 다음은 레이건이 파란색 볼펜으로 신중하게 밑줄을 친 문장 중 일부다.

"고르바초프는 소련체제에 활기를 불어넣고, 외국 지도자들과 효과적으로 협상하며, 소련 외교의 신뢰를 회복할 수 있는 능력에 있어서 이전 소련 지도자보다 자신감이 넘쳤고 오만하기까지 함. … 고르바초프는 미소와 친근함 뒤로 과거 흐루쇼프와 마찬가지로 강경하고 완고한 면도 있음. … 고르바초프의 배경과 접근법이 통상적이지는 않지만 그는 소련체제의 산물임."[95]

제네바 정상회담 직후 고르바초프는 나중에 최측근 중 한 명이 레닌국면Lenin phase이라고 부른 시기에 들어갔다.[96] 고르바초프는 조국의 미래 방향에 대한 몇 가지 실마리를 찾기 위해 레닌이 쓴 글을 자세히

제2부 체제의 반란

읽었다. 때로는 책상에 놓인 레닌전집 중 한 권을 꺼내 한 구절을 큰 소리로 읽으며 당면 문제와의 연관성을 언급했다. 레닌의 저술에 대한 고르바초프의 관심은 소련 지도자로서는 이례적이었다. 정치국원들은 레닌의 말을 늘 인용했지만 실제로 저작을 읽는 수고는 하지 않았다. 고르바초프는 자신을 현대판 레닌으로 여기는 것이 확실했다.

레닌의 열정을 간직한 고르바초프는 소련 최고의 여피(도시 근교의 전문직에 종사하는 젊은 인텔리 - 옮긴이)이기도 했다. 깔끔한 패션 감각에서 편집광적인 업무 습관에 이르기까지 고르바초프의 모든 면은 외견상 계급이 없는 사회에서 고르바초프를 계급 상승의 상징으로 만들었다. 프리볼노예의 집단농장에서 모스크바대학의 기숙사를 거쳐 공산당에서의 승승장구에 이르기까지, 고르바초프는 동지와 협력자를 만들거나 버리는 데 타고난 재능을 보였다. 그는 평생 함께한 친구가 거의 없었다. 대학 때 사귄 라이사는 아름답고 야심만만한 여성으로 고르바초프보다 사회적 위치가 높아 보였으며 계급 상승의 여정에서 이상적인 파트너였다. 고르바초프의 견해와 이상은 그대로였지만 세상을 바라보는 방식은 주변 사람들의 영향을 크게 받았다.

세계 지도자 클럽에 들어가는 것은 스타브로폴 출신의 농촌 소년에게는 밟아야 할 궁극적인 단계였다. 고르바초프는 소련의 문제와 소련의 대외 관계를 다른 각도에서 바라보기 시작했다. 레이건 대통령, 콜 총리, 대처 총리의 의견은 정치국 동지들의 의견만큼 중요해졌다. 나중에 측근 중 일부는 서방 지도자들의 찬사와 대중의 "고르비열광Gorbie-mania" 때문에 서기장이 오만해졌다고 불평했다. 늘 자기계발에 열중한 고르바초프는 데일 카네기의 베스트셀러 『인간관계론How to Win Friends and Influence People』을 러시아어로 번역하게 해서는 힘 있는 악수, 진심을 담은 미소, 대화 상대의 세세한 내용을 기억하는 기술 등 책 속 교훈을 잘

받아들였다.[97]

호기심이 왕성했던 고르바초프는 서구인의 삶에 관한 사실과 인상에 흠뻑 빠졌다. 비행기가 파리나 런던 같은 도시 상공을 지날 때는 잘 정리된 길거리와 깔끔하고 작은 주택을 내려다보곤 했고, 머릿속으로는 우울하고 너저분한 소련 거리의 모습과 비교했다. 아무리 세세한 사항이라도 고르바초프의 주의를 끌었다.

제네바로 갈 때 고르바초프의 목표는 국내 정책을 실행하기 좋은 국제적 환경을 만드는 것이었다. 페레스트로이카(개혁)를 달성하기 위해 동서 경쟁에서 페레디시카(휴지기 또는 숨 쉴 공간)가 필요했다. 제네바 정상회담이 있은 지 몇 개월 뒤 고르바초프는 소련 대사들을 특별히 소집한 회의에서 새로운 외교정책 전략을 솔직하게 설명했다. 이 자리에서 고르바초프는 미국이 파괴적인 군비경쟁에 소련을 끌어들여서 경제적으로 "탈진"시키려고 한다고 선언했다. 소련 외교의 중심 과제는 국내에서 사회·경제적 발전을 위한 "최상의 여건을 만드는" 것이었다. 가장 기본적인 요건은 서방과의 평화였고, "평화가 없으면 모든 것이 무의미했다." 낡은 사고방식을 버릴 필요가 있었다. 이념이 아니라 실용주의가 소련 외교정책의 구호가 될 터였다. 소련 외교관들은 참호에 몸을 숨길 것이 아니라 정치적 상상력과 전술적 유연성을 보일 필요도 있었다. 고르바초프는 외국에서 자신을 대신할 외교관들이 "미스터 녜트"라고 불리는 것을 원치 않았다.[98]

"미스터 녜트"는 약 40년간 소련 외교의 화신이 된 그로미코를 겨냥한 말이었다. 고르바초프는 소련 지도자로서 취한 첫 조치 중 하나로 75세의 그로미코를 사실상 국가원수에 해당하는 최고회의Supreme Soviet 의장이라는 대체로 의례적인 직책으로 올려주었고, 새 외무부 장관으로 오래된 동지인 예두아르트 셰바르드나제를 임명했다. 예두아르트는 "이렇게 계속 살 수 없다"라는 유명한 말을 처음으로 한 인물이었다. 대부분의 정치 경력을 고향인 조지아공화국에서 쌓은 셰바르드나제는 외교에 대해 아는 것이 없었다. 고르바초프가 보기에 기존에 해왔던 방식을 모른다는 점은 외무부 장관에 부적격이기는커녕 오히려 자산이었다. 고르바초프는 바깥 세계에 대한 자신의 정책을 구현할 새 얼굴이 필요했다.

고르바초프가 "신사고"에 대해 이야기하자 크렘린의 원로들은 화가 났다. 특히 25년간 당에서 외교부문을 책임진 80대의 보리스 포노마료프가 화를 삭이며 이런 말을 했다.

"어떤 종류의 신사고 말입니까? 우리는 늘 바른 생각을 했습니다. 미국이나 생각을 바꾸라고 해요!"[99]

제네바에서 고르바초프가 레이건의 눈을 들여다보았을 때 여전히 세계 제국주의의 얼굴이 보였다. 고르바초프는 레이건이 도덕적 우월성을 내세우면서 인권에 대해 지루한 강의를 듣게 만든 일에 분개했다.

"대화 상대가 틀에 박힌 생각을 지나치게 고수해서 냉정하게 사고하는 것이 정말 쉽지 않다고 느꼈다."[100]

고르바초프는 잡담할 시간이 없는데 개인적인 이야기와 농담을 좋아하고 군축 문제에 관한 세부 내용을 잘 모르는 레이건 때문에 괴로웠다. 첫 회담 후 고르바초프는 외교정책 보좌관에게 레이건이 대통령 자리에 맞지 않는 사람으로 보인다고 했다.

"아주 유쾌한 이웃은 되겠지만 대통령은 …."[101]

고르바초프는 레이건이 정치적 기반이 튼튼하고 미국인들의 전폭적인 지지를 받는다는 사실도 알았다. 그래서 2년 전 대처 총리가 고르바초프를 두고 한 말처럼 레이건이 같이 "일할 수 있는" 사람이라고 결

론지었다.[102]

제네바 정상회담 이후 미국의 핵 선제공격을 둘러싼 소련의 공포는 사라졌다. 고르바초프는 자신은 라이벌 초강대국을 물리적으로 파괴할 의도가 있는 전쟁광이 아니라고 한 레이건의 말을 받아들였다. 고르바초프는 정상회담의 주요 목표를 달성했다. "핵전쟁에서 이길 수 없고 결코 싸워서는 안 된다"는 내용의 공동 성명이 나왔다.[103] 고르바초프는 이 말을 진지하게 받아들였다. 몇 주 뒤 소련 군 수뇌부가 핵전쟁 발발에 대비한 통상적인 비상계획을 보고하러 오자 퉁명스럽게 치워버렸다.

"지금까지는 (미국과의) 전쟁이 벌어질 수 있다고 가정했습니다. 하지만 이제 내가 서기장으로 있는 동안은, 이런 계획이나 정책을 내 책상 위에 올려놓지 마세요."[104]

두 지도자의 반핵 정서는 레이건에게 큰 인상을 남긴 성경의 아마겟돈 예언에 딱 들어맞아 보이는 핵 인재man-made catastrophe로 더욱 강화되었다.

"횃불처럼 타는 큰 별이 하늘에서 떨어져 강들의 삼분의 일과 여러 물샘에 떨어지니, 이 별 이름은 쓴 쑥이라, 물의 삼분의 일이 쓴 쑥이 되매 그 물이 쓴 물이 되므로 많은 사람이 죽더라."(요한계시록 8:10~8:11)

성경에서 말한 "쓴 쑥"은 우크라이나어로 "체르노빌"이었다.

제2부 체제의 반란

20장

체르노빌

1986년 4월 26일

우크라이나 북부 체르노빌 원전 주변의 그림 같은 마을에 여름이 일찍 찾아왔다. 얼어붙은 강과 눈이 거의 아무런 예고도 없이 녹고 시골에 짙은 녹음이 드리워서 일 년 중 마법 같은 시간이었다. 지역 주민들은 눈 깜짝할 사이에 봄이 지나가자 꼭 닫아둔 창문을 열고, 두툼한 겨울 외투를 싸서 집어넣고, 새로운 농작물을 심기 바빴다. 소나무와 사과꽃 향기가 대기를 채웠다. 낚시꾼들은 밤낮없이 발전소의 냉각수가 있는 강기슭에 늘어서서 따뜻한 물에 가득한 싱싱한 물고기를 잡아 올리기 위해 그물을 던졌다.

천연 상태의 산림을 개척해서 만든 체르노빌은 가족이 살기에 좋은 곳으로 알려졌다. 여가 시설도 잘 갖춰져 있었다. 체르노빌 원전 직원 대부분이 거주하는 프리퍄티 주택도시는 다른 소련 산업 지구보다 더 깨끗하고 잘 계획된 도시였다. 검은 연기구름 속에 여러 도심 지역을 에워싸고 오염 물질을 토해내는 거대 산업 시설과 비교하면 광이 나는 흰색 발전소도 산뜻한 대조를 이뤘다. 주변 삼림지 사이에서 눈에 띄는 체르노빌 원전은 굽이쳐 흐르는 프리퍄티강처럼 편안해 보였다. 원전에 설치한 원자로 4개는 냄새도 나지 않았고, 잘 들리지도 않는 윙윙거리는 소리 외에는 소음도 거의 없었다. 누구도 환경 파괴를 걱정하지 않았다. 소련 정부는 수년간 원전이 100퍼센트 안전하다고 장담했다.

체르노빌 원전의 부수석 기술자인 아나톨리 댜틀로프는 4호기 통제실을 들락거리는 동안 피곤하고 짜증이 났다. 댜틀로프는 12시간 이상 당직을 선 상태였다. 부하 직원들이 자체 터빈에서 만들어 내는 전기로 원자로를 가동할 수 있는지 알아보는 통상적 실험을 엉망으로 해서 출력을 비정상적인 수준으로 떨어뜨렸다. 실험을 조기에 끝내자는 의견도 있었지만 댜틀로프는 실험을 계속하라고 지시했다. 곧 고생이 끝나고 잠자리에 들 수 있을 것 같았다.

새벽 1시 23분 둔탁하게 쿵 하는 소리와 함께 첫 번째 폭발이 일어났다. 곧이어 지진처럼 진동이 연거푸 이어지면서 거대한 증기가 휙 하고 지나갔다. 건물 깊숙한 곳에서 귀를 먹먹하게 하는 폭발음이 들리고 천장에 바른 석고 반죽이 떨어져 내리고 전등이 꺼졌다. 댜틀로프에게는 커다란 가스탱크가 폭발한 것처럼 들렸다. 다른 직원들은 원전이 테러 공격을 받거나 마침내 미국과의 전쟁이 터졌다고 생각했다. 기술자 10여 명은 통제실에서 비상전력으로 켠 전등으로 계기판을 읽으려고 안간힘을 썼다. 댜틀로프가 소리쳤다.

"전부 예비 배전반으로 가!"[105]

몇 초 뒤 댜틀로프는 지시를 번복했다. 제어판 사이를 바삐 움직이던 댜틀로프는 작은 사고가 난 게 아니라 훨씬 더 끔찍한 일이 벌어진 사실을 깨달았다. 컴퓨터 정보에 따르면 터빈 압력이 0이었고, 이것은 원자로에서 나오는 증기가 전기 발전용 터빈을 더 이상 돌리지 않는다

제2부 체제의 반란

는 의미였다. 냉각용 수로 압력도 0이었고, 이것은 냉각수가 원자로로 들어가지 않는다는 의미였다. 무엇보다 두려운 일은 출력을 표시하는 계기판 수치가 낮아져야 하는 상황에서 미친 듯이 올라간다는 점이었다. 나중에 댜틀로프는 이렇게 회고했다.

"눈이 튀어나오는 것 같았다. 그 상황을 설명할 방법이 없었다."

체르노빌형 원자로는 중성자 흡수 흑연 제어봉 수십 개를 원자로 노심에 넣었다 뺐다 하면서 핵분열을 조절한다. 정상적인 상황에서 이 제어봉을 기계적으로 넣고 비상 상황에서는 중력을 이용해 넣는다. 댜틀로프가 소스라치게 놀란 이유는 두 절차가 모두 이루어지지 않아 보였기 때문이다. 무슨 이유에서인지 제어봉의 3분의 1 정도가 소켓에 걸려서 꼼짝하지 않았다. 원자로는 통제 불능 상태가 되었다.

원자로를 책임진 감독관인 발레리 페레보즈첸코가 급하게 통제실로 들어왔다. 공황상태에서 얼굴이 창백해진 페레보즈첸코는 사고를 시작부터 지켜봤기 때문에 체르노빌 참사의 규모를 가장 먼저 파악한 인물일 것이다. 페르보즈첸코는 원자로 뚜껑 위에 서 있었는데, 기술자들이 흔히 퍄탸초크라고 부른 이 뚜껑은 각각 핵 원료 350킬로그램을 담은 금속 압력관 1661개로 만들어진 거대한 원형 금속이었다. 아무런 경고도 없이 퍄탸초크가 살아 움직이는 것 같았다. 위에서 보니 1661개의 금속 깡통이 아래에서 올라오는 어떤 설명할 수 없는 힘에 의해 펑 소리를 내며 열렸다.[106] 페레보즈첸코가 원자로가 있는 홀에서 나오고 몇 초 뒤 끔찍한 폭발이 벌어져서 퍄탸초크가 뚫리고 천장에 구멍이 났다.

감독관이 원자로가 폭발했다고 말해도 아무도 믿지 않았다. 매뉴얼에 따르면 기술적으로 불가능한 일이었다. 댜틀로프는 여전히 원자로를 통제할 방법을 생각했고, 실험을 관찰해온 두 훈련생을 바라보고는 흑연 제어봉을 손으로 끌어당겨 보라고 지시했다. 두 훈련생은 방호복을 찾을 수 없어 마스크도 없이 달려갔다. 훈련생이 떠난 뒤 댜틀로프는 자신이 두 젊은이를 쓸데없이 사지로 내몰았을 수도 있다는 것을 깨달았다. 제어봉이 기계적으로나 중력으로 내려가지 않으면 사람 손으로 내릴 방법이 없었다. 댜틀로프는 두 사람을 뒤쫓아 갔지만 이미 늦었다.[107] 두 사람이 연기가 가득 찬 불구덩이로 사라진 후였다. 30분 뒤두 훈련생이 돌아왔을 때는 치사량의 방사능에 노출된 상태였다.

원자로 인근에 있던 낚시꾼 두 명도 폭발 장면을 훤히 보이는 곳에서 목격했다. 이들은 화염 기둥과 새빨갛게 달아오른 핵연료 덩어리가초음속 비행기가 내는 충격파음처럼 들리는 천둥소리와 함께 어두운하늘로 치솟아 오르는 것을 보았다. 어떤 상황이 벌어지는지 모르던 낚시꾼들은 히로시마에 투하된 원자폭탄의 10배에 달하는 방사능이 누출되는 모습을 목격했다. 두 사람은 넋을 잃은 채 소방팀이 반쯤 파괴된 터빈실 지붕에서 불길과 싸우는 모습을 계속 지켜보았다. 온도가 너무 높아서 소방관 발아래 지붕이 녹을 것처럼 보였다. 방사능에 오염된잔해가 불길한 광채를 내뿜으며 일대를 어지럽혔다. 불길 하나가 잡히면 또 다른 불길이 일어났다.

날이 밝자 낚시꾼들은 지붕 위에 있는 사람들의 움직임이 느려지고 혼란에 빠진 것을 보았다. 얼마 안 가 소방관들은 구역질을 느끼기시작했다. 피부가 검게 변하고 가슴이 타는 기분이 들었다. 이들은 "핵그을림nuclear tan"에 고통받고 있었다.[108]

댜틀로프는 통제실에서 아무것도 할 수 없자 피해 상황을 조사하기로 마음먹었다. 터빈실에 들어가서는 상상하기도 힘들 정도의 파괴 현장을 목격했다. 천장에 뚫린 거대한 구멍으로 화염이 솟아오르고 있었다. 기계 위로 물이 쏟아지면서 사방으로 뿜어졌다. 합선으로 인한 소리가 계속 들렸다. 거대한 지붕 조각들이 바닥에 떨어져서 송유관이 파괴되면서 곧장 화염이 분출되었다. 공기 중에는 방사능 분진이 가득했고, 이 때문에 가슴과 폐가 타는 느낌이 들고 피부가 팽팽해졌다.

댜틀로프는 통제실 밖으로 나오던 중 원자로 홀에서 나온 아나톨리 쿠르구즈와 마주쳤다. 쿠르구즈는 방사능 증기에 그을려서 온몸에 물집으로 뒤덮였고 아주 고통스러워 했다. 댜틀로프는 쿠르구즈의 얼굴에서 죽은 피부 조각처럼 물집이 매달려있는 것을 보았다. 댜틀로프는 쿠르구즈에게 행정동에 있는 의무실에 보고하라고 지시했다. 알고 보니 응급실은 문이 닫혀 있었고, 이것은 원전 관리자들의 자기 과신을 보여주는 여러 증표 중 하나였다. 댜틀로프를 포함해 누구도 폭발로 인해 얼마나 많은 양의 방사능이 누출됐는지 몰랐다. 가이거 계수기는 상대적으로 적정 수준의 방사능만 표시할 수 있고 이미 한계치를 넘어서 깜박거리고 있었다. 더 성능 좋은 장비는 쓸 일이 없다고 판단해서 금고 안에 보관한 상태였다.

댜틀로프가 파괴된 원자로를 자세히 살펴보았을 때 벽 2개 전체가 사라진 것을 발견했다. 이때쯤 댜틀로프는 치명적인 베타선과 감마선에 노출되어 메스꺼움을 느꼈다. 댜틀로프는 컴퓨터 프린터 출력물을 들고 행정동에 있는 원자력발전소장 빅토르 브류하노프에게 가져갔다. 모스크바와 통화하던 브류하노프 소장은 원자로에 피해가 없고 불길도 잡혔다고 보고하고 있었다. 댜틀로프는 아파서 소장과 논쟁을 하기도 힘들었고, 속이 텅 비어 있는 것처럼 느꼈다. 댜틀로프는 운전 정지 장치의 오류에 대해 웅얼거리더니 방을 나갔고, 통제실에 있던 동료들과 함께 밤새 구토를 했다.

터빈 기술자 출신인 브류하노프 소장은 원자력 발전에 대해서는 아는 바가 별로 없었다. 브류하노프의 진짜 능력은 윗사람을 즐겁게 하면서 "목표 달성"에 따른 포상으로 매년 부하들이 보너스를 받게 하는 것이었다. 1970년 35세라는 놀랄 만큼 젊은 나이에 체르노빌 발전소의 초대 소장으로 임명된 이후 브류하노프는 늘 계획한 목표를 달성해야 하는 압박에 시달렸고, 부실 공사 관행과 안전 절차 위반이라는 경고를 무시해서 새로운 원자로 건설을 밀어붙였다. 4년 전에도 원자로 1호기 노심에서 작은 폭발사고가 나서 약간의 방사능이 대기에 누출된 적이 있었다. 당시 브류하노프의 가장 큰 관심사는 사고를 덮고 손상된 원자로를 가능한 빨리 수리하는 것이었다. 이듬해에는 예정보다 3개월 앞당겨 4호기를 가동했고, 공로를 인정받아 사회주의 노동영웅 칭호를 얻었다.

브류하노프는 유능한 관리자라는 명성을 지키기 위해 4호기가 아직 작동하고 발전소의 방사능 수준이 "정상범위 내"라고 보고했다. 그런 주장의 근거는 가이거 계수기가 비교적 적은 수준인 초당 1000 마이크로뢴트켄 이상을 표시할 수 없다는 사실이었다. 마침내 한 민방위 대원이 훨씬 성능 좋은 장비를 찾아난 다음 재앙적 수준의 방사능 누출 측정량을 보여주자 브류하노프 소장은 믿지 않으려 했다. 브류하노프가 쏘듯 말했다.

"측정 장비에 뭔가 문제가 있어. 그렇게 수치 범위가 높게 나오는 것은 불가능해. 그런 장비는 여기서 치우거나 쓰레기통에 버려."[109]

원자력 사고는 어디서나 일어날 수 있지만 체르노빌은 소련 특유의 참사였다. 이런 사고는 자연에 대한 탐욕스러운 태도로 인한 거의 피할 수 없는 결과로서, 소련 체제의 경제 발전에 따른 본질적인 부분이었다. 혁명적 사고방식에서 자연은 인간에 종속되었다. 소련 선전선동가들은 "우리는 자연이 은전을 베풀기를 기다릴 수 없다. 우리의 임무는 자연에서 그것을 취하는 것이다"라고 선언하기를 좋아했다. 결국 자연은 어떤 식으로든 대가를 치르게 하기 마련이었다.

폴란드 자유노조에 동참한 지식인 중 한 사람인 아담 미흐니크는 체르노빌 참사를 비롯한 여러 인재를 언급하며 이런 말을 했다.

"러시아 땅은 공산주의자들을 50년간 떠받칠 수 있다. 그 이상은 버틸 수 없다. 폴란드에서 1980년 8월 파업한 것은 인간이었다. 소련에서는 무생물이 파업하는 것이 목격되고 있다."[110]

체르노빌 사고 직후 소련 정부는 브류하노프와 댜틀로프를 비롯해 두 사람의 부하 직원을 비난했다. 이들이 안전 규칙을 위반하고 크게 오판한 것은 사실이었다. 조사 결과 터빈 실험에 방해되지 않도록 4호기의 비상냉각시스템을 끈 사실이 드러났다. 적절한 작동중단 조치도 하지 않았다. 1987년 7월에 진행된 비밀 재판에서 브류하노프와 댜틀로프는 "규정 위반"으로 10년형을 선고받았다. 나머지 원전 운전원 4명도 2년에서 10년 징역형을 선고받았다. 검찰은 피고인들을 "핵 불한당"이라고 불렀다.

법원은 몇 명을 희생양으로 만들고 나머지 사람들에게는 깔끔하게 면죄부를 주었다. 재판 평결은 방사선 누출을 방지하기 위한 봉합 구조 결여 등과 같은 체르노빌 원자로의 여러 주요 설계 결함에는 눈을 감았다. 체로노빌형 원자로가 출력이 낮은 상태에서는 장시간 불안정하다는 사실이 드러났지만, 아무도 운전원에게 그런 결함을 알리려고 하지 않았다. 운전원들은 특정 상황에서 비상차단 시스템이 치명적일 정도로 출력 급증을 촉발할 수 있다는 사실도 몰랐다. 체르노빌에서 발생한 문제는 바로 이런 것이었다. 그 당시 이 모든 사실을 인정하면 원자력 산업 전체의 미래에 대한 의문이 제기될 수 있었다. "운전원 실수"로 돌리는 것이 훨씬 간단했다.

체르노빌 사건의 진짜 범인은 운전원이나 결함 있는 원자로 설계자가 아니라 소련 체제 자체였다. 개인의 책임보다 순응을 중시하고, 내일보다 오늘을 우선시하는 체제였다. 사람과 자연 모두를 무자비하게 착취할 수 있는 "생산 요소"로 취급한 체제였다. 결국에는 일이 터질 수밖에 없었다.

소련의 공장에서 안전 절차를 어기는 일은 예외적이라기보다는 일상이었다. 체르노빌 원전 운전원들에게 원자로 설계와 과거 원전 사고에 대한 기본 정보를 제공하지 않았듯이 비밀주의에 집착한 것도 일상이었다. 하지만 체제의 가장 심각한 결점은 개인의 책임 의식을 억누르는 방식이었다. 원전 운전원과 터빈 홀 옥상에서 발생한 화재와 싸운 소방관을 시작으로, 체르노빌 정화 작업에 참여한 "청산작업자liquidator" 60만 명 중 다수가 몸소 보여준 용기는 놀라웠다. 마찬가지로 주목할 만한 점은 도의적 비겁함이었고, 그런 태도 때문에 다른 점에서는 점잖은 사람들이 심하게 오염된 지역에서 수십만 명을 대피시키는 일을 치명적일 정도로 지연시킨 것을 포함해서 분별없고 비난받을 만한 결정에 동조했다. 방사능 바람이 키예프 쪽으로 부는 상황에서 우크라이나 공산당 당수가 노동절 퍼레이드를 진행하자고 우겼을 때 누구도 나서서 항의하지 않았다.

소련 원자력 산업의 지도자이자 과학학술원 회원인 발레리 레가소프는 결국 이런 도덕적 실패를 인정했다. 레가소프는 사건 2주기에 자살했는데, 죽기 직전 인터뷰에서 기술이 도덕을 훨씬 앞서나가는 것을 한탄했다. 그는 사하로프, 쿠르차토프, 카피차 같은 앞선 세대 소련 과학자들이 "톨스토이와 도스토옙스키의 어깨 위에" 올라섰다고 설명했다. 아름다운 문학, 위대한 예술, "올바른 도덕성"의 정신으로 교육을 받았다는 것이다. 하지만 러시아 혁명 전의 전통과의 연관성은 어디에

선가 단절되었다. "소비에트형 인간"은 기술적으로는 발전했지만 도덕적으로는 성장을 방해받았다. 레가소프는 이렇게 결론지었다.

"노동에 대한 도덕적 태도를 새롭게 바꾸지 않는다면 어떤 일도 대처힐 수 없나."[111]

소련 체제는 체르노빌 사건 같은 재앙을 피할 수 없었다. 사고 뒤에도 문제를 해결하기는커녕 오히려 키우도록 터무니없이 비밀주의를 고집함으로써 참사를 더 악화시켰다. 은폐 시도는 더욱 기괴했다. 나머지 세계가 참사의 규모를 신속하게 드러내는 정보 혁명의 진통을 겪을 때 사건이 벌어졌기 때문이다.

4월 26일 토요일 아침 이른 시각 브류하노프가 내린 첫 결정 중 하나는 꼭 필요한 전화선을 제외하고 전부 차단하라는 명령을 내리는 것이었다.[112] 큰 사고가 났을 때 관료들이 본능적으로 보이는 반응이었다. 공산주의 관료가 생각하기에 통제력을 잃는 상황보다 더 두려운 일은 없었다. 인민들에게 진실을 숨김으로써 공황을 피할 수 있었다.

원자로 폭발 후 처음 몇 시간 동안 원전 인근에 사는 주민 수천 명이 잠재적으로 치명적인 양의 방사능에 노출되었다. 주민들은 위험을 인지하지 못한 채 따뜻한 날씨를 이용해 정원을 가꾸고 친구를 만나러 가고 아이들과 야외에서 놀았다. 지역 관리들은 불타는 원자로에서 약 3킬로미터 이내의 모든 것이 "정상"이라는 것을 입증해 보이듯 이날 프리퍄티에서 16쌍이 결혼식을 올렸다고 자랑했다.

몇 년 뒤 프리퍄티 주민들은 제대로 된 정보를 알려주지 않은 것에 대해 저주를 퍼부을 이유가 생겼다. 수천 명이 원인을 알 수 없는 병으로 죽었다. 또 다른 수만 명은 회복하기 어려울 정도로 건강이 나빠졌다. 백혈병 발병률도 치솟았다. 체르노빌 기술자이자 얼마 안 가 자녀들이 만성 두통, 코피, 부어오른 갑상선, 전신 피로에 시달린 나제즈다 스파첸코는 이런 말을 했다.

"무슨 일이 일어났는지 알았다면 당연히 밖에 나가지 않고 조심했을 것이다. 그랬다면 방사선 노출을 엄청나게 줄였을 것이다."[113]

소련의 전통대로 체르노빌 참사에 대한 조사는 이 비극에 전반적으로 책임이 있는 사람들의 손에 맡겨졌다. 첫 정부조사단은 폭발이 일어난 지 19시간 후에 현장에 도착했다. 조사단은 부총리 보리스 셰르비나가 이끌었고 폭발한 원자로를 설계한 사람들이 포함되었다. 구시대적 지도자인 셰르비나는 부하들에게 난폭하게 말하고 기를 죽이는 눈빛으로 공포를 불어넣는 나폴레옹식 보스였다. 그는 석유가스부 장관 출신이었다. 석유가스부 장관은 목표량을 채우기 위해 무자비하게 채찍을 휘두르는 자리였다. 에너지 부문을 책임진 부총리로 승진한 뒤에는 새 핵발전소를 건설할 때도 같은 방법을 썼고, 이 때문에 안전 기준이 급격히 떨어지는 결과를 낳았다. 셰르비나가 비상 상황을 처리하는 방법은 프리퍄티에 도착한 직후에 자주 사용한 이런 말로 요약되었다.

"방사능보다 공황이 더 나쁘다."[114]

프리퍄티 주민 대피는 재앙이 일어난 지 36시간 후인 4월 17일 오후 1시 30분에 마침내 시작되었다. 며칠 후 비상상황이 끝나면 다시 집으로 돌아올 수 있다고 생각한 주민들은 가재도구를 대부분 남겨둔 채 떠났다. 4만 8000명이 살던 도시는 두 시간 만에 유령 도시로 바뀌었다. 애완동물은 털이 방사능에 심하게 노출되어 두고 떠나야 했다. 며칠 동안 병들고 굶주린 개들이 거리를 돌아다녔고 주인들이 돌아오지 않을 것이 확실해지자 차츰 사나워졌다. 결국에는 모두 포획되어 사살되었다. 몇 년 뒤 프리퍄티는 다가오는 노동절을 기념하는 빛바랜 선전용 현수막과 함께 고르바초프 정권 초기를 상기시키는 섬뜩한 기념물이 되었다.

사고 발생 이틀 반이 지난 4월 28일 방사능 구름이 스웨덴에 나타난 다음에야 전 세계는 큰 핵 재앙이 발생한 사실을 알아차렸다. 서방 정부와 언론의 질의에 내안 대응책을 논의하기 위해 비상 정치국 회의가 모스크바에서 열렸다. 약간의 논쟁 뒤 정치국은 가능한 최소한의 정보를 제공하기로 했다. 이날 TV 뉴스 진행자는 네 줄짜리 간결한 성명서를 읽었다.

"체르노빌의 발전소에서 사고가 발생하여 원자로 1기가 피해를 입었다. 사고 결과를 처리하는 조치가 진행 중이다. 피해자들에게 필요한 지원이 이루어지고 있다. 정부조사단이 발족되었다."

검열기관은 소련 언론에 체르노빌에 관해서는 정부 발표 외에 아무런 보도를 하지 말라고 지침을 내렸다.

사고 지점에서 수천 킬로미터 떨어진 서유럽인들이 분말 우유를 먹고 채소를 신경 써서 씻는 사이에 정보가 차단된 체르노빌 인근 주민들은 스스로 더 큰 위험에 노출시켰다. 4월 29일 화요일 미국 정보 분석관들은 검게 그을린 원자로에서 1.6킬로미터도 떨어지지 않은 곳에서 야외 축구경기를 하는 모습이 담긴 위성사진을 보고 경악했다. 프리파티강에서는 바지선 한 척이 아무 일도 없었다는 듯이 평화롭게 오갔다.[115] 원전 반경 약 30킬로미터 내에 거주하는 8만 5000명이 포함된 두 번째 대피는 사건 발생 일주일이 더 지난 5월 5일에 시작되었다. 몇몇 특권층 관리를 제외하고 이 지역의 누구도 요오드 131처럼 반감기가 빠르게 진행되는 방사성 동위원소로부터 인체를 보호했을지도 모를 요오드화칼륨을 제공받지 못했다.

정부조사단은 비밀주의를 고집하면서 필요 이상으로 많은 사람을 다량의 방사능에 노출시켰다. 대부분 가임 연령대의 젊은이로 이루어진 "청산작업자" 수십만 명에 복구 활동에 참여하라는 지시가 떨어졌다. 대피 인원 다수는 결과적으로 원래 있던 지역에 비해 약간 덜 위험할 뿐인 곳으로 옮겼다. 셰르비나 부총리는 전문가의 조언을 무시하고 체르노빌 노동자와 가족을 수용하기 위해 토양이 오염된 땅에 슬라부티치라는 신도시를 건설하도록 지시했다. 사고 2주 뒤 정부는 치료가 필요한 인원수를 줄이기 위해 "안전한" 방사능 수치를 10배 올리는 것을 은밀히 승인했다. 오염 지역에서 생산된 육류와 우유는 3년간 다른 지역에서 생산된 깨끗한 제품과 섞여서 소련 전역에 팔렸다.[116]

체르노빌은 중앙통제체제의 실패를 보여주는 상징이었다. 아이러니하게도 이 사건은 소련 체제와 그전에는 손대지 못한 체제의 대표자들을 상대로 복수를 하는 수단이 되었다. 체르노빌 복구 작업을 책임진 고위 관료 대부분은 방사능이나 핵물리학에 대한 지식이 거의 없었다. 이들은 무지와 만용에 휩싸인 채 불필요한 위험에 처했다. 차관 한 명은 모스크바에서 가장 좋은 병원에서 체르노빌 소방관이 사용한 침대를 쓴 뒤 치명적인 방사능에 노출되었다.[117] 나중에 이루어진 조사에 따르면 간호사가 침대보를 바꾸지 않아 환자 서로 간에 방사능이 오염되었다.

셰르비나 부총리도 1990년 8월 70세에 알 수 없는 이유로 사망했다. 소련 언론은 셰르비나가 "중병"을 앓다가 죽었다고 했다. 셰르비나는 오염된 음식을 먹고 방호복을 입지 않은 채 헬리콥터를 타고 사고 원자로 위를 비행하는 등 불필요한 위험을 자초했지만 방사능으로 인해 죽었는지는 명확하지 않았다. 1988년 셰르비나는 의사들에게 자신의 죽음이나 병의 원인으로 방사능을 언급하지 말라고 비밀리에 지시했다.[118]

21장

크렘린

1986년 7월 3일

소련의 가장 저명한 핵 과학자들이 교장 선생님 앞에 불려온 불량학생처럼 고르바초프 앞에 놓인 작은 테이블에 앉았다. 크렘린 회의실 벽에 걸린 레닌의 초상화가 이들을 준엄하게 내려다보고 있었다. 정치국원과 각료들은 서기장이 화를 낼 다음 대상이 누군지 모른 채 의자에서 불편하게 몸을 움직였다.

브레즈네프 시대에 정치국 회의는 20~30분 진행하곤 했던 형식적인 업무였다. 정치국원들은 오래된 의식처럼 매주 목요일 11시 정각에 크렘린 정부청사 3층에서 회의를 시작했다. 아프가니스탄 침공 같은 중요한 사안 다수는 브레즈네프 측근 몇 명이 결정했고, 정치국 전체회의에서는 논의조차 하지 않았다. 고르바초프가 정권을 잡은 뒤에는 회의 방식이 180도 바뀌었다. 정치국 회의는 종종 8~9시간의 브레인스토밍 형식의 마라톤 회의가 되었다. 새 서기장은 의사결정 과정에 가능한 많은 사람을 참여시키기를 원했다. 위기가 닥치면 70~80명이 음침한 정치국 회의실에 비좁게 모여 고르바초프의 장광설을 들어야 했다.[119] 고르바초프가 원자력 분야의 거물들에게 화를 내며 말했다.

"30년간 동무들은 모든 것이 더할 나위 없이 안전하다고 말했습니다. 우리가 동무들을 신으로 우러러볼 것으로 생각했습니다. 이 모든 일이 벌어진 이유가, 참사가 벌어진 이유가 여기에 있습니다. 각 부처와 과학센터를 통제하는 사람이 아무도 없었습니다. 지금 당장 동무들이 필요한 결론을 내린 징후를 보지 못했습니다. 사실 동무들은 전부 덮어버리려고 하는 것처럼 보입니다."[120]

몇 주간 고르바초프는 속으로 분노와 좌절감을 쌓았다. 엄청난 참사와 그로 인한 인명피해 외에도 체르노빌은 인민을 상대로 한 선전에서도 재앙이었다. 사고 발생 시간도 최악이었다. 당연히 서방은 소련이 전혀 변하지 않았다고 비판하며 참사와 사건 초기 은폐를 물고 늘어졌다. 역동적인 새 지도자라는 고르바초프의 명성에도 크게 금이 갔다. 서방 언론은 고르바초프가 소련 TV에 나와 참사에 대한 설명을 직접 하는 데 18일이 걸린 사실에 주목했다. 고르바초프의 18분 회견도 "방어적"이고 "알맹이가 없다"고 평가했다.

고르바초프는 서방 언론과 레이건 행정부가 자신의 성과와 개혁에 대한 헌신을 문제 삼는 것에 화가 났다. 자신의 눈에 들어온 관료주의적 무정함과 무능함에 관한 이야기에 실망도 했다. 무엇보다 하급자로부터 빠르고 정확한 정보를 보고받지 못하는 사실에 격노했다. 고르바초프는 지도부가 체르노빌형 원자로의 안전성과 사고 지역의 방사능 수준을 비롯해 더 많은 사항에 대해 잘못된 정보를 받았다고 판단했다. 원자력 분야 지도부가 기득권을 지키기 위해 중앙위원회와 정부와도 정보를 공유하지 않고 비밀을 꽁꽁 감춘 사실도 비난했다. 이들은 외부 통제에서 벗어나 "노예근성, 아첨, 반대자 박해, 눈속임, 개인 인맥, 파벌"이 넘쳐나는 소왕국을 건설했다. 고르바초프는 이렇게 약속했다.

"이 모든 것을 종식시킬 겁니다. 큰 손실을 입었고 경제적인 피해만이 아닙니다. 인명피해가 있었고 앞으로도 늘어날 겁니다. 정치적인 피해도 있었습니다. 모든 일이 엉망이 되었습니다. 이번 사건의 결과로 우리의 과학과 기술은 신뢰를 잃었습니다. … 이제부터 우리가 하는 일은 우리 인민 전체와 전 세계에 투명하게 공개될 겁니다. 우리는 완전한 정보가 필요합니다."

정치국 확대 회의가 진행되면서 소련 원전 산업의 안전 기준에 대한 끔찍한 사실이 밝혀지기 시작했다. 체르노빌에서만 매년 평균 20건의 사고가 일어났다. 대부분은 설계 결함이 원인이었다. 니콜라이 리시코프 총리가 말했다.

"큰 참사가 예고되어 있었습니다. 지금 터지지 않았더라도 언제라도 터질 수 있었습니다."[121]

고르바초프는 변명을 들을 기분이 아니었다. 한 차관이 원자로가 작은 세부사항, 즉 봉합 구조가 결여된 것 빼고는 구조적으로 안전하다고 주장하자 분노를 터뜨렸다.

"정말 놀랍군요. 다들 원자로에 결함이 있고 위험하다고 하는데 아직도 조직을 방어하는군요."

해당 차관은 2주 후 다른 여러 장·차관과 함께 경질되었다. 공식적으로 고르바초프는 이런 참사를 가능하게 한 체제를 계속 변호했다. 서방에 대해서는 "고삐 풀린 반소련 운동"을 한다고 비판하며 정치국 원로들을 달랬고, 소련이 야심만만한 원자력 정책을 계속 추진할 것이라고 주장했다. 하지만 개인적으로는 체르노빌 참사의 트라우마로 더 급진적으로 바뀌었다. 측근들과의 대화에서는 페레스트로이카가 너무 더디게 진행되어 속도를 낼 필요가 있다는 불평을 점점 더 자주 했다.

아직 공산당을 개혁의 선봉으로 여겼지만, 공산당이 효과적인 변화의 도구가 되려면 당원을 대대적으로 개혁해야 한다고 확신했다. 원자력 산업과 마찬가지로 공산당도 더 이상 자체적으로만 책임을 지는 조직이 될 수는 없었다. 어떤 형태로든 외부의 통제를 받아야 했다.[122]

이 싸움에서 고르바초프가 사용한 무기는 글라스노스트('정보공개'라는 의미. *러시아어 발음은 '글라스노스쩨'에 가깝다 - 옮긴이*)였다. 고르바초프는 가장 먼저 자신과 정치국에 더 많은 정보가 보고되기를 원했다. 한편으로는 공산당 개혁 투쟁에서 우군이 될 일반 인민에게도 더 많은 정보가 필요하다는 것을 알았다. 체르노빌 참사 뒤 몇 주간 신문사 편집자들은 고르바초프에게 글라스노스트가 부족하다는 불평을 쏟아부었다.[123] 언론이 보기에 공황상태를 막기 위해 정보를 차단하는 것은 정확히 정반대 효과를 냈다. 소문은 입소문으로 돌았다. 체르노빌 남쪽 150킬로미터에 위치한 인구 250만의 도시 키예프에는 공포에 질린 주민들이 연일 기차역에서 야영을 하며 출발하는 기차에 달려들었다. 뉴스 매체를 검열한 현지 공산당 간부들이 키예프에서 가족을 대피시킨 사실을 모르는 사람은 없었다.

서방이 격렬하게 항의하자 체르노빌에 대한 정보 공개는 점차 늘어났다. 고르바초프는 이 위기를 〈오고뇨크〉, 〈모스크바 뉴스〉, 〈노비미르〉 같은 신문과 잡지에 새로운 편집자를 앉히는 구실로 이용했고, 이들은 곧 글라스노스트의 첨병이 되었다.

체르노빌 참사에 관여한 사람들에게 이 사건은 그들의 인생과 직업의 변곡점이 되었다. 복구 작업에 징집병 수십만 명을 체르노빌에 보낸 아흐로메예프 원수에게 체르노빌 참사는 1941년 히틀러 침공에 비견할 사건이었다. 자살한 핵과학자 레가소프는 체르노빌 사건을 폼페이 파괴와 같은 세기적 참사와 비교했다. 유가 하락과 주세 감소와 씨름하

제2부 체제의 반란

던 리시코프 총리에게는 국가 재정에 또 다른 결정타였다. 참사에 대한 최초의 러시아어 상세보고서를 작성한 핵기술자인 그리고리 메드베데프는 체르노빌 사고가 "쇠퇴하는 시대의 마지막이자 극적인 붕괴"를 상징한다고 기록했다.[124]

체르노빌 사고가 고르바초프에게 미친 충격은 외교정책 보좌관인 아나톨리 체르냐예프가 요약했다. 그는 체르노빌이 고르바초프 시기에 터졌지만 수십 년간 소련 사회의 기반 아래에서 째깍거리던 "시한 폭탄"이었다고 회고록에 썼다.[125] 이런 폭발은 그 뒤로도 많았다. 고르바초프는 전임자들이 저지른 실책에 대한 대가를 치를 운명이었다.

22장

잘랄라바드

1986년 9월 25일

러디어드 키플링이 그레이트 게임(19세기 중앙아시아의 패권을 두고 대영제국과 러시아 제국이 벌인 전략적 경쟁 - 옮긴이)이라고 부른 것이 2세기 이상 카이바르 고개를 에워싸고 사람이 살기 어려운 산악지역에서 벌어졌다. 이 게임의 규칙을 정한 19세기 영국 전략가에 따르면 게임의 목표는 다름 아닌 "세계 지배"였다.[126] 인도를 통치하던 영국 총독들은 하나같이 러시아 군대가 카이바르 고개를 통해 쏟아져 나와 인도양 해안에 부동항을 확보하려는 차르의 오랜 꿈을 실현할 것이라는 악몽을 꾸었다. 그런 지정학적 악몽이 실현되는 상황을 막기 위해서 카이바르 고개의 북쪽 접근로를 반드시 장악해야 했다.

20세기판 "그레이트 게임"에서는 모든 것이 바뀌었다. 크렘린 원로들은 "제국주의자"들이 소련 제국의 취약 지점인 중앙아시아공화국을 위협할 수 있다는 전망에 괴로워했다. 위협을 사전에 방지하기 위해 아프가니스탄을 침공했지만, 영국군과 장기간 싸운 부족의 후손은 전혀 예상치 못하게 완강하게 저항했다. 소련의 상황을 어렵게 만들기 위해 "제국주의자들"은 은밀히 부족들에게 무기를 공급하고, 카이바르 고개 남쪽에 훈련부대도 마련해 주었다. 소련은 파키스탄과 인접한 국경의 봉쇄 시노로 대응했다.

앞서 영국이 그랬듯이 소련도 아프간 수도 카불과 파키스탄 국경 도시 페샤와르 중간에 있는 잘랄라바드에 강력한 요새를 구축했다. 2000명으로 편성된 정예 스페츠나츠(원래 러시아어 발음은 '스페츠나스'에 가깝지만 국내에는 '스페츠나츠'라는 표기가 통용된다 - 옮긴이) 여단이 공항 근처에 캠프를 구축했다. 스페츠나츠는 이동식 감청 장치로 반군의 통신 활동을 수집해서 파키스탄 국경을 넘어오는 무자헤딘 부대의 위치를 파악했다. 일단 부대의 정확한 위치를 찾아내면 Mi-24 무장 헬기 편대가 로켓과 기총으로 해당 지역에 공격을 퍼붓기 위해 투입되었다. Mi-24의 엄호를 받는 Mi-8 수송용 헬기에 탄 공수부대도 도착했다. 여러 시간에 걸친 폭격 후 마무리 작업을 위해 탱크, 장갑차, 박격포 부대도 투입했다.

소련군이 장막 작전Operation Curtain이라고 이름 붙인 이 작전은 1984년 4월 시작되었다. 작전은 소련 측에 성공적이었지만 차질을 빚기도 했다. 현지 주민의 지원을 받은 무자헤딘은 앞선 정보망을 갖고 있어서 종종 자신들을 괴롭히던 소련군에 타격을 가할 수 있었다. 하지만 작전 결과는 소련군에 아주 고무적이어서 고르바초프는 정권을 잡은 직후인 1985년 봄에 확전 지시를 내렸다.[127] 소련군은 아프가니스탄을 침공한 지 6년 만에 처음으로 "그레이트 게임"에서 이길 기회를 얻은 것처럼 보였다. 물론 "제국주의자들"이 폰(장기의 졸에 해당하는 체스의 말 - 옮긴이) 중 하나를 퀸으로 바꾸지 않는 경우 그랬다.

1986년 가을 가파르 사령관이 이끄는 무자헤딘 소부대가 파키스탄에 있는 게릴라 훈련부대를 떠나 카이바르 고개를 통과했다. 무자헤딘 부대는 눈에 띄지 않게 잘랄라바드 공항 1마일 내로 접근하는 데 성공했다. 이들은 공항이 내려다보이는 작은 언덕에 은폐가 용이한 위치에서 주변 울타리 안에서 움직이는 소련군을 볼 수 있었다. 활주로 양끝에서는 소련군 탱크와 병력수송장갑차가 경계를 섰다. 무자헤딘 부대는 3명으로 편성한 3개 팀으로 나누어 삼각형 대형으로 서로 소리를 치면 들을 수 있는 거리로 흩어졌고, 3시간 이상 관목 숲 뒤에 잠복했다. 각 팀은 그때껏 미군이 만든 가장 정교한 무기 중 하나인 스팅어 미사일로 무장했다. 스팅어 미사일은 약 5킬로미터 떨어진 적 항공기를 떨어트릴 수 있는 휴대용 미사일이다.

오후 3~4시 무렵 산악지역에 그늘이 길게 드리우자 가파르는 참을성 있게 기다린 보람이 있었다. 무자헤딘이 가장 증오하는 소련 무기인 Mi-24 헬기 최소 8대가 착륙하기 위해 접근했다. 가파르가 소리치자 명사수 3명이 미사일 발사대를 어깨에 올리고는 특이하게 생긴 유리 캐노피에 동체 아래 로켓 발사대를 갖춘 채 다가오는 Mi-24를 겨눴다. 각 사수는 왼손 엄지손가락으로 까딱하며 미사일의 전자두뇌가 헬리콥터 엔진에서 나오는 적외선 열을 감지하도록 하는 버튼을 눌렀다. 미사일이 목표물에 락온된 것을 알리는 시끄러운 소리가 연거푸 들렸다. 가파르가 "발사"라고 소리쳤고 사수들이 방아쇠를 당겼다. 미사일이 휙 소리를 내며 시속 약 2000킬로미터가 넘는 속도로 발사되자 "알라후 아크바르(신은 위대하다)"라는 흥분된 구호가 터져 나왔다.

몇 초 후 헬기 2대가 불길에 싸여 곤두박질쳤다. 미사일 사수들은 흥분해서 부산스럽게 미사일을 재장전했다. 미사일 2기를 추가로 발사하자 또 다른 헬기 1대가 격추되었다. 최초 발사한 미사일 5기 중 3기가 명중하고 2기가 빗나갔다. 무자헤딘 부대는 뛸듯이 기뻐했다. 파키스탄 페샤와르에 있는 첩보기관장을 위해 공격 장면을 녹화하던 카메라맨도 흥분한 나머지 주로 하늘, 돌투성이 땅, 추락한 기체에서 뿜어져 나오는 섬은 연기를 흐릿하게 촬영 테이프에 담았다.[128]

매복 공격 소식이 전달되자 백악관과 펜타곤도 환호했다. 스팅어 미사일은 소련 침략군을 상대로 투쟁하는 아프간 반군에 대한 미국의 비밀 지원을 상징적으로 보여주었다. 어떤 이는 이를 두고 "역사상 가장 공공연한 비밀작전"이라고 했다. 위성 정보를 비롯해 미국의 첨단 무기를 무자헤딘에게 지원하기로 한 결정은 아프간 전쟁의 양상을 바꿔놓는 데 보탬이 되었다.

이때부터 소련군은 1985년과 1986년 초에 아주 효과적이었던, 반군 주둔지를 저공 비행하며 기총 공격을 하는 형태의 작전을 펼치기가 훨씬 어려워졌다. 스페츠나츠 부대가 적군을 수색해서 소탕할 기회가 크게 줄었다. 소련 조종사들은 작전 절차를 바꿔서 무자헤딘의 공격 범위 밖의 고고도로 비행했다. 착륙할 때에는 특이한 코르크 마개 뽑기 비행 기술을 썼는데, 스팅어 미사일의 자동 유도 장치를 교란하기 위해 급격한 나선형으로 고도를 낮추며 몇 초마다 플레어(열추적 미사일 교란탄 - 옮긴이)을 발사했다. 신무기에 기겁한 소련 국방부는 무자헤딘의 스팅어 미사일을 포획하는 병사에게 "소비에트 연방 영웅" 칭호를 부여한다고 약속했다. 온전한 스팅어 미사일 세트가 모스크바로 전달된 것은 1986년 가을이었다.[129]

1979년 12월 아프가니스탄을 침공함으로써 브레즈네프를 비롯한 소련 지도부는 서방측에 외교적 승리를 안겨주었다. 그때까지 워싱턴, 파리, 런던의 가장 영리한 전략가의 능력을 훨씬 넘어서는 상상하기 어려운 정도의 승리였다. 비동맹 운동을 창설한 국가이자 제3세계 이슬람 국가를 상대로 한 소련의 침략이라는 극적 상황은 예상 밖의 정치적 동맹을 만들어냈다. 불과 몇 달만에 놀랄만한 반소련 진영이 구축되었다. 미국 자본주의자, 중국 공산주의자, 보수적인 사우디 왕자와 이란의 이슬람 근본주의자, 파키스탄 장군과 유럽의 반전주의자 등 이념적 스펙트럼을 뛰어넘는 동맹이었다. 모스크바 진영에 남은 사람은 크렘린의 지원을 받는 보수적인 위성국가뿐이었다.

정치국은 아프간 침공에 대해 거의 한목소리로 비난이 쏟아질 것을 잘 알았다. 침공 며칠 후 모스크바의 한 저명한 싱크탱크는 "미국을 비롯한 NATO 회원국, 중국, 오스트레일리아, 이슬람 국가, 아프간 반군의 연합 세력"을 상대하게 될 것이라고 소련 지도부에 경고했다.[130] 해당 경고는 무시되었다. 소련 지도부는 1968년 체코슬로바키아 침공 때와 마찬가지로 국제 사회의 강력한 항의가 곧 가라앉을 것이라고 확신했다.

아프간 침공은 분노에 찬 아우성뿐 아니라 모스크바에 대한 서방 정책의 즉각적인 강경화를 불러일으켰다. 브레즈네프의 모험을 두고 지미 카터 미국 대통령은 애인에게 버림받은 구혼자처럼 격노했다. 카터 대통령은 소련과의 관계 개선을 위해 최선을 다하는데도 자신의 선의가 나약함으로 잘못 받아들여졌다고 생각했다. 협상 파트너가 되리라고 여긴 소련에 속고 배신당한 셈이었다. 카터는 취임 후 3년보다 지난 며칠 사이에 소련의 진짜 본질에 대해 더 많이 알게 되었다고 씁쓸하게 말했다. 소련의 아프간 침공을 "제2차 세계대전 이후 평화를 가장 심각하게 위협한 사건"으로 규정하고, 소련을 징벌하고 미국의 방어를 강화하는 것을 목표로 하는 일련의 조치도 승인했다.[131] 공식적으로 발표한 제재에는 첨단기술의 소련 수출 금지, 곡물 통상 금지,

SALT-2 전략무기제한협상 비준 보류, 1980년 모스크바 하계올림픽 보이콧이 포함되었다. 비공식적으로는 아프간 저항세력에 대한 비밀 무기 공급과 중국과의 군사 협상도 승인했다.[132]

후임인 레이건 행정부는 카터의 조치를 반소련 성전crusade으로 확대했다. 제2차 세계대전 당시 첩보 기관의 기관장 출신인 윌리엄 케이시가 이 일을 주관했다. 월스트리트 출신의 백만장자인 케이시는 레이건의 선거운동을 총괄한 대가로 CIA 국장에 임명되었다. 케이시는 예수회 교육을 통해 국제 정치를 선과 악의 영원한 투쟁으로 배웠다. 또한 자신을 행정부에서 외교정책의 양심을 대변하는 사람으로 여겼다. 케이시는 제2차 세계대전에 참전하여 독일군 후방에서 첩보망을 운영한 경험 때문에 기밀 공작에 대한 신뢰가 컸고, 비밀작전이 나치 독일을 물리치는 데 큰 역할을 했다고 확신해서 유사한 방법을 소련에 적용하길 원했다. 나중에 출간한 전쟁 회고록에서 케이시는 이렇게 밝혔다.

"히틀러를 물리치는 데 비밀정보, 공작, 조직적인 저항이 인명 희생과 재원 낭비를 얼마나 줄였는지 이해하는 것이 중요하다. 이런 능력은 앞으로 닥칠 위기에 대처하는 데 미사일과 위성보다 더 중요할 수 있으며, 전체주의 세력의 지휘소와 병참선을 상대로 벌이는 반체제 활동의 잠재력을 보여준다."[133]

케이시가 생각하기에 정보는 중립적일 수 없었다. 작전 없는 정보는 의미가 없었다. 전쟁은 적진에서 이루어져야 했다. 케이시는 측근들에게 "공산주의 제국을 몰아붙이기 시작할" 장소를 찾을 필요가 있다고 했다.[134] 1985년 3월 케이시는 원하던 것을 얻었다. 아프가니스탄에서 소련군을 몰아내라는 대통령 지시가 떨어진 것이다. 1985년까지 미국의 전략은 단순히 소련을 쥐어짜는 것이었다. 새 목표는 무자헤딘이 전쟁에서 이기도록 돕는 것이었다. 1985년 중반부터 CIA는 파키스탄

에 있는 게릴라 훈련소를 통해 아프가니스탄에 무기를 쏟아붓기 시작했다.[135]

정신이 딴 데 팔린 교수 얼굴에 다리를 제대로 들지 않고 느릿느릿 걷는 곰을 닮은 케이시는 강경한 의견을 부추겼고, 자신을 비판하는 사람들에게는 소련에 대한 증오에 눈이 멀어 세상을 객관적으로 보지 못하는 무책임한 이데올로그였다. 조지 슐츠 국무부 장관은 CIA가 소련의 군사력과 경제력을 크게 과대평가한 정보를 케이시에게 보고하고 있다고 여러 차례 불평했다. 또한 이란-콘트라 스캔들을 비롯하여 일련의 정보 작전 참사를 두고 케이시를 비난했다.[136] 지지자들에게 케이시는 냉전 최종 단계의 이름 없는 영웅이자 공산주의 초강대국을 굴복시킬 전략을 고안한 막후의 조종자였다. 케이시가 공산주의를 끌어내린 방법은 거칠기는 했어도 효과가 있었다. 1987년 케이시가 CIA 국장에서 물러났을 때 "악의 제국"은 후퇴의 길에 들어선 게 확연했다.

평가가 어떻든 케이시의 열정과 에너지와 한가지 목표에 매진하는 태도는 인상적이었다. 암에 걸린 70대 초반인 케이시는 자신이 아끼는 반소련 연대를 관리하기 위해 특수 장비를 갖춘 검정색 C-141 스타리프터로 여전히 세계 곳곳을 돌아다녔다. 연료를 줄이고 불필요한 중간 기착을 피하려고 종종 공중에서 KC-10 공중급유기의 급유를 받았다. 남의 이목을 피해 주로 밤에 이동했고, 첩보영화에서 나오듯이 스미스나 블랙 같은 가명으로 호텔에 투숙했다. 도쿄, 베이징, 이슬라마바드, 리야드, 예루살렘, 앙카라, 로마 방문이 통상적인 출장 코스였다. 중국인들과 전략을, 사우디아라비아인과는 재정을, 파키스탄인과는 보급 문제를 협의했다. 파키스탄 정보 관리들은 얼마 안 가 케이시를 두고 "방랑자" 또는 "사이클론"이라고 불렀다.[137]

이런 출장 중 한번은 헬기를 타고 아프간 국경 인근 파키스탄 영토에 있는 무자헤딘 비밀훈련소를 방문했다. 케이시는 반군들이 CIA가 공급한 화약으로 폭탄을 제조하는 법을 배우는 모습을 본 뒤 전쟁이 소련 자체로 확전될 수 있다고 말해 파키스탄인들을 놀라게 했다. 1단계 계획은 아프간-소련 국경을 통해 반체제 인쇄물을 늘여보내고, 다음으로 지역 봉기를 부추기기 위해 무기를 들여보내는 것이었다. 몇 달 후 CIA는 소련의 중앙아시아 지역에 배포할 우즈베크어 코란 1만 부를 파키스탄에 보냈다.[138]

그 사이 워싱턴에서는 무자헤딘에 스팅어 미사일을 지원하는 문제를 놓고 정부 내 관료 간 싸움이 벌어졌다. 합참은 최신 무기를 무식한 아프간 무리에게 넘겨주기를 원치 않았다. CIA 관리들은 스팅어 미사일의 공급원이 미국이라는 사실이 쉽게 밝혀져서, 그럴듯한 부인(plausible deniability : CIA가 불법 작전이나 비난을 살 행동을 할 때 고위 관료들이 휘말리지 않도록 관련 정보를 관료들에게 알리지 않는 것 - 옮긴이)이라는 비밀전쟁의 가장 기본적인 원칙에 어긋날 것을 염려했다. 스팅어 미사일 지원을 옹호하고 나선 쪽은 의회의 보수파와 소련의 힘이 아프간의 저항을 압도하는 상황을 두려워한 국무부 정보책임자 모턴 아브라모위츠처럼 좋은 위치에 있는 몇몇 관리들이었다. 아브라모위츠는 기관 간 협의에서 새 소련 지도부가 아프가니스탄에 군대를 주둔시키는 비용을 제대로 깨닫게 하는 것이 중요하다고 했다. 아프간 파병의 책임을 전임자들에게 돌릴 수 있으면 고르바초프가 철군하도록 설득할 수 있었다. 미국은 "브레즈네프의 전쟁"이 "고르바초프의 전쟁"이 되게 해서는 안 되었다.[139]

레이건은 1986년 2월에 스팅어 미사일 400기를 무자헤딘 반군에 지원하는 것을 승인했지만, 아프간에서 스팅어 미사일이 실전에 사용되기까지는 6개월이 더 걸렸다. 워싱턴에 흔히 있는 일이지만 대통령의 결정은 실행 방법을 두고 관료 간 내분을 심화시켰다. 군은 스팅어 미사일 재고 전체를 독일 주둔 미군에 필요하다는 이유를 들어 무기 인도를 몇 주 지연시켰고, 파키스탄에 있는 무자헤딘 훈련소의 보안을 미국 수준으로 개선할 것을 요구했다.[140] 이런 장애가 제거될 무렵 일련의 언론 보도로 스팅어 미사일이 반군에게 지원된다는 사실이 소련에 알려졌다.

미국 정책담당자들은 아프가니스탄에 관한 크렘린 내부 토론이 어떻게 이루어질지 예측하기 위해 펜타곤 지하에서 모의 정치국 회의를 열었다.[141] 관리들은 돌아가며 소련 지도자 역할을 맡아 자신들의 권위에 대한 가장 최근의 도전에 어떻게 대응할 것인지를 논의했다. 매파는 전쟁 확전과 게릴라 훈련소를 파괴하기 위해 파키스탄 기습공격을 지지하는 주장을 했다. 비둘기파는 아프가니스탄 하나로 충분하고 아프간에서 소련군을 철수할 때가 왔다고 주장했다. 미국이 모스크바에 투입해서 암약하는 첩보원의 정보 보고는, 소련군이 고르바초프에 대해 크게 염려하고 있다는 내용이 포함되어 이런 모의 토론에 약간의 신뢰성을 부여했다.[142] 하지만 워싱턴에 있는 누구도 크렘린의 두꺼운 담벼락 뒤에서 무슨 일이 일어나고 있는지 제대로 몰랐다.

23장

크렘린

1986년 11월 13일

고르바초프는 싸우고 싶은 기분이었다. 레이건과의 두 번째 만남인 레이캬비크 정상회담에서는 양국의 핵무기 전체를 없애는 문제에 대해 논의했다. 마지막 순간에 합의를 망친 "스타워즈"에 대한 레이건의 집착이 없었다면 두 사람은 세계 역사의 물줄기를 바꾸었을 것이다. 고르바초프는 회담이 결렬되자 화가 나고 실망한 채 귀국했지만, 레이건의 "인간성"을 존경하지 않을 수 없었다. 고르바초프가 보기에 레이건은 평화 증진에 진심으로 관심이 있었다.[143] 고르바초프는 강대국 관계의 진전을 가로막는 광범위한 이슈를 해결하기로 어느 때보다 단단히 마음먹었다.

고르바초프의 최우선 과제는 아프가니스탄이었다. 목요일 정기 회의에 모인 정치국원들에게 고르바초프가 말했다.

"6년간 아프가니스탄에서 전쟁을 벌이고 있습니다. 방법을 바꾸지 않으면 20년이나 30년 뒤에도 전쟁이 끝나지 않을 겁니다. 가능하면 신속하게 끝내야만 합니다."[144]

공격하기 전에 필요한 위치에 말을 두는 체스 플레이어처럼 고르바 초프는 이 순간을 조심스럽게 준비한 상태였다. 서기장이 되고 몇 달 지나지 않아 아프간 문제를 의제로 올리고 "떠날" 때가 되었다고 제안했다.[145] 회의 때 일반 국민과 참전용사가 보내온 편지를 가지고 와서 큰 소리로 정치국원들에게 읽어주기도 했다. 한 정치장교의 편지에는 이런 내용이 있었다.

"병사들에게 무슨 일이 벌어지고 있는지 설명을 못 합니다. 왜 민간인을 죽이고 마을을 파괴하고 집을 불태워야 합니까? 무엇을 위해 싸우고 있습니까?"[146]

고르바초프는 정치국 동료를 "교육"한 후 아프간 지도부 문제를 다뤘다. 1986년 5월 고르바초프는 바브라크 카르말을 모스크바로 불러들여 단도직입적으로 사임할 것을 요구했다.[147] 그런 다음 특사를 파견해 새 아프간 지도자 모하마드 나지불라가 "국민 화해" 정책을 펴도록 설득했다. 이제 문제는 소련군의 아프가니스탄 철수 여부가 아니라 언제 어떤 아프가니스탄을 남겨둔 채 철수하냐는 것이었다.

아프간 침공을 결정한 6명 중 유일하게 생존해서 지도부에 남은 인물은 명목상 소련의 국가원수인 안드레이 그로미코였다. 고르바초프는 페레스트로이카를 추진한 첫 2년간 그로미코가 태도를 잽싸게 바꾼 사실을 "즐겼다."[148] 그런 태도가 그로미코가 놀랄 만큼 오래 권력을 유지한 비결일지도 몰랐다. 아프간 침공을 가장 적극적으로 옹호했던 그로미코는 1986년 가을이 되자 철군 지지파의 선봉에 섰다.

그로미코는 자신의 책임에 대한 질문은 회피한 채 도박이 실패한 것을 인정했다. 소련 지도부는 앞으로 닥칠 문제를 "과소평가" 했었다. 후진적이고 거의 중세 국가에 가까운 아프가니스탄의 사회적 여건은 사회주의를 실행하기에 적합하지 않았다. "혁명"을 지지하는 아프간 국민도 거의 없었다. 아프간 정규군은 탈영 문제에 시달렸다. 미국은 길게 질질 끄는 전쟁에 소련을 묶어두기 위해 최선을 다하고 있었다. 그로미코는 이렇게 결론지었다.

"정치적 해결 방법을 찾아야만 합니다. 그런 방향으로 조치를 취하면 우리 인민들이 안도의 숨을 쉴 겁니다."

고르바초프는 다른 핵심 정치국원들도 같은 생각을 한다는 것을 알았다. 총리인 니콜라이 리시코프는 아프간 전쟁이 감당하기 힘든 재정적 부담을 주고 있다며 몇 달간 불평해 왔다. 지난 2년간 전쟁 비용이 두 배로 증가했다. 아프가니스탄에 병력 10만 명을 일시적으로 주둔시키는 데 NATO와의 경계선을 따라 동독에 배치한 병력 38만 명에 들어가는 비용을 쓰고 있었다. 매년 아프가니스탄에 쏟아붓는 돈은 체르노빌 원전 복구 비용과 거의 비슷했다.[149]

크렘린이 경제적으로 후원한 대상은 아프가니스탄만이 아니었다. 글라스노스트가 소련에 뿌리를 내리면서 "형제애적 지원" 문제는 점점 더 논란의 대상이 되었다. 모스크바는 매년 선박 몇 대분의 지굴리 승용차를 니카라과에, 조립식 병영은 기니비사우에, 라디오 방송국은 앙골라에, 공장은 쿠바에 제공했다. 일반적으로 수익성이 좋은 국제 무기거래도 소련에는 남는 장사가 아닌 것으로 드러났다. 아프리카, 중동, 라틴 아메리카의 혁명 정부는 모스크바로부터 받은 산더미 같은 무기 구매에 지불할 대금을 사실상 경화로 낸 적이 없었다. 이념적 안경을 쓰고 세계를 바라보는 데 익숙한 소련 지도부는 자국의 손실을 "사회주의자 연대"를 위한 것으로 여겼지만 결과적으로 속았다는 사실을 깨닫게 되었다. 나중에 리시코프는 이렇게 말했다.

"'우방'과의 무기거래가 무슨 의미인지 대가를 치르고 배웠다. 계속 늘어나는 빚이었다. 상환 일정을 변경해 달라고 요구하는 끝없는 협상은 결국 일체 상환할 수 없다는 협박으로 점철되었다. 그러고는 끈질기게 '동지애'에 호소했다."[150]

고르바초프는 철군 시도에 대한 군의 지지를 이미 확보했다. 그 핵심에는 아프간 침공 계획을 짜는 일에 참여한 아흐로메예프 원수가 있었다. 아흐로메예프 총참모장은 복합적인 인물로 투철한 공산주의자인 동시에 열렬한 애국자였다. 자신의 후원자인 드미트리 우스티노프 국방부 장관과 마찬가지로 제2차 세계대전을 승리로 이끈 스탈린을 존경했다. 고르바초프가 서기장이 되고 몇 주 후 아흐로메예프는 제국주의자로부터 소련을 24시간 방어하기 위해 소련을 "무장 병영"으로 바꾸자고 제안했다. 그는 특정 사안에서는 진보적이기도 했다. 에티오피아 같은 제3세계 국가에 소련의 자원을 낭비하는 일에는 반대했다.[151] 미국과의 군축협상도 잘 진행되도록 협조했다. 미국 측 협상단은 아흐로메예프를 인상 깊게 생각했고 몇 번의 중요한 돌파구를 마련한 공을 아흐로메예프에게 돌렸다. 이들이 보기에 아흐로메예프는 "일급 군인"이었다. 에두르지 않고 권위가 있으며 충성심이 대단했다.[152]

육군 수뇌부는 정치국 요구대로 아프가니스탄과 인접한 국경을 봉쇄하려면 제40군의 병력을 두 배로 증원해야 한다고 아흐로메예프에게 보고했다. 그렇게 하려면 NATO 최전방이나 군사적으로 민감한 중국 접경의 정예 전투부대를 재배치해야 했다. 이 경우에도 국경 봉쇄가 성공한다는 보장은 없었다. 소련은 전선 세 곳을 동시에 유지할 수 없었다.[153]

머리가 좋은 군인인 아흐로메예프는 아프간 전투 상황이 제2차 세계대전의 전투 상황과 아주 다르다는 사실을 이해했다. 소련군은 조국을 방어하기 위해 싸울 때 믿기 힘들 정도의 능력을 발휘했다. 아프가니스탄에 파병된 병력은 스스로 인기 없는 정권을 대신해 현지 인민들과 전쟁을 벌여야 하는 불청객이라고 느꼈다. 아흐로메예프 총참모장은 아프가니스탄의 극도로 불리한 환경에서 소련군이 잘 싸웠다고 생각했다. 정규진에서 무사헤딘은 소련군의 상대가 되지 않았다. 그러나 적군이 산악지역에 숨어서 소련군이 떠나기를 기다리는 곳에서 영토를 장악하는 일은 실질적으로 아무 의미가 없었다. 소련군은 달성할 수 없는 임무를 부여받은 상태였다. 아흐로메예프 원수는 비난의 화살을 민간 관료에게 돌리며 불평했다.

"군은 맡은 임무를 수행하지만 성과가 없었습니다. 군사적 이익이 정치적 이익으로 굳어지지 않았죠. 카불과 지역 중심지를 장악했지만 해당 지역에서 정치적 권위를 확보하지 못했습니다. 우리는 아프간 인민을 위한 투쟁에서 졌습니다. 소수의 인민만 정부를 지지합니다."

정치국 회의는 대략적인 의견 일치로 끝났다. 크렘린은 카불 공산당 정부와 무자헤딘 사이의 정치적 협상에 힘을 실어주기로 했다. 소련군은 2년에 걸쳐 단계적으로 철수할 예정이었다. 후진적이고 봉건적인 나라에 사회주의를 건설하려는 꿈을 포기한 것이다. 이제 소련의 남부 국경에 "중립국"을 보장하는 것이 목표였다. 약 70년 만에 처음으로 정치국은 소련 진영에서 이탈하는 것이 가능하다는 사실을 인정했다. 결국 혁명은 뒤집힐 수 있었다. 제국에 균열이 생기기 시작했다.

아프간 전쟁의 종전은 고르바초프가 취임 첫날 직접 작성한 정치적 우선순위 목록에서 앞자리를 차지했다. 이 목표를 달성하는 일은 그리 쉽지 않았다. 아프간 논쟁은 국내 정책을 둘러싼 여러 투쟁과 다르게 정치국을 보수파와 개혁파로 나누지 않았다. 소련군의 철수에 관한 구체적인 방법이나 절차를 둘러싼 싸움은 고르바초프의 머릿속에서 벌어졌다. 고르바초프의 외교정책 자문인 아나톨리 체르냐예프는 이렇게 말했다.

"아프가니스탄은 본래 페레스트로이카를 위한 이념적 투쟁에 들어맞지 않았다. 이 문제에 대해서는 합의가 있었다. 리가초프 같은 보수파를 포함해서 정치국원 모두가 철수에 찬성했다."[154]

고르바초프는 아프간 전쟁을 "과거의 죄"라고 했지만, "곧 사람들은 우리에게 낙인을 찍을 것"이라고 동료들에게 불평했다.[155] 체르냐예프에 따르면 고르바초프는 여전히 아프간 전쟁을 동서 대결의 시각에서 봤다. 그래서 크렘린이 동맹 중 하나를 포기하면 모든 신뢰를 잃을 것이라고 주장하는 에티오피아의 맹기스투 하일레 마리암과 같은 급진적인 제3세계 지도자들의 압박에 민감했다.

무자헤딘에 대한 미국의 지원은 소련 지도부가 이길 수 없는 전쟁을 치른다는 사실을 확신하는 데 보탬이 되었다. 소련군 헬기가 스팅어 미사일에 처음 격추된 지 두 달 뒤인 1986년 11월, 그로미코는 "현재 상황이 6개월 전보다 더 나쁘다"고 말했다. 아흐로메예프 총참모장은 파키스탄 국경에 병력 5만 명을 배치하고도 아프간 반군이 이용하는 모든 보급로를 봉쇄할 수 없다는 사실이 입증되었다며 불평했다.

일단 소련군 철수 결정이 내려졌지만 미국의 비밀공작은 역설적이게도 소련의 철군을 지연시키는 효과를 가져왔을 수 있다. 적어도 이것은 강대국의 전쟁터가 된 나라에서 모스크바가 떠나는 일이 아주 힘들다고 주장한 체르냐예프의 견해였다. 페레스트로이카의 이념적인 두뇌 역할을 한 알렉산드르 야코블레프는 이렇게 주장했다.

"미국의 무기 지원은 전쟁을 지연시켰을 뿐이었다. 나와 고르바초프, 셰바르드나제는 아프가니스탄이 필요하지 않고 그곳에서 할 일이 없다고 생각했다. 어차피 전쟁에서 졌을 것이다. 아프가니스탄이 정복

제2부 체제의 반란

할 수 없는 나라라는 사실을 영국으로부터 배웠어야 했다. 그러나 두 정치 체제 사이의 투쟁은 때때로 우리나 미국이 멍청한 짓을 하게 만들었다. 둘 다 현실 감각을 잃었다."[156]

몇 달간 전쟁은 계속 확대되었다. 전쟁 초기 소련군 7만 5000명이 투입된 아프가니스탄에는 1987년 초 약 12만 명으로 증원되었다.[157] 전쟁 비용과 희생자 수도 계속 증가했다. 소련이 아프간의 수렁에서 완전히 발을 빼는 데에는 27개월이 더 걸렸다.

아프간 철수 결정은 국내 연금 상태에 있던 인권운동가 안드레이 사하로프의 석방을 위한 길을 열어놓았다. 소련 수소폭탄의 아버지인 사하로프는 대담하게도 아프가니스탄 침공을 공공연히 비난한 혐의로 폐쇄도시인 고리키에 추방된 상태였다. 정치국이 사실을 인정하기 힘들었지만 이제 사하로프가 옳았다는 것이 분명해졌다. 사하로프에게 전화를 걸어 모스크바로 자유롭게 돌아올 수 있다고 알린 고르바초프는 사과도 설명도 없이 이런 지시를 했다.

"다시 나라를 위해 일하세요!"[158]

사하로프 석방과 아프간 정책의 180도 전환에 고무된 고르바초프의 급진적 측근들은 서기장에게 군 개혁에 주의를 돌릴 것을 건의했다. 신문 사설들은 그때껏 금기시된 주제인 군 내부의 파벌주의와 부패를 다루기 시작했다. 고르바초프는 비대해진 소련군에 대해 통제권을 확고히 할 시점을 기다렸고, 몇 달 후 말 그대로 거의 하늘이 준 기회를 얻었다.

24장

모스크바

―――――

1987년 5월 28일

이날은 '국경경비대의 날'이었다. 정권이 "사회주의 조국의 수호자들"을 축하하고 항상 존재하는 "제국주의의 위협"을 인민에게 상기시키는 전형적인 소련 공휴일 중 하나였다. 늘 그렇듯 모스크바강 위에서 불꽃놀이가 벌어졌고, 〈프라우다〉에는 전방 격오지에 배치된 이름 모를 몇몇 KGB 장교의 경계 근무 태도를 칭찬하는 기사가 실렸다. 모스크바에서는 이례적으로 고리키 공원에서 보드카를 잔뜩 마신 병사들이 행인을 괴롭히고 저속한 노래를 부르는 소동이 있었다. 글라스노스트 상황에서 공공질서가 무너지는 초기 신호였다.

　일부 군인들이 고리키 공원에서 떠들고 노는 동안, 소련 방공부대 지휘관들은 레이더 화면에 나타나는 이상한 신호의 의미를 파악하려고 애를 썼다. 이른 오후에 레닌그라드 지역에 처음 나타난 이 신호에는 8255번이라는 번호가 붙여졌다. 8255번은 고도 약 1800피트에서 모스크바를 향해 남쪽으로 이동하는 것처럼 보였다. 당직 장교들은 잘못된 경보를 발령하는 경우 받게 될 징계를 두려워했고, 이 때문에 관료조직에 불가피한 지체가 있은 뒤 MiG-23 전투기 한 대가 확인을 위해 출격했다. 조종사는 "경비행기 한 대가 구름 바로 아래 비행 중"인 것을 발견했다고 보고했다.

군 수뇌부는 보고 내용을 믿기 어려웠다. 소련에는 개인용 경비행기가 없었다. 대한항공기 격추 사건이 벌어진 이후 제정신인 조종사라면 비행계획을 통보하지 않고 소련 영공을 침범하려고 할까? MiG기가 추가로 출격했지만 낮게 드리운 구름 속에서 "목표물"을 시야에서 놓쳤다. 기상 전선이나 열기구일 가능성이 있는 정체불명의 또 다른 신호가 8255번과 합쳐졌다가 분리되면서 혼란이 가중되었다. 소련 조종사들은 유령을 추적하느라 두 시간을 더 허비했다. 신호가 모스크바로 접근하자 군 수뇌부는 전화 회의에서 미스터리한 목표물의 정체를 두고 머리를 쥐어짰다. 국가방공체계 지휘관 중 한 명인 그보즈덴코 소장이 말했다.

"새 같습니다. 작은 새 말입니다."[159]

당일 모스크바 방공을 책임진 레즈니첸코 소장이 반박했다.

"아뇨. 조종사들이 육안으로 봤습니다."

"조종사들은 아무것도 못 봤어요. 조종사들은 항상 뭔가를 봤다고 하죠."

"하지만 조종사들의 주장은 아주 확고합니다. 비행기 한 대가 어디에선가 나타났습니다."

상대가 강하게 나오자 짜증이 난 그보즈덴코는 방법을 바꿔 레즈니첸코에게 말했다.

"비행기라고 보고하면 높은 양반들이 달달 볶을 겁니다. '비행기를 봤으면 찾아내'라고 할 겁니다."

레즈니첸코의 상관인 브라즈니코프 중장도 대화에 끼어들었다.

"이건 기상 전선이나 새야. 그럴 가능성이 제일 커."

레즈니첸코가 잠시 앞으로 벌어질 일을 상상했다.

"정말 기상 전선이면 좋겠습니다. 하지만 비행체라면 어쩌죠? 연료가 떨어지면 내려옵니다. 그럼 높은 양반들이 진짜로 이렇게 소리치기 시작할 겁니다. '뭐 했어? 왜 이렇게 하지 않고 저렇게 했어?'"

그보즈덴코가 자신을 보호할 방법을 생각하며 이렇게 주장했다.

"그러니까 비행체가 내려오고 우리가 계속 추적했습니다. 전투기도 올려보냈고요."

현장의 선임 장군인 브라즈니코프는 결정을 내릴 때가 되었다고 판단했다.

"좋아, 보고해야 해. 뭐로 할까? 새라고 할까? 아니면 기상 전선이나 목표물이라고 할까?"

레이더 시스템을 책임진 장군인 알렉산드르 구코프는 이러지도 저러지도 못하며 브라즈니코프에게 말했다.

"결정을 내릴 수가 없습니다. 기상 전선일지 의심스럽습니다. 너무 빨리 움직입니다."

잠시 후 구코프가 다시 전화 회의에 참여했다. 훌륭한 군인인 구코프는 상급자를 만족시키는 방법을 알았다.

"불상 물체가 기상 전선이라고 결론 내리죠."

브라즈니코프가 짜증을 내며 말했다.

"알렉산드르 구코프, 동무는 앞뒤가 너무 안 맞아. 2분 전만 해도 기상 전선일 리가 없다고 했잖아."

"동지께서 결정하셨습니다. 불상 비행체를 뭐로 볼지는 우리에게 달렸습니다."

새라는 설명을 선호한 브라즈니코프가 구코프에게 물었다.

"매년 이 시기에 북쪽과 시베리아가 어떤지 떠올려봐. 거위가 장시간 비행하나?"

"네, 그렇습니다. 레닌그린 동무들은 새로 결정했습니다."

"거봐, 그렇다니까. 기상 전선이라고 하더니. 기상 전선이 어떻게 구름을 배경으로 이렇게 눈에 띄지? 아주 의심스러워 보여."

동료 장군들이 떠드는 중에 알렉산드르 구코프가 말했다.

"레닌그린 동무들의 결정에 동의해서 한목소리를 내야 합니다. 헷갈리는 게 하나 있긴 합니다. 봄에 새떼가 북쪽으로 날아갑니다만 불상 물체는 북쪽에서 날아오고 있습니다."

브라즈니코프가 확고하게 말하며 논쟁을 끝냈다.

"그래도 나는 거위로 결론 내려야 한다고 생각하네. 알렉산드르 구코프 동무, 불상 물체는 새떼야."

"알겠습니다. 새떼로 하죠."

70분 후 단발 엔진이 달린 세스나 172 경비행기가 레닌 영묘에서 윙 하는 소리를 내며 크렘린 상공에서 낮게 날았고, 붉은광장 위를 2회 선회한 뒤 성 바실리 성당의 둥근 지붕과 크렘린 스파스키 대문 사이에 자갈이 넓게 깔린 지역에 착륙했다. 그러고는 붉은 비행복에 안경 낀 젊은 조종사가 비행기에서 내렸다. 함부르크에서 온 19세 은행 인턴인 마티아스 루스트였다. 루스트는 소련 군중에게 고르바초프와 "세계 평화"에 대해 이야기하고 싶다고 말했다.

서독의 10대 청년이 소련 방공 체계를 뚫고 700킬로미터가 넘는 거리를 아무런 저지 없이 비행해서 소련 권력의 심장부에 착륙했다는 뉴스를 들은 고르바초프는 그때껏 보이지 않은 분노를 터뜨렸다. 고르바초프는 바르샤바조약기구 회의 참석차 베를린에 있었다. 이날 늦은 밤 아흐로메예프 원수가 상황을 보고했을 때 고르바초프는 격노했다.

"국가적 망신입니다. 체르노빌 사고만큼 나쁜 소식이군요."[160]

오래된 관례대로 정치국원 전원이 베를린 방문을 마치고 돌아오는 서기장을 영접하기 위해 공항에 나왔다. 늘 그렇듯 고르바초프는 미소를 지으며 동지애를 담아 힘찬 포옹을 했지만 동료들과 인사하는 동안 눈에 분노를 내비쳤다. 비서실장에 따르면 고르바초프는 자신에게 큰 정치적 부담을 주기 위해 군이 루스트의 경비행기가 붉은광장에 착륙하도록 허용했다고 의심했다. 이 사건 뒤 고르바초프는 군을 절대 믿지 않았다.[161] 고르바초프가 한 보좌관에게 군 수뇌부를 언급하며 이런 말을 했다.

"군이 국가에 먹칠을 하고 인민을 모욕했어. 자, 그럼 이 나라의 권력이 누구에게 있는지 모두가 알게 할 수밖에 없어. 권력은 정치 지도력이 있는 정치국에 있지. 군이 고르바초프에 반대하고 교체하기를 원한다는, 이 모든 히스테리 같은 잡소리를 끝낼 거야."[162]

다음날 소집한 정치국 긴급회의에서 고르바초프는 "국방부의 철저한 무능"을 맹공격하고 고위 장성들이 페레스트로이카에 대해 "우려"하고 있다고 비난했다. 국방부 장관 세르게이 소콜로프 원수에게는 이런 말을 했다.

"이런 상황에서 내가 동무라면 당장 물러났을 겁니다."[163]

소콜로프는 차려 자세를 취하고는 그 자리에서 사임했다. 국방부 장관 이하 150명이 넘는 장교들이 "복무 태만"으로 해임되거나 징계를 받았다.

엎친 데 덮친 격으로 고르바초프는 비교적 잘 알려지지 않은 장군인 드미트리 야조프를 신임 국방부 장관에 앉혔다. 상급자 10명 이상을 건너뛴 파격 인사였다. 군 수뇌부는 자신들만 꼭 집어 이루어진 모욕적 대우와 그에 따른 언론의 비난 세례에 크게 분개했지만 어쩔 수 없었다. 아흐로메예프가 회고록에 인정했듯이 군이 저지른 죄를 "부정"할 수가 없었다.

루스트 사건은 고르바초프의 정치적 장악의 신호로 널리 해석되었다. 하지만 이 일은 고르바초프가 단합된 정치국에 자신의 의지를 관철시킬 수 있었던 마지막 사례 중 하나가 되었다. 정책에 대한 반발이 지도부 내 진보 보수할 것 없이 모두에서 점점 커지기 시작했다. 페레스트로이카를 둘러싼 싸움이 이제 막 시작된 것이다.

25장

모스크바

1987년 10월 21일

공산주의자들은 유토피아 사회를 무력으로 건설하는 일에 헌신하는 혁명 엘리트로서 자신들이 늘 소수집단이라는 것을 알았고, 자신들의 생각을 다수에게 강제하고 권력을 계속 유지하기 위해 단결해야 했다. 공산주의자라는 거대 단일 집단에 균열이 생기면 공산당은 역사적 무오류성이라는 아우라를 잃고 체제 전체가 금방 허물어질 수 있었다. 볼셰비키 사전에 "파벌주의"가 가장 큰 죄인 이유가 여기에 있었다. 내부의 적은 외부의 적보다 훨씬 위험했다.

물론 공산주의 운동의 "굳건한 통일성"은 신화에 불과했다. 동유럽 공산당, 특히 폴란드 공산당은 내부 투쟁으로 갈라졌다. 소련 공산당은 강경 스탈린주의자, 사회민주주의자, 아무런 이념이 없는 기회주의자를 받아들였다. 민주적 중앙집권주의 원칙은 적어도 이론상으로는 "상위 권위"의 결정에 따르기만 하면 당원들이 자유롭게 의견을 표출할 수 있도록 했다. 지도부가 공표한 "당 노선"에 대한 조직적 반대는 금지되었다. 여기서 말하는 조직적 반대에는 당 내부에 파벌을 만들거나 더 크게는 이단 행위를 하고 여론에 호소해서 내부 논의에 영향을 미치려는 시도가 포함되었다. 레닌 영묘 꼭대기에서 손을 흔드는 사람들은 하나의 목소리를 내고 하나의 행동 규범을 따를 것으로 기대되었다.

이런 공산당 정치의 철칙은 보리스 옐친이라는 시베리아 사람에 의해 깨졌다. 제동장치가 아주 형편없는 인간 불도저 같은 옐친은 자신의 길을 막아선 장애를 옆으로 밀어내는 데 익숙했다. 키 192센티미터에 길고 숱 많은 백발의 호전적 얼굴을 한 옐친은 권력에 관한 한 거의 동물적 감각이 있었다. 근면하고 고집 세며 독립적이고 자신감이 넘쳤으며 러시아인들이 말하는 "진짜 보스"이기도 했다. 옐친은 리더십이 뛰어나 우랄산맥의 건설 현장 감독에서 모스크바 정치국의 지역 담당 서기로 고속 승진했다. 옐친은 회고록에 이런 글을 썼다.

"나는 지금까지 30년 이상 보스였다. 이 말이 정확히 러시아에서 나와 같은 계급의 인민이 나를 부르는 명칭이었다. 관료도 아니고 간부도 아니고 감독관도 아니고 보스였다. 나는 그런 명칭을 받아들일 수 없다. 그 명칭에는 갱단 같은 냄새가 배어있다. 하지만 어쩌겠는가? 앞에 서는 것이 늘 내 천성의 일부인 것 같았지만 어릴 때는 그걸 깨닫지 못했다."[164]

옐친은 타고난 지도자일 뿐 아니라 타고난 반골이었다. 어릴 적에는 늘 말썽에 휘말렸다. 복싱선수처럼 움푹 들어간 코는 어렸을 때 나이 많은 아이들과 싸우다가 손수레 손잡이로 세게 맞은 결과였다. 몇 년 후에는 전쟁 중에 무기고에서 훔친 수류탄을 분해하다가 수류탄이 터져서 왼손 두 손가락이 날아갔다.

옐친은 어려서부터 힘있는 사람에 대한 경멸감이 몸에 깊이 배어 있었다. 12세 때는 학생들을 "정신적으로나 신체적으로" 학대한 교장을 공개적으로 비난한 후 퇴학당했다.[165] 이런 드라마는 옐친이 시베리아 벽촌에서 크렘린 권력의 중심에 다다를 때까지 계속 반복되었다. 옐친은 대학교수, 공사 감독관, 공장 감독관, 당 서기와도 논쟁했다. 이야기의 구성과 조연은 바뀌었지만 클라이맥스 장면은 늘 같았다. 옐친은 힘이 있더라도 자신이 하찮게 여긴 상관에게 맹비난을 퍼부었다.

보스 기질과 반골 기질의 결합은 옐친을 막강한 상대로 만들었다. 만약 공산주의 세계의 올림포스산 정상에 오르지 못했다면 내부에서 당을 깼을 것이다. 노멘클라투라 정치에 대한 해박한 지식과 당의 내분을 폭로하는 기술을 가진 그는 그 어떤 반체제인사보다 더 위험했다. 옐친에게 충성한 측근 레프 수하노프는 이렇게 회고했다.

"옐친 안에 마치 두 사람이 있는 것 같았다. 첫 번째 옐친은 권력과 특권에 익숙하고 이것을 전부 빼앗기면 파멸하는 당 지도자다. 두 번째 옐친은 체제가 부과한 게임의 법칙을 거부하는 반역자다. 이 두 옐친이 서로 싸웠다."[166]

러시아 1000년 역사상 처음으로 자유 선거로 선출된 지도자가 된 옐친은 1931년 2월 1일 아시아와 유럽을 나누는, 우랄산맥 동쪽에 있는 부트코라는 지저분한 마을에서 태어났다. 옐친 가족은 풍차와 탈곡기 각각 하나, 말 다섯 마리, 암소 네 마리를 보유했다. 이것만으로도 당시 스탈린이 추진한 농업 집단화 운동의 기준으로 보면 쿨라크, 즉 부농으로 불리기에 충분했다. 신앙심이 깊은 옐친의 어머니는 대부분의 러시아 농민처럼 옐친이 태어나자마자 세례를 받게 했다. 이 점을 비롯해 몇몇 다른 점에서 옐친의 어린 시절은 거의 동시대에 태어나고 나중에 정적이 되는 고르바초프와 닮았다. 주된 차이점은 옐친이 러시아의 심장부에 태어났지만 고르바초프는 농노제 전통이 없는 남부 변경지역에서 태어난 것이다.

고르바초프 가족과 마찬가지로 옐친 가족도 살인적인 농업 집단화 운동으로 고생했다. 옐친이 세 살 때 아버지와 삼촌은 쿨라크이자 "파괴범wrecker"이라는 혐의로 노동수용소 3년 형을 받았다. 고르바초프와 마찬가지로 가족사에서 이런 오점은 옐친의 삶에서 시워졌다. 아버지가 한밤중에 끌려나간 것을 생생하게 기억했지만, 공산주의가 붕괴되고 긴 시간이 지날 때까지 그 사건을 공개적으로 언급하지 않았다.[167]

1955년 고르바초프가 모스크바대학교 법과대학을 졸업한 해에 옐친은 과거 예카테린부르크였던 스베르들롭스크에 있는 우랄 과학기술 전문학교의 건축학부에서 학업을 마쳤다. 군수산업의 요새인 스베르들롭스크는 소련의 다른 어느 도시보다 외부와 철저히 격리되어 있었고 1991년까지 외국인 방문이 전면 금지된 도시였다. 옐친처럼 야망이 큰 젊은이에게 "소련의 현실"에 적응하는 것 외에는 대안이 없었다. 옐친은 체제가 작동하게 하는 데 힘을 쏟았다.

스베르들롭스크에서 함께 일한 동료들은 옐친을 두고 엄하고 용서할 줄 모르는 감독자라고 했다. 1976년 지역 당서기로 임명된 옐친은 스베르들롭스크를 거대한 건설현장처럼 운영했다. 마감 시간을 엄격히 정하고 부하들이 한 일을 직접 점검했다. 일이 제시간에 끝나지 않았으면 누군가 확실히 처벌받게 했다. 한 가지 유명한 사례에서 옐친은 정확히 1년 안에 스베르들롭스크에서 북부의 세로프까지 약 350킬로미터로 건설할 고속도로를 따라 이동하겠다고 선언했다. 이때 고속도로 선상에 있는 모든 도시와 마을의 간부를 자신과 동행하도록 했고, 맡은 구역의 공사를 끝내지 못한 사람은 버스에서 내쫓아서 걷게 했다.

옐친은 자서전 『관행에 반하여*Against the Grain*』에서 자신이 마치 작은 차르라도 된 것처럼 담당 구역을 운영하는 지역 당수들의 "권력에 대한 도취감"에 대해 언급했다.

"회의를 주관하든 사무실을 운영하든 보고서 내용을 전달하든 누군가가 하는 모든 일이 압박, 위협, 강요라는 관점에서 표현되었다. 그당시에 이런 방법은 어느 정도 효과가 있었고, 특히 해당 책임자가 의지가 충분히 강하면 그랬다."[168]

옐친은 무슨 수를 써서도 맡은 일을 완수하는 능력 때문에 스베르들롭스크에서 인기가 엄청 높았다. 그런 사실은 모스크바에 있는 옐친의 상급자에게도 알려졌는데, 특히 간부단을 책임진 당 서기이자 보수파인 예고르 리가초프에게 강한 인상을 남겼다. 고르바초프가 서기장에 취임한 지 1년 반 뒤인 1985년 4월 리가초프의 천거로 옐친은 모스크바로 자리를 옮겼다. 같은 해 말 옐친은 모스크바 시당 위원회 서기라는 핵심 자리로 영전했다.

모스크바 시당 책임자로서 옐친은 대중적이고 군중을 즐겁게 하는 제스처에 재능을 보였다. 관료 수십 명을 내쫓고, 주민들이 불만 사항을 공개적으로 털어놓게 했으며, 부패로 악명 높은 소매업도 손봤다. 모스크바 일반 시민에 대한 자신의 관심을 보여주기 위해 삭막한 교외의 주거지역에서 노동자를 도시로 실어 나르는 붐비고 곧 망가질 듯한 버스를 탔고, 주부들이 먹을 것을 찾아다니는 반쯤 빈 상점을 돌아다녔다. 그럴 때면 방송국 인원이 옐친과 동행했고, 정치국 동료들은 옐친이 "값싼 인기"를 얻으려고 한다고 불평했다. 옐친의 진짜 죄는 소련 지도부의 행동방식에 관한 불문율을 깬 것이었다. 보란 듯이 질 리무진을 타지 않은 것은, 단지 몇 시간만 그렇게 하더라도 노멘클라투라의 특권 시스템을 훼손하는 행위였다. 소련 지도자의 권위는 인민의 평판보다는 관료제에서 차지하는 위치에서 나왔다. 옐친은 과감하게 동료 관료와 차별화함으로써 한 덩어리로 뭉친 당의 겉모습을 파괴했다.

옐친은 대중과의 직접적인 연결 고리를 만들기 위해 고르바초프가 개척한 길을 따라갔다. 옐친이 이해 못했거나 이해하기를 거부한 것은 두 사람이 다른 규칙에 따라 행동한다는 사실이었다. 소련의 최고 지도자인 서기장은 개성을 가질 수 있었다. 게다가 고르바초프가 대중과 관계를 맺는 방식에는 주저하거나 감정적인 성격이 있었다. 고르바초프에게 글라스노스트는 목적을 달성하기 위한 수단이고, 외부에서 당에 압력을 가하는 방법이었다. 당은 권력의 최후 원천으로 남았다. 반면 옐친의 행동은 위험하게도 당의 규율을 한꺼번에 거부하는 것에 가까웠다.

페레스트로이카 초기 단계에서 옐친과 고르바초프는 자연스럽게 동지가 되었다. 개혁 계획이 벽에 부딪히자 고르바초프는 장애물을 제거하기 위해 시베리아 출신의 인간 공성 망치를 이용했다. 정치국의 보수적인 다수파와 균형을 맞추기 위해 급진파를 두는 것이 중요했고, 그렇게 함으로써 스스로 타협을 잘 하는 인물임을 내세울 수 있었다. 옐친은 회고록에서 이렇게 말했다.

"고르바초프에게 옐친이 없었으면 그런 인물을 하나 만들어내야 했을 것이다. … 이런 실화 작품에서, 마치 잘 연출된 연극처럼 역할 분담이 잘 이루어졌다. 악당 역할을 하는 보수주의자 리가초프와, 저돌적이고 무모한 급진주의자 옐친이 있었다. 고르바초프 자신은 현명하고 전지전능한 영웅이었다. 이것이 확실히 고르바초프가 이 실화를 보는 방식이었다."[169]

모스크바 근무 경험은 옐친을 더욱 급진적으로 만들었다. 옐친은 기존의 중앙통제 방식이 더 이상 작동하지 않는다는 것을 알았다. 스베르들롭스크에서처럼 남의 간섭을 받지 않고 행동할 수 없다는 사실에 좌절감도 느꼈다. 정치국 동료들은 도와주기는커녕 자신의 권한을 약화시키려는 것처럼 보였다. 옐친은 당 기구를 사유화한 오래된 후원자리가초프에게 특히 화가 났다. 지도부에서 2인자인 리가초프는 당 하위조직의 일을 감독하는 막강한 서기국 회의를 주관했다. 옐친은 서기국이 모스크바시의 일에 사사건건 간섭한다고 불평했다. 리가초프는 리가초프대로 말만 많고 하는 일은 별로 없는 대중선동가라며 옐친의 불평을 묵살했다. 그렇게 고르바초프 집권 시기 중 가장 극적인 결전이 벌어질 무대가 마련되었다.

오전 10시 정각 고르바초프가 연단에 오르자 나무 패널로 마감된 회의장의 흥분이 고조되었다. 이날 중앙위원회 의제는 하나밖에 없었다. 11월 7일 볼셰비키 혁명 70주년을 기념하는 서기장의 연설을 듣는 것이었다. 민주주의 국가에서는 그런 연설을 듣는 일이 힘들었을 것이다. 독재가 허물어지는 소련에서는 국가가 통치되어 온 방식과 앞으로 소련이 지향하는 사회의 핵심을 다뤘기 때문에 연설이 열광적 반응을 불러일으킬 수 있었다. 조지 오웰은 소설『1984』에서 전체주의 국가에서는 "현재를 지배하는 자가 과거를 지배한다. 과거를 지배하는 자는 미래를 지배한다"라고 했다.

2년 반 전 고르바초프가 서기장으로 선출된 회의장이 사람들로 가득 찼다. 서기장 앞에는 당 서기, 장군, 장관, 문화계 거물, 산업계 인물 등 소련 노멘클라투라 중에서도 최고 명사들이 앉아 있었다. 짙은 가을 안개로 공항이 폐쇄되어 먼 지역의 중앙위원회 위원 수십 명이 전체회의 시간에 맞춰 도착하지 못했다. 이들 대신에 군구 사령관과 지역 당수가 자리를 채웠다. 서기장은 교서를 낭독하는 교황처럼 새로운 당의 노선을 공표하고 있었다. 비밀회의가 끝나면 공산당이라는 교회의 추기경들은 밖으로 나가서 당 노선을 전할 터였다.

이때 고르바초프가 전달하려 한 메시지는 당이 잘못을 저지르고 진실한 신앙에서 벗어났다는 것이었다. 스탈린은 나빴지만 레닌은 옳았다. 당이 스탈린이 남긴 "오물"을 청산하고 레닌주의의 뿌리로 돌아가면 구원이 가까이에 있었다. 공산주의는 개혁할 수 있을 뿐 아니라 개혁되어야 했다.

고르바초프는 혁명의 "거대하고 웅장한 성취"를 찬양하는 의례적인 서론을 말한 뒤 소련 역사 70년 중 29년을 이끈 인물의 명성을 허물기 시작했다. 고르바초프는 부하들이 저지른 인민에 대한 탄압을 스탈린이 몰랐다는 항간의 주장에 대해 경멸하는 말을 쏟아냈다. 그러고는 스탈린이 직접 관여한 사실은 문서로 충분히 남아 있고 "용서할 수" 없다고 중앙위원들에게 말했다. 자신의 주장을 뒷받침하기 위해 몇몇 구체적 수치도 제시했다. 대숙청 당시 1924년의 정치국원 중 한 명만 살아남았고 그 한 명이 스탈린 자신이었다. 테러의 또 다른 희생자로는 1934년 공산당 대회 대의원의 60퍼센트, 이들이 선출한 중앙위원회 위원의 70퍼센트, "히틀러가 침략하기 하루 전날 밤에 군의 핵심을 이룬 붉은군대 지휘관", "수천 명의 정직한 당원·비당원"이 있었다.[170] (고르바초프는 이상할 정도로 희생자 수를 적게 추산했다. 고르바초프가 언급하지 않았지만 인위적으로 야기된 대기근과 강제이주된 민족 전체를 포함하면 스탈린에 의해 희생된 전체 인원은 일반적으로 3000~4000만 명으로 알려진다.)

당시의 기준으로 보면 대담한 연설이었다. 스탈린의 "범죄"라는 표현에 정치국이 동의하도록 한 것도 수 주간에 걸친 논의가 필요한 큰 성과였다. 하지만 늘 그렇듯이 서기장이 연설의 핵심에 다다르는 데는 너무 오랜 시간이 걸렸다. 한 시간, 두 시간, 네 시간 동안 계속 장광설을 늘어놓으면서 페레스트로이카의 적들에 대한 공격은 이념의 안개 속에서 길을 잃었다. 고르바초프가 의도한 바였을 수도 있다. 전체주의라는 괴물을 파괴하기 위해서 일을 은밀하게 진행해야 했다. 당의 추종자들이 고르바초프가 자신들을 어디로 이끄는지 알았더라면 실제 그랬던 것보다 훨씬 일찍 반기를 들었을 가능성이 컸다. 크렘린 음모 정치의 대가인 고르바초프는 수사적 연막 뒤에 중요한 정책 변화를 숨기는 기술을 완벽하게 보여주었다. 새로운 아이디어의 씨앗을 슬쩍 던진 후 편안히 앉아서 씨앗이 자라는 것을 지켜보면서 해당 시점의 정치적 필요에 맞게 도덕적 판단을 내렸다.

옐친이 보기에 좌고우면과 절충 능력은 고르바초프의 최대 단점이었다. 옐친은 비잔틴식 음모와 끝없이 계속되는 이념 토론에 진저리가 났다. 서기장에게 아첨하는 분위기도 짜증 나기는 마찬가지였다. 몇 년 전만 해도 고르바초프가 상대적으로 중요하지 않은 농업 지역을 이끌고 있었고, 자신은 소련에서 가장 중요한 산업 중심지를 책임졌다는 사실도 잊지 않았다.[171] 페레스트로이카를 시작한 고르바초프의 용기에는 감탄했지만, 고르바초프가 가만히 앉아 권력에 따른 특권을 즐기는 동안 구체적 결과를 만들어내지 못한 것에 대해서는 환멸을 느꼈다.

옐친은 불만 사항을 적은 종이를 들고 중앙위원회 전체회의에 왔다. 자신이 하려는 행동이 적어도 전통적인 공산당 기준으로는 정치적 자살행위라는 점을 알았다. 그러나 마음 한구석에는 소련 정치의 규칙이 바뀌고 있고 스스로 새로운 역할을 개척할 수 있다는 막연한 느낌이 들었는지도 몰랐다. 많은 국민이 페레스트로이카에 원인을 돌리는, 점점 심화되는 경제난은 소련 지도부가 더 이상 무시할 수 없는 요소가 되었다. 옐친의 주된 동기는 거의 확실히 심리적인 것으로, 11세 때 졸업식에서 일어서서 교장을 가학성애자로 매도하게 만든 바로 그 내면의 목소리였다. 그 목소리는 옐친에게 용기를 최대한 쥐어짜서 결과가 어찌 되건 속마음을 털어놓으라고 말했다.[172] 고르바초프가 연설을 마쳤을 때 옐친은 손을 들었다.

이날 회의 의장은 리가초프였다. 처음에 리가초프는 앞줄의 정치국 후보위원 자리에 앉은 자신의 정적인 옐친을 보지 못했다. 그래서 서기장이 말한 모든 것을 만장일치로 지지하면서 관례적인 폐회를 선언하려고 했고, 바로 그때 고르바초프가 끼어늘었다.

"옐친 동지가 뭔가 할 말이 있나 봅니다."

옐친의 연설은 일관성이 없었다. 더 매끄러운 정치인이라면 취약한 목표 한두 개에 공격을 집중했을 것이다. 그러나 옐친은 전 방향으로 공격을 분산시키며 기득권 세력 전체와 싸웠다. 우선은 리가초프와 막강한 중앙위원회 서기국의 "협박하듯 질책"하고 끊임없이 "야단"치는 "참을 수 없는 업무처리 방식"을 맹비난하는 것으로 포문을 열었다. 다음으로 페레스트로이카의 실패로 넘어갔다. 2~3년 계속된 공허한 약속에 국민들은 환멸을 느끼고 신뢰도 "서서히 약해지기 시작"했다. 당의 권위도 실추되고 있었다. 옐친은 고르바초프의 지도력 스타일에 대한 직접적 공격으로 연설을 마무리했다. 일부 정치국원이 서기장에 대해 과도한 아부를 해서 새로운 "개인숭배"가 시작되는 것을 감지했다고 주장한 것이다. 이런 경향을 방치하면 아주 위험해질 수 있었다. 사실상 옐친은 글라스노스트의 시조가 또 다른 스탈린이 될 수 있다는 것을 암시했다. 옐친의 주장에 분노로 격앙된 고르바초프의 얼굴이 뻘겋게 달아올랐다.[173] 옐친이 생각을 가다듬고 마지막 말을 하기 위해 용기를 내는 동안 긴 침묵이 있었다.

"저는 정치국원이라는 자리에 맞지 않는 사람입니다. 여러 이유가 있습니다. 경험에 문제가 있고 다른 요소들도 있습니다. 일부 동지들, 특히 리가초프 동무의 지지를 못 받고 있습니다. 그러니 정치국 후보직에서 사임시켜달라고 요청하게 되었습니다".[174]

나중에 옐친은 이렇게 회고했다.

"발언을 전부 마친 다음 자리에 앉았다. 심장이 마구 뛰어서 갈비뼈를 뚫고 나올 것 같았다. 다음에 무슨 일이 벌어질지 알고 있었다. 조직적이고 체계적인 방식으로 내가 학살되고 그 일이 거의 기분 좋게 즐기듯 이루어질 것이었다."[175]

상황은 옐친이 정확히 예측한 대로 전개되었다. 고르바초프는 옐친이 경축일에 단합을 보여주는 의례적인 행사를 망친 사실에 격노했다. 사실 고르바초프는 휴가를 보내던 중 불만 사항이 정리되면 사임하겠다고 협박하는 내용이 담긴 옐친의 편지를 받은 상태였다. 하지만 국경일이 끝날 때까지 싸움을 늦추도록 옐친을 설득했다고 생각했다.[176] 고르바초프로서는 정치적 운신의 폭이 급격히 줄어들었다. 이제 정치국의 가장 급진적인 인물을 보수파가 산산이 찢어버리는 것을 앉아서 지켜볼 수밖에 없었다.

관료들이 지지하는 리가초프가 첫 발언에 나서서 옐친이 "가장 순수한 형태의 중상모략"을 했다며 비난했다. 옐친이 감히 인민이 페레스트로이카에 대한 신뢰를 잃고 있다고 주장함으로써 "전체 정책에 대한 불신을" 선동했다는 것이다. 다른 발언자들도 모스크바시 당수인 옐친을 "낙오자", "당의 단합을 파괴하는 자", "선동가", "겁쟁이", "허무주의자"라며 비난했다. 전체적으로 중앙위원회 위원 25명이 논쟁에 참여했다. 조금이나마 옐친에게 우호적인 발언을 한 사람은 한 명뿐이었다. 그는 크렘린의 미국 정치통인 게오르기 아르바토프로, 다른 위원들과 함께 당 화합의 균열을 비판하는 데 동참하면서도 이단자의 "용기"를 칭찬했다.

외국에서 온 고위 인사 다수가 볼셰비키 혁명 70주년 기념식에 초대되었기 때문에 행사를 멈출 수는 없었다. 11월 7일 옐친은 대규모 군사 퍼레이드에 참석하기 위해 지도부의 나머지 인사들과 함께 레닌 영묘 위의 사열대에 올랐다. 이 자리에서 옐친은 이미 집단 따돌림의 부담감을 느꼈다. 행사가 끝나는대로 옐친은 이리떼에 내던져질 예정이었다.

11월 9일 옐친은 병원으로 이송되었다. 옐친에 따르면 신경 불안과 심한 가슴 통증과 지독한 두통에 시달렸다. 나중에 고르바초프는 옐친이 사무실 가위로 흉곽을 자해해서 자살하는 척했다고 비난했다.

"나는 옐친이 뭔가를 꾸미는 경향이 있다는 사실을 이미 잘 알고 있었다."[177]

3일 뒤 고르바초프는 옐친을 모스크바 시당 위원회 전체회의에 불렀다. 옐친은 회고록에 자신이 어떻게 억지로 약을 잔뜩 먹고 비난자들 앞에 서게 됐는지 기록했다.

"그런 잔인한 행동을 이해할 수 없었다. 머리가 핑핑 돌았고, 다리가 후들거렸다. 혀가 말을 듣지 않아 말을 할 수 없을 지경이었다. … 겨우 발을 끌며 느릿느릿 걸을 수 있어서 로봇이나 마찬가지였다."[178]

모스크바 시당 위원회 전체회의는 스탈린의 여론 조작용 재판과 닮았다. 승리의 미소를 띤 리가초프가 고르바초프와 나란히 연단 위에 앉아 있었다. 옐친의 말을 제대로 들어보려는 척도 하지 않았다. 그 대신 과거 동료이자 부하들이 가장 혹독한 방식으로 옐친을 줄줄이 비난했다. 전체회의 회의록은 2년 뒤에나 공개됐기 때문에 옐친이 그 자리에서 실제로 무슨 말을 했는지 아는 사람은 거의 없었지만 어쨌든 옐친은 공격을 받아야 했다. 한 지구당 서기는 옐친 밑에서 일하는 것이 "고문"이었다고 했다. 또 다른 참석자는 옐친이 소련에서 유일하게 "모스크바나 모스크바 인민"을 좋아하지 않는 사람이라고 비난했다. 세 번째로 나선 사람은 옐친의 "잔혹함"을 비난했고, 네 번째 사람은 옐친의 정기 인사가 "황당한 웃음거리"로 전락했다고 불평했다. 공격과 비난이 다 끝나자 옐친은 이런 경우 거의 모든 피고가 하는 행동을 했다. 공산당과 "우리 조직과, 조국과, 전 세계에서 명망이 매우 높은 미하일 세르게예비치 고르바초프" 앞에서 자신의 "죄"를 순순히 인정했다.[179]

모든 과정이 끝나자 옐친은 테이블에 쓰러졌다. 옐친이 회의장에서 나갈 때 고르바초프는 곁눈질로 옐친을 보고는 시선을 돌렸다. 고르바초프는 옐친의 팔꿈치를 잡고 자신의 오래된 집무실로 데려 갔다. 두 사람은 같이 앉아 잠시 얘기를 나눴고, 구급차가 와서 옐친을 태우고 병원으로 갔다. 며칠 후 옐친은 고르바초프의 전화를 받았다. 고르바초프는 정부 건설 총괄기관인 고스트로이Gosstroi의 부책임자 자리를 제안했다. 장관급 직책이긴 해도 누구나 탐내는 정치국원과 공산당 서기라는 특권그룹에서 벗어나는 자리였다. 옐친은 제안을 즉각 받아들였다. 서기장이 말했다.

"다시는 동무가 중앙정치에 발을 들이지 못하게 하겠소."[180]

소련 지도자의 발언 중 이보다 더 숙명적인 발언은 거의 없었다.

26장

모스크바

1988년 3월 14일

"소련 공산당 중앙위원회"라는 문구가 새겨진 스타라야 플로샤디(구광장)의 인상적인 주랑현관(건물 입구로 이어지는 지붕 덮인 현관 - 옮긴이) 앞에서 소련의 여론을 책임진 사람들이 검정 관용차에서 내렸다. 언론사의 편집국장들이 노멘클라투라임을 입증하는 붉은색 신분증을 슬쩍 보이며 들어가는 동안 정복을 입은 KGB 경비원들이 경례를 붙였다. 방문객들은 1층 휴대품 보관소에 외투를 맡긴 후 엘리베이터를 타고 당 이념 담당 서기 집무실이 있는 5층으로 올라갔다.

목요일 정례 정치국 회의가 열리고 외국 지도자들을 맞이하는 크렘린이 소련의 상징적 심장부라면 구광장은 정치적 신경중추였다. 수십 년간 사실상 견제받지 않은 전체주의 국가의 권위는 루뱐카 감옥과 크렘린 사이에 있는 건물들의 미로에 집중되어 있었다. 5개년 계획 승인부터 멀리 시베리아 공장장의 임명까지 소련에서 벌어지는 모든 중요한 일은 관료주의 기구가 처리해야 할 과제였다. 중앙위원회 각 부처는 장관, 신문 편집자, 군 장교, 러시아 정교회 주교, 공장장, 대사에게 구속력 있는 지침을 내렸다. '베르투시카'라는 별명이 붙은 특별 통신 시스템이 중앙위원회와 소련 전역의 주요 의사결정자를 연결했다.

모스크바 시내의 한 구역을 차지하고 있는 중앙위원회는 화려하게 장식된 관료 기구였다. 무너져 가는 건물 외관과 곳곳에 구덩이가 파인 모스크바시의 다른 건물과는 극명하게 대조를 이루며 모든 것이 완벽하게 운영되도록 예산을 아끼지 않았다. 모든 사무실은 매년 페인트칠을 다시 했다. 특별 가구 공장이 당관료들의 사무실을 꾸민 책상, 장식장, 연단, 긴 회의 테이블을 별도로 생산했다. 보건부의 한 개 부처 전체, 즉 제4국이 소련 지도부 건강을 관리했다. "인민의 종복들"이 자신들이 봉사해야 할 인민들이 오염된 음식을 먹지 않도록 중앙위원회가 소유한 농장이 구내식당에 유기농 식품을 공급했다. 고위 관리가 양복이나 구두가 필요하면 재단사와 제화공이 맞춤 양복과 구두를 제공했다. 하위 관리는 붉은광장의 굼Gum이라는 백화점의 특별 매장을 이용할 수 있었다.

당관료들은 자신들의 복지를 위해 만든 공산주의 유토피아에서 각 서열 사다리에 상응하는 특권과 보상이 있었다. 다차, 훈장, 의료비, 심지어 묘지까지 비잔틴식의 직급표에 따라 배분되었다. 교사는 2년에 한 번 새 털모자를 지급받았지만 비서와 운전사는 3년에 한 번이라는 제한이 있었다. 중앙위원회 방문자는 복도에 깔린 카펫을 따라가다 보면 어디에 권력이 있는지 알아차릴 수 있었다. 카펫은 일반 당관료의 사무실을 지나 오른쪽으로 꺾어진 다음 고위 지도부의 넓은 집무실로 이어졌다. 위계를 나타내는 숨길 수 없는 또 다른 상징은 공산주의를 대표하는 신들의 초상화였다. 부처의 2인자가 되면 통상적으로 제공되는 레닌 초상화가 아니라 마르크스 초상화를 지급받았다. 각 부처의 장

　　　　　　　　　　　제2부 체제의 반란

은 집무실 벽에 마르크스와 레닌 초상화를 동시에 걸었다. 다음으로 차를 대접받는 방식이 달랐다. 하위직 관리는 평범한 쟁반에 차를 주지만 고위직에 오르면 갑자기 쟁반에 냅킨이 추가되었다. 당관료끼리는 승진을 두고 "냅킨을 받는 것"이라고도 했다.

신문 편집장들이 엘리베이터에서 내린 중앙위원회 구청사 5층은 힘 있는 소수만 들어갈 수 있는 내실이었다. 복도에 깔린 카펫이 다른 층보다 한층 두꺼웠고, 복도의 황동 전등은 매일 닦아서 반짝반짝 빛났으며, 호두나무로 마감된 방은 위원회 위원 전체를 수용할 수 있을 만큼 넓었다. 이곳에서는 말도 정중하고 조용하게 했고, 건물에서 유일하게 레닌 초상화 바로 아래 앉는 것이 허용되었다. (다른 사무실에서는 초상화가 약간 옆쪽에 걸려 있었다.) 마치 소련 건국의 아버지가 집무실을 차지한 미래 세대에게 직접 말을 하는 듯 보였다. 모든 것이 그들이 레닌의 영적 후계자라는 인상을 강하게 심어주려는 의도로 이루어졌다.

당 이념 서기를 제외하면 5층에 집무실이 있는 사람은 2명뿐이었다. 한 명은 경제 담당 서기고 다른 한 명은 서기장이었다. 건물 전면 모퉁이에 있는 이념 담당 서기 집무실은 KGB 본부와 소련 비밀경찰을 만든 펠릭스 제르진스키의 우뚝 솟은 동상이 잘 보이는 전망 좋은 곳이었다. 지난 25년 이상 크렘린 정계의 "회색 추기경"인 미하일 수슬로프가 이 집무실에서 마르크스-레닌주의 신조의 순결성을 방어하며 주목을 받았다. 고리타분한 교수처럼 타협할 줄 모르는 강직한 성격의 수슬로프는 감히 다른 생각을 하는 사람을 위축시키는 맹비난으로 소련 전 세대뿐 아니라 외국 공산주의자들에게 두려움을 심어주었다. 소련 외교에 "녜트 동무" 그로미코가 있다면 이념에는 수슬로프가 있었다. 수슬로프가 보기에 모든 변화는 당연히 해로웠다. 1982년 수슬로프가 죽자 2호 집무실은 유리 안드로포프, 콘스탄틴 체르넨코, 미하일 고르바초프가 차례로 차지했다. 가장 최근에 이 집무실을 차지한 이는 예고르 리가초프였다.

다른 여러 고위 관료처럼 리가초프도 2호 집무실에 대해 불쾌한 기억이 있었다. 리가초프 자신도 수슬로프의 장황한 비난의 대상이 된 적이 몇 번 있었다.[181] 그러나 톰스크 당 서기 출신인 리가초프는 "회색 추기경"의 후임이 될 만한 여러 자질을 갖췄다. 열정이 넘치고 청렴했으며 이념적으로 한눈을 팔지 않았다. 성인이 된 후 삶 전체를 당에 헌신도 했다. 고르바초프나 옐친과 마찬가지로 리가초프도 스탈린의 폭정을 직접 경험했다. 붉은군대 장군이던 장인은 1936년 "영국-독일-일본의 스파이"라는 얼토당토않은 혐의로 체포되어 10분 재판 뒤 처형되었다. 1949년 공산당 청년 지도자였던 리가초프는 트로츠키주의자라는 의심을 받았으나 운 좋게 체포되지는 않았다.[182] 리가초프의 사회주의에 대한 믿음은 절대 흔들리지 않았다. 부하들은 리가초프가 "혹독하지만 멋진 땅"인 시베리아에서 보낸 17년에 관한 이야기를 질리도록 들었다. 리가초프는 그 시절을 일생에서 가장 행복하고 만족스러운 시기로 기억했다. 권투선수 얼굴을 한 리가초프는 키가 작고 퉁명스러웠으며 태도는 오만하고 목소리는 도덕적 확신이 넘쳤다. 입을 열면 마치 중앙위원회 전체를 대변하는 것 같았다.

페레스트로이카 초기에 고르바초프와 리가초프는 서로 죽이 잘 맞았다. 브레즈네프 시절의 침체에 실망한 두 사람은 사회주의에 새 바람을 불어넣어야 한다는 투지를 공유했다. 리가초프는 고르바초프를 위해서라면 궂은일도 마다하지 않았고, 무능하고 부패한 관리를 숙청하고 지역 조직의 기강을 잡았다. 글라스노스트가 계획경제의 결점을 진단하고 바로잡는 것을 의미하는 경우 여기에도 전적으로 찬성했다. 그러나 시간이 지나면서 글라스노스트의 방향과 상황을 장악하지 못하는 당의 무능에 점점 더 경각심을 갖게 되었다. 나중에 리가초프는 1987년 말부터 고르바초프가 추구하는 정치 노선에 심각한 의심을 품기 시작했다고 털어놓았다.

"어느 순간 완전히 다른 사람이 되었다. 고르바초프는 정치적 재탄생 과정을 겪었다. 경제난이 가중되자 우리가 믿은 모든 것을 송두리째 망가뜨리는 해결책을 추구하기 시작했다."[183]

리가초프는 포르노나 록 콘서트 같은 바람직하지 않은 사회 현상에 대해 청교도적인 혐오가 있었다. 하지만 리가초프를 정말 화나게 한 점은 소련 역사를 점점 더 수정주의적이고 부정적인 태도로 본 것이었다. 그가 보기에 스탈린의 "죄악"을 비난하도록 언론에 허용하는 행위는 1917년 이후 당의 모든 성취를 봇물을 터트리듯 전면적으로 "폄하"하는 것이었다.

이념 담당 서기로서 리가초프는 글라스노스트가 통제 불능으로 치닫지 않도록 최선을 다했다. 1987년 9월 주간지 〈모스크바 뉴스〉가 크렘린 선전부서 입장에서는 전혀 의미 없는 망명 작가 빅토르 네크라소프에 관한 사망기사를 대담하게 실었을 때는 분통을 터뜨렸다. 리가초프는 일하기가 점점 더 힘들다고 느꼈다. 고조되는 반소련 물결을 막는 일은 이미 물이 새는 제방을 땜질하는 것과 같았다. 신문 편집자에게 소리치고, 전통적 공산주의 가치가 상실되는 것을 한탄하는 연설을 하며 소련의 이념적 방어체계에 난 구멍을 여기저기서 메우려고 미친 듯이 뛰어다녔지만 물이 계속 차오르고 있었다. 이념의 둑은 이미 수십 군데에 균열이 생겼다. 극적인 행동을 취하지 않으면 한꺼번에 휩쓸려 갈 위험이 있었다.

리가초프의 문제는 점잖게 전화를 걸거나 당 차원에서 질책하는 전통적 방식이 더 이상 전처럼 효과를 내지 못한다는 것이었다. 〈모스크바 뉴스)나 〈오고뇨크〉처럼 한때 굽실거리던 정부 기관지는 이미 리가초프의 통제에서 벗어난 상태였다. 젊은 층을 겨냥한 〈브즈글랴트〉 같은 신설 TV 프로그램은 아프간 전쟁 참전용사, 에이즈 확산, 달러를 받는 창녀 같은 문제를 다루는 방송을 내보내며 끊임없이 이념적 한계를 시험했다. 발트3국에서는 검열규제가 특히 느슨해졌다. 3월 초 라트비아의 러시아어 잡지는 전체주의를 비난하는 고전 소설인 조지 오웰의 『동물농장』을 연재하기 시작했다.

기술혁명으로 당이 누리던 정보 전파 독점도 손상되고 있었다. 아주 최근까지도 소련의 모든 복사기는 잠금장치에 보관되었다. 현대 세계에서 경쟁하려면 이런 숨 막히는 통제를 계속할 수 없었다. 정치적으로 신뢰하기 어려운 사람들이 VCR, 컴퓨터, 레이저 프린터, 위성안테나, 팩스 같은 최신 정보 기술 기기를 소유하지 못하게 하는 것도 마찬가지로 힘들었다.

이제 총체적인 반격에 착수할 때가 되었다. 리가초프는 장군들에게 작전 지시를 하는 총사령관처럼 언론사 편집장 회의에서 공격 계획을 브리핑할 생각이었다.

리가초프의 문제는 두 층 아래 있는 사무실을 쓰는 정치국원이 소련 사회를 전혀 다른 방향으로 끌고 가려 한다는 사실로 복잡해졌다. 눈썹이 짙고 스리피스 정장을 좋아하는 부엉이 같은 인상의 알렉산드르 야코블레프는 소련 지도부에서 가장 박식하면서 가장 급진적인 인물이었다. 야코블레프는 성격과 정치적 신념에서 리가초프와는 상극이었다. 리가초프는 고압적이고 남에 대한 배려가 없었다. 야코블레프는 자기 성찰적이고 쉽게 상처를 받았다. 리가초프는 소련 인민이 읽고 말하는 것에 대해 엄격한 통제를 유지하려 했다. 야코블레프는 가장 성스럽게 여겨진 레닌을 포함해 과거 금기시된 대상을 글라스노스트라는 횃불로 비추려고 했다. 리가초프가 당관료의 우상이라면 야코블레프는 지식인이 총애하는 인물이었다.

64세의 야코블레프는 장대하고 기적인 여정의 종착짐에 나다르고 있었다. 이 여정은 러시아의 역사적 심장부이자 볼가강 주변에 있는 작은 마을에서 소련 권력의 핵심부로 야코블레프를 이끌었다. 한때 사회주의의 "빛나는" 미래를 확고하게 믿었지만 이제 소련식 공산주의가 불행한 운명을 맞으리라고 확신하게 된 것이다. 몇 해 전인 1985년만 해도 야코블레프는 고르바초프와 마찬가지로 소련 체제를 개혁할 수 있다고 믿었다. 페레스트로이카 첫 2년간 절박해진 동료 당관료들이 필사적으로 제기한 반발은 남은 환상을 깨뜨렸다. 야코블레프의 설명에 따르면 1987년 고르바초프가 당직자를 경쟁 선거로 뽑자고 제안했을 때가 전환점이었다. 원래 의도는 당에 일정 수준의 민주주의를 노입하여 소련 엘리트의 숨은 에너지를 끌어내려는 것이었지만 결과적으로 노멘클라투라의 거센 저항이 있었다. 1993년 야코블레프는 이렇게 말했다.

"체제를 개혁할 수 없다는 사실이 분명해진 것은 바로 그때였다. 체제가 깨져야 했다. 처음에는 브레즈네프식 사회주의와 관련된 어리석음을 제거하고 인민들이 자주성을 어느 정도 표출하면 우리가 성취하려고 한 것을 성취할 수 있다고 믿었다. 그러나 체제가 이를 허용하지 않는다는 사실이 드러났다. 개인이 자주성을 행사하려는 어떤 시도도 체제를 뿌리째 흔들 수밖에 없었다."[184]

야코블레프가 이념적 전향을 하는 데는 길고 우여곡절이 많았고 깊이 간직한 여러 믿음을 고통스럽게 재고하는 과정이 있었다. 야로슬라블 지방 농노의 후손인 야코블레프에게 후진적인 농촌 국가였던 러시아가 현대적 산업국가로 탈바꿈하고 그 과정에서 문맹률도 획기적으로 낮춘 사실은 인상 깊었다. 아버지 니콜라이는 내전에서 적군과 싸웠고, 고르바초프의 할아버지처럼 지역 집단농장의 제1위원장이었다. 그러나 야코블레프는 고르바초프와는 달리 공포정치를 직접 경험하지는 않았다. 아버지 니콜라이는 비밀경찰이 "계급의 적"을 잡아들이는 동안 며칠간 마을을 떠나 있는 기지를 발휘해 체포되는 상황은 피했다. 소련의 다른 모든 이들과 마찬가지로 비밀경찰도 목표 달성을 위한 일련의 계획이 있었다. 할당된 "적"을 체포한 뒤에는 야로슬라블 지역을 떠나 이동한 것이다. 아버지는 체포 위험이 사라진 것을 확인한 후 마을로 돌아왔다.[185]

　　17세의 야코블레프는 이상주의적 태도로 제2차 세계대전에 참전했고 "스탈린을 위해! 조국을 위해!"라고 외치며 전우와 함께 독일군을 공격했다. 해병 중위였던 야코블레프는 소름 끼치는 행위를 많이 보았다. 양측은 포로를 배려하지 않았다. 야코블레프의 전우 다수가 죽었다. 부상자를 전장에 두지 않는 소련 해병의 전통이 아니었다면 야코블레프도 자살했을 것이다. 레닌그라드 외곽 늪지대에서 독일군 기관총 총탄 세례를 받았을 때 전우들은 야코블레프를 안전한 곳으로 끌고 나왔다. 4명이 목숨을 잃었지만 야코블레프는 구조되었고 평생 불구가 되어 집으로 돌아왔다. 학창 시절 동창 중 100명 중 3명꼴로만 전쟁에서 살아남았다.

　　전후 독일에서 돌아온 소련군 포로에 대한 정권의 태도는 야코블레프가 희미하게나마 처음으로 스탈린에 대한 의구심을 가진 계기였다. 전쟁포로를 영웅으로 맞아주고 새 삶을 시작하도록 도와주기는커녕 이념적으로 오염이 되었을지도 모른다는 두려움 때문에 이번에는 소련 수용소로 서둘러 보냈다. 나중에 야코블레프는 말했다.

"도저히 받아들일 수 없었다. 끔찍할 정도의 수치였다."

1956년 크렘린 회의장 2층에 앉아 니키타 흐루쇼프가 유명한 "비밀 연설"을 통해 스탈린의 죄상을 맹렬히 비난하는 것을 본 뒤에 야코블레프의 의구심은 더 굳어졌다. 그는 숙청, 강제수방, 대량 학살이 "나를 완전히 바꿔놓았다"고 회고했다.

"아무도 다른 사람을 쳐다보지 않았다. 흐루쇼프가 갈수록 더 끔찍한 사실을 하나하나 열거하는 동안 침묵만 흘렀다."[186]

야코블레프는 운명적으로 또 다른 획기적 사건인 1968년 소련의 체코슬로바키아 침공을 목격했다. 이때 야코블레프는 중앙위원회 선전선동부 부장 대행이었다. 붉은군대가 "인간의 얼굴을 한 사회주의"라는 둡체크의 실험을 짓뭉개버린 지 하루 뒤 야코블레프는 소련 기자단의 이념 성향을 감시하는 임무를 맡아서 프라하를 방문했다. 침공에 대한 소련 정부의 공식적인 해명, 즉 체코슬로바키아에서 사회주의를 전복하기 위한 "유대인과 미국인의 음모"는 없었다는 사실이 금방 명확해졌다. 야코블레프는 5일간 현지에 머무는 동안 체코슬로바키아 인민들이 소련군 깃발을 불태우고 화염병으로 소련 탱크를 공격하는 모습을 목격했다. "형제애적 지원"을 하러 온 소련군을 향해 시민들이 "파시스트, 파시스트"라고 구호를 외치는 소리도 들었다. 동료들이 공산주의의 배신자라고 매도한 둡체크가 모스크바에 연금되었다가 귀국하자 국가적 영웅으로 환영받는 모습도 보았다. 야코블레프는 저자에게 이렇게 털어놓았다.

"체코슬로바키아 방문은 내게 지워지지 않는 인상을 남겼어요. 체제가 수명이 다했다는 신호였죠."[187]

동료 다수와 마찬가지로 야코블레프도 개인 의견이 드러나지 않도록 조심했다. 이중적인 삶을 살 능력이 없으면 소련 관료체제에서 출세는 둘째치고 살아남을 수 없었다. 그는 브레즈네프에게 체코슬로바키아의 "실정"을 정확히 보고했다고 주장했다. 하지만 야코블레프의 보고는 외교적 수사로 가득찼음이 틀림없었다. 프라하에서 일한 공로로 정부 표창을 받고 선전선동 업무를 여러 해 더 했기 때문이다. 공산주의가 무너지고 고위직에서 물러난 후에야 야코블레프는 체코슬로바키아에서 경험한 내용을 공개적으로 밝혔다.

야코블레프에게 지적으로 큰 영향을 미친 또 다른 요인은 외국 여행이었다. 야코블레프는 정치국원 중 유일하게 서방 국가의 생활을 세세하게 알고 있었다. 1958년 출세 가도를 달리는 당관료였던 야코블레프는 미소 간 첫 교환학생 프로그램에 따라 컬럼비아대학에서 1년을 보냈다. 유학 기간에 그는 미국인의 환대와 기술적 성취에 대해 큰 인상을 받았지만, 자본주의의 본질적 우월성에 대한 초청국의 도덕적 설교에 대해서는 부정적으로 반응했다. 수십 년이 지난 뒤에도 공산주의자가 뿔이 달렸는지 확인하려고 자신에게 모자를 벗어보라고 한 맨해튼 상점 점원을 기억하며 울분에 차 있기도 했다. 야코블레프는 「미제의 이념」, 「USA, 위대한 나라에서 병든 나라로」, 「나락의 언저리에서」 같은 일련의 거친 반미 소책자에서 분노를 표출했다.

1972년에는 주간지에 쓴 글을 둘러싸고 러시아 민족주의자들과 논쟁에 휘말린 뒤 캐나다 대사로 멋지게 포장된 국외 추방을 당했다. 캐나다에 10년간 머무는 동안 서구 민주주의는 가까이에서, 희비극이 뒤섞인 브레즈네프 말기의 사건들은 멀리서 관찰했다. 캐나다 근무 경험으로 야코블레프는 소련 문제를 어느 정도 거리를 두고 평가할 능력을 얻었다. 1983년 5월 고르바초프와 일련의 놀라운 대화를 나눌 편안한 환경도 얻었는데, 이 기간에 두 사람은 궁극적으로 페레스트로이카로 이어진 여러 아이디어를 검토했다. 당시 최연소 정치국원으로 농업

제2부 체제의 반란

문제를 책임진 고르바초프는 10일간 캐나다를 방문하면서 국제무대에 데뷔했고 야코블레프는 고르바초프의 현지 가이드 역할을 했다.

1970년대 초 야코블레프는 고르바초프를 만날 기회가 여러 번 있었지만 잘 알지는 못했다. 하지만 두 사람 모두 고르바초프의 고향인 스타브로폴 출신으로 중앙위원회에서 일한 마르크 미하일로프와 아주 가까운 친구였다. 함께 아는 친구 덕분에 두 사람은 서로에게 솔직하게 다가갈 수 있었다. 고르바초프의 캐나다 방문이 비공식적 성격이라는 점도 도움이 되었다. 두 사람은 컨베이어 사의 구형 프로펠러 비행기를 타고 캐나다 곳곳을 돌아다니며 생각이 놀랄 만큼 비슷하다는 사실을 알게 되었다. 한 방문지에서는 캐나다 주최자가 나타나지 않아서 옥수수밭을 2시간이나 함께 걷다가 결국 비까지 맞았다. 야코블레프는 인터뷰에서 이렇게 밝혔다.

"그 기회에 고르바초프에게 속마음을 털어놓았죠. 고르바초프도 그랬습니다."[188]

두 사람은 KGB 요원과 크렘린에서 함께 온 나이든 동료들과 멀리 떨어진 곳에서 소련 외교정책의 "어리석음"과 소련 내부에서 과감하게 노선 수정을 해야 할 필요성에 대해 이야기를 나누었다.

고르바초프는 캐나다에 추방된 야코블레프를 소련으로 데려와 모스크바의 권위 있는 싱크탱크인 세계경제국제관계연구소의 소장이 되게 도왔고, 자신이 서기장이 된 뒤에는 야코블레프를 정치국원으로 승진시키고 최측근으로 만들었다. 야코블레프는 고르바초프에게 각종 아이디어를 제공하며 페레스트로이카의 지적 설계자 역할을 했다.

야코블레프와 리가초프는 정치적 입장이 다르지만 한 가지 면에서는 매우 닮았다. 두 사람 모두 막후에서 권력을 행사하는 경험 많은 당 관료였다. 오랜 경험을 바탕으로 중앙위원회의 막후 음모에 대해 직관적인 감각이 있었다. 야코블레프는 모스크바 지식인들의 지지를 받았지만 옐친 같은 인물이 가진 포퓰리스트적 자질은 부족했다. 야코블레프는 진짜 싸움은 길거리가 아니라 정치국 안에서 벌어진다고 믿었고, 옐친은 감정적이고 정도에서 벗어난 행동으로 페레스트로이카에 해를 입히고 있다고 생각했다.

크렘린 최고위층 정치에서 가장 중요한 원칙은 "그럴듯한 부인" 원칙이었다. 대부분의 지시는 주로 전화 통화를 비롯해 구두로 이루어졌다. 그렇게 하는 경우 출처를 추적할 수 없기 때문이었다. 어떤 때는 눈을 깜빡이거나 고개를 끄떡하는 것만으로 의사를 전달했다. 리가초프와 마찬가지로 야코블레프도 좋은 자리에 배치된 동조세력을 통해 영향력을 행사했다. 야코블레프는 자칭 "글라스노스트의 가미카제"라면서 이념적 한계를 끊임없이 살피는 급진적 신문 편집인들의 정치적 후원자 역할을 했다. 이들 신문은 기사에 책임을 졌지만 위기에 처하는 경우 야코블레프가 보호해 줄 것으로 이해했다.

야코블레프의 전형적인 방법은 1986년 10월 글라스노스트의 주요 돌파구인 반스탈린 영화 〈참회Repentance〉의 개봉으로 나타났다. 이탈리아 영화감독인 페데리코 펠리니 스타일의 풍자 영화인 〈참회〉의 스토리는 스탈린의 고향인 조지아에서 시작되었고, 소련 역사뿐 아니라 당대 정치에서 가장 휘발성 강한 일부 주제를 다뤘다. 야코블레프는 이런 작품이 정치국 보수파의 동의를 받아 상영되기는 어렵다는 걸 알았다. 장애물을 우회하기 위해 야코블레프는 〈참회〉를 만든 텐기즈 아불라제 감독과 공식적인 개봉은 하지 않기로 은밀히 합의했다. 그 대신 선택된 관객을 개인적으로 초청해 영화를 상영했다. 상영관은 점점 늘어나 사실상 전 국민이 영화를 보게 되었고 〈참회〉는 전국적인 센세이션을 일으켰다.

일단 검열이 완화되자 소련 언론인과 영화제작자는 누가 뭐라 할 것도 없이 과거의 어두운 비밀을 폭로하는 데 앞장섰다. 리가초프 같은 보수파는 야코블레프를 글라스노스트라는 꼭두각시 인형의 줄을 당기는 사악한 조종자로 보았다. 보수파는 모든 실패의 책임을 야코블레프에게 돌렸다. 리가초프는 회고록에서 야코블레프가 매체 조작을 통해 페레스트로이카가 갈 올바른 길을 왜곡시킨 배후 인물이라고 맹비난했다. 그런 인물과 싸우는 것은 형체가 없는 그림자와 싸우는 것과 같았다.

"글라스노스트와 다원주의 상황에서 언론이 얼마나 강력하고 위험한 무기가 될 수 있는지를 전혀 몰랐다. 서방에서 수년간 살았던 알렉산드르 야코블레프는 당연히 정치국의 그 누구보다 그런 사실을 잘 알았다. 시작부터 야코블레프는 급진적 언론에 대한 개별적인 통제력을 구축했다."[189]

리가초프는 사회주의를 구하기 위해서 반격에 나서야 한다는 것을 알았다.

야코블레프와 마찬가지로 리가초프도 자신을 정치적 후원자로 여기고 생각이 비슷한 신문 편집자 인맥이 있었다. 1988년 3월 그런 편집자 중 발렌틴 치킨이 〈소베츠카야 로시야〉 신문을 통해 글라스노스트에 대한 공격에 착수했다. 이 공격은 "원칙을 저버릴 수 없다"라는 제목의 전면 기사의 형태로 나타났으며, 기고자는 니나 안드레예바라는 레닌그라드의 무명 화학교사였다. 기고문 제목은 고르바초프의 최근 연설에서 따온 것이지만 내용 자체는 서기장이 내건 사실상 모든 것에 대한 반론이었다. 안드레예바는 "국내외 계급투쟁"을 호소하며 스탈린을 변호하고, 소련 곳곳에서 생기는 비공식 정치단체를 맹비난했

다. 나중에 고르바초프는 이 기고문이 "페레스트로이카에 대한" 직접적인 공격이었다고 밝혔다.[190]

안드레예바 기고문의 배후가 정확히 누구인지는 후에 엄청난 논란이 되었다. 급진파는 발렌틴 치킨이 리가초프의 보호와 격려 하에 행동했다고 의심했다. 두 사람은 이 시기 확실히 가까이 접촉했다. 리가초프는 기사가 나가기 '전'에는 아무것도 몰랐다고 거듭 강조했고, 이런 주장에 대한 반증은 나오지 않았다. 이런 일이 다뤄지는 방식을 고려하면 나중에라도 "스모킹 건"이 나올 가능성은 적었다. 어떤 면에서는 배후가 누군지는 상관이 없었다. 기고문과 관련된 진짜 이슈는 기사가 나간 '뒤'에 벌어진 일이기 때문이다.

"원칙을 저버릴 수 없다"가 일개 화학교사의 사색에 불과했다면 아무도 신경 쓰지 않았을 것이다. 글라스노스트가 한창이던 1988년 그런 기사는 매일 언론에 나왔다. 이 기사가 주목을 끈 이유는 주요 당 기관지에 이례적으로 눈에 잘 띄게 실렸기 때문이었다. 볼셰비키 스타일의 가죽 재킷을 걸치고 존경을 표하는 학생들에 둘러싸인 3단짜리 기고자 사진이 실린 것은 당국이 안드레예바의 견해를 공식적으로 인정했다는 신호를 독자들에게 심어주었다. 보수파에게는 일종의 동원령인 셈이었다.

기사가 나가고 하루 뒤 "원칙을 저버릴 수 없다"를 새로운 당 노선으로 만들려는 시도가 중앙위원회 5층에서 시작되었다. 리가초프는 가장 급진적인 간행물인 〈오고뇨크〉와 〈모스크바 뉴스〉 편집자를 집무실 모퉁이 옆에 있는 정치국 회의실 회의에 의도적으로 초청하지 않았다. 리가초프는 봄 파종과 가축 사육 개발에 관한 선전 지원 문제에 관해 몇 마디를 한 후 마음속에 있는 가장 시급한 주제로 넘어갔다.

"동무들은 니나 안드레예바 기고문 봤습니까?"

"네, 봤습니다."

〈이즈베스티야〉 편집장인 랍체프가 답했다. 소련 최고회의 공식 기관지인 〈이즈베스티야〉는 글라스노스트를 적극적으로 지지했는데, 랍체프는 리가초프기 각정하고 나서면 사신이 위험에 처하게 될 것을 우려했다.

"아주 훌륭한 기고문으로 정치적 글쓰기의 훌륭한 사례입니다. 편집장 동무, 그 기고문 속 아이디어를 기사를 쓸 때 지침으로 삼기를 바랍니다."

리가초프는 지방지 수천 개가 크렘린의 공식 입장으로 여기는 타스통신사의 수장에게 이렇게 말했다.

"타스에서 이 기고문을 당장 배포하세요."[191]

리가초프의 지시는 즉각 실행되었다. 지방지 수십 개가 기고문을 다시 기사로 내보냈다. 전국의 당 기구는 기고문 내용을 연구하기 위해 특별회의를 열었다. 안드레예바의 생각을 지지하는 "정직한 노동자들"로부터 온 전보가 중앙위원회에 쏟아져 들어왔다. 어느 아침에는 공산당 기관지 〈프라우다〉가 리가초프의 이름을 정치국원 명단 맨 앞에 실어서 고르바초프와 거의 대등한 지위로 올려놓았다.[192] 위에서 아무런 신호가 없으면 누구도 감히 안드레예바 기고문과 〈소비에트 러시아〉에 대응하려 하지 않았다. 사람들은 흐루쇼프의 해빙이 경고도 없이 다시 동결된 브레즈네프의 침체기를 떠올렸다. 페레스트로이카의 운명이 위태로워 보였다.

리가초프는 반격 타이밍을 잘 조율했다. 리가초프가 언론인들과 만났을 때 고르바초프는 유고슬라비아를 공식 방문 중이었다. 야코블레프는 8시간이나 시간대가 다른 외몽고를 방문 중이었다. 두 사람이 대응하는 데는 3주가 걸렸다.

27장

크렘린

1988년 3월 23일

니나 안드레예바 사건을 둘러싼 정치국의 논쟁은 전혀 예기치 않은 방식으로 촉발되었다. 3월 19일 토요일 고르바초프는 유고슬라비아에서 돌아오는 길에 마침내 기고문을 읽었고, 그 의미를 곰곰이 생각하며 주말을 보냈다. 고르바초프는 어떻게 대응해야 할지 마음을 정하지 못했다. 한편으로 당의 2인자인 리가초프와 대결할 생각이 없었다. 다른 한편으로 급진적인 조언자의 주장처럼 이 일이 페레스트로이카에 대한 의도적 공격이라면 어떤 식으로든 대응해야 했다.

정치국은 다가오는 목요일 주간 정례회의가 있을 때까지는 회의가 없었다. 하지만 수요일에 운명적인 사건이 벌어졌다. 소련 각지의 집단 농장에서 일하는 농부 수천 명이 회의를 하기 위해 크렘린에 모였다. 이런 모임을 마지막으로 한 지 20년도 더 되었다. 고르바초프는 관례적으로 2시간짜리 연설로 회의를 시작했다. 크렘린 대회의장은 낮에는 대규모 선전 행사를 하고 밤에는 〈백조의 호수〉 공연을 하기 위해 지은 대형 호화 강당이었다. 고르바초프 뒤로 크렘린 대회의장 무대에는 정치국 동료 대부분이 있었다. 마침내 집단농장장들에게 좀 더 효율적이고 주도적으로 일하도록 창의성을 발휘하라고 촉구하는 서기장의 연설이 끝나자 정치국원들은 다과를 즐기기 위해 무대 뒤 최고회의실로 줄지어 갔고, 아무 예고 없이 니나 안드레예바 이야기가 나왔다. 러시아연방 총리인 비탈리 보로트니코프가 단호히 말했다.

"그래요. 지난번에 〈소베츠카야 로시야〉에 기사가 실렸습니다. 정말 정치적으로 올바른 기고문이어요. 우리의 이념적 작업을 위한 모범적인 글이었습니다."[193]

리가초프가 안드레예바 기고문에 대해 더 극찬하며 끼어들었다.

"언론이 마침내 그런 글을 싣는 것은 좋은 일이죠 ….."

리가초프는 낯선 사람이 있다는 걸 깨닫고는 말끝을 흐리다가 이렇게 덧붙였다.

"안 그랬으면 모든 게 엉망이 됐을 겁니다."

정치국의 원로인 안드레이 그로미코가 리가초프를 거들고 나섰다.

"좋은 기사라고 생각해요. 모든 걸 제자리에 돌려놓을 겁니다."

리가초프를 도와서 실패한 금주 운동을 조직한 70대의 미하일 솔로멘체프도 니나 안드레예바 기고문에 동조하는 별로 영양가 없는 말을 덧붙였다.

고르바초프는 대화가 그런 식으로 진행되게 둘 수 없다는 생각이 갑자기 들었다. 정치국원 13명 중 정회원 4명이 고르바초프의 생각과 전혀 다른 정치적 견해를 지지하고 나섰다. 분명한 입장을 취하지 않으면 급진파인 야코블레프와 셰바르드나제 두 사람의 지지만 받는 소수파로 전락할 수 있었다. 그 경우 안드레예바가 기고문에서 밝힌 견해를 받아들여야 하거나 사임하도록 몰릴 수 있었다.

"이 기고문을 모델로 삼을 것을 고려한다면 몇 가지를 분명히 해야 합니다. 저는 생각이 다릅니다."

안드로포프의 피후견인이자 초기에는 고르바초프를 지지했다가 페레스트로이카의 급진적 노선에 차츰 실망한 보로트니코프가 쏘아붙이듯 말했다.

"좋습니다, 좋아요."

"좋다니, 무슨 소리요?"

고르바초프와 보로트니코프가 서로 노려보는 동안 어색한 침묵이 흘렀고, 나머지 정치국원은 불안한 듯 방 주위를 힐끗 둘러봤다. 고르바초프는 러시아어로 분열raskol이라는 볼셰비키식 욕설을 사용하며 강하게 말했다.

"이건 '분열' 조짐입니다. 그 기고문은 페레스트로이카를 겨냥했습니다. 나는 누가 개인적 견해를 밝히는 것을 반대한 적이 없습니다. 언론에서나 편지로 어떤 생각이든 말입니다. 그러나 그 기고문 내용을 당의 지침으로 바꾸려는 시도가 있었다는 이야기를 들었습니다. 당의 일부 기구는 이미 결의안으로 채택했습니다. 과거에 그랬듯이 말입니다. 언론에는 해당 기고문을 일절 반박을 못하게 했습니다."

이때 고르바초프는 손안에 쥔 가장 강력한 카드, 즉 국내와 국외 모두에서 얻은 정치적 명성을 걸고 모든 것을 건 도박을 하기로 했다. 정치국의 비판 세력은 페레스트로이카의 진행 방향에 대한 당내 불만이 고조된 분위기를 이용할 수 있을지 몰라도 리더도 없고 조직되어 있지 않았다. 리가초프는 분열을 초래하고 논쟁적인 인물이었다. 당의 규율에 더해 상명하복이 몸에 밴 보수파가 서기장에게 대놓고 도전하기도 쉽지 않았다. 이 단계에서 보수파의 목표는 지도자 교체가 아니라 고르바초프를 자신들의 대변인으로 만드는 것이었다. 고르바초프는 보수파가 처한 입장의 모순점을 이해하고 그걸 잘 활용했다. 고르바초프는 자신이 사임할 준비가 되어 있다는 것을 암시하며 이렇게 선언했다.

"나는 내 자리를 두고 싸우지 않겠습니다. 그러나 내가 여기 있고, 이 자리에 있는 동안에는 페레스트로이카의 이상을 계속 고집할 겁니다. 아뇨, 이건 절대 성공하지 못할 겁니다. 이 문제는 정치국에서 논의합시다."

정치국 회의는 이틀간 계속되었다. 전례 없는 일이고 글라스노스트 기준으로도 그랬다. 목요일 오후 시작된 정치국 회의는 금요일에도 종일 계속되었다. 회의 장소는 리가초프가 불과 2주 전 안드레예바 기고문에 대한 칭찬을 쏟아낸 구광장 5층의 바로 그 회의실이었다. 회의 시간 내내 고르바초프는 일방적인 발언을 길게 했다. 모호한 선지자와 결단력 있는 정치인이 혼합된 인물인 고르바초프는 뜬구름 같은 수사로 청중을 뒤덮고 길고 복잡한 논리로 모든 이를 지치고 혼란스럽게 만들게 하는 독특한 능력이 있었다. 혼란스럽지만 좋은 논쟁은 사고를 명확하게 하고 행동의 발판이 되기도 했다. 고르바초프는 레닌을 즐겨 인용했다.

"어떤 노력에서든 가장 중요한 것은 싸움에 뛰어드는 것이고, 그러면 다음에 할 일을 알게 된다."[194]

고르바초프는 거의 모든 위기를 말로 헤쳐 나올 수 있었다. 이번에 투견 역할을 한 인물은 야코블레프였다. 그는 안드레예바 기고문을 한 줄 한줄 공격했고, 이렇게 직설적으로 선언했다.

"이 글은 반페레스트로이카 성명서입니다."

페레스트로이카를 열렬히 옹호하고 리가초프가 이념 담당 서기에서 물러날 것을 제안한 니콜라이 리시코프 총리도 야코블레프의 손을 들어주었다. 늘 번지르르하게 말을 하는 조지아인 셰바르드나제 외무부 장관은 당시 소련 상황이 "20세기의 주요 사건"이라며 이런 열변을 토했다.

"여기서 중요한 것은 다름 아닌 사회주의의 구원입니다. 어설픈 접근은 우리의 위대한 사업을 위태롭게 할 수 있어요."[195]

이제 논쟁은 페레스트로이카에 대한 찬반 프레임이 형성되면서 결과가 분명해졌다. "분열파"나 "당 단합 파괴자"라는 낙인이 찍히기를 원하는 사람은 없었다. 나머지 정치국원은 고르바초프와 야코블레프가 정한 당의 노선을 앞다퉈 지지했다. 보수파는 "무책임한" 언론에 불만을 표하며 양심의 가책을 덜어냈다. 그로미코 외무부 장관이 주초에 했던 실책을 만회하려고 이런 말을 했다.

"물론 우리는 페레스트로이카에 적극 찬성합니다. 그러나 소련 인민이 언론에 노예나 종처럼 묘사되는 것은 참을 수 없어요. 〈소베츠카야 로시야〉 기고문은 이런 비방에 대한 반발입니다."

누가 안드레예바 기고문을 당 회의에서 토론하도록 지시했는지에 대해 열띤 논의가 벌어지자 리가초프는 뚱한 표정으로 침묵을 지켰다. 나중에 리가초프는 이날 정치국 회의 분위기가 "억압적"이었다며 "마녀사냥"을 떠올렸다. 야코블레프는 리가초프가 이 사건에 대한 정치적 책임을 지게 해서 지도부에서 쫓아내려고 단단히 작정했다. 리가초프는 필요하다면 자신을 변호할 준비가 되어 있었다.[196]

고르바초프는 거기까지 압박하지는 않기로 했다. 이미 중요한 승리를 거머쥔 상태였다. 정치국이 안드레예바 기고문에 대해 야코블레프가 작성한 권위 있는 반론을 〈프라우다〉에 싣는 데 동의하게 한 것이다. 이때쯤 고르바초프는 정치국에서 불안정하긴 해도 지도자가 말하는 사실상 모든 일에 기꺼이 동의할 다수파의 지지를 확보한 것이 분명

제2부 체제의 반란

했다. 고르바초프는 보수파와의 공개적 파행을 피하길 바라면서 리가 초프가 종적을 감추는 일을 도와주었다. 정적들과 마찬가지로 고르바 초프도 "분열"에 대한 뿌리깊은 두려움이 있었다. 소련을 실질적으로 운영하는 전반적으로 반동석이면서도 거대한 관료 기구에서 결정 사 항을 관철할 수 없다면 생각이 같은 사람으로 정치국을 구성해도 얻을 것이 별로 없다고 생각했다.[197]

4월 5일 〈프라우다〉는 "원칙을 저버릴 수 없다"에 대한 강력한 반 론을 익명으로 실어서 3주간 지속된 페레스트로이카의 미래에 대한 국 가적 불안을 불식시켰다. 해당 사설은 토론이 "금기시된 주제"는 없으 며 과거 정책으로 "회귀하지는 않을 것"이라고 주장했다. 몇 주 후 리 가초프는 이념 담당 서기직에서 물러나 소련의 농업을 만성적 위기 상 황에서 구해야 하는, 힘들지만 보상은 못 받는 자리로 옮겨야 했다.

니나 안드레예바 사건은 소련과 고르바초프 모두에 전환점이었다. 이제 글라스노스트의 봇물이 완전히 터졌다. 스탈린식 과거에 대해 찔 끔찔끔 떨어지듯 이루어진 폭로의 물방울은 거센 폭우가 되었다. 매일 새로운 일이 벌어졌다. TV에서는 미하일 불가코프의 "반소비에트" 걸 작 소설을 원작으로 하는 〈개의 심장〉이 방영되었다. 에스토니아 신문 은 소련과 나치 독일의 공모를 보여주는 몰로토프-리벤트로프 비밀협 정서를 실었다. 강제수용소 참상을 그린 나제즈다 만델시탐의 〈헛된 희망Hope Against Hope〉은 연극으로 만들어졌다. 모스크바 법원은 블라디 미르 나보코프의 에로틱 소설 〈롤리타〉의 출간을 허락했다. 광범위한 소련 역사 다시 쓰기가 진행되어 모든 중고등학교는 새 교과서가 배포 될 때까지 역사 시험을 중단해야 했다.

역사의 재탄생은 계급 장벽을 뛰어넘는 정치적 흥분을 불러일으

컸다. 고르바초프의 표현에 따르면 세계 사회주의의 본거지가 거대한 "토론 사회"가 되었다.[198] 교양 있는 지식인들은 뭔가 놓치는 것이 두려워 매일 몇 시간씩 TV에서 눈을 떼지 못했다. 건장한 노동자들도 오랫동안 금서로 지정된 안나 아흐마토바와 알렉산드르 솔제니친의 작품을 찾아보려고 두꺼운 문학잡지를 훑어봤다. 수용소에 수감된 적이 있던 사람들은 수십 년간 몸을 사리게 만든 두려움을 떨치고 처음으로 공개 발언을 하기 시작했다. 정부 기관의 기록물 담당자들은 과외 시간에 "탄압 피해자" 명단을 작성하는 데 전념했다. "기념비Memorial"라고 불린 단체는 스탈린에게 희생된 사람들을 기리는 센터 설립을 요구하기 위해 몇 주 만에 수만 명의 서명을 받았다. 갑자기 모든 사람이 자기 생각을 갖게 되었고 목소리 내기를 두려워하지 않는 것처럼 보였다.

고르바초프는 이런 거국적 분위기를 감지하고 거기에 반응했다. 이때쯤 고르바초프는 자신을 역사가 어떤 매우 특별한 일을 성취하도록 선택한 운명적인 인물로 보았다. 동료 중 누구보다도 훨씬 더 페레스트로이카의 성공에 자신의 명성을 건 것이다. 고르바초프는 차르이자 해방자였고, 노예들에게 자유를 선사한 선견지명이 있는 통치자였다. 정치국 회의에서 고르바초프는 자신을 오직 정치적 의지라는 순순한 힘만으로 혁명을 일으킨 위대한 레닌에 비유했다. 이제 되돌아갈 수 없었다. 고르바초프가 동료 정치국원에게 말했다.

"동무들은 동무들이 믿는 어떤 목표가 있고, 그것이 옳다고 확신하고 있습니다. 이 경우 끝까지 계속 가야 합니다. 그렇지 않다면 동무들은 어떤 사람이고, 왜 이 자리를 차지하고 있습니까? 조국과 전 세계가 동무들 뒤에 있습니다. 몇몇 나약한 이들처럼 작은 좌절에 당황해서 '도와주세요'라고 외치며 혼자서 무사히 빠져나가는 데만 관심이 있는 기회주의자처럼 행동하면 모든 것을 잃을 겁니다."[199]

제2부 체제의 반란

고르바초프는 안드레예바 사건으로 혁명을 더 이상 당에만 맡길 수 없다는 것을 깨달았고, 자신의 생각에 대해 저항한 관료들의 힘에 깜짝 놀랐다. 고르바초프는 비서실장에게 이런 말을 했다.

"내가 어떤 사람들과 일했는지 이제 깨달았습니다. 이런 사람들하고 페레스트로이카를 추진할 수 없어요."[200]

그러고는 정치국원 다수가 당시 소련에서 벌어지는 일의 중요성을 간파할 만한 정치적 상상력이 없다며 불평했다. 고르바초프는 머리 위에 손을 흔들며 말했다.

"여기에 지붕이 있는 것과 같습니다."[201]

정치 체제는 외부 세력에 개방되어야 했다. 안드레예바 사건을 둘러싸고 이틀간 진행된 정치국 회의 말미에 모두가 지쳐서 집중력이 떨어졌을 무렵이었다. 이때 고르바초프가 폭탄선언을 했다.

"'인민'은 선거 제도의 변화를 요구하고 있습니다. '모든 권력을 소비에트로'라는 레닌의 구호를 어떻게 실행할지 심각하게 고민해야 합니다. 지금까지의 대의기구는 공산주의 독재라는 헌법적 위장막을 제공했습니다. 당과 소비에트의 관계 전체가 '재고'돼야 합니다."

서기장이 이념적 덫을 벗어던지고 제안한 것은 70년간 지속된 공산당 일당 지배의 종식이었다.

28장

페름-35 노동수용소

1988년 7월 8일

마르트 니클루스는 타임머신 속 인물 느낌이 났다. 회개하지 않는 에스
토니아 민족주의자인 니클루스는 1980년 우랄 지역의 "엄격한" 노동
수용소에 보내졌다(소련의 노동수용소는 혹독한 정도에 따라 '보통의'·'강화된'·'엄격
한'·'특별' 노동수용소로 구분된다 - 옮긴이). 브레즈네프 정권이 폴란드와 아프
가니스탄 사태에 정신이 팔린 시기였다. 니클루스는 외부세계와의 접
촉이 최소화되었다. 일과 중에는 전기다리미에 케이블을 다는 작업을
했다. 하루 작업량 522개를 마치면 10미터 길이의 감방 복도를 45분
간 걷는 것이 허락되었다. 반항하는 경우에는 난방장치가 없는 가로·
세로·높이가 1미터·3미터·1.8미터 독방에 갇혔다. 매일 같은 자세로
앉다 보니 등의 신경근에 만성 염증이 생겼지만 이제 고향으로 돌아가
게 되었다.

다른 많은 에스토니아인처럼 니클루스도 기억력이 아주 좋았다. 아
홉 살 소년이던 1940년 6월 고향 타르투로 붉은군대가 어떻게 진군

했는지 기억했다. 조국 에스토니아가 어떻게 강제적으로 소련에 병합되고 에스토니아 최고 명사들이 어떻게 시베리아로 추방됐는지도 기억했다. 전후 진행된 숙청과 자작농에 대한 테러 활동도 기억했다. 하지만 대부분의 에스토니아인과는 달리 니클루스는 자신이 본 일에 대해 침묵하지 않았다. 타르투대학교에서는 서방 라디오를 듣는 학생단체를 조직했다. 서방 역사학자들이 과거 나치 공문서에서 찾은 몰로토프-리벤트로프 비밀의정서를 복사해서 가능한 많은 사람에게 배포하기도 했다. 또한 전쟁 전 에스토니아 독립기념일에는 길거리 시위를 벌이려고 애를 썼다. 당국은 니클루스를 "위험한 상습범"으로 보고 "반소비에트 선동" 혐의로 장기 징역형을 선고했다. 니클루스는 감옥에서 나오자마자 반정부 활동을 재개했다. 1988년 당시 동물학자였던 니클루스는 57년 생애 중 거의 20년을 소련 감옥에서 보냈다.

니클루스가 가장 최근에 투옥된 후 소련 서기장 3명이 죽었지만 페름-35 수용소는 변한 것이 없었다. 새로 취임한 서기장은 소련의 인권 문제에 대해 격분을 하며 부인했다.[202] 한때 넓은 지역에 퍼져있던 "수용소 군도" 중 마지막 남은 벽지의 수용소에도 글라스노스트와 페레스트로이카 같은 새로운 정치 구호에 관한 소문이 희미하게나마 돌기는 했다. 하지만 구호의 의미를 아는 사람은 없는 것 같았다. 애초에 니클루스는 그런 구호가 어떤 의미가 있는지 회의적이었다. 그리 오래되지 않은 1986년에는 동료 정치범 수감자인 아나톨리 마르첸코가 페름-35 수용소에서 사망했다. 니클루스가 한 교도관에게 언제 수용소에 어떤 "개편"을 기대할 수 있는지 묻자 이런 답이 돌아 왔다.

"몰라. 우리는 규칙을 따를 뿐이고 아무 지시도 받지 못했어."[203]

인근의 수용소 다수가 폐쇄되는 것을 본 니콜루스는 어떤 변화가 있을지도 모른다고 생각하기 시작했다. 페름-35 수용소의 인원수도

줄기 시작했다. 한때 나탄 샤란스키, 블라디미르 부콥스키, 유리 오를로프 같은 유명한 반체제 "악당"을 수용했던 수용소의 인원이 1988년 중반 무렵 수십 명으로 줄었다. 6월 15일 에스토니아 KGB 요원 2명이 니클루스를 찾아 왔다. KGB 요원들은 니클루스의 집에서 보낸 소포를 전달하고, 페름-35에서는 상상도 할 수 없는 사치품인 초콜릿도 주고는 어머니에게 편지를 보내고 싶은지도 물었다. 에스토니아 신문을 받는 것도 허락되어서 얼마 안 가 타르투에서 자신의 석방을 요구하는 시위가 열렸다는 기사를 읽었다. 6월 30일, 아직 감옥에 있던 니클루스는 자신이 이미 석방되어 집으로 가는 중이라고 고위 관리가 언급한 인터뷰 기사를 보았다. 니클루스는 당장 단식투쟁을 시작하는 것으로 대응했다.

석방 명령이 수용소의 관료체계를 거쳐 최종적으로 떨어지는 데는 일주일이 더 걸렸다. 7월 8일 니클루스는 철조망이 쳐진 수용소에서 나와 페름 기차역으로 이송되었다. 니클루스는 고향 기차역에 누가 나와서 짐 옮기는 것을 도와주길 기대하면서 어머니에게 전보를 보냈다. 이때까지도 요주의 수감자가 입는 검정 줄무늬 옷차림을 한 니클루스는 신문에 실린 동화의 나라이자 페레스트로이카가 진행 중인 땅으로 가는 기차에 올랐다.

"위험한 상습범"은 타르투에서 받은 환영을 전혀 예상치 못했다. 지지자 수천 명이 기차역에 나타나 꽃다발을 건네고 장기간 금지된 전쟁 전 에스토니아공화국 국기를 흔들었다. "KGB 없는 페레스트로이카를 원한다", "소련에서 벗어나길 원한다" 같은 구호가 적힌 현수막이 보였다. 나중에 니클루스는 이렇게 회고했다.

"일생에서 가장 환상적인 순간이었다. 사람들은 내 짐가방만 나르는 게 아니라 나를 어깨에 태웠다. 다들 나를 만져보고 싶어 했다."

제2부 체제의 반란

니클루스는 금의환향하는 스포츠 영웅처럼 도시를 한 바퀴 돌고 에스토니아 독립에 관한 짧은 연설도 했다. 두 시간 후에는 자신을 "소련 인민의 적"이라고 맹비난했던 국영 라디오가 환호로 자주 끊어졌지만 감동적인 자신의 연설을 방송하는 것을 들었다. 저녁에는 타르투의 중세풍 광장에서 니클루스의 귀환을 기념하는 대중 집회가 열렸다.

한때 정치범이던 니클루스는 자유를 얻고 처음 몇 주간 주변에서 벌어지는 일을 믿기 힘들었을 때가 한두 번이 아니었다. 이제 일반 시민들은 니클루스를 장기간 수용소에 갇히게 만든 생각을 거리낌없이 말했다. 니클루스가 풀려나고 몇 주 뒤에는 에스토니아 공산당이 운영하는 TV 방송국에서 몰로토프-리벤트로프 비밀의정서 49주년을 기념하는 프로그램을 방영했다. 스와스티카가 새겨진 검은 화살이 폴란드 대부분을 집어삼키는 이미지와, 소련에서 날아온 크고 붉은 화살이 폴란드 나머지 지역과 발트3국을 삼키는 이미지가 TV에 나왔다. 베를린에서 서로 축하인사를 나누던 소련과 독일의 외무부 장관인 뱌체슬라프 몰로토프와 독일 외무부 장관인 요아힘 리벤트로프의 사진도 나왔다. 다음으로 TV 카메라는 유리 아파나시예프가 대중 집회에서 연설하는 모습을 보여주었다. 저명한 러시아 역사학자인 아파나시예프는 소련 지도부가 그때껏 부인한 비밀의정서의 존재를 인정했을 뿐 아니라 "우리가 침묵할 권리가 없는 역사적 부당행위"라고 설명했다.[204]

에스토니아를 비롯해 발트3국에서 벌어진 사태는 숨 가쁘게 진행되었다. 그해 여름 에스토니아 인구 150만 명 중 수십만 명이 애국 노래 경연대회에 참가했다. 국민 정서가 대규모로 발산된 이 사건에는 "노래하는 혁명"이라는 별명이 붙었다.

10월에는 에스토니아 민족주의자들과 개혁 성향의 공산주의자들은 표면상 "페레스트로이카를 지지하는" 대중적 정치 운동 즉, 대중전선Popular Front을 만들었다. 니클루스는 의사나 공장장과 함께 대중전선의 창설 대의원이 되었다. 몇 주 내로 이웃한 라트비아와 리투아니아에서도 비슷한 대중 운동이 시작되었다. 이런 "친고르바초프" 운동의 진정한 목표는 발트3국의 독립 회복이라는 것이 분명해졌다. 한때 반동적이었던 공산당 관리들은 서둘러 혁명에 앞장서거나 절망적으로 낙오했다. 11월에는 그때껏 고분고분했던 에스토니아 의회가 내정 자치에 해당하는 조치를 선언하고 사유 재산을 합법화했다.

모스크바의 강경파들은 분노를 억누르기 힘들었다. KGB 수장은 정치국에 제출한 보고서에서 "민족주의 세력"이 발트3국에서 기반을 공고히 하고 상황이 통제에서 벗어나고 있다고 했다. 고르바초프의 제안으로 정치국은 표결로 리투아니아에 알렉산드르 야코블레프를 보내기로 했다. 진상 조사와 독립 지지 단체를 통제하는 데 필요한 조치를 마련하기 위한 파견이었다. 야코블레프는 발트3국에서 일어나는 일이 페레스트로이카에 전적으로 부합한다는 낙관적인 보고를 해서 보수파를 실망시켰다. 야코블레프는 인민들이 수십 년 쌓여온 사회·경제적 고충을 해결하고 권력을 직접 행사하는 일에 주목하고 있다고 주장했다. 불안해할 이유가 없었다.[205]

11월 말 정치적 위기가 일촉즉발의 상황으로 치달았다. 리가초프와 동료들은 정식 정치국 회의에 앞서 핵심 지도부가 모이는 크렘린 호두나무방에 모여 나라가 무너진다며 불평했다. 에스토니아는 진정한 독립을 위한 첫걸음을 내디뎠다. 캅카스에서는 아르메니아인과 아제르바이잔인 사이에 민족 분규가 발생했다. 아제르바이잔 수도 바쿠에서 군중이 소련군 탱크에 불을 질러서 소련군 2명이 사망했다. 시위대는 아야톨라 호메이니의 초상화를 들고 거리를 행진했다. 니나 안드레

제2부 체제의 반란

예바 기고문을 칭찬한 정치국원 보로트니코프가 물었다.

"어떻게 되는 겁니까?"

리가초프가 답했다.

"지난 3월에 우리의 힘을 보여줘서 질서를 회복해야 한다고 했습니다. 얼마나 더 참아야 합니까? 규율이 무너졌습니다. 나라가 붕괴하기 시작한 겁니다."[206]

처음에 고르바초프는 다소 역설적인 표정으로 리가초프가 큰 소리로 불평하는 것을 들었다. 고르바초프의 외교정책 보좌관인 아나톨리 체르냐예프에 따르면 고르바초프는 발트3국이 분리될 가능성이 있다는 사실을 직관적으로 알았다. 고르바초프는 그런 일이 벌어지지 않기를 원했지만 할 수 있는 일이 없었다. 보수파와 달리 고르바초프는 평생의 과업이 된 페레스트로이카를 포기할 수 없었다. 그는 공격이 최선의 방어라고 결론지었다.

"예고르 리가초프, 동무는 왜 항상 나를 겁주려고 하는 겁니까? 동무는 페레스트로이카가 우리에게 가져온 것이 뭐냐고 계속 묻고 있습니다. 어떻게 되는 거냐? 우리한테 무슨 일이 벌어지는 거냐? 그런다고 해서 겁먹지 않습니다."

고르바초프는 니나 안드레예바 사건이 벌어진 지난 3월보다 자신이 정치적으로 강하다고 느꼈다. 리가초프의 우군인 그로미코와 솔로멘체프 둘 다 정치국에서 은퇴했다. 리가초프 자신도 한직으로 전보되었다. 1985년 3월 당 서기장으로 선출한 후 처음으로 고르바초프는 자신도 사임하겠다고 위협했다.

"우리가 잘못된 길을 선택했고 내가 뭔가 잘못했다고 생각한다면 옆방으로 갑시다."

고프바초프는 키가 큰 호두나무 문 반대편에 있는 정치국 회의실을 턱으로 가리키며 말했다.

"사임하겠습니다. 당장! 원망하는 말을 일절 하지 않겠습니다. 동무가 원하는 인물을 선택하세요. 그래서 그 사람이 잘 해보게 하세요."

다시 한번 고르바초프의 뜻대로 됐다. 그러나 고르바초프의 완고함은 대가가 있었다. 정치국의 전원합의는 과거의 일이 되었다. 전원합의는 공산당이 70년 이상 당의 의지를 다루기 힘든 인민들에게 관철하는 방법이었다. 이제 지도부 분열을 숨길 수 없게 되었다.

29장

뉴욕

———

1988년 12월 7일

스타브로폴의 농촌 소년 출신인 고르바초프는 출세했다. UN 43년 역사에서 초청된 고위 인사가 총회에서 그런 대우를 받은 것은 드물었다. 연설을 마치자 세계 158개국 대통령, 외무부 장관, 대사가 기립박수를 보냈다. 미하일 고르바초프는 세계인의 박수 소리를 들으며 왕좌를 닮은 흰 의자에 앉았다. 한때 배우를 꿈꾼 고르바초프는 쏟아지는 시선에 압도된 듯 불안해 보였고, 주머니에서 손수건을 꺼내 입을 닦았고, 박수에 답례하기 위해 다소 뻣뻣하게 자리에서 일어났다.

고르바초프는 한 시간 동안 연설을 하면서 70년간 이어진 볼셰비키 이념을 사실상 포기했다. 마르크스-레닌의 끝없는 "계급투쟁" 이념을 단념하는 대신 모스크바가 오랫동안 인정하지 않은 개인의 권리를 포함한 "보편적이고 인간적인 가치를 최우선"하는 것으로 대체했다. 대부분의 미국인과 소련인이 기억하는 범위에서 두 열강의 에너지를 소진한 "냉전"의 종식도 선언했다. 소련이 세계 경제에서 고립된 채

"폐쇄 사회"로 더 이상 남을 수 없다는 주장도 했다. 다른 사람의 "선택의 자유"를 존중하기로 약속하고 국제 관계에서 무력 사용을 단념함으로써 동유럽을 정치적으로 해방하는 길을 닦았다. 새로운 의지의 표시로 일방적으로 병력 규모를 50만 명 감축한다고도 밝혔다.[207]

보통 같으면 외국 고위 인사의 방문에 질린 뉴욕시민도 고르바초프 서기장을 현세에 나타난 메시아처럼 맞이했다. 환영 열기는 예상을 훨씬 뛰어넘었다. 보좌관들은 뉴욕이 교통을 통제했을 때를 제외하면 외국에서 아주 유명한 손님이 오가는 것에 무관심한 냉소적인 도시라고 고르바초프에게 주의를 주었었다.[208] 하지만 뉴욕시민들은 차량 45대로 이루어진 소련 방문단 행렬이 나타날 때마다 환호와 웃는 얼굴로 맞았다.

"고르비, 고르비"라고 외치는 소리가 들렸다. "피스메이커"라고 적힌 직접 만든 현수막도 있었다. 브로드웨이에서는 고르바초프라는 이름이 전등으로 켜졌다. 타임스퀘어의 전광판에는 음료수 광고처럼 공산주의를 상징하는 망치와 낫과 함께 "고르바초프 서기장 동지의 방문을 환영합니다"라는 문구가 보였다. 월스트리트의 증권맨들도 컴퓨터 화면에서 잠시 눈을 떼고 세계 공산주의 지도자에게 박수를 보냈다. 고르바초프의 방문을 둘러싼 언론의 열기 속에 고르바초프와 접촉하거나 이야기를 나눈 사람은 영광스러운 순간을 공유했다. 특히 107층짜리 세계무역센터 엘리베이터에서 고르바초프를 맨 위층으로 안내한 게리 베나치오는 여전히 믿을 수 없다는 듯 고개를 저으며 CBS 뉴스와 인터뷰했다.

"고르바초프가 저기 서 있었어요. 보통 관광객처럼 보였어요."

미국인들의 환대는 두 가지 효과가 있었다. 환호하는 군중은 소련 대표단, 특히 서기장 본인에게 지울 수 없는 큰 인상을 남겼다. 고르바초프는 서방의 마음을 사로잡았지만, 서방도 고르바초프의 마음을 사로잡았다. 성대한 환대는 페레스트로이카가 소련뿐 아니라 인류 전체를 위해 옳고 필요하다는 확신을 강화해 주었다. 고르바초프는 더 이상 오만한 소련 지도자가 아니라 세상을 바꿀 수 있는 인물이었다.

외국 방문은 고르바초프가 갈수록 커지는 국내 문제에서 잠시 숨을 돌릴 수 있게 해주었지만 이번에는 그것도 한순간이었다. 고르바초프는 질 리무진에 올라 UN 본부에서 멀어지는 동안 비화 통신망을 통해 모스크바에서 온 전화를 받았다. 전화를 건 사람은 불안해하는 리시코프 총리였다. 아르메니아에 끔찍한 지진이 발생했다. 몇 개 도시 전체가 완전히 파괴되었다. 희생자도 수천 명에 달했다. 고르바초프는 미국 거리의 군중이 자신의 이름을 연호하는 동안 암울한 침묵 속에 총리의 설명을 들었다. 이날 저녁 낙심한 서기장은 급하게 일정을 취소하고 수행원들에게 귀국 지시를 내렸다.[209]

30장

예레반

1988년 12월 11일

맨해튼의 밝은 조명과 아르메니아의 고통스러운 비극은 더할 나위 없이 극명한 대조를 이루었다. 고르바초프는 지진이 휩쓸고 간 레니나칸과 스피타크의 잔해를 헤치고 나온 뒤 이렇게 말했다.

"태어나서 여기서 본 고통의 천분의 일도 본 적이 없다."[210]

비탄에 잠긴 생존자들은 무관심하거나 심한 경우 적대감을 가지고 고르바초프를 맞았다. 사람들은 어떻게 고층 아파트 건물이 그렇게 쉽게 무너졌는지, 과학자들은 왜 파괴적인 지진을 예측하지 못했는지, 왜 나머지 지역의 지원이 지체되는지 알고 싶어 했다.

서방 국가에서 이런 지진이 발생했더라도 엄청난 피해와 인명 손실이 있었을 터였다. 하지만 서방에서 감당할 수 있는 자연재해가 소련에서는 끔찍한 인재가 되었다. 날림 공사 관행과 지방 관리의 부패 때문에 희생자 수가 수십만 명으로 늘어났다. 50만 명이 집을 버리고 떠났다. 캅카스가 지진이 자주 발생하는 지역이라는 사실에도 불구하고 피해 지역에는 내진 시공이 된 건물이 거의 없었다. 사후 조사에 따르면 누군가 콘크리트 구조물 보강에 사용할 철근을 빼돌려서 암시장에 팔면서 고층 아파트 건물이 성냥갑처럼 부실하게 지어졌다.

지진 발생 후 민방위 기관에는 감당할 수 없을 정도의 일이 떨어졌고 보유 장비도 부실했다. 소련 지도부는 인류를 멸망시키고 유럽과 아시아에 있는 이웃 국가를 위협할 수단은 있었지만 자국 내에서 효과적인 구호 활동을 조직할 능력은 없었다. 피해 지역에 병력을 급파했지만 잔해 더미를 걷어 낼 장비가 부족해서 주민들을 지원할 수 없었다. 글라스노스트 상황에서 교통 체계의 비효율성, 적절한 진료 부족, 끔찍한 주거 환경을 숨기는 일도 불가능했다. 체르노빌 참사처럼 아르메니아 지진은 군사적으로는 막강하나 경제적으로는 무능하고, 기술은 발전했으나 사회적으로는 후진적인 사회정치 체제의 상징이 되었다.

외교적 성공이 국내 비극으로 갑자기 전환된 상황은 고르바초프가 당면한 도전을 선명히 보여주었다. 레이건을 비롯한 미국인들이 "악의 제국"에 대해 더 온건한 시각을 갖도록 설득하는 일은 소련을 다시 일으켜 세우는 엄청난 과제에 비교하면 쉬웠다. 국제무대에서 기적을 만들어내는 일꾼으로 칭송받던 인물은 자국민을 가르치고 훈계하는 것 말고는 할 수 있는 일이 없어 보였다. 서방은 냉전을 종식시키고 소련군 병력을 과감하게 감축한 지도자라며 고르바초프에게 박수를 쳤다. 소련인들은 고르바초프를 두고 알맹이 없이 번지르르한 말만 하는 볼툰-boltun, 즉 "수다쟁이"라고 부르기 시작했다.

아르메니아는 전통적으로 터키를 상대로 한 자국 방어를 러시아에 의지한 작은 기독교 국가였다. 아르메니아만큼 고르바초프에 대한 지지가 큰 폭으로 빠르게 떨어진 곳은 없었다. 1년 전만 해도 아르메니아인은 고르바초프를 영웅으로 떠받들었다. 글라스노스트 덕분에 아르메니아인들은 오랫동안 참아왔던 국가적 울분을 터뜨릴 수 있었다. 그 울분은 아르메니아인이 다수 거주하던 카라바흐 산악지역을 주민의 의사에 반하여 터키계 아제르바이잔에 넘겨준 스탈린의 결정에서 비롯되었다. 수도 예레반에서는 카라바흐의 자치를 요구하는 대규모 시위가 연이어 벌어졌다. 애초에 고르바초프는 아르메니아에 동조하는 것처럼 보였고, 1988년 2월 집회를 촬영한 KGB 테이프를 본 뒤에는 정치국 동료에게 시위에 "반소비에트적인 것"이 없다고 말했다.[211] 시위대 중 다수가 자신의 초상화를 들고 행진하는 모습에 감명도 받았다.

12월이 되자 고르바초프의 시각은 급격히 바뀌었다. 아르메니아의 민족적 감정 고조는 아제르바이잔에서 반작용을 불러일으켰다. 다수 아르메니아인이 소수민족으로 거주하는 아제르바이잔의 숨가이트에서 반아르메니아 폭동이 일어났다. 아르메니아인과 아제르바이잔인 수십만 명이 집을 버리고 도망가야 했다. 이 일은 공산주의 붕괴에 수반될 새롭고 불길한 정치적 흐름, 즉 민족 청소의 첫 신호였다.

고르바초프는 아르메니아 방문을 마칠 무렵 차츰 커지는 정치적 좌절감을 드러냈고, 소련 TV와 지진 관련 인터뷰를 하던 중 아르메니아 민족주의자들이 목적을 위해 주민의 비극을 악용하는 "모험주의자"이자 "정치 도박꾼"이라고 비난했다. 인터뷰 직후에는 예레반에서 시위를 조직한 카라바흐 위원회의 지도부를 체포하라고 지시했다.

체르노빌 참사 2년 반 뒤 소련에서는 뭔가 심각한 일이 벌어졌다. 아담 미하니크가 말한 "무생물"만이 공산주의 통치에 저항한 것이 아니었다. 캅카스와 발트3국에서 "생명이 있는 대상"이 반란에 가담했다. 곧 대중 불만의 물결이 정치적으로 잠들어 있던 소련의 슬라브 심장부로 퍼졌다. "위로부터의 혁명"은 이제 "아래로부터의 혁명"이 되었다. 고르바초프는 더 이상 자신이 시작한 혁명을 통제할 수 없었다.

제2부 체제의 반란

1980년 5월 8일 공산 유고슬라비아의 국부인 요시프 브로즈 티토의 장례식이 거행된 베오그라드는 고위급 조문객으로 넘쳐났다. 공산권 국가 최고위급 지도자가 대거 참석했는데 그 중에는 북한 김일성과 캄보디아의 폴 포트도 있었다.

레닌조선소 파업 마지막 날인 1980년 8월 31일 그단스크 레닌 조선소 제2정문에 모인 인
파. 이날 저녁 폴란드 TV 시청자들은 지난 2주간 공산당 정부에 저항한 파업노동자의 모습
을 볼 수 있었다.

레닌조선소 파업을 주도한 레흐 바웬사. 바웬사가 가진 비장의 무기는 공개적으로 진실을 말하는 것이었다. 진실은 경멸의 대상이 된 관료와 바웬사를 차별화하고 바웬사에게 권위를 부여했다. 내가 바웬사에게 다른 파업 지도자는 기자를 멀리하는데 왜 외국 기자를 조선소에 들어오게 했냐고 묻자 이런 대답이 돌아왔다. "사람들에게 두려워할 필요가 없다는 것을 보여주고 싶었습니다."

1981년 12월 13일 계엄령 선포 후 폴란드 도심에 진입 중인 탱크 부대. 야루젤스키 폴란드 총리는 계엄령을 통해 자유노조에 심각한 타격을 줌으로써 1980년 8월 이전과 마찬가지로 분열되고 패배감에 젖은 사회를 통제했다.

1979년 6월 첫 고국 순례에 나선 요한 바오로 2세. 교황의 폴란드 방문은 자유노조가 부상하는 데 필요한 정신적인 힘을 제공했다. 폴란드인들은 교황이 가는 곳마다 따라다니는 수백만 군중에 동참함으로써 서로에게 연대감을 느꼈다. 1983년 6월 요한 바오로 2세는 계엄령이 선포된 폴란드를 다시 방문해 폴란드인들에게 포기하지 말 것을 촉구했다.

격추 사건이 일어나기 2년 전인 1981년 9월 15일 호놀룰루 국제공항에 주기 중인 대한항공
항공기. 1983년 9월 1일 소련은 269명의 무고한 사람의 목숨을 하늘에서 앗아감으로써 레
이건 대통령이 붙여준 "악의 제국"이란 딱지가 사실임을 확인해 주는 것처럼 보였다.

아프간에서 이슬람 무장세력 무자헤딘을 상대로 작전 중인 소련군 탱크와 헬기. 소련군은 스페츠나츠가 반군의 통신 활동을 수집해서 부대의 위치를 파악하고 Mi-24 무장 헬기 공습 뒤 탱크와 장갑차를 투입해 반군을 제압했다.

1985년 11월 19일 스위스 제네바에 열린 미소정상회담. 제네바 정상회담 이후 미국의 핵 선제공격을 둘러싼 소련의 공포는 사라졌다. 고르바초프는 라이벌 초강대국을 물리적으로 파괴할 의도가 없다는 레이건의 말을 받아들였다.

1986년 무자헤딘 부대가 미국이 지원한 스팅어 미사일을 이용해서 소련군 헬기를 격추시키는 모습을 담은 유화. 스팅어 미사일은 아프간 반군에 대한 미국의 비밀 지원을 상징적으로 보여주었다.

1986년 4월 26일 체르노빌 원전 사고 다음 날 헬기에서 촬영한 현장. 체르노빌은 중앙통제 체제의 실패를 보여주는 상징이었다. 아이러니하게도 이 사건은 소련 체제와 그전에는 손대지 못한 체제의 대표자들을 상대로 복수를 하는 수단이 되었다. 체르노빌 복구 작업을 책임진 고위 관료 대부분은 무지와 만용에 휩싸인 채 불필요한 위험에 처했다.

1987년 5월 마티아스 루스트가 타고 소련의 붉은광장에 착륙하는 데 이용한 세스나 172. 서독 10대 청년이 소련 방공 체계를 뚫고 700킬로미터가 넘는 거리를 아무런 저지 없이 비행해서 소련 권력의 심장부에 착륙했다는 소식을 들은 고르바초프는 격노했고, 국방부 장관 이하 150명이 넘는 장교들이 "복무 태만"으로 해임되거나 징계를 받았다.

1988년 3월 고르바초프의 개혁에 반대하는 보수파는 〈소베츠카야 로시야〉 신문을 통해 글라스노스트에 대한 공격에 착수했다. 이 공격은 "원칙을 저버릴 수 없다"라는 제목의 전면 기사의 형태로 나타났으며, 기고자는 니나 안드레예바라는 무명 화학교사였다. 가죽 재킷을 걸치고 존경을 표하는 학생들에 둘러싸인 사진이 포함된 기사는 당국이 안드레예바의 견해를 공식적으로 인정했다는 신호를 독자들에게 심어주었다.

1988년 12월 7일 고르바초프의 UN 총회 연설. 이날 고르바초프는 한 시간 동안 연설을 하면서 70년간 이어진 볼셰비키 이념을 사실상 포기했고 "냉전"의 종식도 선언했다. 연설을 마치자 세계 158개국 대통령, 외무부 장관, 대사가 기립박수를 보냈다.

1988년 12월 7일 지진이 발생한 아르메니아 북부 도시 스피타크. 서방에서 감당할 수 있는 자연재해가 소련에서는 끔찍한 인재가 되었다. 날림 공사 관행과 지방 관리의 부패 때문에 희생자 수가 수십만 명으로 늘어났고 50만 명이 집을 버리고 떠났다.

제3부

민족의 반란

REVOLT OF THE NATIONS

러시아 국기가 한번 계양된 곳에서 국기를 내릴 수는 없다.

_1850년 니콜라이 1세

동무들이여, 우리는 이 나라에서 민족문제를 해결했다고 말할 권리가 충분하다.

_1987년 11월 미하일 고르바초프

31장

테르메즈

1989년 2월 15일

고르바초프는 사이공의 미 대사관 옥상에서 미군 헬기가 찍힌 사진들을 떠올렸다. 헬기를 타려고 필사적으로 기어오르는 베트남인을 해병 대원이 밀쳐내는 장면이었다. 고르바초프는 미군이 베트남에서 그랬듯이 소련군이 아프가니스탄에서 "도망"가는 것은 "수치"라고 측근들에게 말했다.[1] 고르바초프는 붉은군대의 아프간 철수가 소련의 강대국 지위에 걸맞게 질서 있고 위엄 있게 진행되기를 원했다.

고르바초프의 뜻에 따라 붉은군대가 "국제주의적 의무를 다했다"는 착각을 일으키기 위해 가능한 모든 조치가 취해졌다. 탱크와 장갑차로 이루어진 끝없는 행렬이 탁한 아무다리야강(고대 옥서스강)에 놓인 "우정의 다리"를 건널 때 군악대가 애국적인 행진곡을 연주했다. 산들바람에 부대 깃발들이 당당히 펄럭였다. 아프간 햇볕에 얼굴이 검게 타고 싸움으로 단련된 참전용사들은 안도하는 친척들로부터 입맞춤과 카네이션 세례를 받았다. 급하게 만든 퍼레이드장에는 "조국의 명령이 완수되었다"라는 붉은 현수막이 걸렸다.

애국적 구호와 퍼레이드장의 환호는 쓸데없이 9년이나 계속된 전쟁에서 돌아오는 병사 다수가 느낀 쓸쓸함을 숨길 수 없었다. 지휘관들은 소련 땅에 들어서면서 자신들을 아프가니스탄에 보낸 정치인과 정치인이 방어하려고 했던 공산정권에 대해 경멸하는 태도로 이야기했다. 스페츠나츠 부대의 한 대령은 방금 떠나온 나라 쪽을 가리키며 이렇게 말했다.

"거긴 마치 중세 시대 같았다. 아프간 인민은 사회주의 혁명에 대해 그야말로 준비되어 있지 않았다."

또 다른 참전용사가 말했다.

"그건 비극이었다. 우리는 아프간 인민이 지지하지 않는 정부를 도왔다."[2]

제네바 합의는 1989년 2월 5일까지 소련군의 완전 철수를 규정했지만, 서방에서는 고르바초프가 자신의 약속을 지킬 것인지에 대해서 상당한 회의가 있었다. 러시아는 표트르 대제 시대 이후 이따금 외부 침입과 국내 정치적 격변으로 중단되었어도 역사적으로 끊임없이 팽창주의 정책을 추구해 왔다. 수 세기에 걸쳐 러시아 통치자들은 100개 이상의 민족이 사는 유라시아 대륙의 상당 부분에 자신들의 지배력을 확립하는 데 성공했다. 거대한 영토를 계속 유지하기 위해서는 절대로 물러서지 않는다는 점을 여러 적에게 확신시켜 주어야 했다. 아무리 잘 알려지지 않고 아무리 방어에 큰 비용이 들더라도 식민지 전초 기지를 포기하면 강대국으로서 신뢰성에 의문이 들 수 있었다.

러시아의 영토 원칙은 1850년 한 해군 장교가 아무르강을 따라 펼쳐진 중국 영토를 획득한 후 니콜라스 1세에 의해 간결하게 표현되었다. 해당 장교는 상트페테르부르크의 명령 없이 자체 판단으로 행동했고, 차르의 일부 참모들은 전략적 가치가 없는 영토를 반환할 것을 건의했다. 하지만 니콜라이 1세의 생각은 달랐다.

"러시아 국기가 한번 게양된 곳에서 국기를 내릴 수는 없다."

차르의 완강함과 단호함은 외국 통치자들에게 차르가 원하는 인상을 심어 주었다. 30년 뒤 아프가니스탄 통치자는 이렇게 지적했다.

"러시아의 공격 정책은 느리고 꾸준하지만 견고해서 바뀌지 않는다. 러시아인이 한 번 무슨 일을 한다고 마음먹으면 막을 수가 없고 방침을 바꾸는 일도 없다."[3]

볼셰비키도 비록 마르크스-레닌주의의 언어를 사용하긴 했어도 차르와 유사한 영토 원칙을 고수했다. 아프간 침공 2년 후인 1982년 〈프라우다〉는 아프간 혁명이 "인민의 혁명이고, 소련의 지원과 연대를 확립했기 때문에 되돌릴 수 없다"고 했다.[4] 소련 지도부는 전 세계에서 마지막 남은 식민제국의 영토 원칙을 유지하려고 했던 또 다른 이유가 있었다. 대조국전쟁(제2차 세계대전의 러시아식 명칭 - 옮긴이)에서 나치 독일을 상대로 승리한 사실과 더불어 꾸준히 증가하는 위성국가가 존재한다는 점은 소련 정권의 커다란 성취였다. 공산주의가 나아가고 있는 확고한 증거이자 경제적 어려움과 정치적 탄압을 이념적으로 정당화시켜 주는 근거이기도 했다. 소련인들은 가난하고 누추한 삶을 살지만 역사는 그들 편이었다. 조만간 공산주의는 전 세계에서 승리할 터였다.

바로 이런 원칙, 즉 역사의 불가역성이라는 원칙이 아프간 철군으로 훼손되고 있었다. 아프가니스탄에서 사회주의 세력이 패배하면 크렘린은 니카라과, 에티오피아, 폴란드와 같은 곳을 고수하는 일도 어렵다는 사실을 알게 될 터였다.

아프가니스탄의 마지막 소련군 사령관 보리스 그로모프 중장이 산악지역에 있는 살랑Salang 고속도로를 따라 카불에서 출발해 테르메즈까지 가는 데 일주일이 걸렸다. 소련군은 9년 전 아프가니스탄을 침공할 때도 같은 길을 이용했다. 알렉산더 대왕이 건설한 전초 기지이자 칭기즈칸에 의해 약탈당한 테르메즈는 19세기 말 남방공략 때 제정러시아에 합병된 도시다. 아프가니스탄 점령의 발판이 된 테르메즈는 귀국하는 소련군의 주요 재진입 지점이 되었다.

소련군 호송 차량의 긴 행렬은 아프가니스탄 국토의 5분의 4 이상을 점령한 게릴라의 매복 공격 가능성을 인식하고 조심스럽게 이동했다. 소련군 특수부대는 기습공격으로부터 고속도로를 보호하기 위해 길 양쪽에 높이 솟은 산에 자리 잡은 아프간 마을 수백 곳을 체계적으로 파괴했다. 소련군 철수 부대는 아군 1만 5000명과 100만 명이 넘는 아프간인의 목숨을 앗아간 전쟁의 파편을 곳곳에서 볼 수 있었다. 소련군은 지붕이 날아간 토담집과 여기저기 총탄이 박힌 벽들, 한때 풍성한 과수원이던 고목 그루터기의 들판을 지나갔다. 폭격으로 파괴되어 녹슨 탱크와 군용트럭의 뒤틀린 잔해가 고속도로변에 어질러져 있었다.

그로모프 중장은 카불을 떠나기 한 달 전 살랑 고속도로 주변 고지를 장악한 아프간 게릴라 사령관인 아흐마드 샤 마수드로부터 메시지를 받았다.

"우리는 약 10년간 우리 땅에서 벌어진 전쟁과 소련군의 주둔을 견뎌왔소. 별일이 없으면 며칠 더 참을 테지만 우리를 상대로 군사행동을 시작하는 경우 상응하는 대응을 하겠소."

마수드는 휴전을 제의했으나 그가 이끄는 무자헤딘과 철수하는 소련군 사이에 소규모 전투가 벌어졌다. 그로모프 중장은 보복 차원에서 태풍 작전Operation Typhoon을 시작했다. 아프가니스탄에서의 마지막 군사행동으로 살랑 고속도로 주변의 무자헤딘 진지로 의심되는 곳에 헬

기 공격을 1000회 이상 퍼부었고, 적 보급 기지를 장거리 미사일로 공격했다.[5]

나머지 철군 과정은 그럭저럭 매끄럽게 진행되었다. 무자헤딘은 철수하는 적을 괴롭히는 행동을 자제했지만 악천후가 더 큰 골칫거리였다. 고도 약 3300미터의 살랑 고개를 한 번에 며칠씩 막은 눈사태로 소련군 다수가 희생되었다. 이 일을 제외하면 제40군은 추가적인 희생 없이 국경에 다다랐다.

그로모프 중장은 아프가니스탄에서의 마지막 밤을 "우정의 다리" 남쪽에 있는 하이라탄 마을에서 보냈다. 부하들과 마찬가지로 그로모프도 집으로 돌아가는 사실에 크게 안도했다. 그는 각기 다른 임무를 세 차례 수행하면서 아프가니스탄에서 거의 6년을 보냈고, 아프간의 나지불라 정권이 소련의 지원 없이도 살아남으리라는 환상을 품지 않았다. 거의 10년 동안 아프간 공산주의자들은 소련을 움직이게 해서 자신들을 대신해서 싸우게 했다. 이론적으로는 소련 "국제주의자" 전사들이 "사회주의의 대의"를 보호한 것이었다. 실제로는 인기 없는 정권을 국내의 정적으로부터 보호한 것이라는 점을 그로모프는 깨달았다. 소련은 아프간 인민의 마음을 얻는 데 실패했다. 소련이 권좌에 앉히고 집권을 도운 지도자들은 무능력하고 부패했으며 전적으로 외국의 원조에 의존했다.[6]

그로모프는 부하들에게 소련군이 아프가니스탄에서 무엇을 하고 있는지 설명하기 어려웠다. "국제주의의 의무 이행"이라는 막연하고 판에 박힌 말로는 더 이상 충분하지 않았다. 소련은 고르바초프가 정권을 잡기 전에는 아프가니스탄에서 전쟁을 벌인다는 사실을 인정하지 않았다. 귀국한 참전용사는 영웅 대접을 받기는커녕 버림받은 사람 취급을 받았다. 조국은 참전용사를 부끄러워하고 그들의 희생을 인정하는 데 주저하는 것처럼 보였다. 얼마 안 가 그로모프와 부하들은 이길 수 없는 전쟁을 하고 있다는 것을 확실히 깨달았다. 그런 상황에서 병력의 희생을 최소화하는 것이 그의 의무였다. 이것이 1987년 아프가니스탄에 소련군의 "제한된 파견대"의 지휘관으로 임명된 뒤 그로모프가 스스로 정한 목표였다.[7]

하이라탄에 있는 소련군 막사를 마지막으로 둘러본 그로모프는 수십만 톤의 식량과 건설 자재로 넘쳐나는 창고를 보고 구역질이 났다. 아프가니스탄에서 허비한 것은 인명만이 아니었다. 자원을 빨아들이고 일반 가정 물품의 광범위한 부족을 초래하면서 소련 경제에 큰 충격을 주었다. 산더미같이 쌓인 설탕, 밀가루, 지붕 타일이 몇 시간 뒤에는 아프간군 손에 들어갈 터였다. 그로모프는 쓰라린 경험을 통해 다음에 벌어질 일을 알았다. 아프간군은 몇 주 전 잘랄라바드에 있는 소련군 막사를 약탈하여 TV, 에어컨, 침대, 문틀 할 것 없이 다 가져갔다. 훔친 물건 다수는 금방 암시장에서 거래되었다.[8]

그로모프는 자신이 아프가니스탄을 떠나는 마지막 군인이 되기로 했다. 그래서 모든 부하가 소련 땅에 안전하게 들어간 것을 확인한 다음 혼자 걸어서 "우정의 다리"를 건널 것이라고 말했다. 국경을 건너면서 아프가니스탄 쪽을 바라보며 "할 말을 할 것"이라고도 했다. 그로모프의 발언이 모스크바에 알려지자 소련 국방부는 다소 당황했다. 군 수뇌부는 독자적으로 생각하는 전투 지휘관의 과시용 행동을 좋게 평가하지 않았다. 크렘린 비화 전화기로 하이라탄에 있는 그로모프와 통화하게 된 드미트리 야조프 국방부 장관이 화를 내며 말했다.

"왜 지휘관인 귀관이 처음이 아니라 마지막에 오려고 하나?"

46세의 장군이 답했다.

"군 지휘관으로서 직접 내린 결정입니다. 아프가니스탄에서 5년

반 복무했으니 군의 전통을 약간 어길 권한은 있다고 생각합니다."[9]

야조프는 앓는 소리를 냈지만 아무 말도 하지 않았다.

그로모프에게 아프간 전쟁은 시작할 때와 마찬가지로 치욕스러운 침묵 속에서 끝나가고 있었다. 고르바초프를 비롯한 소련 지도자 누구도 귀국하는 병사를 맞아주기 위해 테르메즈에 오지 않았다. 그로모프는 그런 사실에 분개했다. 국방부 장관을 비롯한 군 수뇌부조차 오지 않기로 하면서 우즈베키스탄공화국의 하급관리들이 환영식을 주관했다. 사실상 부하들이 자신들의 환영식을 직접 준비해야 했다. 전통에 따라 아프가니스탄에서 근무한 제40군에 집단 훈장을 수여해 달라는 그로모프의 거듭된 간청도 모스크바는 거절했다. 그로모프가 보기에 정치국은 아프간에서 벌인 모험에서 손을 씻고, 고위 정치인들의 명령을 수행한 병사들에게 모든 책임을 전가하려는 것 같았다.

그로모프는 1980년 1월 처음 아프가니스탄에 도착한 이후 자신이 본 것과 한 일을 회상하며 대부분의 밤을 뜬눈으로 새웠다. 공허함과 배신감이 거세게 밀려왔다. 그로모프 부대는 무자헤딘과 벌인 모든 정규전투에서 이겼지만 아프간 인민의 정치적 지원을 받지 못해 전쟁에서 패했다. 그로모프는 소련이 군사적으로 패배한 것이 아니라 정치적으로 패배한 것이라고 생각했다. 그러나 패배는 패배였다. 이런 참담한 좌절의 결과를 예측할 수 없었다. 소련과 소련군의 미래는 불확실성으로 흐렸다.

그로모프는 전쟁을 치르는 동안 가족이 치른 대가도 생각했다. 아프가니스탄에 두 번째로 파견된 동안 아내는 비행기 사고로 사망했다. 두 아들 막심과 안드레이는 부모 없이 자랐다. 그로모프는 너무 오래 집을 떠나 있었다.

그로모프는 새벽 4시쯤에 마침내 잠이 들었다. 한 시간 뒤 엔진 출력이 올라가는 소리와 종전에 대해 농담하는 병사들 소리에 잠에서 깼다. 그로모프는 조심스럽게 제복을 입으면서 부관에게 네 방향에서 복장을 확인해 달라고 부탁했다. "우정의 다리"를 건너는 동안 자신의 모습이 흠잡을 데 없이 완벽하게 보이도록 하기 위해서였다. 그로모프가 하이라탄 주변에 마지막으로 남은 소련군 부대에서 경비병 철수를 명령했다. 연병장에는 201정찰사단 소속 장병 500명이 병력수송장갑차 옆에서 이동 지시를 기다리며 도열해 있었다. 그로모프는 아프가니스탄을 떠나는 마지막 부대로 역사에 남을 것이라며 격려의 말을 했다. 부대가 사열대를 지나 행진할 때 그로모프는 장병 다수의 눈에 눈물이 고인 것을 보았다.

몇분 뒤 그로모프는 국경 쪽으로 마지막 1마일을 운전해 가기 위해 장갑차에 올랐다. "우정의 다리"에는 아무도 없었다. 멀리 연철로 만든 다리 건너편에 기자와 환영 인파가 보였고, 그중에는 14세의 아들 막심도 있었다. 장갑차에서 뛰어내린 그로모프는 걷기 시작했고, 다리 한가운데 국경선이 그어진 곳에서 방금 떠난 나라 쪽을 바라보고는 "해야 할 말을" 했다.

제40군 사령관은 아무도 들을 수 없게 부드러운 목소리로 "사회주의의 대의"를 수호한다는 명분으로 후진적이고 외국 침략자와 싸운 긴 역사를 가진 산악국가로 소련 청년 100만 명을 보낸 지도자들을 가차 없이 저주했다. 그러고는 아프가니스탄에서 결코 돌아오지 못한 장병 1만 5000명의 어머니에게 용서를 빌었다.[10]

32장

모스크바

1989년 3월 26일

일반적인 마르크스-레닌주의 이론에 따르면 중심부는 이익을 위해 주변부를 착취한다. 주변부를 싼 원자재의 공급처이자 싸구려 공산품을 떠넘기는 쓰레기 처리장으로 이용하는 것이다. 소련에서는 이 이론과 정반대되는 현상이 일어났다. 소련은 석유를 엄청나게 할인된 가격으로 에스토니아, 폴란드, 쿠바 같은 나라에 수출했다. 때로는 가격이 부풀려진 소비재로 대금을 받았고, 어떤 때는 무상으로 제공했다. 아프가니스탄, 에티오피아, 니카라과 같은 제3세계 분쟁 지역에 소련의 재정이 끊임없이 흘러 들어갔다. 공산주의에서는 착취 국가와 착취당하는 국가를 명확하게 구별하는 일이 불가능했다. 탐욕스러운 중앙계획 체제는 모든 이를 착취했고, 특히 소련인을 더 착취했다.

해외에서의 지정학적 좌절과 국내 경제의 황폐화로 소련인들은 외국에서 벌이는 모험에서 관심을 돌려 국내 문제를 고민하기 시작했다. 글라스노스트 덕분에 생활 수준을 외국인과 비교할 수 있게 되었고, 자신들이 가장 낮은 수준에 있다는 사실을 알고 실망했다. 거대한 영토와 전례 없이 막강한 군사력은 인민에게 고통과 경제적 시련만 가져왔을 뿐이었다. 강대국 지위가 주는 자부심과 아직 낮지만 차츰 나아지는 생활 수준을 내건 브레즈네프 시대의 사회적 협약은 와해되고 있었다.

평범한 소련인의 반란은 동유럽에서 반란이 성공하기 위한 필수 조건이었다. 피지배 민족들은 자유를 원했다. 소련인들은 비참한 경제적 상황이 끝나기를 바랐다. 결국 이 두 요소가 공산주의 세계를 변화시키기 위한 거대한 정치적 흥정으로 구체화됐다.

미하일 고르바초프는 인민의 의견에 진심으로 관심을 보인 최초의 소련 지도자였다. 1988년 봄 니나 안드레예바 사건이 발생한 뒤 고르바초프는 전략적 결정을 내렸다. 여론을 노멘클라투라와의 싸움에 이용하기로 한 것이다. 개혁에 반대하는 공산당 관료들의 반대에 좌절한 고르바초프는 관료들을 우회할 장치를 마련했고 "모든 권력을 소비에트에"라는 볼셰비키 구호를 언급하면서 강력한 입법부를 만들 것을 제안했다. 매너리즘에 빠진 당직자와 형식적으로 여성 노동자 몇 명으로 채워진 거수기에 불과한 기존 최고회의를 진정한 의회로 대체할 생각이었다.

1989년 3월 26일 소련 역사상 처음으로 경쟁 선거를 치른다는 발표는 정치적 흥분의 물결을 일으켰다. 곧 온 나라가 거대한 토론장이 되어서 방송국, 시내 광장, 회의실, 교실, 군 막사, 신문 지면에서 토론이 이루어졌다. 당황하거나 신이 나서 와자지껄한 소리가 나왔다. 긴 겨울이 지난 뒤 강물에 꽉 찬 얼음이 녹아내리듯이 공포가 녹아내리면서 시끄러운 불협화음이 터져 나왔다. 갑자기 모든 사람이 자기만의 의견이 있는 것처럼 보였다. 담벼락은 정치적 구호로 도배되고, 식품점의 줄을 선 주부들은 정부에 대한 분노를 터뜨렸으며, 거리 구석에서는 반공 유인물이 배포되었다.

선거가 다가오면서 당관료들은 불안에 떨기 시작했다. 투표 절차는 공식 후보들에게 기본적으로 유리했지만 그렇다고 당선을 보장하지는 않았다. 공산당 골리앗 수백 명이 포퓰리스트 다윗에게 살육당할 것이라는 전망은 흥미진진한 상황이었다. 선거는 정치적 생존뿐 아니라 개인의 생존을 위한 투쟁이었다. 소련에서 정계 인맥은 특혜받은 생활의 핵심이었다. 넓은 아파트, 양질의 식품 배급, 외국 여행 기회, 정부 다차 이용, 더 나은 의료서비스, 승용차 등이 여기에 포함되었다. 노멘클라투라에서 자리를 잃는 것은 심리적으로, 직업적으로, 심지어 경제적으로 큰 타격이었다.

여러 사람이 보기에 소련에서 민주주의를 위한 투쟁은 보리스 옐친이나 안드레이 사하로프처럼 세간의 이목을 끄는 반대파 후보로 상징되었다. 두 사람은 후보 등록을 하기 위해 관료들의 엄청난 저항을 이겨내야 했다. 정치국에 등을 돌린 옐친은 유권자 600만 명을 대변하는 모스크바시 광역선거구에 출마하기로 했다. 옐친의 신뢰성을 떨어뜨리려는 공산당 당국의 비이성적인 노력은 오히려 일반 시민 사이에서 옐친의 인기를 올려줄 뿐이었다. 사하로프는 명망 있는 과학학술원에 할당된 대의원에 지명을 받았다. 과학학술원은 인권운동과 아프간 전쟁 반대를 이유로 사하로프를 헐뜯는 크렘린의 활동에 동참한 단체였다. 학술원을 운영하는 관료들은 처음에 사하로프의 입후보를 막으려 했지만 일반 과학자들의 잇따른 항의 집회로 잘못을 시인해야 했다.

서방의 기준에서 소련의 선거운동은 수준이 아주 낮았다. 자연스러운 TV 광고도, 이미지 메이커나 언론 담당자, 모금 활동 담당자, 선거운동 스태프도 없었다. 눈에 띄는 정치 포스터도 별로 없었다. 후보들의 한두 가지 "공약"을 타자기로 작성한 허접한 홍보물을 압정으로 벽에 고정한 광경이 가끔 보일 뿐이었다. 후보자의 생각을 알리는 가장 중요한 기회는 정치 집회였다.

공산당은 선거를 유리하게 조작하기 위해 지저분한 술책을 썼다. 야당 후보가 투표용지에 이름을 올리지 못하도록 후보 지명 모임을 자기 사람들로 채웠고, 당관료 다수는 주민들이 아직 의사를 자유롭게 표현하기를 두려워하는 시골 지역에 단독으로 입후보했다.

선거 결과가 나오자 당관료들은 큰 충격을 받았다. 판세가 명확한 지역 대부분에서 당이 공천한 후보가 졌다. 낙선자 명단은 공직자 명단과 비슷했다. 정치국원, 군 장성, 우주인, 정부 각료, 모스크바·레닌그라드·키예프·민스크를 비롯한 대도시의 시장과 당수가 포함되었다. 모스크바에서 옐친은 당의 공천을 받은 경쟁자를 상대로 13대 1로 압승했다. 발트3국에서는 "국가 주권"과 "독립"이라는 단어를 입에 올리는 시민전선 운동 후보가 공산당 후보를 궤멸시켰다. 반동의 보루로 여겨진 우크라이나에서는 지역 공산당 당수 5명이 민족주의 후보에게 패했다.

모스크바의 지식인들은 선거 결과에 놀라고 기뻐했다. 이들은 소련 인민이 민주적인 생각을 받아들이기에는 어리석고 미성숙하다고 판단했었다. "60년대 세대"의 대변인인 안드레이 보즈네센스키는 이렇게 역설했다.

"이번 일 이후로 우리나라는 결코 이전과 같지 않을 것이다. 우리 지식인들은 늘 우리 자신을 민주화의 상징으로 여기면서도 인민들은 아직 준비되지 않았다고 생각했다. 이 모든 일이 즐거운 이유는 우리가 여러 면에서 틀렸다는 사실이 드러났기 때문이다."[11]

개혁파가 선거에서 강세를 보였지만 새 의회에서 보수파는 여전히 보장된 다수를 확보했다. 인민대표회의 의석 2250석 중 3분의 1에 해당하는 750석은 당 자체를 포함해 공산주의자가 장악한 "사회 기구"에 배정되어 있었다. 공산당 후보는 농촌 지역과 전통적으로 보수성이 강한 중앙아시아와 벨라루스 지역에서도 선전했다.

당관료들은 크게 패배했지만 경기에서 물러난 것은 아니었다. 선거에서 지고 며칠 지나지 않아서 이오시프 스탈린의 고향이자 격동의 남캅카스에 위치한 조지아 공화국에서 벌어진 민족주의자의 난동에 자극을 받아 행동에 나섰다. 머지않아 반격이 있을 터였다.

33장

트빌리시

1989년 4월 9일

조지아 정교회의 총대주교는 왼손을 은색 지팡이에 올린 채 참을성 있게 군중이 잠잠해지기를 기다렸다. 눈앞에 나무가 늘어선 대로는 사람들로 가득 찼다. 다수가 젊은이였고, 반짝이는 촛불 수백 개에 비친 이들의 얼굴에는 기대와 결의가 담겨 있었다. 캅카스에서 가장 오래된 민족 중의 하나로 황금양털 전설(그리스 신화에 나오는 아르고호 원정대가 조지아 지역에 있는 황금양털을 찾는 이야기 - 옮긴이)을 간직한 신비로운 땅에 거주하는 조지아인은 독특한 민족적 정체성을 가지고 있었다. 총대주교인 일리야 2세는 동포들을 물러서도록 설득하기가 어렵다는 것을 알았지만 시도는 해야 할 의무를 느꼈다.

"성부, 성자, 성령의 이름으로 하느님이 우리와 함께 하십니다."[12]

82세의 총대주교가 기도하자 사람들은 잠잠해졌다. 새벽 3시 15분이었다. 트빌리시의 주요 도로인 루스타벨리 대로에는 조지아 의사당이 있었고, 그 앞 광장에 군중 약 1만 명이 빽빽이 들어찼다. 몇몇 시위대는 손글씨로 영어와 조지아어로 "조지아 독립을 요구한다", "소련 권력을 타도하자", "러시아 점령군은 돌아가라"라고 쓴 현수막을 들고 있었다. 조지아공화국은 붉은군대에 의해 점령되기 전인 1918~1921년 잠시 독립을 누렸다. 몇몇 시위대는 흑색, 적색, 흰색으로 된 공산당 정권 이전의 국기를 흔들었다. 국기의 흑색은 조지아의 고통스러운 과거를, 적색은 피로 물든 현재, 흰색은 영광스러운 미래를 상징했다.

총대주교는 구시가지에 있는 집에서 의사당으로 이동하면서 수백 미터 떨어진 레닌광장에서 소련 탱크와 장갑차를 발견했었다. 조지아 관리들은 총대주교에게 군이 시위대를 해산시키기 위해 무력을 동원할 계획이라고 밝힌 상태였다. 총대주교는 이성이 감성을 이기기를 희망하며 오랜 침묵 뒤에 천천히 말했다.

"조지아 전체가 여러분을 고마워합니다. 국가는 여러분이 하는 일을 이해합니다. 그 일이 얼마나 중요한지도 압니다. 그러나 지금 우리에게 닥친 현실적인 위험을 무시할 수 없습니다. 제가 여기에 여러분을 위해 기도하고 자리를 떠나라고 간청하는 이유는 여기에 있습니다."

이제 5일째였다. 의사당 앞 시위는 조지아에서 분리 독립하려고 시도하는 소수민족 압하지아를 비난하기 위해 학생 수백 명이 단식을 하면서 시작되었다. 학생들은 활동가들의 연설을 들으면서 점점 더 과격하고 민족주의적으로 바뀌었다. 공산정권을 몰아내고 임시정부를 수립하자는 요구와 조지아 독립을 회복하자는 요구도 있었다. 당국은 통제력 상실을 두려워하며 군을 투입했다. 하루 전날 탱크와 장갑차 행렬이 시내 거리를 지나가고 헬기가 도심 상공에서 날아다녔다. 트빌리시 시민은 이런 군사력의 과시에 겁을 먹기는커녕 더 열정적으로 행동했다. 강제진압이 임박했다는 소문이 퍼지면서 군중이 꾸준히 늘어났다. 비무장 시위대는 타이어 공기를 뺀 시내버스와 버려진 콘크리트 운송 트럭으로 바리케이드를 쳐서 의사당으로 이어지는 길을 봉쇄했다.

총대주교 옆, 조명등이 비치는 의사당의 돌계단에는 조지아에서 가장 유명한 야당 지도자들이 서 있었다. 그 옆에서 광장에 있는 지지자를 바라보며 잔디가 약간 깔린 공간에 임시로 설치한 비닐 텐트에 쪼그리고 앉은 이들은 애초에 단식투쟁에 나선 사람들이었다. 몇 분 전 시위대는 춤을 추며 조지아 민요를 불렀다. 일리야 총대주교가 해산할 것을 당부했지만 시위대 분위기는 우울하고 반항적이었다. 총대주교가 한 번 더 설득에 나섰다.

"이제 몇 분밖에 안 남았을 겁니다. 성당으로 가면 그곳에서 기도할 기회가 있습니다."

시위대 중 누군가가 소리쳤다.

"안 갈 겁니다."

또 다른 사람이 소리쳤다.

"한 발짝도 물러서지 않을 겁니다. 여길 떠나지 않겠다고 맹세했습니다."

갑자기 군중 전체가 연호하기 시작했다.

"조지아여, 영원하여라."

"조지아 독립이여, 영원하여라."

총대주교는 무슨 일이 벌어질지 알았지만 더 이상 할 수 있는 일이 없다고 느꼈다. 그저 옆에 서 있는 시위대 한 명에게 "죽기를 원하나요?"라고 중얼거릴 뿐이었다. 총대주교가 광장을 떠나는 동안 민족주의 선동가인 28세의 이라클리 체레텔리의 열정적 목소리가 스피커를 통해 크게 울렸다.

"오늘 밤 우리는 다시 태어날 겁니다. 민주주의의 길, 독립의 길, 신의 길에 남아있을 겁니다. 신께서 우리와 함께합니다."

군중이 함성으로 답했다.

"아멘. 신께서 우리와 함께합니다."

"아멘."

"우리는 절대 물러서지 않기로 맹세했습니다. 조지아의 훌륭한 자식들은 적의 의지에 대항하여 맹세를 지킬 겁니다."

"우리는 맹세했습니다."

총대주교가 의사당 앞에서 시위대를 대상으로 연설하는 동안, 시위대의 운명을 결정할 인물은 레닌광장을 왔다 갔다 했다. 53세의 이고르 로디오노프 중장은 소련군에서 경험이 아주 풍부한 지휘관이었고, 아프간에서 싸울 때는 비무장 민간인에 대한 발포를 거부해 상관들을 화나게 했다. 로디오노프는 남캅카스 군관구 사령관으로서 지난 1년간 아르메니아와 아제르바이잔에서 전쟁 중인 분파들과 끝없이 협상하는 데 대부분의 시간을 보냈다. 1988년 12월 지진 발생 뒤에는 아르메니아 구호 작전에도 관여했다. 로디오노프는 질서와 규율을 철석같이 믿었으며 평생을 군과 함께했고 지역에서 티격태격 싸우는 정치인을 경멸했다.

로디오노프를 만난 외부 인사들은 지적이고 교양 있는 모습에 깊은 인상을 받았지만 공산당에 대한 편협한 충성심에 충격도 받았다. 로디오노프는 전적으로 체제 안에서 성장한 인물이었다. 다른 많은 군 동료와 마찬가지로 로디오노프는 소련에서 벌어지는 대규모 정치적 격변에 경악했다. 트빌리시 곳곳에 붙어있는 "러시아 제국주의를 타도하자" 같은 반소·반러 구호에는 불쾌감을 심하게 느꼈다. 그래서 광장을 점거한 시위대를 헌정 질서를 전복하려는 혁명적 불순분자로 간주했다. 로디오노프가 보기에는 평화적 시위가 아니었다. "반소비에트 광

란"이었다.[13]

애당초 로디오노프는 군이 조지아 위기에 관여하는 것을 꺼렸다. 치안 유지는 군대가 아니라 경찰이 할 일이었다. 하지만 시위대의 요구가 점점 더 터무니없어지자 생각을 바꿨다. 공화국의 지도부는 더 이상 상황을 통제할 수 없었다. 지역 치안 병력은 흑해 연안의 압하지아에서 벌어지는 사태로 이미 한계 상황에 처했다. 로디오노프는 오직 군만이 질서를 회복할 수단과 정치적 의지가 있다고 결론지었다. 소련 국방부는 로디오노프를 지원하기 위해 병력 2000명을 추가로 보냈다.

의사당 건물 앞 시위대에게 무력 사용 지시를 누가 내렸는지는 나중에 치열한 정치적 논쟁거리가 되었다. 고르바초프 이하 소련 지도부는 관련성을 부인했다. 그러나 동틀 녘 레닌광장에서 명령 체계는 더할 나위 없이 분명해 보였다. 로디오노프는 정치적 성향이 강했지만 상부 허가 없이 자의적으로 군사작전에 나설 인물은 아니었다.

사후 조사에 따르면 로디오노프는 국방부로부터 의사당을 "통제" 하라는 서면 지시를 받았다. 어떻게 이행하라는 것은 불분명했지만 "중앙"은 군사적 준비에 대해 충분히 알고 있었다. 국방부 차관과 중앙위원회 고위 간부 다수가 위기 상황을 직접 보기 위해 트빌리시에 와 있었다. 무력 사용 결정은 지역 당 지도부도 동의 했는데, 나중에 이들은 KGB 채널을 통해 중앙과 계속 연락을 유지했다고 주장했다. 마지막 순간에 시위대에 물대포를 사용하지 않기로 한 것을 포함해 여러 작전 세부사항도 모스크바의 "동의"를 받았다.[14]

새벽 3시 30분 레닌광장에서 로디오노프는 자택에 있던 조지아 공산당의 제1서기 줌베르 파티아시빌리의 전화를 받았다. 두 사람은 무선 전화로 통화했다. 러시아인 제2서기의 영향권 아래에 있던 파티아시빌리는 원래 무력 사용을 적극 지지했었다. 그렇게 하지 않으면 조지

　　　　　　　　　　　　　제3부 민족의 반란

아에서 공산당 권력을 유지할 수 없다고 생각했다. 하지만 이제는 우왕좌왕했다. 부하들은 총대주교가 시위대를 설득하지 못했다는 사실을 보고했다. 의사당 앞에는 엄청난 인파가 모여 있었다. 어쩌면 파티아시빌리는 로디오노프에게 작전을 잠시 연기해야 한다고 제안했을 수 있었다.

로디오노프는 너무 늦었다고 답했다. 감정이 고조된 상태였다. 지금 군이 물러나서 질서를 회복하지 못하면 무슨 일이 일어날지 몰랐다. 로디오노프는 파티아시빌리에게 "복잡할 것"이 없다고 장담했다.[15]

로디오노프는 결연한 기분으로 부하 지휘관들이 있는 곳으로 돌아왔다. 키가 작고 호전적인 로디오노프는 자신이 하는 일이 옳다고 확신했다. 소련 공산주의의 아버지인 레닌의 축복을 받는 것처럼 광장 한가운데 거대한 레닌 동상의 쭉 뻗은 긴 팔 아래 부대 병력이 도열했다. 장갑차가 엔진 회전 속도를 높였고, 로디오노프가 명령을 내렸다.

"출동하라."

이때가 정확히 새벽 4시였다.[16]

병력이 루스타벨리 대로에서 의사당 방향으로 천천히 행진하기 시작하자 체레텔리가 소리쳤다.

"모두 무릎을 꿇읍시다. 무릎을 꿇으면 군인들이 폭행하지 않을 겁니다."[17]

주기도문이 광장 주변의 확성기에서 메아리쳤다.

"하늘에 계신 우리 아버지, 아버지의 이름이 거룩하게 하시며, 아버지의 나라가 오게 하시며, 아버지의 뜻이 하늘에서와 같이 땅에서도 이루어지게 하소서."

대로에서 약 50미터 떨어진 곳에 의사당이 있었는데 의사당 건물로 올라가는 넓은 계단 옆 잔디밭에 앉은 단식투쟁 시위대도 큰소리로 외쳤다.

"우리에게 일용할 양식을 주옵시고."

젊고 반항적이며 어떤 희생도 치를 준비가 되어 보이는 1만 명의 목소리가 기도에 동참했다.

"우리가 우리에게 죄지은 자를 사하여 준 것 같이 우리의 죄를 사하여주옵시고."

시위대는 어둠을 뚫고 대로 폭을 꽉 채운 병력수송장갑차 4대의 헤드라이트가 자신들 쪽으로 접근하는 것을 볼 수 있었다. 장갑차 뒤로는 한 줄로 늘어선 내무부 병력이 방패를 육중한 곤봉으로 탁탁 쳤다. 그 뒤에는 의사당 앞 광장을 정리하고 의사당 건물 방어 임무를 맡은 공수부대 중대 다수가 오고 있었다. 공수부대원은 통상적인 장비의 일부인, 날카롭게 간 야전삽으로만 무장한 상태였다.

스페츠나츠 병력이 장갑차 뒤에서 나와 앞에 있는 사람들을 밀어내자 "조지아, 조지아"라는 함성이 광장에 가득 울려 퍼졌다. 병력은 4시 10분쯤 루스타벨리 대로를 가로질러 방패와 철갑으로 구성된 인간 바리케이드를 구축해서 시위대를 둘로 나누었다. 전경들이 의사당 옆 거리를 덮쳐서 14개짜리 돌계단을 비롯해 인접한 잔디밭 근처에 앉아 있던 사람을 전부 에워쌌고, 양옆 거리를 트럭으로 막아버려서 시위대의 탈출구도 봉쇄했다.

의사당 옆 잔디밭에는 점점 더 좁아지는 공간으로 내몰려서 허둥지둥하는 사람들로 넘쳐났다. 병력이 양측에서 압박해 들어오자 단식투쟁을 하던 시위대는 힘겹게 일어서서 소리치며 발길질을 했다. 전경 수십 명은 흔히 "체리 가스"로 알려진 독성 신경가스를 담은 에어로졸 캔을 들고 시위대에 분사했고, 일부는 곤봉을 마구 휘둘렀다. 한때 경찰 저지선이 무너지는 것처럼 보이자 로디오노프는 공수부대를 투입했다. 공수부대원들은 숨 돌릴 공간을 확보하기 위해 갖고 있던 유일한 무기인 야전삽을 휘둘렀다. 사람들 몸이 서로 밀리면서 노약자들은 발 밑에 깔려서 숨을 쉬기 위해 몸부림쳤다. 경찰 저지선 밖에 있던 시위대가 소리쳤다.

"저기 공수부대가 사람들을 죽이고 있어요. 도와주세요. 빌어먹을 놈들."

단식투쟁을 하는 사람들을 구하려던 시위대는 커다란 나무 기둥을 발견했고 이 기둥으로 방패와 곤봉 사이를 뚫고 들어가려고 했다. 피투성이가 된 사람들이 조지아 민병대의 부축을 받으며 틈새로 달려들기도 했는데, 이들 중 상당수는 시위대가 탈출로를 만드는 것을 돕다가 소련군에 폭행당했다. 얼마 안 가 대로 전체가 싸움터가 되었다. 스카프를 두른 젊은이들이 막대기와 돌로 장갑차를 공격하는 사이에 머리 위로 최루탄이 터졌다. 구급차 사이렌이 울렸다. 여기저기에서 욕설이 난무했다. 소련군 병사 한 명이 시위대를 폭행하며 외쳤다.

"이건 스탈린을 위해서야."

전경의 입김에서 술 냄새를 맡은 시위대는 이렇게 소리쳤다.

"망할 놈들, 다 술 취했군."

사태가 진정되었을 때 의사당 계단과 인근 잔디밭에서 시체 16구가 발견되었다. 희생자들의 얼굴은 퉁퉁 부어있었는데, 이것은 질식사 증상이었다.[18] 구급대원들은 일부 희생자에서 썩은 과일 냄새를 맡았는데, 이것은 신경가스가 근거리에서 시위대에 발사된 것을 의미했다. 희생자 대부분은 16~70세 여성으로 잔뜩 몰린 군중 사이에서 자신을 방어할 능력이 가장 적은 이들이었다.

의사당 앞 폭력 사태 후 병력은 최루탄을 쏘며 루스타벨리 대로에서 공화국광장 쪽으로 시위대를 뒤쫓아갔다. 동이 틀 무렵 도시 내 다른 곳에서 또 다른 시위대 3명이 치명상을 입었다. 약 250명이 병원에 실려 갔다. 신경가스에 노출된 데다 "군중에 짓눌려" 고통받은 사람이 한두 명이 아니었다. 일부 사람들은 스페츠나츠의 곤봉에 맞아서 생긴 깊은 흉터를 보여주었다. 수십 명이 찰과상을 입었는데 공수부대가 휘두른 야전삽으로 인한 것으로 보였다.

트빌리시 집회를 폭력을 동원해 해산시키라고 명령한 사람들은 소련 제국의 해체를 막기를 원했다. 그러나 공산주의 마지막 위기 기간에 흔히 나타난 것처럼 그런 행동은 의도와는 정반대의 결과를 초래했다. 조지아인의 민족주의 정신을 꺾기는커녕 엄청나게 끌어올렸다. 허가받지 않은 집회를 무력으로 진압한 선례를 확립하기는커녕 국내 정치 갈등에서 군의 역할에 대한 격렬한 논쟁을 불러일으켰다. 조지아의 공산주의를 구하기는커녕 종말을 앞당겼다.

몇 년 전만 해도 이런 사건은 덮였을 것이다. 글라스노스트 상황에서 그런 일은 불가능했다. 이제 막 민주주의로 이행하는 시기에 군인들이 무방비 상태의 민간인을 때리고 죽이는 광경은 소련 전역에 충격을 주었다. 조지아 자체에서 4월 9일에 벌어진 사태는 많이 왜곡되기는 했어도 민중 전설의 소재가 되었다.

트빌리시에서 벌어진 "피의 일요일"을 누구보다 잘 활용한 사람은 즈비아드 감사후르디아였다. 그의 아버지인 콘스탄틴 감사후르디아는 조지아에서 가장 사랑받는 작가였고, 50세 아들인 즈비아드 감사후르디아는 자신을 조지아의 민족적 열망과 동일시했다. 콘스탄틴은 캅카스의 타민족에 항거하는 조지아 민족의 긴 투쟁을 다룬, 역사적이고 서사시적 작품을 주로 썼다. 콘스탄틴의 소설에는 눈 덮인 산봉우리와 험

준한 산을 배경으로 아름다운 조지아 여인, 숭고한 귀족, 영웅적 군 지도자가 등장했는데, 아들의 이름도 소설 속 인물의 이름에서 딴 것이었다. 이런 이야기를 듣고 자란 즈비아드가 스스로 수많은 적을 상대로 조지아를 통합하는 임무를 부여받았다고 생각하는 것은 당연했다.

콘스탄틴 감사후르디아의 작품은 조지아 출신 중 가장 유명한 인물의 총애를 받았다. 본명이 조지아어로 이오세브 주가슈빌리인 스탈린은 어머니로부터 조지아인의 용맹과 약탈 행위에 관한 이야기를 들었다. 스탈린은 비록 조지아 민족주의에는 재앙이었지만 조지아 민담에 대해 감상적인 애착이 있었다. 다른 작가였다면 큰 곤경에 빠지게 했을 콘스탄틴 감사후르디아의 여러 기행을 스탈린은 눈감아줬다. 트빌리시의 나이든 주민들은 콘스탄틴이 왕자처럼 중세 조지아 옷차림으로 시내를 돌아다니는 짓을 얼마나 좋아했는지 아직도 기억한다. 콘스탄틴이 역사적 주제에 집중하고 러시아와 조지아 사이의 정치적으로 민감한 문제를 피하는 한 아무도 괴롭히지 않았다. 예두아르트 셰바르드나제를 비롯한 지역 공산주의 지도자와도 관계가 좋았다. 조지아 문학에 기여한 대가로 높은 철제 대문이 달린, 트빌리시가 내려다보이는 웅장한 저택도 선물 받았다.

스탈린이 죽은 뒤 조지아 민족주의가 다시 일어나자 즈비아드 감사후르디아는 정치적 동요의 한가운데 있었다. 1957년 18세의 즈비아드는 반정부 유인물을 돌렸다는 이유로 "반소비에트 선동죄"로 유죄 판결을 받아서 당국과 첫 충돌을 했다. 2년 뒤에도 또다시 곤경에 처하는데, 이번에는 경찰과 싸움을 벌였다. 두 사건 모두 비교적 가벼운 집행유예 처분을 받았다. 아버지의 명성 덕분에 투옥은 면한 것이다. 아버지와 마찬가지로 즈비아드 감사후르디아는 공산당 정권과 때로는 타협하고 때로는 저항했다. 1978년에는 조지아 인권단체를 설립하고 외국 기자와 인터뷰를 한 죄로 투옥되었다. 하지만 이듬해 TV에서 공개적으로 자신의 주장이 "실수"라며 철회하겠다고 밝힌 뒤 풀려났다. 라이벌 관계였던 반체제인사들은 즈비아드가 KGB에 협조한다며 비난했다.

1989년 저항 세력 지도자들이 영향력을 확보하려고 경쟁하면서 조지아 반체제 운동은 수십 개의 파벌과, 파벌의 파벌로 쪼개졌다. 즈비아드 감사후르디아는 여론을 조성하려고 몸부림치는 과정에서 "조지아인을 위한 조지아"라는 구호를 만들었다. 조지아공화국 인구 550만 중 조지아인은 3분의 2에 불과했지만, 정치 문제에서 조지아인이 배타적인 목소리를 낼 자격이 있다고 믿은 것이다. 즈비아드가 생각하기에 압하지아인, 오세트인, 아르메니아인 같은 소수민족은 전부 2등 시민이었다. 그래서 의사당 앞에서 열린 집회에서 이렇게 이야기했다.

"조지아는 하나의 독립 국가고, 따라서 압하지아와 남오세치아의 분리주의자에게 양보가 있을 수 없습니다. 다른 모든 민족의 대표들은 조지아 땅의 손님에 불과해서 주인이 언제라도 문으로 안내할 수 있습니다."[19]

즈비아드가 내세운 배타적인 민족주의는 그것이 대체하려는 대상인 공산주의 이념에 못지않게 여러 면에서 권위주의적이고 근시안적이었다. 즈비아드는 조지아의 독립이 당연히 번영으로 이어질 것이라고 추종자들을 설득했다. 크렘린이 더 이상 조지아를 경제적으로 "수탈"하지 못하기 때문이다. 하지만 즈비아드는 애국적 열정 때문에 조지아 경제가 다른 소비에트 공화국에 의존한다는 사실을 무시했다. 조지아의 타 공화국 의존율은 사실상 석유와 가스 전체, 곡물의 94퍼센트, 철강의 93퍼센트, 목재의 82퍼센트에 달했다. 소수민족이 다수 조지아인의 의사에 순순히 따를 것이라는 즈비아드의 전제는 또 다른 치명적 오산으로 드러났고, 장기간에 걸친 내전의 기반이 되었다.

트빌리시 "학살"의 감정적 후유증으로 이성과 상식은 설 자리가 없었다. 무고하게 흘린 피에 격앙된 조지아인은 소련 "제국주의자"를 가장 크게 비난하는 지도자를 중심으로 뭉쳤다. 이 시점에 공산당 당국은 잇달아 큰 실수를 했고, 민족주의자들은 그런 실수를 최대한 활용했다. 정권은 즈비아드 감사후르디아를 비롯한 반대파 지도자들을 체포해서 이들이 순교자라는 후광을 얻게 했다. 게다가 군은 시위대를 상대로 독성 가스를 사용한 사실을 약 2주간 부인했다. 수백 명이 중독 증세를 보이며 지역 병원에 입원하면서 도시 전체가 공황상태에 빠졌다. 반소련 정서도 최고조에 달했다. 몇 주 후 즈비아드가 감옥에서 풀려나자 콘스탄틴의 작품 속 주인공의 역할이 즈비아드를 위해 준비된 것처럼 보였다. "피의 일요일" 1년 반 뒤 즈비아드 감사후르디아는 조지아 역사 최초로 치러진 자유 총선에서 공산당을 상대로 2배 이상의 의석을 얻어 압승했다.

평범한 소련인들에게 트빌리시의 비극은 민주적 개혁이 얼마나 쉽게 뒤집힐 수 있는지를 상기시켜주는 섬뜩한 사건이었다. 이 사건은 몇 주 후 또 다른 공산주의 세계에서 일어난 더 큰 비극에 의해 더욱 확실히 인식된 교훈이었다.

34장

베이징

1989년 5월 17일

세계에서 인구가 가장 많은 나라의 상징적 심장부인 천안문 광장에 이런 현수막이 걸렸다.

"민주주의의 대사에게 경의를 표한다."

"소련에는 고르바초프가 있다. 우리에게는 누가 있는가?"

미하일 고르바초프는 30년간 계속된 중국과의 적대관계를 끝내기로 했을 때 자신이 초래할 혼란을 상상도 못 했다. 고르바초프가 베이징에 3일간 머무는 동안 베이징 거리의 주인은 "인민의 정부"가 아니라 인민 그 자체였다. 고르바초프가 중국을 방문한 취지는 공산주의 중국 역사상 가장 큰 민중 시위로 빛이 바랬다. 방문 하루 전날 학생 수천 명이 민주적 개혁을 공개적으로 요구하며 천안문 광장에서 단식투쟁에 들어갔고, 출국 무렵에는 시위가 지방 도시 수십 곳으로 확대되었다. 베이징에서만 100만 명이 넘는 인원이 거리로 쏟아져 나와 학생들에 대한 지지를 표명하고 덩샤오핑을 시작으로 인민이 지지하지 않는

제3부 민족의 반란

지도자의 경질을 요구했다.

시위에 나선 사람들은 거의 모든 직업을 대표했다. 어린 학생, 철강 노동자, 은행원, 호텔 직원, 외교관, 의사, 예술가, 기술자가 있었다. 공안 기관, 비밀경찰, 인민해방군 훈련소의 대표들도 있었다. 심지어 베이징의 악명 높은 범죄조직인 류망liumang도 시위 기간 중 자잘한 범죄행위를 중단하겠다고 선언하고 공공질서의 수호자 역할을 자처하며 축제 같은 시위에 동참했다.

시위대는 자전거와 픽업을 몰고 오거나 트럭, 버스, 택시를 타거나 걸어서 시내 중심부로 모여들었다. 시위대가 중국의 폭발적인 경제 성장의 상징인 고급 호텔을 지나 천안문 거리와 덩샤오핑을 비롯한 중국 지도부의 거처가 있는 자금성 입구를 지나 천안문 광장으로 행진하자 평소에는 생기 없는 도시가 믿기 힘들 정도로 정치적 축제의 무대가 되었다. 광장에서 단식투쟁을 하다가 몸이 약해진 시위대를 이송하는 구급차 사이렌, 구경꾼의 박수, 행진하는 악단의 북소리, 폭죽, 자전거 벨, "부패를 타도하자", "우리는 민주주의를 원한다" 등 온갖 소리가 주변에 울려 퍼졌다. 84세의 병든 지도자가 즐기던 취미를 들먹이며 "덩샤오핑, 가서 브리지게임이나 해라"라고 외치기도 했다. 일부 시위대는 40만 제곱미터가 넘는 천안문 광장을 내려다보는 역사박물관 지붕에 올라가서 "우리는 중국의 혼이다", "인내가 승리다"라고 적힌 대형 현수막을 걸었다.

사회의 모든 부문이 망라된 민중 봉기는 공산정권 최악의 악몽이었다. 군중들은 1949년 10월 1일 마오쩌둥이 천안문 위에 서서 인민공화국을 선포한 광장을 상징적으로 점령했다. 자금성과 인민대회당과 인접한 속세의 성지와도 같은 천안문 광장은 중국 역사에서 운명적 역할을 했다. 민족주의자 봉기, 광신적 홍위병 집회, 군 퍼레이드, 학생 시위, 엄숙한 국장state funeral, 반체제 시위가 천안문 광장을 배경으로 진행되었지만 이날과 같은 광경이 벌어진 적은 결코 없었다.

　나는 광장으로 쏟아져 들어오는 인파를 보고 폴란드 자유노조 운동의 초기를 떠올렸다. 천안문 광장 시위의 규모는 교황 방문 때를 포함해 내가 폴란드에서 본 그 어떤 시위보다 몇 배 이상 컸지만 군중의 활기와 전염성 있는 흥겨움은 아주 유사했다. 중국 사람들은 수십 년간 전체주의 통치에 수동적으로 복종한 뒤에 주인에게 반기를 들었다. 각기 다른 사회 계층과 연령 집단 사이의 인위적 장벽의 경계가 완전히 사라져서 분쇄되고 원자화된 사회가 자체적으로 지닌 힘을 발견할 수 있었다. 장기간 금지된 것이 갑자기 허용되었다. 1980년 8월 폴란드에서 그랬던 것처럼 무슨 일이 일어나고 있는지 아주 비현실적인 느낌이 들어서 사람들은 믿을 수 없다는 듯이 자기 눈을 비비기도 했다.

　천안문 광장 시위로 고르바초프는 방중 일정을 대폭 수정해야 했다. 도착 환영식 장소도 천안문 광장에서 공항으로 바뀌었다. 일정 변경이 워낙 급하게 이루어지다 보니 의전 담당자들은 통상적으로 준비하는 레드 카펫도 깔 수 없었다. 베이징 방문 둘째 날에 자금성을 방문한 고르바초프는 건물 뒤쪽의 눈에 띄지 않는 직원용 출입구를 통해 몰래 들어와야 했다. 학생 시위대가 건물의 나머지 부분을 에워쌌기 때문이었다. 자금성과 황궁을 둘러보는 일정도 취소되었다. 방중 마지막 날에는 기자 수백 명이 약속된 정상회담 마무리 기자회견을 취재하려고 힘겹게 인민대회당에 도착했지만, 고르바초프는 약 10킬로미터 떨어진 공식 숙소에 발이 묶였다. 해결 방법은 하나밖에 없었다. 고르바초프가 정해진 기자회견장에 못 오면 고르바초프가 있는 곳으로 기자회견장을 옮겨야 했다. 결과적으로 현수막을 흔드는 시위대가 꽉 찬 거리를 장애물을 피하며 통과한 일은 나의 기자 인생에서 가장 우스꽝스러운 상황 중 하나였다.

　행사 준비와 의전이 완전히 엉망이 되었다. 기자들이 인민대회당에서 쏟아져 나왔다. 중국과 소련 관리, 통역, 기술자로 이루어진 작은 그룹이 그 뒤를 바짝 따라왔다. 자전거, 인력거, 미니밴이 뒤섞인 무리가 시내를 가로질러 미친 듯이 이동하는 일에 동원되었다. 자동차 한 대에 잔뜩 올라탄 고르바초프 경호원들의 응원을 받으며 기자 12명이 지나가는 픽업 차량 짐칸에 올라탔다. KGB 요원들은 구호를 외치는 시위대로 가득 찬 대로를 질주하면서 "우릴 따라와요"라고 외쳤다. 주변 분위기에 취한 KGB 요원 중 한 명은 고르바초프의 사진을 들고 즐거워하는 시위대에 V 표시를 보이기도 했다. 기적적으로 군중 100만 명을 뚫고 길이 열렸다. 픽업을 타고 온 기자들은 의기양양하게 고르바초프가 머물던 귀빈용 숙소에 들어섰다. 흰 장갑을 낀 병사들은 운전사가 운전하는 리무진을 본 것처럼 기자들을 향해서 잽싸게 경례한 다음 픽업 차량이 인공 호수와 장식용 탑이 줄지어 있는 긴 진입로를 따라 이동하는 동안 손을 흔들었다. 친절한 KGB 호위대는 기자회견장에는 들어오지 못했다. KGB가 탄 소련제 구형 라다 자동차는 엄청난 교통 체증으로 과열되었다. 우리가 마지막으로 봤을 때 KGB 요원들은 보닛을 연 채 라디에이터에서 증기가 뿜어져 나오는 것을 불편한 심경으로 쳐다보고 있었다.

　중국 학생 다수가 고르바초프를 민주주의의 상징으로 여겼지만 막상 고르바초프는 자신을 초청한 나라를 당황하게 할 발언을 조심스럽게 피했다. 그는 기자회견 자리를 중국의 위기가 "대화"와 "협상"으로 해결될 수 있다는 희망을 표현하는 데 이용했다. 그러면서도 시위대가 너무 멀고 너무 빠른 변화를 원한다며 꾸짖는 듯 보이기도 했다.

　"소련에도 하룻밤 사이에 사회주의를 개조하려는 성급한 이들이 있습니다. 그러나 현실에서 그런 일은 일어나지 않습니다. 동화에서나 가능한 일이죠."[20]

　고르바초프는 중국 공산당의 불행에 고소해 할 수만은 없었다. 자신도 수많은 문제에 직면해 있었다. 고르바초프는 미국 대통령 임기에 해당하는 4년간 정권을 쥔 뒤 정치적 권위가 급속히 무너지고 있었다. 더 이상 전임자의 잘못된 정책을 비난함으로써 소련에 드리운 경제적 대재앙의 책임을 피할 수 없었다. 고르바초프에게도 책임이 있었다.

　고르바초프의 정치적 위상은 겉으로는 튼튼해 보였다. 베이징으로 떠나기 직전 중앙위원회의 위원 중 3분의 1을 물갈이하는 데 성공해서 원로들을 지지세력으로 교체했다. 그러나 다른 측면에서 정책이 뒤엉키기 시작했다. 페레스트로이카는 내부적으로 그 자체를 파괴하는 씨앗을 품고 있었다.

　고르바초프는 전체주의 국가에 민주적 요소를 도입함으로써 소련을 산산조각낼 수 있는 파괴적 원심력을 풀어놓았다. 조지아 사태는 과거 러시아 제국 변방에서 퍼지던, 오랫동안 끓어오른 민족주의적 불만이 드러난 것으로써 전통적인 슬라브 중심지로 확산될 위험이 있었다. 중앙 통제의 이완은 경제에도 엄청난 충격을 주었다. 과거의 규칙이 더 이상 적용되지 않았고 대신할 새 규칙도 만들어지지 않았다. 소련은 일종의 경제적 황혼기에 들어선 상태여서 누구도 어떤 것도 확신할 수 없었다. 한때 엄격히 시행한 5개년 계획은 텅 빈 약속을 나열한 것이 되었다. 비참할 정도의 재정 적자가 잇따르자 루블화 가치도 폭락했다. 아직 국가에서 상품 가격을 통제했기 때문에 상점 앞에는 긴 줄이 늘어섰고 배급도 부족했다. 정책담당자의 약속을 믿을 수 없고 자국 화폐도 신뢰를 잃자 소비자와 생산자는 원시적인 물물교환 시스템으로 되돌아갔다.

고르바초프는 경제 개혁에 앞서 정치 개혁을 추진한 대가를 치르고 있었다. 고르바초프와 대조적으로 중국 지도부는 시장 경제로 극적으로 큰 걸음을 내디뎠지만 시민의 자유는 계속 제한했다. 서로 다른 두 개혁은 본질적으로 불안정했다. 고르바초프의 방중 기간에 거리로 뛰쳐나온 학생들은 경제적 진보와 정체된 정치의 불균형을 보여주는 완벽한 사례였다. 중국을 외부와 차단시키는 것은 더 이상 불가능했다. 덩샤오핑의 현대화 운동과 "개방 정책" 덕분에 중국 학생 수만 명이 미국과 유럽 대학에서 공부했다. 중국 대학을 휩쓴 정보 혁명에 수백만 명이 영향을 받았다. 학생들이 바깥세상에 대해 알면 알수록 중국 사회의 문제점과 공산당 엘리트의 권력 남용에 대해 더 비판적으로 바뀌었다. 베이징대학교 철학과 학생인 리 차오지는 시위에 참여한 학생 다수를 대신해서 내게 이런 말을 했다.

"중국에서 권력은 돈을 의미합니다. 원하는 것을 다 할 수 있는 능력이죠. 부패하지 않은 곳이 없습니다. 중국에 민주주의가 필요한 이유가 여기에 있어요. 권력자들이 자신의 행동에 책임지게 하기 위해서 말이죠."[21]

고르바초프가 베이징에 도착했을 무렵 공산주의는 실패했을 뿐아니라 공산주의 개혁도 실패한 것이 분명했다. 중국과 소련은 서로 다른 방향으로 개혁을 추진했고, 둘 다 심각한 위기에 처했다. 중국의 개혁은 자유에 대한 갈망을 무시했고, 소련의 개혁은 좀 더 나은 삶에 대한 갈망을 무시했다.

어떤 면에서 양국의 개혁 활동 방향은 예고된 것이었다. 고르바초프는 1964년 서기장 직위에서 마지막으로 개혁을 시도한 니키타 흐루쇼프를 몰아낸 크렘린 쿠데타의 기억이 뇌리에서 떠나지 않았다. 흐루쇼프가 너무 멀리 나갔다고 판단한 노멘클라투라가 흐루쇼프를 제거했지만 작은 항의조차 하는 이가 없었다. 고르바초프는 자신에게 똑같은 일이 일어나는 것을 막기 위해 당의 권력에 맞설 수 있는 새로운 정치 기구를 만들려고 했다. 글라스노스트가 가진 힘을 발산하게 함으로써 인민들이 무슨 일이 일어나는지 알고 대응할 능력을 갖추게 했다. 고르바초프는 나중에 이렇게 인정했다.

"페레스트로이카를 시작할 때 동료들에게 이런 말을 자주 했다. '새로운 뭔가를 생각해내지 않으면 흐루쇼프와 똑같은 운명에 처할 겁니다.' 바로 그때 첫 자유 선거를 시작했다."[22]

노멘클라투라에 대항한 여론 조성이라는 고르바초프의 전술은 중국 공산주의자들에게 자신들의 문화혁명을 몸서리칠 정도로 떠올리게 했다. 마오쩌둥 주석은 사회주의 유토피아라는 꿈이 사라지기 시작했다고 판단한 1960년대 중반 비슷한 전략을 썼다. 홍위병의 도를 넘는 행위는 덩샤오핑을 포함한 중국 공산당 고위관료 수천 명에게 당이 통제할 수 없는 자발적인 인민 운동에 대한 지울 수 없는 공포를 남겼다. 고르바초프가 페레스트로이카를 평화적 혁명으로 만들 생각이었다는 사실은, 혼란과 무정부 상태로의 총체적 추락을 우려한 덩샤오핑에게는 별 의미가 없었다. 지도자 직책을 모두 빼앗기고 가족과도 헤어져 시골로 내쫓긴 채 치욕적인 자아비판을 해야 했던 기억은 덩샤오핑의 인생에서 가장 혹독한 경험으로 심지어 대장정보다 더 끔찍했다. 베이징대학을 다니던 덩샤오핑의 장남은 홍위병들에게 박해받는 동안 자살을 하기 위해 4층 창문에서 뛰어내린 뒤 하반신이 마비되었다.[23] 이제 권력을 되찾은 덩샤오핑이 무엇보다 중요하게 생각한 가치는 안정이었다.

고르바초프가 베이징에 있는 동안 학생들은 방패막이를 보장받았다. 세계가 주목하는 동안 중국 정부가 무력 사용을 주저할 것을 잘 알던 학생들은 실제로 고르바초프 방문 시점에 맞춰 시위를 했다. 하지만 외국 기자 수천 명과 천안문 광장에서 벌어지는 일을 TV에서 생중계하면 안전하리라는 생각은 착각이었다. 중국 당국은 고르바초프가 떠난 지 36시간이 지나기 전에 다시 통제를 강화하기 시작했다.

5월 20일 토요일 0시 55분 강경파 총리인 리펑의 히스테리 섞인 장광설이 광장에 있는 확성기를 타고 전해졌다. 졸린 학생들은 천막과 버스에서 나와 시위대가 최대 적으로 여긴 인물이 베이징에 계엄령을 선포한다는 선언을 들었다. 리펑 총리는 목소리를 높여 악을 쓰며 중국 지도부가 "혼란을 종식"시키고 중국에서 사회주의 체제를 지키기 위해 "과감하고 단호한 조치"를 취하기로 했다고 말했다. 단식투쟁 시위대와 이를 지지하는 사람들을 광장에서 내쫓기 위해 군에 무력 사용 허락이 떨어졌다.

리펑의 발언에 시위대는 귀청이 터질 듯한 야유와 "리펑을 타도하자", "민주주의 만세", "승리는 우리 것" 같은 함성으로 맞섰다. 총리의 연설이 끝날 무렵 시위대 수만 명은 승리의 V 사인을 하며 〈인터내셔널가〉를 힘차게 불렀다. 그리고는 마오쩌둥 주석의 방부 처리된 유해를 보관한 묘의 정반대편에 있는 인민영웅기념비에 붙인 현수막에 계엄령에 대한 자신들의 입장을 휘갈겨 썼다.

"우리는 제 발로 여기 왔지만 쓰러져야만 떠날 것이다."

중국 정부는 천안문 광장에 대한 TV 생중계를 중단한 뒤 계엄령을 선포했다. 외무부 관리는 CNN에 이렇게 통보했다.

"고르바초프 방문을 취재하려고 오셨잖습니까. 고르바초프가 떠났습니다."

군 병력이 천안문 광장을 다시 장악하기 위해 투입되었을 때 베이징 일반 시민 수만 명이 임시로 구축한 바리케이드와 인간 장벽으로 도로는 차단되었다. 다음 며칠간 학생들의 기분은 공포, 흥분, 피해망상, 탈진, 우쭐댐, 그리고 다시 공포에 빠져들기를 반복했다. 오토바이 부대가 단식투쟁 시위대를 위해 도시의 끝에서 끝을 오가며 정보를 수집했다. 많은 정보가 서로 상충했다.

"군대가 오고 있다."

"아니, 철수 중이다."

"개혁파가 이기고 있어서 리펑이 사임할 것이다."

"아니, 강경파가 득세해서 학생들에게 동조적이고 개혁적인 자오쯔양 총서기가 가택연금 중이다."

이 모든 정보에서 빠진 것은 여러 번 치욕을 딛고 일어나 사실상 중국 황제가 된 84세의 키 작은 공산주의자의 입장이었다. 결정적 발언을 할 인물은 다름 아닌 중국 정치의 위대한 생존자, 덩샤오핑이었다.

35장

베이징

1989년 6월 3~4일

인민해방군이 천안문 광장으로 온다는 소문이 돌자 학생 수천 명이 인민영웅기념비 주변에 모였다. 흰 폴리에스터 수지와 석고로 만들어서 쉽게 부서질 듯한 "민주여신상"이 자금성 입구에 걸린 거대한 마오쩌둥의 초상화를 마주 보며 시위대의 머리 위에 높이 솟아올라 있었다. 학생들은 오른손을 들어 올리며 엄숙하게 맹세했다.

"조국의 민주화를 위해, 조국의 진정한 번영을 위해, 소규모 공모자 무리에게 조국을 빼앗기지 않도록 … 나는 천안문과 공화국을 방어하는 데 내 젊은 일생을 바칠 것이다. 목이 잘려나갈지도, 피가 흐를지도 모르지만 인민의 광장을 잃지 않을 것이다. 마지막 한 사람까지 우리의 젊은 생명을 기꺼이 내놓을 것이다."[24]

수 킬로미터 떨어진 베이징 서쪽 교외의 향산 공원 지역에 있는 특별핵방호지휘소에서는 80대의 중국 지도자들이 자국민을 상대로 한 군사작전 소식을 기다렸다.[25] 나중에 덩샤오핑은 "결연한 행동"이 없었다면 중국의 미래가 "상상조차 하기 힘들 정도로 끔찍했을 것"이라고 주장했다.[26] 스무 살짜리 학생이 마오쩌둥과 대장정을 함께하고 문화혁명의 혼란기에서 살아남은 베테랑 혁명가보다 어떻게 더 잘 안다고 생각할 수 있겠는가?

지난 3주간 덩샤오핑은 고르바초프와 전 세계인의 눈앞에서 모욕을 당했다. 학생들은 덩샤오핑의 가장 위대한 외교 성과인, 30년 만에 이루어진 중소정상회담을 만끽하지 못하게 했을 뿐 아니라 공개적으로 사임을 요구했다. 덩샤오핑의 이름 "샤오핑"은 만다린어로 "작은 병"과 발음이 같은데 이를 두고 누가 봐도 알만한 말장난을 하려고 인민대회당 앞 포장도로에서 병을 깨는 퍼포먼스를 하기도 했다. 10년 전 학생들은 과격파 4인방(문화대혁명 기간에 권력을 장악한 네 사람 - 옮긴이)에 대항하여 투쟁하는 덩샤오핑에 대한 지지를 표하기 위해 유리병을 들고 베이징 거리를 행진한 적이 있었다.

이제 사태의 본질은 간단했다. 학생과 공산당 지도부 중 어느 쪽이 정치적으로 더 정당한가였다. 이 질문에 대한 답도 마찬가지로 명백했다. 전통적으로 중국의 심장인 천안문 광장을 지배하는 자가 "인민"을 대표할 권리를 주장했다. 이 모든 것의 핵심은 힘의 문제였다.

학생들이 민주주의를 수호하기로 선언한 직후 서쪽에서 길게 늘어선 탱크와 장갑차 행렬이 광장으로 이동했다. 군 부대도 전투 시작 전 지휘관 앞에 서서 법질서를 지키고 중국에서 정치적 "혼란"이 재발되는 것을 막겠다는 그들만의 맹세를 했다. 이들에게는 어떤 대가를 치르더라고 "광장을 탈환"하라는 명령이 떨어진 상태였다. 이번에는 2주 전처럼 도로를 가로막은 비무장 시위대가 있더라도 방향을 바꾸지 않을 작정이었다.

첫 번째 심각한 충돌은 광장에서 서쪽으로 10개 블록쯤 떨어진 궁

주펀 로터리에서 일어났다. 탱크와 장갑차가 버스와 뒤집힌 택시로 만든 바리케이드를 돌파하려고 하자 시위대는 돌과 벽돌로 공격하기 시작했다. 군도 발포하기 시작했다. 처음에는 시위대 머리 위로 쐈지만 이후 시위대를 직접 겨냥했다. 격노한 시민들은 병사 2명을 잡아 무차별적으로 폭행했다. 차량화 부대가 몇 블록을 더 이동하자 비슷한 폭력이 격분한 상태에서 반복적으로 벌어졌다. 천안문 거리는 지옥 같은 전쟁터가 되었다. 바리케이드가 화염에 휩싸였다. 병력은 AK-47 자동소총으로 무차별 난사를 했다. 공황상태에 빠진 시민들은 큰소리로 욕을 했다. 군용 차량은 화염병에 맞아 불탔다. 사방에 사람들이 쓰러져 있었다. 구급차 사이렌이 계속 울렸다. 현장을 본 사람들은 군대가 완전히 자제심을 잃고 근처 아파트 건물에 사격을 가하고 총검으로 시신을 찔렀다고 했다.

새벽 2시 반쯤 군은 천안문 광장의 3면을 차단하고 학생들이 도주할 수 있게 남동쪽에만 작은 틈을 남겨놓았다. 타이완의 유명 록스타인 허우더젠은 평화적 시위 해산을 위해 군과 협상했다. 동료 학생이 천안문 광장의 대표로 선출한 차이링은 이렇게 회상했다.

"학생들은 서로 손을 꼭 붙잡고 〈인터내셔널가〉를 불렀다. 우리는 울부짖었다."[27]

학생들이 "인민해방군은 인민을 겨냥한 사격을 중지하라"라고 외치며 후퇴하는 동안 전경들이 긴 곤봉으로 무자비하게 폭행했다. 그 뒤로 병력이 진입해서 지난 한 달간 단식투쟁 시위대가 머문 천막촌을 밀어버리고 "민주여신상"도 철거했다. 나중에 군은 광장의 폐쇄되고 좁은 공간에서 살상은 없었다고 주장했다. 하지만 인근에서 수천 명이 사망한 사실은 모두에게 분명했다. 천안문 광장 동북쪽 모퉁이에 있는 베이징 호텔 7층에서 대학살을 지켜본 미국의 베테랑 기자인 해리슨 솔

즈베리는 "모든 권력은 총구에서 나온다"는 마오쩌둥 주석의 격언을 떠올렸다.[28]

손에 쥔 전리품을 놓치지 않기로 마음먹은 인민해방군은 광장 주변에 기관총을 설치해서 가까이 접근하는 사람이 누구든 살육했다. 이날 아침 늦게 베이징 라디오는 천안문 광장의 "쓰레기"를 치우고 광장을 "인민에게 돌려주었다"라고 자랑했다. 중국 공산주의 통치자들이 판단하기에 "인민"이란 자신들을 가리키는 말이었다.

36장

모스크바

1989년 5월 25일~6월 9일

마르키스 드 퀴스틴은 1839년 러시아를 방문했다. 프랑스 귀족인 그
는 상트페테르부르크와 모스크바에 3개월도 머물지 않았지만 일부에
서 외국인이 쓴 최고의 작품으로 평가하는 여행기를 썼다. 파리에서 문
학 살롱을 드나들던 퀴스틴은 걸출한 작가라는 명성에 목말라하고 허
세가 있을 뿐 아니라 독선적이고 종종 거들먹거리는 태도를 보였다.
몇 년 앞서 미국을 여행한, 동시대에 더 유명한 인물인 알렉시스 드 토
크빌과 다르게 퀴스틴은 자신에게 글감을 제공한 나라에 대해 별로 공
감하지 않았다. 그럼에도 러시아의 폭정, 즉 퀴스틴으로 하여금 "말 못
하는 이들의 나라"라고 표현하게 만든 잔인한 억압체제에 관한 그의
견해는 긴 시간 가치를 인정받는 혜안을 담고 있다.

국가는 잠시 침묵할 뿐이다. 조만간 토론의 시대가 온다. 종교와 정책, 모
두가 자기 입장을 해명한다. 따라서 입을 닫은 사람들이 입을 열자마자

놀란 세상이 바벨의 혼란으로 되돌아갔다고 생각할 정도의 엄청나게 많은 논쟁을 듣게 될 것이다. … 이런 식으로 통치되는 나라는 분출하기 전까지 오랜 기간 열정이 끓어오른다. 시시각각 위험이 다가오는 동안 악은 지속되고 위기는 지연된다. 우리의 자손들조차 폭발을 보지 못할 수 있다. 그러나 언제일지 몰라도 폭발이 불가피하다는 것은 지금 얘기할 수 있다.[29]

150년 뒤 미하일 고르바초프가 소련의 첫 번째 진정한 의회인 인민대표회의를 승인하자, 이 예언 중의 많은 부분이 실현되었다. 퀴스틴의 말을 빌리면 "토론의 시대"가 시작된 것이다.

"토론의 시대"는 인구 2억 8000만의 나라를 사실상 마비시킨 말의 홍수 형태로 나타났다. 러시아인, 우크라이나인, 발트인, 아르메니아인, 아제르바이잔인이 13일간 그때껏 본 적이 없는 형태의 언론 자유 축제에 참여했다. 칼리닌그라드에서 캄차카에 이르기까지 온 나라의 광부, 공장장, 정부 관료가 크렘린에서 벌어지는 드라마를 보느라 산업 생산량이 급감했다. 토론은 TV로 생중계되어서 정부의 검열 문제가 없었고, 무슨 일이 벌어질지 예측할 수 없었다. 개회 시작 때에는 라트비아에서 온 턱수염이 난 어떤 배우가 연단으로 성큼성큼 걸어가서는 진행을 가로챈 후 "트빌리시에서 사망한 이들을 위한 묵념"을 하자고 제안했다. 고르바초프를 비롯한 정치국원은 각본에 없는 간섭에 당황한 듯 보였지만 자리에서 일어나 묵념을 해야 했다.

다음 2주간 인민대표회의 대표들은 오랫동안 유지된 정치적 금기를 서로 경쟁적으로 깼다. 아프가니스탄 전쟁부터 에이즈 확산, 공산당 간부의 특권, 일당제 자체의 성격에 이르기까지 모든 것이 공개 토론의 주제였다.

매일 순식간에 흥분을 불러일으키는 날이 계속되었다. 그때껏 신성불가침한 공산주의 아이콘이 무너지거나 개혁파와 보수파 간 극적인 충돌이 벌어졌다. 하리코프에서 온 한 트럭 운전사는 고르바초프가 아첨에 넘어가서 부인 라이사가 지나치게 큰 영향력을 행사하도록 했다고 비난했다. 고르바초프를 황후 조제핀을 비롯해 여러 아첨꾼의 영향을 받아 프랑스를 공화국에서 제국으로 탈바꿈시킨 "위대한 나폴레옹"에 빗대어 비꼬기도 했다.[30] 한 올림픽 역도 금메달리스트는 "수백만 명을 파괴하고 박해한" 책임이 있는 KGB에 대한 전면적인 공격을 펼쳤다. KGB가 "우리 민족의 자랑이자 꽃"에 해당하는 사람들을 고문하고 탄압한 루뱐카 감옥을 비우라고도 요구했다.[31] 이에 뒤질세라 역사학자 유리 카랴킨은 공산당 영웅의 판테온인 크렘린 성벽에 있는 레닌 영묘에서 시신을 제거할 것을 요구했다.

"탱크가 붉은광장을 굴러가면 시신이 흔들립니다. 과학자와 예술가가 레닌의 얼굴을 손봅니다. 다 보여주기 위한 거죠. 거기에는 아무것도 없어요."[32]

카랴킨의 발언으로 시끄럽고 소란하던 회의장은 물을 끼얹은 듯 조용해졌다.

가장 눈길을 끄는 설전은 로디오노프 장군이 4월 9일 밤 트빌리시에서 했던 행동을 설명해달라고 요청받았을 때 벌어졌다. 급진파는 야유하고 보수파가 응원하는 로디오노프는 자신이 언론의 스탈린식 마녀사냥에 당한 희생자라고 했다. 그러고는 조지아 의사당 앞에서 벌어진 시위를 "도발"로 규정하고 모든 일을 군의 책임으로 돌리는 조지아 공화국 지도부를 비난했다. 몇 분 뒤 인민대표들은 사태 발생 직후 조지아 제1서기에서 물러난 파티아시빌리의 증언을 들었다. 눈물을 참느라 목이 멘 파티아시빌리는 로디오노프가 조지아 인민에게 가한 "잔학

성의 강도"를 자신에게 속였고, 야전삽과 독가스를 사용한 사실을 숨겼다고 비난했다.[33]

오랫동안 일반인에게 숨겨온 소련 생활의 어두운 면이 불꽃이 튀기나 때때로 신성모독적인 발언으로 뒤섞여 드러났다. 환경 재앙, 최악의 공공위생 기준, 엉망진창인 경제정책에 관한 폭로도 쏟아졌다. 한 저명 생물학자는 소련 인구의 20퍼센트가 재앙적 생태 지역에서 살고, 3명 중 1명은 암 발병 우려가 있다고 보고했다. 소련 일부 지역의 영아 사망률은 아프리카보다 높았다. 소련에서 생산되는 소시지의 절반, 유아용 유제품의 42퍼센트는 독성 화학물질을 함유했다.[34] 한 농업 전문가는 미국과 비교하면 소련이 콤바인 장비는 10배, 트랙터는 5배 더 많이 생산하지만 밀 생산량은 미국의 절반에 불과하다고 불평했다. 컴퓨터나 심지어 전자계산기가 부족해서 저명한 과학자조차 주판으로 계산을 해야 했다.[35]

순전히 정치적 무대라는 관점에서 보면 인민대표회의 첫 회기는 숨막힐 듯한 장면을 연출했다. 우선은 무대 배경 자체가 15세기에 지은 황금색 양파형 돔이 특징인 성모승천대성당을 내려다보는 크렘린 중심지의 현대적이고 앞면이 유리로 된 홀이었다. 다음으로는 줄거리가 있었다. 일당 독재 국가에 민주주의가 나타난 것이다. 마지막으로 출연 배우도 특별했다. 공산당 지도부, 정치범 출신 인물, 붉은군대 장성, 검은 사제복을 입은 정교회 사제, 시인, 핵 과학자가 출연했다. 소련 엘리트 대부분이 인민대표회의에 참가했다.

연단 위에서 진행된 연설 못지않게 로비에서 이루어진 연기도 흥미로웠다. 거대한 레닌 동상이 우뚝 솟아 있는 오페라 극장 크기의 무대에서 서로 고함을 지른 대표들은 대리석으로 장식된 로비로 줄줄이 나와서 카메라와 마이크 앞에 섰다. 그때껏 소련 지도부에 관한 지식이

제3부 민족의 반란

〈프라우다〉에 실린 정보에 한정된 기자단으로서는 꿈 같은 일이었다. 어느 정도 열성이 있는 기자라면 몇 시간 안에 KGB 의장, 안드레이 사하로프, 보리스 옐친, 우주인 몇 명, 정치국원 5~6명, 소련의 대표적인 지식인을 인터뷰할 수 있었다. 때로는 고르바초프가 직접 나타나 사람들이 우르르 몰렸다. TV 카메라맨은 서기장을 가까이에서 촬영하기 위해 인민대표들을 옆으로 밀치며 철제 사다리와 긴 방송용 마이크를 들고 돌진했다.

이런 광경은 소련 민주주의 탄생에 따른 고통을 보여주었다. 기자들은 사건을 목격하는 데 그치지 않고 품위 없는 행동으로 크렘린 권력의 신화를 벗겨내는 일을 도왔다. 신격화된 공산주의 통치자들은 우리 눈앞에서 평범한 인간으로 바뀌었다. 과거에는 극소수 엘리트의 전유물이던 소련 정치가 전 세계가 하나하나 지켜보는 가운데 전개되었다. 더 이상 미스터리한 일은 없었다.

이때가 공산주의의 몰락과 그에 따른 소련 해체의 결정적 순간이었다. 공산당의 하나된 겉모습은 정치 권력의 첫 번째 원천이었다. 일단 소련 정치인들이 당 규율보다 자신들의 권력 기반을 앞세우며 여러 목소리를 내기 시작하자 거대한 다민족 국가를 하나로 접합시킨 시멘트가 떨어져 나갔다.

인민대표회의 제1차 회의를 주도한 개성이 강한 인물 중에도 특히 두 사람이 두드러졌다. 한 사람은 미하일 고르바초프이고, 또 한 사람은 안드레이 사하로프였다. 두 사람은 격렬한 토론에서 양극단에 서 있었다. 정치적 견해가 달랐다기보다 개성이 충돌한 것이다. 두 사람은 가슴 깊은 곳에 조국에 대한 비전을 공유했다. 러시아 차르들은 모스크바를 제3의 로마라고 부르며 세상을 다 바꿔야 한다는 강박을 수 세기 동안 품었지만, 두 사람은 소련이 그런 강박에서 벗어나 세계 주류 문명의 일원이 되길 원했다. 문제는 그런 원대한 목표를 어떻게 이루는 가였다. 표트르 대제 이후 러시아의 모든 개혁가의 뇌리를 떠나지 않은 것도 같은 문제였다.

고르바초프는 최고의 전술가였다. 매 한 발 반걸음 나아가기 전에 한 걸음 뒤로 두 걸음 옆으로 은밀하게 걷는 사람이었다. 그는 잠정적인 정치적 이익을 보장받기 위해서 누구와도 기꺼이 손잡을 수 있었다. 자신의 진의를 공산주의적 수사의 안개 속에 숨기는 데에도 능숙했다. "사회주의"라는 단어의 의미를 실질적인 모든 의미가 퇴색할 때까지 재정의한 것이다. 고르바초프는 뛰어난 마술사이기도 했다. 어떤 때에는 너무 똑똑해서 제 꾀에 넘어가기도 했다. 복잡하고 교묘한 속임수로 자기 자신이 어지러워하고 혼란에 빠졌으며, 자신이 나아갈 방향과 자신이 추진한 혁명을 지지할지 아니면 비난할지조차 확신하지 못했다. 계획한 일을 계속하는 데 따른 물리적 압박이 너무 커서 폭넓은 정치적 목표를 놓치기 쉬웠다. 고르바초프는 시끌벅적한 토론을 몇 시간 동안 주재한 뒤 완전히 탈진하여 최고회의 간부회의실로 물러나곤 했다.[36]

반면 사하로프는 철저한 원칙주의자였다. 늘 진실을 이야기하는 정책에 찬성하여 "가능성의 예술"을 거부한 반정치적 정치인이었다. 사하로프는 대부분의 정치인에게 동기를 유발하는 요소인 권력, 인기, 고위직 승진의 가능성에 휘둘리지 않았다. 동료 대의원이나 지역구 주민의 의견에도 흔들리지 않았다. 수십 년간 공공연한 탄압과 동료 과학자의 배척에 단련되어 스스로 터득한 인본주의적 가치에 따라 삶을 살았다. 타협, 연합 결성, 정치적 반대파와 접점 모색에 아무런 관심이 없었다. 자신이 옳다고 생각하는 바에 따라 행동하고 말했다. 6년간 고리키에서 유배 생활을 하면서 제대로 치료받지 못하고, 여러 차례 긴 단식

투쟁을 하는 바람에 건강이 좋지 않았다. 말을 할 때 띄엄띄엄 이어가고 자주 허둥지둥하는 등 달변가와는 거리가 멀었다. 고르바초프의 토론 기교와 옐친의 청중을 흥분시키는 기술은 없었지만, 문제의 본질을 파고드는 사고의 명료함이 있었고 이 점이 위대한 과학자 사하로프의 특징이었다. 주변에서 논쟁이 격렬해지더라도 자신만의 세계에서 표류하는 것처럼 보였지만 머리가 쌩쌩 돌아갔다. 별안간 몽상에서 깨어나 연단으로 당당히 걸어가서는 다른 모든 이들이 간과한 핵심 문제를 제기하곤 했다.

1986년 12월 고르바초프가 고리키에 있는 사하로프에게 가택연금에서 풀려난 사실을 직접 알리기 위해 통화를 한 뒤로 두 사람은 개인적으로 만난 적이 거의 없었다. 인민대표회의에서 보인 두 사람의 상대방에 대한 태도는 페레스트로이카의 아버지인 고르바초프와 고르바초프가 자유를 안겨준 민주화 세력의 관계를 그대로 반영했다. 원래 고르바초프는 사하로프를 정중히 대했다. 한 급진파 대의원의 표현대로 "공격적이면서도 복종적인 다수"로부터 사하로프를 보호하며 발언할 시간을 충분히 보장했고, 노벨 평화상 수상자인 그의 도덕적 권위를 인정하는 동시에 이용하려고 했다. 사하로프를 반동 세력에 대한 정치적 대항마이자 급진 세력에 대해서는 온건한 영향력을 행사할 수 있는 한 명의 "충성스러운 반대파"로 본 것이다. 하지만 회의가 거듭될수록 고르바초프는 사하로프의 끝임없는 설교에 점점 더 짜증이 났다.

6월 1일 회의가 한창일 때 두 사람 사이에 막후 설전이 벌어졌다. 사하로프는 말과 행동 사이의 괴리가 점점 커지면서 페레스트로이카에 대한 대중의 지지가 약화되고 있다고 지적했다. "솔직한 대화"를 할 시간이 왔다고 생각한 사하로프는 저녁 회의가 끝날 무렵 고르바초프에게 따로 보자고 요청했다. 두 사람은 거대한 무대의 구석에, 우뚝 솟은 레닌 동상 아래에서 얼굴을 마주하고 앉았다. 사하로프는 고르바초프에게 서기장의 지도력에 대한 대중의 지지가 "거의 바닥 수준"으로 떨어졌다면서 평소 습관대로 곧장 문제의 핵심을 파고들었다. 인민들이 공허한 약속을 듣는 일에 지쳤다고도 했다. 그러면서 정치적 이익을 위해 오락가락하는 걸 멈추고 고르바초프가 어느 편에 설지 최종적으로 정해야 한다고 촉구했다.

"소련과 서기장 동지 개인은 지금 갈림길에 있습니다. 변화에 최대한으로 박차를 가할지 모든 분야에서 통제 체제를 유지할지 결정해야 합니다. 전자를 택하는 경우 좌파 세력에 의존해야 할 겁니다. 용감하고 열정적인 사람 다수의 지지를 기대할 수 있습니다. 후자를 택하는 경우 어떤 이들의 지지를 받을지 잘 아실 테지만, 그 사람들은 서기장 동지가 페레스트로이카를 지지한 사실에 대해 결코 용서하지 않을 겁니다."[37]

한 주간 계속된 활기찬 토론으로 고르바초프는 지친 상태였다. 사하로프는 나중에 "친절함과 거들먹거림이 반씩 섞인, 고르바초프가 평소 내게 보이던 미소를 다시는 보지 못했다"라고 회고했다. 고르바초프는 소련이 처한 위기가 날로 심해지고 있다는 사실을 잘 알았다. 하지만 사하로프가 제안한 방식의 단호한 행동은 고르바초프의 모든 정치적 직감에 반했다. 고르바초프에게 정치는 거듭되는 타협이자 끊임없이 한쪽 길을 택한 다음 또 다른 길을 택하는 과정이었다. 고르바초프가 답했다.

"나는 페레스트로이카의 이상을 확고히 지지합니다. 그러나 목이 잘린 닭처럼 뛰어다니는 것에는 반대합니다. '큰 도약'을 많이 봤지만, 그 결과는 항상 비극이자 퇴행이었습니다. 나에 대해 어떤 이야기가 오가는지 다 알고 있습니다. 하지만 인민들이 내 정책을 이해할 것으로 확신합니다."

사하로프가 보기에 위기에서 탈출할 유일한 방법은 고르바초프가 시작한 혁명을 혁명의 논리적 결론으로 밀어붙이는 것이었다. 그 말인 즉슨 당관료의 권력을 빼앗아 민주적으로 선출한 대의원에게 최고 권위를 부여하는 것을 의미했다. 사하로프는 의회가 일당제 국가를 포기하고, KGB의 권한을 대폭 제한하며, 대통령 직선제의 길을 여는 "권력에 관한 법령"을 채택하길 원했다. 또한 고르바초프가 인민의 위임을 받은 적이 없고 경쟁 선거를 치른 적이 없는 사실도 지적했다. (대의원 2250석 중 100석은 서기장이 이끄는 공산당 후보 몫이었다.) 사하로프가 고르바초프에게 말했다.

"인민대표회의의 정치적 결과가 단지 서기장 개인의 무한한 권력 성취가 될까 봐 매우 걱정됩니다. 게다가 서기장 동지는 정보 수집 수단을 쥔 사람들의 압박과 협박에 취약합니다. 지금도 그들은 동지가 스타브로폴에서 뇌물 16만 루블을 받았다고 말하고 있습니다. 한 번의 도발일까요? 다른 것도 찾아낼 겁니다. 인민이 투표하는 선거만이 서기장 동지를 이런 공격에서 보호할 수 있습니다."

"나는 털어도 먼지 하나 나지 않을 정도로 깨끗합니다. 협박에도 절대 굴복하지 않을 겁니다. 좌든 우든 상관없이 말입니다."

당시 고르바초프는 보통선거를 했어도 선출될 것이 거의 확실했다. 반대자를 포함해 모두가 고르바초프를 대신할 사람이 없다고 생각했다. 그러나 공직 선거에 나서기를 두려워하는 정치국 동료와 의견을 달리할 수 없었다. 가장 가깝고 정치적 우군인 알렉산드르 야코블레프가 서기장 자리를 내려놓고 대통령이 될 것을 권유하자, 고르바초프는 당은 손아귀에서 놓아버릴 수 없는 "괴물"이라고 답했다.[38]

고르바초프는 자신이 당 지도자인지 국가 지도자인지 결정할 수 없었고, 사하로프가 말한 것처럼 "기득권 세력의 지도자인지 페레스트로 이카의 지도자"인지도 정할 수 없었다. 이러한 모순은 끝까지 해소되지 않아서 고르바초프의 권위를 크게 실추시켰다. 소련 인민의 눈에 고르바초프는 가장 확실한 공산주의자였다.

다음날 "공격적이면서도 복종적인 다수"가 공격에 나섰다. 사하로프처럼 이들 당관료도 고르바초프가 어느 편에 서는지 알고 싶어 했다. 서기장이 손안에 든 패를 보이게 하기 위한 당관료들의 수단은 다리를 잃은 아프간 전쟁 참전용사가 애국심이 부족하다며 사하로프를 공격한 감정적인 연설이었다.

세르게이 체르보노피스키가 목발을 짚은 채 힘들게 절뚝거리며 연단에 오르자 청중석에서 곧장 동정의 물결이 일어났다. 체르보노피스키는 과거 "싸움에 나섰던 국제주의자"에 대한 형편없는 대접과 "석기시대 수준"에 머문 원시적인 소련의 의족 기술을 비난하며 연설을 시작했다. 트빌리시 비극을 군에 대한 반감을 조장한 "도발"이라고 말하면서 진보적 언론이 군에 대해 "전례 없는 박해"를 하고 있다는 비난도 했다. 곧이어 아프가니스탄 전쟁에 대한 "터무니없고 도발적인" 발언에 대해 사하로프를 비난하는 공수부대원들의 공개 편지를 낭독했다.[39] 노벨 평화상 수상자인 사하로프는 신문 인터뷰에서 소련군 헬기가 적군에 귀순하는 것을 막기 위해 아군을 상대로 사격했다고 주장한 적이 있었다.

보수파의 우레와 같은 박수에 고무된 체르보노피스키는 이제 고르바초프에게 화살을 돌렸다. 인민대표의 80퍼센트 이상이 공산주의자라는 사실을 상기시키며 태도를 확실히 밝힐 시간이 왔다는 주장도 했다. 그리고는 서기장이 연설에서 "공산주의"를 언급조차 하지 않았다

제3부 민족의 반란

고 비난했다.

"저는 구호나 외치고 겉치레에 신경 쓰는 일에 확실히 반대하지만 오늘 우리 모두, 한 사람도 예외 없이 반드시 투쟁해야 할 세 단어를 선언하셌습니다."

여기서 체르보노피스키는 극적 효과를 위해 잠시 말을 멈췄다. 러시아 보수파에 신성한 세 단어 형태로 이념을 표현하는 것은 거의 신비스러운 호소력이 있었다. 현장에 있는 모든 사람은 반동적인 차르주의자의 구호인 "정교회, 전제정치, 민족주의"에 익숙했고, 이제 상이용사가 염두에 둔 새로운 구호가 무엇인지 궁금했다. 체르보노피스키는 자신의 세 단어를 천천히 신중하게 말했다.

"국가, 조국, 공산주의."

이 세 단어는 회의장에 있던 사람 대부분을 일어서게 해서 가장 큰 박수를 받았다. 회의장 구석에 앉은 정치국원들도 열렬히 환호를 보냈다. 처음에 고르바초프는 자리에 앉은 채 점잖게 박수쳤다. 그러나 환호가 박자에 맞춘 박수로 바뀌자 고르바초프도 일어섰다. 자리에 앉아 있으려면 거의 물리적 의지력이 필요했다. 급진파 대의원인 아나톨리 소브차크는 나중에 이렇게 회고했다.

"나를 자리에서 밀어내며 기립 박수에 동참하게 하려는 어떤 강력한 힘을 느꼈다."

"군중 히스테리"에 휩쓸리지 않기로 마음먹은 소브차크는 의자 팔걸이를 움켜잡았다.

"군 복무 시절 군악대 연주에 맞춰 행진하던 때의 느낌이 떠올랐다. 하지만 예전에는 행진에 불과했다. 이때는 오히려 전투에 가까웠다."[40]

사하로프는 자신을 변호하기 위해 연단에 올라가서 자신이 소련군 일반 병사를 아주 존중한다고 말했다. 벗겨진 머리가 한쪽으로 살짝 들렸고 이빨 틈새로 거의 휘파람을 불다시피 말을 하던 사하로프는 점점 커지는 소란을 최선을 다해 무시했다.

"아프가니스탄에서 벌인 전쟁은 범죄이자 범죄적 모험입니다."

(여기서부터 사하로프는 사방에서 쏟아지는 야유보다 더 큰 목소리를 냈다.)

"이름 없는 이들이 저지른 범죄적 모험입니다. 조국에 대한 이 거대한 범죄에 대해 누가 책임을 져야 할지 모릅니다. 이 범죄는 100만 명 가까운 아프간인의 목숨을 앗아갔고 전 국민을 상대로 파괴적 전쟁을 일으켰습니다."

보수파가 크게 소리치는 바람에 사하로프의 말이 잘 들리지 않았다. 어쨌든 사하로프가 할 말을 하는 동안 귀담아듣는 대의원이 거의 없었다. 사하로프는 그때껏 그랬던 것처럼 고립되어 패배하고 낙담한 사람처럼 보였다. 그럼에도 할 말을 했다.

"저는 소련군을 아프간에 보내는 것에 반대했고, 이 때문에 고리키에 연금됐습니다."

그러자 "사과해", "부끄러운 줄 알아"라고 외치는 소리가 소음처럼 회의장에 나왔다.

"바로 이것이 주된 이유입니다. 저는 이 일이 자랑스럽습니다."

사하로프의 발언은 야유와 휘파람 소리에 거의 묻혔다.

"고리키로 유배당한 것이 자랑스럽고 내가 받은 훈장으로 … 소련군 전체에 사과하지는 않습니다. 소련군 전체를 욕하지 않았기 때문입니다. 저는 소련군이나 소련군 장병을 두고 욕하지 않았습니다."

여전히 회의장은 시끄러웠다.

"소련군을 아프가니스탄에 파병하라는 범죄적 명령을 내린 이들을 비난하는 겁니다."

전체적으로 혼란스러운 가운데 야유와 "사하로프는 물러나라"라는 구호에 박수 소리가 흩어졌다.

사하로프가 발언을 마치자 "공격적이면서도 복종적인 다수"가 보복에 나섰다. 아프가니스탄 침공 기간에 침묵했던 대의원들이 차례차례 언난에 올라가 사하로프가 비방을 하고 명예를 훼손한다며 비판했다. 소련에서 목소리를 내는 유일한 사람을 악의적으로 비난함으로써 자신들의 굴종을 정당화하려는 것처럼 보였다. 대의원들의 구두 공격은 1년 반 전 정치국에서 옐친이 고르바초프와 리가초프를 대담하게 비판한 후 받은 대접을 연상시켰다. 누구도 사하로프를 도우려 하지 않았다. 급진파는 아연실색하여 침묵했다. 두 손으로 얼굴을 가린 고르바초프는 이런 상황에 당황한 듯 보였지만 제지하려고 하지는 않았다.

보수파의 맹공은 우즈베키스탄 출신의 한 여자 교사의 가시 돋친 연설로 절정에 달했다. 울다가 목이 잠긴 투르순 카자코바는 사하로프가 "이번 한 차례 행동으로" 그때껏 국가에 한 모든 봉사를 물거품으로 만들었다면서 이렇게 소리쳤다.

"사하로프 동무는 군 전체를 모욕하고, 전 국민을 모욕하고, 목숨을 바친 이를 모욕했습니다. 저는 동무를 경멸할 수밖에 없습니다. 부끄러운 줄 아세요!"

히스테리에 가까운 카자코바의 연기에 회의장에 있던 사람들은 다시 한번 기립 박수를 쳤다. 고르바초프는 그냥 자리에 앉아 있었다.

사하로프는 소련이 절반만 민주적인 의회를 가진 절반의 자유주의적인 국가로 남는 한 계속 양심에 따라 행동했다. 사하로프는 TV로 토론을 지켜보는 소련 인민 수백만 명의 분별력을 믿었고, 그런 생각은 옳았다. 이 인민대표회의 덕분에 사하로프는 거의 영웅의 반열에 올라섰다. 모스크바 순환 도로에 있는 사하로프의 아파트와 사하로프의 대의원 지명을 막으려 했던 과학학술원에 응원 편지와 전보가 쏟아져 들어왔다.

인민대표회의가 끝나고 몇 주 뒤 소련에서 가장 인기 있는 신문 〈아르구멘티 이 팍티〉는 독자 2000만 명을 대상으로 "최고의 대의원"을 뽑는 여론조사를 했다. 여기에서 사하로프가 1위 옐친이 2위를 차지했고, 고르바초프는 한참 처진 17위에 머물렀다. 고르바초프는 이 결과에 너무 화가 나서 신문사 편집장을 내쫓으려고 했지만 당사자는 거부했다. 고르바초프가 좋아하든 싫어하든 글라스노스트는 이제 성숙 단계에 이르렀다.

중국과 폴란드에서 일어난 지진으로 공산주의 세계가 흔들린 지 이틀 후 미하일 고르바초프는 블라디미르 일리치 레닌의 영묘에서 생각을 정리하려고 했다. 소련 지도부는 점심시간에 정회한 인민대표회의 대의원도 60년간 레닌의 시신이 안치된 레닌 영묘를 순례하는 의식에 초대했다. 고르바초프는 전 세계 기자단과 함께 정치국원들을 이끌고 1킬로미터가 조금 안 되는 거리를 걸어갔다.

경호원과 TV 카메라맨으로 이루어진 움직이는 벽이 고르바초프를 에워쌌다. 부인 라이사를 옆에 대동하고 크렘린의 오래된 스타스키 문으로 향하는 고르바초프는 평소처럼 패기만만했다. 고르바초프는 이 모든 관심을 즐기는 듯 보였다. 제1차 인민대표회의는 소란스럽고 어디로 튈지 몰랐지만, 글라스노스트의 아버지에게 의심할 수 없는 정치적 승리를 안겨주었다. 고르바초프는 시작부터 행사 진행을 장악했다. 대의원들을 매료시키거나 달래며 회의 규칙을 만들고, 통제하기 힘든 인민대표회의를 자신이 원하는 방향으로 끌고 가기 위해 최선을 다했다. 전체주의 국가의 관료체제에서 경력을 쌓아서 민주적 토론 경험이 없는 사람으로서는 놀랄만한 성과였다. 고르바초프는 의회 민주주의에 본능적으로 적응했다. 상대를 압박하고, 거래하고, 규칙을 바꾸고, 필요한 표를 확보하고, 언론을 이용하는 법을 알았다. 회의장에 있는 다른 누구보다 말을 더 많이 하고, 상대방의 허를 찌르며, 토론에서 상대를 압도했다. 즉흥적이고 빨리 사고하는 능력 덕분에 정적들보다 대개 두세 걸음 앞섰다. 놀라울 정도로 집요하기도 했다. 정치에서 어떤 것도 최종적이지 않고 정치 투쟁은 다 끝난 것처럼 보이는 상황에서도 계속된다는 점을 이해했다. 임기응변에도 굉장히 능해서 아홉 개의 생명을 가진, 소련 정치의 후디니(탈출 마술로 유명한 헝가리 출신의 마술사 - 옮긴이)였다.

고르바초프가 크렘린 내의 궁과 성당을 성큼성큼 걸어가며 깜짝 놀란 관광객에게 기분 좋게 손을 흔드는 동안 나머지 정치국원은 그 뒤를 줄지어 따라갔다. 카리스마가 넘치는 소련 지도자와 판에 박힌 일만 하는 관료의 대비는 놀라웠다. 정치국원들은 음산한 침묵 속에 바짝 붙어 걸었고, 중국과 폴란드에서 일어나고 있는 일에 대한 기자들의 질문은 회피했다. 어둡고 우울한 표정만 봐도 정치국원들이 무슨 생각을 하는지 짐작할 수 있었다. 고르바초프는 상황에 만족할지 모르지만 이들의 세계는 무너져 내리고 있었다. 경쟁해야 할 권력 그룹이 나타나자 정치국원들은 평생 공들여 성취한 권력과 특권을 빼앗기고 있었다. 지난 며칠간 이들은 평소에 차지하던 최고회의 간부회의의 명예로운 자리가 아니라 거대한 홀의 부속 건물에서 토론을 지켜봐야 했다. 그것은 당황스럽고도 치욕스러운 경험이었다.

지난 몇 달간 고르바초프는 국제적 슈퍼스타의 자리에 올랐지만 나머지 소련 지도자들은 점점 더 냉대를 받는다고 느꼈다. 비탈리 보로트니코프는 회고록에서 이렇게 말했다.

"고르바초프를 나머지 정치국원과 떼어놓는 어떤 구역이나 장막이 있는 것처럼 느꼈다. 우리는 고르바초프를 아주 긴 시간 신뢰했다. 그에게 희망을 걸었으나, 우리를 어떤 길로 인도할지는 예상하지 못했다. 슬프게도 어떤 일이 벌어지는지 너무 늦게 알았다. (그 무렵) 가짜 민주주의 기차가 이미 엄청난 속도로 달려서 멈추게 할 수 없었다."[41]

보로트니코프는 반은 감탄조로 반은 경멸조로, 모호한 발언으로 "양측 모두 서기장이 자신들의 입장을 지지한다고 생각하게 만드는" 고르바초프 특유의 능력도 언급했다.

사하로프와 그를 지지하는 이들에게 인민대표회의는 충분히 민주주의적이지 못했을 수 있었지만 보로트니코프 같은 과두제의 집권층이 보기에는 지나치게 민주적이었다. 이들은 사태를 통제할 능력을 잃었다. 회의 중 쉬는 시간에 이들은 무대 뒤 오래된 최고회의 간부회의실에서 만나 급진파의 터무니없는 행동에 대해 불만을 토로하고 소련이 나가는 방향에 대한 우려를 표했다. 나중에 고르바초프의 비서실장인 보로트니코프는 정치국원들이 그렇게 놀란 것을 본 적이 없다며 이렇게 말했다.

"정치국원 대부분은 문이 막 열려서 문을 통해 잡다한 군중이 밀려들어 온다는 것을 깨달았다. 이들은 군중이 전 국민 앞에 목소리를 내는 그런 분위기에 기겁했다."[42]

이때가 결정적인 순간이었다. 자유라는 램프의 요정이 병에서 탈출한 사실을 모두가 알았고, 광범위한 압제만이 요정을 다시 병 안에 집어넣을 수 있다는 사실도 알았다. 천안문 광장의 유혈 사태와 폴란드에서 진행 중인 투표함 혁명은 고르바초프가 직면한 선택지를 선명하게 보여주었다. 보좌관 중 한 명의 말을 빌리면 고르바초프는 이제 "정치적이고 도덕적인 갈림길에" 서 있었다.[43] 고르바초프가 시작한 위로부터의 혁명은 아래로부터의 혁명이 되었다. 고르바초프는 자신 같은 개

　　　　　　　　　　　　　제3부 민족의 반란

혁가는 결국 휩쓸려 나갈 것이라는 사실을 아는 상태에서 혁명이 진행되도록 허용할 수도 있고, 혹은 무력을 동원해 멈추게 할 수도 있었다. 후자는 다른 세대를 위해 급진적 경제 개혁의 희망을 포기하고 서방과의 전면적인 대립을 감수하는 것을 의미했다.

스파스키 문은 4면에 거대한 시계가 달려 있고 총포용 구멍이 설치된 녹색 첨탑에 붉은 별이 얹혀 있었다. 고르바초프가 앞장선 가운데 정치국원들은 요새화된 스파스키 문을 통과해 자갈을 깐 붉은광장으로 갔다. 기자들의 질문을 계속 회피하던 일행은 광장 중앙에 상자처럼 생긴 레닌 영묘로 행진하듯 걸어갔다. 레닌의 후계자가 검은 대리석 문 안으로 들어가 희미한 불빛에 실내 온도를 15도로 유지하는 지하로 내려가는 동안 KGB 의장대가 절도 있게 경례를 붙였다.

방탄 유리막 안에는 죽은 레닌이 침대에 누워있었다. 이 방탄 유리막은 1973년 직접 만든 폭탄으로 자살 공격을 한 방문자를 포함해서 여러 차례 물리적 공격을 견뎠다. 시신은 담요에 가려 밀랍 같은 손과 일반 사람보다 뇌가 25퍼센트 더 크다고 알려진 머리만 보였다. 감춰진 선이 시신과 지하 통제실을 연결했는데, 지하 통제실에는 과학자로 이루어진 몇 개 팀이 하루 24시간 상태를 확인했다. (나중에 소련 언론은 제2차 세계대전 중 레닌의 시신이 나치의 손에 떨어지는 상황을 막기 위해 시베리아로 옮겨졌는데 이때 보존 상태가 엉망이어서 시신 대부분에 곰팡이가 피었다고 보도했다.) 지하 시설에는 레닌의 시신을 지키며 힘든 하루를 보낸 KGB 간부들의 운동을 장려하기 위한 비밀 체력단련실도 있었다.

소련 지도부는 조용히 예를 표하며 줄줄이 레닌의 시신을 지나갔다. 고르바초프 일행이 다시 바깥으로 나오자 한 무리의 기자와 카메라맨이 큰 소리로 베이징에서 벌어진 사태에 대해 질문했다. 고르바초프는 목소리를 가다듬은 뒤에 중국에서 진행되는 상황을 "우려" 속에 지켜보지만 모든 정부는 각자의 행동에 책임을 져야 한다고 말했다.

"베이징 기자회견에서 국가, 당 기구, 노동자, 학생 간 대화를 지지한다고 밝혔습니다. 대화를 통해서만 이 문제에 대한 답을 얻을 수 있습니다. 지금도 같은 입장입니다."[44]

고르바초프의 모호한 입장은 급진파의 불평을 크게 불러일으켰다. 이들은 소련에서 유사한 비극이 벌어지는 것을 미리 방지하려는 생각에 베이징 당국을 거리낌 없이 비난하면서 시위 해산에 무력을 사용할 수 있는 상황을 분명히 규정할 것을 요구했다. 옐친은 중국군의 행위를 "인간성에 역행하는 범죄"라고 비난했다. 사하로프는 주중 소련대사를 소환할 것을 요구했다. 고르바초프는 더 분명한 태도를 보이기를 거부했다. 운신의 폭을 넓게 유지하기로 마음먹은 것이다.

옳고 그름이 늘 상대적이고 모든 것이 최종 결과에 달린, 정치와 도덕 사이의 어슴푸레한 세계에서 국정을 운영하는 것이 고르바초프의 운명이었다. 먹고 먹히는 크렘린 정치에서 도덕은 정치인이 감당할 수 없는 사치였다. 가장 중요한 목표는 정치적 생존이었다. 고르바초프가 사하로프처럼 엄격한 도덕적 입장을 취했다면 고르바초프의 동료들이 뒤통수를 쳤을 것이 거의 확실했다.

그와 동시에 고르바초프는 어느 정도 기본 원칙에 충실했다. 비록 폭력을 직접 휘두르거나 다른 소련 지도자가 폭력을 쓰는 것에 눈감았지만, 자신이 추진한 정치적 절차를 강제적으로 뒤집는 상황을 절대 허용하지 않았다. 1989년 고르바초프는 두 번째 러시아 혁명이 통제 불능으로 속도가 붙어서 소련 제국이 해체되기 전에 즉각 멈추게 할 힘을 여전히 갖고 있었다. 하지만 그 힘이 대규모 유혈 사태로 이어지고 다음 세대를 위한 개혁의 희망을 억누를 것을 우려해서 의도적으로 자제

제3부 민족의 반란

했다. 고르바초프는 천안문 사태와 같은 선택지를 거부했다. 지지자와 반대자 모두를 혼란스럽게 만든 모호한 발언 속에 혁명이 계속 진행되게 했다. 이런 수사적 연막을 친 것은 이론의 여지가 있지만 고르바초프의 가장 위대한 업적이었다.

고르바초프의 결단력과 정치적 수완은 얼마 안 가 동유럽에서 잇달아 벌어진 사건으로 시험대에 오르게 되었다.

37장

바르샤바

1989년 6월 4일

중국 인민해방군이 천안문 광장에서 민중 봉기의 마지막 흔적을 지우는 동안, 지구 반대편의 또 다른 공산정권은 유권자의 심판에 따른 결과에 굴복해야 했다. 폴란드인은 40년 만에 처음으로 투표를 통해 자신의 의견을 표현할 권리를 얻었고, 새로 찾은 자유를 이용하여 선거 없이 자리를 차지한 통치자들에게 커다란 좌절을 안겨주었다.

날로 커가는 민중의 불만 앞에서 공산당 지도자들이 당면한 냉혹한 선택은 무언가를 떠올리게 하는 두 가지 소리로 요약되었다. 하나는 중국에서 치안 병력이 비무장 시위대를 향해 기관총을 쏠 때 나는 두-두-두 하는 소리고, 또 하나는 폴란드에서 공산당 출신 의원 후보자의 이름을 펜으로 지울 때 나는 쓱-쓱-쓱 소리다. 이것은 인민 탄압과 인민에 대한 복종, 독재와 민주주의, 폭력과 비폭력 사이의 선택이었다. 1989년 6월 4일 그 결과가 선명하게 표출되었다.

폴란드 공산주의자들은 이미 대규모 탄압을 시도했지만 근본적인

제3부 민족의 반란

문제를 전혀 해결하지 못했다. 상점의 선반은 야루젤스키가 계엄령을 선포한 1981년 12월만큼이나 썰렁했다. 노동자들의 생산성도 나아진 게 없었다. 공장들은 사실상 세계 시장에 내다 팔 수 없는 수준의 제품을 여전히 찍어냈고, 소련에서조차 상품 상태에 대한 불만이 나왔다. 외채 위기도 어느 때보다 심각했다. 환경도 더 황폐해졌고 공중보건 수준도 계속 낮아졌다. 계엄령 선포에 따른 심리적 충격은 급속히 사라졌다. 망연자실해서 체념했던 기간이 지나자 파업을 비롯한 다른 형태의 저항이 다시 일상이 되었다. 폴란드 정부는 대량 해고와 큰 물가 상승을 포함한 포괄적인 긴축 조치를 준비했다. 조만간 또 다른 사회적 혼란이 벌어지는 것이 불가피해 보였다.

이론적으로 야루젤스키는 강경파가 선호하는 선택지인 계엄령에 한 번 더 기댈 수 있었다. 하지만 또 다른 계엄령은 대량 유혈 사태를 유발할 가능성이 있었다. 그 정도 규모의 탄압은 야루젤스키의 성격뿐 아니라 고르바초프가 통치하는 소련에서 벌어지는 추세에도 역행했다. 인민에 대한 무력 사용은 급진적 경제 개혁의 모든 가능성도 제거할 수 있었다.

폴란드와 중국을 비교하는 것은 바로 이 점에서 어긋났다. 중국에서 덩샤오핑이 시위대를 진압하기 위해 탱크를 보냈을 때 중국은 자유시장으로의 이행이 이미 한창 진행 중이었다. 대약진 운동의 재앙적 실패에 뒤이은 문화혁명의 혼돈과 혼란은 경제적 실용주의를 선호한 공산당 내부의 반발을 불러일으켰다. 중국과 대조적으로 폴란드 개혁파는 공산당 내부와 외부 모두에서 믿을만한 정치적 기반을 확보하지 못했다. 야루젤스키가 폭력적인 길을 선택하는 경우, 자유 기업이 치명적 위협이라고 생각하는 공산당 내에서 가장 반동적인 파벌에 의존해야 했다. 인민의 지지 없이는 개혁도 없고, 억압과 반발의 끝이 없어 보이는 악순환에서 벗어날 기회도 없었다.

억압의 대안은 반대파와의 대화였다. 야루젤스키는 자유노조가 안정을 유지하는 데 협조하는 대신 폴란드의 미래를 논의하는 장에 참여할 기회를 주기로 마음먹었다. 이런 방향 전환을 실행하기 위해서는 당내 반발부터 무마해야 했다. 정책 결정을 위해 소집한 중앙위원회 회의에서 야루젤스키를 비롯해서 야루젤스키의 주요 지지자들은 집단 사퇴를 위협하며 비판을 잠재웠다.

정부가 제안한 원탁회의와 관련해서 정확한 회의 형태와 참석자 배치를 두고 장기간 협상이 진행되었다. 폴란드 최고의 목수들이 60명이 앉을 수 있는 도넛 모양의 회의 테이블 제작을 맡았다. 이 거대한 원탁 테이블은 지름이 약 8.5미터로 침 뱉기 세계기록 보유자가 한쪽 끝에서 침을 뱉더라도 1미터 가까이 안전거리가 확보될 정도였다.[45] 양측이 정치적 이익을 위해 움직일 때마다 테이블을 주기적으로 조립했다가 분해했고, 덮개를 벗겼다가 씌웠고, 바르샤바로 가져왔다가 공장으로 보내기를 반복했다. 보조 테이블과 보조 테이블의 보조 테이블도 추가되었다. 마침내 1989년 2월 6일 교도관과 죄수가 지금은 신화가 된 테이블에 둘러앉았고, 중앙의 꽃장식이 시야를 부분적으로 가렸다. 두 달 후 회의 참석자들은 자유노조 재합법화와 폴란드 인민공화국 역사상 최초로 부분적인 자유 선거에 합의했다고 발표했다.

민주주의를 조심스럽게 통제된 수준에서 도입하려는 야루젤스키의 결정에 따라, 시험적인 선거에서 공산당이 승리하도록 모든 것이 기획되었다. 야루젤스키 정부의 고위 관료는 "국가명단National List" 후보로 단독 출마가 허용되었다. 공식적으로 지명된 후보는 유권자 대다수가 후보의 이름에 가위표를 표시하는 수고를 하지 않는 한 "선출된" 것으로 간주됐다. 하원에 해당하는 세임Sejm 의석의 65퍼센트는 공산주의자와 그 협력자들에게 배당되었다. 자유노조 몫으로는 나머지 35퍼센트의 "경쟁" 의석과 권한이 적은 상원에서 100석 전체를 놓고 경쟁하는 것으로 제한되었다.

선거 날 투표소는 폴란드 국기 색인 선홍색과 흰색의 장식용 기로 꾸며졌다. 공산당 후보들은 국가명단의 익명성 뒤에 숨어서 최대한 정치색을 감췄지만 자유노조 후보는 정체성이 확실했다. 후보 각자가 그단스크 레닌조선소에서 바웬사와 함께 사진을 찍어서 선거 포스터에 넣었으며 폴란드 전체에 이런 포스터가 붙었다. 선거 직전 자유노조는 48년간 연이은 공산당 통치 뒤에 진행되는 이번 선거에 무엇이 걸려있는지 압축적으로 보여주는 마지막 선거 포스터를 만들었다. 포스터에는 카우보이 복장을 완전히 갖춘 영화배우 게리 쿠퍼의 사진이 들어갔고, 그 아래에 "6월 4일 하이 눈"이라는 구호가 있었다.

자유노조 후보가 선전할 것으로 예상하긴 했어도 선거 결과는 충격적이었다. 1차 선거에서 자유노조는 세임의 경쟁 의석 161석 중 160석을, 상원에서는 92석을 얻었다. 국가명단 후보 중에는 단 두 사람만 당선에 필요한 50퍼센트 득표를 했다. 40년 이상의 강요된 만장일치와 가짜 선거 뒤, 일반 유권자들은 "건달들을 내쫓고 싶은" 마음이 너무 컸다. 실제로 한 유권자가 말한 것처럼 폴란드인들은 총리 이하 유명 공산주의자들의 이름에 가위표를 하면서 "거의 감각적 쾌락"을 느꼈다. 바르샤바의 한 유권자는 이렇게 말했다.

"이름 전체에 가위표를 했다. 하나도 빠짐없이 모두 현실과 타협한 사람들이었다. 과거에 약속을 많이 해놓고 매번 약속을 깼다."[46]

이런 결과를 자유노조가 원한 것은 아니었다. 바웬사는 그단스크에서 투표하면서 기자들에게 "우리 후보가 너무 많이 당선되면 불안할 수 있고, 그 경우 우리에게 싸움을 걸지도 모릅니다"라고 말했다. 바웬사 자신도 한때 자신을 감금한 내무부 장관 체스와프 키슈차크를 제외하고 국가명단에 이름을 올린 후보 전체에 투표했다. 자유노조 지도부는 야루젤스키가 여전히 군과 경찰의 지지를 받는다는 사실을 알았다. 그래서 압승을 한 뒤에도 지나치게 승리에 취해 보이지 않아야 했다. 자유노조 의회 그룹의 지도자인 브로니스와프 게레메크는 이렇게 말했다.[47]

"우리가 이긴 걸 알았어도 대놓고 기쁨을 표현할 수 없었다. 공산당이 아직 모든 총을 갖고 있다는 사실도 알았기 때문이다."

공산당 지도부가 선거 결과를 논의하기 위해 모였을 때 분위기는 암울하고 패배적이었다. 야루젤스키는 "선거 결과가 참담"하다며 현실을 인정했고, 후퇴하는 병력을 추스르기 위해 기를 쓰는 군 지휘관처럼 지시를 내리고 과제를 나눠주었다. 야루젤스키는 로마가톨릭 교회에서 당관료식 표현으로 크렘린을 의미하는 "동맹국"까지 전부 참가하는 새로운 원탁회의 개최를 지시했다. 겉으로는 차분하고 평정을 잃지 않은 것처럼 보였으나 야루젤스키를 잘 아는 측근들은 그가 또 한 차례 격심한 정신적 고뇌를 겪고 있다는 사실을 알았다.[48] 야루젤스키는 폴란드 역사에서 민주주의의 아버지로 남기를 애타게 원했지만, 계엄령을 선포한 검은 안경을 쓴 장군이라는 대중적 이미지를 떨칠 수가 없었다. 폭력이나 억압 대신 대화와 화해를 택했지만 유권자 다수는 공산당을 거부했다.

앞서 고르바초프가 그랬듯이 야루젤스키는 자신이 변화의 속도와 범위를 조절할 수 있다고 생각하는 실수를 했다. 자유노조에 실질적인 힘을 내주지 않으면서도 고통스러운 경제 개혁의 책임을 자유노조와 공유하도록 설득할 수 있다고 생각했다. 야루젤스키는 민주주의를 점진적으로 받아들여야 한다고 판단했지만 상황은 자체적인 관성이 붙었다. 바웬사와의 대화에 동의함으로써 가차 없는 몰락으로 이어질 정치적 과정을 촉발시킨 것이다.

6월 5일 당의 선거 패배에 관한 공식 조사는 선거 대패에 대한 다른 설명을 제시했나. 일부는 자유노조가 너무 공격적이었다고 했고, 일부는 가톨릭교회의 영향을 비난했으며, 일부는 공산당의 근본적인 실책을 비판했다. 이 문제를 가장 설득력 있게 말한 사람은 국가명단에 올랐다가 패배한 경제개혁부 장관인 브와디스와우 바카였다. 그는 동지들에게 이렇게 말했다.

"인민들이 우리를 더 이상 원하지 않을 뿐입니다."[49]

이날 저녁 공산당의 공식 대변인은 명백한 사실을 인정하기 위해 TV에 출연했다.

"이번 선거는 국민투표 성격이고, 자유노조가 확실히 다수당이 되었습니다."

다음날인 6월 6일 퇴임하는 미에치스와프 라코프스키 총리는 가까운 사람들을 아침 식사에 초대했다. 다들 지쳐서 정권의 종말이라는 분위기가 감돌았다. 재앙의 규모는 독설가이자 몇 달 전만 해도 바웬사가 "일개 개인"이고 자유노조가 "실체가 없는 조직"이라고 했던 예지 우르반 정부 대변인이 잘 정리했다.

"이번 일은 그저 한 차례 선거 패배가 아닙니다. 한 시대의 종언입니다."[50]

38장

포로스

———

1989년 8월 22일

크림반도는 18세기 말 예카테리나 여제가 오스만튀르크로부터 빼앗은 이래 러시아 통치자들이 즐겨 찾는 휴양지였다. 야자수와 포도밭이 어우러진 아열대의 낙원이자 흑해 쪽으로 돌출된 산악지역인 크림반도는 황제의 지위를 보여주는 왕관의 보석으로 여겨졌다. 차르와 서기장들은 매년 이곳을 방문해 체력을 회복하고 훈훈한 바다 공기를 들이마시며 국무에서 잠시 벗어났다. 권력이 바뀌면 구불구불한 해안도로를 따라 새로운 궁전이 생겼고, 새 궁전은 이전 궁전보다 더 웅장했다.

고르바초프는 소련 지도자가 된 직후 자신도 거창한 여름 별장을 가질 자격이 있다고 생각했다. 고르바초프가 선택한 장소는 크림반도 남단의 세바스토폴과 얄타라는 역사적인 도시의 중간지점으로 영화에 나올 듯한 외딴곳이었다. 바위가 많은 해변 뒤로 약 600미터 높이의 산등성이가 솟아올라 산과 바다 사이에 끼여서 햇살이 내리쬐는 반원 형태의 땅덩어리를 만들었다.

별장 공사는 1987년 시작되어 최우선 사업이 되었다. 테니스장, 실내·실외 수영장, 헬기 착륙장, 영화관, 비밀 통신 시설 등을 갖춘 개인 휴양지를 완공하기 위해 병력 수천 명이 쉬지 않고 작업했다. 표토 수백 톤이 트럭에 실려 늘어와 즉석에서 복숭아나무 과수원과 그늘진 경관을 만들었다. 경호원과 서비스 직원용 숙소도 지어졌다. 고르바초프 가족이 쓸 별장 자체는 경사진 붉은 타일 지붕에 콘크리트 상자 형태의 건물 두 동이 덮개를 씌운 다리로 연결되어서 멋없이 뒤죽박죽된 건축물이었다. 약 20미터 길이의 유리 에스컬레이터가 해안으로 가는 접근로를 제공했다. 밖에서 보면 이 휴양단지는 감시초소와 높은 철제 울타리가 에워싼 고급 호텔과 사람이 살기 힘든 수용소를 반반 섞은 것처럼 보였다.

처음부터 포로스에는 불길한 징조가 감돌았다. 서기장 경호원들은 너무 더워서 "프라이팬"이란 별명을 붙인 이곳을 금방 싫어했다. 가을이면 산사태로 인근 산에서 바위가 굴러 내려와서 접근로를 막았다. 공사를 지나치게 서두른 바람에 건물도 허술했다. 1988년 서기장 가족이 들어왔을 때 떡갈나무 기둥이 고르바초프의 다 큰 딸인 이리나의 머리 위로 떨어졌다. 이리나는 지역 병원 수술실에서 일주일을 지내야 했고 영구적인 뇌 손상에 시달릴 우려도 일부 있었다. 이 일이 있은 뒤 경호원들은 가구가 견고한지 시험하기 위해 침대와 의자에 올라가 뛰어 보기도 했다.[51]

1989년 8월 고르바초프가 포로스에서 두 번째 휴가를 보낼 무렵 고르바초프의 주변에서 무너지고 있는 것은 별장만이 아니었다. 전임자들이 힘들게 결집시킨 소련 제국 전체가 분해되는 중이었다. 아프가니스탄 철군은 앞으로 닥칠 일의 전조가 되었다.

소련의 관점에서 폴란드는 전통적으로 동유럽 위성국 중 가장 골칫거리였다. 소련 제국이라는 집에서 가장 크게 부식이 일어난 곳도 공산당이 선거에서 충격적으로 패배한 폴란드였다. 설상가상으로 공산당은 오랫동안 고분고분했던 정치적 우호 세력에게도 버림받는 바람에 의회에서 다수를 점할 수 없었다. 공산주의 개혁을 주도한 키슈차크 장군이 정부 조각을 시도했으나 실패했다. 교착상태를 타개하기 위해 자유노조가 "대통령은 공산당이, 총리는 우리가 맡는다"는 타협안을 제시했다.[52] 이 안에 따르면 야루젤스키는 대체로 명목상의 국가수반 자리를 유지하되 자유노조가 주도하는 정부를 받아들여야 했다.

공산주의 세력은 동유럽의 다른 지역에서도 와해되기 시작했다. 헝가리에서는 자유주의적 공산정권이 제2차 세계대전 말기에 스탈린이 소련 제국을 서방과 분리하기 위해 세운 철의 장막을 물리적으로 해체하는 중이었다. 5월 2일 헝가리군은 오스트리아와의 국경에 설치한 철조망 울타리와 감시탑을 허물기 시작했다. 7월에 부시 대통령이 부다페스트를 방문하자 헝가리 측은 철의 장막을 상징하는 조각을 유리 케이스에 담아서 선물했다. 한때 뚫을 수 없는 것처럼 보였던 국경에 구멍이 생겼다는 뉴스는 빠르게 퍼져나갔다. 몇 주 안에 자국의 엄격한 여행 금지 조치에 애를 태운 동독인 수천 명이 서독으로 넘어가기 위한 중간기점으로 헝가리를 이용하려는 시도를 했다.

고르바초프도 어느 정도 이런 상황 전개에 대비했다. 동유럽 지도부와의 회의에서 고르바초프는 사건에 "뒤처지는" 데 따른 위험성을 경고했다. 고르바초프와 참모들은 이렇게 느닷없이 닥칠 것으로 예상하지는 않았더라도 소련의 동유럽 지배 시대가 끝나가고 있다는 것을 이해했다. 고르바초프는 7월 프랑스 스트라스부르에서 열린 유럽의회 연설에서 냉전을 "망각하게" 만들자고 호소하고 사회주의 혁명을 되돌릴 수 있다고 처음으로 명쾌하게 인정했다.

　"특정 국가의 정치·사회 질서가 과거에 바뀌었고 앞으로도 다시 바뀔지도 모릅니다. 그러나 이것은 오로지 인민 스스로가 결정할 문제이자 인민의 선택입니다. 내정에 간섭하거나 우방이나 동맹, 혹은 다른 누구든 국가의 주권을 제한하려는 모든 시도는 허용될 수 없습니다."[53]

　사실상 고르바초프는 주권을 제한한 브레즈네프 독트린을 포기하고 있었다. 이 독트린에 따르면 사회주의 공동체의 안보와 복지는 서로 분리될 수 없었다. 공산권 어디든 사회주의가 위험에 처하면 다른 사회주의 국가들은 "형제애적 도움"을 제공할 의무가 있었다. 사회주의 진영에서의 이탈은 있을 수 없었다.

　브레즈네프 독트린을 매장하는 일은, 소련 이론가들이 이 독트린의 존재를 늘 부정한 사실 때문에 더 쉬웠다. 이 용어는 소련이 체코슬로바키아 침공을 정당화하기 위해 내세운 논리를 요약하여 서방의 소련 전문가들이 만들어 낸 것이었다. 이론적으로 소련은 평등, 독립, 내정 불간섭이라는 원칙을 고수했다. 고르바초프의 공헌은 그때껏 공허한 구호에 그친 말에 내용을 채워 넣은 점이었다. 체코슬로바키아 지도자 구스타프 후사크가 브레즈네프라면 매우 중요시할 공산당 내의 인적 쇄신에 대한 조언을 구했을 때 고르바초프는 이 문제에 관여하기를 거부하며 대수롭지 않은 듯 답했다

　"동무가 해야할 일은 모스크바에 있는 우리보다 동무가 더 잘 아는 게 분명합니다."[54]

　소련 대변인은 "시나트라 독트린"에 대해 이야기하기 시작했다. 모든 나라가 "내 방식대로 하네(I do it my way : 프랭크 시나트라가 부른 〈마이웨이〉의 가사 - 옮긴이)"라고 말할 수 있게 하자는 독트린이었다.[55]

　고르바초프의 외교정책 수립을 도운 알렉산드르 야코블레프는 이

렇게 말했다.

"동유럽에서 무력 사용을 자제하기로 한 공식적인 결정은 없었다. 단지 위선적인 행동을 중단했을 뿐이다. 수년간 우리는 명백히 사실이 아님에도 불구하고 이들 나라가 자유롭고 독립적이라고 전 세계에 말해 왔다. 공식 결정을 내릴 필요가 없었다. 이미 공식 정책이던 것을 이행하기만 하면 됐다."[56]

전통적으로 소련의 외교정책은 서기장의 특권이었다. 정치국 회의에서 리가초프를 비롯한 보수파는 동유럽에 대한 소련의 영향력 상실을 거듭 한탄했지만 명백히 고르바초프의 책임 영역인 사안을 문제 삼는 것을 주저했다. 리가초프 자신의 설명에 따르면 그는 폴란드보다 동독에서 사회주의를 지탱하는 문제에 대해 더 신경을 썼다. 리가초프는 자유노조가 이끄는 정부의 구성은 폴란드 "내정"으로 여겼다.[57]

보수파가 상황을 파악할 무렵에는 이미 너무 늦었다. 도미노는 이미 쓰러지기 시작한 상태였다.

고르바초프는 포로스가 크렘린 정치의 온상에서 벗어날 수 있게 해줬기 때문에 좋아했다. 반바지 차림에 운동모자를 쓰고 등산화를 신은 고르바초프는 하루 두 시간씩 라이사와 함께 별장 뒤에 있는 산에서 등산을 했다. 경호원들은 광천수를 채워 넣은 배낭을 메고 양방향 무전기와 칼라시니코프 기관단총을 들고 따라갔다. 가끔 고르바초프 가족은 보트를 타고 들쭉날쭉한 크림반도 해안을 따라 항해에 나섰는데 멀리 갈 때는 제2차 세계대전 말기 스탈린, 루스벨트, 처칠이 유럽의 운명을 결정한 리바디아 궁전까지 가기도 했다.

외부 손님이 포로스에 초청되는 경우는 드물었다. 서기장은 정치국 동료들과 어울릴 마음이 없었다. 크렘린 권력의 정상에서 느끼는 고립감과 외로움은 항상 끔찍할 정도였다. 고르바초프는 아부하는 측근들에 둘러싸였지만 개인적으로 친한 사람은 거의 없었다. 고르바초프 집안에 들어간 외부자 중에는 외교정책 보좌관인 아나톨리 체르냐예프가 있었다. 외교관 출신인 체르냐예프는 자신을 고르바초프가 머무는 궁정에서 러시아의 자유주의적 지식 계급을 대표하는 인물로 여겼다. 체르냐예프는 서기장의 토론 상대 역할을 했고 연설문 작성과 페레스트로이카와 관련된 이론적 업무를 도왔다. 체르냐예프가 손글씨로 꼼꼼하게 기록한 일기는 그해 여름 고르바초프의 고민과 무너져가는 정치와 경제에 대한 생각을 보여준다.

> 동유럽에서 사회주의가 사라지고 있다. 서방 공산당도 스스로 국가적 이상과 행동을 같이하지 않는 곳은 모두 무너지고 있다. … 그러나 가장 큰 문제는 우리 사회에서 신화 해체와 부자연스러운 생활 형태다. 계획경제가 무너지고 있고 사회주의 "이미지"도 사라지고 있다. 통상적으로 말해 온 그런 이념은 더 이상 존재하지 않는다. 제국이 해체되고 있다. 당은 이끌고 장악하는 역할과 억압적인 힘을 잃고 깨지고 있다. (중앙집권 국가의) 권력도 산산조각이 났고, 아무것도 그 공백을 채우지 않고 있다. 혼란의 징후가 쌓이고 있다.[58]

고르바초프에게 동유럽에서 일어나는 대격변은 본 행사인 소련 자체에서 벌어지는 혁명의 막간극이었다. 눈길이 닿는 모든 곳에 도전과 위협이 있었다. 거의 매일 새로운 위기가 발생했다. 우즈베키스탄의 민족간 충돌 급증, 발트3국의 민족주의자 시위, 우크라이나와 시베리아에서 광부 수십만이 일으킨 파업 등이 연일 터졌다. 사건에 영향력을 미치고 여론을 능숙하게 다루는 고르바초프의 능력은 급격히 감소하고 있었고, 그런 과정은 고르바초프에게 큰 좌절감을 줬다. 체르냐예프와의 개인적인 대화에서 고르바초프는 "문제를 일으키는" 언론과 발트3국의 독립에 대한 이기적 집착이 통제된 개혁이라는 실험 전체를 파괴할 수 있다며 격분했다. 또한 소련의 근간을 형성한 러시아 민족의 호전성이 점점 커지는 상황을 우려하면서 비통하게 지적했다.

"러시아가 일어나면 그게 진짜 시작이다. 제국의 종말일 것이다."

페레스트로이카의 아버지인 고르바초프 개인의 권위가 추락하는 상황은 공산권 전체에서 발생하는 훨씬 큰 위기의 일부에 불과했다. 베를린이나 부다페스트는 물론이고 소련 연방에 포함되는 서부 빌뉴스부터 동부 블라디보스토크에서도 모스크바에서 내린 명령이 더 이상 이행될 것이라고 기대할 수 없었다. 지역 당국과 심지어 개별 국민도 어떤 지시를 따를 것인지 스스로 결정했다. 학생들은 징집을 회피하고, 공장장은 정부 계획을 무시하고, 신문 편집자는 중앙위원회의 지시를 쓰레기통에 처박았다.

권력의 위기는 특히 경제 분야에서 확연히 드러났다. 경제 위기가 심해지자 중앙통제식 분배체계가 사실상 무너졌다. TV부터 화장실 휴지까지 거의 모든 물품이 바닥나서 지역 당국은 지역민을 보호할 방법을 찾아야 했다. 1989년 체코슬로바키아와 동독이 아동복과 일부 식품을 이웃 사회주의 국가에 수출하는 것을 금지했을 때에는 "쇼핑백 전쟁"이 벌어졌다. 소련은 대응 차원에서 냉장고, 세탁기, 캐비아 수출을 금지했다. 지방, 도시, 심지어는 촌락도 보호주의로 향하는 움직임에 가세했다. 8월 중순 모스크바시 당국은 광범위한 "품절" 상품을 사기 위해서는 거주 증명서를 보여줘야 한다고 발표했다. 엄격히 계산된 할당량과 마감일에 기반한 계획경제는 사실상 원시적인 물물교환제도에 자리를 내주었다. 자유 시장이 없는 상황에서 모든 이들이 각자도생해야 했다.

5월 모스크바를 방문한 제임스 베이커 미국 국무부 장관은 고르바초프에게 정부의 가격통제를 철폐하고 시장 경제로 향하는 첫발을 내디딜 것을 권고했다. 고르바초프는 물가 상승에 대한 인민의 반발을 우려해서 경제 보좌관들이 제안한 유사한 권고를 받아들이지 않은 상태였다. 재무부 장관 출신이기도 한 제임스 베이커는 고르바초프에게 아직 "신뢰의 잔고"가 남았을 때 신속히 행동에 나서도록 촉구했다. 고르바초프는 이렇게 답했다.

"그런 조치를 하면 인민들이 정부에 대한 신뢰를 진짜 잃어버릴 겁니다. 물가 개혁을 하는 데 20년이나 늦었습니다. 2~3년 만에 되돌리는 것은 불가능합니다."[59]

베이커가 이해 못하고 고르바초프가 인정할 수 없었던 사실은 페레스트로이카에 대한 "신뢰의 잔고"가 소진됐다는 점이었다.

고르바초프는 포로스에서 휴가를 보내는 동안 국내 문제에 정신이 팔렸지만, 폴란드에서 진행되는 사태에도 어느 정도 관심을 두지 않을 수 없었다. 자유노조가 주도하는 정부 구성에 관한 협상이 가톨릭 활동가 겸 베테랑 편집자 출신으로 한때 정치범이었던 타데우시 마조비에츠키 총리 주도하에 진행 중이었다. 공산당은 내각에서 국방부 장관과 내무부 장관 자리를 약속받았지만 더 많은 것을 원했다. 모두가 동유럽의 전후 역사에서 중대한 전환점에 도달한 사실을 이해했다. 역사상 처음으로 집권 공산당은 실질적 정치 권력을 이제 막 포기해야 할 상황에 놓였다.

다른 동유럽 국가의 공산당 지도부는 폴란드의 자유노조 정부 출현에 경악했지만, 대부분 그런 상황을 막을 힘이 없다는 것을 이해했다.

개성 강한 루마니아 지도자 니콜라에 차우셰스쿠만 예외였다. 동유럽에서 가장 억압적인 정권을 이끄는 골수 스탈린주의자인 차우셰스쿠는 가끔 모스크바와 거리를 두는 행보로 서방 정치인의 박수를 받았다. 1968년 8월 차우셰스쿠는 공산권 지도자 중 유일하게 소련의 체코슬로바키아 침공을 두고 국가 주권 원칙을 침해했다며 비난했다. 하지만 폴란드에서 공산당 통치에 대한 위협이 나타나자 외교정책을 180도 바꿨다. 국가적 독립의 대변인에서 브레즈네프 독트린의 가장 든든한 옹호자가 된 것이다.

8월 19일 자정 루마니아 주재 폴란드 대사는 침대에서 끌려 나와 루마니아 정부가 보낸 긴급 외교 전문을 받았다. 전문에는 폴란드 사태에 대한 차우셰스쿠의 입장이 제시되어 있었다. 차우셰스쿠는 자유노조가 "국제적 제국주의"의 하수인이라고 비난하고, 폴란드군이 공산주의자들이 이끄는 "구국 정부"를 구성해야 한다고 주장했다. 나머지 바르샤바조약 국가는 폴란드에서 "사회주의 대의"를 수호하기 위해 함께 행동할 권리와 의무가 있다는 주장도 했다.[60] 차우셰스쿠가 염두에 둔 행동이 정확히 무엇인지 알 수 없지만, 이 전문은 차우셰스쿠가 일종의 단호한 군사적 개입을 선호한다는 점을 담고 있었다.

폴란드뿐 아니라 다른 동유럽 국가들은 루마니아의 요구를 거부했다. 3일 뒤인 8월 22일 고르바초프는 폴란드 공산당의 새 지도자 미에치스와프 라코프스키와 40분간 통화하면서 자유노조가 이끄는 폴란드 정부 구성을 인정했다. 고르바초프는 과대망상증에 사로잡힌 루마니아 지도자와 그의 거만한 부인 엘레나를 개인적으로 싫어했다. 이 부부를 둘러싼 해괴한 우상숭배는 최악의 스탈린 시절을 떠올리게 했다. 차우셰스쿠는 바르샤바조약기구 회의에서 무턱대고 공격적인 태도를 보였다. 페레스트로이카에 대한 경멸을 쏟아내고 루마니아를 다른 공산주의 국가가 따라야 할 모델로 제시했다. 한 회의에서는 논쟁이 너무 격해지자 회의장 밖에 있던 경호원들을 멀리 내보내서 두 사람이 서로를 향해 소리치는 것을 듣지 못하게 하기도 했다. 두 사람 사이 못지않게 두 부인 간의 관계도 나빴다.[61]

고르바초프는 바르샤바조약기구가 폴란드에 개입해야 한다는 루마니아의 요청을 일축하며 "차우셰스쿠는 자신의 생존을 염려"한다고 라코프스키에게 말했다.[62]

고르바초프는 자유노조가 이끄는 정부 구성을 중단시킬 생각이 없었지만 폴란드의 공산주의 개혁세력이 겪은 충격적인 선거 패배가 걱정되었다. 고르바초프는 동유럽 지도자 중 처음으로 페레스트로이카를 지지하고 자국에 적용한 야루젤스키에게 정치적 연대감을 느꼈다. 폴란드 개혁세력은 소련 진영의 나머지 국가들이 민주주의로 이행하도록 이끈 대가로 무자비하게 공직에서 쫓겨났다. 여기에 소련과 고르바초프가 우려할 징후가 있었다. 고르바초프는 라코프스키에게 유일한 해결책은 보수파를 숙청하고 새 정당을 만드는 것이라고 했다.

"새 정당을 구성해야 합니다. 과거 세력을 데리고는 아무 일도 할 수 없습니다."

고르바초프는 소련은 폴란드 개혁세력을 지지하고 야루젤스키가 추구한 "합의 노선"도 계속 지지할 것이라고 주장했다. 폴란드 "야당"이 이성적이고 책임 있게 행동하면 폴란드에 대한 소련의 "지원"은 유지될 터였다. 야당이 현재의 "헌법적 질서"를 전복하려고 하면 크렘린은 폴란드에 대한 정책을 재고해야 했다. 고르바초프는 속마음을 정확히 밝히지는 않았지만 석유와 원자재 공급 지원을 줄일 의향을 내비추었다.

"이런 사실을 야당에 말해도 됩니다."

군사력의 뒷받침이 없으면 모래 위에 그린 선은 곧 사라질 수 있었다. 이제 사태는 고르바초프를 포함해 누구도 예상할 수 없을 정도로 빠르게 진행되었다. 이후 몇 달 사이에 소련의 동유럽 제국이 무너지고 40년 이상 존재해온 지정학적 질서가 와해되는 상황을 목격하게 될 터였다.

고르바초프가 라코프스키와 통화를 끝내고 몇 시간 만에 상황 변화에 가속이 붙기 시작했다. 두 사람이 모르는 사이에 헝가리 외무부 장관은 3개월도 지나기 전에 베를린 장벽을 가차 없이 붕괴시킬 결정을 부다페스트에 있는 자택에서 혼자 내렸다.

줄러 호른은 다른 여러 공산주의 개혁파와 마찬가지로 그해 여름 극심한 도덕적·정치적 딜레마와 씨름하고 있었다. 지난 몇 달간 헝가리는 동독 난민 수만 명의 일시적인 울타리가 되어 버렸다. 난민 중 반체제인사는 거의 없었다. 대부분은 공산주의 치하에서의 금욕적인 삶과 끊임없는 비밀경찰의 감시에 신물이 난 젊은이였다. 이들은 개혁이라는 말 자체에 알레르기 반응을 보이는 교조주의적 공산주의 지도자들에 대한 희망을 접고 동독에서 이탈함으로써 자신들의 의사를 표했다. 이들이 헝가리에 바라는 것은 서독 자본주의라는 밝은 빛으로 가는 안전통로뿐이었고 "동쪽에는 미래가 없다"라는 말을 반복해서 내뱉었다. 헝가리 외무부 장관은 이들을 통과시킬지 공산주의 동유럽에 묶어 놓을지 결정해야 했다.

한편으로 헝가리는 동독에 대해 구속력 있는 조약 의무가 있었다. 1968년 양측이 서명한 협정에 따라 헝가리 정부는 동독 주민이 헝가리를 거쳐 서독으로 가는 것을 막기로 했다. 호른은 헝가리가 이 협정을 위반하는 경우 베를린, 프라하, 부쿠레슈티의 공산당 강경파가 보복할 방법을 찾을까 봐 두려웠다. 다른 한 편으로 헝가리 정부가 새로운 인권 원칙을 따르지 않으면 위선적이고 시대에 형편없이 뒤떨어져 보일 수도 있다는 걸 알았다. 몇 달 앞서 헝가리는 여행의 자유를 촉진하고 난민의 권리를 보호하기로 약속한 국제 협정에 서명했다. 헝가리 정부가 동독 난민 문제를 처리하는 방식은 민주주의와 인권에 대한 약속의 진실성에 대한 중요한 시험대였다.

거실에서 왔다 갔다 하며 잠 못 드는 밤을 보낸 57세의 외무부 장관은 마침내 결정을 내렸다. 동독과의 협정을 폐기하고 난민을 놓아주기로 했다. 헝가리 지도부는 미리 조심스럽게 모스크바의 의사를 타진한 상태였다. 소련도 반대하지 않는 것처럼 보였다. 나중에 줄러 호른 장관은 이렇게 회고했다.

"다른 방법이 없었다. 어떤 갈등이 일어나더라도 휴머니즘에 바탕을 둔 해결책을 찾아야 했다. 나는 이 일이 거대한 산사태 같은 연속적 사건의 시작이라는 점을 분명히 알았다."[63]

39장

베를린

1989년 11월 9일

베를린 장벽보다 더 지속적으로 냉전의 상징이 된 것은 없었다. 베를린 장벽은 한 세대 이상 공산주의와 자본주의, 동과 서, 독재주의와 민주주의 간 대결의 전형적인 사례였다. 그런 이미지는 대중의 뇌리에 깊이 새겨졌다. 소련 탱크와 미국 탱크가 찰리 검문소에서 포신을 마주하고 대치했고, 케네디 대통령은 브란덴부르크 문에서 독일어로 "나는 베를린 시민입니다Ich bin ein Berliner"라고 선언했다. 글리니케 다리에서의 스파이 교환, 일련의 극적 탈출, 로널드 레이건의 "고르바초프 서기장님, 이 장벽을 허무십시오"라는 외침은 모두 베를린 장벽에서 이루어졌다.

베를린 장벽은 단순히 한 개 도시의 두 지역 사이에 있는 것이 아니라, 경쟁하는 두 이념과 대조적인 두 생활방식 사이에 있는 본질적인 경계선이었다. 그저 하나의 장벽이 아니었다. 유일무이한 장벽이었다. 장벽 한쪽에는 고급 백화점과 야한 섹스 쇼가 펼쳐지는 번화가 쿠담Ku'damm의 휘황찬란한 불빛이 있었다. 다른 한쪽에는 흐릿하게 조명이 켜진 거리, 쓰러져가는 아파트 단지, 본받을만한 프롤레타리아를 기리는 흉한 동상 등 사회주의 국가 어디에서나 볼 수 있는 것들이 있었다. 장벽 한쪽 면은 단조로운 하얀색 그대로였지만 다른 한쪽 면은 온갖 색깔의 자유분방한 낙서가 있었다. 상벽 한쪽에서 사람들은 벤츠와 BMW 승용차를 몰았고, 다른 한쪽에서는 "바퀴 달린 청어 통조림" 또는 "플라스틱 탱크" 등 여러 별명으로 불리는 트라반트를 몰았다. 장벽 한쪽은 시민들이 자유롭게 여행하도록 허락하는 사회였고, 다른 한쪽은 시민들의 탈출을 막기 위한 벽이 필요한 사회였다.

1961년 8월 13일 동독 정권은 서독으로 탈출하는 난민 행렬을 막기 위해 단 하루 만에 베를린 장벽을 건설했다. 장벽이 세워지기 전에는 매일 50만 명이 경계를 넘어가서 수만 명이 돌아오지 않았다. 제2차 세계대전이 끝난 후 동독인 약 300만 명이 조국을 떠났는데, 유럽 역사상 가장 대규모 이주였다. 난민 대부분은 공산주의 치하에서는 미래가 없다고 생각한 의사나 엔지니어처럼 전문 직종에 종사하는 사람이었다. 난민 50퍼센트는 25세 미만이었다. 독일민주주의공화국은 인구 소멸의 위협에 직면했다.

원래 경계선은 베를린의 소련 구역과 서방 구역을 나누는 철조망이 전부였다. 거리도 자의적으로 둘로 나눴다. 일부 지역에서는 경계선이 집 가운데를 지나가기도 했다. 친구, 이웃, 심지어 한 가족의 구성원도 각기 다른 세계에 살게 되었다. 동독군 수천 명이 서베를린을 가능한 한 신속하게 봉쇄했다. 브란덴부르크 문에도 탱크와 장갑차를 배치했다. 지하철역에는 바리케이드를 설치하고 주택은 판자로 막았으며 다리는 파괴했다. 소련과의 핵전쟁을 우려한 서방 지도자들은 그저 지켜볼 수밖에 없었다. 니키타 흐루쇼프는 장군들에게 자랑하듯 말했다.

"베를린을 봉쇄할 겁니다. 구불구불한 철조망을 설치할 것이고 서방은 말을 못 하는 양처럼 서 있을 겁니다. 서방이 그렇게 서 있는 동안 장벽 건설을 끝낼 겁니다."[64]

사태는 정확하게 흐루쇼프가 예언한 대로 진행되었다. 그해 말이 되자 서베를린 지역을 둘러싼 철조망을 약 3.6미터 높이의 콘크리트 장벽으로 대체했다. 이후 25년간 동독 당국은 모든 구멍을 봉쇄할 때까지 공식적으로 "반파시스트 방벽"이라고 이름 붙인 벽을 완벽하게 만들기 위해 노력했다. 완공된 장벽은 약 170킬로미터로 약 110킬로미터는 콘크리트 슬래브로 보강했다. 충격에 견딜 수 있도록 가장 강도가 높은 콘크리트를 사용했고, 각 슬래브는 두께 약 15센티미터에 무게가 2.5톤이었다. 슬래브에는 시멘트를 발라 붙였고 그 위로 석면 파이프를 설치했다. 감시초소 302개, 도랑 약 100킬로미터, 군견 순찰로 259개, 대규모 콘크리트 벙커 20개가 장벽을 추가적으로 보호했다.[65] 장벽 옆에는 수백 개의 지뢰와 자동화기를 설치하고 모래로 만든 폭 최소 90미터짜리 죽음의 지대가 있었다.

이런 예방책에도 불구하고 동독인 수천 명이 온갖 대담하고 기발한 방법으로 여전히 "사회주의 낙원"을 탈출했다. 열기구와 직접 만든 비행기구를 타고 장벽을 넘어가고, 장벽 아래 굴을 파거나 강철을 덧붙인 트럭으로 장벽을 들이받기도 했다. 한 무리의 난민은 자유를 얻기 위해 소련군 장교 복장을 해서 아무런 제지를 받지 않고 국경을 넘었다. 어떤 이는 악취 나는 하수관을 기어간 다음 직접 만든 의자 리프트를 타고 내려갔다. 어떤 가족은 직접 만든 잠수정을 타고 발트해를 통해 탈출했다. 탈출한 사람 중에는 동독 국경경비대 수백 명도 포함되었다. 나중에 인권단체에서는 탈출을 시도하다가 죽은 825명의 명단을 작성했다.[66]

동독과 서독의 수많은 이들에게 베를린 장벽은 평생 안고 살아가야 할 삶의 일부처럼 보였고, 너무 견고하게 구축되어서 무너지는 상황을 상상하기 어려웠다. 베를린 장벽 구축을 감독한 에리히 호네커는 1989년 초 "50년이나 100년"이 지나도 베를린 장벽이 그대로일 것이라고 자랑했다.[67] 헬무트 콜 서독 총리도 가까운 시일 내에 장벽이 무너지리라 생각하지 않았다. 1989년 11월 8일 폴란드를 방문한 콜 총리는 레흐 바웬사가 장벽이 "수주" 만에 무너질 것으로 예상하자 믿지 못하겠다는 듯이 반응하며 놀리듯 이렇게 말했다.

"바웬사 씨는 젊어요. 장벽 철거는 오랜 세월이 걸릴 일입니다."[68]

24시간 뒤 콜 총리는 베를린에서 발생한 비상 상황으로 바르샤바 방문을 취소하고 귀국해야 했다.

대개 동독에서 정부의 기자회견은 진행 중인 정치·경제 개혁을 알리는 따분한 행사였다. 정권의 선전 책임자인 귄터 샤보브스키는 진이 빠졌다. 지난 몇 주간 회오리바람 같은 정치적 격변으로 호네커가 물러나고 정치국원 전체가 사퇴했다. 난민 위기도 절정에 달했다. 100만 명에 이르는 동독 시민이 이민 신청을 했다. 수십만 명은 허가를 기다리지 않고 헝가리와 체코슬로바키아가 연 우회로를 통해 동독을 떠났다. 민주주의를 요구하는 시위는 날로 규모가 커졌다. 한 주 전인 11월 4일 50만 명으로 추정되는 군중이 자유 선거와 자유 여행을 요구하며 동베를린 거리에서 행진했다. 샤보브스키는 집회에서 직접 발언하려고 했으나 심한 야유만 들었다. 시위대는 "우리가 인민이다Wir sind das Volk"라고 외쳤다.

동독 주민은 이웃 폴란드가 1980년 8월과 1989년 6월에 그랬던 것처럼 주권을 되찾으려 했다. 이들은 선거 없이 공직에 오른 이들이 다시는 인민을 대변하는 것을 허용하지 않을 생각이었다. 독일 땅에 소련을 등에 업은 "인민 민주주의"에 자발적으로 권력을 양도했다는 부당한 주장에도 동참하지 않을 생각이었다. 동독의 다른 개혁세력과 마찬가지로 샤보브스키는 "프롤레타리아 독재"의 날이 얼마 남지 않았다고 느꼈다. 하지만 자신이 이제 곧 촉발시킬 역사적 격변에 대해서는 전혀 알지 못했다.

샤보브스키는 반달 모양의 안경 너머로 기자들을 바라보며 마지막으로 질문 하나만 더 받겠다고 말했다. 기자실 뒤쪽에 누군가가 동독 지도부가 검토 중인 새로운 여행 규제에 대해 알기를 원했다. 샤보브스키는 서류를 뒤적이더니 새 지도자 에곤 크렌츠가 기자회견 직전에 "우리에게 좋은 힘이 될 것"이라며 자신의 손에 건네준 정부 성명서를 찾았다.[69] 이 성명서는 통상적인 관료 용어, 즉 당국이 거창해 보이는 양보를 하는듯 하면서도 관리들이 세부항목을 꼼꼼히 살펴보자마자 철회할 수 있는, 의도적으로 모호한 말로 작성한 문서였다.

샤보브스키는 향후 동독 시민은 "전제 조건" 없이 사적 해외여행을 "신청"할 수 있다고 발표했다. 동독 당국은 "영구 출국", 즉 이민을 위한 비자도 즉각 발행할 예정이었다. 출국은 서베를린으로 통하는 검문소를 포함한 모든 국경에서 가능했다. 샤보브스키는 성명서 뒷장에 다음 날 오전 8시까지 이 뉴스에 엠바고를 설정한다는 문장을 확인하지 못했다.

해당 성명서는 베를린 장벽에 관해서는 구체적인 내용이 없었고, 서방으로 관광여행을 하는 것에 대한 승인 절차도 여전히 불분명했다. 당관료들이 염두에 둔 것은 계속 통제할 수 있는, 질서 있는 줄이었다. 체코슬로바키아와 헝가리 주재 서독 대사관에 난민 수만 명이 천막을 치고 생활하는 광경은 이들을 아주 곤혹스럽게 했다. 고위 정치국원들은 이 압박이 풀리면 독일민주주의공화국은 여전히 살아남을 수 있다고 생각했다.

샤보브스키는 "서베를린"을 언급한 부분을 읽을 때 찌릿한 통증을 느꼈다. 베를린을 책임진 정치국원인 샤보브스키는 이 도시의 지위와 관련된 어떤 결정도 4개 "점령 세력", 즉 수련·미국·영국·프랑스의 동의를 받아야 한다는 사실을 알았고 "소련도 이 일에 대해 알고 있기를 희망"하고 "이 일이 4개국 지위에 영향을" 미친다고 생각했다.[70]

기자회견에 참석한 내외신 기자 사이에서 정부 발표의 진의를 두고 혼선이 일어났다.[71] 액면 그대로 받아들이면 정부 대변인이 이제 동독 시민도 장벽을 통과하는 여행이 가능해졌다고 말하는 것처럼 들렸다. 다른 한 편으로 공산주의 관료를 상대해 본 사람이라면 누구나 그들의 말이 겉보기와 의미가 항상 일치하지는 않는다는 사실을 알았다. 모든 것은 실행 여부에 달렸다.

샤보브스키가 발표를 마친 시간은 이미 저녁 7시였다. 30분 뒤에 동독 TV 뉴스 프로그램인 〈악튈레 카메라Aktuelle Kamera〉가 방송되었다. 기자들은 확인할 시간이 없어서 정부 발표를 설명 없이 내보내기로 했다.

이후 벌어진 일은 놀라웠다. 공산정권이 신중하게 조성한 복종의 관행에 배치되는 것이었다. 동베를린 시민 수천 명이 정부의 공식 설명을 기다리지 않고 문제를 직접 해결하기로 하고 서베를린으로 향했다. 시민들은 공산 정부가 아니라 자신들이 "인민"의 진정한 대표라고 실제로 믿는 것 같았다. 시민들이 서베를린으로 이어지는 검문소 6곳에 이르자 통상적인 발뺌과 마주했다. 국경경비대는 새 규정에 대해 아무것도 모른다고 주장했다.

"전부 말이 안 되는 소리입니다. 집으로 돌아가세요."

"우린 아무런 지시도 받지 못했습니다."

사람들이 불어나자 서방 TV 뉴스 담당자들이 그 장면을 담기 위해 도착했고, 시민들은 샤보브스키가 발표한 내용의 의미를 놓고 국경경비대와 설전을 벌였다. 시민들이 소리쳤다.

"문 열어! 문 열라고!"

"장벽은 무너져야 해."

나가자고 소리치는 시민 대다수는 동독을 영영 떠날 의도는 아니었다. 그저 장벽 너머의 삶이 어떤지 맛보고 싶었다. 시민들은 이렇게도 외쳤다.

"가서 쿠담을 보게 해줘. 그럼 금방 돌아올 테니까."

"돌아온다고."

상황이 여기에 이르자 국경경비대도 우왕좌왕했다. 정예군으로 훈련을 받은 국경경비대는 동독 국경을 목숨 바쳐 지킬 준비가 된 상태였다. 며칠 전까지만 해도 이 무감각한 표정의 젊은이들은 탈출을 기도하는 사람을 현장에서 사살하라는 명령을 받았다. 과거에는 국경경비대의 말은 법이었고, 압도적 무력과 무력을 사용할 의지가 있었다. 일반 시민은 국경경비대의 자의적인 지시에 따를 수밖에 없었다. 하지만 이제 국경경비대는 말을 듣지 않고 화난 군중에 에워싸여 수적으로 압도되었다. 밤 9시 국경 초소의 당직사관들은 슈타지에 있는 상관에게 불안해하며 쉴 새 없이 전화하기 시작했다. 그들에게 돌아온 답변은 "해명"을 기다리라는 것이었다.

베를린 북서쪽 교외에 있는 보른홀머 스트라세 검문소는 군중의 압박을 통제할 수 없을 지경이었다. 시민들은 "문 열어, 문 열라고"라고 소리쳤다. 밤 11시가 되기 직전 시민들이 검문소를 밀어붙이면서 결국 둑이 터졌다. 얼마 안 가 국경경비대는 시민들로 이루어진 바다에 잠겼다. 나중에 헬무트 슈토스 대위는 언론에 이렇게 말했다.

"이 사태로 20년간 왜 저곳에서 경비 임무를 수행했는지 회의가 들었습니다."[72]

마침내 사태를 파악한 동독 치안부는 마지못해 사람들을 통과시키라고 지시했다.

서베를린의 미국 구역으로 가는 관문인 찰리 검문소에서 시민들은 국경이 열리는 자정까지 기다려야 했다. 첫 동베를린 시민이 으스스하고 수많은 첩보 영화의 실제 배경이 되는 곳에 승리의 사인을 보이고 푸른색 신분증을 흔들며 밀려 들어오자 장벽 서쪽에서 커다란 함성이 터졌다. 인근 술집에서는 사람들이 쏟아져 나와 새로 도착한 사람들을 샴페인과 선물로 줄 서독 돈을 들고 맞이했다. 34세의 앙겔리카 바헤는 카메라 플래시 수백 개가 터지는 가운데 눈을 깜박이며 말했다.

"믿을 수가 없어요!"

24세의 청년 토르슈텐 륄은 기자들에게 서독이 어떤 곳인지 보러 왔고 돌아갈 생각이라며 이렇게 말했다.

"더 이상 감옥에 있다는 생각이 안 드네요. TV로 보거나 전해 듣는 대신 마침내 다른 나라를 방문할 수 있게 됐어요."

군중들의 환호에 서베를린 시민 한 명이 륄에게 서독 화폐 20마르크를 주며 "맥주 한잔하세요"라고 말했다.[73]

그 사이 서베를린 젊은이 수십 명이 브란덴부르크 문이 있는 베를린 장벽에 기어 올라가서 반대편에 있는 경찰들을 조롱하기 시작했다. 브란덴부르크 문은 옛 프로이센의 전승 기념물이었다. 맨 위는 말 4마리가 끄는 전차를 탄 승리의 여신상으로 장식되었고 기둥이 6개짜리로 된 아치문이었다. 독일인 다수는 브란덴부르크 문을 제2차 세계대전에서 패배한 뒤에 상실한 통합된 독일의 상징으로 여겼다. 바로 몇 시간 전만 해도 이 곳은 경계가 삼엄해서 접근은 생각조차 할 수 없었다. 하지만 독일인들은 이제 전 세계 시청자를 깜짝 놀라게 하며 그 위에서 춤을 추기 시작했다. 새벽 1시쯤 오시스(Ossis : 동베를린인)는 베시스(Wessis : 서베를린인)와 만났다. 동독 경찰은 기뻐하는 사람들을 향해 물대포를 쐈지만 군중은 대수롭지 않다는 듯 웃거나 휘파람을 불 뿐이었다. 한 젊은이는 태연하게 우산을 펼쳐 물세례를 막았다. 장벽 양쪽에서 군중들은 〈얼마나 좋은 날인가, 얼마나 멋진 날인가So ein tag, so wundershön〉라는 노래를 합창했다.

다음 며칠간 동베를린인들이 금단의 도시로 몰려오면서 시끌벅적한 길거리 파티가 벌어졌다. 장벽이 열린 지 48시간 안에 동독인 약 200만 명이 서독으로 넘어갔다. 서독인들은 동독인들에게 꽃과 초콜릿 세례를 퍼부었고, 환영의 표시로 동독인의 낡은 트라반트 차량의 지붕을 두드렸다. 2기통의 "트라비스(트라반트의 애칭 - 옮긴이)"가 서베를린 거리를 가득 메운 모습은, 소련 출신 연주가인 므스티슬라프 로스트로포비치가 찰리 검문소에서 첼로를 연주하는 모습과 더불어 새 시대의 상징이 되었다. 서독인들은 이웃 동독인에 대해 따뜻한 감정이 넘쳐난 나머지 트라비스가 내뿜는 유독성 매연을 "자유의 향수"라고 부르기 시작했다. 얼마 안 가 베를린과 라이프치히의 시민들은 "우리가 인민이다Wir sind das Volk"라는 구호를 "우리는 '하나의' 국민이다Wir sind ein Volk"로 바꿨다.

나중에 새로운 긴장 관계가 시작되자 베시스의 환대와 관대함은 식어버렸다. 친근감은 의심과 경멸마저 키웠다. 갑작스레 얻은 자유로 오시스가 느낀 행복감은 긴 시간 자신들을 속여온 공산주의 통치자들에 대한 분노와 비통함으로 바뀌었다. 그럼에도 영광스러운 며칠간 너무나 많은 슬픔과 비극을 겪은 도시는 아무것도 섞지 않은 기쁨의 현장 그 자체였다. 서베를린 시장 발터 몸퍼는 시청 앞에서 진행된 집회에서 이렇게 말했다.

"우리는 1961년 8월 13일 베를린 장벽이 건설된 이후 28년간 이날을 염원하고 희망해 왔습니다. 우리 독일인은 지금 세상에서 가장 행복한 국민입니다."[74]

브란덴부르크 문을 둘로 나누는 멋들어진 가로수가 늘어선 운터덴린덴 거리에 있는 소련대사관에서 외교관들은 동베를린 시민이 장벽을 습격하는 동안 상황 파악을 못한 채 넋을 잃고 지켜보았다. 소련대사관은 지난 45년간 크렘린이 전리품으로 얻은 곳을 통제하는 일종의 식민지 총독부 역할을 했다. 독일민주주의공화국에서 조금이라도 중요한 결정은 소련 대사와 상의 없이, 혹은 최소한 통보를 하지 않고 이루어질 수 없었다. 하지만 이제 문 앞에서 역사적 사건이 벌어지는데도 소련대사관은 서독 TV보다 상황 파악이 더 안 되었다.

장벽이 뚫린 지 약 8시간 뒤 동독 주재 소련대사관은 본국으로부터 전전긍긍하는 전화를 받았다. 전화를 건 사람은 소련 외교부의 사회주의 국가 담당관이었다.

"베를린 장벽에서 무슨 일이 벌어지고 있는 겁니까? 전 세계의 모든 통신사에 난리가 났습니다."[75]

대사관의 정무 담당관은 샤보브스키의 비정상적인 기자회견을 시작으로 지난 몇 시간 동안 벌어진 사건에 대해 짧게 이야기했다. 외교부 담당관은 믿을 수 없다는 듯이 말했다.

"이 모든 일이 우리 측의 동의를 받은 겁니까?"

동독 정부는 망명할 것으로 예상되는 인민들을 체코슬로바키아나 헝가리를 통하지 않고 바로 서독으로 가도록 허용하겠다는 계획을 소련대사관에 통보한 상태였다. 동독 주재 소련 대사인 뱌체슬라브 코체마소프는 소련 외무부에 이 계획을 알렸으며, 소련 외무부는 아무런 이의를 제기하지 않았다. 하지만 소련대사관 측은 일반인들이 제멋대로 장벽을 드나들도록 허락하는 결정이라고는 꿈에도 생각하지 못했다. 동독 당국이 그런 민감한 문제, 특히 베를린의 지위에 대한 4개국의 입장과 관련된 문제를 모스크바 측과 미리 협의하지 않으리라고는 생각할 수 없었다. 외교관들은 이 정보를 소련 대사관에 알리지 않은 채 교묘하게 물밑 접촉으로 전달했을 수 있다고 했다. 동독 지도자 크렌츠가 베르투시카(특별직통전화)를 통해 고르바초프와 직접 소통했을 가능성도 있었다.

조사가 이루어졌고 얼마 안 가 상상도 못 한 일이 벌어진 사실이 드러났다. 모스크바에서 관련 내용을 일부라도 아는 사람은 없었다. 코체마소프 대사는 30분 뒤 동독 외교부로부터 전화를 받았다. 동독 고위 관리는 사과하듯이 해명했다.

"지난밤 결정은 어쩔 수 없었습니다. 조금이라도 늦는 경우 아주 위험한 결과가 나올 수 있었습니다. 협의할 시간이 없었습니다."

소련과 동독 관리가 그날 밤에 벌어진 일에 관한 퍼즐 조각을 맞추고 소통 실패를 해명하는 데는 몇 달이 걸렸다. 소련 외교관들에게 회람된 새 여행 규정의 초안에는 관광 방문 문제가 전혀 언급되지 않았다. "영구 이주" 문제만 다뤘다. 초안은 최종안의 작성을 책임진 동독의 내무부 중간 관리 4명과 슈타지 법률담당관으로 이루어진 팀이 보기에 이례적으로 보였다. 나중에 내무부 중간 관리 중 한 명은 이렇게 회고했다.

"우리는 동독을 영영 떠나고 싶어 하는 인민에 관한 규정을 만들 예정이었지, 그냥 친척 집을 방문하려는 인민들을 내보내려는 것이 아니었다. 미치지 않고서는 그럴 수 없었다."[76]

제3부 민족의 반란

11월 9일 아침 관리들은 빠진 부분을 보완하기 위해 형식상의 절차에 대한 세부 내용을 빼고 "사적 여행"의 길을 열어주는 애매한 문구를 넣었다.

수정안은 점심시간에 정치국에 제출되었다. 정치적 생존처럼 더 긴급한 문제가 많았던 정치국원들은 규정 문구에 주의를 기울이지 않았다. 그저 느긋하게 커피나 마시면서 수정안을 승인했다. 오후 5시쯤 해당 규정은 정책을 수립하는 중앙위원회에 제출되었다. 213명의 중앙위원 중 규정 내용을 제대로 이해하는 사람은 없었다. 한 가지 질문만 제기되었다.

"소련 동지들의 동의를 받았습니까?"

지난 며칠간의 흥분된 상황에 정신이 뺏긴 크렌츠가 답했다.

"그렇소."[77]

베를린 장벽이 무너졌다는 소식은 고르바초프에게 충격으로 다가왔지만 그는 새로운 현실에 빠르게 적응했다. 고르바초프는 극도로 보수적인 동독 지도부에 유연성을 보일 필요가 있다며 몇 달씩 설교를 했었다. 1989년 10월 독일민주주의공화국 수립 40주년 기념식에서는 호네커에게 이런 말도 했다.

"정치인으로 살면서 뒤처지면 천벌을 받습니다."[78]

베를린을 방문한 고르바초프는 호네커의 정치적 고립이 어느 정도인지 직접 확인할 수 있었다. 기념식 퍼레이드를 하는 동안 연단에 선 고르바초프는 동베를린 젊은이들이 "고르비, 도와주세요"라고 외치는 소리를 들을 수 있었다. 시위대의 상당수는 공산주의 청년조직의 회원이었다.

고르바초프 바로 뒤에는 미에치스와프 라코프스키 폴란드 총리가서 있었다. 독일어와 러시아어를 잘 구사해서 고르바초프의 통역관 역할을 할 수 있던 라코프스키는 고르바초프의 귀에 이렇게 속삭였다.

"서기장 동지는 젊은이들이 뭐라고 소리치는지 이해되십니까?"

"네, 이해합니다."

"이게 마지막이죠."[79]

모스크바로 돌아온 고르바초프는 정치국 동지들에게 호네커 정권이 얼마 남지 않았다고 말했다.[80] 당연하게도 늙은 스탈린주의자인 호네커는 2주도 지나지 않아서 자리에서 내려와야 했다. 어떤 종류의 진지한 변화에도 강하게 거부한 대가를 치른 것이다.

동독 주재 소련 외교관들은 동독에서 점점 고조되는 위기에 크렘린 지도부가 집중하게 만드는 일이 너무 어렵다고 자주 불평을 터뜨렸다. 1989년 말 무렵 고르바초프는 국내 상황 악화에 완전히 사로잡혀 있었다. 원래 동독 사태의 진전에 영향을 미칠 수 있는 것이 없다고 판단해서 기념행사에도 참석할 마음이 없었다. 동독 주재 소련대사인 코체마소프가 강하게 설득한 뒤에야 참석하기로 한 것이다.[81]

독일에 대한 고르바초프의 태도는 그가 전후 세대 소련 정치인이라는 사실이 크게 영향을 미쳤다. 그는 스탈린 이후 소련의 궤도 밖에서 통일 독일이 탄생하는 것에 대해 본능적인 공포심을 크게 가지지 않은 첫 지도자였다. 고르바초프는 분단된 독일이 오히려 부자연스럽고 장기적으로 지속 가능하지 않다고 봤다. 독일 통일이 예측 가능한 미래에 일어나리라고 예상하지는 않았지만 마음속으로는 "불가피한" 일로 생각했다.[82] 고르바초프는 역사 자체가 이 문제를 결정할 것이라는 말을 즐겨 했고, 베를린 장벽이 무너지기 일주일 전까지도 독일 통일이 "당면한 정치 문제"가 아니라고 동독 지도부에 말했다.[83]

고르바초프는 동독 사태에 대응하면서 각국 공산당이 자국에서 일어나는 일에 대해 책임진다는 규칙을 충실히 지켰다. 1986년 동유럽 지도자들과의 회의에서 고르바초프는 이 규칙을 밝힌 바 있다. 1989년 6월 모스크바를 방문한 호네커는 서독 "정계"가 정치적 양보를 하라는 압박의 수위를 점점 더 높이고 있다며 불평했다. 호네커는 "그런 압박에 적절하게 맞대응 해야" 한다며 고르바초프에게 소련의 지원을 간접적으로 요구했다. 고르바초프는 우려를 표하고는 자신이 서독의 콜 총리에게 동독 인민의 불만을 "부당하게 이용하지" 말라고 경고했다고 했다. 그러면서도 소련이 직접 개입하는 일은 없을 것이라는 점을 분명히 했다.[84]

호네커의 정치적 권위가 추락하기 시작하자 고르바초프는 한 발 뺀 방관자 태도를 보였다. 고르바초프의 주요 관심사는 50만 명에 달하는 동독 주둔 소련군이 위기에 휘말리지 않게 하는 것이었다. 그는 동료와 측근과의 대화에서 혁명은 외부 간섭을 받지 않고 자연스러운 경로로 진행되게 해야 한다고 주장했다.[85] 고르바초프는 자신의 지시가 이행되도록 베를린을 비롯한 동유럽 국가의 수도에 야코블레프를 통해 아주 간단한 메시지를 전했다. 나중에 야코블레프는 이렇게 회고했.

"거듭 강조해야 했다. 우리는 개입하지 않는다고. 그들에게 이렇게 말했다. '직접 잘 판단하되 우리 군대가 주둔하고 있어도 절대 군대를 동원하지 않을 것이란 점을 분명히 아시오. 소련군은 주둔지에 있을 것이고 어떤 상황에서도 아무 곳에도 투입되지 않을 것이오.'"[86]

나중에 10월 혁명으로 알려진 라이프치히 사태에서 소련 관리들은 호네커와 크렌츠에게 시위 금지령에 항의하는 젊은이 수십만 명에게 무력을 사용하지 말 것을 촉구했다. 모스크바는 반소련 "도발"의 가능성에 대해 우려했다. 그런 일이 일어나는 것을 막기 위해 소련군은 주둔지에 머물렀고, 시위가 진행되는 동안 모든 군사작전은 중지되었

다.[87] 베를린 장벽이 무너지고 몇 시간 후 동독 주둔 소련군에도 비슷한 지시가 떨어졌다.[88]

코체마소프 대사는 베를린 장벽이 뚫리고 24시간 후 발생한 사태를 추인한다는 공식 지침을 모스크바로부터 받았다. 코체마소프는 고르바초프로부터 받은 구두 메시지를 크렌츠에게 전달했는데, 모스크바와의 소통 실패에 대한 동독 측의 해명을 받아들이고 "모든 일이 완벽하고 똑바로 처리되었다. 앞으로도 자신 있고 열정적으로 행동하기 바란다"는 내용이었다.[89]

이제 베를린 장벽은 사라졌다. 45년 가까이 이어진 소련의 동유럽 장악도 끝장났다.

제3부 민족의 반란

40장

프라하

1989년 11월 24일

프라하의 봄의 영웅이 벤체슬라스 광장의 고층 난간에 모습을 드러내자 30만 명의 인파가 귀가 먹을 듯한 함성으로 "둡체크, 둡체크"를 연호했다. 나이가 지긋해 하얀 머리에 약간 허리가 굽은 채 점잖은 미소를 띤 알렉산데르 둡체크는 연호가 끝나기를 기다리고는 1968년 수백만 명을 고무시키고, 공황상태에 빠진 소련 정치국이 체코슬로바키아로 탱크를 투입하게 만든 구호를 외쳤다.

"인간의 얼굴을 한 사회주의 만세!"[90]

"자유, 자유!", "둡체크 만세!"라는 구호가 이어졌다. 좁고 긴 광장은 열쇠고리가 부딪치는 소리로 가득 찼다. 둡체크를 끌어내리고 정권을 거머쥔 스탈린주의자들에게 물러날 때가 된 사실을 알리는 방법이었다.

체코슬로바키아의 강경 스탈린주의 정권은 20년 이상 둡체크를 하찮은 존재로 만들기 위해 최선을 다했다. 관영 매체가 황송하게도 둡체크를 조금이라도 언급했을 때는 조롱할 때뿐이었다. 둡체크는 1961년 체코슬로바키아 공산당 제1서기에서 강제로 내려온 뒤 이런 저런 하위 직을 맡았고 자리가 바뀔 때마다 직급이 떨어졌다. 대부분의 체코슬로바키아인에게 둡체크의 지친 모습은 지나간 시절을 생각나게 했다. 둡체크가 벤체슬라스 광장으로 향하는 동안 사람들은 마치 유령이라도 본 듯 깜짝 놀란 채 쳐다보았다.

그렇지만 이제 이곳에서 둡체크는 수십만 명의 박수 세례를 받았다. 체코슬로바키아 전역에서 사실상 전 국민이 생방송 TV로 이 광경을 지켜보았다. 망명한 체코 작가 밀란 쿤데라의 말에 따르면 둡체크가 벤체슬라스 광장으로 돌아오고 수많은 사람이 그런 모습을 지켜본 사실 자체가 "망각에 대한 기억의 승리"를 의미했다.

프라하 중심에 있는 벤체슬라스 광장은 1968년 8월 소련의 체코슬로바키아 침공 당시 민중 저항의 중심이었다. 광장 한쪽 끝에 있는 국립박물관의 석재로 된 전면에는 체코 저격수와 소련군 사이의 총격전에 이은 기관총 소사의 흔적이 오랫동안 남아있었다. 소련군이 탱크 포신에 체코슬로바키아 국기를 꽂으려는 11세 소년을 사살한 곳도 이곳이었다. 1969년 1월 16일에는 얀 팔라흐라는 체코 학생이 프라하의 봄의 이상이 좌절된 데에 항의하여 분신자살했다. 되돌아보면 팔라흐의 죽음은 민주화 운동의 마지막 경련이었다. 팔라흐 역시 잊혔다.

둡체크가 자리에서 쫓겨난 뒤 슬로바키아 지도자 구스타프 후사크가 이끄는 신스탈린주의자 집단으로 권력이 넘어갔다. "정상화"가 후사크 시대의 구호가 되었다. 몇 년 내로 둡체크 지지 세력 50만 명이 공산당에서 추방되었다. 전향을 거부한 이들은 거리 청소부, 보일러 수리공, 야간경비원 등 육체노동자로 일해야 했다. 엄격한 언론 검열이 다시 시작됐다. 독립적인 정치단체나 노조는 폐쇄되었다. 체코슬로바키아는 외부세계와의 문을 다시 한번 닫아버렸다.

체코슬로바키아는 고르바초프가 소련에서 글라스노스트 운동을 전개하고 한참 뒤까지 변화를 거부하는 후진 나라로 남았다. 후사크를 비롯한 체코슬로바키아 지도부에 글라스노스트는 치명적인 위협이었다. 후사크 세력의 권력은 전적으로 소련의 침공 때문에 얻어진 것이었다. 이들은 소련 침공 문제에 대해 공개 토론을 하는 경우 정통성에 치명타를 입는다는 사실을 잘 알았다. 1989년 소련 지도부와의 회동에서 체코슬로바키아 지도부는 이 문제를 거론하려는 시도를 계속 거부했다. "개혁"이라는 용어를 포함해서 프라하의 봄과 관련된 모든 것이 금기였다. 동독의 호네커와 마찬가지로 후사크 세력은 좀 더 자유주의적 정책을 취하라는 모스크바의 압박에 저항했다. 정치적 눈사태가 촉발되어 자신들이 휩쓸려 나갈 것으로 판단했기 때문이다. 고르바초프는 나중에 이런 글을 남겼다.

"호네커 세력은 1968년 신드롬의 그늘에서 살았다. 소련 언론에서 1968년 사태를 공식적으로 재평가할 가능성을 조금이라도 내비쳐도 예민하게 반응하곤 했다."[91]

"정상화" 실행은 아주 철저하고 빈틈없이 이루어져서 체코슬로바키아의 정치적 토론을 사실상 차단했다. 수년간 정권에 대한 조직적 저항을 하는 사람은 몇 안 되는 지식인으로 한정되었고 그중 가장 두드러진 인물은 체코슬로바키아 중견 극작가인 바츨라프 하벨이었다. 대부분은 공개적으로 반체제인사 편에 서는 것을 무서워했다. 소련의 침공과 뒤이은 광범위한 정치적 탄압에 대한 기억 때문에 사람들은 속내를 드러내기를 꺼렸다. 하벨 자신이 1988년에 밝혔듯이 "동포들은 우리를 지지했지만 지원하지는 않았다."[92]

반공산주의 저항이 나머지 동유럽 국가를 휩쓰는 사이 체코슬로바키아 강경파 지도부는 정치적으로나 이념적으로 고립되었다. 베를린 장벽 붕괴 후 다음 차례가 체코슬로바키아라는 사실은 누구에게나 명백했다. 심드렁한 채 웅크린 대중을 행동에 나서게 하고 정권에 대한 두려움을 극복하도록 돕는 데는 약간의 기폭제가 필요할 뿐이었다. 그런 기폭제는 정부가 정치적 자유를 요구하는 학생들의 평화 시위를 무력으로 진압한 11월 17일 금요일 발생했다. 시위대 수백 명이 병원으로 후송되고, 한 학생이 맞아 죽었다는 소문이 돌았다. (나중에 소문은 사실이 아닌 것으로 드러났다.)

다음 주 내내 시위 규모가 점점 커지더니 급기야 체코슬로바키아 전역이 시위대로 뒤덮였다. 하벨과 반체제 동지들은 경찰의 잔학 행위를 조사하고 책임자를 처벌하기 위해 시민포럼Civic Forum으로 알려진 대중운동을 시작했다. 시민포럼의 조사 대상에는 허울뿐인 대통령 자리에 있던 후사크와 그 뒤를 이어 공산당 지도자에 오른 밀로시 야케시도 포함됐다. 날이 갈수록 더 많은 사람이 시민포럼을 지지하기 위해 벤체슬라스 광장에 몰려들었다.

공포가 사라지자 프라하 시민은 집단적 기억을 말살하려는 정권의 시도가 완전히 실패한 사실을 확실히 보여주려는 듯이 금지된 상징을 과시하는 일에 몰두했다. 11월 24일 무렵 프라하 거리에는 온통 둡체크와 얀 팔라흐의 초상화가 걸렸다. 토마시 마사리크와 그의 아들 얀 마사리크의 사진도 많이 걸렸다. 마사리크는 1919년 체코슬로바키아 공화국 건설을 주도한 사회민주주의자고, 아들 얀은 제2차 세계대전 후 외무부 장관을 맡았으나 공산주의자의 탄압으로 죽은 인물이었다. 마사리크 부자는 체코슬로바키아의 자유주의와 공산주의 이전 전통의 상징으로서 팔라흐, 둡체크, 하벨과 함께 정치적 금기였다. 정치적으로 매장됐다가 11월 24일 대중에 다시 모습을 드러낸 또 다른 인물로는 마르타 쿠비소바도 있었다. 쿠비소바는 반공 노래를 불렀다는 이유로 21년간 무대에 오르지 못한 여성 배우였다. 쿠비소바가 동포들의 자유를 위해 투쟁한 17세기 보헤미아 영웅을 영원히 기억하는 노래를 부르기 위해 〈체스케슬루보〉 신문사이 발코니에 올라가자 군중들은 환호했다.

다음은 둡체크 차례였다. 둡체크가 소련의 침공과 관련된 공산당 지도자 전원의 축출을 요구하자 군중들은 열광적으로 환호했다. 둡체크가 말했다.

"20년 전 우리는 사회주의를 개혁하여 더 좋은 체제를 만들려고 했습니다. 그 시절 군과 경찰은 시민 편에 섰습니다. 오늘 똑같은 일이 벌어질 것이라고 확신합니다."

군중이 연호로 화답했다.

"둡체크를 성으로, 둡체크를 성으로."

이 말은 둡체크를 대통령 자리에 앉히자는 의미였다(국가원수인 구스타프 후사크의 관저는 '흐라트차니'라는 성이었다).

둡체크의 뒤를 이어 하벨이 발코니로 나왔다. 두 사람은 잠시 TV 조명 아래 함께 서서 서로의 팔을 잡은 채 군중의 환호에 답했다. 둘은 특이한 한 쌍이었다. 한 사람은 회색 양복 차림의 전 공산당 지도자고, 다른 한 사람은 꾀죄죄한 청바지와 맨 윗단추를 푼 셔츠 차림의 반체제 인사였다. 그러나 군중들에게는 세상에서 가장 자연스러운 한 쌍으로 보였다. 군중들은 "둡체크-하벨"이라고 연호했다. 1968년과 1989년의 혁명이 마침내 하나가 되었다.

하벨과 둡체크는 서로 아주 다른 길을 거쳐 벤체슬라스 광장에 다다랐다. 성격과 배경에서 두 사람은 거의 극과 극이었다. 두 사람은 두

가지 뚜렷이 구별되는 정치적 전통을 대변했지만 결국 한 지점에서 만났다.

둡체크는 잠시 미국에 이민 갔다가 자본주의에 완전히 실망해서 고국으로 돌아온 슬로바키아 목수의 아들이었다. 체코슬로바키아 공산당의 창립 멤버 중 한 명인 둡체크의 아버지는 스탈린 공포정치가 절정인 시절 가족을 데리고 소련으로 옮겨서 13년간 살았다. 제2차 세계대전 중 둡체크와 동생 율리우스는 슬로바키아 파르티잔과 함께 나치에 저항해 싸웠고, 그 과정에서 율리우스가 죽었다. 이런 나무랄 데 없는 자격 덕분에 둡체크는 제2차 세계대전 말 공산당에서 승승장구하기 시작했다.[93]

반면 하벨은 부유한 체코 사업가의 아들이었다. 하벨의 삼촌은 체코슬로바키아에서 가장 큰 영화제작사를 소유했다. 1948년 공산주의 쿠데타가 벌어진 후 하벨 가족의 재산은 정부에 압류되었다. 하벨 자신은 출신성분 때문에 대학에 들어갈 수 없었다. 그 대신 극장에서 무대 담당 일을 하다가 결국 극작가가 되었다. 하벨은 공산주의의 부조리를 풍자하는 일에 특별한 즐거움을 느꼈다.

두 사람은 1968년 둡체크가 공산주의가 반드시 독재주의와 동의어가 될 필요가 없다는 것을 증명했을 때 잠시 하나가 됐다. 체코 지도부의 개혁파가 만든 정책 실행 계획은 여러 해가 흐른 후 페레스트로이카라는 이상에서 다시 나타났다. 그것은 법의 지배로의 회귀뿐 아니라 집회의 자유, 언론의 자유를 약속했다. 전통적으로 이어오던 공산당 지도자의 기괴한 개인 우상화도 철폐되었다. 세월이 한참 흐른 후 체코의 반체제인사이자 지하 인권 잡지 편집장인 페테르 우흘은 둡체크가 수영장에 뛰어드는 사진을 실은 신문을 봤을 때 "공산당 제1서기가 수영복을 입은 사진을 본 적이 없다"며 자신이 받은 느낌을 말했다.[94] 하벨은 프라하의 봄을 "믿어지지 않는 꿈"이라고 했다. 난생처음 하벨이 진정으로 자유롭다고 느낀 순간이었다.

둡체크는 공산주의의 스탈린식 변형에 반기를 들었지만 사회주의와 소련에 대해서는 계속 충성했다. 둡체크의 정치 경력에서 가장 중요한 순간은 소련군이 프라하에 들이닥친 사실을 알게 된 1968년 8월 21일 이른 아침이었다. 처음에 둡체크는 "어떻게 소련이 '내게' 이럴 수 있는가?"라며 못 믿겠다는 반응을 보였다.[95] 나중에 자서전에서 밝힌 대로 둡체크는 자신이 상대하는 사람들을 철저히 오해했다.

"소련 지도부가 군사적인 공격을 할 것이라고는 생각지도 못했다. … 내가 사실상 깡패들과 상대하고 있다는 사실을 이해하기까지는 이후 수 개월간의 극단적이고 실질적인 경험이 필요했다."[96]

얼마 안 가 소련군 공수부대가 둡체크의 집무실에 쳐들어와서 체코슬로바키아 지도부를 "연금"한다고 밝혔다. 둡체크와 동료 정치국원들은 무장 감시하에 항공기로 모스크바로 이송되었다. 이어진 브레즈네프와의 "협상"에서 둡체크는 프라하의 봄의 인도주의적 이상을 철회하기를 거부하며 위엄 있게 침묵했다. 그와 동시에 브레즈네프나 후사크 같은 국내 강경파와의 공개적 대결도 피했다. 둡체크의 입장은 하벨이 쓴 희곡 〈비망록The Memorandum〉에 등장하는 인물의 입장에 가까웠다. 이 희곡에서 주인공은 무자비한 부하와의 "공개적 대결"을 피하기만 하면 "이런저런 것"을 지킬 수 있기를 희망한 인물이었다. 구할 수 있는 것을 구하려는 시도는 철저히 실패했고 둡체크는 공산당에서 쫓겨났다.

"정상화" 때문에 숨죽인 시절에 둡체크는 사실상 가택연금을 당했다. 1987년 4월 고르바초프가 프라하를 방문하고 프라하의 봄의 몇몇 이상을 지지한다는 신호를 보내자 둡체크에 대한 경찰의 감시는 완화되었다. 그때도 둡체크는 계속 자중해야 했다. 소련 침공 20주년이 되던 1988년 8월 내가 브라티슬라바에 있는 자택을 방문했을 때 둡체크는 손주 3명과 이탈리아를 방문할 희망에 대해 친근하게 이야기를 했다. 그러면서도 "극단주의자들"을 통제하지 못했기 때문에 소련의 침공이 "개인적 책임"이라며 둡체크를 비난한 공산당 기관지 〈루데프라보Rude Pravo〉의 공격에 대해서는 대응하기를 거부했다. 둡체크는 이렇게 해명했다.

"두려워서가 아니라 그냥 그럴 때가 아닙니다."[97]

둡체크는 무법 정권을 다루는 유일한 방법이 정면으로 맞서는 것이라고 믿는 하벨과는 크게 대조적이었다. 하벨은 폴란드 자유노조를 만든 사람들처럼 결과에 상관없이 자신의 양심에 따라 행동하기로 마음먹었다. 그는 "진실한 삶"에 대해 이야기했다. 자유롭지 않은 국가에서 자유로운 시민처럼 행동함으로써 동포들에게 절대 권력을 가진 것처럼 보이는 정권에 도전하는 일이 가능하다는 사실을 보여주려고 했다. 시간이 갈수록 공산주의 체제의 부조리가 드러나면서 더 많은 사람이 반대진영에 가담하리라고 생각했다.

체코슬로바키아에서 공산주의자라는 거대한 단일체에 첫 번째 균열이 나타난 것은 1977년이었다. 당시 하벨과 몇몇 반체제인사는 체코슬로바키아의 인권 침해에 주목하게 한 문서를 발행했다. 하벨에 따르면 이 '77 헌장'의 목적은 "굴욕을 당하고, 재갈이 물리고, 속고, 조작당한 후 다시 한번 인간으로서 똑바로 서기 위한" 목소리를 사회에 제공하는 것이었다. 애초에 헌장에 서명한 사람이 수백 명에 불과한 사실은 중요하지 않았다. 그전에는 씨가 말라서 회생하지 못할 것으로 생각한 시민 사회가 한 번 더 살아있다는 신호를 보낸 사실이 중요했다. '77 헌장'은 시민포럼에 영감을 주었다.

이 활동으로 하벨은 정권의 미움을 사고 공공의 적 제1호가 되었다. 하벨의 작품은 뉴욕, 런던에 이어 마침내 바르샤바와 모스크바에서도 공연되었지만 프라하에서는 공연되지 않았다. 하벨은 5년 이상을 감옥에서 보냈고, 셀 수 없이 많이 체포되었다. 가장 최근에는 1989년 1월 팔라흐 분신자살 20주년을 추모했다는 이유로 체포되었다. 감옥에 있지 않을 때도 경찰이 끊임없이 괴롭히고 감시했다.

하벨의 저항은 300년 이상 거슬러 올라가는 지식인 전통에 뿌리를 두고 있었다. 1620년 합스부르크군은 백산 전투Battle of White Mountain에서 체코 귀족군을 섬멸했고, 합스부르크의 통치에 저항해 반란을 모의한 주모자 27명을 프라하 구시가 광장에서 처형했다. 이후 체코슬로바키아가 제1차 세계대전 후 독립을 인정받을 때까지 300여 년간 프라하는 변경의 식민지에 불과했다. 체코인들은 합스부르크 제국에서 정치활동을 할 수 없었고, 빈에서와 마찬가지로 프라하의 공식 언어는 독일어였다. 체코어와 민족의식을 보존하는 역할은 작가들의 몫이었다.

나는 1988년 8월 보헤미아 북부의 구릉으로 된 언덕에 있는 하벨의 농촌집을 방문했다. 당시 억압적인 후사크 정권은 소련에서 벌어지는 사태로 약간 당황하긴 했어도 여전히 건재했다. 전국적인 반란이 벌어질 가능성은 적어 보였지만, 하벨은 놀랍도록 자신감에 차 있고 낙관적이었다.

"현 상황이 영원히 계속될 수는 없어요. 여기서 뭔가가 바뀌어야 합니다. 누구도 언제 어떤 방식으로 변화가 올지 모르지만 그런 날이 올 겁니다. 공식 이념과 사회적 분위기 사이에 괴리가 큽니다."[98]

하벨과 둡체크가 벤체슬라스 광장에서 환희에 찬 군중에게 연설하는 동안, 공황 상태에 빠진 체코 지도부는 당 정책 수립을 위한 긴급 중앙위원회를 소집했다. 오랫동안 곪은 지도부의 균열이 공공연히 터져 나왔다. 후사크 후임으로 제1서기가 된 밀로시 야케시는 시위를 해산 시키기 위해 무력을 사용하길 원했지만 다른 정치국원들은 결정적인 조치를 할 용기가 없었다.

저항 시위가 점점 거세지자 프라하 경찰도 차츰 사기가 꺾였다. 야 케시는 무너져가는 권위를 떠받칠 필사적인 계획을 준비했다. 당 지도 부의 명령에만 복종하는 인민민병대 2만 5000명을 프라하에 있는 공 장에 투입해 총파업을 선동하는 학생을 진압하려고 했다. 또한 시위 상 황을 보도하기 시작한 국영 TV를 재장악하는 데도 인민민병대를 투입 할 생각이었다. 정치국은 11월 21일 화요일에 계획을 승인했다.

결과적으로 현상 회복에 필요한 결정적인 힘의 과시와는 거리가 멀 었다. 규모도 너무 적고 시기도 너무 늦었다. 인민민병대가 공장에 나 타나자 노동자들은 야유를 보내고 조롱했고 때로는 공격하기도 했다. 경찰을 책임진 내무부 장관은 군 투입을 거부했다. 프라하시 당수를 비 롯한 다른 정치국원들도 신뢰를 잃은 야케시로부터 거리를 둘 방법을 찾았다. 사기가 꺾이고 지도자가 없어진 인민민병대는 해산했다.

11월 24일 중앙위원회 회의에서 위원들은 시위대를 상대로 폭력을 행사한 지도부를 줄줄이 비난했다. 정치국의 대표적 개혁파인 라디슬 라프 아다메츠 총리는 "비상한 조치"가 상황을 "더 악화시키기만" 할 뿐이라고 비판했다.[99] 결국 야케시도 의례적으로 가슴을 치며 자아비판 에 동참했다. 야케시가 말했다.

"우리는 폴란드, 헝가리, 특히 최근 동독에서 일어나는 일을 철저히 평가절하했습니다. 우리의 개혁은 미사여구로 채워졌지만 필요한 행 동은 하지 않았습니다."[100]

실각한 다른 공산 지도자와 마찬가지로 야케시는 상황이 힘들어지자마자 한때 믿었던 하급자들이 등을 돌리는 모습에 큰 충격을 받았다. 나중에 야케시는 인터뷰에서 이런 말을 했다.

"예전에는 내 말에 동조하기 위해 손을 들었었죠. 갑자기 모든 것이 잘못됐어요. 제대로 할 수 있는 일이 없었습니다."[101]

이날 드라마의 마지막 막은 벤체슬라스 광장 끝에서 100미터 정도 떨어져 있는 라테르나 마기카 극장에서 펼쳐졌다. 라테르나 마기카 극장은 폴란드 자유노조가 한창일 때 그단스크의 레닌조선소처럼 민주화 운동의 본부 역할을 했다. 시민포럼 지도부가 전략을 짜고, 학생운동가가 선언문을 작성했으며, 하벨이 매일 기자회견을 연 곳도 바로 이곳이었다.

11월 24일 저녁 라테르나 마기카 극장 기자회견에는 둡체크도 참여했다. 기자들은 둡체크가 공직에서 물러난 20년간 생각이 어떻게 바뀌었는지 알고 싶어 했다. 둡체크는 그대로라고 답했다.

"저는 사회주의의 개혁성을 믿습니다. 진실을 직시해야 하고 모든 잘못된 것에서 벗어나야 합니다."

둡체크가 말하는 동안 하벨은 고통스러운 표정을 짓고는 이렇게 말했다.

"사회주의는 우리나라에서 의미가 없는 단어입니다. 저는 사회주의를 야케시 같은 인물과 동일시합니다."[102]

두 사람이 사회주의에 대한 각자의 생각을 말하는 사이에 누군가가 무대 위로 뛰어 올라가 귓속말을 전했다. 그 순간 TV에서 야케시와 정치국원 전원이 물러났다는 뉴스가 나왔다. 극장에는 박수가 터져 나왔다. 하벨과 둡체크는 벌떡 일어나서 서로 껴안고 승리의 V자를 그렸다. 극장 한쪽 구석에 있던 지지자 한 명이 샴페인 병과 잔을 가져왔다. 하벨이 건배를 제안했다.

"자유 체코슬로바키아여 영원하라."

둡체크는 단숨에 샴페인을 들이켰다. 극장 밖 벤체슬라스 광장에 있던 군중은 가장 최근에 벌어진 사태에 깜짝 놀라서 TV 뉴스를 보기 위해 상점 앞에 모이고는 폭죽을 터뜨리기 시작했다. 택시 운전사들은 경적을 울려댔다. 군복을 입은 장병 4명이 빨간색, 흰색, 파란색의 체코슬로바키아 국기를 흔들고 웃으며 광장을 가로질러 갔다. 한 트럼펫 연주자는 기분이 들뜬 군중을 이끌고 성 벤체슬라스 동상으로 갔는데, 동상이 수백 개의 봉헌 촛불로 에워싸여 있었다. 겨울의 첫 눈송이가 날리기 시작했다.

프라하에 다시 봄이 찾아 왔다.

　　　　　　　　　　　　　제3부 민족의 반란

41장

부쿠레슈티

1989년 12월 21일

독재자는 발코니에 서서 자신의 초상화와 붉은 기를 든 채 현명하고 뛰어난 지도력을 찬양하는 인파를 응시하고 있었다. 고음의 목소리가 계속 찢어지는 소리를 내며 "외국 제국주의자"와 "파시스트 깡패"가 노동자의 천국을 불안하게 만든다며 비난했다. 그가 숨을 쉬기 위해 잠시 말을 멈추자 군중은 박자에 맞춰서 "차우셰스쿠-루마니아"와 "만세, 만세"를 외쳤다. 독재자는 차분히 손을 들어 귀가 먹먹할 정도의 환호를 멈추게 했다. 그러고는 마이크에 대고 소리치고 손바닥으로 공기를 가르며 고함에 가까운 연설을 다시 시작했다.

루마니아 인민의 위대한 영도자인 콘두커토르conducător에 대해 인민이 지지를 표시하는 방법은 매번 같은 의식을 따랐다. 당 조직원에게는 할당된 수의 "루마니아 일반인"을 집회 현장에 투입하라는 지시가 떨어졌다. 사람들에게 깃발을 지급하고 어떤 구호를 외쳐야 하는지 미리 말했다. 집회 앞줄은 세쿠리타테Securitate라는 비밀경찰을 배치해서 콘두커토르와 "지지자" 사이에 물리적 장벽을 만들게 했다. 전략적으로 곳곳에 설치한 스피커를 통해 미리 녹음된 박수 소리를 내보내서 현장의 소리도 증폭시켰다.

니콜라에 차우셰스쿠는 집권 24년 동안 자신을 에워싼 사람들의 숭배에 차츰 의존하게 되었다. 오마지우(충성)에 대한 만족할 줄 모르는 욕구를 채우기 위해 자신을 기리는 박물관 수십 개를 지었다. 루마니아 신문은 차우셰스쿠를 나폴레옹이나 알렉산더 대왕에 비유했다. 궁정 화가는 그가 천사 같고 젊은 공산주의 선구자들과 흰 비둘기를 데리고 보주와 왕홀(왕권의 상징물로 보주는 주로 둥근 구체 위에 십자가가 솟아 있는 형태고 왕홀은 화려하게 장식된 지휘봉이다 - 옮긴이)을 든 채 부인 엘레나와 구름을 뚫고 내려오는 모습을 그려서 차우셰스쿠의 평화 추구를 상징적으로 보여주었다. 그가 좋아하는 시인은 차우셰스쿠를 지구 구석구석까지 울리는 "행성 공명"의 목소리를 가진 "속세의 신"이라고 불렀다.[103] 차우셰스쿠가 가끔 모스크바와 불협화음을 빚는 사실에 좋은 인상을 받은 서방 지도부도 박수갈채에 동참했다. 리처드 닉슨은 차우셰스쿠가 "전 세계 주요 문제를 깊이 이해"한다며 추켜세웠다. 영국 여왕은 그를 버킹엄궁으로 초청하여 외국 지도자에게 줄 수 있는 최고의 훈장인 바스 대십자 훈장을 수여했다. 지난 24년간 박수갈채가 끊이지 않았다. 하지만 이날은 무언가 크게 잘못되었다.

시작은 일반인이 있는 뒤쪽에서 나오는 작은 웅성거림이었다. 콘두커토르가 계속 큰 소리로 연설하는 사이에 웅성거림은 야유와 휘파람으로 바뀌었다. "자유", "민주주의", 그리고 차우셰스쿠에게는 불길하게도 동독의 공산주의 지도부의 운명을 결정지은 "우리가 인민이다"라는 구호도 나왔다. 저항의 외침은 점점 커져서 세쿠리타테 치어리더와 스피커에서 흘러나오는 녹음된 박수 소리를 넘어섰다.

부쿠레슈티 궁전 광장의 행사를 TV 생방송으로 지켜보던 루마니아인 수백만 명은 점점 커지는 불만의 소리를 들을 수 있었다. 차우셰스쿠의 주름이 깊이 팬 얼굴이 당황한 표정에서 짜증 난 표정으로, 그리고 결국에는 확연한 공포로 바뀌는 것도 봤다. 야유글 쏟아붓는 군중을 잠재우기 위해 차우셰스쿠가 오른손을 들어도 소용없는 모습도 봤다. 차우셰스쿠가 입을 열었다 닫았다 하면서도 아무 소리를 내지 않는 모습도 봤다. 사상 처음으로 지도자의 말문이 막힌 것 같았다. 차우셰스쿠의 눈은 군중을 탐색하며 빠르게 움직였다. 경호원 한 명이 대통령을 발코니에서 끌어내기 위해 달려갔다. TV 시청자들은 영부인인 엘레나가 공포에 질려 남편에게 하는 말을 들었다.

"뭔가 공약하세요. 뭔가 이야기하시라고요."

배경에 행진곡이 크게 깔렸다. 그러고는 TV 화면이 꺼져버렸다.

차우셰스쿠는 군중들을 설득하기 위해 전면적인 임금 및 연금 인상을 약속했다. 돌아오는 것은 야유와 휘파람 소리뿐이었다. 전지전능한 권력이라는 환상은 이제 완전히 산산조각이 났다. 광장에 있던 군중과 TV를 시청한 수백만 명은 차우셰스쿠의 약점을 알아차렸다.

반공산주의 혁명이 동유럽을 휩쓸기 이전에도 차우셰스쿠는 자신의 안전에 집착했다. 암살을 두려워한 나머지 전문가가 미리 맛본 음식만 먹었다. 대중 앞에 나설 때는 세쿠리타테가 에워쌌다. 개인위생에 집착해서 외국 고위 인사를 만나기 전후로는 알코올에 손을 씻곤 했다. 외부자를 못 믿어서 정부 요직에 친척들을 앉혔다. 루마니아에서는 "한 가족 공산주의"라는 말이 농담처럼 사용됐다. 영부인 엘레나는 정권의 2인자고 아들 니쿠가 후계자였다. 처남 일리에 베르데츠가 총리, 또 다른 처남인 마네아 머네스쿠는 부총리였다. 다른 친척도 군, 무역부, 내무부의 요직에 있었다. 민감한 자리에 대통령의 친척이 아닌 외부자가 몇 년 이상 자리를 유지하는 경우는 거의 없었다.

자신이 하는 일이 모두 옳고 자신을 대체할 사람이 없다고 확신한 차우셰스쿠는 권력을 유지하기 위해 무슨 짓이든 할 준비가 되어 있었다. 정치적 입지가 위태로워지자 다른 공산주의 지도자들에게 동유럽에서 사회주의 대의를 수호하기 위해 비상 행동을 취하자며 로비를 하기 시작했다. 고르바초프는 측근들과의 대화에서 차우셰스쿠를 "루마니아의 총통"이라면서 그가 물러나는 게 좋을 것이라는 뜻을 분명히 밝혔다. 부쿠레슈티를 방문한 고르바초프는 차우셰스쿠가 루마니아인을 공포에 떨게 하고 나머지 유럽에서 고립시키고 있다며 비판했다.[104]

12월 초가 되자 콘두커토르는 심각한 곤경에 빠졌음이 분명해졌다. 분노가 폭발한 지점은 루마니아 서부 도시인 티미쇼아라였다. 이곳에서는 인권 활동으로 추방 위기에 처한 루터교회 목사를 보호하기 위해 시위대 수천 명이 거리를 점거했다. 차우셰스쿠의 명령에 따라 군은 시위대를 향해 총격을 가해 수십 명을 사살했다. 불과 몇 시간 전 차우셰스쿠는 치안책임자들에게 이렇게 밝힌 상태였다.

"끝까지 싸울 것이다. 피델 카스트로가 옳았어. 성직자처럼 말로 해서는 적의 입을 막을 수 없고 불태워버려야 해."[105]

티미쇼아라 사건은 차우셰스쿠 정권에 대한 전국적인 혐오의 물결을 일으켰다. 관영 언론에는 반정부 시위에 대한 보도 금지령이 떨어졌지만, 학살 관련 소식은 입에서 입으로 퍼지면서 사망자 수가 엄청나게 부풀려졌다. 수천 명이 죽었다는 소문은 오랫동안 무기력에 빠져있던 루마니아인에게 정신이 번쩍 들게 했다. 궁전 광장 집회는 차우셰스쿠가 자신이 여전히 여론을 등에 업었다는 사실을 보여주기 위한 마지막 필사적 도박이었다. 하지만 군중이 독재자에게 야유하고 조롱하는 장면을 생중계한 TV 화면은 평범한 루마니아인이 거리로 나서게 만드는 신호탄 역할을 했다.

　그날 오후와 저녁 부쿠레슈티 거리에서도 폭동이 일어났다. 대규모 군중이 시내 중심에 있는 공산당사 앞에 모여 "티미쇼아라, 티미쇼아라"라고 외쳤다. 물대포와 세쿠리티테 지격수의 총격이 수기적으로 군중을 해산시켰다. 다음 날 아침 재집결한 시위대는 차우셰스쿠와 엘레나의 초상화를 찢고, 두 사람이 있는 궁전 광장의 중앙위원회 건물을 에워쌌다. 탱크와 장갑차가 거리를 가득 채웠지만 장병들은 시위대에 무력을 쓸 생각이 전혀 없었다. 대학광장에서 오전 11시경 군은 시민들이 장갑차 위로 기어 올라가는 것을 보고도 가만히 있었다. 얼마 안가 새로운 구호가 등장했다.

　"군인도 우리 편이다. 군인도 우리 편이다."[106]

　시위대가 중앙위원회 건물로 진입하는 사이 차우셰스쿠를 태운 흰색 헬리콥터가 건물 지붕에서 이륙했다. 처음에 헬기는 부쿠레슈티에서 북서쪽으로 약 60킬로미터 떨어진 온천 도시인 스나고브로 향했다. 스나고브는 루마니아 전역에 흩어져 있는 대통령 별장 중 하나가 있는 도시였다. 그곳에서 차우셰스쿠는 루마니아 전역의 공산당 서기에게 전화를 걸어 이들의 지지를 모으려고 했다. 몇 분 뒤 헬기가 다시 이륙했다. 이번에는 상황이 비교적 평온하다고 알려진 원유 생산 도시 피테슈티로 이동할 생각이었지만 헬기 조종사의 생각이 달랐다. 조종사는 프랑스제 헬기가 레이더에 탐지되어 언제라도 격추될 수 있다면서 차우셰스쿠 부부를 시골 길가에 내리게 했다.

　이후 몇 시간 동안 실각한 대통령 내외는 몇 차례 차를 훔쳐 타며 루마니아 시골에서 맴돌았다. 경호원도 달아난 상태에서 두 사람은 결국 카르파티아산맥 남쪽의 트르고비슈테 마을에서 군에 체포됐다. 차우셰스쿠는 자신이 통솔하는 군인들에 의해 체포된 사실을 받아들이

지 못했고, 아주 의기소침했다가도 군의 "배신"에 대해 호통치곤 했다. 차우셰스쿠는 자신을 체포한 이들을 이렇게 꾸짖었다.

"너희들이 어떻게 나를 체포해? 내가 너희들의 총사령관인데."[107]

앞서 3주 전 몰타에서는 부시와 고르바초프가 정상회담을 했는데 차우셰스쿠는 자신의 운명이 "몰타에서 결정됐다"고 불평하기도 했다. 일반 군대 음식을 받아든 차우셰스쿠는 "먹을 수 없는 쓰레기"라며 치워버렸다. 밤에 차우셰스쿠와 엘레나는 한 침대에서 바짝 붙어서 자면서 서로 껴안기도 하고 말다툼하기도 했다.

이후 3일간 차우셰스쿠 부부는 억류된 군 막사 주변에서 총성을 들었다. 다른 루마니아 도시에서와 마찬가지로 트르고비슈테에서도 세쿠리타테 저격수들이 마지막으로 맹렬히 버티고 있었다. 이들의 전술은 민간인들에게 무차별 총격을 가하고 주요 정부 건물에 대한 기습을 시도함으로써 혼란과 공포를 조성하는 것이었다. 총성을 들은 차우셰스쿠는 루마니아에서 내전이 진행 중이라고 생각하면서 자신이 구출되는 것이 시간문제로 보았다.

사실 차우셰스쿠 지지자들은 지는 싸움을 하고 있었다. 민족해방전선으로 알려진 새로운 과도정부가 차츰 권위를 위임받았다. 크리스마스 하루 전쯤에는 새 지도부가 완전히 권력을 장악했다. 새 지도부는 시위 장소에서 세쿠리타테가 세력을 회복할 기회를 없애기 위해 루마니아에서 차우셰스쿠 부부를 확실히 제거하기로 했다.

"재판"은 크리스마스 오후에 임시로 법정처럼 꾸민 작은 교실에서 진행되었다. 45분간 계속된 재판은 차우셰스쿠 치하에서 일어난 일만큼이나 "법의 지배"에 관한 기괴한 패러디였다. "6만 명 이상 살해", "국가 경제 전복", "10억 달러 이상을 외국 은행에 빼돌린" 혐의 등에 대해 입증할 시도조차 하지 않았다. 군판사가 검사 역할도 했다. 법원이 임명한 피고 측 변호인은 차우셰스쿠에게 정신병을 거론하며 감형을 요청하라고 설득하는 데 실패한 뒤에 결국 기소 사항에 대해 유죄를 인정했다.

부쿠레슈티에서 입은 것과 똑같이 검은 외투 차림의 실각한 콘두커토르는 법원의 권위를 인정하거나 질의에 답하는 것을 단호히 거부했다. 차우셰스쿠는 거수기에 불과한 대국민의회만이 자신을 재판에 넘길 수 있다고 거듭 주장했다. 엘레나가 법정을 향해 소리치자 차우셰스쿠는 하찮은 인간들하고는 상대할 가치가 없다는 듯이 엘레나의 손등을 가볍게 쳤다. 때로는 자신을 심판할 이들의 뻔뻔함에 천장을 향해 눈을 굴리면서 초조하게 손목시계를 들여다보기도 했다. 차우셰스쿠는 이렇게 호통을 쳤다.

"나는 이 나라의 대통령이고 군 최고사령관이다. 너희들을 인정 못해. 쿠데타를 일으킨 깡패의 질문에는 답하지 않는다고."[108]

법원이 미리 정해진 판결인 사형선고를 내린 뒤에도 차우셰스쿠는 침울하게 위엄을 유지했다. 공식 설명에 따르면 차우셰스쿠는 끌려가면서 〈인터내셔널가〉의 시작 마디를 흥얼거렸다고 한다. 엘레나는 더 날카롭게 반응해서 자신을 끌고 가는 병사들에게 너희들의 "어머니 같은" 존재라며 소리를 쳤다. 한번은 "다 같이 죽었으면" 좋겠다고도 했다. 한 병사가 엘레나와 몸이 부딪쳤을 때는 격노해서 입에 담기조차 어려운 쌍욕을 했다.

병사들은 차우셰스쿠 부부를 인근 마당으로 끌고 가서 회반죽을 바른 벽을 바라보게 했다. 사격수들이 대기하고 있었고, 사형집행인 4명이 자동소총으로 사격하기 시작해서 각 30발 이상을 쐈다. 그러자 루마니아 인민이 "사랑하는 아버지와 어머니"의 몸이 고꾸라졌다.

차우셰스쿠 부부에 대한 공식적인 기소 내용의 많은 부분은 크게 과장된 것으로 드러났다. 새로 등장한 구국 정부는 나중에 "혁명" 기간에 사망한 희생자가 6만 명이 아니라 1000여 명이라는 사실을 인정했다.[109] 수백만 달러를 스위스은행에 은닉했다는 혐의를 뒷받침할 확실한 증거도 나오지 않았다. 반면 차우셰스쿠가 24년간 장기 집권하는 동안 루마니아에 끼친 경제적, 사회적, 심리적 피해는 계산할 수 없을 정도였다. 루마니아가 차우셰스쿠의 과도한 권력욕의 영향에서 벗어나려면 수 차례 세대가 교체되어야 했다. 공산주의 선전선동가들이 국가적 영광에 이르는 길이라고 했던 차우셰스쿠의 정책은 루마니아를 동유럽에서 알바니아를 제외하면 가장 가난하고 후진적인 국가로 만들었다. 소위 황금기는 끝날 줄 모르는 경제난과 잔혹한 정치적 압제의 시기였다.

차우셰스쿠는 거창한 정책 중 어느 것도 결실을 거두지 못했지만 정책 실행에 따른 비용은 어마어마했다. 차우셰스쿠는 2200만 명인 루마니아의 인구를 2000년까지 3000만 명으로 늘릴 작정으로 낙태와 피임을 사실상 금지했다. 그 결과 원치 않는 출산과 영아 사망률이 급증하고 매년 여성 수천 명이 불법 낙태 수술을 받다가 사망했다. 현대적 산업국가를 건설한다는 취지로 그럴듯한 사업, 예컨대 크게 확장한 정유산업에 돈을 쏟아부었지만 가동률이 10퍼센트가 되지 않았다. 한때 번창하던 농업 분야도 몰락했다. 자신에게 걸맞은 행정 수도를 건설한다면서 부쿠레슈티에서 가장 유서 깊은 지역 일부를 철거해서 그 자리에 거대하고 섬뜩한 "인민궁전"을 건설했다. 방이 1000개가 넘는 "인민궁전"은 5톤짜리 샹들리에와 수많은 대리석으로 장식했다. 동시에 "체계화"와 "문명화"라는 이름으로 마을 수백 곳을 밀어버렸다. 환상에 불과한 계획을 이행하는 데 드는 비용을 충당하기 위해 평범한 루마니아인의 난방, 식량, 전기를 빼앗아 갔다.

차우셰스쿠 실각 후 루마니아를 취재하는 일은 전쟁의 참화에서 방금 벗어난 국가를 취재하는 일과 같았다. 둘 사이의 차이는 루마니아인은 외국의 지배로부터 해방된 것이 아니라 폭군으로부터 해방되었다는 점이다. 그것은 마치 국가의 정신을 짓누르던 거대한 짐을 덜어낸 것과 같았다. 시민들은 자신들의 경험 때문에 정신을 못 차리는 것처럼 보였다. 루마니아인 사이에는 자신들이 "과학적 사회주의" 실험에서 살아남았다는 일종의 망연자실한 안도감이 돌았다. 공장, 학교, 병원, 고아원 등 어디에서나 사람들은 며칠 전만 해도 믿을만한 사람에게 귓속말로 하던 이야기를 큰 소리로 떠들었다. 전 세계의 이목을 끈 것은 고아가 되고 버려진 아동들이 겪은 고난이었다. 루마니아가 경험한 생물학적, 심리적 수모를 가장 압축적으로 보여줬기 때문이었다.[110]

부쿠레슈티 교외의 제6고아학교는 추위에 떨고 영양실조에 걸린 고아 226명의 집이자 루마니아 전국에 흩어진, 찰스 디킨스 소설 속 시설이 될 만한 고아원의 전형이었다. 아동들은 에이즈, 구루병, 결핵을 포함해 온갖 질병에 시달렸고 동상이 가장 흔했다. 3층짜리 콘크리트 군 막사 같은 건물은 차우셰스쿠의 지시에 따른 극심한 에너지 절약 때문에 겨울철 실내온도가 종종 영하로 떨어졌다. 아이들은 실내에 있을 때도 체온을 유지하기 위해 털실로 짠 모자와 장갑을 꼈고, 매주 수요일과 토요일에 미지근한 물로 씻었다. 전구가 부족해서 항상 어둡던 길고 음침한 복도 양쪽에 침대가 10개씩 있는 방에서 살았다. 수업은 자신들을 학대하는 독재자를 맹목적으로 찬양하는 내용으로 가득했다. 아이들은 최대 허용치가 40와트인 전구 하나가 켜진 방에 손님이 들어올 때마다 "인민, 차우셰스쿠, 루마니아, 공산당"을 외치곤 했다. 아이들은 자신들이 처한 춥고 어두운 현실을 속이는, 정치적으로 희망을 주는 노래를 배웠다.

> 얼마나 아름다운가, 내 삶은 얼마나 아름다운가.
> 나는 내가 원하는 사람이 될 수 있지.
> 나는 조국의 애국적인 매hawk라네.
> 오늘 우리나라는 나의 어린 시절을 돌봐주지.
> 얼마나 아름다운가, 내 삶은 얼마나 아름다운가.
> 언젠가, 나의 조국을 위해,
> 모든 것을 희생하리.

차우셰스쿠 정권이 전복되었다는 소식이 고아원에 전해지자 직원과 아이들은 방마다 다니며 차우셰스쿠 초상화를 뜯어냈다. 어떤 소녀들은 차우셰스쿠의 눈을 파냈다. 일주일도 지나지 않아 고아원장은 차우셰스쿠가 어떻게 고아원 출신 아이들을 세쿠리타테의 살인마로 만들었는지 이야기했다. 다들 한때 고아들이 부쿠레슈티 중심부의 훨씬 좋은 시설을 갖춘 고아원에 수용된 사실을 기억했다. 그 고아원은 차우셰스쿠가 특별히 관심을 보인 사업 때문에 철거됐다. 티트자 바테자투가 소리치며 말했다.

"너희들은 차우셰스쿠가 한 짓을 봤어. 아이들을 죽였어. 총살했다고. 너희를 사랑하는 척했지만 실제로는 총살했단 말이야."

12세인 로디카 브루이소도 얼굴에 증오를 담아 말했다.

"차우셰스쿠는 범죄자야."

18세인 미카일라 바이반도 맞장구를 쳤다.

"맞아. 자기가 쓸 궁전을 수십 개를 지었지. 인민들이 굶주리는 동안 말이야.”

　고아원의 이런 모습은 “카르파티아의 천재”가 추구한 해괴한 사회 정책의 직접적 결과였다. 차우셰스쿠는 집권 1년 뒤인 1966년 불법 낙태에 대해 최대 5년 형을 선고하는 법을 만들었다. 자녀가 5명 이상인 여성만 낙태가 허락됐다. 1986년에는 45세 이하의 여성은 생명의 위협을 받는 경우를 제외하고는 낙태를 할 수 없도록 법을 한층 강화했다. 불법 낙태 시술을 한 의사도 엄하게 처벌했다. 이런 가혹한 조치에 설상가상으로 대가족이 함께 살 적절한 주거 환경을 만드는 데도 실패했다. 자녀를 더 가질 수도, 의사에게 뇌물을 줄 수도 없는 가난한 여성은 홀로 낙태를 시도하거나 출산 후 신생아를 버렸다.

　차우셰스쿠 치하에서 부쿠레슈티 시립병원은 매년 평균 3000건의 잘못된 낙태를 다뤄야 했고, 이 중 200명은 큰 수술이 필요했다. 다수 여성이 병원에 가는 것 자체를 두려워했다. 병원 부인과 책임자는 매년 1000명 이상의 여성이 엉터리 낙태 시술로 사망했다고 추정했다. 자궁 괴저와 영구 불임이 흔한 합병증으로 발생했다.

　여러 서방 지도자와 달리 루마니아 일반인들은 차우셰스쿠에게 속지 않았다. 제6고아학교 인근에는 과거 놀이터를 “영웅들의 무덤”으로 서둘러 개조한 곳이 있었다. 차우셰스쿠 정권이 최후의 발악을 하는 동안 세쿠리타테 저격수의 총에 사살되거나 탱크에 깔려 죽은 시위대를 기리는 수백 개의 촛불이 타고 있었다. 궁전 광장의 대통령궁 발코니 아래에 있다가 치안 경찰이 쏜 총탄에 사망한 14세의 마리안 물레스쿠의 무덤에는 물레스쿠가 병원에서 죽어가는 동안 어머니와 나눈 마지막 대화가 담긴 현수막이 걸렸다.

　“아들아, 광장에 왜 나갔니?”

　“자유를 얻으려고요.”

42장

카틴

———

1990년 4월 14일

소련 비밀경찰은 제2차 세계대전 중 카틴숲에서 폴란드군 장교 수천 명을 학살하고 그런 사실을 수십 년간 은폐했다. 이제 진실을 말할 시간이 되었다. 역사의 변덕에 따라 폴란드의 마지막 공산주의 통치자이자 공산주의 붕괴 후 공화국의 첫 대통령인 보이치에흐 야루젤스키가 이 일을 맡았다. 폴란드를 소련 진영의 일부로 유지하는 데 삶의 대부분을 바친 인물이 새 질서에서도 자신이 헌신적인 종복이 될 수 있다는 것을 보여주기를 원했다.

4성 장군 군복을 입은 야루젤스키가 살해당한 장교들이 묻힌 묘지에 헌화하기 위해 앞으로 걸어 나왔다. 야루젤스키가 똑바로 서자 한 차례 일제 사격이 자작나무 숲의 정적을 깼다. 군종신부가 군중과 함께 기도했다. "카틴에서 살해당한 사랑하는 남편에게", "스탈린과 베리아의 명령에 따라 죽은 아버지께" 등이 적힌 작은 깃발 수백 개가 산들바람에 펄럭였다. 야루젤스키는 추모록에 이렇게 썼다.

"그들은 자유로운 폴란드를 위해 싸웠고 무고하게 희생됐다. 고국과 집에서 멀리 떨어진 곳에서 마지막 순간까지 폴란드와 폴란드 장병의 명예에 충실했다. 폴란드 장교와 스탈린 범죄의 희생자에게 영원한 명예가 있기를."

몇 달 전만 해도 이런 추모식은 불가능했을 것이다. 폴란드 장교 학살에 소련 비밀경찰이 연루된 증거는 넘쳤냐지만 크렘린 선전선동가들은 늘 학살 책임이 나치에 있다고 주장했다. 공산주의자 전임자와 마찬가지로 야루젤스키도 소련 측 해명을 받아들였고 폴란드 언론이 이 문제를 거론하는 것을 금지했다. 폴란드에서 공산주의 통치가 흔들리기 시작한 뒤에서야 야루젤스키는 태도를 바꿨다. 1989년 6월 선거에서 자유노조가 승리한 후 야루젤스키는 고르바초프에게 이 비극에 대한 소련의 책임을 인정하도록 촉구했다. 양국 간 정상적인 관계 발전을 저해한다는 이유에서였다.

카틴 사건에 대한 폴란드의 집착은 소련 제국 전역에서 진행된 역사 재해석 열풍의 일환이었다. 발트3국은 제2차 세계대전 초기에 스탈린이 발트3국의 독립을 박탈하게 한 몰로토프-리벤트로프 조약에 관한 진실을 알고 싶어 했다. 체코인과 슬로바키아인은 1968년 프라하의 봄을 진압하기 위해 소련에 "형제애적 지원"을 요청한 정치국원 반역자의 이름을 알려달라고 했다. 헝가리인은 1956년 공산 독재에 항거한 부다페스트 항쟁 지도자들의 정치적 복권을 요구했다. 동독인은 친구와 이웃 중 누가 자신들을 감시했는지 확인하기 위해 슈타지 기록을 샅샅이 살폈다.

야루젤스키가 서 있는 장소는 정확히 반세기 전인 1940년 4월 학살의 현장이었다. 스탈린 시대 비밀경찰인 NKVD는 폴란드 장교들을 검정까마귀Black Raven로 알려진 죄수호송용 밴에 실어 이곳으로 데려왔다. 폴란드 장교들은 귀중품 소지 여부를 확인하기 위한 몸수색을 당하고는 깊은 구덩이에 한 줄로 무릎을 꿇어야 했다. 왜 NKVD가 이곳을 처형장소로 선택했는지는 쉽게 알 수 있었다. 조용하고 고립된 장소라서 작업을 방해 없이 진행할 수 있었다. 접근도 편리했다. NKVD 요원의 여름휴양소와 인접하고 모스크바-민스크 간 주요 철도 노선에서 차로 30분밖에 걸리지 않았다.

NKVD 사형집행자들은 잔인할 정도로 효율적으로 살인하도록 훈련받았다. 소련 권총은 계속 사용하면 뜨거워지는 경향이 있어서 더 신뢰할만하다고 생각한 독일제 발터 7.65밀리 권총을 사용했다. 총살 시에는 두개골의 목덜미 쪽을 겨눴고, 이 때문에 총알이 뇌를 관통해 코와 이마의 머리카락이 난 부분 사이로 나왔다. 러시아 혁명 초기에 완성된 이런 처형 방법은 최소한의 탄환으로 처형 대상자를 즉사하게 했다. 대개 보조 인원 한 명이 곁에서 8연발 반자동 권총을 재장전했다. 시신은 12층으로 깔끔하게 쌓였다. 구덩이당 시신 200~3000명을 매장할 수 있었다. 한 구덩이가 시신으로 가득 차면 다량의 모래로 덮고 주변에 자작나무를 심었다.[111]

독일군은 1941년 6월 소련을 침공한 뒤 카틴에서 벌어진 일을 우연히 발견했다. 지역 농민의 제보에 따라 독일군은 폴란드 장교 유골 4143구를 발굴했다. 집단 무덤에는 편지, 사진, 팔찌, 승마용 가죽 부츠 등 개인 소지품도 나왔다. 대규모 시신 발굴은 나치 선전선동가에게는 뜻밖의 횡재여서 폴란드와 소련의 관계를 틀어지게 하는 데 활용되었다. 전쟁 승리를 위해 스탈린과 좋은 관계를 유지해야 하는 서방 연합국에 당혹스러운 일이기도 했다.

역사학자의 관점에서 발굴된 물품 중 가장 중요한 것은 22권의 일기장이었다. 이 일기를 통해 폴란드 장교들이 소련군에 체포된 시점

제3부 민족의 반란

부터 잔인하게 학살될 때까지 7개월간 벌어진 일을 재구성할 수 있었다. 폴란드 장교들은 소련군에 체포된 뒤에 모스크바 남쪽 약 240킬로미터에 있는 코젤스크 정교회 수도원에 억류되었다. 소련군은 이들을 "재교육"해서 소련에 남도록 설득했지만 모든 시도가 허사였다. 폴란드 장교들은 자국의 전통을 자랑스러워해서 수용소에서 기도회를 열고 폴란드 국가를 부르며 소련군에 저항했다. 이들의 자부심 넘치는 태도, 꺼지지 않는 낙천주의, 멋진 가죽 부츠는 소련군 간수들을 깜짝 놀라게 했다. 모든 반대되는 증거에도 불구하고 폴란드 장교들은 조국이 곧 해방될 것이라고 고집스럽게 믿었다.

1940년 3월 말이 다가오자 수감자들은 수용소가 곧 폐쇄된다는 소문을 들었다. 소련은 폴란드에 선전포고를 한 적이 없었다. 폴란드 장교들은 중립국으로 보내지거나 결국 추방된 폴란드군에 합류할 것으로 믿었다. NKVD는 이들이 "서방"이나 "고국"으로 갈 것이라고 넌지시 알리며 그런 분위기를 조장했다. 4월 3일 300명쯤으로 편성된 첫 그룹이 전우들의 열렬한 환호를 받으며 코젤스크를 떠났다. 이들이 수용소를 떠나기 전에 괜찮은 음식이 제공됐는데, 이런 정황도 소련군이 자신들을 풀어주기 전에 살찌우길 원한 것이라는 추측을 낳았다. 창문이 없는 화물 열차로 24시간을 달린 후 폴란드 장교들은 그니에즈도보라는 곳에서 내렸다. 바츠와프 크루크 중위는 4월 8일 일기에 이렇게 썼다.

"(그니에즈도보) 역에서 삼엄한 경비 속에 호송 차량에 올라탔다. 그때껏 낙관적이던 나는 이번 여행이 징조가 좋지 않다는 결론을 내리게 되었다."[112]

폴란드 장교 중 아담 스콜스키 소령은 죽기 몇 분 전까지도 일기를 간신히 계속 썼다.

"동틀 때부터 하루가 이상하게 시작되었다. 칸막이가 있는 화물차에 실려 이동했는데 끔찍했다. 어떤 숲속으로 끌려가서 농가 같은 곳에 들어갔다. 소지품을 철저히 수색당했다. 내 손목시계도 가져갔는데 그때가 폴란드 시각 6시 30분, 소련 시각 8시 30분이었다. 결혼반지도 요구했다. 루블, 허리띠, 포켓 칼도 가져갔다."[113]

고르바초프에게 글라스노스트 자체가 목표였던 적은 없었다. 목표에 도달하는 수단이자, 실질적으로 결정을 내리는 당관료를 외부에서 압박하는 한 가지 방법이었다. 역사적 진실은 아껴 두었다가 상황의 변화에 맞게 쓸 수 있는 강력한 정치적 무기였다. 이 부분이 고르바초프가 라이벌 관료들에 비해 우위를 점하는 영역이었다. 서기장으로서 고르바초프는 정권의 가장 끔찍한 비밀을 관리했다.

비밀은 줄로 묶어 밀랍으로 봉인한 큼직한 봉투 안에 보관되었다. 이런 봉투가 2000여 개 있었는데, 서기장 집무실 복도 아래쪽에 한때 스탈린이 차지한 크렘린 아파트의 벽장에 전체 봉투를 잘 정리해 두었다. 이것이 그 유명한 "오소바야 팝카", 즉 특별 파일이었다. 오소바야 팝카에는 아주 은밀한 서류가 담겨있어서 한 장만 보관하고 회람했다. 서류를 열람한 사람은 서명을 남겨야 했다. 오소바야 팝카에 담긴 봉투 다수는 서기장만 열람하거나 서기장의 위임을 받은 사람만 열람할 수 있었다.[114]

오소바야 팝카에 담긴 내용은 정치적으로나 이념적으로 엄청난 파괴력이 있었다. 흑백으로 작성된 이 서류들은 레닌 이후 소련 지도자의 냉소주의와 기회주의의 민낯을 보여줬다. 레닌이 서명한 성직자와 "계급의 적"을 처형하라는 명령문과 혁명의 적에 대한 "적색 테러" 정책을 담은 자료도 있었다. 1987년 11월 말 고르바초프가 주장한 대로 스탈린이 소련인 "수천 명"만이 아니라 수백만 명을 죽인 책임이 있다는 사실을 보여주는 서류도 있었다. 소련과 나치 독일 사이에 체결된 몰로토프-리벤트로프 조약의 러시아어 원본도 있었다. 몰로토프-리벤트로프 비밀의정서는 폴란드와 발트3국을 소련과 독일이 분할 점령하는 내용이 담겨 있어서 소련 당국이 오랫동안 날조됐다고 비난한 문서였다. 비밀경찰 수장인 라브렌티 베리아의 처형과 흐루쇼프에 대한 음모 등 크렘린 내부의 추잡한 권력 투쟁을 상세하게 담은 서류도 있었다. 헝가리와 체코슬로바키아 침공 계획 준비를 요약한 서류도 있었다. 그리고 큰 봉투 2개에 카틴 관련 서류가 있었다.

1번 봉투 속 한 개 항목에는 수치스러운 진실이 담겨 있었다. 폴란드 장교 학살이 스탈린의 직접 명령에 따라 이행되었다는 것이다. 타자로 작성해서 베리아가 스탈린에게 보고한 해당 문건은 "다양한 반혁명 조직"에 소속되었다고 의심되는 폴란드 장교와 폴란드인에게 최고형, 즉 총살형을 건의하는 내용이었다. 스탈린이 문건 상단에 서명했고 다른 정치국원의 서명도 첨부됐다. KGB 의장이 흐루쇼프에게 보고한 또 다른 육필 문건에는 카틴숲 외에 두 곳에서 학살한 폴란드인의 정확한 수치가 적혀 있었는데, 2만 1853명이었다. 해당 문건은 학살한 폴란드인의 인적 사항을 파기할 것을 건의하기도 했다. "운용에 있어서" 혹은 "역사적으로" 더 이상 아무런 가치도 없고, 잠재적으로 난처한 상황을 초래할 수 있다는 이유에서였다.[115]

고르바초프는 서기장으로 취임하자마자 카틴숲 학살에 대한 진실을 알 기회가 있었다. 하지만 이 문제가 정치적으로 열띤 논란의 대상이 되기 전까지 관심을 거의 보이지 않았다. 1987년 봄 고르바초프는 소련과 폴란드가 합동위원회를 구성해서 두 나라 관계에서 소위 공백으로 남은 부분을 조사하게 했다. 서로 동의할 수 있는 역사를 만들기 위해 관련 자료들을 샅샅이 검토하라는 지시가 양국 정부에서 추천한 역사학자에게 떨어졌다. 수많은 회의에도 불구하고 합동위원회는 큰 진전이 없었는데 주된 이유는 소련 대표가 정부의 공식 입장에 의문을 제기할 권한이 없기 때문이었다. 폴란드 측은 이런 활동의 목적이 진실을 밝히는 것이 아니라 의도적으로 애매하게 만들어서 결국 모스크바가 카틴숲 학살에 대한 책임을 인정하는 시기를 늦추기 위한 것이라고 결론지었다.

2년이 지난 1989년 봄, 카틴 문제를 해결하라는 폴란드 측의 압박이 거세지기 시작했다. 야루젤스키는 경쟁 선거가 다가오고 자유노조와 원탁회의 합의를 한 상황에서 국가 지도자의 자격을 보여주길 원했다. 증거가 넘쳐나는 상황에서 폴란드 공산당이 소련의 책임을 부정하는 것은 정치적 자살이 될 수 있었다. 1989년 3월 폴란드 정부 대변인은 모든 증거를 종합하면 "해당 범죄를 저지른 것은 스탈린의 NKVD다"라고 결론을 내렸다고 발표했다.[116]

폴란드가 입장을 180도 바꾸자 앞서 소련이 저질렀다는 결정적 증거가 없다고 주장한 고르바초프는 곤경에 빠졌다. 카틴을 둘러싼 미스터리는 사장되기는커녕 생생한 정치적 쟁점이 됐다. 1989년 3월 22일 소련의 공식 문건에 따르면 폴란드 문제를 다루는 소련 고위 인사가 고르바초프에게 카틴 문제가 눈앞에서 폭발할 수 있으니 더 이상 이 문제를 두고 질질 끌지 말 것을 건의했다. 해당 문건은 이렇게 결론지었다.

"이 문제에 관한 한 시간은 우리 편이 아님. 실제 무슨 일이 벌어졌고 누가 책임을 져야 하는지를 해명하고 그 선에서 마무리하는 것이 바람직함. 최종적인 분석에 따르면 이렇게 하는 비용이 아무런 조치를 하지 않는 데 따른 피해보다 적음."[117]

그러나 고르바초프의 비서실장 출신인 발레리 볼딘은 고르바초프가 오소바야 팝카를 조사해 보라는 지시를 실제로 내렸다고 했다. 볼딘은 나중에 이렇게 회고했다.

나를 부르더니 카틴 사건과 관련해서 우리가 소장한 자료를 전부 모아달라고 지시했다. 봉투 2개가 발견됐다. 기록물보관소에 봉투를 가져오라고 지시한 뒤 봉투를 개봉하지 않은 채 받은 그 상태로 서기장께 드렸다. 서기장은 직접 봉투 2개를 다 열어서 문건을 읽은 다음 스카치테이프로 다시 봉했다. 내게 읽어보라고 주지는 않았다. 서기장은 "이게 진짜 카틴에 관한 자료군. 아주 안전하게 보관해야 해"라고 말했다. 나는 문건을 새 봉투에 넣어서 적절하게 봉인했다. … 이 문제에 관해 기록물보관소에 보관된 모든 서류는 서기장께 전달됐다.[118]

오소바야 팝카와 취급 규정에 따르면 기록물보관소 직원은 1989년 4월 18일 볼딘이 해당 문건을 반출해서 새 봉투에 담아 반환했다고 정식으로 기록을 남겼다. 크렘린 관계자가 해당 문건을 검토한 것은 8년여 만에 처음이었다.

고르바초프는 카틴과 관련된 서류나, 그에 못지않게 소련의 유죄를 강력히 시사하는 몰로토프-리벤트로프 비밀 조약 관련 증거를 본 적이 없다고 주장했다.[119] 그러고는 볼딘이 1991년 8월 쿠데타의 주모자 중한 명이라는 점을 들어 증언의 진실성에 대해 다음과 같이 문제를 제기했다.[120]

"소련 지도자 중 스탈린 시대의 무시무시한 잔혹 행위를 공개하는 데 누구보다 더 힘을 쏟은, 글라스노스트의 아버지인 사람이 카틴에 대해 거짓말을 할 이유가 어디 있는가?"

역사적 증인으로 볼딘을 얼마나 믿을 수 있는가는 확실히 의문의 여지가 있다. 하지만 이 문제에 대해서는 고르바초프보다 볼딘이 더 믿을만해 보인다. 1989년 4월 볼딘은 여전히 주인의 명령을 충실하게 수행하는 완벽한 당관료였다. 상관에게 서류를 숨길 이유가 없었다. 오히려 자신의 충성심과 열성으로 서기장에게 좋은 인상을 남기기를 원했다. 이렇게 폭발성 있는 문건을 볼딘이 고르바초프 몰래 보관했다는 주장은 개연성이 너무 없어서 고르바초프의 최측근이 아닌 소련 관리들은 믿지 않았다. 역사적 문제를 직접 책임진 정치국원인 야코블레프도 고르바초프가 거짓말한다며 비판했다.

"이 문제로 크게 호들갑을 떨었다. 고르바초프는 계속 내게 이렇게 말했다. '서류를 찾아봐요. 계속 찾아보세요.' 그러고는 야루젤스키에게는 이렇게 말했다. '야코블레프를 더 압박해서 계속 서류를 찾게 하세요.' 고르바초프는 나를 아주 난처하게 만들었다. 나는 야루젤스키와 이야기하는 동안 뜨거운 프라이팬에 올려진 물고기 같은 기분이었다. … 나중에 나는 고르바초프가 카틴에 관한 진실을 계속 숨긴 사실을 알게 됐다."[121]

다른 많은 사실은 밝혀지게 했지만 카틴에 관해 소련의 혐의를 가장 강력히 시사하는 문서를 왜 숨겨야 했냐는 고르바초프의 수사적 질문에 대한 그럴듯한 답이 있는데, 그것은 고르바초프의 정치적 정체성과 성격의 핵심과 맞닿아 있다. 고르바초프는 일을 애매하게 만들고 조종하는 데 능했다. 투명성을 선호했지만 자신이 정한 조건에서 그랬다. 정치적으로 계산하여 작은 진실을 조금씩 공개하는 것이 옳다고 느꼈다. 일련의 극적인 폭로로 공산주의 체제의 정당성을 완전히 파괴할 수도 있었지만 그렇게 하는 데 관심이 없었다. 고르바초프는 개혁가지 혁명가가 아니었다. 카틴 기록물로 인해 폴란드에서 반소 물결이 이는 것을 막고 싶어 했다. 권력 강화를 위해 지지가 필요한 상황에서 정치국

제3부 민족의 반란

내 보수파와 척을 지는 것을 원하지 않았다. 소련의 범죄를 입증하는 문건을 다시 봉투에 넣을 때 이런 복잡한 계산이 고르바초프의 머릿속에 교차했을 것이다.

요컨대, 아직 때가 무르익지 않았다.

나중에 때가 무르익자 고르바초프는 자신에 대한 역사적 평판을 고려했다. 볼딘이 말한 대로 고르바초프는 자신이 만든 비잔틴식 정치 공작에 갇혔다. 고르바초프는 기록물을 통해 진실이 홍수처럼 드러나는 것을 막는 시도를 하는 과정에서 소련 지도부와 국제 사회에 중요한 서류를 감춰야만 했다. 일단 거짓말을 한 이상 일관성을 유지하기 위해 계속 거짓말을 해야 했다.

카틴 학살에 대한 소련의 책임에 대해 1990년 4월 고르바초프가 태도를 바꾼 것은 주로 실용적인 이유 때문이었다. 폴란드와 소련의 개별 연구는 독일에 죄가 있고 소련은 무죄라는 오랜 주장을 무너뜨렸다. 모스크바를 방문한 야루젤스키는 "진실을 말하도록" 소련을 설득한 사람으로 역사에 남기를 원했다. 모스크바의 관점에서도 야루젤스키에게 책임을 인정하는 것이 야루젤스키의 정적인 폴란드 내 반공 세력에 인정하는 것보다 나았다. 크렘린의 기밀문서에 따르면 "정치적 문제를 봉합하는 동시에 (반소) 감정이 폭발하는 것을 피할" 방법을 찾을 필요가 있었다. 소련 지도부가 직면한 난관은 "가장 적은 (정치적) 비용"으로 기록을 바로잡을 역사적 해명을 생각해내는 것이었다.[122]

크렘린에서 폴란드 지도자 야루젤스키를 만난 고르바초프는 입수된 증거에 따르면 카틴 학살이 "베리아와 베리아의 심복"의 지시로 실행되었다고 했다.[123] 이런 해명은 학살 책임을 소련이라는 국가에서 나중에 처형한 개인에게 옮기는 효과가 있었다. 오소바야 팝카에 담긴 내용은 아직 공개하기에는 너무 충격적이라고 판단했다.

만약 이것이 고르바초프의 카틴 사건 처리에 관한 올바른 해석이라면 고르바초프는 치명적인 오판을 한 셈이다. 그는 오소바야 팝카에 담긴 비밀이 사실상 영구히 봉인될 것으로 보았다. 2년 6개월 전 지도부에서 쫓겨난 후 절치부심하던 보리스 옐친의 정치적 도전도 과소평가했다.

이후 18개월간 고르바초프와 옐친의 경쟁이 차츰 소련 정계를 장악하게 된다. 크렘린 무기고에 있는 사용 가능한 모든 무기를 동원한 피 튀기는 싸움이 벌어지게 되는데, 그런 무기 중에는 오소바야 팝카도 포함되었다.

43장

모스크바

―――――

1990년 5월 29일

보리스 옐친은 "러시아에서 지도자는 자발적으로 권력과 절대 결별하지 않는다"라는 말로 크렘린 정치의 야만적 본질을 설명했다. 회고록 『러시아를 위한 투쟁*The Struggle for Russia*』 2권에서 옐친은 주 독자층인 서방 독자에게 이런 "중세적 원칙"을 설명했다.

"마치 지도자들은 이런 말을 들은 것 같다. 권력을 움켜줬으니 꼭 붙잡고 있어라. 무슨 일이 있어도 놓치지 말아라. … 윗사람은 아랫사람을 밟아야 한다. … 이것이 사회의 수직적 구조다. 러시아는 하나고 나눌 수 없다. 모두가 위로, 최정상에 오르려고 분투한다. 더 높이 훨씬 더 높이. 일단 정상에 기어 올라가면 너무 높아서 정신이 어지럽고 내려올 수 없다."[124]

소련 지도자들은 권력에 매달려야 할 이유가 많았다. 서방에서는 고위직에서 낙마해도 새로운 기회가 있어서 큰 타격을 받지 않는다. 공공부문과 민간부문 사이에 회전문 인사가 이루어진다. 소련에서는 권력을 잃는 것은 전부 잃는 것을 뜻한다. 스탈린 시대에 정치국에서 쫓겨난 인사는 목숨만 건져도 다행이었다. 스탈린의 후계자들은 좀 더 인간적이었다. 싸움에서 진 정적을 총살하는 대신 시베리아 발전소 운영을 맡기거나 라틴 아메리카 대사로 보내서 굴욕감을 느끼게 했다. 물리적 파괴가 아니라 정치적 파멸이고, 크렘린 내부자가 누리는 여러 특권의 상실이 뒤따랐다.

1988년 2월 옐친이 정치국에서 쫓겨났을 때 질 리무진과 전원 별장을 비롯해 많은 특권을 내놓아야 했다. 권력을 잃은 데 따른 심리적 트라우마는 더 컸다. 갑자기 전화가 울리지 않고, 친구와 동지라고 생각한 사람들과 멀어지며, 하룻밤 사이에 정보망 작동이 멈췄다. 크렘린 노멘클라투라에 속한 과거 동지들은 옐친을 정치적으로 버림받은 사람으로 취급했다. 옐친은 머리가 쪼개지는 듯한 두통에 시달리며 한밤에 깨어나 자기가 밟아온 모든 발걸음과 자신이 한 모든 말을 강박적으로 되돌아봐야 했다. "벽을 기어 올라가는" 느낌을 받거나 "대성통곡을 하는" 것을 자제할 수 없을 때도 있었다. 옐친은 나중에 회고록에 이렇게 썼다.

"정치적으로 나는 송장이었다. 심장이 있던 곳에 남은 것은 다 타버린 재뿐이었다. 주변의 모든 것이 타버렸고, 내 안의 모든 것도 타버렸다."[125]

전통적으로 소련 권력의 운 좋은 내부자에서 쫓겨난 사람이 복권할 길은 없었다. 승자들이 확실히 그렇게 만들었다. 하지만 옐친은 고르바초프의 글라스노스트 때문에 크렘린 정치의 법칙이 급격히 바뀌고 있다는 것을 깨달을 정도의 감각이 있었다. 70년 만에 처음으로 여론이 소련의 정책 결정 과정에서 주요 변수가 되었다. 고르바초프는 관료와의 싸움에서 여론을 이용했지만 옐친은 권력이 당이 아니라 국민에게

서 나온다는 사실을 이해한 첫 소련 정치인이었다.

민중의 지도자라는 역할은 시베리아 출신의 옐친에게 잘 맞았다. 그는 생애 대부분을 나찰니크(우두머리)로 보냈지만 약자의 입장을 알았다. 옐친은 찢어지게 가난한 집에서 태어나 어려서 학대를 냉겼다. 최근에는 고르바초프와 당 지도부에 수모를 당해서 갚아야 할 원한이 많았다. 엄청난 체력과 운동선수 시절에 받은 훈련은 옐친을 타고난 싸움꾼으로 만들었다. 옐친은 정력이 넘쳤다. 군중에 어떻게 호소할지 본능적으로 알았다. 폴란드의 바웬사처럼 청중이 무슨 생각을 하는지 알아채고 그들이 듣고 싶어 하는 메시지를 만들 줄 알았다. 유머 감각, 상식, 노골적 선동을 능숙하게 뒤섞음으로써 인민의 분노를 이용하고 이를 정적과 싸울 때 무기로 사용했다.

인민대표회의라는 부분적인 자유 선거로 구성하는 의회를 만드는 결정으로 무심코 옐친에게 정치적 부활에 필요한 수단을 마련해 준 사람은 다름 아닌 고르바초프였다. 1989년 12월 사하로프가 죽은 뒤 옐친은 고르바초프에 대항하는 "민주적 야당"의 지도자가 되었다.

소련의 경제 위기 심화는 고르바초프와 경쟁하는 옐친을 도왔다. 1990년 여름 소련인 대부분은 고르바초프의 외교정책 성과와 미국과의 극적인 관계 개선에 관심을 잃은 상태였다. 소련 TV 시청자들은 독일인과 미국인이 "고르비, 고르비"라고 외치는 모습에 경멸하듯 콧방귀를 뀌었다. 핵무기 감축은 환영했지만 평범한 국민은 제대로 된 신발 한 켤레와 동네 빵집에 늘어선 줄의 길이 같은 일에 관심이 있었다.

옐친은 자신의 정치 스타일과 정체성을 발전시키는 과정에서 과거 후원자였던 고르바초프와 차별화하기 위해 무슨 일이든 했다. 고르바초프는 질 리무진으로 편성한 긴 자동차 행렬을 이루며 돌아다녔지만, 옐친은 동독에서 무시당하는 트라비의 소련 버전인 낡아빠진 모스크비치를 자랑스럽게 타고 다녔다. 한때 고르바초프는 국가 기밀을 라이사 여사와 공유한다고 밝힌 적이 있었는데, 옐친은 정치인의 부인이 정치에 관여해서는 안 된다고 생각했다.[126] 고르바초프는 한 번에 2~3시간 걸리는 길고 장황한 연설을 하는 경향이 있었지만, 옐친의 연설은 늘 간명하고 구체적이었다. 고르바초프는 인기가 떨어지자 크렘린 요새 안에 칩거하며 일반 인민과의 직접적인 접촉을 꺼렸지만, 옐친은 러시아 심장부로 뛰쳐나가 평범한 사람들의 말에 귀 기울이곤 했다.

스타일과 성격보다 훨씬 큰 차이는 가장 결정적인 질문, 즉 "공산주의는 끝났는가?"라는 질문에 대한 태도였다. 고르바초프는 "사회주의"라는 단어를 재정의해서 그 의미를 많이 퇴색시키려는 의지는 있었어도 공산주의 이념을 완전히 포기할 생각은 없었다. 그는 러시아가 11월 9일에 선택했다고 알려진, 돌이킬 수 없는 "사회주의 선택"에 대해 말했다. 고르바초프에게 레닌은 난공불락의 권위로 남았다. 반면 옐친은 고통스럽고도 공개적인 전향 과정을 겪었다. 공산당 기득권 세력과의 충돌에 자극을 받아서 가장 기본적인 정치적 신념을 재검토하고 더 이상 자신이 공산주의자가 아니라는 결론에 도달했다.

옐친의 지적 발전에서 한 가지 전환점은 미국을 처음으로 방문한 1989년 9월, 더 구체적으로는 텍사스 휴스턴의 슈퍼마켓을 방문했을 때였다. 상상할 수 있는 모든 종류의 식품과 가정용품이 깔끔하게 쌓여 있는 선반이 끝도 없이 이어진 광경에 놀라기도 했고 낙담하기도 했다. 미국을 처음 방문한 다른 소련인 방문객과 마찬가지로, 그런 모습은 옐친에게 자유의 여신상이나 링컨기념관과 같은 관광명소보다 훨씬 더 인상적이었다. 그런 광경이 이례적이지 않다는 사실 때문에 더 그랬다. 대부분 소련인이 상상할 수 없는 풍부한 소비재 상품을 일반 시민이 몇 시간씩 줄을 설 필요 없이 구할 수 있었다. 게다가 전부 보기 좋게 진열

되어 있었다. 칙칙한 공산주의 환경에서 자란 사람이라면 상대적으로 특권층인 엘리트에 속하더라도 서방의 슈퍼마켓 방문은 온몸이 마비되는 충격을 받게 된다. 옐친이 미국을 방문할 때 동행해서 두 강대국 간 생활 수준 차이를 보고 충격과 절망을 옐친과 함께 느낀 옐친의 측근 레프 수하노프는 이렇게 회고했다.

"슈퍼마켓에서 본 광경은 미국 자체만큼이나 충격적이었다. 내가 보기에는 휴스턴 방문 뒤 옐친의 볼셰비키 의식을 떠받든 마지막 기둥이 무너졌을 가능성이 컸다. 옐친이 당을 떠나 소련 최고 권력을 향한 투쟁에 뛰어들기로 한 결정은 이런 심란한 순간에 돌이킬 수 없을 정도로 무르익었는지도 모른다."[127]

수하노프는 『옐친과 함께 한 3년 *Three Years with Yeltsin*』의 한 장 전체를 휴스턴 슈퍼마켓에서 느낀 경이로움을 묘사하는 데 할애했다. 수하노프는 해당 슈퍼마켓이 개별 상품 3만 종을 판다는 말에 옐친이 놀란 사실을 기록했다. (보통 소련 상점은 100종 이하의 품목을 팔고, 그나마도 대개 '품절'이었다.) 모스크바에서 온 방문객은 상품 진열 통로 하나하나를 볼 때마다 눈이 크게 떠졌다. "붉은 치즈, 갈색 치즈, 레몬-오렌지 치즈" 등이 진열된 치즈 판매대에서 받은 충격에서 벗어나기도 전에 채소 판매대에 진열된 상품의 질에 "말 그대로 전율을 느꼈다." 환한 조명 아래 반짝거리는 것처럼 보이는, 소련에서 꽤 큰 감자 크기의 무를 보고도 특히 놀랐다. 일행은 떨어지지 않는 발걸음을 옮겨 제과 판매대로 이동했다. 수하노프는 이렇게 감탄했다.

"제과 판매대에서는 몇 시간이라도 있을 수 있었다. 할리우드 영화 못지 않을 정도의 장관이었다. 계산대에서 손님 한 명이 하키 경기장 형태로 만든 케이크를 계산하려고 기다리고 있었다. 초콜릿으로 만든 하키선수도 있었다. 케이크 자체가 예술이었지만 중요한 사실은 누구나 살 수 있다는 점이었다. 죄다 살 수 있었다."[128]

옐친은 휴스턴에서 마이애미로 이동하는 비행기에서 긴 시간 사색에 잠긴 듯 보였다. 그는 두 손으로 자신의 머리를 감싸고는 결국 이런 말을 수하노프에게 하며 침묵을 깼다.

"그들은 인민을 속여야 했습니다. 왜 일반 인민이 외국에 나가는 것을 그렇게 어렵게 만들었는지 이제야 알겠어요. 인민이 눈을 뜰까 봐 두려웠던 겁니다."[129]

당관료 출신인 옐친은 오랫동안 고통 속에 살아온 나로드, 즉 긴 시간 시달린 러시아 민중의 평범한 삶에 대한 열망과, 속고 굴욕을 당한 데 따른 분노를 이해했다. 자신도 기만당하긴 마찬가지였다. 옐친은 나로드가 당 기득권을 상대로 앙갚음할 수 있게 도울 생각이었다. 나로드의 앙갚음은 자신의 앙갚음이기도 했다.

코린트 양식의 기둥 사이에 대리석으로 만든 레닌 기념상이 특징인 크렘린의 기다란 대회의장에서는 소련 시대의 가장 극적인 몇몇 사건이 벌어졌다. 이곳에서 스탈린은 정치 권력의 정점에 이르렀는데, 1934년 제17차 당대회에서 "모든 시대와 민족 중 가장 위대한 인물"이라는 공식 칭호를 들었다.[130] 이곳은 1956년 제20차 당대회에서 고르바초프 세대의 공산주의자들은 "비밀 연설"을 통해 스탈린의 범죄를 격렬히 비난하는 흐루쇼프의 말에 귀를 기울이고 고개를 숙인 곳이기도 했다. 브레즈네프 시대에 소련 최고회의가 열린 곳도 이곳이었다. 매년 전 세계 신문은 오른손을 들어 올려 당 정책에 만장일치로 동의하는 노쇠한 정치국원들의 의례적 사진을 실었다.

50년 이상 전체주의의 확성기 역할을 해온 크렘린 대회의장은 마침내 진정한 토론의 장으로 바뀌었다. 레닌 동상 한쪽 옆에 설치한 대형 전광판에는 표결 결과를 무수히 기록했다. 회의장 곳곳에 설치한 마이크에는 발언 순서를 기다리는 사람들의 긴 줄이 있었다. 회의장 밖 로비에서는 기자들이 회의장에서 나오는 대의원들을 차지하려고 미친 듯이 뛰어다녔다. 테이블에는 결의안, 정치 선전물, 공식 회의록이 높이 쌓여있었다. 로비 한쪽에는 유권자들이 보낸 진보로 채워긴 건시만이 줄줄이 있었다. 여러 말들을 쏟아냈지만 내용은 항상 같았다. 러시아의 새 의회 의장 민중후보는 보리스 니콜라예비치 옐친이라는 것이었다.

옐친이 "사회주의"에 등 돌렸다고 비난한 고르바초프의 말에 힘을 얻은 공산주의자들은 변절자가 러시아에서 최고위직을 차지하지 못하도록 무슨 짓이든 했다. 하지만 옐친에 대한 비방 활동은 역효과를 가져왔다. 공산당이 내세운 후보는 정치적으로나 신체적으로나 전혀 매력적이지 않아서 동료 공산주의자의 표를 얻기도 어려웠다. 무소속 대의원들은 소련 대통령이 선거 과정에 공공연히 개입하는 데 분개했다 (1990년 3월 초대 소련 대통령 선거에서 고르바초프가 선출되었으므로 여기서 "소련 대통령"이란 고르바초프를 의미한다 - 옮긴이). 이들이 결정을 늦출수록 옐친을 지지하는 더 많은 전보가 크렘린에 쏟아져 들어왔다. 결론이 나지 않은 두 차례 표결 뒤 세 번째 투표에서 마침내 옐친은 단 4표 차로 당선됐다.

승리를 거머쥐고 몇 분 뒤, 러시아의 새 지도자는 나로드에게 감사 인사를 하기 위해 크렘린에서 나왔다. 밖에는 성 바실리 성당에서 토론 과정을 중개하는 라디오를 들으며 몇 시간 동안 참을성 있게 기다린 군중이 있었다. 이들은 자신들의 영웅의 은회색 올백 머리를 발견하자 쫓아가서 "승리, 승리"를 외쳤다. 옐친은 적황색 크렘린 벽 아래 풀로 뒤덮인 흙더미 위에서 지지자들에게 연설했다.

"나의 투쟁은 인민의 투쟁입니다. 이것은 민주주의의 승리에서 중요한 걸음입니다. 우리는 러시아가 이전처럼 생활할 수 있도록 러시아의 독립과 주권을 위해 국가적·경제적·정신적 이미지의 부활을 위한 싸움을 계속해야 합니다."[131]

주먹을 쥐어 군중의 환호에 답한 옐친은 소형차 모스크비치의 앞 좌석에 올라타고는 자리를 떴다.

대규모 지지자 외에도 옐친은 미하일 고르바초프와 경쟁할 수 있을 만큼 충분히 광대한 정치 무대를 가지고 있었다. 러시아공화국은 소련에 속한 15개 공화국 중 단연 가장 크고 가장 중요했다. 발트해에서 태평양까지 펼쳐진 러시아공화국은 소련 땅의 76퍼센트를 차지하고 미국 전체보다 거의 2배나 됐다. 1억 4200만 인구는 나머지 14개 공화국 인구 전체를 합친 수와 같았다. 소련 전체 원유 생산량의 90퍼센트, 천연가스 생산량의 76퍼센트, 대외교역 수입의 86퍼센트를 차지했다. 러시아의 거물 정치인인 옐친이 고르바초프의 성공과 실패의 열쇠를 쥐었다는 말은 과장된 것이 아니었다.

러시아는 거대할 뿐 아니라 옐친이 스스로 정한 화두, 즉 평범한 인민의 남부럽지 않은 생활 수준에 대한 갈망에도 딱 들어맞았다. 소련 내 다른 국가들은 독립과 관련된 활동을 통해 사람들의 관심을 경제난에서 다른 곳으로 돌렸다. 러시아는 따로 갈 데가 없는 제국의 심장부였다. 하지만 제국은 러시아에 골칫거리만 안겨주었다. 70년 공산주의 체제가 남긴 경제적 재앙은 러시아인 다수가 차르와 서기장이 받아들인 전통인 끊임없는 영토 확장에 의구심을 가지게 했다. 러시아인들은 수 세기 만에 처음으로 자신들의 생활 수준 발전으로 이어진다면 전통적인 강대국으로서의 야망을 버릴 준비가 되어있었다. 제국에서 벗어나 의식적으로 내부로 지향하는 것이었다.

이런 논쟁에서 "주권"이라는 말이 유행했다. 옐친이 이끌게 된 러시아 새 의회가 취한 첫 조치 중 하나는 러시아 법률이 소련 법률에 우

제3부 민족의 반란

선한다는 "주권 선언" 채택이었다. 새 의회는 러시아공화국 영토 내의 모든 천연자원의 소유권과 통제권도 주장했다. 1년간의 과도기간 뒤 러시아공화국은 다른 공화국에 석유와 가스를 비롯한 원자재에 대해 국제가격을 지불하라고 요구했다.[13] 고르바초프가 바로 알아차렸듯이 그런 조치는 제국을 묶은 마지막 끈을 끊어버릴 수 있는 위협이었다. 러시아가 천연자원에 대한 통제권을 장악하면 발트3국뿐 아니라 우크라이나 같은 슬라브 공화국에 대한 고르바초프의 협상력은 현저히 떨어질 수밖에 없었다. 소련 권력의 근간과 소련 대통령으로서의 고르바초프 개인의 권위도 약화될 터였다. 한 해 전 여름 포로스에서 한 예언인 "러시아가 일어나면 … 소련 제국은 끝장날 것"이란 말이 실제로 이루어지고 있었다.

반면 옐친은 과거 공산당 동지를 상대로 사용할 완벽한 정치적 무기를 찾아낸 상태였다. "주권"을 위한 투쟁을 주도함으로써 자신이 혐오하는 "중앙"과 고르바초프에게서 권력을 빼앗아 올 수 있었다. 이 싸움은 격렬할 것이 확실했고 옐친에게는 동지가 필요했다. 옐친은 필요한 동지를 얻기 위해 자신이 보유한 무기를 공유할 마음이 있었다. 그래서 지지자들에게 공화국뿐 아니라 주, 도시, 심지어 마을까지 주권이 있다고 장담했다. 당선 직후 옐친은 주지사들에게 이렇게 말했다.

"가질 수 있는 주권을 최대한 가지세요."

옐친은 러시아에서 정치 권력의 전체 구조가 계약을 근간으로 바닥에서부터 재구축할 구상을 했다. 주권이라는 무기가 언젠가는 자신에게 사용될 가능성에 대해서는 전혀 생각하지 않는 듯 보였다. 그랬다면 그런 구상을 지워버렸을 것이다. 그건 그때 가서 생각할 문제고 중요한 것은 오늘이었다.

3년간 정치적 황무지에서 보낸 뒤 옐친은 권력의 중심으로 돌아왔고 그 때문에 신이 났다. 신임 의장이 된 옐친은 러시아 정부청사가 있는 모스크바강 인근의 거대한 건물인 벨르이돔 내에 거대한 집무실을 차지하게 되었다. 옐친은 소련 건설부인 고스트로이에서의 절망에서 빠져나오는 데 도움을 준 수하노프와 함께 벨르이돔을 방문했다. 부드럽고 현대적인 광이 나는 호화 집무실의 모습을 본 수하노프는 나중에 "유쾌한 흥분"을 느꼈다고 회고했다. 수하노프는 이렇게 감탄했다.

"보세요, 옐친 동지. 우리가 정말 멋진 집무실을 차지했어요!"

옐친이 대꾸했다.

"집무실만 차지한 게 아니죠. 러시아 전체를 차지했습니다."[133]

44장

모스크바

1990년 12월 20일

나중에 드러난 것처럼 옐친의 판단은 틀렸다. 옐친과 "민주주의자"가 러시아 전체를 "차지"한 것은 아니었다. 이들이 "차지한" 것은 수하노프가 눈치 빠르게 말한 것처럼 모스크바 중심부에 있는 호화 집무실이었다. 당분간 이들의 권력은 모스크바 외곽 순환 도로 밖으로 뻗어나가지 못했다. 거대하지만 무기력하고 결핍되고 환멸에 빠진 어머니 러시아는 이들을 계속 회피했다.

보통 선거로 구성된 러시아 인민대표회의는 러시아 전체에 대한 권한을 주장했다. 결의안을 통과시키고 포고령을 발령하고 법안을 채택했다. 하지만 산더미 같은 서류가 실생활에 눈에 띄는 변화를 가져오지는 못했다. 군대, KGB, 경찰 같은 "권력 기관"은 아직 공산당이 철저히 통제했다. 헌법이 보장한 독점 권력을 포기하고 몇 달이 지난 뒤에도 공산당은 곳곳에 있는 오랜 동지들로 구성된 네트워크를 통해 영향력을 행사했다. 당에서 선거로 뽑은 조직으로 권력이 이동한 사실을 강조하기 위해 조직의 명칭을 바꾸긴 했어도 그 안에서 일하는 사람은 그대로였다.

관료들은 옐친에게 누가 우두머리인지 일깨워주는 데 중앙배급제를 활용했다. 옐친이 모스크바 교외에 관저를 요구하자 하급관리가 사용하는 지저분한 휴양소의 방 하나가 배정되었다. 불평을 많이 한 끝에 결국에는 농업부 차관과 함께 입주하는 것이 허락되었다. 소련 지도부의 안전을 책임진 KGB 제9국은 러시아의 새 지도자가 정부 차량과 정보 통신 시스템에 접근하지 못하도록 최선을 다했다. 무기는 특별히 예민한 문제였다. 강경파의 집중적인 감시를 우려한 옐친은 KGB에서 독립된 자체 보안 기관을 만들려고 시도했다. 러시아 정부는 자체 군수 공장을 통제하지 않았기 때문에 구할 수 있는 무기를 끌어모아야 했다. 1991년 8월 마침내 쿠데타가 벌어졌을 때도 벨르이돔의 무기고에는 돌격소총 60정, 권총 100정, 방탄조끼 2개, 무전기 5개밖에 없었다.[134]

공산당 기구가 실권을 옐친에게 넘기지 않는 데 성공했더라도 변화가 없지는 않았다. 경제난에 더 깊이 빠져들면서 노멘클라투라의 무력과 무능은 점점 더 드러났다. 관료들은 모든 것을 통제했지만 그런 권력을 붙잡고 있는 것 외에 할 수 있는 일은 거의 없었다, 중앙배급제는 더 이상 효과적으로 작동하지 않아도 당관료들은 자신들의 권위가 손상되는 상황을 두려워해서 중앙배급제 폐지를 꺼렸다. 그 결과는 정치적 마비였다. 서로 경쟁하는 대의원들은 아무도 존중하지 않는 법과 포고령을 남발했다. 경제 붕괴를 막을 수 없는 지방 정부는 전적인 배급제와 관세 장벽 구축을 통해 주민 보호에 나섰다. 각자도생하는 분위기가 형성되었다.

9월 초 옐친과 고르바초프가 500일간 서방식 혼합경제를 도입하는 계획을 채택했을 때 낙관적 분위기가 반짝하고 나타났다. '500일 계

제3부 민족의 반란

획'으로 알려진 이 정책은 소련경제의 80퍼센트 민영화, 중앙계획 폐지, 대외 무역 활동의 자유화를 꾀했다. 가격이 자유화되고, 루블화의 환전도 가능해지고, 집단농장이 해체되고, 사유 재산을 인정하게 될 터였나. 게다가 이 모든 조치가 상대적으로 고통 없이 이루어질 터였다. 소련 경제학자들이 통화 과잉이라고 부른, 즉 돈이 넘쳐나지만 상품은 부족한 현상은 국유 재산의 매각 절차를 통해 막을 터였다.

500일 계획은 또 다른 허황된 꿈이었다. 고통을 수반하지 않은 중앙통제에서 자유시장으로의 이행 같은 것은 존재하지 않았다. 500일 계획을 짠 경제학자들은 실제 경제 행위자인 공장장, 집단농장 책임자, 군산복합체 운영자의 반대를 과소평가했다. 실제 경제 행위자들은 강력한 로비 집단으로 뭉쳐서 급진파의 "파괴적인" 계획에 반대하고 검증된 "관리 방식"으로의 회귀를 요구했다. 고르바초프에게 가해지는 정치적 압박도 격렬해졌다. 리시코프 총리는 정치·경제적 해체 가능성을 경고했다. 집단농장 책임자들은 500일 계획이 실행되면 도시에 식량이 공급되지 않게 하겠다고 위협했다. 소련 의회의 군 출신 대의원들은 고르바초프가 "국가의 붕괴"를 막기 위해 단호히 행동하지 않으면 대통령 사임까지 요구하겠다고 했다.[135]

핵심 경제 자문에 따르면 결국 고르바초프는 "겁을 먹었다."[136] 지지율이 역대 최저인 21퍼센트로 떨어졌다. 소련 의회에서 "민주주의" 세력은 미약했다. 500일 계획에는 여러 흥미로운 아이디어가 포함됐지만 서류상으로만 존재할 뿐이었다. 혹독한 러시아 겨울이 다가오고 있었다. 고르바초프는 실질적으로 국가를 움직이는 공장 책임자나 관료, 혹은 옐친에 대항한 마지막 방어선이 될 군 장성과 비밀경찰의 수장을 적으로 만들 수 없었다. 실제 권력은 그런 곳에 있었다. 고르바초프는 정치적 현실에 굴복해 전술적으로 후퇴하기로 했다.

1990년 가을 고르바초프가 점점 오른쪽으로 이동하는 것처럼 보이자 급진파는 실망하면서 지켜보았다. 12월이 되자 고르바초프는 발트 3국의 분리주의를 제압하는 데 실패함으로써 보수파의 원성을 산 진보 성향의 바딤 바카틴 내무부 장관을 해임했다. 며칠 뒤에는 모든 국영기업이 중앙계획기관의 지시를 따르도록 하는 포고령을 발령했다. 소련 의회 연설에서 고르바초프는 나라를 통합할 "결연한 조치"를 요구했다. 하지만 가장 충격적인 상황은 아직 벌어지지 않았다.

예두아르트 셰바르드나제는 보수파의 영향력이 확대되는 상황을 특히 두려워했다. 외무부 장관인 셰바르드나제는 자신이 고르바초프와 정치적으로 아주 가까운 동지이자 페레스트로이카와 "신사고"의 지적 아버지 중 한 명이라고 생각했다. 그는 1980년대 초반 피춘다 해변에서 고르바초프와 나눈 대화를 떠올렸다. 당시 셰바르드나제는 감정을 잘 드러내는 조지아 출신답게 소련의 모든 것이 "썩었고", "이런 식으로 계속 살 수" 없다며 불쑥 털어놓았다. 어떤 면에서 보면 모든 것이 그 대화에서 비롯되었다.

셰바르드나제로서는 오랜 친구인 고르바초프의 끊임없이 오락가락하는 노선을 계속 따라가기 힘들었지만 한 가지는 분명해 보였다. 고르바초프는 자신에게서 멀어지고 있었다. 고르바초프는 자기 주변을 전통적 권력 기구인 공산당, 군, KGB가 에워싸게 했다. 보수파의 공격이 거세질수록 셰바르드나제는 크렘린의 외교 실책에 대한 비난을 자신이 떠안는 한편, 고르바초프는 찬사를 즐기고 있다고 생각했다. 고르바초프가 노벨 평화상을 받은 10월 15일, 소련 의회에서는 "누가 독일을 잃어버렸는가?"라는 원한이 사무친 논쟁이 벌어졌다. 나중에 셰바르드나제는 통일 독일의 NATO 회원 가입을 허락했다는 보수파의 공

제3부 민족의 반란

격을 홀로 막아내야 했다고 불평했다.

"내가 대통령으로부터 필요로 하고 원하고 기대한 유일한 것은 대통령이 우파들의 의견을 무시하고 우리의 공동 정책을 옹호한다는 공개석인 입장 표시였다. 나의 기다림은 헛되었다."[137]

셰바르드나제는 잠 못 이루는 밤을 보낸 뒤 결정을 내렸고, 1990년 12월 20일 아침 이른 시간 육필로 사직서를 썼다. 트빌리시에 있는 딸과 외무부의 최측근 2명에게만 그런 사실을 알렸다. 이들은 셰바르드나제의 결정에 지지를 표했고, 셰바르드나제는 크렘린으로 떠났다.[138]

셰바르드나제가 스스로 "내 삶에서 가장 짧으면서도 가장 힘든 연설"이라고 말한 것을 시작하자 인민대표회의에는 충격에 휩싸인 채 정적이 흘렀다. 그는 오른손 주먹으로 허공에 날리며 어느 때보다 조지아 억양이 강하게 섞인 발음으로 페레스트로이카의 운명이 결정되고 있는데 "민주주의 동지"들이 황급히 "도망"친다며 질책했다. 그러고는 전 세계 언론의 헤드라인을 장식한 종잡을 수 없는 말을 했다.

"독재가 다가오고 있습니다. 확실히 책임지고 말합니다. 어떤 종류의 독재가 될지, 어떤 종류의 독재자가 올지, 어떤 정권일지는 아무도 모릅니다. 저는 다음과 같이 밝힙니다. 저는 사임하겠습니다. … 현재 우리나라에서 벌어지는 일과, 우리 인민들이 눈앞에 둔 시련을 받아들일 수 없습니다. 그럼에도 불구하고 독재가 성공하지 못하고, 앞으로 민주적이고 자유로운 세상이 올 것이라고 믿습니다."[139]

셰바르드나제가 폭탄선언을 하는 동안 고르바초프는 몇 미터 떨어진 연단 위의 좌석에서 냉담하게 듣고 있었다. 나중에는 셰바르드나제가 미리 알리지 않아서 "상처"를 받았다고 밝혔지만 당시에는 얼굴에 아무런 감정을 드러내지 않았다.[140] 연설이 끝나자 고르바초프는 자신의 이마를 움켜잡고 서류를 내려다보았다.

1985년에 소련에서 거대한 실험을 시작한 인물들은 각자의 길을 갔다. 예고르 리가초프는 고르바초프가 사회주의의 해체를 주도한다고 비난한 뒤 강경 반대파에 가담했다. 글라스노스트의 이념적 두뇌인 알렉산드르 야코블레프는 사실상 정계에서 은퇴했다. 니콜라이 리시코프 총리는 최악의 민심 이반의 희생양이 되었다. 이제 셰바르드나제가 그만둘 차례였다. 고르바초프는 그토록 혼자였던 적이 없었다.

영화감독 알레시 아다모비치는 의회 연설에서 고르바초프가 처한 곤경을 이렇게 요약해서 고르바초프에게 말했다.

"셰바르드나제 같은 동지를 잃음으로써 힘과 신망을 잃고 있습니다. 이런 과정이 계속되면 얼마 안 가 대령과 장군들이 대통령을 에워싸서 인질로 만들 겁니다. 소련 역사에서 고르바초프 동지는 손에 피를 묻히지 않은 유일한 지도자고, 우리는 동지를 그렇게 기억하고 싶습니다. 그러나 그들이 피의 숙청을 조장할 때가 올 것이고, 그런 다음 자신들의 피 묻은 손을 동지의 옷에 닦을 것이며, 동지가 모든 일에 대해 비난받을 겁니다."[141]

아다모비치의 예언이 실현되는 데는 그리 오래 걸리지 않았다.

제4부

공산당의 반란

———————

REVOLT OF THE PARTY

부패한 정권에 가장 위험한 순간은 스스로 개혁을 시도할 때다.

_알렉시스 드 토크빌

혁명은 스스로 방어할 줄 아는 경우에만 가치가 있다.

_블라디미르 레닌

45장

모스크바

1990년 12월 22일

예두아르트 셰바르드나제의 "독재가 다가오고" 있다는 경고는 예민한 정치적 직관에 근거한 것이었다. 그는 보수파가 500일 계획에 반대하기 위해 세력을 결집하는 것을 지켜봤고 고르바초프가 그런 압박에 지치는 상황을 두려워했다. 셰바르드나제는 1989년 4월 9일 트빌리시에서 벌어진 학살을 훨씬 광범위한 무력 진압을 위한 최종 연습으로 여겼다. 트빌리시 사건에 대해 의회가 집중적으로 조사했지만 처벌받은 사람은 없었다. 외무부 장관인 셰바르드나제는 "대통령 뒤에 숨은 세력"이 있다고 의심했고, 그 세력이 "범죄 행위"를 저지를 준비가 되었다고 판단했다. 고르바초프가 그런 세력의 방패막이 되려는 사실이 셰바르드나제로서는 크게 우려되었다. 어느 날 셰바르드나제는 더 이상 못 참고 의심을 품고 오랜 친구와 맞서기로 했다.

셰바르드나제는 교외 다차에서 크렘린으로 이동하는 대통령에게 베르투시카(특별직통전화)로 연락했다. 25분 걸리는 이동 시간은 항상 고르바초프가 하루 일정을 본격적으로 시작하기 전에 독대할 좋은 기회였다.

"폭력 행위는 페레스트로이카와 대통령의 명성을 끝장내는…."

고르바초프는 참았던 감정을 폭발하며 말했다.

"무슨 생각을 하고 있는 겁니까? 어떻게 내가 그런 일이 벌어져도 가만히 있을 것으로 생각하셨어요?"[1]

셰바르드나제의 의심은 뒷받침할 확실한 증거는 없어도 근거가 충분했다. 그가 의회에서 폭탄선언을 할 무렵 정보기관이 이미 움직이고 있었다. 전국에 걸친 탄압 계획이 KGB 본부가 있는 루뱐카 감옥에서 수립되었고 반대파에 대한 감시가 강화된 상태였다. KGB 요원은 옐친을 24시간 감시하고, 옐친이 즐겨 찾는 사우나에는 원격 감청 장치까지 설치했다. 무차별 정보 수집을 위해 러시아 총리와 모스크바 시장부터 옐친의 테니스 코치와 영부인 라이사의 미용사에 이르기까지 수백 명에 대한 감청 지시가 떨어졌다. 마침내 감청망은 셰바르드나제, 야코블레프, 500일 계획을 수립한 경제학자인 스타니슬라브 샤탈린 같은 대통령 고문으로까지 확대되었다.[2] 나중에 감청된 대화 녹취록은 고르바초프의 비서실장인 발레리 볼딘의 금고에서 발견되었다.

1990년 가을 KGB 의장인 블라디미르 크류츠코프는 "민주주의자"의 정권 장악 음모를 요약한 다량의 보고서를 고르바초프에게 지속적으로 보고했다. 크류츠코프는 대통령에게 전국에 비상사태를 선포하자고 건의했다.[3] 11월 말 정치국 회의에서는 소련 전역에 대통령의 직접 통수권 확립과 의회제 중단을 요청했다.[4] 고르바초프는 KGB 의장의 건의에 반대하는 대신 비상 입법안 작성과 KGB의 진압 준비에 동의했다.

12월 8일 크류츠코프는 과거 안드로포프가 쓰던 집무실 바로 위층인 루뱐카의 4층 집무실로 핵심 측근 2명을 불렀다. 그러고는 고르바초프의 요청이라며 국가 상황을 "안정화"할 조치에 관한 공문과 최고회의에 제출할 비상사태 선포문을 함께 마련하라고 지시했다.[5] 3일 뒤 크류츠코프는 TV에 출연해서 해외에서 돈과 지원을 받는 "파괴 분자들"이 "우리 사회와 정부를 분열시키고 소련 체제를 파괴하려는" 시도를 한다고 주장했다. 페레스트로이카가 시작된 이래 크렘린 지도자가 그런 피해망상적 발언을 한 것은 처음이었다.

설령 강압적인 해결책이 필요하다는 크류츠코프의 확신에 대해 일말의 의구심이 있었더라도 인민대표회의 겨울 회기에서 불식되었다. 셰바르드나제 장관이 "독재주의"의 위험에 대해 경고한 지 이틀이 지난 12월 22일 크류츠코프 KGB 의장은 의회에 나타나서 민족 분규를 끝낼 "결정적 조치"를 요구했다. 나라를 더 큰 불행에서 구하기 위해 소련 지도부가 약간의 피를 흘릴 준비를 해야 한다는 것이 발언의 취지였다.

"존경하는 인민대표 동지들이여! 이미 피를 흘리지 않았습니까? 매일 TV를 켜거나 신문을 펼치면 여성과 아이를 포함해서 무고한 사람들의 사망 소식을 접하지 않습니까? 겁을 주려는 게 아닙니다. 국가보안위원회KGB는 조국의 상황이 지금의 방향으로 계속간다면 훨씬 더 심각하고 더 엄중한 정치·사회적 충격에서 벗어날 수 없을 것이라고 확신합니다."

합법적이고 민주적인 방법으로는 공산당 권력이 회생할 수 없다는 사실을 안 크류츠코프는 무력 사용에 관한 논의에 착수했다. 그의 발언은 모든 문제를 "오로지 정치적 수단"으로 해결해야 한다고 거듭 주장한 고르바초프의 입장에는 어긋났지만 전통적인 공산주의 도그마에는 전적으로 부합했다. 1985년 이전에 소련 지도부는 "혁명"을 수호하기 위해 무력을 사용하는 일에 죄책감을 느끼지 않았다. 1981년 4월 폴란드 위기 때 우스티노프 국방부 장관은 정치국 토론 중에 "유혈사태가 불가피"하다고 주장했다.

"그걸 두려워하면 우리의 자리를 차례차례 걷어차게 될 겁니다. 사회주의가 달성한 모든 것이 위험에 처할 수 있습니다."[6]

레닌이 즐겨 말했듯이 "혁명은 스스로 방어할 줄 아는 경우에만 가치가" 있었다.

볼셰비키 혁명 초기부터 소련의 권력은 공산당, 붉은군대, 보안 기관에 의존했다. 이 세 기둥 중 페레스트로이카가 진행된 격동의 5년이 지나자 "보안 기관"만이 상대적으로 건재했다.

공산당은 소련 헌법 제4조가 보장한 정치 권력의 독점을 포기해야 했다. 스탈린 시대의 잔학성이 드러나자 낙담한 공산당 평당원들은 당에서 발을 뺐다. 한때 거대 단일체였던 통치 엘리트는 옐친 같은 개혁파가 이탈한 뒤 결집력을 상실했다. 군도 과거에 비하면 이름뿐이었다. 아프가니스탄에서의 대실패, 대규모 징집 회피, 소련 변방 지역에서의 연이은 민족분쟁으로 군의 사기도 흔들렸다. 예산 삭감으로 크게 힘이 빠졌고 외부의 군사적 위협을 방어하는 일보다 폴란드와 동독에서 철수한 장교들의 주택 마련에 더 신경 쓰며 퇴각하는 군대가 된 것이다.

그에 반해 KGB는 국가의 "방패이자 칼"로서 거의 온전히 살아남았다. "보안 기관들"은 언론 담당자를 임명하고 스탈린 공포정치에 희생된 사람들의 운명에 관한 정보를 제공하는 등 글라스노스트에 상응하는 형식적 제스처를 취했다. 안드로포프가 반체제 운동 탄압 임무를 맡긴 악명 높은 제5국은 헌법수호국으로 이름을 바꿨다. 비밀경찰의 친절하고 상냥한 이미지를 보여주는 홍보 캠페인은 1990년 "미스

KGB” 선발로 절정에 달했다. 하지만 KGB의 업무 처리 방식은 거의 바뀌지 않았다. KGB의 임무는 국경 감시에서 정치국 보호까지, 경제 “파괴범” 추적에서 외국 스파이 추방까지, 정부의 통신을 다루는 일에서 역정보를 퍼뜨리는 일에까지 걸쳐 있었다. KGB는 반체제인사로 의심되는 사람을 감시하는 일과 불법 감청을 지속했다. 나중에 밝혀진 바에 따르면 KGB의 방대한 정보원 중에는 리투아니아 총리와 러시아 정교회의 총대주교도 포함되었다.

KGB의 예산과 인력은 페레스트로이카 시작 전의 수준에 머물렀다. 오늘날까지도 정확히 어느 정도 요원이 “보안 기관”에서 일했는지 아는 사람은 없다. 크류츠코프의 후임인 바딤 바카틴에 따르면 KGB는 1991년 7월 당시 정규직이 48만 명이지만, 일부 외부 전문가는 이 숫자가 너무 적다며 의문을 제기했다.[7] KGB의 급여 대상자에는 외국정보 요원 약 1만 2000명, 지방 도시 요원 9만 명, 국경경비대 22만 명, 스페츠나츠 몇 개 사단이 포함되었다. “특수 임무” 부대에는 1979년 12월 카불의 대통령궁을 급습한 알파그룹이 포함되었다. 1990년 가을 크류츠코프는 고르바초프를 설득해서 이런 특수 임무 부대를 KGB의 여러 부대로 배속시켰는데, 여기에는 비텝스크 공수사단과 차량화소총사단이 포함되었다.[8]

전임자와 마찬가지로 크류츠코프는 레닌의 체카와 스탈린의 NKVD의 후신인 KGB의 혁명적 전통을 중요하게 여겼다. 루뱐카 건물 밖에는 4층 높이의 체카 창설자 펠릭스 제르진스키 기념물이 있었다. “철의 펠릭스” 정신이 조직 전체에 스며든 것 같았다. 제르진스키 아카데미를 나와서 “적색 테러”의 아버지에 대한 기억을 명예롭게 생각하는 KGB 요원들은 자신들을 자랑스럽게 “체키스트”라고 불렀다. 일부 하급자들은 페레스트로이카의 민주적 정신에 영향을 받았어도 이념

수호가 KGB 고위직 요원의 기본적인 방향이었다. 1991년 8월 쿠데타 실패 뒤 KGB 해체 임무를 맡은 바카틴은 KGB의 분석 능력 부족과 총체적인 전문성 부족에 깜짝 놀랐다. 이념에 대한 집착이 최고사령관을 위해 마련한 핵전쟁 방공호에서도 뚜렷하게 드러났다. 그곳 선반에 비치된 책은 레닌전집뿐이었다. 바카틴은 이런 말을 했다.

"그렇게 한심하지는 않았더라도 웃기는 일이었다. 절체절명의 순간에도 KGB 내의 공산주의 핵심 세력은 국가 원수에게 레닌전집이 필요하다고 생각했다."[9]

고르바초프의 진보적인 고문 중 다수가 보기에 그처럼 편협한 세계관을 가진 막강한 조직에 의존하는 것은 확실히 위험한 일이었다. 하지만 고르바초프는 그런 우려를 일축하고 KGB의 충성심을 전적으로 신뢰했다.[10] 고르바초프는 자신이 소련에서 일어나는 모든 일에 대한 정보를 얼마나 잘 보고받는지에 대해 자주 자랑했다. 그는 KGB를 페레스트로이카에 대한 잠재적 위협으로 보기는커녕 가장 핵심적인 동지로 여겼다. 총체적인 정치 혼란기에 이 "보안 기관"은 정치적 "안정"을 떠받치는 기둥이자 옐친 지지 세력에 대한 평형추였다. 크렘린의 다른 지도자, 특히 경력 대부분을 지방에서 보낸 이들과 마찬가지로 고르바초프는 KGB가 모르는 것이 없다는 사실을 아주 경이롭게 여겼다. 두껍고 붉은 서류철 속 서기장용 "열람 전용" 보고서는 크렘린 권력의 신비로움 중 하나였다.

고르바초프는 크류츠코프를 비롯한 "권력 기관" 수장들이 비상사태를 선포하도록 자신을 압박하는 것을 알았다. 그는 "보안 기관"과 파우스트의 거래 같은 것을 해서 옐친을 물리치고 그의 영향에서 벗어나는 데 이용할 생각이었다. 나중에 고르바초프가 밝혔듯이 고르바초프는 보수파와 진보파 모두의 "허를 찌르려고" 애를 썼다.

"정치인은 전술적인 감각이 있어야 한다. 나는 양측 모두에게 비난받았다. 극단과 극단 사이에서 잘 처신할 필요가 있었다. 시간을 버는 중이었다."[11]

고르바초프는 KGB와의 거래가 악마와의 거래라는 사실을 알았어야 했다.

블라디미르 알렉산드로비치 크류츠코프는 여러 사람 속에서 눈에 띄지 않는 평범한 얼굴을 가진 인물이었다. 서방 기자들은 크류츠코프가 KGB 의장으로 임명되고 7개월 후인 1989년 5월에 열린 인민대표회의 제1차 회의에서 크류츠코프를 알아보기 어려웠다. 그가 어떤 사람인지 아는 의원들은 거의 없었고, 공식 초상화는 다른 특색 없는 당관료와 구별할 만한 특징이 거의 없었다. 하지만 부드럽게 말하고, 절제력이 있고, 상급자의 비위를 잘 맞추는 완벽한 부하처럼 보였다.

크류츠코프는 유리 안드로포프의 그늘에서 경력을 쌓았다. 두 사람의 인연은 1956년 헝가리 위기로 거슬러 올라간다. 당시 크류츠코프는 부다페스트 주재 소련대사관에서 일했다. 폭동과 뒤이은 붉은군대의 진압은 안드로포프 대사와 32세의 대사관 언론담당관 모두에게 큰 시련이었다. 두 사람은 흐루쇼프가 압도적 병력을 부다페스트에 재투입하려고 하는 순간에 소련군이 헝가리에서 영구적으로 철수한다고 저항 세력이 믿게 만드는 임무를 맡았다. 이때 경험으로 크류츠코프는 반혁명을 당장 분쇄하기 위해 역정보와 군사력을 사용해야 한다는 교훈을 얻었다. 안드로포프는 귀국해서 중앙위원회에서 사회주의 국가를 담당하게 되었을 때 크류츠코프를 보좌관으로 데려왔다.

안드로포프는 1967년에 KGB 의장으로 임명되었을 때에도 크류츠코프에게 함께 일하자고 요청했다. 정보 업무 경험이 없던 당관료인 크류츠코프는 KGB 요원들 사이에서 다소 거부감을 불러일으켰다. 크류츠코프가 전적으로 안드로포프를 등에 업은 덕분에 자리를 차지한 아첨하는 관료로 여기며 대놓고 얕잡아보는 사람이 한둘이 아니었다. 크류츠코프와 여러 번 논쟁을 벌인 KGB 장군 올레크 칼루긴은 이렇게 회고했다.

"그는 소련 관료조직에서 일하는 데 통달한 꼼꼼한 사무직 일꾼이었다. 크류츠코프는 안드로포프의 뜻에 전적으로 부응했다. 안드로포프는 크류츠코프와 너무 오랫동안 함께 일하는 바람에 불행하게도 크류츠코프의 여러 결점을 보지 못했다. 사실상 크류츠코프는 바깥세상에 대해 거의 몰랐고 정보 업무는 더 몰랐다. 지적 열등감이 심각했으며 동료의 성공을 극도로 시기했다. 남이 비틀거릴 때는 고소해하고 기회가 생기면 더 아래로 밀어버릴 인간이다. 한마디로 진짜 쓰레기 같은 놈이었다."[12]

크류츠코프는 주군의 신뢰를 얻기 위해 무조건적인 충성심과 대의에 대한 헌신을 보여줘야 했다. 다른 KGB 요원과 마찬가지로 상세한 이력서를 제출해야 했는데, 이 이력서에서는 성격상의 결함이나 의심을 받을 만한 가족 문제는 바로 체크되었다. 크류츠코프는 누이가 절도 전과가 있는 알코올중독자라는 사실을 인정했다. 또한 상급자에게 누이와 정치적으로 문제가 있는 형과의 모든 관계를 끊었다는 사실을 알리는 데 신경 썼는데, 크류츠코프의 형은 전쟁 말기에 러시아 극동으로 이주해서 고맙게도 크류츠코프의 삶에서 사라져주었다.[13]

1974년 안드로포프는 크류츠코프를 해외정보 부문을 담당하는 제1총국 국장 자리에 앉혔다. 크류츠코프는 이 자리에서 14년을 일했는데, 겉으로 보기에 다양한 업무 능력과 유머 감각이 일절 없다는 인상을 부하들에게 남겼다. 운동광인 그는 손의 악력을 강화하기 위해 회의

제4부 공산당의 반란

중에도 테니스공을 주물럭거리는 습관이 있었다. 날씨나 전날 잠든 시간에 상관없이 실외 운동을 위해 식사를 제대로 하려고 새벽 5시 45분에 일어났다. 이런 일상은 1988년 10월 KGB 의장이 된 뒤에도 계속되었다. KGB 간부를 모스크바에 있는 다차로 불러서 자신이 다차 주변을 도는 이른 아침 달리기가 끝낼 때까지 기다리게 하고는 간부들을 질차량에 태워서 루뱐카로 향하곤 했다.[14]

고르바초프는 크류츠코프가 긴 세월 안드로포프를 위해 일한 사실에 높은 점수를 줬다. 그래서 새 KGB 의장이 된 크류츠코프가 부패와 브레즈네프 시기의 "침체"를 상대로 한 안드로포프의 개혁을 계속할 것으로 믿었다.[15] 크류츠코프를 상관의 뜻에 부응하기 위해 평생을 바친, 모든 면에서 완벽한 부하로 보고 전적으로 신임했다. 그런 인간이 최고사령관을 상대로 쿠데타를 주도할 것이라고는 상상하기 어려웠다. 나중에 크류츠코프가 배신한 증거를 본 고르바초프는 처음에는 믿지 않으려 했다.[16]

1990년 12월 크류츠코프는 반역을 할 생각이 전혀 없었을 수도 있었다. 그의 목적은 스스로 쿠데타를 주도하는 것이 아니라 고르바초프를 서서히 움직이게 해서 "반사회주의" 반대파를 제압하는 것이었다. 소련은 해체 직전에 놓였지만 결정적 행동으로 여전히 "사태의 방향"을 되돌릴 수 있었다. 소련 역사에는 전부 잃은 듯이 보이는 상황에서 권위를 회복한 공산당 지도자의 사례가 넘쳐났다. KGB 자료보관소에는 크류츠코프가 염두에 둔 교과서적인 시나리오가 있었는데, 여기에는 "1921년 크론슈타트", "1953년 동베를린", "1956년 부다페스트", "1968년 프라하", "1979년 카불", "1981년 바르샤바"로 표기된 서류가 포함되었다. 당과 KGB는 수십 년간 권력을 장악하고 유지하는 경험을 축적했다. 그들이 가장 잘하는 일은 그런 일이었다.

크류츠코프는 정치적 혼란과 경제적 붕괴로 인해 소련 인민 다수가 "강력한 손"을 갈망한다고 확신했다. 당국이 충분한 결의와 전술을 보이면 과도한 폭력이나 유혈사태 없이 질서를 회복할 수 있을지도 몰랐다. 하지만 본격적인 주행을 하기 전에 시운전을 할 필요가 있었다.

제4부 공산당의 반란

46장

빌뉴스

1991년 1월 13일

리투아니아의 수도가 내려다보이는 언덕 꼭대기에 있는 TV 송신탑으로 가는 구불구불한 길을 탱크 4대와 장갑차 16대로 편성된 호위대가 굉음을 내며 올라갔다. 탱크 부대가 회전 포탑을 위협적으로 좌우로 움직이며 귀가 먹먹할 정도로 공포탄을 쏘자 시위대 수천 명이 335미터 높이의 송신탑 쪽으로 돌진했다. 장갑차에 올라탄 소련군은 시위대를 향해 눈부시게 환한 조명을 비췄다. 어둠 속에서 확성기로 증폭된 목소리가 들렸다.

"리투아니아 형제여! 구국위원회의 이름으로 공화국의 모든 권력이 이제 우리에게 있다는 것을 선포한다. 이것은 순전히 일하는 인민, 즉 노동자·농민·군인의 권력이다. 여러분 같은 인민의 권력이다."[17]

시위대에서 야유와 휘파람 소리가 나왔다. 이들은 송신탑 주변에 10~12명씩 팔짱을 끼고 인간 바리케이드를 만들었다. 리투아니아어로 리투아니아를 뜻하는 "리에투바, 리에투바"와 자유를 뜻하는 "라이

스베, 라이스베"라는 구호가 차가운 밤공기를 가득 채웠다. 확성기로 남성의 목소리가 계속 들렸다.

"실제로 여러분 중 일부는 기만, 거짓, 선동, 위협의 영향을 받아왔다. 여기 지금까지 당국이 리투아니아 의회와 놀아나며 사용한 무기가 있다. 그들은 부자, 사기꾼, 부패한 인간들의 이익을 대변했다. 그런 방향으로 가서는 안 된다."

이때쯤 목소리가 어디에서 나오는지 분명해졌다. 장갑차 중 한 대위에 설치된 확성기에서 나오는 것이었다. 목소리의 주인공은 정체를 밝히지는 않았지만, 나중에 리투아니아 수사관들은 지역 공산당의 친소련파 이념 지도자인 유오자스 예르말라비추스라고 말했다.[18] 소련 탱크의 지원으로 권력을 잡은 예르말라비추스 일당은 반세기 만에 실시한 첫 자유 선거에서 굴욕적인 패배를 당했다. 1990년 3월 11일 리투아니아 의회가 124 대 0의 표차로 독립을 선언하자, 친소파 의원들은 자리에서 떴다. 10개월 뒤 친소파 의원들은 리투아니아에 "소비에트 권력"을 복원하기 위해 "구국위원회"를 창설한다고 발표했다. 구국위원회 위원들은 죽는 것이 두렵다며 정체를 밝히기를 거부했다. 탱크 부대가 TV 송신탑으로 올라가는 길을 막은 트럭과 승용차 몇 대를 옆으로 밀치는 사이에 확성기 방송이 처음에는 리투아니아어로, 다음에는 러시아어로 계속 나왔다.

"저항을 중지하기 바란다. 집으로 돌아갈 것을 요청한다. 부모님, 아버지와 어머니, 형제자매, 할아버지와 할머니가 집에서 기다리고 있다. 귀가하라. 이렇게 대치하는 것은 무의미하다."

시위대는 다가오는 탱크에 저항의 목소리를 높이며 자리를 지켰다. 이들은 수일간 이런 대결을 예상했다. 지난주 내내 크렘린은 징집 기피자를 색출하기 위해 공수부대 수천 명을 발트3국에 투입하는 등 위협

행동을 강화했다. 사건은 계획된 시나리오대로 진행되는 것처럼 보였다. 우선 고르바초프는 리투아니아 지도부에 소련 헌법 준수를 촉구하는 격앙된 편지를 보냈다. 소련군은 공공건물을 포위한 후, 민주적 절차로 선출된 리투아니아 정부의 권한을 단계적으로 제한하기 시작했다. 유일하게 자신들에게 저항할 힘을 가진 리투아니아 정예 전경 부대의 무장을 해제하는 사전 조치도 했다. 빌뉴스를 통과하는 항로와 철도도 차단했다. 1월 12일 자정 마침내 "노동자"의 대표라는 자가 리투아니아 정부에 권력을 구국위원회에 넘길 것을 요구하는 탄원서를 전달하려 했다. 흥분한 독립운동가들은 다수가 술 냄새를 풍기던 "노동자"들을 심문하기 위해 끌고 갔다.

이 사건은 당시만 해도 사소하게 보였다. 하지만 수상쩍은 구국위원회는 아무리 엉성하더라도 빌뉴스에 주둔 중인 소련군에 "지원"을 호소할 핑계가 필요했다. 이 사건이 그런 핑곗거리였다. 새벽 1시가 지나자마자 장갑차 부대가 빌뉴스 거리에 나타나자 리투아니아 지도부는 TV 송신탑처럼 중요한 전략 시설을 보호해 달라고 다급하게 사람들에게 호소했다.

롤란다스 양카우카스는 리투아니아 지도부의 호소를 들었을 때 빌뉴스의 한 디스코텍에 있었다. 이제 막 22세가 된 양카우카스는 두 달 전 소련 해군에서 의무 복무를 마치고 나온 상태였다. 웃고 노래하던 양카우카스는 친구들과 함께 디스코텍에서 나와 소련군 탱크가 향하는 곳을 바라보았다. 거의 같은 시간 23세의 재봉사인 로레타 아사나비추테는 파티에 갔다가 집으로 돌아오는 길에 오랜 친구를 만났다. 친구는 아사나비추테에게 많은 군중이 모이기 시작한 초스모나우트 대로의 TV 송신탑으로 가자고 제안했다. 충동적이고 활기찬 아사나비추테도 바로 동의했다.[19]

양카우카스와 아사나비추테는 TV 송신탑에서 벌어진 공격의 첫 리투아니아인 희생자에 포함되었다. 양카우카스는 소련군이 섬광탄을 투척하고 공중에 발포하며 송신탑으로 이동하기 시작하는 사이에 쓰러졌고 얼마 뒤 장갑차에 깔렸다. 아사나비추테는 진격 부대의 길을 열던 탱크에 치인 여러 리투아니아인 중 한 명이었다. 아사나비추테의 시신 오른쪽 부분에는 무한궤도 바퀴 자국이 남았다.

소련군은 머리 위로 사격을 해도 시위대가 해산하지 않자 AK-47 돌격소총을 시위대에 직접 겨냥했다. TV 송신탑 공격에서 사망한 시민 11명 중 7명은 총에 맞아 숨졌다. TV 송신탑 인근에서는 간헐적인 총격이 90분 더 계속되었다. 그날 400명이 넘는 부상자 중 53명은 총상을 입고 병원에 후송되었다. 빌뉴스 중심에 있는 제1호 병원은 얼굴이 새까맣게 타고, 다리가 부러지고, 내장이 튀어나온 사람들로 가득 찬 끔찍한 학살의 현장이 되었다. 당일 당직 의사인 달랴 스테이빌레네가 말했다.

"오늘 밤 내가 본 광경 중 몇몇은 머리카락을 곤두서게 했다. 이런 형태의 폭력 행위가 캅카스에서 일어나는 줄 알았지만 평화로운 빌뉴스에서 일어나리라고 생각한 사람은 없었다."[20]

나중에 소련 측은 시위대가 소련군에 총을 쏘기 시작했다고 주장했다. 하지만 이런 주장을 뒷받침할 증거는 전혀 제시하지 못했다. 현장에 있던 외국 기자도 시위대의 손에서 무기를 든 모습을 보지 못했다.

공격 부대의 선봉은 30여 명으로 편성되었다. 이들은 검은 헬멧을 쓰고 방탄 바이저로 눈을 보호한 채 TV 송신탑 1층에 있는 판 유리창을 부수고 들어갔다. 선봉대는 나머지 병력보다 더 조직적이고 훈련이 잘된 것처럼 보였고, 헬멧 뒤쪽에 부착된 무전기로 서로 끊임없이 대화했다. 일단 송신탑에 진입한 뒤에는 각층을 체계적으로 이동하며 시위대가 구축한 바리케이드를 치우고 부비트랩을 해체했다. 이들이 빌뉴스에 투입된 사실은 철저히 비밀에 부쳤지만, 며칠 만에 이 일은 전국적인 논쟁거리이자 모스크바 지도부를 당혹하게 하는 문제가 되었다.

예브게니 추데스노프가 하피줄라 아민 정권을 전복하는 작전에 투입된 지 10년이 더 지났다. 그는 추운 겨울밤 카불의 인적 드문 거리를 차로 이동하면서 모닥불 수백 개에서 피어오르는 샤슬릭(러시아식 꼬치구이 - 옮긴이)의 향긋한 냄새를 아직 기억했다. 알파그룹의 베테랑인 추데스노프는 총성이나 폭발음에는 거의 면역이 된 상태였다.

소련의 "창과 방패"가 KGB라면 KGB의 "창과 방패"는 알파그룹이었다. 미국 델타포스와 영국 SAS를 모델로 삼은, 200여 명으로 편성된 알파그룹은 훈련도 장비도 최고였다. 이 소련판 람보들은 인질 구출, 테러범 무장해제, 건물 급습 작전 경험이 풍부했다. 1979년 12월 아프가니스탄에서 아민의 대통령궁을 공격한 뒤에도 소련 곳곳에서 수백 번에 걸쳐서 까다로운 임무를 수행해서 소련 지도부에는 거의 신화적 존재가 되었다. 알파그룹 지휘관은 KGB 의장에게 직접 보고했다. 알파그룹은 해체 위협에 놓인 소련의 마지막 방어선이었다.

추데스노프와 동료 64명은 1월 11일 일몰 후 특별수송기 편으로 빌뉴스에 도착했다.[21] 다음날 알파그룹에 명령이 떨어졌다. TV 송신탑, 라디오 송신국, 빌뉴스 TV 방송국을 장악하라는 내용이었다. 소련군 공수연대가 필요한 지원을 할 예정이었다. 추데스노프는 TV 방송국을 접수할 소그룹을 맡았다.

TV 송신탑과 마찬가지로 TV 방송국 주변에도 엄청난 군중이 있었다. 그런 광경을 지켜본 추데스노프는 막판에 작전이 취소될 것이라는 덧없는 희망을 품었다.[22] 추데스노프가 탄 장갑차는 방송국을 지나쳤지만, 다시 방향을 틀더니 추데스노프를 비롯한 탑승 병력에 전투 투입 명령이 떨어졌다. 소그룹의 병력이 장갑차에서 뛰어내린 후 섬광탄을 투척하면서 인간 바리케이드로 돌격했다. 28세의 리투아니아 수비대원 한 명은 가슴에 섬광탄을 맞아 현장에서 즉사했다.[23] 알파그룹이 건물에 진입하는 동안 여성 아나운서가 리투아니아인 수백만 명에게 감정에 호소하는 메시지를 보내고 있었다. 아나운서는 TV 카메라를 뚫어지게 쳐다보며 말했다.

"이 방송을 듣는 모든 이에게 호소합니다. 군이 무력으로 우리를 끝장내고 입 닫게 할 수 있습니다. 하지만 누구도 자유와 독립을 포기하도록 만들 수는 없습니다."

몇 초 후 방송이 중단되었다. 추데스노프는 방송국 복도에서 뛰어가다가 뒤에서 누군가의 목소리를 들었다. 최근 알파그룹에 들어온 젊은 중위 빅토르 샤츠키흐였다. 샤츠키흐가 중얼거리듯 말했다.

"추데스노프 동지, 등에 통증이 있습니다."

추데스노프가 샤츠키흐의 부상 상태를 확인하자 총알 하나가 방탄복의 연결 부분을 관통해서 오른쪽 폐부를 찢어놓은 상태였다. 샤츠키흐 중위는 곧 숨을 거뒀다. 나중에 소련군의 주장처럼 리투아니아 저격수가 쏜 총에 맞은 것인지, 아군 사격에 쓰러졌는지는 끝내 밝혀지지 않았다.

이 일은 재앙이었다. 누군가 알파그룹이 방송국 급습에 투입된 사실을 알게 되면 공식적인 해명이 거짓으로 드러날 수 있었다. 크렘린 지도부도 더 이상 리투아니아 사태에 대해 몰랐다고 잡아뗄 수 없게 되고, 구국위원회가 크류츠코프와 고르바초프까지 연결된 일련의 증거가 드러날 수 있었다.

밤새도록 작전을 책임진 장군들 사이에 무전기로 "큰 상자", "오이", "토마토" 같은 이상한 말로 가득한 대화가 오갔다. 탱크, 총알, 폭발물을 지칭하는 암호였다. 샤츠키흐가 죽은 뒤에는 교신 내용 중 당황한 기색이 나타나기 시작했다.

"200킬로 화물이 나타났다, 오버."

"200킬로라니 무슨 말인가? 오버."

"함께 투입된 헬멧 쓴 인원 말이다. 헬멧 쓴 인원이 200킬로를 가지고 있다고 했다. 이해했는가? 오버."

이런 대화가 몇 분간 계속되었다. "헬멧을 쓴 인원"은 알파그룹을 의미하는 암호고, "200킬로 화물"은 아프간 참전용사 사이에 시신이 든 관을 의미하는 은어였다.

"여기는 화강암 82. 내 말을 잘 듣고 모두에게 전달하라. 헬멧 쓰고 줄무늬 옷을 입은, 앞에서 작업한 인원 말인데. 헬멧 쓴 인원은 거기에 없었다. 알겠나? 동무들은 그 인원에 대해 전혀 모른다. 오버."

"알았다. 오버."[24]

KGB는 샤츠키흐와의 연관성을 부인하고 리투아니아 쿠데타 시도에 관여한 역할을 은폐하기 위해 최선을 다했다. 언론은 전사한 장교가 "공수부대원"이라고 언급했다. "200킬로 화물"이 모스크바로 이송됐을 때 KGB에서는 누구도 화물을 인수하러 공항에 나오지 않았다. 크류츠코프를 비롯한 KGB 수뇌부는 장례식에도 모습을 드러내지 않았다. 이렇게 전혀 모른다는 식의 태도는 알파그룹원들에게는 충격이었다.[25] 이들은 자신들의 행동에 책임지지 않고, 익명의 구국위원회 뒤에 숨어 정체를 숨기려 한 수뇌부를 위해 목숨을 건 것이었다. "보안 기관"이 마침내 KGB 장교가 빌뉴스에서 사망한 사실을 인정했을 때는 이미 늦었다. KGB 복수의 "칼" 내부에도 균열이 생긴 상태였다.

짧은 염소수염에 학자티가 나는 음대 교수인 비타우타스 란즈베르기스는 소련 제국에서 이탈을 시도하는 나라의 대변인과는 거리가 멀어 보였다. 그의 연설은 단조롭고 따분하기까지 했다. 란즈베르기스는 유명한 반체제인사로 활동한 적이 없었다. 리투아니아 독립운동단체인 사유디스의 지도자로 부상하기 전에는 세기의 작곡가이자 화가인 미칼로유스 추를료니스에 관한 세계적 권위자로 잘 알려졌었다. 란즈베르기스가 리투아니아 의회 의장으로 선출된 후 가장 먼저 한 일 중 하나는 사무실에 피아노를 들여놓는 것이었다. 독립에 관한 의회 토의를 할 때는 리투아니아인들이 소련 점령 전의 전통대로 F 샤프 조로 국가를 불러야 하는지에 대한 긴 강연으로 시작하기도 했다. 란즈베르기스는 동료의원에게 그렇게 높은 음조로 국가를 부를 수 없다는 것을 설득시키기로 마음먹었다.[26]

TV 방송 시설이 공격을 받은 뒤 란즈베르기스는 시민들에게 의회 건물을 지켜달라고 호소했다. 동틀 무렵 비무장한 시민 7000~8000명이 빌뉴스 중심에 있는 노란색 석조 건물 주변에 모였다. 건물 내부에서는 자원봉사자 수백 명이 리투아니아 독립의 상징을 모래주머니가 쌓인 벙커로 바꾸기에 바빴다. 이들이 가진 무기라고는 사냥총 수십 자루, 화염병, 소방 호스가 전부였다.

의사당에서 비상 회의가 진행되는 동안 의원들에게 방독면이 지급되었다. 가톨릭 신부가 현장에 있는 모든 이를 위해 기도했다. 란즈베르기스는 재킷 안에 방탄조끼를 입어서 훨씬 뚱뚱하고 보통 때보다 더 교수 같아 보였다. 그는 지난 몇 시간 동안 고르바초프와 통화를 하기 위해 필사적으로 노력했으나 "부재중"이라는 답만 돌아왔다. 란즈베르기스는 고르바초프뿐 아니라 소련군의 공격을 보고도 뒷짐을 지고 있는 부시 대통령에게도 화가 났다. 그는 부시가 쿠웨이트 사태와 사막의 폭풍 작전에 온 정신이 팔려있다며 투덜거렸고, 손을 저으며 흥분해서 말했다.

"미국이 우리를 팔아넘겼어. 부시는 핫라인으로 고르바초프에게 연락해서 페르시아만 상황이 어떻든 리투아니아에서 벌어진 살인도 살인이라고 말해야 해. 고르바초프가 이 짓을 중단하지 않으면 누구도 그를 살인자들로부터 보호하지 않을 거야. 서방에서 존재감이 없는 사람이 되고 군 장교들에게도 존재감이 없는 사람이 될 거야."[27]

란즈베르기스는 카리스마는 없어도 고집이 있었다. 리투아니아가 독립을 선언한 후 10개월간 소련 지도부는 인구 370만 명의 작은 나라가 뒤로 물러나도록 설득하기 위해 온갖 힘을 썼다. 탱크와 장갑차 부대를 보내 의회 건물 주변을 지나게 했다. 가스 파이프라인도 차단했다. 리투아니아 전역에 일종의 방역선을 구축해서 외국인이 리투아니아를 출입하지 못하게 했다. 이런 정치·경제적 압박은 체구가 아주 작은 교수에게 그다지 영향을 미치지 못했다. 란즈베르기스는 넓은 대통령 집무실에 틀어박혀 자신이 사랑하는 추를료니스 곡을 피아노로 연주하며 꿈쩍도 하지 않았다.

이러한 비타협적 태도는 타고난 협상가인 고르바초프를 열 받게 했다. 고르바초프는 왜 자신의 상대가 정상적인 규칙에 따라 게임을 하지 않고, 리투아니아 독립이라는 외형적 상징에 그렇게 집착하는지 이해할 수 없었다. 하지만 추를료니스에게 영감을 얻어 상징주의 운동 연구에 평생을 바친 란즈베르기스로서는 아주 논리적으로 보였다. 란즈베르기스의 배우자인 그라지나는 이렇게 설명했다.

"남편은 일상의 어려움에 일절 신경 쓰지 않았다. 자동차 기름 같은 것이 없어도 사는 데 문제가 없다고 생각했다. 남편에게 동기 부여를 하는 생각은 단 하나였다. 바로 리투아니아의 자유다."[28]

리투아니아 지도자 란즈베르기스는 끔찍한 역경 속에서도 국가 정체성을 지켜낸 가톨릭 지식인이 낳은 산물이었다. 외할아버지인 유오나스 야블론스키스는 리투아니아어를 열렬히 지켜냈다. 친할아버지 가브리엘루스 란즈베르기스는 19세기 말 차르 통치에 대한 저항 운동을 이끌다가 시베리아로 추방되었다. 스탈린과 나치 군대가 발트3국을 궤멸시켰을 때에도 이런 인물들의 정신은 후세에 전달되었다. 1940년 6월 소련의 리투아니아 점령은 8살 란즈베르기스에게 생생한 인상을 남겼다. 중앙아시아인이 많이 포함된 소련군이 조국을 점령했을 때 그는 형에게 이렇게 속삭이듯 말했다.

"저것 봐, 몽골군이 도착했어."[29]

소련이 점령한 암울한 시기에는 리투아니아 문화가 "소비에트화"되는 것을 막는 데 열정을 쏟았다. 리투아니아 문화 부흥에 큰 역할을 한 추를료니스에 대한 관심도 지적 저항의 한 형태였다. 란즈베르기스는 나중에 이렇게 회고했다.

"긴 세월 동안 문화 활동은 정치 활동을 뜻했다. 문화를 지킴으로써 국가 정체성도 지켰다. 안 그랬다면 우리는 러시아에 동화됐을 것이다. 처음에는 말이 나중에는 생각이 말이다."[30]

국가적 상징은 소련군이 고국에 대한 고삐를 죄는 동안 냉혹한 그해 겨울에 리투아니아인들이 매달려야 했던 전부였다. TV 송신탑 유혈 사태는 어느 때보다도 리투아니아인을 하나로 만들었다. 크렘린 선전 선동 기구가 공격을 정당화하려고 할수록 리투아니아인은 오랜 세월 금기시된 국가 상징을 과시했다. 이 상징은 노란색, 녹색, 빨간색으로 만든 깃발로 중세 성과 말을 탄 백기사 심볼이 있었다.

소련에 대한 리투아니아의 저항과 독립을 향한 뜨거운 열망을 나타내는 궁극적 상징은 이제 의사당 건물 자체였다. 정치에 관심을 보인 적이 없었던 평범한 시민들이 벙커로 변한 의회 건물 주변에서 24시간 붙침번을 섰다. 노동자들은 탱크 공격을 우려해 사실상 아무런 방어시설이 없는 건물의 3면에 높이 약 4미터의 콘크리트 벽을 쌓고 길이 약 5미터 도랑을 팠다. 방어벽은 곧 반소련 정서를 표현한 낙서 전시장이 되었다. 영어로 "고르비, 지옥에나 가라"라고 쓴 구호 옆에는 머리에 뿔이 달린 고르바초프 모습이 조잡하게 그려져 있었다. "붉은군대는 붉은 파시즘이다"는 낙서도 있었다.

인근 철조망은 소련 지배의 상징을 모은 수집소 역할을 했다. 여권, 징집통지서, 당원증이 쌓여 있었다. 시민들은 밤낮으로 의회 건물 앞에 지핀 모닥불에 소련 선전 책자 더미를 던져 넣었다. 독립의 수호자들은 자신들의 이상이 끝장날지라도, 레닌전집과 공산당 역사를 담은 여러 권의 책자를 태운 불씨 곁에서 몸을 데우는 데 만족했다. 아이들을 데려와서 자식과 손주에게 소련의 폭정을 설명하는 사람도 많았다.

추위로 옷을 따뜻하게 껴입은 3세 여자아이 즈히벨레 카슬라우스카스는 잠자리에 들기 전에 부모님이 리투아니아가 완전히 독립할 가능성에 대해 이야기하는 것을 관심 있게 들었다. 아버지 알비다스가 말했다.

"시간이 오래 걸릴 수 있지만 결국 우리가 꼭 이길 거야. 소련 제국은 유지될 수 없어. 언젠가는 러시아인 스스로 들고일어날 거야."[31]

의회 내부에는 긴장이 감돌고 밀실에 갇힌 느낌도 들었다. 리투아니아는 독립을 선언한 지 1년도 지나지 않았지만, 벌써 무력공격을 스스로 방어해야 하는 상황이 닥쳤다. 의원들은 겁에 질렸다. 공격이 임박했다는 소문을 들은 한 의원은 이렇게 속삭였다.

"군이 쳐들어오면 우리는 다 타버릴 거야. 여긴 온통 나무와 천으로 뒤덮었어."[32]

　자유 선거로 선출된 의원들이 방독면을 지급받고 콘크리트 바리케이드 뒤에 쭈그리고 앉은 상황은 충격적일 뿐 아니라 불길했다. 얼마 안 가 이런 광경은 탈린부터 트빌리시까지, 모스크바에서 사라예보까지 평범한 일상이 되었다. 빅브라더는 싸우지 않고 조용히 사라지기를 거부했다.

47장

모스크바

1991년 1월 14일

빌뉴스에서 발생한 유혈사태는 소련 전역에서 혐오와 불안의 물결을 일으켰다. 고르바초프가 "우회전"한다는 추측이 많았지만 크렘린 성벽 안에서 정확히 무슨 일이 벌어지는지 알기 어려웠다. 하지만 마침내 모든 것이 분명해 보였다. 개혁파가 자신들이 추진한 개혁에 등을 돌리고 있었다. 페레스트로이카(개혁)가 페레스트렐카(총격전)로 바뀌었다는 냉소적인 농담이 실현되는 과정이었다.

소련의 급진적 지식인들은 페레스트로이카 초기 단계에서 가장 열성적으로 고르바초프를 지지했지만 이제 결별할 시간이 되었다. TV 송신탑 앞에서 벌어진 학살 소식이 전해지자 이들은 "고르바초프는 발트 지역의 사담 후세인이다", "노벨평화상을 반납하라" 같은 구호가 적힌 현수막을 들고 모스크바를 비롯한 여러 도시의 거리로 쏟아져 나왔다. 유리 아파나시예프는 빌뉴스 학살이 군, KGB, 공산당으로 이루어진 반동집단의 독재라고 비난하며 모스크바 지식인 다수를 대변했고 이런 말을 비통하게 했다.

"공산당 독재의 꼭대기에 페레스트로이카를 시작한 미하일 세르게예비치 고르바초프가 있다."[33]

글라스노스트의 선봉대 중 하나인 〈모스크바 뉴스〉의 전 직원을 시작으로 공산당 탈당도 급증했다.

소련 의회가 리투아니아 사태가 벌어진 다음 날 이 문제를 논하는 자리에서도 고르바초프는 뉘우치지 않았다. 그는 사태가 끝나고 누군가 "깨울 때까지" 폭력 사태에 대해 알지 못했다고 주장했다. 그러면서도 구국위원회라고 자칭한 이들을 위해 지원을 결정한 군을 비판하지 않았다. 오히려 사태 발생에 대한 책임을 란즈베르기스를 비롯한 리투아니아 지도부에 돌리고, 이들이 소련 헌법을 "위반하고" 있다고 비난했다. 고르바초프가 말했다.

"그런 책임자들과 어떻게 논의를 진전시켜야 할지 모르겠습니다. 리투아니아는 우리를 다른 나라로 대했습니다."[34]

고르바초프가 취한 노선에 대해 두 가지 설명이 가능했는데, 둘 다 불안하기는 마찬가지였다. 최고사령관이 치안 병력을 장악했거나 그렇지 않은 경우다. 첫 번째 경우는 민주적으로 선출된 의회를 상대로 쿠데타를 시도하는 강경파와 공범이었다. 두 번째 경우는 고르바초프가 허수아비가 된 상황이다. 부하들에 대한 징계를 거부함으로써 악의적인 불법행위를 사실상 용납한 꼴이었다. 폭력행위를 규탄하지 않은 것은 잠재적 역모자들에게 그런 일을 재시도하라고 암묵적으로 부추긴 것과 같았다.

1991년 8월 쿠데타 실패 후 밝혀진 자료에 따르면 구국위원회의 "호소"에 응했다는 빌뉴스 주둔 사령관의 해명은 새빨간 거짓이라는 게 드러났다. 무력을 사용하기로 결정한 것은 빌뉴스가 아니라 모스크바였고 소련군 수뇌부는 이런 사태를 몇 달간 준비했다. 국방부 장관 드미트리 야조프의 일기에서 잘 알아보기 힘든 육필 메모가 발견됐는데, 리투아니아가 독립을 선언한 지 2주가 채 지나지 않은 1990년 3월 22일 일기는 어떤 일을 계획했는지 파악할 수 있는 내용이 있었다.[35]

- 경고 발령. 법 위반! 압박 가해야.
- 필요하면 단호히 행동!
- 무슨 방법을 쓸까? 기존 정부를 복권시킬 수 없음.
- 위원회를 이용하고 곳곳에 위원회를 만들어야!
- TV 방송국 장악 준비?!

이어지는 1990년 4월 9일 일기는 소련 지도부가 리투아니아를 소련 대통령이 직접 통치하는 방안을 검토한 사실을 보여주었다. 하지만 고르바초프는 무력 사용에 반대했고, 그 이유 중 하나는 국제 여론이 악화되는 것을 우려해서였다. 예조프는 고르바초프가 한 말을 인용해 적었다.

"리투아니아를 등뒤에서 매질을 할 수는 없다. 리투아니아 문제가 소연방 문제보다 더 중요한가? 리투아니아 문제가 국제적 이슈라도 된다는 말인가?"

모스크바의 꼭두각시 조종자들은 모든 것을 미리 준비한 것으로 드러났다. 여기에는 리투아니아에 거주하는 러시아인의 "총파업"과 의회 건물 급습도 포함되었다.

· 총파업! 시위대 결의안을 폐기하고 헌법 복원 내용의 전보를 보낼 것.
· 무장병력 약 200명 의회 건물 및 최고회의 투입.
· 청원 제기 예정.
· 소련 공산당에 속한 출판사 장악!

　　KGB가 방송국을 장악하기 위해 알파그룹을 투입한 토요일이었다. 크류츠코프는 공모자들과 비밀회동을 하기 위해 크렘린으로 이동했다. 크렘린 기록에 따르면 비밀회동은 오후 7시 15분에 시작해서 빌뉴스에서 총격이 시작된 직후인 다음날 새벽 2시 10분에 끝났다.[36]

　　고르바초프의 비서실장인 발레리 볼딘의 집무실에서 진행된 이 회의에서 가장 흥미로운 것은 참석자 명단이었다. 크류츠코프와 볼딘 외에 곧 총리가 되는 발렌틴 파블로프, 군산복합체의 수장 올레크 바클라노프, 공산당 조직 담당 서기 올레크 셰닌이 참석했다. 이들은 8개월 후 고르바초프로부터 권력을 찬탈하는 국가비상사태위원회의 주동자가 된다.

　　고르바초프 주위에 남은 진보파는 리투아니아에 유혈사태가 벌어졌음에도 대통령이 뒷짐을 지고 있자 환멸을 느꼈다. 이들은 "다가오는 독재"에 대한 셰바르드나제의 경고를 떠올렸다. 이제 이들 각자는 양심의 위기를 맞았다. 고르바초프를 강경파의 손에 남겨 놓은 채 명예롭게 행동하고 물러날 수 있었다. 혹은 고르바초프가 생각을 바꾸리라는 희망으로 주변에 남을 수 있었다.

　　대통령 경제 자문인 니콜라이 페트라코프는 "무너지기 직전인 정권"이 다른 공화국을 상대로 "공개적인 전쟁"에 착수했다고 비난하는 집단 항의 서한을 〈모스크바 뉴스〉에 보낸 후 사임했다.[37] 외교정책 자문인 아나톨리 체르냐예프는 자신이 느끼는 "고통"과 "수치"를 담아 고르바초프에게 보낼 장문의 글을 단숨에 썼지만 보내지는 않았다.[38] 야코블레프는 대통령 언론 대변인이 비탈리 이그나텐코를 포함한 몇몇 다른 참모를 상대로 지금은 대통령을 버릴 때가 아니라고 주장하며 설득했다. 월요일 오후 야코블레프 집무실에서 만난 이들은 또 다른 노선을 취하기로 했는데, 고르바초프가 빌뉴스로 날아가서 "사망자들에 대한 조의를 표하도록" 건의할 생각이었다.

야코블레프는 고르바초프를 만나러 갔고, 고르바초프도 제안에 동의했다. 고르바초프는 참모들에게 리투아니아 의회에서 할 연설문을 작성하라고 지시했다. 하지만 화요일이 되자 고르바초프는 다시 생각을 바꿨다. 그는 측근들에게 크류츠코프를 확실히 다시 언급하면서 말했다.

"일부 동지들의 생각은 달라. 대통령의 안전을 보장하는 게 불가능하다고 하는군."[39]

고르바초프는 리투아니아에서 무력이 사용된 데에 사과하지 않았지만 탄압 기관에 제동을 걸었다. 모든 것이 강경파의 계획대로 진행됐더라면 발트3국 전체에 대통령 직할 통치령이 내려지고 의회 활동이 중단될 수 있었다. 비무장 시민 수만 명이 거리로 나와 의회를 방어하는 모습, 러시아 지식인의 분노, 빌뉴스의 유혈사태가 겹쳐져서 고르바초프는 입장을 재고하게 되었다.

크렘린에 있는 볼딘의 집무실에 모인 사람들은 고르바초프가 주저하고 발뺌하는 듯 보이자 자체적인 결론을 내렸다. 중앙이 믿을만하지 못하다면 제국 변방에 "사회주의 질서"를 회복하는 것은 의미가 없었다. 시나리오는 훌륭하지만 몇 군데 수정할 데가 있었다. 다음번에는 중앙에서 시작하고 거기에서 공화국으로 진행할 예정이었다.

48장

모스크바

1991년 4월 5일

겨울이 가고 봄이 오면서 리투아니아 사태가 준 충격도 가라앉기 시작했다. 평범한 소련 인민에게는 식량을 충분히 구하는 문제를 포함해서 더 절박한 문제가 있었다. 경제가 엄청난 속도로 망가지고 있었다. 산업과 농업의 한 부문에서 벌어진 물품 부족 현상은 다른 분야로 확대되며 파괴적인 파급 효과를 일으켰다. 과거 소련 지도부는 생산량이 부족하면 해외에서 곡물과 공산품을 수입해서 보충했지만 이제 소련의 외환보유고도 사실상 바닥을 드러냈다. 정부 보고서에 따르면 세계 최초의 사회주의 국가는 "파산 일보 직전"이었다.[40]

소련 계획경제의 진짜 미스터리는 경제가 붕괴했을 때 붕괴한 사실이 아니라 긴 세월 그럭저럭 살아남았다는 사실이다. 경제 권력은 피라미드 구조의 꼭대기에 있는 소수 관료의 손에 집중되어 있었다. 이런 당관료들이 모르는 것이 없고 엄청나게 똑똑하더라도 서구식 "시장"을 형성한 수백만 명의 집단적 지혜에 필적하는 것은 물리적으로 불가

제4부 공산당의 반란

능했다. 스탈린식의 중앙계획체제는 특정 목표를 달성하기 위해 자원을 동원하는 데 능했기 때문에 핵무기 제조나 탱크 수천 대 생산 같은 거창한 과업은 감당할 수 있었다. 그러나 경제가 점점 복잡해질수록 체제의 비효율성이 더 많이 드러났다. 시장경제는 자체적으로 개선을 하는 기제가 무수히 많았지만 계획경제는 그런 것이 없었다. 자본주의 사업가는 잘못된 결정을 내리는 경우 수많은 소비자의 피드백으로 금방 잘못을 바로잡는다. 하지만 소련 관료가 비슷한 실수를 저지르는 경우 수년간 잘못을 숨겨서 그 결과가 끔찍할 수 있었다.

결국 소련처럼 강력하고 자급자족하는 전체주의 국가에 중요한 자체 교정 기제는 하나밖에 없었다. 방탕하고 절망적일 정도로 비효율적인 체제를 떠받치는 국가의 능력이었다. 소련은 자연자원이 풍부해서 이런 기제가 작동하는 데 시간이 걸렸다. 크렘린의 지도부는 소련 인민의 기본적인 생활 수준을 보장하고 제3세계에서 군사적인 모험을 할 재원을 조달하기 충분한 석유와 천연가스를 수출하는 한 개혁을 할 동기가 없었다. 미하일 고르바초프가 원유 수출로 획득한 돈이 고갈되기 시작하는 시점에 정권을 잡은 것은 우연이 아니었다.

개혁에 열성적인 인물이 서기장이 된 뒤에도 체제는 변화에 심하게 저항하는 것으로 드러났다. 1991년 이전까지만 해도 중앙계획경제의 수명을 몇 달 연장할 숨겨진 재원이 있었다. 석유 수출이 감소했을 때도 가스 매장량은 충분했다. 가스 산업이 어려움을 겪자 경제정책 담당자들은 목재와 값비싼 금속에 관심을 돌렸다. 이런 대안이 해결책이 되지 못했을 때도 크렘린은 국제 금융시장에서 필요한 돈을 언제든 빌릴 수 있었다. 소련의 신용등급은 1990년까지만 해도 비교적 높았다.

1991년이 되자 경제 위기의 심각성을 더 이상 숨길 수 없었다. 1989년 석유 수출은 생산 부진으로 50퍼센트 감소했다. 1970년대와

1980년대부터 서서히 상승하기 시작한 소련의 경화 외채는 고르바초 프 시기에 2배로 늘어나 총 680억 달러에 달했다.[41] 서방 은행은 확실 한 상환 보장이 없는 상태에서는 더 이상 돈을 빌려주기를 꺼렸다. 크 렘린 지도부는 재정적인 절박함의 표시로 국제 수지 균형을 회복하기 위해 보유 금괴의 대량 판매를 승인했다. 그해 말 금 보유량이 공개되 었을 때 서방 은행은 소련의 금보유고가 이전 평가보다 훨씬 적은 약 30억 달러 가치의 2억 4000톤에 불과한 것을 알고는 충격을 받았다.[42]

소련 재정이 건전하다는 신화는 이미 영구히 깨진 상태였다.

경제가 엉망이고 일반 인민이 하루하루 먹고살기가 힘든 상황이라 고 해서 사업에 재능이 있고 인맥이 넓은 개인이 큰돈을 만지는 일이 불가능하지는 않았다. 현실은 그 반대였다. 경제적 혼란이 더 클수록 개인이 부를 축적할 기회가 많았다. 경제적 현실과 점점 동떨어진 나라 에서 수요와 공급의 법칙을 확실하게 장악한 사람은 하룻밤 사이에 백 만장자가 될 수 있었다.

큰돈을 버는 가장 간단한 방법은 공산품이나 원자재를 인위적으로 낮게 책정한 정부 가격으로 사서 훨씬 비싼 시장가격으로 파는 것이었 다. 소련의 첫 백만장자인 아르툠 타라소프가 개척한 이 방법은 나중에 소련에서 성공한 사업가 다수가 따라 했다. 모스크바 시의회에서 엔지 니어로 일한 타라소프는 소련의 폐품으로 미국 달러를 버는 법을 알아 냈다. 나라 곳곳에서 고철을 샅샅이 찾아내어 헐값에 사서 서방국가에 판 다음 그 돈으로 컴퓨터를 구입해 러시아에 팔았다. 이 사업은 엄청 난 돈을 벌어들이며 규모가 금방 커졌다.

타라소프는 1990년 말 수익성이 훨씬 더 좋은 석유 사업에 뛰어들 었다. 새로 출범한 러시아 정부를 설득하여 자기 회사인 이스토크Istok

가 원유 수백만 배럴의 수출허가권을 얻게 했다. 타라소프는 85센트에 해당하는 루블화로 원유 1배럴을 사서 해외에 20달러에 팔았고 이런 거래로 수백만 달러를 벌어들였다. 타라소프가 러시아 당국과 서명한 계약에 따라 이스토크는 프랑스 은행 계좌에 자금을 보관할 수 있었다. 하지만 아주 중요한 전제 조건도 있었다. 석유 판매로 얻은 외화는 "수확 '90"이라는 인센티브 제도에 따라 러시아 농민들에게 이미 약속한 소비재 물품을 사는 데 사용해야 했다.[43]

1991년 4월 초 타라소프를 비롯해 타라소프와 함께 일하던 사업가들이 러시아를 떠났다는 뉴스가 나왔다. "수확 '90"에 배정한 돈도 프랑스 은행에서 사라졌다. 러시아 농민들은 또다시 손해를 봤다. 정부 조사에 따르면 농민들에게 새로운 희망을 주기 위해 마련한 수입-수출 협정에서 농민들이 얻은 유일한 혜택은 하자가 있는 고무 부츠 수천 켤레뿐이었다. 검찰은 타라소프를 "횡령"과 "배임" 혐의로 기소했지만 공소시효 때문에 정식 기소는 이루어지지 않았다.[44] 타라소프는 정적들에 의해 모함을 당했다고 말하며 줄곧 결백을 주장하고 수사에 협조하지 않았다.

1991년 초에 이와 유사하게 일확천금을 노리는 수법이 수백 건이나 성행했다. 뒤이은 의회 조사에 따르면 1990~1991년의 이스토크 같은 준공기업이 벌어들인 수십억 달러 중 극히 일부만 러시아로 돌아간 것으로 나타났다.[45] 이때가 노멘클라투라 자본가라는 부상하는 계급에는 느긋하고 한가로운 시기였다.

성공한 모든 사업가 뒤에는 면허를 발급하거나 보류할 권한이 있는 관료와 어떻게 면허를 취득했는지 신경 쓰지 않는 외국 사업 파트너가 있었다. 많은 경우 이런 관계는 공산주의가 붕괴된 뒤까지 지속되었다. 새로운 러시아에서 어떻게 "비즈네스(사업)"가 진행되는지를 이해하는 열쇠는 누가 공산당과 KGB 출신과 인맥이 있는지였다. 이 시기 큰돈을 번 상트페테르부르크 사업가 알렉산드르 루덴코는 이렇게 설명했다.

"러시아에는 진짜 시장이 아니라 짝퉁 시장이 있다. 국가는 기본 물품의 수출을 독점했다. 인맥이 넓은 사람이 엄청난 돈을 훔칠 수 있는 경제 상황이 조성되었다. 어떤 일을 할 때 관리 3~4명에게 서류에 서명하게 하면 성공이 보장되었다."[46]

고르바초프는 서방의 조언과 가격 자유화를 거부함으로써 새로운 특권층의 성장을 촉진했다. 시장 경제에서는 사업 수익률이 낮을 수 있다. 시장이 불완전할수록 물건을 사고파는 데 따른 잠재적 수익이 더 크다. 소련이 무너지던 시기에는 매매차익이 엄청나게 커서 자신에게 유리하게 시장을 조작할 위치에 있는 사람들은 기회를 거부하기가 쉽지 않았다. "계획경제"의 부조리를 이용할 기회가 곳곳에 널려있었다.

이런 방법 중 일부는 도덕적으로 문제가 있어도 법적으로는 전혀 문제가 없었다. 1989년 소련 정부는 여행자 루블 환율을 90퍼센트로 대폭 낮췄지만 공식 환율은 유지했다. 소련에 거주하는 외국인들은 가격이 아직 공식 환율로 산정되어 있음에도 불구하고 평가절하된 여행자용 환율로 외국 항공사 항공권을 살 수 있었다. 결과적으로 런던과 파리를 오가는 비즈니스 항공권은 종전 가격의 10분의 1인 100달러가 되지 않았다. 서구식 생활을 하는 사람들은 이런 즐거운 몇 달간 할리우드 영화 최신작을 보기 위해 스톡홀름으로 날아가고, 새로운 이탈리아 레스토랑을 방문하기 위해 로마로 주말여행을 가는 일을 예사로 여겼다. 아프리카, 오스트레일리아, 남아메리카에서 꿈 같은 여행을 하는 일이 갑자기 가능해졌다. 굳이 일반석을 탈 필요가 없어지면서 모스크바를 오가는 외국 항공사들은 좌석 대부분을 일등석이나 비즈니스석으로 바뀠다. 모두가 행복했다. 외국인에게 평가절하된 루블화를 받아서 항공사에 달러로 지급했던 소련 무역 은행만 불행했다. 거의 1년 뒤마침내 이런 구멍이 막힌 직후 이런 은행이 파산한 것은 놀랄 일이 아니었다.

수년간 국가를 희생시키며 개인적 부를 축적하는 데 몇 안 되는 진짜 제약은 체포될지 모른다는 두려움이었다. 하지만 고르바초프 덕분에 그런 거리낌도 사라졌다. 소련경제를 통제하는 관료들은 각자의 지위에서 이익을 얻기 위해 앞을 다퉜다. 놀랍게도 한때 교조적 마르크스주의자들이 자본주의자로 다시 태어나는 일이 순식간에 벌어졌다. 동독에 주둔한 소련군 장군들은 NATO의 위협에 대해 더 이상 걱정하지않고 연료와 군용품을 암시장에 팔았다. 자유 기업의 싹을 근절하도록훈련받은 KGB 관리들은 상품거래소를 만들었다. 국가계획위원회인고스플란 관리는 소련 경제의 작동 방식을 둘러싼 해박한 지식을 이용해서 개인 무역회사를 설립했다.

"노멘클라투라 자본주의"에 대한 열정이 가장 확실하게 드러난 곳은 공산당 중앙위원회였다. 1991년 봄이 되자 마르크스-레닌주의의핵심 성소인 중앙위원회는 환전상의 소굴이 되었다.

소련 공산당은 대부분의 활동 기간 중 자금 조달에 신경 쓰지 않았다. 당관료를 위해 다차를 짓고, 정치국원이 탈 고급 승용차를 사고, 서방 공산당에 자금 지원을 하는 등 돈이 필요할 때는 그저 국영은행에지시를 내렸다. 일당 국가에서는 당과 국가는 구분되지 않았다. 정치국의 명령이 국법이었다.

당과 국가의 공생관계는 1990년 2월 인민대표회의가 소련 헌법 제6조를 폐기하기로 의결하면서 흔들렸다. 헌법에 보장된 정치 권력 독점권을 잃은 공산당은 국고를 마음대로 강탈할 권리도 잃었다. 공산당은 소유 자산만 수십억 달러에 달해서 아직은 아주 풍족한 기관이었지만 재정 담당자들은 불안해했다. 옐친이 이끄는 새 러시아공화국 의회는 거대 언론 제국, 요양소 수백 곳, 병원, 휴양지를 비롯해 공산당이 소유한 여러 자산에 세금을 부과하겠다고 위협했다.

경제적 특권을 지키기로 마음먹은 공산당은 감시의 눈을 피해 자산을 숨길 방법을 찾기 시작했다. 1990년 8월 23일 비밀 문건에 따르면 공산당 부서기장인 블라디미르 이바시코는 당 자산의 일부를 믿을만한 당원이 통제하는 회사로 옮기자고 제안했다.[47] 당의 국제 사업에 필요한 경화의 "독립적인 수입원"을 만들기 위해 대외 무역을 하는 전위기구를 지원할 생각도 있었다. 소련과 러시아공화국 의회의 공산당원들은 당의 사업 이익을 지키기 위해 적절한 법적 장치를 마련하기로 했다. 물론 보안이 꼭 필요한 일이었다. 지도부 중 극소수만 이런 "협력사"의 정체와 이들 회사와 당의 관계를 알게 했다.

이바시코의 계획은 새로운 것이 아니었다. 세계 곳곳에 있는 친소련 단체에 자금을 보내는 유사 수법이 수십 년간 진행됐었다. 외국 공산당이 관리하는 "협력사"는 소련에서 무역 특권을 허락받아서 원자재를 헐값에 살 수 있었다. 이런 사업의 전형적 사례가 이탈리아나 그리스의 좌파 언론에 신문용지를 무상으로 주거나 보조금을 주는 것이었다. 인쇄용지 일부는 시장가격으로 재판매해서 정치 활동에 필요한 자금으로 썼다. 협력사를 지원하는 다른 방법에는 이들 회사에서 부풀린 가격으로 물건을 사는 것이었다. 1991년 8월 쿠데타가 실패한 뒤 러시아 검찰은 각종 지원을 받는 외국회사 100개 명단을 작성했다.[48]

중앙위원회는 이바시코의 계획을 실행하기 위해 "협력사"에 비밀스럽게 자금을 전달하는 데 능숙한 KGB 대령을 스카우트했다. 레오니트 베셀롭스키는 포르투갈에서 KGB 영관급 장교로 근무하며 현지 공산당과의 연락 업무를 맡았다. 부임 직후 베셀롭스키는 스위스처럼 "조세 제도가 느슨한" 국가에 합자회사를 설립해서 서방에 자금을 전달하는 방법을 담은 문서를 작성해서 새로운 상관에게 보고했다. 나중에 러시아 언론이 입수한 베셀롭스키의 세부 계획에 따르면 해당 회사들은 신뢰할만한 당원이 운영하도록 되어 있었다.[49]

나중에 공산당이 돈세탁에 성공한 규모는 정치적으로 큰 논란거리가 되었다. 쿠데타 실패 후 러시아 검찰은 러시아 기업과 합자회사에 "대출된" 당 자금 수십억 루블을 추적했다고 주장했다. 공산당이 돈을 아낌없이 준 것으로 알려진 곳에는 유명 러시아 은행과 지주회사가 포함되었다. 이 돈은 거의 회수되지 않았고, 검찰은 정치적 이유로 수사를 제대로 할 수 없었다고 불평했다. 베셀롭스키 자신도 당 자산을 해외로 옮기는 계획이 대부분 기획 단계에 머물렀다고 주장했다.[50]

분명한 것은 당관료 다수가 개인 사업을 시작할 시점으로 이 시기를 선택한 사실이었다. 베셀롭스키 자신이 이런 현상의 대표적인 사례였다. 1991년 초 아직 중앙위원회를 위해 일하던 베셀롭스키는 보리스 버시타인이라는 이색적인 캐나다 백만장자와 함께 일하기 시작했다. 한때 리투아니아에서 방직 공장을 운영한 소련 이민자인 버시타인은 요직에 있는 관료와 서로 유익한 관계를 맺는 것이 중요하다는 사실을 알았다. 결국 소련에서 "비즈네스"는 항상 이런 식으로 진행되었다. 개인적 연줄이 사업 성공의 열쇠였다. 베셀롭스키는 한 서방 기자에게 이렇게 자랑하기도 했다.

"그냥 사우나에 가면 됩니다. 거기서 실제 사업이 진행되죠."[51]

대부분의 서방 사업가와 달리 버시타인은 자신의 부를 과시했다. 여러 대의 개인 제트기, 모피 코트, 다이아몬드가 박힌 팔찌를 소유한 버시타인은 러시아인들이 성공한 자본가 하면 떠올리는 이미지에 가까웠다. 모스크바를 방문할 때면 초대형 리무진을 빌려서 국가원수에 버금가는 차량 행렬을 이루며 이동했다. 버시타인의 후한 지원을 받은 모스크바 경찰국은 인상적인 에스코트 서비스를 기꺼이 제공했다.

베셀롭스키는 버시타인이 과거 피델 카스트로나 헨리 키신저 같은 외국 고위 인사가 머문, 레닌 언덕에 자리를 잡은 당 소유의 호화 저택을 빌리도록 도와주었다. 두 사람은 금방 죽이 맞았다. 베셀롭스키는 버시타인에게 당관료를 소개했는데 이런 지원은 수익성이 좋은 무역 거래를 성사시키는 데 꼭 필요했다. 버시타인은 베셀롭스키가 갑갑한 관료 세계에서 벗어나서 다이아몬드 팔찌를 차고 전용기를 타게 해주었다. 버시타인은 고급 저택 계약이 잘 마무리되자 새 친구에게 1년짜리 "컨설턴트" 계약을 제안했다. 나중에 버시타인은 이렇게 회고했다.

"베셀롭스키는 영향력과 지성을 갖춘 인물이었다. 경제학 박사이기도 했다. 우리는 다른 사업을 구상하기 시작했다. 그는 '당이 지겹습니다. 전부 엉터리입니다. 당에서 나왔으면 좋겠어요'라고 말했다. 내가 베셀롭스키에게 고용 제안을 한 것은 바로 그때였다."[52]

두 사람의 관계는 서로에게 도움이 되었다. 캐나다 백만장자인 버시타인은 KGB 대령인 베셀롭스키가 스위스로 이주해서 취리히의 호숫가 별장에 살면서 은색 벤츠를 몰게 해주었다. 그사이 버시타인의 재산은 급격히 불어나기 시작했다. 1991년 이전까지만 해도 버시타인이 토론토에서 운영하던 세바코Seabeco라는 회사는 채권자와 불만을 품은 전직 직원과 싸우고 있었다. 1991년 사업이 갑자기 날개를 달기 시작했다. 세바코 그룹은 러시아 무역회사와의 수익성이 높은 합자회사를 비롯한 자회사 수십 개를 소유하게 됐다. 사업은 버시타인이 욕심을 지나치게 부려서 탈이 날 때까지 성장을 거듭하다가 결국 선을 넘고 말았다. 1993년 9월 버시타인은 러시아 치안부 장관이 연루되어 세간의 주목을 받은 뇌물 스캔들에 휩쓸려 러시아에 입국할 수 없는 페르소나 논 그라타(persona-non-grata : 외교상 기피인물)로 지정되었다.[53]

공산당 재정을 둘러싼 미스터리 때문에 주목을 많이 받은 점을 제외하면 베셀롭스키가 당관료에서 사업가로 변신한 것은 이례적인 일이 아니었다. 1991년 봄 모스크바에는 정권 말기라는 분위기가 있었고, 당관료들은 늦기 전에 배에서 뛰어내리려고 줄을 서고 있었다. 중앙위원회 조직에서 일하던 베셀롭스키의 동료 다수도 새로 부상하는 민간 영역에서 "전문가"나 "컨설턴트"로 새 직업을 찾았다. 나중에 베셀롭스키 자신이 말한 것처럼 1991년 4월 이후 중앙위원회 서기국의 모든 고위 간부는 각종 상업 활동에 관여했다.[54]

이때가 결정적 전환점이었다. 과거에 공산주의 이념은 소련 엘리트의 권력과 특권을 정당화시켜주는 최후의 보루였다. 하지만 엘리트 다수가 이제 이념이 없어도 사회에서 특권적 지위를 유지할 수 있다는 것을 깨달았다. 영리하고 기민하기만 하면 낡은 공산주의 정권에서 누리던 지위를 새로 싹을 피우는 자본주의 질서에서의 편안한 위치와 바꿀 수 있었다. 많은 이들이 이런 거래를 했다. 벤츠를 몰 수 있는데 굳이 볼가(소련제 중형차 - 옮긴이)를 몰 이유가 있을까? 이제 자신들이 사회주의 유토피아를 건설하기 위해 역사가 선택한 프롤레타리아의 전위대인 척할 필요가 없었다.

물론 모든 엘리트가 똑같은 시점에 이런 결론을 내린 것은 아니었다. 일부 당관료는 사업가로 성공할 만한 재능이 없었다. 일부는 중도에 직업을 바꾸는 것을 두려워했고, 일부는 공산당만이 소련을 계속 통합시키는 유일한 기구라고 생각했다. 당시 유행하던 표현을 빌리면 자신의 "엉덩이"만 걱정하는 수천 명의 출세 제일주의자와 냉소주의자 사이에 소수의 진짜 이념신봉자도 있었다. 하지만 중요한 것은 당이 더 이상 거대한 단일체가 아니라는 점이었다. 거대한 단일체가 아닌 이상 더 이상 난공불락의 대상도 아니었다.

공산주의의 붕괴는 그때까지 국가가 통제하던 방대한 경제 자원에 대한 냉혹한 경쟁을 촉발시켰다. 노멘클라투라 자본가들은 상황이 허락하는 동안 거머쥘 수 있는 모든 것을 거머쥐었다. 많은 경우 국가 자산이 아무런 대가 없이 팔려나갔다. 이것은 민영화privatization라기보다 잡아채기grab-it-tization였다. 1991년 초 소련에서 진행된 재산 쟁탈전은 권력과 부에 대한 비교적 온건한 형태의 투쟁으로 나타났지만, 얼마 안 가 유고슬라비아에서 벌어진 사태가 보여주듯 표면 아래에서는 폭력이 벌어질 가능성이 상존했다.

49장

보로보 셀로

1991년 5월 2일

베를린 장벽 붕괴를 본 서방국가의 수도 곳곳에서는 자축행사가 열렸다. 동유럽에서 공산주의가 붕괴하자 서방의 많은 이들은 평생 전체주의 독재와 싸운 바츨라프 하벨이나 레흐 바웬사 같은 인물들이 새 질서를 대표할 것으로 기대했다. 공산주의라는 용을 칼로 베어버림으로써 서구 민주주의가 중요시하는 진보적인 자유시장의 가치가 최종적으로 승리한 것처럼 보였다. 애덤 스미스와 토머스 제퍼슨이 카를 마르크스와 블라디미르 레닌을 이긴 것이다.

이겼다는 분위기는 오래 가지 않았다. 공산주의가 최후의 발악을 한다고 해서 민주주의가 이긴 것은 아니었다. 공산주의는 단순한 이념 이상이었다. 정치적 행동의 지침이자 최고 권력을 차지하고 유지하는 검증된 수단이기도 했다. 악성 바이러스처럼 공산주의는 변화하는 환경에 적응하는 특유의 능력이 있었다. 능숙한 공산당 지도자는 사회의 분열을 어떻게 이용해야 하는지, 가진 자와 못 가진 자를 어떻게 자극

할지, 정적을 물리치기 위해 어떻게 대중선동가를 이용할지 알았다. 정황상 필요하다면 최고 권력을 유지하기 위해 이념까지 바꿀 자세도 되어있었다. 이것은 늘 목적이 수단을 정당화하는 투쟁이었다.

공산주의 지도부가 이념적 허물을 벗는 데 가장 크게 성공한 곳은 유고슬라비아였다. 유고슬라비아 공산주의자들은 정치적으로 새로운 길을 개척하는 역할이 어렵지 않았다. 러시아를 제외하면 유고슬라비아는 공산주의자가 외부 지원 없이 자체적으로 권력을 차지한 유일한 동유럽 국가였다. 유고슬라비아 공산주의자는 요시프 브로즈 티토의 지도력 아래 제2차 세계대전 중 나치 통치에 대항한 게릴라전을 성공적으로 펼쳤다. 1948년 이후 스탈린에 굴복하지 않음으로써 권력을 공고히 하기도 했다. 이런 저항적 행동을 본 서방국가들은 유고슬라비아에 호감을 느꼈고, 수십억 달러의 경제 원조 대상으로 삼았다. 하지만 유고슬라비아 공산주의자가 내비친 자유주의적이고 유순한 외양은 기만적이었다. 이들은 자신들의 권력과 특권이 위협받자 소련이 후원하는 정통적인 공산국가보다 더 무자비한 투쟁을 벌여서 훨씬 더 비극적인 결과를 낳았다.

유고슬라비아 공산당의 핵심 인물은 세르비아의 슬로보단 밀로셰비치였다. 관료적 음모에 능한 밀로셰비치는 1980년 티토의 죽음으로 만들어진 정치적 공백을 메우기 위해 움직였다. 그는 동유럽에서 민족주의의 힘을 이해한 첫 번째 공산주의 지도자였다. 긴 세월 억압된 민족적 불만의 목소리를 높임으로써 유고슬라비아의 6개 공화국 중 가장 크고 가장 강력한 세르비아에서 논란의 여지가 없는 지도자가 되었다. 밀로셰비치의 행동은 거장의 공연과도 같았다. 무신경하고 색깔 없는 공산당 당직자였던 밀로셰비치는 불과 몇 달 만에 세르비아 민족의 아버지로 변신했다. 공산주의 구체제가 붕괴하면서 종말을 맞기는커녕 거의 반세기의 균열 뒤에 역사가 새롭게 시작되고 있었다. 밀로셰비치는 이런 사실을 깨닫고 역사의 재탄생을 자신의 목적에 이용할 줄 아는 감각이 있었다.

숫기 없고 거의 은둔형 인물인 밀로셰비치는 민족주의 선동가와는 거리가 멀어 보였다. 감정을 철저히 숨겨서 어떤 감정을 느끼고 어떻게 생각하는지 추측하기도 어려웠다. 잘 웃지도 않았다. 화가 날 때면 턱을 약간 내밀 수 있었어도 특징 없이 살만 많은 얼굴은 평소처럼 무표정했다. 밀로셰비치의 사생활은 힘든 노동, 가족적 비극, 놀랄 만큼 친한 친구가 없는 점이 특징이었다. 어렸을 때 부모가 모두 자살했다. 학창 시절에는 여학생 꽁무니를 쫓아다니거나 농구 게임처럼 또래 남자 아이들이 즐겨 하는 일에 관심이 없었다. 고등학교를 졸업하자마자 결혼한 열성적인 마르크스주의자인 부인 미리아나 마르코비치를 제외하면 절친한 친구가 없었다.

밀로셰비치는 에너지 회사를 운영하거나 세르비아 주요 은행의 은행장으로 일하는 등 공산주의 국가의 복잡한 경제 관료 체계에서 초기 경력을 쌓았다. 1980년대 중반까지 밀로셰비치는 민족주의에 대한 통상적인 비난을 많이 했다. 대중연설을 할 때는 공산당 관료들이 즐겨 사용하는 경직된 언어를 써서 일반인들은 이해하기 어려울 정도였다. 밀로셰비치는 당관료 계급의 거의 완벽한 산물로 보였다. 검은 양복과 흰 셔츠의 당관료 복장 차림으로 찍은 사진 외에는 다른 사진은 거의 없었다. 그는 상관에 대한 절대적 복종과 결코 선을 벗어나지 않는 처신으로 당의 하급 관리에서 고위관리의 길을 밟아 올라갔다.

국제 공산주의 운동의 뚜렷한 특징 중 하나는 당 바깥에서 대중적 지지 기반을 구축하려고 시도하는 지도자에 대한 뿌리깊은 의심이었다. 공산당의 강점은 단합이었다. 극소수의 이례적으로 대담한 지도자만이 당 내부 논쟁에 인민을 끌어들이지 말아야 한다는 금기를 깼다. 중국에서 마오쩌둥은 완고한 당관료의 허를 찌르기 위해 문화혁명에 착수했다. 소련에서 고르바초프는 대중의 지지를 끌어내고 보수적인 정치국 라이벌을 수세로 몰기 위해 글라스노스트를 이용했다. 밀로셰비치도 근본적으로 같은 전술을 썼다. 티토는 죽기 전 유고슬라비아의 여러 다른 민족을 대표하는 집단 지도체제에 권력을 승계했다. 밀로셰비치가 보기에 이런 방식은 정치적 마비를 초래하는 처방이었다. 그는 세르비아 민중의 열정을 자극함으로써 유고슬라비아에서 유일하고 강력한 정치인이 되어 티토의 역할을 물려받았다.

밀로셰비치가 공산주의자에서 민족주의자로 전향한 결정적 순간은 1987년 4월 세르비아 남부의 코소보를 방문했을 때였다. 이런 여행을 기꺼이 한 사실 자체가 밀로셰비치가 자신을 다른 관료들과 차별화할 방법을 찾는다는 신호였다. 지금의 코소보는 주민 90퍼센트가 알바니아인으로 찢어지게 가난한 제3세계 같은 곳이지만 13~14세기에는 강력한 세르비아 국가의 중심이었다. 세르비아인들은 코소보를 생각하면 세르비아 역사상 가장 숙명적인 사건을 자동으로 떠올리게 된다. 1389년 이곳에서 독립 국가로서 세르비아의 존재를 거의 500년간 사라지게 한 전투가 벌어졌다. 무거운 쇠사슬 갑옷 차림의 세르비아 기사들은 가벼운 복장에 기동력이 더 좋은 튀르크 기병대에 괴멸되었다. 이 전투에서 전사한 세르비아의 라자르 왕자는 세르비아인을 지탱한 영웅주의와 기사도 정신이라는 전설을 대대손손 남겼다. 군사적 패배는 세르비아 신화에서 도덕적 승리로 탈바꿈하고 "튀르크인"에 대한 세르비아인의 복수를 약속하는 다음과 같은 서사시를 통해 영원히 이어졌다.

세르비아인이거나 세르비아에서 태어나고도

튀르크인과 싸우기 위해

코소보 폴레Polje에 오지 않은 이는

누구나 남녀 상관없이

후손을 못 낳게 하고

아무런 수확도 없게 하라.[55]

밀로셰비치는 지역의 다수 주민인 알바니아인의 괴롭힘과 박해를 받는 세르비아인의 불만을 조사하는 공산당 회의에 참석하기 위해 코소보를 방문했다. 회의가 열린 장소는 다름 아닌 라자르 왕자가 패배한 코소보 폴레 마을이었다. 코소보의 수도인 프리슈티나 변두리에 있는 폴레는 영어로는 지빠귀들판Field of Blackbirds으로 잘 알려졌다. 회의가 진행되는 동안 세르비아인과 몬테네그로인 수천 명이 불만을 표시하기 위해 회의장으로 들어오려고 했다. 세르비아인은 경찰에 돌을 던지기 시작했다.[56] 경찰은 경찰봉으로 폭행하며 길목을 차단했다. 이때 밀로셰비치가 화가 난 군중을 상대로 연설하기 위해 회의장에서 나왔다. 그는 흰 콧수염과 짧고 숱이 많은 멋진 백발의 주름이 쪼글쪼글한 세르비아 노인과 마주쳤는데, 이 노인은 경찰이 자신을 폭행했다고 불평했다. 노인의 말을 들은 밀로셰비치는 새로운 전설을 낳고 유고슬라비아 역사의 물줄기를 바꾼 말을 했다.

"아무도 당신을 폭행할 권리는 없습니다."[57]

이 한마디로 밀로셰비치는 세르비아 신화에서 라자르 왕자에 버금가는 자리를 순식간에 차지했다. 그는 알바니아인이 장악한 코소보 정부에 대한 불만을 털어놓는 세르비아인의 얘기를 들으면서 건물 안에서 밤을 새웠다. 하룻밤 사이에 무명의 공산당 관료인 밀로셰비치는 민중 지도자가 되었다. 밀로셰비치가 대중 앞에 나타나면 사람들은 "슬로보, 슬로보"를 연호하며 맞았다. 밀로셰비치는 자신을 최고 권력자가 되게 할 마법의 공식을 불현듯 생각해냈다. 인민과 하나가 되어 그들의 불만을 대변하는 능력뿐 아니라 자신의 목적을 위해 인민의 감정을 조작하는 능력도 갖췄다. 라이벌 관계에 있는 한 세르비아 정치인은 밀로셰비치를 찰리 채플린의 영화 〈위대한 독재자〉 속 인물에 비유하며 "사람들이 깃발을 흔들 때 그는 자신의 힘을 깨달았다"라고 했다.[58]

밀로셰비치 같은 정치적 고수에게 민족주의는 강력한 무기였다. 밀로셰비치가 정적들이 사회주의를 배신했다고 비난했다면 국가적 웃음거리가 됐을 것이다. 밀로셰비치는 정적들을 민족 반역자로 낙인찍음으로써 세르비아 전체의 지지를 얻었다. 그는 "단결만이 세르비아인을 구한다"는 뜻의 "사모 슬로가 스르비나 스파사바Samo Sloga Srbina Spašava"라는 민족주의적 전쟁 구호를 채택했다. 세르비아 키릴 문자에서 "S"자는 "C"로 표기되어서 "C"를 연달아 네 번 표기하는 것은 세르비아 민족운동의 상징이 되었다. 새 이데올로기 덕분에 밀로셰비치는 실질적인 일당 국가를 유지할 수 있었다. 경제 개혁이 거의 이루어지지 않았고 상징적인 민주화만 이루어졌다. 공산주의 권력의 핵심 기제인 선전선동, 거대 기업, 은행 등은 밀로셰비치 일당의 확고한 통제 아래 남았다.

1987년 9월 코소보 폴레의 영웅은 오랜 후원자이자 멘토인 이반 스탐볼리치를 세르비아 공산당 지도자 자리에서 내쫓았다. 이 일은 유고슬라비아 전체 정치인에게 경고를 보낸 극적이고 정치적으로 배은망덕한 행위였다. 그 다음에는 "반관료주의 혁명"에 착수했다. 언론, 특히 TV를 장악한 덕분에 정적들을 위협하고 자리에서 내쫓기 위해 대규모 군중을 동원할 수 있었다. 짧은 시간 안에 친밀로셰비치 세력은 코소보와 보이보디나의 세르비아인 지역뿐 아니라 세르비아인이 많이 거주하는 몬테네그로에서 권력을 장악했다. 일련의 대규모 집회는 코소보 폴레 전투 600주년인 1989년 6월 28일에 분위기가 절정에 이르렀다. 라자르 왕자의 미라 유해가 담겼다고 알려진 관이 12개월간 세르비아 마을을 개선식을 하듯 순회했는데 매번 통곡하는 추모자들이 이 관을 맞았다. 기념일 당일에는 100만 명이 넘는 세르비아인이 지빠귀들판에 모여 죽은 왕자가 환생한 인물로서 밀로셰비치를 찬양했다.

동유럽 곳곳에서 공산주의 지도부가 자리에서 쫓겨나던 시점에 밀로셰비치는 민족주의적 불만을 이용하여 새롭게 권력의 정점에 올랐다. 1991년 3월 밀로셰비치 정권이 가장 심각한 위기를 맞았을 때도 민족주의는 밀로셰비치를 지켜주었다. 반정부 시위대 수만 명이 정권의 언론 조작에 항의하여 베오그라드 거리를 장악했다. 밀로셰비치에 반대하는 사람들이 바스티유라고 이름 붙인 TV 방송국을 점거하려고 하는 동안 시위대 중 한 명이 경찰이 쏜 총에 맞아 사망했다. 체포된 인원도 수백 명에 달했다. 정부는 비상사태를 선포하고 탱크를 동원한 시위진압을 시도했다. 대규모 무력시위는 시위대를 더 격분시켰다. 이들은 베오그라드 중심 거리에 "의회"를 설치하여 수십만 명을 모았다.

경찰의 무자비한 진압은 밀로셰비치의 이미지에 큰 타격을 입혔다. "아무도 당신을 폭행할 권리는 없습니다"라는 민중 구호로 권력을 잡은 지도자가 인민을 마구 "폭행"한 것이다. 밀로셰비치는 시위를 진정시키기 위해 전술적으로 후퇴했고 TV 방송국 사장을 포함해 측근 중에 시위대가 가장 싫어하는 몇몇 인사를 물러나게 했다. 그러고는 세르비아가 전쟁 준비를 한다고 발표했다. 세르비아가 당면한 정치·경제적 위기에서 주의를 돌리는 수단으로 민족주의를 이용한 것이다.

3월 16일 밀로셰비치는 지역 공산당 당수들을 대상으로 비밀 브리핑을 하는 자리에서 해체 중인 유고슬라비아연방에서 대세르비아 (Greater Serbia : 세르비아의 강경파 민족주의자가 주장한 민족통일주의 개념 - 옮긴이)를 건설하는 계획을 대략적으로 설명했다. 밀로셰비치는 세르비아 본토 밖, 즉 크로아티아와 보스니아 헤르체고비나에 주로 거주하는 세르비아인 300만 명을 보호할 신성한 의무가 그들에게 있다고 말했다. 세르비아를 제외한 유고슬라비아의 다른 공화국에서 세르비아인의 권리와 자유가 위협을 받으면 국경을 다시 그려야 하고 필요한 경우 무력을 동원해야 했다. 민주화 시위를 하거나 전례 없는 생활 수준의 저하에 대해 불평할 시간이 없었다. 세르비아는 적들에게 포위되었고 민족적 단합이 꼭 필요했다. 앞으로 상황은 약자가 아니라 강자가 결정할 터였다. 밀로셰비치는 엄청난 박수갈채를 받으며 말했다.

"세르비아인이 한 나라에 사는 것이 합법적인 권리이자 이익이라고 생각합니다. 이것이 우리가 추진하는 정책의 시작이자 끝입니다. 신의 뜻에 따라 싸워야 한다면 기꺼이 싸울 것입니다. 내부 총질을 할 만큼 정신이 나간 사람이 없기를 바랄 뿐입니다. 일을 잘하는 방법이나 사업을 잘하는 방법을 모를 수 있지만 적어도 우리는 잘 싸우는 법은 알고 있습니다."[59]

밀로셰비치가 티토 사망 이후 유고슬라비아를 뒤덮은 정치적 마비를 비판한 것은 옳았다. 유고슬라비아는 연이은 위기에 표류했다. 공산주의 통치 수십 년이 남긴 경제난을 해결하려면 과감한 조치가 필요했지만 티토가 만들어놓은 합의 방식으로는 불가능한 것으로 드러났다. 1980년대 중반 유고슬라비아는 사실상 통제가 안 되었다. 연방정부의 힘이 극도로 약해서 국민이 정부의 말을 듣지 않았다. 재정 적자를 줄이고 손실이 나는 공장을 폐쇄하는 긴축 조치에 모든 공화국이 합의하는 것은 불가능해 보였다.

처음에 베오그라드 주재 미국 외교관들은 밀로셰비치에게 호감을 느꼈다. 이들은 밀로셰비치가 새로 얻은 권력으로 정치적 정체 상황을 해결하고 필요한 민주적 개혁을 추진할 것으로 기대했다. 하지만 밀로셰비치가 자신의 권력 기반을 마련해준 독점체제를 파괴할 의지가 없다는 사실이 차츰 분명해졌다. 시장 개혁 시도를 주저하는 연방정부를 지원하기는커녕 뒤에서 방해 작업을 했다. 민족주의를 완화하기는커녕 언론에 대한 통제력을 이용해 민족주의를 조장했다.

세르비아에서 민족주의 감정이 폭발하자 유고슬라비아에서 두 번째로 큰 공화국인 크로아티아에서는 여기에 반발한 또 다른 민족주의가 나타났다. 1990년 4월 크로아티아인들은 투표소에 가서 밀로셰비치와 거의 똑같은 지도자를 선출했다. 밀로셰비치와 마찬가지로 프라뇨 투지만도 한때 공산주의자였다. 투지만은 제2차 세계대전 중 티토와 함께 파르티잔으로 싸워서 유고슬라비아 인민군에서 가장 젊은 장군 중 한 명이 되었다. 1970년대 초 희열Euphoria로 알려진 크로아티아 민족 감정 분출 사태를 이끈 투지만은 밀로셰비치보다 먼저 민족주의자로 전향했지만 두 사람의 정치 철학은 놀랍도록 비슷했다. 밀로셰비치처럼 그는 진정한 정치적 다원주의를 못 미더워했다. 또한 자신을 수백 년 이어온 크로아티아의 독립을 향한 열망의 상징으로 여기고 온 나라가 자기를 중심으로 모여야 한다고 믿었다.

두 지도자는 서로 비난하는 것도 비슷했다. 자그레브 TV는 베오그라드 TV를 기괴하게 패러디한 것 같았다. 밀로셰비치의 말과 행동이 세르비아 뉴스 방송을 지배한 것처럼, 크로아티아 TV 뉴스의 주인공은 항상 투지만이었다. 두 방송국이 사용하는 증오로 가득 찬 말은 서로 뒤바꿔도 알아볼 수 없을 정도였고 단지 대상이 다를 뿐이었다. 자그레브는 세르비아의 "패권주의적이고 테러와도 같은" 정책을 공격하는 반면, 베오그라드는 크로아티아의 "패권주의적이고 테러와도 같은" 정책을 공격했다. 양측은 제2차 세계대전 때 쓰고 오랫동안 쓰지 않은 욕설로 상대를 공격했다. 크로아티아 방송 출연자는 세르비아 지도자를 "체트니크"라고 했는데, 체트니크는 티토가 이끈 파르티잔과 싸운 세르비아 왕정주의자를 칭하는 것이었다. 세르비아 방송 출연자는 크로아티아 지도자를 "우스타샤"라고 불렀는데, 우스타샤는 전쟁 중 자그레브에 친나치 괴뢰 정권을 세운 잔인한 크로아티아 파시스트를 칭하는 것이었다.

세르비아와 크로아티아의 지도자 사이에는 큰 차이점이 하나 있었다. 밀로셰비치에게 민족주의는 권력 유지라는 목표 달성에 필요한 수단이었다. 투지만의 최대 목표는 크로아티아의 독립이었다. 밀로셰비치가 냉정하고 계산적인 데 반해 투지만은 감정적이고 편협했다. 투지만은 밀로셰비치보다 정치 경험이 훨씬 적어서 수많은 판단 착오를 저질렀다. 그런 실책 중에 가장 심각한 것은 60만 명에 달하는 크로아티아 내 세르비아 소수민족의 트라우마에 대한 불감증이었다.

제2차 세계대전 중 세르비아인 수십만 명이 우스타샤에 의해 학살되었다. 크로아티아의 독립을 세르비아인이 우려할 것이 뻔했지만 투지만은 그런 우려를 진정시키는 활동을 하지 않았다. 크로아티아 의회는 여러 세르비아인에게 모욕적인 국가 상징을 택했고, 그중 하나가 우스타샤 정권이 사용한 적색과 흰색 체스판 형태의 국기였다. (투지만은 이 문양이 우스타샤 훨씬 이전으로 거슬러 올라가는 훌륭한 크로아티아의 상징이라고 주장했다.) 1990년 선거에서 승리한 뒤 투지만이 이끈 크로아티아민주연합HDZ은 경찰, 교육기관, 심지어 산업 부문에서 세르비아인을 조직적으로 제거하기 시작했다. 크로아티아인은 공산정권에서 세르비아인이 과잉 대접을 받았기 때문에 그런 조치가 공정한 처사라고 주장했다. 티토가 시행한 섬세한 민족 균형 정책으로 과거 크로아티아의 세르비아 소수민족이 특권을 누린 것은 사실이었지만 당시 상황에서 대량 해고는 도발적인 조치였다. 투지만은 세르비아 선전선동자들의 손에 놀아났다.

양측의 강경한 태도와 세르비아 기성세대의 섬뜩한 기억을 고려하면 갈등은 거의 불가피했다. 두 민족주의는 적대적 공생관계였다. 타협의 여지는 없고, 특히 세르비아인 다수가 거주하는 크로아티아 국경 지역에서는 더욱 그랬다. 충돌의 첫 신호는 1990년 8월, 16세기부터 세르비아인이 거주해온 달마티아 해안과 인접한 내륙의 돌 많은 고원인 크라이나에서 나타났다. 크라이나에 거주하는 세르비아인은 크로아티아 나머지 지역으로부터 "자치"를 선언하고, 세르비아인이 장악한 유고슬라비아군에 지원을 요청했다. 유고슬라비아군은 무기와 정치적 지원을 제공하여 투지만 정부가 이 지역에 행정권을 행사하는 것을 막았다.

이후 9개월간 양측은 전면전을 촉발할 결정적 사건이 터지길 기다렸다. 그 사건은 크로아티아 동쪽 끝에 있는 세르비아와의 국경 지역의 보로보 셀로라는 알려지지 않은 작은 마을에서 터졌다.

비옥한 슬라보니아 평원의 다뉴브강 만곡부에 있는 보로보 신발-타이어 공장은 부코바르시에서 몇 킬로미터 떨어진 옥수수밭을 지나면 나왔다. 1931년 체코 사업가 얀 바타가 세운 이 공장은 얼마 안 가 품질이 좋다는 명성을 얻었다. 제2차 세계대전이 터지기 전 이 공장은 현대적 생산 기술, 선진적 경영, 민족 화합의 모범사례였다. 공장직원은 주로 크로아티아인과 독일인이고, 선조들이 오스트리아-헝가리군의 국경수비대로 복무하기 위해 슬라보니아로 이주한 세르비아인도 일부 포함되었다.

공산주의자들이 정권을 잡자 보로보 공장에도 큰 변화가 있었다. 이전 공장주들은 재산을 몰수당하고 공장은 국가에 인수되었다. 독일인은 모두 추방되었으며 우스타샤 정권에 협력했다고 의심받는 크로아티아인 관리자는 체포됐다. 공산주의자들은 대규모 재정착 정책에 착수했다. 독일인이 떠난 자리는 아드리아해 인근의 가난한 산악지역의 세르비아인과 크로아티아인이 차지했다. 제2차 세계대전 중 집중적으로 공격을 받은 억센 산악 주민들인 새 이주자들은 토박이 주민과 곧장 마찰을 일으켰다. 산악지역 세르비아인은 슬라보니아 세르비아인들을 독일인을 뜻하는 슈와브라고 불렀다. 부유한 지주가 많은 토박이 세르비아인은 크라이나 출신 세르비아인이 게으르고 무례하다고 여겼다. 슬라보니아 크로아티아인과 헤르체고비나에서 온 크로아티아인 사이에도 비슷한 차이가 있었고 이런 분열은 나중에 매우 심각한 문제가 되었다.

전후 몇 년간 민족적 혐오는 희미해져 있었다. "형제애와 단합"이라는 티토 정권의 구호는 효과가 있었다. 특히 혐오를 부추긴 것으로 의심되는 사람을 장기간 감옥에 집어넣는다는 위협으로 효과는 배가되었다. 사람들은 더 이상 자신을 세르비아인이나 크로아티아인으로 구분하지 않았다. 이민족 간 결혼도 흔했다. 티토 사망 다음 해인 1981년 실시한 인구조사에서 지역 주민의 22퍼센트는 자신을 "남슬라브인"을 포괄적으로 뜻하는 유고슬라브인이라고 답했다. 신발 공장의 공장장으로 세르비아계인 니콜라 라다코비치는 이렇게 회고했다.

"세르비아인과 크로아티아인을 구별할 만한 게 없었다. 같은 병원에서 태어나 같은 학교에 다니고, 같은 여자애들 꽁무니를 쫓아다니고,

같은 노래를 불렀다. 같은 언어를 쓰고 같은 옷을 입었다. 사실상 다를 것이 없었다."[60]

　보로보 공장은 티토가 소련식 사회주의와 구분되는 독자적 사회주의를 만들기 위해 고안한 "노동자 자율경영제"의 모범사례가 되었다. 외국 시찰단은 감탄하며 공장을 둘러보고 생산 현장에서 "선출된 노동자 겸 경영자"를 만났다. 이론적으로만 보면 유고슬라비아는 양 체제의 장점을 다 가진 것 같았다. 노동자가 공장의 주인이었지만 집단이 소유한 각기 다른 기업 사이에는 자유로운 경쟁이 있었다. 사실 자율경영은 지속적인 공산당 통제라는 치부를 가리는 것이었다. 고위 경영진을 임명하려면 당의 승인을 받아야 했다. 공장장은 대개 크로아티아인보다 "정치적으로 신뢰할 만하다고" 여겨진 세르비아인이었다.

　초기에 이 제도는 합리적으로 잘 운영되었다. "노동자 겸 경영자"는 정치적으로 소극성을 보이는 대가로 해고될 일이 없었다. 손실이 나는 부서도 폐쇄되지 않았다. 1960년대와 1970년대는 유고슬라비아의 경제 호황기였다. 서방 정부는 모스크바에 저항하는 티토 정부에 후하게 돈을 빌려줬다. 하지만 이것은 내실 있는 번영이 아니었다. 일반적인 회계기준에 따르면 보로보 공장은 적자였다. 나중에 공장장들은 회계 장부를 조작하는 데 시간을 많이 할애했지만 결국 손실을 감출 수 없었다고 인정했다. 월급을 주기 위해 은행에서 큰돈을 빌려야 했고 그런 대출금을 갚은 적이 없었다. 오랫동안 시설과 설비에 투자하지도 않았다. 결과적으로 두 차례 투자 시점을 놓쳐서 대부분의 신발 제조 설비가 구닥다리가 되었다.

　공장이 처한 문제를 해결하는 논리적 해결법은 노동자 절반을 해고하고 새 설비를 구입해서 나머지 노동자의 생산성을 높이는 것이었다. 1988년 이 방법을 실행하려는 시도가 마침내 이루어지자 노동자들은 바로 파업에 돌입했다. 연방 의회 건물 앞에서 천막 농성을 하자 몇 주 만에 정부는 노동자들의 요구에 굴복하여 공장 부채를 일시적으로 탕감해 주었다. 정부는 수십억에 달하는 디나르(유고의 화폐 - 옮긴이)를 새로 찍어서 대출금을 지원했는데, 이런 조치는 당연히 초인플레이션을 초래했다. 1980년대 말까지 보로보 공장은 2만 명이 넘는 노동자를 고용한 거대한 산업 공룡이 되었지만 비대해진 노동력, 뒤떨어진 기술, 저생산성 등 사회주의 경제의 모든 문제를 보여주는 상징이었다. 민족 갈등이 언제 터질지 모르는 시한폭탄이기도 했다. 보로보 공장의 재무부에서 일한 크로아티아인 요시프 코바치는 이렇게 말했다.

"유고슬라비아의 정치적 위기는 경제 붕괴의 직접적 결과다. 같은 일자리를 두고 두 사람이 싸우면 두 사람 간 민족, 종교, 정치 성향 같은 모든 차이가 드러난다. 모두에게 일자리가 있다면 이런 정치적 혼란을 겪지 않았을 것이다."[61]

애초에 부코바르 지역에서는 민족주의 정당에 대한 지지가 뚜렷하지 않았다. 1990년 지방자치 선거에서 크로아티아인과 세르비아인 대부분은 비당파적인 사회민주당을 지지했다. 경제가 더 나빠지고 세르비아와 수도 베오그라드와 크로아티아의 수도인 자그레브에서 선전선동 싸움이 격화되면서 민족 화합의 전통이 무너졌다. 1991년 초반 투지만 정부는 모든 단계에서 "충성심이 없는" 세르비아인을 "충성심이 있는" 크로아티아인으로 바꾸는 작업을 시작했다. 부코바르에서 세르비아인 경찰은 새 크로아티아 정부를 상징하는 체스판 엠블럼 부착을 거부하면 경찰에서 쫓겨났다. 보로보 공장이 회복할 수 없을 정도로 파산한 것이 분명하자 여러 부서가 문을 닫아야 했다. 대량 해고의 가장 큰 피해자는 세르비아인이었다. 크로아티아인 실직자들은 세르비아인이 나가면서 공석이 생긴 경찰에서 언제든 일자리를 찾을 수 있었다.

세르비아인과 크로아티아인의 민족 간 분열만큼 중요한 것은 평지 주민과 산악 주민 사이의 골이었다. 평지에서는 풍성한 수확으로 농지를 소유한 모든 사람이 넉넉한 수입을 보장받았다. 슬라보니아 농촌 마을에는 벤츠와 개인 수영장이 있는 농민이 많았다. 이들은 생활 수준을 높이기 위해 싸울 이유가 없었고, 세르비아인이나 크로아티아인 이웃과 잘 지냈다. 반면 농지를 소유하지 못한 이주민들은 경제 침체의 영향을 고스란히 받아서 현상 유지에 대한 애착이 없었다. 파산한 신발 공장은 부코바르 주변에서 생겨나 서로 경쟁하던 무장세력과 경찰의 본거지가 되었다. 양측에서 재산이 몰수된 이들은 다가올 전쟁에서 주축을 이뤘다.

가난한 사람들을 부자들과 싸우게 하는 것은 공산주의자의 전형적 전술이었다. 공산주의자에서 민족주의자로 전향한 이들은 이런 전술을 완벽하게 사용했다. 밀로셰비치 같은 민족주의 정치인은 절망하고 불만을 품은 사람들과 사실상 연대를 맺었다. 세르비아 비밀경찰이 처음에는 크로아티아에서, 나중에는 보스니아에서 대혼란과 테러를 확산시킨 준군사 조직을 돕거나 조직한 증거가 있었다.[62] 무장세력은 대부분의 전투를 실행하는 대신 전리품을 약속받았다.

4월 초 보로보 셀로의 세르비아인 거주지에 첫 바리케이드가 설치되었다. 신발 공장에서 몇 킬로미터 떨어진 이 교외의 음산한 공장지대에는 세르비아인 실업자 다수가 살고 있었다. 이들이 겪는 고난은 극우 체트니크당의 지도자인 보이슬라브 셰셸을 포함한 베오그라드 민족주의자의 주목을 받았다. 체트니크 세력은 보로보 공장 출신 노동자 사이에 반크로아티아 감정을 조장하는 일에 주력했고, 크로아티아의 공격으로부터 자신들을 방어할 여러 "무기"를 갖추도록 했다.

크로아티아 진영에도 과격분자가 있었다. 4월 중순 캐나다 피자 회사의 창립자이자 투지만의 보좌관인 고이코 슈샤크가 주축이 된 크로아티아민주연합의 당원들은 세르비아인을 혼내주기로 마음먹었다. 그래서 민족 간 긴장을 완화하기 위해 지칠 줄 모르고 일한 온건파 지역 경찰서장인 요시프 키르가 자신들을 보로보 셀로로 안내하게 했고, 옥수수밭을 통과해 마을에 접근해서는 견착식 미사일 3발을 세르비아 진지에 발사했다. 미사일 공격은 세르비아 측에 큰 피해를 입히지는 않았지만 세르비아의 선전선동 기구는 이 사건을 크로아티아 측이 싸우려고 작정을 한 증거로 포착했다. 크로아티아 정부에서 국방부 장관이 된 슈샤크는 나중에 동슬라보니아에서 세르비아 "침략자"를 상대로 첫 포탄을 날렸다고 자랑했다.[63]

5월 2일 목요일 민족 문제의 불씨에 불이 붙었다. 보로보 셀로의 세르비아인은 유고슬라비아 전통 축제인 노동절을 기념해서 마을을 파란색, 흰색, 빨간색을 배경으로 붉은 별이 새겨진 유고슬라비아 국기로 장식했다. 옥수수밭 건너 크로아티아인이 주로 거주하는 보로보 나셀레에는 크로아티아인들이 체스판 무늬의 크로아티아 국기를 내건 상태였다.

자정이 막 지난 시각 보로보 나셀레 쪽에서 크로아티아 경찰차 2대가 보로보 셀로 마을로 들어왔다. 경찰들은 유고슬라비아 국기를 끌어내리기 시작했고 곧장 격앙된 세르비아인들에게 에워싸였다. 총성이 울렸고 나중에 양측은 상대가 먼저 사격했다고 비난했다. 세르비아인 자경단이 크로아티아 경찰 2명을 억류하자 나머지 경찰들은 도망쳤다. 크로아티아 당국은 억류된 경찰의 생사를 확인하기 위해 무장경찰 20명을 급파했다.

크로아티아 경찰차가 마을에 진입하자 잠복한 세르비아 민병대가 공격했다. 이어진 전투에서 크로아티아 경찰 12명과 민병대원 3명이 사망했다. 이날 오후 유고슬라비아인민군 부대가 서로 싸우는 두 민족 그룹을 분리한다는 목적을 내세우며 보로보 셀로에 투입됐다. 며칠 후 크로아티아 당국은 사망한 경찰 3명의 훼손된 시신을 보여주는 사진을 공개했다. 한 명은 팔이 잘려 나갔고, 또 한 명은 얼굴에 자상을 입었고, 또 다른 시신은 등가죽이 벗겨져 있었다. 이런 잔혹 행위는 제2차 세계대전 중 흔했고, 서로 경쟁하는 두 민족 간에 전쟁이 터지면 일어날 수 있는 일을 섬뜩하게 상기시켜주는 것이었다.

크로아티아 경찰 책임자인 요시프 키르는 세르비아 반군과 협상을 통해 문제를 해결하려고 했다. 하지만 더 이상 자기 진영을 통제할 수 없었다. 슈샤크를 비롯한 강경파가 이미 상황을 장악한 상태였다. 목숨이 위험하다고 느낀 키르는 상부에 자그레브로 전출시켜달라고 건의했다. 떠나기로 예정된 하루 전날 키르는 부하에게 살해되었다. 키르의 부인은 이 일이 정치적 의도에서 저질러졌다고 했다.[64]

일단 사태가 진행되자 걷잡을 수 없는 폭력으로 치닫는 것을 막을 수 없었다. 크로아티아 활동가들은 보로보 나셀레 교외의 신발 공장 옆에 바리케이드를 설치했다. 얼마 안 가 한때 점심시간을 함께 보낸 동료들은 옥수수밭을 사이에 두고 서로에게 총질을 했다. 몇 주 내로 총격은 야포와 탱크를 동원한 집중포화로 확대됐다. 크로아티아 민족방위군이 보로보 나셀레로 이동했고, 유고슬라비아인민군은 1킬로미터채 떨어지지 않은 보로보 셀로를 에워싸는 방어선을 구축했다. 크로아티아인이 주로 거주하는 마을에서 세르비아인은 총구를 들이대는 위협 속에 집에서 쫓겨났고 집은 파괴됐다. 민족 분리선의 반대편에 있던 크로아티아 가정도 같은 일을 당했다. 양측은 상대방이 대량 학살을 계획한다며 비난했다.

양측에서 가장 강경한 싸움꾼은 거의 예외 없이 제2차 세계대전 이후 티토의 사회 혁명으로 인해 "시간표 없는 열차"로 산악지역에서 이주해온 불쌍한 이주민들이었다. 최근까지 이들 중 다수는 보로보 신발 공장에서 허드렛일을 했다. 보로보 나셀레의 크로아티아 지휘관인 블라고 자드로가 대표적인 사례였다. 자드로는 달마티아의 오지에서 온 헤르체고비나인이었다. 싸움이 벌어지기 전에는 공장에서 고무와 화학물질을 섞는 일을 했는데, 이 작업은 특히 불쾌한 일이었다. 자드로는 자신이 일하던 부서가 없어진 뒤에 재편성된 크로아티아 경찰에서 3개월간 일했고, 크로아티아민주연합의 지역조직에서도 고위직을 맡았다.[65]

보로보 셀로의 세르비아 지휘관인 비토미르 데베테크의 배경도 비슷했다. 데베테크 역시 산악지역 출신이고 신발 공장에서 장래성이 없는 방탄조끼 생산직에 있다가, 수십 명의 세르비아인과 함께 크로아티아공화국에 충성 맹세를 거부한 뒤 3월에 해고되었다. 데베테크가 지휘한 부대에는 부코바르 경찰에서 해고된 세르비아인 35명이 있었다. 7월 초 전선을 시찰하던 데베테크는 미국 기자에게 이런 말을 했다.

"크로아티아인은 이해해야 해요. 정신 나간 머리로는 꿈꾸는 독립 국가를 절대 가질 수 없다는 사실 말입니다. 우리는 조만간 보로보 나셀레를 공격해서 해방시킬 겁니다. 그런 다음 부코바르도 해방시킬 겁니다."[66]

제4부 공산당의 반란

50장

모스크바

1991년 8월 17일

블라디미르 크류츠코프는 세계 최초의 공산주의 국가가 정치적 붕괴와 경제적 파국으로 향하고 있다고 확신했다. 그는 고르바초프가 국가 비상사태를 선포하도록 설득하기 위해 KGB의 가짜 정보 지침서에 있는 모든 수단을 동원했다. 리투아니아 독립운동가들이 무장봉기를 일으켜서 소련군에 총격을 가했다고 비난했다. 서방 은행가가 소련에 값싼 루블화를 쏟아부어서 "화폐 전쟁"을 벌이려는 음모에 관한 이야기도 꾸몄다. 소련 지도자를 "영향력 있는 스파이"로 포섭해서 라이벌 강대국을 파괴하려는 CIA 음모에 관해서도 이야기했다. 심지어 반정부 세력이 "갈고리"와 "사다리"로 크렘린을 습격하는 기이한 계획도 고르바초프에게 보고했다.[67]

처음에는 이 모든 가짜 정보가 기대하는 효과가 있는 것처럼 보였다. 고르바초프는 반대파에 재갈을 물려서 국가 질서를 회복하려는 KGB 의장의 일부 계획에 동의했다. 하지만 결정적 단계에서 억압 기구의 작동을 멈추게 했다. 지난 몇 달간 고르바초프는 강경파와 거리를 두는 한편, 중앙에서 가능하면 많은 권력을 움켜쥐려고 한 공화국 지도자들과 연대를 맺었다.

크류츠코프에게는 시간이 없었다. 소련 전역의 지도자들이 70년간 지속된 중앙집권 통치에 종지부를 찍을 새로운 연방 조약에 서명하기 위해 8월 20일 모스크바에 오기로 했다. 소비에트사회주의공화국연방은 사라지고, 주권국가연합Union of Sovereign States이라는 훨씬 느슨한 국가연합으로 대체될 터였다.

새 국가의 헌법에 "사회주의"에 대해 아무런 언급이 없는 점은 충분히 우려할 만했다. 더 골치 아픈 사실은 새로운 질서 속에서 "공산주의에 충실한 이들"을 위한 자리가 없을 예정이라는 징후였다. KGB는 7월 말 고르바초프와 가장 영향력 있는 두 공화국 지도자인 러시아공화국의 보리스 옐친과 카자흐스탄의 누르술탄 나자르바예프의 대화를 녹음했다. 세 지도자는 모스크바 교외 노보오가료보에 있는 대통령 다차에서 새 연방 조약에 관한 치열한 협상을 벌인 뒤 인적 청산 문제로 화제를 돌렸다. 옐친이 도청에 주의해야 한다고 주장해서 일부 대화가 발코니에서 이루어졌음에도 대화 내용은 도청되고 녹취록에는 아주 충격적인 내용이 담겼다.

옐친은 고르바초프가 측근 중 가장 "불쾌한" 인물들을 교체하지 않으면 새 연방 조약을 아무도 믿지 않을 것이라고 강력하게 주장했다. 그런 인물 중 최우선으로 경질할 인물은 "자기 양심에 따라" 리투아니아에서 쿠데타를 시도한 크류츠코프였다. 나자르바예프도 옐친의 숙청 요구에 동조하며 강경파 내무부 장관인 보리스 휴고를 언급했다. 나중에 옐친은 고르바초프가 긴장하는 듯 보였지만 결국 두 보안 기관의 수장을 제거하는 데 동의했다고 회고했다. 세 지도자는 보수파와 연대

한 발렌틴 파블로프 총리도 교체하기로 했다.[68]

이제 크류츠코프는 자신이 KGB 수장으로 있을 날이 얼마 남지 않을 가능성이 크다는 사실을 알았다. 행동에 나서려면 서둘러야 했다. 고르바초프가 크림반도로 연례 휴가를 떠난 8월 6일 크류츠코프는 비상사태 선언에 필요한 서류를 준비하도록 측근에게 지시했다.

쿠데타를 위한 기초 작업이 이미 진행된 상태였다. 크류츠코프는 수 주간 지도부 내 다른 인물들의 의사를 타진했고 자신과 같은 생각을 하는 이들이 많다는 사실을 알게 되었다. 파블로프 총리는 이미 비상경제권을 최고회의에 요구했다가 거절당했다. 국방부 장관인 드미트리 야조프는 군대가 겪고 있는 수치와 소련군의 대비태세가 계속 약화되는 상황에 대해 끊임없이 불평했다. 군산복합체를 담당한 올레크 바클라노프 당서기는 고르바초프가 소련의 군수산업을 망가트리고 있다고 확신했다. 인사를 담당한 올레크 셰닌 당서기는 당이 영향력을 상실하는 상황에 화가 났다. 대통령 비서실장인 발레리 볼딘도 불만을 품기는 마찬가지였다. 앞에서는 아부하면서도 고르바초프에 대한 경멸을 조심스레 숨겼다. 이들은 정기적으로 모여 한때 강대국이던 소련의 운명을 한탄했다.

8월 17일 토요일 크류츠코프는 모스크바 순환 도로 인근에 있는 KGB 시설로 공모자들을 초대했다. 사우나, 수영장, 영화관을 갖춘 시설로 사람을 만나기에는 안전하고 편안한 장소여서 KGB 수장인 크류츠코프는 이곳에서 사람들을 자주 접대했다. 크류츠코프는 손님들을 베란다로 안내했다. 크류츠코프 자신도 도청 당하지 않으려고 조심하면서 야조프, 셰닌, 파블로프에게 보드카를 대접했다. 위스키를 선호한 참석자도 있었다. 러시아의 전통 별미인 살로가 안주로 나왔다. 총리 자리에 있을 날이 얼마 남지 않았다는 것을 아는 파블로프가 말했다.

"저는 당장이라도 물러날 준비가 되어있습니다. 상황이 절망적입니다. 인민들이 굶주리기 직전입니다. 아무도 더 이상 명령에 따르려 하지 않습니다. 비상사태 선포만이 유일한 희망입니다."[69]

크류츠코프 의장이 불평을 털어놓았다.

"고르바초프 동지에게 극도로 심각한 상황에 대해 정기적으로 보고해도 거의 반응이 없습니다. 말을 자르고는 화제를 돌립니다. 제가 보고하는 정보를 믿지 않습니다."

참석자들은 크류츠코프의 제안을 따라 국가비상사태위원회를 만들기로 했다. 이들의 계획은 다음과 같았다. 크림반도에 대표단을 보내 고르바초프가 직접 비상사태를 선포하도록 설득한다. 고르바초프가 거절하면 다차에 억류한다. 부통령인 겐나디 야나예프가 대통령이 "와병 중"이라고 선언하고 대통령 권한을 대행한다. 야나예프는 아직 가담하지 않았지만 설득할 수 있다고 생각했다. 야나예프는 나약하고 조종하기 쉬운 인물이었다.

대통령을 설득하기 위해 누구를 포로스로 보낼지에 대한 논의가 있었다. 크류츠코프와 야조프는 모스크바에 남아 필요한 준비를 하는 데 동의했다. 지난 15년간 고르바초프와 함께 일한 볼딘이 사태의 심각성을 강조하기 위해 포로스 파견 대표단에 들어갈 예정이었다.

1987년 고르바초프가 국방부 장관에 임명한 야조프가 "브루투스, 너마저?"라고 농담했다. 모두 웃음을 터뜨렸다.

제4부 공산당의 반란

51장

포로스

1991년 8월 18일

나른한 일요일 오후였다. 지난 8시간 동안 블라디미르 키릴로프 중령은 잠긴 방 안에 갇혀서 TV를 보며 대부분의 시간을 보냈다. 창밖에는 뜨거운 크림반도의 태양 아래 바다가 멋지게 반짝이고 있었다.

갑자기 TV가 깜박거리더니 꺼졌다. 키릴로프 앞에 있는 전기 콘솔에 비상등이 들어왔다. 키릴로프는 거의 본능적으로 책상에 있는 전화기들을 확인하기 시작했다. 최고사령관과 양방향으로 통신할 수 있는 인터컴은 고장이 났다. 모스크바 국방부와의 직통 전화도 마찬가지였다. 포로스 대통령 별장 내선도 작동을 멈췄다. 라이벌 초강대국의 핵 공격을 제외하면 키릴로프가 떠올릴 수 있는 가장 끔찍한 악몽이 실제로 벌어졌다. 소련의 핵 암호를 책임진 사람이 상관들에게 연락할 방법이 전혀 없었다. 벽시계는 오후 4시 32분을 가리켰다.

키릴로프가 있는 자리 바로 앞에는 핵 암호가 담긴 검정 가방이 놓여 있었다. 이 가방은 핵 강대국의 지도자를 일반인과 구분하는 현대식

보주이자 왕홀이었다. 겉보기에는 평범한 서류 가방으로 보였고 실제 서류 가방이기도 했다. 핵무기 지휘통제체계를 고안한 이들은 서방의 우편 주문 카탈로그를 대충 훑어보다가 가벼운 알루미늄 프레임의 샘소나이트 서류 가방을 골라서 용도에 맞게 개조했다. 가방에 담긴 전자 장비는 소련이 기습 공격을 당하는 상황에서 고르바초프가 단추 하나만 누르면 핵미사일 수천 발을 발사할 수 있게 만들어졌다.[70]

키릴로프와 동료들은 최고사령관이 어디를 가든 최고사령관의 체모단치크(작은 서류 가방)를 휴대해야 했다. 아침에는 대통령을 따라 크렘린에 들어가고 저녁에는 다차로 돌아왔다. 외국 방문 시에는 대통령을 수행하며 외국 지도자와 대화하는 동안 대기실에서 침착하게 기다렸다. 대통령 휴가 때도 항상 붙어 다녔다.

포로스 핵지휘소는 고르바초프의 개인 관저에서 50미터쯤 떨어진 2층짜리 게스트하우스에 있었다. 핵 지휘소에는 "운영 장교" 2명과 통신 요원 1명 등 세 사람이 항상 있었다. 근무 인원들을 3교대로 24시간 근무했다. 비번 근무자들은 대통령 시설에서 몇 킬로미터 떨어진 군 휴양소에서 생활했다.

사령부 전체 통신기기 중 전화기 한 대만 작동했다. 몇 킬로미터 떨어진 무할라트카 정부 통신센터와 연결된 무선전화였다. 키릴로프는 전화 교환원이 응답하자 모스크바와 바로 연결해 달라고 했다. 그러자 이런 답이 돌아왔다.

"아무 데도 연결할 수 없습니다. 사고가 있었습니다."[71]

문을 세게 두드리는 소리가 났고, 핵 서류 가방을 책임진 이들은 어쩔 줄 몰라하기 시작했다. 소련 지상군 사령관인 발렌틴 바렌니코프 장군이 키릴로프도 모르는 장교 6명과 함께 복도에 서 있었다. 바렌니코프가 호통치듯 물었다.

"통신 상태가 어떤가?"

키릴로프가 답했다.

"전부 불통입니다."

바렌니코프가 눈에 띄게 즐거워하며 말했다.

"당연히 그래야지."

바렌니코프는 키릴로프에게 통신 두절이 약 24시간 지속될 예정이라며 "대통령도 알고" 있다고 덧붙였고, 바렌니코프 일행은 고르바초프의 관저 쪽으로 사려졌다. 키릴로프가 상황을 더 알아보려고 하자 바렌니코프와 함께 온 장교 한 명은 "자네 일이나 신경 써"라고 했다.

"동무들 몇 명이 접견차 방문했습니다, 고르바초프 동지."

고르바초프는 서류를 보다가 대통령 경호대장인 블라디미르 메드베데프의 싹싹한 얼굴을 올려다보았다. 고르바초프는 흑해 전망이 멋진 크림반도 관저의 서재 책상에 앉아 있었다. 대통령 연례 휴가는 사실상 끝났다. 허리가 약간 안 좋긴 해도 충분히 쉬었고 대체로 건강했다. 전날 포로스 인근 언덕을 오르다가 요통에 시달렸다. 당일 아침에 주치의가 통증 완화 주사를 놓아주었다. 고르바초프는 의사에게 이런 농담을 했다.

"마음대로 하세요. 신경을 제거하거나 척추나 다리를 제거해도 상관없지만 8월 19일에는 모스크바에 있어야 합니다."[72]

고르바초프는 메드베데프가 방에 들어왔을 때 새 연방 조약 서명식에서 할 연설문을 손보고 있었다. 그는 이 이벤트를 나라를 통합시킬 마지막 기회로 봤다. 대통령은 날카롭게 물었다.

"어떤 동무 말인가? 접견 약속이 없는데."[73]

고르바초프는 화가 났다. 그는 휴가 중에 크렘린 관리들을 부르는 일이 거의 없었다. 포로스에서 쉴 때는 부인 라이사, 딸 이리나, 사위 아나톨리, 손주 2명 등 직계 가족과 있기를 원했다. 사적 휴가 장소에 외부인이 방문하는 것은 중대한 의전 위반이었다. 소련 지도자를 둘러싼 정교한 경호 방식의 심각한 위반이기도 했다. 고르바초프는 경호원들이 왜 방문자들을 휴양 시설 내에 들어오게 했는지 알고 싶어 했다. 메드베데프가 안절부절못하며 답했다.

"플레하노프 동무와 함께 왔습니다."

메드베데프의 답은 적어도 경호원들이 "동무들"을 통과시킨 이유를 해명했다. 유리 플레하노프 중장은 소련 지도부 경호를 맡은 KGB 제9국 국장이었다. 대통령 경호원은 궁극적으로 플레하노프의 지휘를 받았다. 잘 무장한 병력 500명이 관저 주변에 3개 원을 형성하며 도저히 뚫을 수 없을 것 같은 보안체계를 만든 사람이 바로 플레하노프였다. 가장 안쪽에는 메드베데프가 이끄는 대통령 개인 경호원이 있었다. 중간에는 KGB 병력이 휴양지 내부 경계선을 방어하고 5개 감시탑을 운영했다. 가장 바깥쪽은 국경경비대를 배치해서 외곽 순찰을 하게 했다. 플레하노프는 경호 체계가 제대로 운영되는지 확인하기 위해 매년 포로스에서 며칠을 보냈다. 고르바초프가 메드베데프에게 말했다.

"좋아, 잠시 기다리라고 해."

고르바초프는 크류츠코프에게 무슨 상황인지 물을 생각이었다. 모스크바로 돌아가기 하루 전날 소련 지도부 인원이 포로스에 있는 자신을 찾아왔다는 사실은 아주 이상했다. 그럼에도 고르바초프는 충성스러운 부하의 전형인 KGB 수장을 믿었다. 고르바초프는 포로스에 머무는 동안 거의 매일 크류츠코프와 통화했다.

대통령은 베르투시카를 집어 들었지만 먹통이었다. 두 번, 세 번, 네 번 들어도 안 되기는 마찬가지였다. 결국 최고사령관용 특별 레드폰의 커버를 벗겼다. 소련이 핵 공격을 당하는 경우 국방부 장관과 총참모장에게 연락하는 핫라인이었다. 다른 사람은 레드폰을 건드릴 수 없고 먼지를 터는 것조차 허락되지 않았다. 레드폰도 먹통이긴 마찬가지였다. 고르바초프는 그제야 자신을 끌어내리려는 시도가 진행 중이라는 것을 확실히 알았다. 시계를 보니 오후 4시 50분이었다.

고르바초프는 영부인이 해변에서 하루를 보낸 뒤 쉬고 있는 베란다로 달려갔다. 지난 6년간 고르바초프는 모든 희망과 걱정을 영부인과 공유했다. 이제 고르바초프는 영부인에게 "어떤 음모"를 감지했다고 말했다. 불청객의 갑작스러운 방문과 전례 없는 통신 두절에 대한 유일하게 그럴듯한 설명이었다. TV도 나오지 않았다. 두 사람은 강제로 억류되거나 체포되는 상황까지 대비해야 했다. 잠시 침묵한 고르바초프가 말했다.

"놈들이 내가 정책을 바꾸게 할 수 있다고 생각하면 오산이오. 어떤 공갈이나 위협에도 굴복하지 않을 테니. 우리 모두에게, 가족 전체에 어려운 상황이 닥칠 수 있어요. 모든 상황에 대비해야 하오."[74]

"결정은 당신이 내려야겠지만 무슨 일이 벌어지든 함께 할게요."

라이사는 이리나와 아나톨리를 데려왔다. 그들도 무슨 일이건 일어날 수 있다는 것을 알았다. 나중에 라이사는 "우리 모두 러시아 역사와 그 속에서 벌어진 끔찍한 사건을 알았다"고 회고했다. 크렘린의 마지막 개혁자인 니키타 흐루쇼프가 어떻게 하루가 다르게 모든 자리를 박탈당하고 모스크바 다차로 추방당했는지 기억했다. 러시아 역사는 처형되고, 고문받고, 감옥에 투옥된 지도자로 넘쳐났다. 공갈에 굴복하지 않을 것이라는 고르바초프의 결정에 가족 한 명 한 명이 지지한다고 말했다.

결심을 굳힌 고르바초프는 "동무들"이 기다리는 서재로 돌아왔다.

그 사이 30분이 흘렀고, 방문자들은 긴장하고 있었다. 바클라노프, 셰닌, 볼딘, 바렌니코프, 플레하노프 등 5명이 모두 정복을 입고 있었다. 반바지에 스웨터 차림의 고르바초프는 질문을 던지기 시작했다.

"누가 보냈나?"

"위원회입니다."

"무슨 위원회?"

"국가 비상사태에 대처하기 위해 위원회가 만들어졌습니다."

"누가 위원회를 만들었나? 나나 최고회의가 그렇게 한 적이 없는데. 누가 만들었나?"[75]

대통령 집무실은 협소해서 방문자들이 모두 앉을 의자가 없었다. 방문자들은 확신이 없어서 불안했다. 철저한 타협주의자인 대통령이 그렇게 적대적으로 나올 줄 예상하지 못했다. 고르바초프와 흥정을 해서 "상호 합의된 해결책"에 도달할 것으로 생각했다.[76] 하지만 고르바초프는 타협할 분위기가 아닌 듯 보였다. 그는 플레하노프를 노려보며 방에서 나가라고 거칠게 명령했다. 플레하노프는 제복을 입은 고용인일 뿐이고 고용인은 정치에 끼어들 일이 없었다.

방문자들은 비상사태위원회 위원 몇 명의 이름을 대통령에게 보고했다. 부통령, 총리, 국방부 장관, 내무부 장관, KGB 의장이 포함되었다. 고르바초프는 파란 펜으로 노트에 명단을 적었다. 전부 고르바초프가 잘 알고 신뢰해서 직접 정부 최고위직에 앉힌 자들이었다.

비상사태위원회에서 포로스에 온 유일한 위원인 바클라노프가 주로 이야기를 했다. 바클라노프는 고르바초프에게 두 가지 선택지가 있다고 했다. 하나는 비상계엄령에 서명하는 것이고, 또 하나는 야나예프 부통령에게 권력을 임시로 넘겨주는 것이었다. 고르바초프가 각 공화국 지도자들이 8월 20일에 새 연방 조약에 서명하기로 되어있다고 하자 바클라노프는 말을 끊으며 말했다.

"서명식은 없을 겁니다. 옐친이 이미 체포됐습니다."

바클라노프는 잠시 뒤 말을 바꿨다.

"체포될 겁니다."[77]

"동무와 동무를 보낸 인간들은 무책임하군요. 동무들은 자멸할 테지만 내가 알 바 아니요. 마음대로 하라지. 국가와 우리가 이미 이룬 모든 걸 망가트릴 거요. 동무를 보낸 위원회에 이 말을 전해 주세요."

고르바초프는 흥분해서 자신이 선호하는 정치적 대화 방식인 일방적인 연설을 길게 했고, 의회나 중앙위원회에 호통치듯이 방문자들에게 거듭 욕을 섞어가며 호통쳤다. 소련은 위기를 많이 겪었어도 비상사태 선포가 해결책이 아니라고도 했다. 소련 문제는 민주적 방법으로만 해결될 수 있었다. 다른 생각을 하는 사람은 "모험주의자"이자 "범죄자"였다. 그런 계획으로 아무것도 이룰 수 없었다.

"죽으려고 작정한 인간만이 지금 국가 비상사태를 제안할 수 있습니다. 나는 전혀 그럴 생각이 없어요."

대통령 측근 중 가장 아첨이 심한 볼딘이 창가에 서 있다가 간청을 했다.

"미하일 세르게예비치, 동지는 지금 국가가 어떤 상황인지 모르고 계십니다."

고르바초프가 쏘아붙이듯 답했다.

"닥치시오, 멍청하기는. 동무가 어떻게 감히 내게 국가의 상황에 관해 가르치려 든단 말이오?"[78]

바렌니코프 장군은 겨우 감정을 억누르며 고르바초프의 책상 맞은편에 앉아 있었다. 아프가니스탄의 소련군 작전 지휘관 출신인 그는 연병장에서 가장 먼 구석까지 힘들이지 않고 목소리를 전달할 수 있었다.

바렌니코프는 명령을 받기보다 내리는 데 익숙했다. 그는 방금 연대의 명예를 더럽힌 하급 장교를 나무라듯이 자신의 상관에게 고함쳤다.

"사임하세요!"[79]

바렌니코프는 특히 동독 주둔군 철수를 둘러싸고 소련군이 어떤 "치욕"을 당했는지 불평하며 장광설을 늘어놓기 시작했다. 그러고는 분리주의 세력과 민족주의 세력이 폭동을 일으키도록 두는 이유를 알고 싶어 했다. 대통령이 자신이 준수하기로 맹세한 헌법을 무시하는 이유도 알고 싶었다.

고르바초프는 바렌니코프 장군의 사임 요구를 일축했을 뿐 아니라 발렌틴 바렌니코프의 성과 이름을 까먹은 척했다.

"동무 이름이 발렌틴 이바노비치죠? 좋소, 잘 들으시오. 발렌틴 이바노비치 동무. 국민은 동무가 '우향우, 좌향좌, 앞으로 가'하고 시키는 대로 하는 부대 병력이 아니오. 그런 일은 없을 것이오."[80]

고르바초프는 한때 자신의 하급자들에게 몇 마디 험한 말을 더 내뱉은 뒤 이들이 자신들의 행위에 대해 책임지게 될 "범죄자"라고 했다. 쿠데타 공모자들이 자리에서 일어나자 악수를 했다.

방에는 라이사가 딸과 사위와 앉아 있었다. 영부인은 반란 세력이 남편을 즉석에서 체포할까 봐 두려웠다. 가족과 친했던 볼딘이 반란 세력에 포함된 사실은 특히 충격적이었다. 볼딘은 영부인과 가까이에서 마주쳤지만 아무 말도 하지 않았다. 셰닌과 바클라노프는 인사를 했다.

영부인은 바클라노프에게 물었다.

"동무는 왜 여기에 왔나요?"

"어쩔 수 없었습니다. 우리는 영부인님의 동지입니다."

바클라노프가 작별 인사를 하려고 손을 내밀었지만 영부인은 거절했다.[81]

52징

모스크바

———

1991년 8월 18일

고르바초프의 동료들이 크렘린 정부 청사 2층에 있는 총리 집무실에 모여서 녹색 천으로 덮인 큰 회의 테이블 주변에 앉았다. 생수병과 반쯤 마신 찻잔, 비스킷과 샌드위치를 가득 담은 접시, 1급 비밀문서가 테이블에 흩어져 있었다. 방안에는 담배 연기가 자욱했다.

회의참석자들은 알아서 서열에 따라 테이블 양쪽에 앉았다. 서열이 가장 높은 사람은 문에서 가장 먼 쪽에 자리 잡았다. 누군가 방에 들어오면 크렘린 서열을 지키느라 자리를 옮겼다. 회의 주관자가 앉을 상석은 계속 비어있었다. 참석자 누구도 진행 중인 사태에 대해 직접 책임질 생각이 없었다. 모두가 집단이라는 익명성 뒤에 숨으려고 했다. 고르바초프가 없으니 사실상 지도자가 없었다.

늦게 도착한 야나예프 부통령은 술 냄새를 풍겼다. 반란 세력은 야나예프가 대통령 권한대행 선언에 동의해주기를 기대했지만 당사자는 아직 동의하지 않았다. 야나예프는 이날 모스크바 교외의 정부 휴양소에서 오래된 술친구들과 오후 시간을 보냈다. 오래간만에 집에 온 아들을 위한 파티로 이날 오후 술을 많이 마신 파블로프 총리는 야나예프 부통령이 다소 흐트러진 모습으로 집무실에 들어오자 농담 반 진담 반으로 말했다.

"우리가 여기서 중요한 문제를 토론하는데 부통령께서는 어디 다른 데서 헤매시는구려."[82]

야나예프 부통령은 빈자리 바로 옆에 늘 앉던 자리에 앉았다. 부통령 맞은편 자리는 마찬가지로 예고 없이 소집된 아나톨리 루키야노프 최고회의 의장의 자리였다. 약삭빠른 루키야노프는 국가비상사태위원회 명단에서 자기 이름을 빼달라고 했다. 입법부 대표인 그는 행정부의 일에 관여할 수 없었다.

회의를 소집한 사람은 크류츠코프 KGB 의장이었다. 크류츠코프는 대통령이 "와병 중"이고 국가를 안정시키기 위해 긴급 조치가 필요하다는 핑계를 댔다. 고르바초프를 격리시킨 상태에서 크류츠코프는 지도부의 다른 인원을 가담하게 해서 쿠데타 음모를 확대하는 까다로운 일을 맡았다. 고르바초프의 "와병"은 회의참석자 전체가 합법이라는 망토 뒤에 숨을 수 있게 해주는 편리한 거짓말이었다.

야나예프는 난상토론이 이루어지는 상황을 두고 보았다. 어떤 입장을 취해야 할지를 몰랐고 취기 때문에 명쾌하게 판단하기가 더 어려웠다. 몇 시간 전에 고르바초프와 통화를 한 부통령은 대통령이 19일 모스크바로 돌아온다는 말을 들어서 대통령이 아프지 않다는 사실을 누구보다 잘 알았다. 하지만 동료들과 마찬가지로 소련이 처한 상황에 실망하고 "강력한 통제"가 유일한 해결책이라고 생각했다. 다른 한편으로 부통령은 독재자는커녕 지도자가 되겠다고 자처한 적이 없었다.

대부분의 소련인이 그랬듯이 야나예프는 8개월 전 자신이 부통령에 선출된 사실에 놀랐다. 언론은 야나예프를 무모한 행동을 하지 않아서 그럭저럭 정상에 오른 색깔 없는 관료로 깎아내렸다. 야나예프는 트로츠키주의와 무정부주의에 대한 박사 논문을 쓴 뒤, 공산당 청년조직인 콤소몰에서 경력 대부분을 쌓았다. 평범한 관료의 피난처로 알려진 직업동맹에서도 일했다. 고르바초프가 야나예프를 부통령으로 추천하자 인민대표회의에서는 이력이 별 볼 일 없고 성격이 나약하다는 이유로 반대 움직임이 있었다. 야나예프는 농담도 썰렁하게 했다. 인민대표들이 건강 상태를 물었을 때에는 "남편으로서 의무를 만족스럽게 수행하고 있소"라고 답했다. (러시아 검찰에 따르면 야나예프는 악명높은 바람둥이였다.) 야나예프를 부통령 자리에 앉히기 위해 투표를 두 번이나 해야 했지만 고르바초프는 자신의 선서에 만족하는 듯 보였다. 언젠가 자신에게 도전할지도 모르는 2인자 자리에 힘센 인물을 앉히는 것을 원치 않았다.

밤 10시가 지나자마자 포로스에서 고르바초프를 만나고 온 대표단이 총리 집무실에 들이닥쳤다. 대표단도 돌아오는 비행기에서 술을 마신 상태였다. 셰닌과 바클라노프가 고르바초프와 만난 결과를 설명하며 고르바초프가 비상사태에 관한 합리적인 제안을 거부했다고 불평했다. 야나예프는 고르바초프에게 무슨 문제가 있는지 정확히 알아내려고 했지만 목적을 이루지 못했다. 현장에 있던 누군가가 말했다.

"동무들 도대체 뭐가 문제입니까? 우리는 의사가 아닙니다. 그냥 '대통령이 와병 중'이라고 통보받았을 뿐입니다."[83]

다른 사람들이 부통령 스스로 자신이 대통령 권한대행이라고 선언하기를 원한다는 걸 알게 된 야나예프는 몹시 당황했다. 야나예프는 대학 시절부터 고르바초프와 친분이 있던 루키야노프가 자신보다 낫다고 주장했다. 루키야노프는 야나예프의 주장에 단호하게 반대했다. 자신이 작성에 참여한 헌법의 사본을 가지고 있던 루키야노프는 야나예프에게 헌법에 명확히 명시되어 있다고 말했다. 이유를 불문하고 대통령 유고 시 부통령이 권한대행을 해야 했다. 루키야노프가 말했다.

"헌법에 따라 제가 아니라 부통령 동지가 대통령 권한대행이 됩니다. 저는 최고회의를 소집할 의무가 있습니다."[84]

이때 크류츠코프가 테이블 반대편에 있던 야나예프에게 종이 한 장을 보여주었다. 종이에는 타자로 친 이런 문장이 있었다.

미하일 세르게예비치 고르바초프가 건강 문제로 소련 대통령의 의무를 이행할 수 없는 것과 관련하여, 본인은 소련 헌법 제127항을 근거로 1991년 8월 19일부터 소련 대통령직을 맡게 되었음.
소련 부통령 G. I. 야나예프

방에서 술 취하지 않은 몇 안 되는 사람 중 한 명인 크류츠코프가 말했다.

"무슨 소리인지 이해가 안 됩니까? 추수를 제때 하지 못하면 인민들이 굶게 됩니다. 몇 달 안에 인민들은 거리로 쏟아져 나올 겁니다. 내전이 벌어질 겁니다."[85]

연신 담배를 물고 있던 야나예프가 생각에 잠기며 말했다.

"대통령이 와병 중이라고 말하지는 말았어야 했는지도 모릅니다. 인민들이 우리를 제대로 이해 못 할 수도 있습니다. 온갖 추측과 이야기가 난무할 겁니다. 인민들은 곧장 대통령이 언제 건강을 되찾을지를 알려고 들 겁니다."

"이 일을 대통령 동지의 와병과 연관 짓지 않으면 무슨 근거로 권한을 대행하겠습니까? 지금은 대통령의 건강 상태를 확인할 때가 아닙니다. 나라를 구해야만 합니다."[86]

회의참석자 전체가 부통령의 결정을 기다리는 동안 테이블 주변에는 침묵이 흘렀다. 마침내 부통령이 말했다.

"이 선언문에 서명하지 않겠습니다. 도덕적으로나 직무상 저는 권한대행이 될 준비가 안 되어 있습니다."[87]

테이블 주변 사람 모두가 야나예프를 진정시키려고 했다. 그들은 부통령에게 국가비상사태위원회가 모든 일을 처리할 것이라고 말했다. 부통령이 할 일은 문서 몇 개에 서명하는 게 다였다. 고르바초프가 건강이 회복되면 자연스럽게 대통령 업무에 복귀할 터였다. 크류츠코프가 부드럽게 말했다.

"서명하세요. 겐나디 야나예프 동지."

야나예프는 펜을 꺼내더니 떨리는 손으로 서류에 서명했다.

53장

모스크바

1991년 8월 19일

다음 날 새벽 6시가 지나자마자 옐친의 막내딸 타냐는 옐친이 자는 방으로 달려가서 소리쳤다.

"아빠, 일어나요! 쿠데타가 일어났어요!"

아직 잠에서 덜 깬 옐친이 말했다.

"그건 불법인데."

불과 6주 전 옐친은 1000년 만에 최초의 러시아공화국 민선 대통령으로 취임했는데, 대통령의 자녀가 벌써 쿠데타가 일어났다는 농담을 하고 있었다.

타냐는 방금 TV에서 본 것을 아버지에게 이야기했다. "건강상의 이유로" 대통령이 교체됐다는 내용이었다. 국가를 운영하고 비상사태를 선포하기 위해 이상하게 들리는 약자의 위원회가 만들어졌다. 위원에는 크류츠코프, 야조프, 야나예프가 포함됐다. 이때쯤 옐친은 잠이 확 달아났다. 쿠데타에 대한 옐친의 첫 반응은 월요일 아침 TV를 켜거나 지인의 전화로 쿠데타 소식을 알게 된 소련인 수백만 명의 반응과 다르지 않았다.

"농담하냐?"[88]

옐친은 아직 잠옷 차림으로 힘겹게 TV 쪽으로 몸을 옮겼다. 엄숙한 표정의 중년 여성이 긴급 조치 내용을 읽고 있었다.

"집회, 거리 행진, 시위, 파업이 금지된다. 필요한 경우 통행 금지와 군의 순찰이 시행될 수 있다. 주요 정부 및 경제 시설에는 경비 활동이 이루어질 예정이다. 체제 전복에 관한 소문의 확산, 법질서를 무너뜨리겠다고 위협하는 행동, 민족 간 분쟁 조장, 비상사태 시행 책임이 있는 당국에 대한 불복종을 처벌할 중대 조치가 이루어질 예정이다. 대중 매체에 대한 통제도 구축될 것이다 ….'

대부분의 고위 관료와 마찬가지로 옐친도 모스크바 근교의 전원 다차에서 주말을 보냈다. 중앙정부와의 오랜 협의 끝에 러시아공화국 정부는 모스크바에서 20분 거리에 있는 모스크바강에서 가까운 아르한겔스코예 마을에 정부 다차 10여 개로 이루어진 단지를 배정받았다. 옐친의 핵심 측근인 러시아공화국 국회의장 루슬란 하스불라토프, 러시아공화국 총리 이반 실라예프도 같은 단지에 주말별장이 있었다. 측근들은 뉴스를 듣자마자 옐친의 다차에 모이기 시작했다.

가장 시급한 일은 쿠데타 지도부가 소련 전역에 걸쳐 얼마나 많은 지지를 받는지 파악하는 것이었다. 각 공화국의 지도자들은 옐친 대통령의 전화를 받는 일이 달갑지 않아 보였다. 카자흐스탄 공식 방문 일정을 막 마친 옐친은 카자흐스탄 지도자인 나자르바예프와 관계가 좋다고 생각했다. 하루 전 두 사람은 고르바초프가 새로운 연방 조약을 받아들이도록 설득하는 데 성공한 일을 두고 건배했다. 하지만 다음 날 아침 나자르바예프는 어느 편에 손을 들어주는 데 극도로 조심했다. 옐친은 카자흐스탄 알마아타로 연결된 전화기에 대고 물었다.

"쿠데타가 벌어진 것이 분명합니다. 고르바초프 동지가 강제로 권력을 박탈당했어요. 어떻게 대응할 겁니까?"[89]

나자르바예프는 어떤 공식 성명을 발표하기에는 아직 정보가 충분하지 않다고 답했다. 옐친이 마침내 우크라이나와 벨라루스 지도자와 연락이 닿았을 때도 카자흐스탄 지도자와 마찬가지로 지켜보자는 식의 태도를 보였다.

적어도 베르투시카는 아직 작동했다. 옐친은 베르투시카로 야나예프와 통화하려 했지만 "대통령 권한대행"인 야나예프는 밤샘 업무 뒤 "휴식을 취하고" 있다는 답을 받았다. 포로스의 고르바초프에게도 연락을 시도했지만 몇 분 뒤 정부 전화교환원으로부터 연결할 수 없다는 답을 받았다.

이날 아침 옐친이 아르한겔스코예에서 했던 가장 중요한 통화는 공수부대 사령관인 파벨 그라초프 장군과의 통화였다. 두 사람은 불과 몇 주 전 러시아 대선 기간에 처음 만났다. 옐친은 특유의 정치적 트레이드마크인 육감을 과시하며 언젠가 군부의 지원이 필요하리라는 것을 알았다. 지방 도시인 툴라에서 선거 유세를 마친 옐친은 인근에서 실시되는 공수부대 훈련을 참관하는 것을 잊지 않았다. 옐친을 초대한 사람은 다름 아닌 그라초프였다. 두 사람은 공수부대원의 낙하산 강하를 지켜본 뒤 호수 옆 오두막으로 자리를 옮겨서 보드카 여러 병을 함께 마셨다. 옐친은 발가벗은 채 호수에서 수영도 했다. 연회가 끝나가자 장교들과 정치인들은 서로 "영원한 사랑과 우정"을 다짐했다.[90]

러시아공화국 대통령이 될 옐친은 술김에 아프간 전쟁 영웅에게 중대한 질문을 던졌다.

"합법적으로 선출된 러시아 정부가 테러, 쿠데타, 지도자 체포 등으로 위협받는 경우 군을 믿어도 될까요? 동무를 믿어도 되겠습니까?"

"네, 믿으셔도 됩니다."[91]

그라초프는 옐친 모르게 비상사태 계획 수립에 핵심적인 역할을 했다. 고르바초프가 포로스로 떠나자마자 크류츠코프의 요청으로 KGB와 국방부 관리들과 진압 준비를 위한 실무그룹에서 참여한 것이다. 그라초프와 그의 동료들이 만든 문건은 그날 아침 TV를 통해 국가비상사태위원회가 선포한 긴급조치의 토대가 되었다. 옐친이 그라초프에게 연락했을 때 그라초프는 툴라 사단을 포함해 병력 수십만 명을 수도에 투입하는 일을 지휘했다. 야조프 국방부 장관은 그라초프에게 쿠데타의 군 관련 업무를 맡긴 상태였다.

옐친은 그라초프에게 몇 주 전 툴라에서 나눈 대화를 기억하는지를 물었다. 그라초프는 오랜 침묵 뒤에 초조한 목소리로 상부의 명령을 수행해야 하는 처지라고 답했다. 하지만 이런 말도 덧붙였다.

"잠시만 기다리십시오, 옐친 동지. 경호 부대를 동지 쪽으로 보내겠습니다."[92]

옐친은 감사 인사를 했고 두 사람은 작별 인사를 했다. 그라초프의 목소리 어조에는 희망적인 뭔가가 있었다. 통화가 감청될 수 있다는 사실을 아는 군 지휘관인 그라초프가 옐친에 동조하는 것처럼 보였기 때문이다. 옐친은 수화기를 내려놓으면서 부인 나이나에게 말했다.

"그라초프는 우리 편이야."

옐친이 그라초프와 통화하는 동안 러시아공화국의 다른 지도자들은 러시아 시민에게 발표할 호소문을 준비했다. 이들은 국가비상사태위원회 위원들과의 협상이 의미 없다는 것을 알았다. 가장 큰 희망은 헌법적 합법성 문제에 확고한 입장을 취하는 것이었다. 민주적으로 선출된 소련 대통령을 끌어내린 이들과 타협할 수 없었다.

하스불라토프 러시아 국회의장은 어깨너머로 다른 사람들의 의견을 들으며 타자기 없이 호소문을 직접 작성하기 시작했다.

"우리는 우파, 반동, 반헌법적 쿠데타에 직면했다. 러시아 인민들이 반란 세력에 합당한 답을 주고, 그들이 국가를 정상적인 헌법적 질서로 되돌리도록 요구할 것을 촉구한다."

호소문에 서명했을 때 옐친, 실라예프, 하스불라토프는 이 호소문이 바깥 세계로 전달될지 전혀 알 수 없었다. 사실 호소문 배포는 놀랍도록 쉬운 것으로 드러났다. 1981년 12월 야루젤스키 세력과는 달리 크류츠코프 세력은 쿠데타를 일으키기 위한 적절한 기반을 마련하지 못했다. 정적을 대규모로 검거하는 활동도 없었다. 소련 국경은 바깥 세계에 열린 상태를 유지했다. 민간 라디오 방송국은 계속 방송을 했다. 전화도 정상적으로 작동했다. 국가비상사태위원회를 만든 당관료들은 일단 고르바초프만 제거하면 나머지 소련 사회가 순순히 쿠데타에 동조할 것으로 판단한 것으로 보였다. 그래서 가장 최근에 벌어진 쿠데타였던 1964년 10월 니키타 흐루쇼프를 상대로 한 쿠데타 원칙에 따라 움직였는데 그 당시 정부는 정보를 완벽히 통제했다.

1991년 소련에도 정보 혁명의 물결이 일었고 뉴스를 내보내는 방법은 수십 가지에 달했다. 옐친의 딸들은 인근 젤레노그라드의 옐친 지지자들에게 호소문을 팩스로 보내기 시작했다. 사위인 료사는 호소문 사본을 자신이 일한 항공우주 설계 사무실로 보냈다. 러시아 정부청사가 있는 벨르이돔에 전화를 건 사람도 있었다. 민중 저항을 촉구한 옐친의 호소는 한 시간 내로 복사, 팩스 전송, 방송, 전자우편을 통해 전 세계에 전달됐다. 1989년까지 모든 복사기에 자물쇠가 채워졌던 나라에서는 대단한 성취였다.

슬리퍼와 반바지 차림의 옐친은 쿠데타에 대한 저항을 조직하는 데 몰두한 나머지 옷을 갈아입을 시간도 없었다. 벨르이돔으로 이동하기로 마음먹었을 때는 가족들이 환복을 도왔다. 옐친은 바로 이 순간 나중에 쿠데타의 캐치프레이즈 중 하나가 된 말을 내뱉었다.

"러시아 대통령에게 양말을 찾아줄 여성을 찾습니다."[93]

아르한겔스코예 다차에서 나서기 전 옐친은 경호원이 건네준 방탄조끼를 입었다. 가족들은 맵시 있는 갈색 양복 밖으로 삐져나온 방탄조끼를 보고 옐친이 서둘러 가는 곳이 얼마나 위험한지 알 수 있었다. 영부인과 딸은 갑자기 두려움을 느꼈다. 이 무렵 경호원 수십 명이 이미 돌격소총으로 무장한 채 다차 주변에서 경비를 서고 있었다. 영부인 나이나가 옐친에게 물었다.

"방탄조끼만으로 제대로 보호가 되나요? 머리가 여전히 노출되잖아요. 머리가 중요한데."

옐친이 질 리무진에 올라타자 영부인은 이미 탱크가 모스크바 방향으로 향한다는 소식을 듣고 걱정하기 시작했다. 옐친은 자신 있게 들리도록 최선을 다했다.

"차에 작은 러시아 국기가 달려 있어. 우리를 막지는 않을 거야."[94]

옐친을 태운 리무진은 러시아 정부 차량이 뒤따르는 가운데 아르한겔스코예에서 모스크바로 이어진 구불구불한 도로를 질주했다. 차량 행렬은 정동쪽으로 달렸고 아침 해가 얼굴 정면으로 비쳐서 앞에 펼쳐진 도로를 보기 힘들었다. 옐친이 탄 차량은 민스크 고속도로에 진입하자 느린 속도로 모스크바 중심을 향하는 탱크, 장갑차, 병력수송 트럭 수백 대를 따라잡았다. 군 차량 행렬은 끝이 없어 보였다. 군부대에는 새벽 4시 30분에 일어나서 완전군장을 한 채 모스크바로 이동하라는 지시가 떨어진 상태였다. 북쪽과 남쪽에서도 비슷한 병력 이동 활동이 있었다.

소련과 서방 기자 수십 명은 이미 벨르이돔에 집결해 있었다. 고르바초프의 권력을 빼앗은 이들에 대한 대규모 저항이 일어난다면 모스크바강 좌안의 대형 건물인 벨르이돔이 집결지가 될 것이 거의 확실했다. 소련 건축가위원회가 설계한 19층짜리 벨르이돔은 스탈린 사후 모더니즘이라는 최악의 전통에서 만들어진 것으로 러시아 신생 민주주의에 어울리는 않는 상징이었다. 건물 안 복도에서 길을 잃어버리기 십상이었다. 꼭대기 층에 있는 카페에 가려면 엘리베이터를 타고 8층에 올라가서 복도를 따라 걸어간 다음 2개 층을 계단으로 내려가서 엘리베이터를 다시 갈아타야 했다. 벨르이돔의 미로 같은 복도와 지하 터널은 나중에 건물 수비대의 효과적인 보안체계의 기반이 되었다.

옐친이 언론 앞에 처음으로 모습을 드러냈을 때는 창백하고 충격을 받은 듯 보였다. 자신이 감당해야 할 엄청난 과업에 압도당한 것처럼 보였다. 러시아공화국을 지원하기 위해 서둘러 행동을 취하는 공화국은 하나도 없었고, 쿠데타 세력이 모스크바로 보낸 군대의 모습은 아직도 머릿속에 생생했다. 상황이 절망적으로 보였다. 옐친은 측근들과 속삭이듯 이야기를 나눈 뒤 기자들에게 말했다.

"탱크 최소 50대가 이 건물 쪽으로 오고 있습니다. 살고 싶은 사람은 알아서 하세요."[95]

벨르이돔 5층에 있는 집무실로 돌아간 옐친은 강둑을 따라 탱크가 줄지어 있는 모습을 볼 수 있었다. 모스크바 시민 몇 명이 탱크를 에워싸고 군인들과 논쟁을 벌이고 있었다. 라디오와 TV에서는 비상사태 선포에 감히 저항하는 사람에 대한 국가비상사태위원회의 엄중한 경고를 내보내고 있었지만 두려워하는 사람은 없어 보였다. 나중에 옐친은 회고록에서 이렇게 회고했다.

"정신이 번쩍 들었다. 곧장 밖으로 나가 인민과 함께 있어야 했다."[96]

군중들은 큰 키의 러시아공화국 대통령이 벨르이돔 앞의 기념 계단을 결의에 찬 모습으로 성큼성큼 내려오는 모습을 보고 함성을 질렀다. "옐친, 옐친"과 "공산당을 타도하자"라는 구호가 터져 나왔다. 측근들과 경호원에 에워싸인 옐친은 타만스카야 사단의 제110호 탱크로 다가가서 사진 촬영을 위한 포즈를 취했다. TV 카메라는 옐친이 탱크 지휘관과 악수하는 모습을 촬영했다. 탱크 부대원들은 눈앞에서 벌어지는 일에 크게 당황해서 어안이 벙벙한 듯 보였다. 옐친은 군중을 향해 재치 있는 말을 했다.

"이 동무들이 아직 러시아 대통령을 쏠 생각은 없어 보이는군요."[97]

옐친은 사람들의 도움을 받아 탱크 위로 올라갔다. 경호원과 러시아 의회 의원 10여 명도 탱크 위로 올라갔다. 누군가 1917년 볼셰비키 혁명 이전 사용된 흰색, 빨간색, 파란색으로 된 삼색기를 들었다. 옐친 대통령은 탱크 포탑 옆에 서서 몸을 꼿꼿이 세우며 오른손을 들어 군중을 진정시켰다. 그러고는 얼굴을 찡그린 채 이날 아침 일찍 동지들이 써준 "러시아 인민들에 대한 호소문"을 굵은 목소리로 읽기 시작했다.

"무력 사용은 절대 받아들일 수 없습니다. 우리는 동포들이 수치심과 명예의식을 모두 잃은 쿠데타 세력의 포악하고 불법적인 행위를 용납하지 않으리라고 굳게 믿습니다. 군 장병에게 높은 시민의식을 발휘해 반동적인 쿠데타에 참여하지 말 것을 호소합니다."

환호하는 지지자에게 에워싸인 탱크 위에 올라선 옐친은 힘이 나고 큰 안도감이 들었다. 학창 시절 가학적인 여자 교장에 맞섰을 때와 비슷한 기분이었다. 치열하고 복잡한 정치 투쟁은 이제 실권을 잡은 이들과 옐친의 대결이 되었다. 실권을 잡은 이들은 총도 가지고 있었다. 옐친에게는 도덕적 신념과 정치적 정당성에 관한 열정이 있었다. 국민도 옐친의 손을 들어주었다.

54장

포로스

1991년 8월 19일

하룻밤 사이에 크림반도에 있는 고르바초프의 개인 휴양소는 호화롭고 철저히 고립된 감옥으로 바뀌었다. 대통령 보호 임무를 맡은 경호원들이 대통령을 감금했다. 외부인이 휴양단지를 둘러싼 보안 울타리를 뚫을 수 없듯이 고르바초프 가족도 포로스에서 탈출할 방법이 없었다. 구출 시도를 사전에 막으려고 소방차 몇 대를 헬기 착륙장에 배치했다. 국경경비대는 포로스 다차에 붙인 KGB 암호명인 캠프여명Camp Dawn과 연결된 모든 도로를 차단했다. 전날 밤 고르바초프의 개인 비서는 포로스 앞바다에 배치된 해군 함정의 불빛을 16개까지 셀 수 있었다.[98]

다차 경내에서는 2개 경호 그룹의 대치 상황이 벌어졌다. 메드베데프 장군을 제외한 대통령 경호원들은 고르바초프에게 계속 충성했다. 이들을 무장해제시키려는 시도는 전혀 없었다. 이들에게는 계속 대통령을 보호하는 일이 허락되었다. 휴양지 주변 경비는 모스크바에서 쿠데타 세력과 함께 온 KGB 파견대에 넘어갔다. KGB 파견대는 정문을 통제하고, 모든 차량을 압수했으며, 출입 가능 인원을 결정했다. 외부 세계와의 유일한 통신수단도 통제했다.

쿠데타 발생 뒤 캠프여명에 들어가려고 시도한 첫 번째 인물은 대통령의 핵 보좌관인 빅토르 바실리예프였다.[99] 바실리예프는 키릴로프 중령으로부터 체모단치크에 대한 책임을 넘겨 받아서 대통령을 수행해 모스크바로 돌아가는 임무를 맡은 상태였다. 바실리예프는 하급자 2명과 함께 8월 19일 아침 8시쯤 포로스 정문에 도착했다고 보고했다. 바실리예프 일행은 모두 소련에 무슨 일이 벌어졌는지 전혀 몰랐다. 이들이 임시로 머문 군 휴양소에는 TV나 전화가 없었다.

출입증을 확인한 경비병들은 일행을 기다리게 한 다음 상관에게 전화로 보고를 했다. 몇 분 뒤 KGB 대령 한 명이 나타나서 바실리예프 일행의 출입증이 더 이상 유효하지 않다고 말했다. 일행이 이유를 묻자 대령은 라디오방송을 들어보라고 했다. 라디오에서는 국가비상사태위원회의 긴급조치 내용이 반복해서 방송되고 있었다.

고르바초프의 핵 가방 처리 문제를 두고 국방부는 특별히 서두르지 않고 긴 시간 고심했다. 포로스의 통신이 차단된 전날 오후 4시 32분부터 체모단치크 체계는 가동을 멈췄다. (국방부 장관과 총참모장도 같은 장비가 있어서 핵 공격을 받는 경우 대처할 수 있었다.) 이제 체모단치크는 실질적이라기보다 상징적인 의미를 지녔다. 체모단치크가 없는 경우 고르바초프는 더 이상 최고사령관이 아니었다. 8월 19일 오후 2시 바실리예프 일행에게 지프 한 대가 나타났을 때 공식적인 절차 없이 그런 일이 실제로 벌어졌다. 이날 저녁 일행은 체모단치크를 들고 대통령 전용기로 모스크바로 돌아갔다.

쿠데타 세력은 포로스 휴양단지에 TV와 라디오 케이블을 차단했다. 하지만 고르바초프는 면도할 때 뉴스를 들으려고 사용하곤 했던 소니 라디오를 가지고 있었다. 그래서 국가비상사태위원회의 계획과 관련된 뉴스를 어떻게든 파악하려고 라디오 다이얼을 돌리며 밤을 보냈다. 아무런 소식이 없다가 다음날 새벽 6시가 지나자마자 야나예프가 "대통령 권한대행"이 되었다는 발표가 나오기 시작했다.

경호원과 개인 비서를 제외하고 고르바초프가 포로스로 데려온 인물로는 외교정책 보좌관인 체르냐예프뿐이었다. 체르냐예프는 고르바초프가 소련의 미래 상황에 대한 여러 시나리오를 담은 글을 쓰는 일을 도왔다. 그런 시나리오에는 고르바초프가 강하게 반대하기 위해 거론만 했던 국가비상사태 시행도 있었다. 쿠데타 세력이 포로스를 방문했을 때 체르냐예프는 대통령 관저 뒤편에 있는 게스트하우스 2층에 머물렀고 그곳을 떠날 수 없었다. 결국 체르냐예프는 쿠데타 내내 고르바초프 곁에 남았다.

월요일 아침 체르냐예프는 고르바초프가 침대에 누워 메모하는 모습을 발견했다. 고르바초프는 아직 요통이 낫지 않아서 움직일 때마다 통증을 느꼈다. 두 사람은 함께 쿠데타 성공 가능성을 따져 보려고 애를 썼다. 고르바초프는 쿠데타 세력을 경멸했다. 쿠데타 세력이 경제를 살리거나 질서를 회복할 수 있을 것이라고 생각하지도 않았다. 장기적으로 불행한 운명을 맞이하겠지만 그래도 단기적으로 득세하지 않을까 두려웠다. 고르바초프가 침울하게 말했다.

"끝이 아주 안 좋을 수 있어. 지금 상황에서는 옐친을 믿어. 옐친 동무는 굴복하지 않을 거야. 어떤 양보도 하지 않을 거야. 유혈사태가 벌어질 수 있어."[100]

영부인 라이사는 직접 보안 문제를 챙겼다. 볼딘과 플레하노프의 배신에 엄청난 충격을 받은 라이사는 극도로 조심했다. 남편이 건강이 안 좋아 직무를 수행할 수 없다는 국가비상사태위원회의 발표는 라이사를 겁에 질리게 했다. 쿠데타 세력의 다음 행동은 발표한 내용이 사실이 되도록 남편을 진짜 병자로 만드는 것이라고도 생각했다. 라이사는 독살 시도를 우려해서 가족들이 이미 비축한 음식 외에는 못 먹게 했다. 딸 이리나는 아이들이 먹을 수 있도록 집에 있는 과일을 전부 모아 찬장에 숨겼다.[101] 건물 안 전체가 감청된다고 확신한 라이사는 은밀한 이야기는 밖에서 하게 했다.

체르냐예프를 포함한 대통령 가족 전체는 점심 식사 뒤 유리로 차단된 에스컬레이터를 타고 바위가 많은 해변으로 갔다. 아이들이 바닷가에서 헤엄치는 동안 고르바초프와 체르냐예프는 탈의실로 쓰는 작은 오두막에 앉아 고르바초프가 취할 다음 행동 계획을 짰다. 고르바초프는 국가비상사태위원회 지도부를 심리적으로 압박하기 위해 요구사항을 지속적으로 제기하기로 했다. 체르냐예프는 대통령의 첫 번째 명령을 받아적었는데, 이 내용은 나중에 포로스에 파견된 국가비상사태위원회 인원인 플레하노프의 부관에게 전달했다.

1. 정부 통신을 즉각 복구할 것을 요구함.
2. 업무에 복귀할 수 있도록 대통령 전용기를 당장 보내주기를 원함.

월요일 오후가 되자 고르바초프에게 계속 충성하는 경호원들은 급하게 TV 안테나를 임시로 설치했다. 이날 저녁 국가비상사태위원회가 기자회견 시간에 맞춰 TV 방송이 나오기 시작했다. 대부분의 소련인과 마찬가지로 고르바초프도 쿠데타 세력의 발언 내용보다 그들의 모습에 더 큰 충격을 받았다. 한심한 광경이었다. "강력한 통제"를 옹호하는 자들이 불안에 떨고 자신감이 없어 보였다. 야나예프 부통령은 법질서를 회복하겠다고 약속하면서 떨리는 손을 주체하지 못했다.

국가를 구원할 이들에 대해 기자들이 불손한 태도를 보인 점도 흥미로웠다. 6년간 글라스노스트를 겪은 언론인들은 어렵게 쟁취한 자유를 내줄 생각이 확실히 없었다. 모스크바의 신생 민영신문인 〈네자비시마야 가제타〉의 한 젊은 기자는 이런 질문을 던졌다.

"동지들은 쿠데타를 일으킨 사실을 아시나요? 1917년과 1964년 중 어느 쪽과 비교하는 게 더 적절합니까?"

기자가 제시한 두 시점은 볼셰비키 혁명과 흐루쇼프를 끌어내린 쿠데타가 벌어진 해였다. 다른 기자들은 야나예프 부통령이 칠레의 피노체트 장군으로부터 조언을 구할 것인지와 고르바초프에게 정확히 무슨 문제가 있는지 왜 소련 인민에게 말해 주지 않는지 알고 싶어 했다.

쿠데타 지도부의 비루한 연기를 지켜본 고르바초프는 소련 인민과 세계 여론에 직접 호소하기로 마음먹었다. 자정이 지난 뒤 고르바초프는 메시지를 녹화하기 위해 가정용 비디오카메라 앞에 앉았다.

"나의 건강 상태에 대해 발표된 내용은 전부 거짓입니다. 이런 거짓에 기반하여 반헌법적인 쿠데타가 감행되었습니다. 이 나라의 합법적인 대통령은 직무를 수행할 수 없게 되었습니다. … 나는 연금 상태에 있고 다차 지역에서 누구도 나갈 수 없습니다. 군 병력이 바다와 육지 모두에서 나를 에워싸고 있습니다. 여기서 나갈 수 있을지 모르지만 이 녹화 테이프가 전달되도록 모든 노력을 다할 것입니다."[102]

고르바초프는 호소문을 4회 연속으로 낭독했다. 딸 이리나와 사위 아나톨리는 촬영한 테이프를 네 부분으로 나눠서 작은 종이봉투에 나눠 넣고 스카치테이프로 봉인했다. 그러고는 고르바초프의 메시지를 캠프여명 밖으로 몰래 빼낼 방법을 궁리하기 시작했다.

55장

모스크바

1991년 8월 20일

드미트리 야조프 원수는 휘하 부대에 자국 수도의 거리를 장악하라고 명령한 뒤로 이틀간 거의 눈을 붙이지 못했다. 야조프는 우울하고 짜증이 났다. 그는 고르바초프가 소련에 재앙을 가져오고 군을 망치고 있다고 확신한 뒤에 최고사령관에 거역하는 음모에 가담했다. 하지만 쿠데타 동료들을 보면 볼수록 올바른 결정을 내렸는지 의문이 들었다. 쿠데타 가담자의 절반은 술고래고 절반은 무능했다.[103]

소련의 힘을 재건하려는 시도는 제대로 진행되지 않았다. 모스크바에는 타만스카야 사단 탱크 5~6대가 옐친 진영으로 넘어갔다는 소문이 돌았다. 벨르이돔에서 몇백 미터 떨어진 쿠투조프 다리를 장악하는 임무가 할당된 병력이었다. 세르게이 예브도키모프 소령은 러시아 지도부와 대화를 나눈 후 포탑을 바깥쪽으로 향하게 한 채 탱크를 의회 주변에 수비 위치에 배치하는 데 동의했다. 또 다른 이탈 징후도 있었다. 랴잔에 있는 공수부대 교육대는 사할린섬과 모스크바보다 8시간

빠른 캄차카반도에 있는 부대와 함께 옐친을 지지하는 선언을 했다. 모스크바 중심을 장악한 병력 5000명의 사기도 아주 낮다고 보고됐다.

화요일 아침 6시 군 수뇌부 회의에서 군 상황을 점검하던 국방부 장관 야조프는 이렇게 중얼거렸다.

"우리가 지금 무슨 일에 휘말린 거지?".

국가비상사태위원회에 대한 반대 분위기는 국방부 장관의 가족에게도 퍼졌다. 야조프의 부인인 엠마는 쿠데타가 벌어진 데에 실망하고 충격을 받았다. 심각한 자동차 사고에서 회복 중이던 엠마는 크렘린에서 1킬로미터도 떨어지지 않은 아르바츠카야 거리에 있는 국방부로 자신을 태우고 갈 차를 불렀다. 엠마는 깁스를 한 채 울면서 야조프의 집무실에 다리를 절며 들어갔다.

"야조프, 이건 내란을 뜻해요. 이 악몽을 끝내야 해요. 고르바초프 동지에게 전화하세요."[104]

아내가 눈물을 흘리자 마음이 아픈 야조프는 대통령과 통신할 방법이 없다고 부드럽게 설명했다.

"엠마, 제발 이해해 줘. 나 혼자야."

두 사람이 이야기하는 동안 집무실 한쪽에 있는 TV에서 야나예프를 비롯한 국가비상사태위원회 위원들의 기자회견이 나오기 시작했다. 엠마는 남편이 왜 기자회견장에 안 갔는지 알고 싶어 했다. 야조프는 대답 대신 동지들이 있는 방향으로 경멸하듯 손을 흔들었다.

"야조프, 누구랑 엮였는지 보세요. 당신이 항상 비웃던 사람들이에요. 어서 고르바초프 동지에게 전화하세요."

야조프 국방부 장관은 대통령에 대한 충성과 조국에 대한 충성, 혹은 적어도 조국에 대한 자신의 비전 사이에서 고뇌했다. 성격이 화통하고 솔직한 야조프는 쿠데타 음모에 가담하지 않으려고 애를 썼다. 지적 수준이 그리 높지 않고 가방끈도 짧은데도 불구하고 고르바초프가 야조프를 신뢰한 이유 중 하나도 여기에 있었다. 67세인 야조프는 평생을 군 복무와 공산당 당원으로 보낸 구세대 군인이었다. 제2차 세계대전 중 십 대 시절 입대해서 전선에서 두 번 부상을 입었고 이제 소련군 입대 50주년 기념일을 눈앞에 두고 있었다.

야조프는 고르바초프에게 등을 돌린 지 얼마 되지 않은 상태에서 쿠데타 동지들을 배신할 수 없었다. 그래서 러시아 의회를 장악하기 위한 군사 준비를 계속하도록 명령했다.

벨르이돔에서 옐친은 전날 거의 잠을 자지 못했다. 상황이 절망적으로 보였다. 벨르이돔은 사실상 무방비 상태였다. 노동자들은 국가비상사태위원회에 항거하는 총파업을 즉각 단행하라는 옐친의 호소를 사실상 무시했다. 곳곳에서 항의 시위가 벌어졌지만 국민 대부분은 모스크바에서 일어나는 일에 무관심해 보였다.

그러나 옐친에게는 크게 유리한 점이 하나 있었다. 그는 역경을 이겨내는 투사였다. 운동선수로나 정치인으로나 옐친은 한참 뒤진 게임에서도 살아남으려고 기를 썼다. 중간중간에 오랫동안 아무것도 하지 않다가 거의 초인적인 위업을 이루는 능력은 러시아인의 일반적인 특성이었고, 옐친은 그런 능력을 지나칠 정도로 가지고 있었다. 쿠데타 기간에 옐친이 갑자기 정치 활동에 엄청난 정력을 쏟은 것은 기자회견을 망친 뒤 거의 시야에서 사라진 쿠데타 세력의 기이한 수동성과 비교되었다.

옐친은 벨르이돔 앞에서 탱크에 올랐을 때 쿠데타 정권에 항거하는 민주주의 세력의 상징이 되었다. 옐친은 쿠데타가 벌어지고 이틀 뒤에는 국가비상사태위원회의 권위에 도전하는 헌법적 기초를 마련하는 대통령령을 잇달아 발표했다. 곧이어 러시아 의회에서 비상 회의를 소집하고 쿠데타 지도부에 대한 체포영장을 발부했을 뿐 아니라 러시아 공산당의 활동을 정지시키고, 스스로 러시아 영토 내 소련군 최고사령관이 되었다. 모스크바 거리를 순찰하는 장병들은 야조프와 옐친 중 누구의 명령에 따를지 선택해야 했다.

8월 20일 화요일 정오 소련 보안 기관 수장들은 벨르이돔 공격을 논의하기 위해 국방부 차관 브라디슬라프 아찰로프의 집무실에 모였다. 대부분 군복을 입은 참석자들은 전부 아프가니스탄 전쟁에 참전했던 터라 서로를 잘 알았다. 내무부 병력을 대표한 인물은 소련 제40군의 마지막 지휘관인 보리스 그로모프였다. 그 옆에는 공수부대 사령관 파벨 그라초프가 있었다. 알파그룹 사령관인 빅토르 카르푸힌은 전투복 차림이었다. 이틀 전 포로스에서 고르바초프에게 사임을 요구한 입이 거친 발렌틴 바렌니코프 소련 지상군 사령관도 있었다.

KGB 장군인 게니 아게예프가 천둥 작전Operation Thunder에 대해 브리핑을 하며 회의를 시작했다. 육군, KGB, 내무부가 다음과 같은 작전을 신중하게 조율하는 데 성공 여부가 달렸다. 우선 그라초프가 지휘하는 공수부대는 벨르이돔 주변 약 1킬로미터 반경에 경비선을 구축해서 시위대가 모스크바강과 미국 대사관 사이의 전 구역에 진입하는 것을 막는다. 그로모프가 지휘하는 병력은 이미 의회를 에워싼 옐친 대통령 지지 군중을 둘로 가르며 돌파한다. 알파그룹이 이끄는 KGB 병력은 내무부 병력 뒤에서 유탄발사기를 쏘며 건물을 기습한다. 헬기 부대가 건물 옥상에 착륙한다.

일단 벨르이돔에 진입한 알파그룹은 저항하는 이들에게 총격을 가하며 러시아 지도부를 체포한다. 10명씩 편성된 KGB 특수부대는 건물

내 옐친 지지자를 샅샅이 수색한다. 해당 부대에는 사진사도 투입해서 벨르이돔 수비대의 화기 사용 증거를 수집한다. 국가비상사태위원회는 여기서 촬영한 사진을 상대편이 먼저 발포한 증거로 사용한다.

그라초프와 그로모프 모두 작전에 심각한 회의를 품었지만 생각을 드러내지 않았다. 그 대신 KGB가 수립한 작전을 실행하려면 모스크바에 병력을 추가로 투입해야 한다고 지적하며 사실상 이의를 제기했다. 그라초프는 회의참석자들에게 방금 벨르이돔 주변 정찰을 마친 공수부대 장군인 알렉산드르 레베디의 보고를 들어보자고 주장했다. 레베디는 보안기관 수장들에게 이렇게 말했다.

"대규모 군중이 모이고 있습니다. 시위대는 바리케이드를 구축하고 있습니다. 작전을 완수하려면 희생자가 많이 발생할 겁니다. 벨르이돔 내에는 무장한 인원이 많습니다."[105]

쿠데타 시작부터 옐친을 체포하자고 주장한 바렌니코프 지상군 사령관이 버럭 화를 내며 내뱉었다.

"장군, 동무의 임무는 낙관주의자가 되는 거야. 동무는 지금 비관주의와 불확실성을 불어넣고 있네."

군 수뇌부 다수와 마찬가지로 레베디 장군도 혼란스럽고 당황스러웠다. 지난 48시간 동안 그는 이해할 수 없는 악몽에 시달렸다. 월요일에는 벨르이돔에 가서 건물 "방어와 보호" 활동을 지원하라는 그라초프의 지시를 받았다. 누굴 상대로 벨르이돔을 지켜야 하는지는 불분명했다. 국가비상사태위원회가 출범한 사실을 월요일 오후에야 알았기 때문이었다. 레베디는 건물 주변에 포신을 바깥쪽으로 향하게 해서 탱크를 배치하는 문제에 관해 옐친의 측근과 협의했었다. 나중에 레베디는 자신이 "수치스러웠다"며 이렇게 회고했다.

"이런 모든 활동에도 불구하고 무슨 일이 벌어지는지 몰랐다."

화요일 아침에도 이해할 수 없는 명령이 떨어졌다. 그라초프가 벨르이돔에서 탱크를 철수하라는 지시를 내린 것이다.

"또다시 전혀 이해가 안 됐다."

레베디는 자신이 부조리한 극장에서 "바보 게임"이라는 연극에 참여한 연기자처럼 느꼈다. 나중에 그는 벨르이돔을 방어했다는 이유로 영웅으로 칭송받았다. 하지만 회고록에 썼듯이 그는 "모스크바에 병력을 투입할 때 명령에 따랐고 병력을 다시 뺄 때도 명령에 따랐다."[106]

그날 오후 천둥 작전에 대한 소문이 모스크바 중심에 투입된 장병에까지 흘러 들어가기 시작했다. 대부분의 부대는 곧 러시아 의회를 공격할 것이라는 소식에 불안해했다. 모스크바에 배치된 지 하루 반이 되는 날 장병들은 비상사태의 정당성과 고르바초프의 행방을 둘러싸고 모스크바 시민과 끝없는 논쟁에 휘말렸다. 같은 동포인 러시아 국민을 상대로 총격을 가할 수 있다는 전망은 군인들을 두렵게 했다. 작전은 수요일 오전 3시로 정해졌다.

논쟁이 특히 활발하게 벌어진 곳은 크렘린 성벽과 인접한 마네즈 광장이었다. 모스크바 지역의 KGB 스페츠나츠 부대는 하루 전날 마네즈 광장을 장악했다. 스페츠나츠 부대는 최근 몇 달간 불특정 "반테러 작전"에서 알파그룹을 지원하는 훈련을 받은 상태였다. 스페츠나츠 부대는 사기가 충만했고 전투 준비도 완비했지만 이들조차 최근 하달된 임무에 대해 회의가 들기 시작했다.

작전은 시작부터 삐걱거렸다. 모스크바 중앙으로 이동하던 중 병력수송장갑차 2대와 승용차 1대가 교통사고가 나면서 작전이 지체되었다. 병사 1명은 뇌진탕으로 병원으로 이송됐다. 마네즈 광장에 도착했을 때는 트롤리버스가 광장으로 들어가는 모든 길목을 가로막고 있었

　　　　　　　　　　　　　　　제4부 공산당의 반란

다. 스페츠나츠는 특수장비를 동원해 버스를 치웠지만 광장 안에서 비무장 시민 다수와 마주쳤다. 마네즈에 투입된 병력은 군중 통제 훈련을 받은 적이 없었다. 무력을 쓰지 않고 시위대를 해산시키는 데 그날 오후 시간을 허비했다.

그날 밤 병사들은 장갑차 안에서 휴식을 취하려고 했다. 하지만 러시아 의회와 모스크바 시의회 의원들의 방문으로 계속 방해받았다. 의원들은 옐친의 호소문을 나누어주며 병사들에게 국가비상사태위원회의 명령을 무시하고 러시아 의회의 말을 들으라고 호소했다. 스페츠나츠 장교들은 의원들의 공식적인 신분을 보여주는 표시인 붉은 배지에 깊은 인상을 받았다. 현 상황에 대한 내부 논의를 통해 스페츠나츠 장교들은 고르바초프를 끌어내리는 일이 위헌적이라는 결론에 이르렀다. 장교들이 동요하자 의원들은 더 세게 밀어붙였다. 볼가강 유역의 니즈니 노브고로드 출신 의원인 보리스 넴초프가 농담 반 진담 반으로 제안했다.

"다들 크렘린으로 가서 야나예프와 담판을 집시다."[107]

스페츠나츠의 한 대령이 답했다.

"아닙니다, 동지. 그건 동지들이 할 일입니다. 하지만 원하는 대로 하세요. 막지는 않을 테니까요."

이른 저녁 스페츠나츠 부대는 마네즈 광장에서 철수해서 모스크바 남서부 툐플리 스탄에 있는 주둔지로 돌아가라는 명령을 받았다. 그날 밤늦게 "특수 작전"에 투입될 것이라는 말을 들었다. 전 부대원은 방탄조끼를 착용하고 탄창 2개를 소지해야 했다. 장교들은 얼마 안 가 벨르이돔 공격 명령이 떨어질 것으로 확신했다. 이들은 군 생활 중 처음으로 명령에 따를지를 두고 논쟁을 벌이기 시작했다. 한 중대장은 중대원에게 말했다.

"나는 사격 명령을 내리지 않을 테니 양심에 따라 행동해."[108]

중위 한 명은 이렇게 말했다.

"사격 명령이 떨어지면 명령에 따라야죠."

잠시 토론한 뒤 결론이 내려졌다. 첫 번째 바리케이드에서 멈춰서서 무전기를 끄고 의회 건물 공격에는 참여하지 않을 작정이었다.

스페츠나츠 부대가 마네즈 광장에서 철수하는 동안 병력수송장갑차 한 대는 소련 국기 대신 3색 러시아기를 달고 있었다. 당시 상황을 고려하면 이런 행동은 비정상적인 항명 행위였다. 부대와 함께 움직이던 KGB 사복 요원들은 즉각 조사를 시작해서 소대장인 올레크 네브조로프의 지시에 따라 러시아기를 단 사실을 밝혀냈다. KGB 요원들은 깃발을 내리게 하고 이렇게 덧붙였다.

"나중에 동무를 손봐주지."

이날 종일 대규모 군중이 벨르이돔 앞에 모였다. 그라초프는 아프간 전쟁 참전용사 인맥을 통해 러시아공화국 지도자들에게 벨르이돔 공격 결정이 내려졌다는 말을 전했다. 재앙을 피할 가장 좋은 방법은 모스크바 시민에게 건물을 지켜달라고 호소하는 것이라는 말도 전했다. 공격 부대는 비무장 민간인을 상대로 총격을 가하는 일을 크게 꺼릴 것이 확실했다.[109]

벨르이돔 수비대는 오후 내내 고철 조각과 부순 자갈로 바리케이드를 구축했다. 지역 운송회사에는 의회 건물로 진입하는 모든 길과 모스크바강에 놓인 다리들을 차단하는 데 사용할 대형 차량 수십 대를 제공했다. 얼마 안 가 벨르이돔 주변은 1989년 군 병력이 공격하기 직전의 천안문 광장을 떠올리게 했다. 시민 수십만 명이 군이 공격하는 경우 죽을 각오를 하고 팔짱을 껴서 여러 개의 원을 만들며 건물 주변에 서 있었다. 소형 라디오를 휴대한 사람이 많았다. 다수는 정기적으로 군의 가장 최근 움직임을 알려주는 민간 방송인 예호 모스크비에 주파수를 맞췄다.

군중 대부분은 이전에는 정치에 거의 관심을 보이지 않은 젊은이였다. 쿠데타는 이들이 냉담한 태도에서 벗어나 조국의 정치적 미래에 자신들의 이해관계가 걸려있다는 걸 깨닫게 했다. 새로 등장한 사업가 계층도 시위대에 포함되었다. 러시아 상품거래소의 브로커들은 약 90미터 길이의 3색 러시아기를 들고 벨르이돔으로 행진하며 옐친에 대한 지지를 표시했다.

쿠데타가 일어나고 처음 이틀간 계속된 눈부신 햇살이 지루한 가랑비로 바뀌면서 벨르이돔 수비대의 분위기도 점점 더 암울해졌다. 모든 정황이 최종 공격 준비가 진행 중임을 보여주는 것 같았다. 첫 공격 예상 시점은 초저녁이었다. 여성들은 모두 건물에서 나가게 했다. 1층 출입구 20개에는 바리케이드로 보안을 강화했다. 오후 6시가 지나자마자 5층 옐친 집무실에 모인 의원들은 예호 모스크비 방송을 통해 러시아 민주주의가 파국을 맞을 위험에 처했음을 알리는 성명을 내기 시작했다. 러시아공화국의 부통령이자 아프간 전쟁 영웅인 알렉산드르 루츠코이가 말했다.

"형제 장교들에게 호소한다. 동무들에게 하달된 명령을 생각해 보기 바란다. 동무들이 지키려는 이익은 국가의 이익이 아니라 쿠데타 세력의 이익이다. 누구도 동무들을 용서하지 않을 것이다."[110]

긴장이 최고조에 달했을 때 벨르이돔에 있던 의원들은 밖에서 갑자기 부산한 움직임이 있는 것을 느꼈다. 그 중심에는 수비대가 집중적으로 배치된 선을 억지로 통과하려는 부스스한 백발의 노인이 있었다. 고함치고 밀고 밀치는 소리가 요란했다. 몇몇은 노인을 안으로 들여보내야 한다고 주장했고 몇몇은 막아야 한다고 했다. 결연한 표정을 지은 노인이 계속 고함치는 소리가 왁자지껄한 소리를 뚫고 나왔다.

"옐친을 만나야 해."

결국 침입자의 정체가 밝혀졌다. 노인은 세계적인 첼리스트 므스티슬라프 로스트로포비치였다. 그는 알렉산드르 솔제니친과의 친분 때문에 브레즈네프 시대인 1978년 소련 시민권을 박탈당했다. 1989년 베를린 장벽에서 첼로를 연주한 로스트로포비치는 조국 러시아의 자유라는 명분을 지키기로 했고 파리에서 쿠데타 소식을 듣고 가장 빠른 에어프랑스 비행기로 모스크바로 날아왔다. 입국비자 없이 도착한 그는 모스크바에서 열리는 재외 교포 회의에 참석하러 왔다고 국경경비대를 속여서 현장에서 입국비자를 발급받았다. 공항에서는 택시를 잡아타고 곧장 벨르이돔으로 달려왔다. 나중에 러시아공화국 의원들은 쿠데타 기간 중 벨르이돔을 공격하는 데 성공한 인물은 로스트로포비치 뿐이라는 농담을 했다.[111]

결정적 순간에 로스트로포비치가 바리케이드를 억지로 통과하려는 광경을 모든 사람이 유쾌하게 지켜보지는 않았다. 니즈니 노브고로드 출신의 보리스 넴초프 의원은 신경이 날카로워진 수비대가 총격을 가할지도 모른다고 우려했다. 하지만 옐친은 유명 인사가 자기 곁에 있는 상황의 상징적 의미를 금방 깨달았다. 그래서 64세의 첼리스트인 로스트로포비치에게 AK-47 돌격소총을 빌려줘서 5층 집무실 밖에서 당분간 경비를 서는 것을 허락했다.[112] 활력이 넘치던 로스트로포비치는 얼마 안 가 수비대 동지들과 농담을 주고받았고 자신을 슬라바라는 친근한 이름으로 불러 달라고 했다.

벨르이돔 공격의 핵심 임무는 알파그룹이 맡았다. KGB 소속 반테러 정예부대인 알파그룹은 이미 크렘린을 위해 여러 민감한 작전을 수행한 경험이 있었다. 알파그룹 요원 수십 명은 월요일 아침 아르한겔스코예에 있는 옐친의 다차 주변 숲에 잠복한 상태였다. 옐친이 차로 모스크바로 이동할 때 매복 공격을 하는 게 어렵지 않았을 테지만 알파그룹에 행동 명령은 떨어지지 않았다. 자신이 상황을 주도하고 있다고 확신한 크류츠코프는 상대가 실수하기를 기다렸다. 하지만 그것은 치명적인 실수였다. 화요일에 옐친을 체포하기 위해서는 몇 배의 대가를 치러야 했다.

알파그룹 지휘관인 빅토르 카르푸힌은 국방부에서 돌아온 후 오후 5시 30분에 핵심 측근을 소집하고는 천둥 작전의 주요 내용을 설명했다. 알파그룹 부지휘관인 미하일 골로바토프가 물었다.

"누가 명령을 내렸습니까?"

"정부 명령이다."

"서면으로 하달된 건가요?"

"정부 명령이라고."[113]

카르푸힌은 화를 내며 같은 말을 반복했다. 골로바토프와 중간 지휘관들은 영웅 훈장을 많이 받았지만 늘 "상부"와의 대화에 즉각 달려가는 카르푸힌보다 일반 대원들의 분위기를 잘 알았다. 일반 대원들은 끝없이 이어지는 크렘린의 체스 게임의 말로 사용되는 상황에 질린 상태였다. 8개월 전 빌뉴스에서 TV 방송 시설을 장악한 임무가 마지막 한계였다. 알파그룹에 비무장 민간인 시위대를 상대로 작전 수행을 지시한 정치인들은 그로 인한 유혈사태를 책임지려 하지 않았다. 작전 중 사망한 젊은 중위에게 불명예를 씌우려고 하기까지 했다.

중간 지휘관 중 한 명이 벨르이돔 공격 계획을 두고 "무분별"하다는 표현을 하자 카르푸힌은 버럭 화를 냈다. 카르푸힌은 건물을 지키는 젊은 수비대를 결연한 공격 앞에 힘없이 무너질 "총알받이"라면서 부하들에게 의회 건물 주변을 정찰해서 공격 준비를 하라고 지시했다.

정찰 임무는 알파그룹이 가장 두려워한 것을 확인시켜줄 뿐이었다. 시민 약 5만 명이 벨르이돔 주변에 있었고, 무장 수비대가 수천 명에 달했다. 천둥 작전은 기술적 수준에서는 충분히 가능했다. 알파그룹 중 간 지휘관들은 기습 공격에 15~30분이면 충분하다고 판단했다. 하지 만 양측에서 발생할 사상자 수는 엄청났다. 공격 과정에서 대원 중 절 반 정도가 괴멸될 가능성이 컸다.

리투아니아 방송 시설 공격을 이끈 골로바토프는 대원들을 대상으 로 비공식적인 여론 조사를 했다. 대원들은 차례로 반대 의사를 표명했 다. 한 대원이 주장했다.

"민간인을 죽이러 벨르이돔에 갈 수는 없습니다."

그러자 이런 답이 돌아왔다.

"그렇다면 우리도 동무들을 투입하지 않겠다."[114]

벨르이돔 내부에서는 일부 수비대는 감당하기 힘들 정도로 긴장했 다. 저녁 8시쯤 옐친은 집무실 인터컴을 통해 국가비상사태위원회와 일부 협상을 진행한 러시아공화국 총리 이반 실라예프의 연락을 받았 다. 실라예프는 총리실 직원들을 건물에서 나가게 했고 자신도 귀가할 생각이라고 했다. 총리의 목소리는 의기소침하고 패배감에 빠진 듯 들 렸다.

"작별 인사를 드리고 싶습니다, 보리스 옐친 동지. 오늘 밤 모든 게 끝났습니다. 믿을만한 정보입니다. 그들이 오게 해서 우리를 귀가하게 합시다. 안녕히 계십시오."[115]

총리가 떠나자마자 옐친은 예호 모스크비를 통해 가능한 많은 사람 이 벨르이돔에 모이도록 호소하는 방송을 했다.

"러시아 시민 여러분! 지금처럼 중요한 순간에, 여러분이 선거를 통해 나라의 운명을 맡긴 사람들을 지원해 주기 바랍니다. 러시아 인민은 반동 세력을 물리치기 위해 힘을 모아야 합니다. 독재를 허용하지 않는다는 결단으로 탱크와 장갑차를 막아주십시오. 이런 활동이 우리가 이길 수 있는 비결입니다. … 쿠데타 세력의 최후는 얼마 남지 않았습니다. 법과 헌정질서가 이길 겁니다. 이 모든 상황에도 불구하고 러시아는 자유로워질 겁니다."[116]

국가비상사태위원회가 통금시간으로 정한 밤 11시가 빠르게 다가왔지만 모스크바 시민 수천 명이 대통령의 호소에 호응했다. 아프가니스탄 전쟁에 참전한 드미트리 코마르는 이날 이른 저녁 친구들에게 자신은 평생 싸움을 볼 만큼 봤다고 했다. 하지만 옐친의 호소를 들은 후에는 바리케이드로 가기로 했다. 23세의 공수부대원 출신인 코마르는 친구에게 이날 밤 집에 안 들어간다고 부모님께 전해 달라고 부탁했다.

"나도 시위에 참석해야 해. 어머니께 오늘 밤에는 학교 친구들과 함께 있을 거라고 말해줘. 걱정할 필요가 없다고."[117]

28세의 건축가이자 아마추어 시인인 일리야 크리쳅스키도 저녁에 예호 모스크비 방송을 들었다. 밤 10시 직후 전화벨이 울렸다. 군에서 함께 복무한 적이 있는 오랜 친구가 벨르이돔 주변에서 벌어지는 시위를 보러 가자고 했다. 두 사람은 바리카드나야 지하철역 인근에서 만나기로 했다. '바리카드나야'는 '바리케이드'라는 뜻으로 1905년 차르 정권에 대항한 민중봉기의 현장이어서 이런 이름이 붙었다. 일리야는 갈색 파카와 친구들이 부러워하는 검정과 붉은색이 섞인 카우보이 부츠를 신었다. 일리야가 나가려고 하자 아버지가 어디 가냐고 물었다.

"산책하려요."

"뭐하러 지금 산책하러 가? 통금 있다는 얘기 못 들었어?"

"멀리 안 가요."[118]

소련의 보안기구를 운용하는, 소위 힘 있는 장관들의 집무실에는 저녁 내내 전화벨이 울렸다. 천둥 작전 지휘관들은 누가 먼저 나서기를 기다렸다. 누구도 벨르이돔 인근에서 벌어질 유혈사태의 책임을 지고 싶지 않았지만, 누구도 국가비상사태위원회에 대놓고 항명할 생각이 없었다. 각자가 자기 방식으로 겉과 속이 다르게 행동했다.

늦은 밤 공수부대 사령관인 그라초프는 예브게니 샤포시니코프 공군 총사령관의 전화를 받았다. 샤포시니코프는 친"민주" 성향의 인물로 유명해서 그라초프는 그를 믿었다. 그라초프는 크렘린의 "쓰레기들"이 자신을 희생양으로 삼으려 한다고 불평했다. 훗날 샤포시니코프는 이날 그라초프가 벨르이돔 공격을 명령하느니 사임하거나 권총으로 자살하겠다고 말한 것으로 기억했다. 이들은 공수부대를 보내 쿠데타 세력을 체포하거나 크렘린을 폭격하는 것을 포함해 여러 방안을 논의했다. 그라초프가 말했다.

"안 됩니다. 그 경우 엄청난 혼란이 초래되고 인명피해가 발생할 수 있습니다. 그냥 전화기 옆에 앉아서 어리석은 짓을 막도록 합시다."[119]

두 사람은 전화 통화 후 옐친에게 사람을 보내 자신들은 벨르이돔 공격에 휘하 병력을 동원하지 않겠다는 말을 전했다.

첫 발포는 자정이 지나자마자 벨르이돔에서 800미터쯤 떨어진 사도보예 순환 도로에서 있었다. 타만스카야 사단 장갑차 10여 대가 미 대사관 앞을 지나 러시아 의회 주변 지역을 우회해서 외무부 쪽으로 이동했다. 장갑차 부대가 칼리닌 대로 아래 지하차도를 통과할 때 맨 앞에 있던 장갑차에 탑승한 병사들은 바리케이드가 길을 가로막은 것을 볼 수 있었다. 시내버스, 고철, 콘크리트 블록으로 된 바리케이드였다.

장갑차 대열이 터널에 들어서자 자갈, 병, 도로포장용 돌이 비처럼 쏟아졌다. 벨르이돔 수비대 수백 명이 사도보예 순환 도로에서 칼리닌 대로로 이어지는 나들목에 모였다. 수비대는 긴 시간 예상된 러시아 의회에 대한 공격이 진행 중이라고 확신했다. "러시아, 러시아"라는 구호가 밤공기를 채웠다. 중간중간 "파시스트", "개자식", "여기서 꺼져" 같은 구호도 나왔다.

선두 장갑차에 탑승한 병력은 공황상태에 빠지기 시작했다. 앞은 가로막혔고 돌아갈 수도 없었다. 장갑차 부대는 바리케이드를 뚫고 가기로 했다. 앞뒤로 움직이며 버스로 돌진한 뒤에 장갑차 2대가 간신히 빠져나왔고, 그 과정에서 수비대 한 명의 다리를 깔고 지나갔다. 격분한 시위대는 터널에 갇혀 있던 장갑차 위로 뛰어 올라가서 차창을 천막 덮개로 가려서 운전병이 앞을 보지 못하게 만들었다. 해치 위로 얼굴을 내민 병사들은 항복해야 했다. 다른 병사들은 자신들을 괴롭히는 시위대를 겁줘서 물러나게 하려고 공중에 총을 발사했다.

드미트리 코마르는 옐친의 라디오 호소를 듣고 나선 지 4시간이 지난 뒤 자신이 시위대의 중앙에 있다는 사실을 깨달았다. 코마르는 십대 시절 공군 조종사가 될 꿈을 꿨다. 하지만 아프가니스탄 전쟁에 참전한 뒤로 군 생활을 접었다. 참전 경험을 가족에게도 말하지 않았다. 이제 모스크바 거리에 총성이 울리자 코마르는 다시 한번 군 시절의 모습으로 돌아갔다.

저녁에 술을 마셔서 술기운에 대범해진 코마르는 제536호 장갑차에 올라갔다. 제536호 장갑차는 여러 번 바리케이드와 부딪쳐서 후면 해치의 잠금장치가 느슨해져 있었고, 코마르는 장갑차 내부로 진입하려고 했다. 코마르가 장갑차를 탈취하려 한다고 판단한 장갑차 사수는 밖으로 나가라고 명령했다. 코마르가 말을 안 듣자 장갑차 사수는 자동소총을 쐈다. 총알은 빗나갔지만 코마르는 몸의 중심을 잃었고 장갑차에서 떨어져 도로에 머리를 세게 부딪쳤다.[120]

벨르이돔 수비대 중 한 명이 치명상을 입은 사실을 알게 된 시위대는 "파시스트, 살인자"라고 외쳤다. 시위대는 코마르를 도로 한쪽으로 끌어낸 후 제536호 장갑차를 에워싸서 장갑차에 올라가기 시작했다. 나들목 위에 있던 사람들은 장갑차에 화염병을 던지기 시작했다. 얼마 안 가 장갑차 내부에 연기가 차오르자 장갑차 탑승 병력은 숨을 쉬기 어려워졌다.

시위대에게 폭행당할 것을 두려워한 제536호 장갑차의 사수는 AK-47 돌격소총을 공중에 발사했다. 총탄은 반쯤 열린 해치에 맞고 튕겨서 시위대 5~6명에게 날아갔다. 시위대 중 블라디미르 우소프는 머리에 총을 맞은 뒤 30톤짜리 중장갑에 깔렸다.

검정과 붉은색이 섞인 카우보이 부츠를 신은 아마추어 시인인 일리야 크리쳅스키도 이날 밤 싸움의 한 가운데에 있었다. 군 복무 시절 탱크 사수였던 크리쳅스키는 장갑차 부대원들이 벨르이돔에 대한 공격을 포기하도록 설득할 수 있기를 기대했지만, 코마르와 우소프의 죽음을 목격한 뒤에는 제536호 장갑차에 돌을 던지기 시작했다. 크리쳅스키는 주먹을 치켜들고 장갑차를 향해 돌진하다가 이마에 총을 맞은 뒤 즉사했다.

총격이 시작되었을 때 옐친의 경호원들은 대통령이 벨르이돔에서 탈출할 수 있도록 비밀계획을 실행하기 시작했다. 경호원들은 대통령을 재촉해 지하 주차장에 데려간 뒤 방탄 리무진에 태웠다. 주차장 출구는 새로운 미국 대사관 구역과 500미터도 떨어지지 않은 골목길과 연결됐다. 러시아 관리들은 옐친의 목숨이 위험해지는 경우 피난처를 제공받기로 미국 대사관과 이미 합의한 상태였다.

거리에서 격렬하게 싸우는 소리가 들리는 동안 옐친은 몇 분간 리무진 안에 앉아 있었다. 나중에 옐친은 일단 사태를 파악한 뒤에는 벨르이돔을 떠나는 것을 완강히 거부했다고 말했다.[121] 옐친과 측근들은 그날 밤 나머지 대부분 시간을 철문으로 막힌 지하 방공호에서 보냈다. 실제 건물 공격이 이루어졌다면 옐친이 살아남았을지는 확실하지 않다. 나중에 러시아 검찰은 KGB가 벨르이돔 지하의 미로 같은 터널과 벙커 지도를 확보해서 모든 출구를 봉쇄한 사실을 알게 되었다.

바리케이드 반대편에서는 몇몇 부대가 천둥 작전의 초기 단계를 이미 진행하기 시작했다. 자정이 지나자마자 스페츠나츠는 전투 준비를 완벽히 하고 툐플리 스탄에 있는 막사를 나섰다. 이들은 벨르이돔으로 바로 연결되는 레닌 대로와 모자이스크 고속도로를 따라 내려갔다.

국방부에서 정오 회의에 참석했던 보안 기관 수장들은 서로 베르투시카로 논의하기 바빴다. 그라초프는 기만과 혼란 조성이라는 소련군의 일반적 전술에 따라 공수부대 병력 투입을 미뤘다. 원래 공수부대는 알파그룹이 벨르이돔으로 가는 진입로를 확보하기로 되어있었다. 미국 대사관 앞에서 싸움이 벌어지자 그라초프는 내무부 병력의 동태를 확인하기 위해 그로모프에게 전화했다. 아프가니스탄 주둔군의 마지막 지휘관 출신인 그로모프가 답했다.

"대기 상태입니다. 이동 계획이 없습니다."[122]

그라초프는 알파그룹 지휘관인 카르푸힌의 전화를 받다. 카르푸힌은 부대원과 함께 벨르이돔 강 건너 다리 아래에 대기하고 있다고 했다. (나중에 이 정보는 잘못된 것으로 드러났다. 이날 밤 알파그룹도 부대에 남아 있었다.) 그라초프의 의사를 넌지시 떠본 카르푸힌은 알파그룹도 작전에 참여하지 않을 것이라고 말했다. 그라초프가 답했다.

"고맙습니다. 우리도 더 이상 모스크바에 머무르지 않을 겁니다. 추가적인 조치는 취하지 않겠습니다."

KGB 본부에서 크류츠코프는 밤새 벨르이돔 공격 소식을 기다리다가 새벽 2시쯤 국방부 장관 야조프로부터 충격적인 소식을 들었다. 군이 작전에서 발을 빼기로 한 것이다. 벨르이돔 주변 상황에 대해 보고받은 야조프는 모든 병력 이동을 중지시켰다.

크류츠코프는 모든 보안 기관 수장을 루뱐카 KGB 본부 5층의 의장 집무실에 소집했다. 야조프는 회의 참석을 거부하는 대신 국방부 차관인 아찰로프를 보냈다. 아찰로프가 집무실에 들어가자 테이블 주위에 모여 있던 국가비상사태위원회 위원들은 격분해서 소리쳤다. 대표단을 이끌고 포로스에 갔던 바클라노프가 물었다.

"겁을 먹고 꽁무니를 빼기로 했소?"

계획을 망친 책임이 누구한테 있는지를 두고 설전이 벌어졌다. KGB 간부들은 군의 소심함과 무능력을 비판했다. 바클라노프는 벨르이돔의 통신을 차단하지 못한 크류츠코프를 비난했다. 장군들은 민간인들을 비난했다. 마침내 크류츠코프는 군의 상황을 인정하고 동지들에게 부드러운 목소리로 말했다.

"자, 작전을 취소해야 할 것 같소."[123]

그렇게 쿠데타는 사실상 실패했다.

56장

포로스

1991년 8월 21일

이제 쿠데타 세력이 기댈 것은 하나밖에 없었다. 고프바초프에게 용서를 구하는 것이었다. 그런 고려까지 한 사실 자체가 쿠데타 세력이 얼마나 절박했는지 보여준다. 이들은 고르바초프를 4일간 감금하고 모든 통신을 차단했으며 핵 암호가 담긴 가방을 **빼앗아** 갔다. 하지만 고르바초프와 옐친이 경쟁 관계에 있고 고르바초프가 끊임없는 정치적 책략을 좋아한다는 사실도 알았다. 이들은 과거에 고르바초프의 이런 성향을 이용했다. 소련을 구해야 한다는 애국심 때문에 쿠데타를 일으켰다고 설득할 수 있다면 고르바초프가 타협에 응할 가능성이 있었다.

포로스의 대통령 별장에서 고르바초프와 가족들은 온종일 라디오를 들었다. 벨르이돔 인근의 총격, 러시아 의회의 지속적인 항거, 모스크바 병력의 철수 소식이 들려왔다. 쿠데타 세력이 무너지고 있는 것이 분명했다. 쿠데타 초기에 침묵한 정부와 당의 고위관리들은 라디오방송에 출연해서 국가비상사태위원회를 비난하고 합법적 대통령에 대한 충성을 표현했다.

뉴스 대부분이 고무적이었지만 염려할 만한 일도 있었다. 라이사는 의회 대표가 포로스로 날아가 대통령이 일할 수 없는 상태라는 것을 확인하는 데 크류츠코프가 동의했다는 BBC 뉴스에 특히 놀랐다. 3일간 눈을 붙이지 못한 영부인은 쿠데타 세력이 처음에 한 거짓말을 정당화하기 위해 남편을 진짜 환자로 만들 계획이었다고 결론 내리고는 당황한 상태에서 숨을 곳을 찾기 시작했다.[124] 라이사는 너무 겁에 질린 나머지 가벼운 뇌졸중을 앓아서 몇 시간 동안 말을 하거나 팔을 움직이지 못했다.

오후 5시 직전 질 리무진과 볼가로 이루어진 긴 차량 행렬이 캠프 여명의 문을 통과했다. 쿠데타 세력인 크류츠코프, 야조프, 바클라노프, 루키야노프가 대통령 전용기를 타고 크림반도로 내려온 것이다. 이들은 알렉산드르 루츠코이 러시아공화국 부통령과 실라예프 총리가 이끄는 러시아공화국 대표단을 태운 비행기보다 2시간 먼저 출발했다. 고르바초프를 먼저 만나서 자신들의 관점에서 사태를 설명하려 했다.

리무진 차량이 대통령이 머문 별장에 서자 고르바초프 곁에 남은 경호원들이 숲에서 나와 자동소총을 겨눴다.

"멈추시오!"[125]

경호원들은 쿠데타 세력을 체르나예프가 숙소로 쓰는 게스트하우스로 가게 했다. 대통령 보좌관인 체르나예프는 정부 고위직을 차지한 쿠데타 세력 대부분보다 한참 직위가 낮았다. 하지만 이들은 체르나예프를 보자마자 굽실거리기 시작했다. 얼굴에 패배감과 수치심이 역력했다. 체르나예프는 무표정하게 쳐다보고는 넌더리를 내며 나가버렸다. 나중에 고르바초프의 개인 비서인 올가 라니나는 야조프 부통령이 담배를 피우며 우는 모습을 보았고, 국방부 장관은 혼잣말로 이렇게 중

제4부 공산당의 반란

얼거리는 소리를 들었다.

"나는 나이만 처먹은 바보군."[126]

고르바초프는 경호원을 통해 쿠데타 주동자들에게 통신이 회복되기 전까지는 누구도 만나지 않을 것이라는 의사를 전했다. 그러자 통신 회복에 시간이 좀 걸릴 것이라는 답이 돌아왔다. 고르바초프가 말했다.

"서둘러 어딜 갈 생각이 없다고 전하게."[127]

통신선은 74시간 전에 끊어질 때처럼 저녁 6시 38분에 갑자기 복구되었다. 고르바초프는 2층 서재에서 옐친을 시작으로 주요 공화국 지도자들과 통화했다. 고르바초프는 연이은 통화로 국가에 대한 통제력과 최고사령관으로서 권한을 회복하기 시작했다. 고르바초프는 반역자들이 베르투시카를 사용하지 못하게 하고, 크렘린 경비대를 자신이 직접 통솔했으며, 항공산업부 장관에게 루츠코이 부통령이 탄 비행기를 인근 군 비행장에 착륙하게 하라고 지시했다. 메인주 케네벙크포트에서 휴가 중인 조지 부시 대통령에게 전화해서 쿠데타가 실패했고 공개적으로 자신을 지원해 준 데 대해 사의도 표했다.

러시아공화국 대표단은 고르바초프가 부시와 통화를 끝낸 직후인 저녁 8시쯤 도착했다. 대표단은 곧장 대통령 별장으로 안내되었다. 슬라브식 기쁨에 찬 재회가 있었다. 루츠코이와 실라예프는 달려가서 대통령을 껴안았다. 포옹과 입맞춤이 이어지고 눈물이 흘러내렸다. 모두들 한꺼번에 이야기를 나누며 지난 3일간의 드라마를 다시 한번 되새기길 원했다. 고르바초프와 대표단은 순간적인 감정에 휩싸여 몇 주 전만 해도 서로가 목숨 걸고 싸운 정적이었던 사실을 잊었다.

러시아공화국 대표단은 고르바초프가 아직 게스트하우스에 있는 "반역자"들과 만나는 것을 단호히 반대했다. 고르바초프는 대학 동창인 루키야노프 최고회의 의장과 블라디미르 이바시코 공산당 제2서기

만 만나겠다고 했다. 고르바초프를 만난 두 사람은 자신들이 국가비상
사태위원회와 관련이 없고, 최선을 다해 쿠데타에 반대했다고 주장했
다. 고르바초프는 두 사람의 해명을 듣다가 참지 못하고 루키야노프에
게 말했다.

"날 속일 생각 말게. 아나톨리, 우린 40년 지기 친구야. 몸을 던져
총을 막았어야지. 최고회의 소집을 거의 일주일이나 끌었잖아. 이런저
런 일을 했다지만 그게 무슨 말인가? 법을 지키고 대통령 편에 섰다면
바로 다음 날 최고회의를 소집했어야지. 옐친이 한 것처럼."[128]

루츠코이는 아직 충격에서 벗어나지 못한 라이사 여사의 반대를 물
리치고 그날 밤 전부 모스크바로 돌아가야 한다고 주장했다. 국가비상
사태위원회를 상대로 한 승리는 아직 확실하지 않았기 때문에 확실하
게 할 필요가 있었다. 아프간 전쟁 영웅 출신인 루츠코이가 직접 모든
보안 조치를 감독했다. 고르바초프 가족은 대표단과 함께 러시아 항공
기로 귀환하기로 했다. 크류츠코프는 자신의 경호원과 분리되어 비행
기 뒷좌석이 배정되었다. 야조프를 비롯한 나머지 쿠데타 주동자들은
대통령 전용기를 탔다.

비행기가 모스크바로 향하자 마침내 모두가 긴장을 풀기 시작했다.
대통령의 건강과 독재를 상대로 한 승리를 기념하는 건배가 있었다. 고
르바초프는 이렇게 선언했다.

"우리는 새로운 시대로 날아가고 있습니다."[129]

크류츠코프는 서류 가방을 껴안고 창밖을 보며 깊은 생각에 잠겼
다. 루츠코이의 측근으로 KGB 출신인 알렉산드르 스테를리고프가 크
류츠코프 옆자리에 앉았다. 대화할 마음이 크게 없던 크류츠코프는 중
간에 한숨을 쉬며 지난 며칠간 일어난 일로 자신이 "사임"해야 할 것이
라고 했고, 비행기가 모스크바에 착륙하자 대통령 일행과 같이 내리려

고 몸을 움직였다. 스테를리고프가 말했다.

"잠시 기다리세요."

몇 분 지나자 크류츠코프가 다시 자리에서 몸을 일으켰다.

"좀 더 기다리세요."

어색한 침묵이 흐르고 크류츠코프가 천천히 말했다.

"무슨 일이 일어나는지 알 것 같군."

"이제야 제대로 이해하셨군요."

크류츠코프 KGB 의장은 반역죄로 체포되어 레포르토보 감옥으로 이송되었다.[130]

57장

모스크바

1991년 8월 23일

고르바초프는 자신이 "새로운 나라로 돌아오는 새로운 사람"이라고 주장했지만, 처음에 자신이 포로스에 3일간 연금된 동안 소련에서 벌어진 변화의 정도를 제대로 이해하지 못했다. 그래서인지 공항에서 곧장 벨르이돔으로 가서 민주주의 수호자들에게 경의를 표하는 대신 귀가해서 잠자리에 들었다. 다음날 기자회견에서는 당 지도부의 반역에도 불구하고 공산당이 "진보적 세력"이라고 계속 주장했다. 개인적으로는 "사회주의 선택"에 충실할 것이라고 말하기도 했다.[131]

그날 밤 반공 시위대 수만 명이 루뱐카 광장의 KGB 본부에서 행진했을 때 고르바초프가 얼마나 분위기를 잘못 판단했는지는 확실히 드러났다. 시위대는 "자유, 자유"와 "KGB를 타도하자"라는 구호를 외치며 비밀경찰 창설자인 펠릭스 제르진스키의 동상을 허물려고 했다. 모스크바시 당국은 폭동을 막기 위해 광장 중앙에 세워진 "강철 펠릭스"라는 별명의 제르진스키 동상을 받침대에서 뽑아 올릴 크레인을 보냈

제4부 공산당의 반란

다. 루뱐카 건물 안에서 관리들이 서류를 폐기하는 동안 커튼이 쳐진 총안구에는 저격수들이 경비를 서며 건물 습격에 대비했다.

다음 날 아침이 되자 민중들의 분노는 페트롭카 거리의 경찰본부와 구광장의 중앙위원회 건물로 옮겨갔다. 승리한 옐친 진영은 길거리 혁명이 걷잡을 수 없게 되는 상황을 우려했다. 군중의 감정을 질서 있는 방향으로 이끌고 혁명을 끝내기 위해 뭔가 해야 했다.

모스크바시 당국자들의 촉구에 따라 옐친의 비서실장인 겐나디 부르불리스는 중앙위원회에서 진행중인 "집중적인 서류 파기" 저지를 고르바초프에게 요청하는 문서를 급하게 육필로 작성했다.

"중앙위원회 건물에서 진행 중인 활동을 일시적으로 중단하기 위해 서기장님의 지시가 필요합니다."

부르불리스는 승인을 받기 위해 문서를 고르바초프에게 가져갔다. 소련 공산당의 마지막 서기장인 고르바초프는 공문의 오른쪽 위에 서명했다.

"동의함. 1991년 8월 23일 M. 고르바초프."[132]

문서 내용을 타자로 제대로 작성할 여유가 없었다. 페트롭카 거리의 경찰본부에서 시위대가 이미 건물 주변 철제 울타리에 올라가고 있었다. 군중을 3킬로미터 정도 떨어진 구광장으로 이동하게 하는 것이 중요했다. 모스크바시 관리들은 확성기로 소리쳤다.

"시장이 여러분의 도움을 필요로 합니다. 모두 중앙위원회로 가주세요."

한 급진적인 공군 소령이 마이크를 잡고 시위대에 하던 일을 계속할 것을 촉구했다. 하지만 꼴 보기 싫은 공산당을 손볼 기회는 놓치기 싫었던 시위대 중 다수가 방향을 바꿔서 이동하기 시작했다.[133]

구광장에서는 모스크바시 의회 대표들이 중앙위원회의 작업을 "중지"라는 고르바초프의 지시를 전달할 방법을 두고 고심했다. 우선은 대리석 기둥이 양옆에 세워져 있어서 전통적으로 정치국원이 사용한 의전용 정문을 통과하려고 했다. 무표정한 KGB 경비원들은 출입을 막았다. 그러자 대표들은 뒤쪽으로 돌아갔다. 얼마간의 열띤 논쟁 끝에 마침내 이들은 건물 2층에 있는 중앙위원회 사무총장인 니콜라이 크루치나의 집무실에 도착했다.

넓은 집무실과 비서들이 일하는 대기실을 구분하는 방음용 이중문으로 불청객들이 들어오자 크루치나는 책상에서 일어났다. 턱수염이 나고 호리호리한 젊은 친구가 구겨진 문서를 크루치나에게 내밀었다. 젊은이는 자신을 모스크바 시장 비서실장인 바실리 샤흐놉스키라고 소개했다.

"즉각 건물을 비우라고 지시해야 합니다. 안 그러면 우리를 지지하는 사람들이 동무를 내던질 겁니다."[134]

크루치나는 문서를 확인했다. 문서 상단에 "고르바초프"라는 쓴 서명을 본 크루치나는 자신의 정돈되고 질서가 잡힌 세계가 갑자기 폭발한 것 같았다. 그는 오후 3시쯤을 가리키는 벽시계를 보며 단호하게 말했다.

"그럴 순 없소. 동무들이 중앙위원회 전체를 이런 식으로 폐쇄할 수는 없소."

"창밖을 보세요. 엄청난 군중이 있습니다. 조용히 나가시지 않으면 여기 있는 모든 사람을 발기발기 찢을 겁니다."

크루치나는 구광장이 내려다보이는 창문으로 가서 흰색 실크 커튼을 치고 밖을 엿봤다. 서로 팔짱을 낀 사람 수천 명이 만든 인간사슬이 건물을 에워싸고 있었다. 그 뒤로 더 많은 사람이 서 있었다. 일부는 허공에 주먹을 휘둘렀고 일부는 "민주주의 만세", "반역자들을 심판하라", "당관료를 중앙위원회에서 몰아내자"라는 구호가 적힌 현수막을 들었다. "공산당을 타도하자"라는 함성이 이중창을 뚫고 들어왔다. 여기저기서 사람들은 당원증을 찢고 있었다.

군중 사이사이에 경찰이 있었지만 시위대 편에 선 것 같았다. 경찰 차 위에 설치한 확성기가 러시아 의회 방송을 중계했다. 한 의원이 일어서서 "범죄기관"인 공산당의 해체를 요구하자 군중 사이에서 큰 환호가 터져 나왔다.

크루치나는 자신의 처지를 다시 생각했다. KGB 경비병을 제외하면 소집할 경비 병력이 없었다. 2시간 뒤면 주말이니까 어쨌든 건물은 비우게 될 터였다. 고르바초프가 서명한 문서는 중앙위원회의 활동을 "임시로" 중단하라고 했지 영영 폐쇄하는 것은 아니었다. 당관료들이 건물을 떠나지 않으면 앙심을 품은 군중의 공격을 받을 수 있었다. 크루치나는 샤흐놉스키와 일행인 예브게니 세바스탸노프가 비상방송 장비를 이용하는 것을 허락하기로 했다.

비서가 들어와 시장 집무실에서 온 사람들을 비상방송 장비가 있는, 미로 같은 건물의 다른 구역으로 데리고 갔다. 그곳에서도 샤흐놉스키 일행은 크루치나와 이미 벌인 논쟁을 다시 벌여야 했다. 방송 장비 관리자인 콘스탄틴 미신이 농담을 섞어 물었다.

"무슨 소립니까? 우리 보고 건물을 비우라니. 여기에 폭탄이라도 있습니까?"

콤소몰 지도자 출신인 미신은 고르바초프가 서명한 문서에 충격 받았다. 미신은 본능적으로 중앙위원회 여성 직원들은 피신하고 남자들은 남아서 싸워야 한다고 생각했었다. 하지만 민주적 중앙집중제의 원칙에 따라 운영되는 당의 서기장 지시가 떨어졌다. 상부에서 내린 결정은 하급자 전체에 구속력이 있었다. 나중에 미신은 이런 말을 했다.

"일단 지도부가 결정을 내리면 따라야 했다. 과거 당규는 우리가 당으로서 가진 힘의 원천이었다. 하지만 그 순간에는 치명적인 약점으로 바뀌었다."[135]

미신은 방문객들에게 비상방송 장비 작동법을 알려주었다. 시장 경호실장인 세바스탸노프는 전기 콘솔 앞에 앉았다. 세바스탸노프가 마이크로 방송했다.

"모스크바 시장실에서 알려드립니다. 최근 사태와 관련해 대통령 동의를 얻어 건물 폐쇄 결정이 내려졌습니다. 개인 물품은 가져갈 수 있지만 나머지는 전부 남겨 두셔야 합니다."

방송은 두 차례 반복되었다. 세바스탸노프와 샤흐놉스키는 방송 내용이 거대한 건물 단지 전체에 울리는 것을 들을 수 있었다. 방송실에서 나오자 복도에서 사람들의 발소리가 들렸다. 관리들은 이미 건물을 떠나고 있었다. 샤흐놉스키는 경멸감과 환희를 동시에 느끼며 이런 생각을 했다.

"침몰하는 배에서 탈출하는 쥐 같군."

중앙위원회의 여러 부서는 기밀문서가 옐친 진영에 들어가는 것을 막으려는 활동을 정신없이 진행했다. 국제국을 책임진 서기인 발렌틴 팔린은 사무실 팻말을 "소련 인민대표 V. I. 팔린"으로 바꿔 달게 했다. 민주 세력이 의원 면책특권을 무시하는 행동을 하기 전에 망설일 것으로 판단한 것이다. 보좌관 아나톨리 스미르노프에게는 크렘린의 재정 지원을 받는 서방 좌파 정당 명단을 파기하라고 했다. 구내방송을 통해 건물을 비우라는 지시가 떨어지자 부처 내 관리들은 당황하기 시작했다. 서류 더미가 커다란 클립과 함께 문서 세단기에 버려졌고, 금속 클립을 분쇄할 수 없는 문서 세단기가 작동을 멈췄다.[136]

이파테프 거리에 있는 직원 식당의 한쪽 구석에는 화분에 심은 나무와 깔끔하게 깔린 식탁보 위에 숨이 막힐듯한 침묵이 내려앉았다. 경비 요원들이 모스크바 최고의 레스토랑 중 한 곳에서 붉은색 출입증을 검사하고 있었다. 적갈색 앞치마를 두른 웨이트리스들이 테이블 사이를 오가며 손님들이 적은 주문지를 모으고 있었다. 관리 몇 명이 싼값에 제공되는 마지막 수프 그릇을 비우고 있었다. 갑자기 지배인이 뛰어오더니 소리쳤다.

"다 끝났어요. 건물을 폐쇄하고 있어요."

쓸쓸하고 시무룩한 목소리가 침묵을 깼다.

"뭐가 그렇게 즐겁습니까? 지금까지 우리를 먹여 살렸는데, 이젠 미국인들을 먹여 살려야 할 겁니다."[137]

관료들이 자신들의 운명을 두고 속을 태우는 동안 샤흐놉스키와 세바스탸노프를 지원하기 위해 모스크바 경찰 수십 명이 건물 안으로 들어왔다. 세바스탸노프는 이들에게 입구를 지키라고 지시했다. 두 사람은 주기적으로 1층의 창문 중 한 곳에 나타나서 초초해하는 군중에게 무슨 일이 일어나는지 알렸다. 샤흐놉스키가 큰 박수 소리에 맞춰 고르바초프가 서명한 문서를 들고 말했다.

"중앙위원회 활동이 정지되었습니다."

모스크바 시민은 서기장이 서명한 문서를 무슨 마법의 표시라도 되는 양 쳐다보았다. 세바스탸노프가 이렇게 선언했다.

"동지들이여, 우리가 다음에 해야 할 주요 행동은 크렘린의 별을 떼어내는 것입니다. 그러나 여기에 선동 세력과 과격분자들이 있다는 사실을 기억하세요. 여기서 혼란을 조성하려는 자들에게 어떤 명분도 주면 안 됩니다."[138]

그 사이 군중은 벨르이돔에서 라디오와 TV로 중계되는 고르바초프에 대한 공개적인 조롱을 즐기고 있었다. 이것은 옐친이 4년 전 고르바초프와 공산당 엘리트에게 당한 불명예에 대한 복수였다. 이제 무릎을 꿇은 쪽은 고르바초프고, 옐친은 가혹한 복수를 하려 했다.

그런 의식 자체가 충분히 모욕적이었다. 측근들에게 배신당한 소련 대통령이 옐친과 러시아 의회에 의해 정치적이고, 심지어 물리적일 수도 있는 죽음에서 구원받았다. 이제 고르바초프는 자신을 다차에 가두려 했던 세력을 왜 그렇게 신뢰했는지 해명하려고 했다. 의원들은 야유를 퍼부었다. 고르바초프는 오른손 검지를 공중에 흔들며 자신을 괴롭히는 행동을 멈추게 하려 했지만 헛수고였다. 그러자 옐친이 연단으로 다가갔다. 옐친은 고르바초프를 내려다보며 측근들의 배신 정도를 보여주는 각료 회의록을 읽을 것을 주문했다.

"읽으세요. 당장."

옐친은 오른손 검지로 고르바초프를 세게 찌르며 강요했다. 한때 자신이 후원한 인물의 뻔뻔스러움에 놀란 고르바초프는 증오에 찬 눈으로 잠시 옐친을 쳐다보았지만 덫에 걸린 것을 깨닫고 힘없이 미소를 지었다. 옐친은 얼굴에 승리의 표정을 감추지 못하고 몸을 돌렸고, 역사의 물줄기가 바뀌었다는 사실을 못 믿겠다는 듯이 머리를 흔들었다.

몇 분 뒤 옐친은 의원들에게 "잠시 쉬어"가자고 제안하고 러시아 공산당의 활동을 정지시키는 명령을 통과시켰다. 고르바초프는 항의하며 의원들에게 "끝까지 민주주의자"로 남을 것을 촉구했다. 고르바초프의 주장은 큰 박수와 발을 구르는 소리에 파묻혔다. 옐친은 비웃으며 "포고령이 서명"됐다고 선언했다. 구광장에서 중앙위원회 건물을 에워싼 시위대도 큰 함성으로 지지를 표명했다.

1917년 러시아 혁명 이후 70년간 공산당은 권력을 유지하는 열쇠로 의도적으로 신비감을 쌓았다. 인민과 분리함으로써 의식이라는 장벽으로 통치하고, 당 지도부는 박식하고 초연하다는 아우라를 얻었다. 사생활과 개인의 정치적 견해도 좀처럼 알려지지 않았다. 일반인들은 관료주의의 슈퍼맨들이 어떻게 좋은 옷을 구하는지, 어떤 책과 영화를 즐겨 보는지, 경축일에는 어떻게 붉은광장의 레닌 영묘 위에서 신비롭게 모습을 드러내는지 알 수 없었다. 모든 것이 중앙위원회 건물과 침묵의 도시를 달리는 리무진 커튼 뒤에 숨겨져 있었다. 미스터리가 차츰 풀리면서 사회에 대한 당의 장악력도 자연히 약화되었다. 이제 마지막 커튼이 치워지고 자신들이 받드는 체제보다는 자신을 구하는 데 몰두하는, 겁에 질리고 특별하지도 않은 무리가 모습을 드러냈다.

당 관료들은 중앙위원회 건물을 떠나는 동안 양옆에서 "창피한 줄 알아, 창피한 줄 알라고"라고 외치는 민주 시민 사이를 통과했다. 회색 양복과 흰 셔츠 차림의 암울한 표정의 관료들이 한 줄로 나타나자 귀청을 찢는 듯한 휘파람 소리가 곳곳에서 들렸다. 한 옐친 진영 인사는 건물에서 서류를 몰래 유출하는지 확인하기 위해 가끔 관료들에게 가방을 열어볼 것을 주문했다.

모스크바시 당수인 유리 프로코피예프는 중앙위원회 카페 옆문으로 빠져나오다가 화가 난 군중에게 붙잡혔다. 폭행당할 것처럼 보였지만 경찰 여러 명이 프로코피예프를 피신시켜서 큰 야유 속에 지나가는 택시에 태웠다.

1970년대 초 이런 비상 상황에서 사용하기 위해 모스크바 지하에 비밀 터널망이 구축되었다. 구광장 중앙위원회 건물-KGB 본부-크렘린, KGB 안전가옥-모스크바 교외의 핵전쟁 지휘소가 지하철로 연결되었다. 쿠데타에서 승기를 잡은 러시아 지도부는 공산당 관리들이 이 시설을 이용하지 못하게 하기로 했다. 샤흐놉스키와 세바스탸노프는 지원 병력이 오자마자 누구도 탈출하지 못하도록 터널 입구에 경비병을 배치했다.

건물이 접수되었을 때 사무실에서 일하던 고르바초프의 개인참모 몇 명은 건물에 남았다. 고르바초프의 외교 참모인 체르냐예프는 거리로 쫓겨나 망신을 당하는 관료들을 따라나서기를 거부했다. 이것은 개인의 존엄에 관한 문제였다. 체르냐예프는 고르바초프가 포로스에 감금되었을 때 곁에 남았다. 그는 자신이 앙심을 품은 군중의 야유를 받아서는 안 된다고 생각했다. 옐친 측 인사들은 결국 양보했다. 체르냐예프는 지하 터널을 통해 크렘린으로 안내되었다.[139]

밤 9시가 되자 구광장의 거대한 건물에는 사실상 아무도 없었다. KGB 경비병들도 쫓겨났다. 바실리 샤흐놉스키는 연이어 떠들썩한 사건에 휩쓸린 뒤에 모스크바 민병대 수십 명이 지키는 고요한 건물 안에 혼자나 다름없다는 것을 알게 되었다.

옐친과 같은 시기에 공산당을 떠난 샤흐놉스키에게 지난 사흘 반나절의 기억은 희미하기만 했다. 연이은 위기를 급하게 넘기면서 생각할 시간은커녕 눈 붙일 시간도 없었다. 이제 뜻밖에도 그는 컴컴하고 버려졌을 뿐 아니라 내밀한 세계 공산주의 운동의 요새에서 헤맸다. 샤흐놉스키는 건물의 새 책임자로 임명된 알렉산드르 소콜로프를 수행하면서 자신의 새 영역을 돌아보았다. 출입구를 확인하고, 창고 안에서 최근 들여온 대형 비디오 장비를 살펴보았다. 5층에 있는 동굴 같은 서기장 집무실과 복도 끝에 있는 정치국 회의실에 머리를 들이밀기도 했다. 그때 갑자기 어떤 생각이 떠올랐다. 샤흐놉스키는 소콜로프 쪽을 보며 놀란 목소리로 이렇게 선언했다.

"알렉산드르 동지, 우리가 방금 소련 공산당 중앙위원회를 폐쇄했습니다."

58강

모스크바

1991년 8월 24일

승자들이 승리를 축하하는 동안 패자들은 패배에 괴로워했다. 공산당이 금지된 날 고르바초프의 군사보좌관인 아흐로메예프 원수는 실패한 쿠데타에 대해 곰곰이 생각하며 크렘린 집무실에 앉아 있었다. 그리고는 마침내 펜을 꺼내 쓰기 시작했다.

우선 소련 의회 의장에게 편지를 써서 대의원 사퇴서를 제출했다. 다음에는 동료 의원들에게 800자로 된 작별 인사를 준비했다. 아흐로메예프는 자신이 최고사령관에 대항한 쿠데타를 지지했다고 인정했다. 아흐로메예프는 자신의 행동이 "군인 선서에 대한 의도적 위반"이라고 표현했다. 그는 쿠데타 음모를 사전에 전혀 알지 못했다. 하지만 적어도 지난 1년간 조국 러시아가 "파멸"을 향해 돌진한다고 확신했다. 그래서 쿠데타 성공 가능성에 대해 의심하면서도 비극이 벌어지는 것을 막기 위해 행동하는 이들을 도와야 한다는 도덕적 의무감을 느꼈다. 다민족 국가가 해체되고 군대가 금방이라도 해체될 상황에서 뒷짐을 지고 있을 수 없었다. 아흐로메예프는 이렇게 썼다.

"국가, 인민, 군. 이 세 가지가 내 삶과 인민 수백만 명의 삶에 의미를 부여했다. 결과적으로 내 삶이 지금 의미를 잃고 있었다."[140]

68세의 아흐로메예프 원수는 흑해 해안가의 소치에서 휴가를 보내는 동안 쿠데타 소식을 들었다. 아흐로메예프는 국가비상사태위원회를 돕기 위해 즉각 모스크바로 돌아갈 준비를 했다. 그날 밤은 크렘린 집무실 소파에서 보내며 벨르이돔 공격과 반항하는 러시아 지도부를 체포하는 계획을 짜는 일을 도왔다. 쿠데타 세력이 무너지는 것이 확실해 졌을 때는 일기장에 이런 글을 남겼다.

"역사에 기록되게 하자. 쿠데타 세력은 위대한 국가의 몰락에 항의했다. 누가 옳고, 누가 죄를 지었는지는 역사가 판단하게 하자."

아흐로메예프는 친한 군 동료들에게 편지 몇 통을 쓴 후 정부 다차로 귀가했다. 부인 타마라는 아직 소치에 있었다. 두 딸 나타샤와 타티아나는 아이들과 함께 집에 있었다. 아흐로메예프는 초조해하고 어떤 생각에 사로잡힌 것 같았지만 자제력을 보였으며, 쿠데타 후 처음으로 자식들과 마음을 연 대화를 하고 싶어 하는 듯 보였다.

아흐로메예프 가족은 저녁을 먹은 뒤 베란다에 함께 앉아 커다란 수박을 먹으며 키 큰 전나무를 통해 부는 산들바람 소리를 들었다. 나타샤와 타티아나는 아버지의 화를 돋우지 않으려고 고르바초프 이야기는 피했다. 그 대신 아버지가 전시 무공에 관해 회상하도록 분위기를 조성했다. 아흐로메예프는 체중이 약 40킬로그램 줄어들 정도로 굶어 죽다시피 한 레닌그라드 포위 공격 당시의 영웅적 전투와 자신이 참전한 스탈린그라드 전투의 승리에 관해 이야기했다. 나타샤는 결국 쿠데타 이야기를 꺼냈다.

"아버지는 항상 쿠데타가 불가능하다고 말씀하셨어요. 이제 쿠데타가 벌어졌고 국방부 장관까지 쿠데타에 가담했어요. 이런 상황을 어떻게 설명하시겠어요?"

잠시 생각에 잠긴 아흐로메예프가 답했다.

"기금도 설명이 안 되는구나."[141]

다음 날 아침 9시 아흐로메예프는 볼가 관용차를 타고 크렘린으로 향했다. 저녁에 손녀에게 정원을 산책하기로 약속한 걸 보면 기분이 좋아 보였다. 30분 뒤 나타샤는 아흐로메예프에게 전화를 걸어 오후에 공항에 어머니를 태우러 나갈 것이라고 했다.

나타샤와 통화하고 몇 분 후 아흐로메예프는 자살 시도를 했지만 실패했다. 창틀에 올가미를 묶었지만 목을 매달자 끈이 끊어졌다. 오전 9시 45분 아흐로메예프는 자신에게 벌어진 일을 기록했다. 이날 아침 늦게 아흐로메예프가 크렘린 복도에서 돌아다니는 모습이 보였는데 구내식당에 가는 것 같았다. 정오에 아흐로메예프는 운전기사를 불러서 오후 1시까지 차가 필요하다고 했다. 운전기사는 하염없이 계속 기다렸지만 아흐로메예프 원수는 나타나지 않았다.

밤 10시가 되기 직전 건물 순찰을 하던 크렘린 당직 사관은 19A 사무실 문이 살짝 열려있는 것을 보았다. 야근하기에도 아주 늦은 시각으로 보였다. 문을 열고 들어간 당직 사관은 창가 라디에이터 위에 아흐로메예프의 가늘고 축 처진 몸이 고꾸라져 있는 것을 발견했다. 목에는 흰 나일론 끈을 두르고 있었고, 끈의 한쪽 끝은 쇠로 된 창문 손잡이에 묶여 있었다. 곁에는 나무 의자가 한쪽으로 치워져 있었다. 시신은 소련군 원수 복장 차림이었다.[142]

수사관들은 아흐로메예프의 책상에서 10여 장의 편지를 발견했다. 어떤 봉투에는 50루블과 쿠데타 기간에 크렘린 구내식당에서 먹은 음식과 음료값을 주라고 부탁하는 메모가 있었다. 군 동료들에게 장례식과 관련해 가족을 도와달라는 편지도 있었고, 부인에게 쓴 사적인 편지도 있었다. 정치적 유언으로 보이는 다음과 같은 편지도 발견됐다.

> 조국이 무너지고 있고 내가 믿은 모든 것이 파괴되는 상황에서 살 수가 없다. 내 나이와 지금까지의 삶을 고려하면 이제 세상을 떠나도 상관없다. 나는 끝까지 싸웠다.
>
> 1991년 8월 24일 세르게이 아흐로메예프.[143]

니콜라이 크루치나는 8월 25일 일요일 저녁 건물 새 관리자들과 회의를 하기 위해 중앙위원회 집무실로 돌아왔다. 그는 공산당 자산을 러시아 정부로 양도하는 문제와 쫓겨난 관료 1000여 명의 복지 문제에 관해 이야기할 만큼 침착했다. 밤 9시가 조금 지나 회의를 마치면서 샤흐놉스키가 말했다.

"당연히, 당 재정 상태에 대해 특별히 논의할 필요가 있습니다."[144]

재정담당 관료의 얼굴이 창백해지면서 "좋소, 좋습니다. 그 문제는 내일 이야기합시다"라며 불쑥 말을 끊고는 대기실에서 소지품을 챙긴 후 나갔다. 샤흐놉스키는 정직하고 성실한 재정담당 관료가 부끄러워할 어떤 이유가 있다는 인상을 받았다. 은밀히 돈을 벌 구조를 만들기 위해 당 자금을 전용한 것과 관련이 있을 수 있다고 판단한 것이다.

크루치나는 차를 타고 모스크바 중심 플레트뇨프 거리에 있는 자택으로 귀가했다. 크루치나의 집은 고위 당관료들을 위해 마련된 호화 아파트 단지에 있었다. 밤 10시 30분쯤 크루치나는 아내에게 잘 자라는 인사를 하고 "할 일이 좀" 있다며 서재로 들어갔다. 그리고는 편지 2통을 써서 자신에게 벌어진 일을 정리했다. 가족에게 남긴 편지에는 이런 말이 있었다.

"나는 양심에 거리낄 것이 없어. 나는 범죄자가 아니야. 겁쟁이지."

크루치나는 "겁쟁이"라는 말에 밑줄을 쳤다.[145]

모스크바에 동이 트면서 금빛 돔 형태의 교회, 허물어져 가는 공동주택, 화려한 웨딩 케이크 모양의 고층 건물을 붉게 물드는 사이, 크루치나는 5층 발코니에서 난간을 넘어 몸을 던져 자살했다.

소련공산당은 무장 반란으로 정권을 잡은 지 거의 74년 만에 사라졌다. 당이 소멸할 때 당원이 1500만 명에 달했지만, 누구도 저항하지 않았다. 전 세계 혁명 운동의 본부로 사용된 건물을 폐쇄하는 데 민병대 10여 명과 직인이 찍힌 서류 몇 장이면 충분했다. 종말이 왔을 때 공산주의자들은 반격에 나서기에는 너무 지치고 의욕도 없었다.

공산당은 성서에서 말한 인간의 수명인 "70년"이라는 기간이 지난 뒤 더 이상 손 쓸 수 없을 정도로 기진맥진하기 시작했다. 공산주의자들은 여러 면에서 북아메리카처럼 풍부한 땅을 75년 가까이 통치하면서 소진했다. 사회주의의 한계를 확장할 능력도 소진했다. 이룰 수 없는 유토피아라는 지키지 못할 약속으로 인민들도 소진했다. 요컨대 원대함과 단순함으로 수백만 명을 움직인 생각과 지상낙원을 건설하려는 위대한 생각을 소진했다.

공산주의의 내구력과 신속한 붕괴는 동전의 양면이었다. 대규모 억압, 엄격한 중앙집권, 모든 것을 아우르는 이념, 군사력에 대한 집착 등 체제의 강점이 치명적인 약점으로 바뀌는 시점이 왔다. 볼셰비키는 모든 민족주의와 정치적 반대의 발현을 무자비하게 억압함으로써 공산주의와 소련이 한꺼번에 붕괴하는 조건을 만들었다. 종말에 다가왔을 때 누구도 이들을 도울 준비가 되어있지 않았다.

역사는 공산주의를 사라지게 한 공을 주장하는 많은 사람을 기록할 것이다. 교황 요한 바오로 2세는 공산주의 지도자의 도덕적 실패와 정치적 고립을 드러나게 했다. 안드레이 사하로프는 소련인 대부분이 침묵할 때 인권의 보편성을 강조했다. 레흐 바웬사는 노동자 국가로도 불리는 사회주의 국가에 대항하는 노동자 반란을 주도했다. 아프간 무자헤딘은 붉은군대가 무적군대가 아니라는 사실을 입증했다. 로널드 레이건은 소련 지도부를 상대로 소련이 이길 수 없는 군비경쟁을 했다. 보리스 옐친은 소련 공산당이라는 거대한 단일체를 산산조각냈다. 미하일 고르바초프는 소련 인민 수백만 명이 비극적인 과거에 직면하게 했다.

이런 기여 하나하나가 중요하지만 어느 것도 결정적이지는 않았다. 공산주의는 어느 한 개인이나 집단에 패배한 것이 아니었다. 결국, 공산주의는 자멸했다.

1989년 2월 15일 아프간에서 철수 중인 소련군 장갑차가 국경 도시 하이라탄에 있는 "우정의 다리"를 건너고 있다. 군악대가 행진곡을 연주하고 급하게 만든 퍼레이드장에는 "조국의 명령이 완수되었다"라는 현수막이 걸렸지만 병사들은 쓸쓸함을 숨길 수 없었다.

1989년 4월 9일 조지아 트빌리시에서 벌어진 유혈 사태의 희생자들. 희생자 대부분은 16~70세 여성으로 잔뜩 몰린 군중 사이에서 자신을 방어할 능력이 가장 적은 이들이었다.

1989년 천안문 사태 당시 시위대가 만든 "민주여신상". 인민해방군이 천안문 광장으로 온
다는 소문이 돌자 학생 수천 명이 인민영웅기념비 주변에 모였다.

1989년 5월 25일 인민대표회의 제1차 회의에서 발언 중인 사하로프. 인민대표회의가 끝나고 몇 주 뒤 소련에서 가장 인기 있는 신문 〈아르구멘티 이 팍티〉는 독자 2000만 명을 대상으로 "최고의 대의원"을 뽑는 여론조사를 했다. 여기에서 사하로프가 1위 옐친이 2위를 차지했고, 고르바초프는 한참 처진 17위에 머물렀다.

W SAMO POŁUDNIE
4 CZERWCA 1989

1989년 6월 4일 자유선거 직전 폴란드 자유노조가 만든 포스터. 카우보이 복장을 갖춘 영화 배우 게리 쿠퍼의 사진 아래에 "6월 4일 하이 눈"이라고 적힌 이 포스터는 48년간 연이은 공산당 통치 뒤에 실시되는 선거에 무엇이 걸려있는지 압축적으로 보여준다.

1989년 11월 9일 동독 선전 책임자인 귄터 샤보브스키(연단 오른쪽에서 두 번째)가 기자 회견을 하고 있다. 동독의 다른 개혁세력과 마찬가지로 샤보브스키는 "프롤레타리아 독재"의 날이 얼마 남지 않았다고 느꼈지만 자신이 곧 촉발시킬 역사적 격변에 대해서는 전혀 알지 못했다.

▶ 1989년 11월 9일 브란덴부르크 문 인근 베를린 장벽. 독일인 다수는 브란덴부르크 문을 제2차 세계대전에서 패배한 뒤에 상실한 통합된 독일의 상징으로 여겼다. 바로 몇 시간 전만 해도 이 곳은 경계가 삼엄해서 접근은 생각조차 할 수 없었지만 독일인들은 이제 전 세계 시청자를 깜짝 놀라게 하며 그 위에서 춤을 추기 시작했다.

루마니아 독재자 차우셰스쿠가 마지막 연설을 한 발코니를 점령한 시민들. 니콜라에 차우셰스쿠는 집권 24년 동안 자신을 에워싼 사람들의 숭배에 의존하게 되었다. 하지만 1989년 12월 21일 차우셰스쿠가 계속 큰 소리로 연설하는 사이에 야유가 들렸고 "자유", "민주주의", 그리고 "우리가 인민이다"라는 구호가 나왔다.

프라하 벤체슬라스 광장에 모인 체코슬로바키아 시민들. 1989년 11월 24일 '프라하의 봄'의 영웅인 둡체크가 벤체슬라스 광장의 고층 난간에 모습을 드러내자 30만 명의 인파가 귀가 먹을 듯한 함성으로 "둡체크, 둡체크"를 연호했다. 알렉산데르 둡체크는 시민들의 연호가 끝나기를 기다리고는 구호를 외쳤다. "인간의 얼굴을 한 사회주의 만세!"

1989년 11월 24일 저녁 프라하 라테르나 마기카 극장에서 기자회견 중 제1서기와 정치국원 전원이 물러났다는 소식을 듣고 포옹하는 알렉산데르 둡체크와 바츨라프 하벨.

◀ 1991년 1월 11~13일 리투아니아 유혈 사태가 벌어진 빌뉴스 TV 송신탑. 소련군은 AK-47 돌격소총을 시위대에 직접 겨냥했고 TV 송신탑 공격에서 사망한 시민 11명 중 7명은 총에 맞아 숨졌다. 빌뉴스 중심에 있는 병원은 얼굴이 새까맣게 타고, 다리가 부러지고, 내장이 튀어나온 사람들로 가득 찬 끔찍한 학살의 현장이 되었다.

1991년 8월 19일 소련 국가비상사태위원회 기자회견. "강력한 통제"를 옹호하는 자들이 불안에 떨고 자신감이 없어 보였고, 특히 대통령 권한대행으로 추대된 야나예프 부통령(사진 맨 오른쪽)은 떨리는 손을 주체하지 못했다.

1991년 8월19일 쿠데타 세력이 동원한 탱크 위에 올라간 보리스 옐친. 환호하는 지지자에게 에워싸인 옐친은 힘이 나고 큰 안도감이 들었다. 쿠데타 세력은 총을 가지고 있었지만 국민들은 옐친의 손을 들어주었다.

"국제법의 주체이자 지정학적 실체로서 소련사회주의공화국연방은 존재하지 않는다."
1991년 12월 8일 우크라이나의 크랍추크(왼쪽에서 두 번째), 벨라루스의 슈시케비치(왼쪽
에서 세 번째), 러시아의 옐친(오른쪽에서 두 번째)은 폴란드 국경과 인접한 벨라베슈스카야
숲 산장에 모여 소련에 사망 선고를 내리고 새로운 독립국가연합의 탄생을 알리는 공동선언
문에 서명했다.

에필로그

EPILOGUE

소비에트사회주의공화국연방은 더 이상 존재하지 않는다.
_1991년 12월 러시아·우크라이나·벨라루스 대통령

민중에게는 자비가 없다.
그들에게 선한 일을 해도 아무도 감사해하지 않는다.
_알렉산드르 푸시킨, 〈보리스 고두노프〉

59장

벨라베슈스카야숲

1991년 12월 8일

러시아, 우크라이나, 벨라루스 지도부가 벨라루스 지역의 숲속에 있는 브레즈네프의 오래된 사냥용 산장에 도착했을 때 눈이 약간 내리고 있었다. 완벽한 겨울이었고 공기가 차고 상쾌했다. 벨라루스 대통령인 스타니슬라프 슈시케비치는 다정한 주인 역할을 하며 소나무 숲이나 사냥터 산책을 제안했지만 손님들은 사양했다. 한가하게 시간을 보내기에는 너무 신경이 곤두섰고 초조했다. 이들이 인적 드문 산장에 모인 이유는 소련을 매장하기 위해서였다.

폴란드 국경과 인접한 벨라베슈스카야 자연공원은 밀회를 하기에 완벽한 곳이었다. 가장 가까운 도시인 브레스트-리토프스크는 80킬로미터나 떨어져 있었다. 특수부대가 접근로를 모두 차단한 상태에서 산장을 지켰다. 취재단은 벨라루스의 수도인 민스크에 남았다. 모스크바 교외 다차에서 주말을 보내던 고르바초프는 자신을 뺀 슬라브 3국 지도자가 무슨 논의를 하는지 조마조마했다. 고르바초프뿐 아니라 모스크바에 있던 이들도 깊은 숲에서 벌어질 사건을 전혀 눈치채지 못했다.

공화국 지도자들이 벨라베슈스카야숲에 모였을 때 소련 중앙정부의 권력은 극적으로 축소된 상태였다. 고르바초프에 대한 새로운 모욕 없이 넘어가는 날은 거의 없었다. 11월 초 고르바초프는 조지 부시 대통령과의 정상회담을 하기 위해 마드리드를 방문했다. 귀국한 고르바초프는 각 공화국에 최소 70개에 달하는 연방 부처가 없어진 사실을 알게 되었다. 보리스 옐친이 이끄는 러시아공화국 정부는 고르바초프와 아무런 상의 없이 연방 재무부에 세금 납부를 중단하고 러시아공화국 영토에 매장된 석유와 가스를 직접 관리했다. 11월 말이 되자 일부 언론은 고르바초프의 권력을 영국 여왕의 권력과 비교하기 시작했다.

하지만 고르바초프의 권위에 대한 가장 강력한 타격은 아직 가해지지 않은 상태였다. 12월 1일 소련에서 러시아공화국 다음으로 인구가 많고 힘이 있는 공화국인 우크라이나에서 대통령 선거가 독립 찬반 국민투표와 함께 진행되었다. 우크라이나인들은 거의 10명 중 9명이 독립을 원했고, 한때 공산주의 신봉자였던 레오니트 크랍추크를 초대 대통령으로 선출했다. 크랍추크는 자신이 민족주의자임을 확실히 하기 위해 소련에 미래가 안 보인다는 의견을 밝혔고, 투표하면서 기자들에게 이렇게 말했다.

"국민투표를 하고나면 고르바초프가 간섭할 능력이 사라질 겁니다. 수백만 인민의 움직임을 거스를 수는 없습니다."[1]

며칠 후 크렘린에서 고르바초프를 만난 옐친은 5300만 우크라이나인이 빠진 새 연방은 상상할 수 없다고 말했다. 그러고는 "일이 잘 안되면 우리는 다른 선택지를 생각해야 할 것"이라고 알쏭달쏭한 말을 했다.[2] 고르바초프는 이 발언을 옐친이 크랍추크에게 타협을 하도록 압박하겠다는 뜻으로 해석했다. 하지만 시베리아 출신인 옐친은 다른 해결책을 마음에 두고 있었다.

옐친과 참모들은 몇 달간 소련을 해체할 생각을 해왔다. 실패로 끝나 8월 쿠데타는 러시아공화국과 중앙정부 간 힘의 균형을 완전히 바꾸어 놓았다. 고르바초프는 옐친의 동의 없이 아무 일도 할 수 없었다. 그래도 옐친은 소련 대통령이 있는 한 자신이 러시아의 완전한 주인이 될 수 없다는 것을 알았다. 옐친은 고르바초프의 끊임없는 정치적 술책이 나라를 내전의 벼랑 끝으로 몰고 갔다고 판단해서 그런 행위를 경멸했다. 1987년 고르바초프가 자신을 병상에서 끌어내어 복수심에 차서 자신을 비난하는 공산당원 앞에 내팽개쳤을 때 겪은 정치적 수모도 기억했다. 옐친은 고르바초프 때문에 우울증, 불면증, 신경쇠약에 시달렸다. 이제 되갚을 시간이 왔다.

소련에 사망 선고를 내리고 새로운 독립국가연합의 탄생을 준비하는 데 24시간이 걸렸다. 세 지도자의 측근들은 공동성명을 작성하느라 밤을 새웠다. 관련 회의를 극비로 서둘러 진행해서 일이 엄청 복잡했다. 사냥용 산장에는 복사기가 없었다. 소련 해체에 관한 문서를 복사할 때에는 연결된 팩스 2대를 사용해야 했다. 타자수 단 2명이 세 언어로 된 문서를 만들었다.[3]

12월 8일 오후가 되자 모든 준비를 마쳤다. 옐친, 크랍추크, 슈시케비치는 "국제법의 주체이자 지정학적 실체로서 소련사회주의공화국연방은 존재하지 않는다"라는 공동선언문에 차례로 서명했다. 세 지도자는 각자의 영토에 배치된 핵탄두에 대한 권리도 주장했다.

이제 남은 일은 세상에 알리는 것이었다. 벨라베슈스카야에 모인 사람들이 전화를 건 순서는 이들의 우선순위가 어디에 있는지 보여주었다. 가장 먼저 연락한 인물은 비슬라브non-Slavic 공화국으로는 유일하게 핵무기를 보유한 누르술탄 나자르바예프 카자흐스탄 대통령이었다. 그 순간 나자르바예프는 모스크바행 비행기를 타고 있었다. 옐친은 나자르바예프를 설득해서 벨라루스로 곧장 오도록 통화를 시도했다. 소련 항공관제소가 통화 연결을 거부하자 비행기가 모스크바 공항에 착륙할 때까지 나자르바예프와 연락이 되지 않았다. 슬라브 동지들이 사전에 협의하지 않은 사실에 화가 난 나자르바예프는 소련 해체를 선언하는 공동선언에 며칠간 서명하지 않았다.

다음 통화 대상은 조지 부시 미국 대통령이었다. 벨라베슈스카야 협약이 시행되면 소련의 폐허에서 12개 신생국가가 생길 터였다. (발트 3국은 쿠데타 직후 독립을 직접 쟁취했다.) 이런 활동이 성공하려면 신속한 국제적 승인이 꼭 필요했다. 그렇지 않으면 소련 공화국 사이에 논쟁과 영토 분쟁이 일어나서 유고슬라비아에서 벌어진 비극이 훨씬 큰 규모로 전개될 가능성이 있었다.

미국 대통령과 가장 쉽게 통화하는 방법은 소련 정부 통신망인 베르투시카를 이용하는 것이지만, 베르투시카는 아직 고르바초프의 통제 아래 있었다. 정적을 믿지 못한 옐친은 일반 전화로 통화하기로 했다. 몇 분 후 전화 교환원의 겁에 질린 전화가 걸려왔다. 백악관 교환원과 의사소통이 안 된 것이다. 영어가 유창했던 안드레이 코지레프 러시아 외무부 장관이 전화를 받았다. 코지레프는 백악관 교환원에게 보리스 옐친이 정확히 누구고 부시 대통령을 연결해주는 일이 왜 중요한지 참을성 있게 설명했다.[4]

소련과 러시아공화국의 국방부 장관에게도 상황을 설명하기 위해 전화를 했다. 이런 모든 통화가 끝난 후에야 고르바초프에게 소련이 사라지고 그에 따라 소련 대통령 자리도 사라졌다는 사실을 알리기 위해 시간을 냈다. 이번에는 세 사람 중 가장 나이가 적은 벨라루스 대통령이 전화를 걸었다. 나머지 두 지도자는 다른 수화기로 대화를 들었다.

세 사람은 고르바초프가 어떤 반응을 보일지를 너무 잘 알았다.

마침내 통화가 이루어지자 고르바초프는 분통을 터트렸다. 고르바초프는 지난 몇 시간 동안 미친 듯이 측근들에게 전화를 걸어 벨라베슈스카야숲에서 일어나는 상황을 알아내려고 했다. 누구도 상황이 어떻게 진행되는지 전혀 모르는 듯했다. 고르바초프는 지난 8월 모든 통신이 차단된 때와 마찬가지로 무력함을 느꼈다. 고르바초프는 나중에 기자들에게 옐친이 직접 전화를 하는 예의조차 갖추지 않은 사실에 "충격"을 받았다고 했다. 고르바초프는 슈시케비치가 협정 사항을 알리자 이렇게 따져 물었다.

"왜 동무가 전화하는 거요? 동무들이 이미 모든 걸 결정했다는 말이요?"

말투가 부드러운 슈시케비치가 협정문에 서명했을 뿐 아니라 부시 대통령에게도 이미 통보했다고 하자 고르바초프는 다시 폭발했다.

"이건 모욕입니다. 동무들은 미국 대통령과 통화하고 '자국' 대통령에게는 말하지 않았소. 이건 수치스러운 일입니다."[5]

60장

모스크바

1991년 12월 25일

옐친은 모스크바로 돌아왔을 때 크렘린에 가서 고르바초프에게 소련과 소련 대통령직을 잃었다는 사실을 공식적으로 통보하는 일을 주저했다. 알파그룹에 경계태세가 떨어졌고 국가 전복 시도 혐의로 "벨라베슈스카야 3인방"을 체포할 준비를 한다는 소문이 돌았다. 고르바초프에게 전화를 건 옐친은 자신이 크렘린에 진입을 시도하다가 체포될지도 모른다고 말했다. 고르바초프는 아직 아랫사람에게 쓰는 말투로 믿을 수 없다는 듯 따졌다.

"뭐가 문제요? 정신 나갔소?"[6]

옐친은 걱정할 필요가 없었다. 고르바초프는 세 슬라브 공화국의 지도자에게 격노했지만 권력을 지키기 위해 무력을 쓸 생각은 없었다. 새로운 연방 조약 체결에 실패한 사실은 고르바초프가 지난 9개월간 이루려고 한 모든 것이 무너진 것을 보여주었다. 고르바초프는 소련 해체를 더 많은 고통과 혼란을 초래할 뿐인 정치·경제적 재앙으로 여겼

제4부 공산당의 반란

다. 하지만 결국 벨라베슈스카야 합의를 받아들일지 거부할지는 소련의 일반 국민에게 달렸다. 고르바초프는 인터뷰에서 이렇게 밝혔다.

"국민의 대의기구가 내린 결정을 존중할 겁니다. 국민 스스로 결정하게 합시다."[7]

고르바초프는 과거 크렘린 지도부가 폐쇄적으로 내리던 결정에 일반인이 참여할 수 있도록 하면서 페레스트로이카를 시작했었다. 예측할 수 없는 여론이라는 힘을 풀어놓은 후 고르바초프는 차츰 자신이 시작한 혁명에 대한 통제력을 잃었다. 그 결과 자신이 결코 의도하지 않은 상황에 놓였고, 이제는 그런 상황이 자신을 완전히 집어삼키려고 하고 있었다. 레닌, 스탈린, 흐루쇼프, 브레즈네프의 후계자인 고르바초프는 페레스트로이카에 착수했을 때 내린 정치적 결정에 충실했다. 전임자들과는 달리 자신의 의지를 실현하기 위해 무력에 의존하지 않을 터였다.

다음 2주간 고르바초프는 한때 막강했던 초강대국 소련의 해체에 반대하는 여론을 형성하기 위해 할 수 있는 모든 일을 했다. 호소문을 발표하고 성명을 내고 인터뷰도 했다. 각 공화국의 의회가 자신들의 이름으로 채택한 결정을 거부하도록 설득했다. 군 지도자, 언론사 간부, 노벨상 수상자도 만났다. 그런 모든 노력은 효과가 거의 없었다. 끝없는 정치 논쟁과 급격하게 나빠지는 생활 수준에 지친 나로드는 차르가 하는 이야기에 흥미가 없었다.

고르바초프가 자신의 짐을 내려놓기 전에 아직 손을 써야 할 일이 있었다. 12월 23일 고르바초프는 크렘린에서 정적인 옐친과 9시간에 걸쳐 회동했다. 두 지도자는 체모단치크 핵 가방 양도와 적절한 대통령 연금에 대해 논의했다. (고르바초프에게는 매월 미화 40달러에 해당하는 연금, 리무진 차량, 경호원 6명을 제공하기로 결정되었다.) 고르바초프는 크렘린 비밀문서를 옐친에게 공식적으로 넘겨주는 자리의 증인으로 측근인 야코블레프를 불렀다.

세 사람은 스탈린의 가장 끔찍한 범죄의 증거를 담은 두툼한 서류 봉투를 함께 열었다. 이들은 몰로토프와 리벤트로프가 1939년 8월 폴란드와 발트3국을 나치와 소련의 영역으로 나눈 지도를 살펴보았다. 스탈린이 카틴에 억류한 폴란드 장교들을 처형하라고 NKVD에 하달한 명령서도 자세히 확인했다. 야코블레프는 대통령의 문서고에 보관한 오소바야 팝카에 특히 놀랐다. 스탈린 시대를 조사하는 공식위원회 위원장인 야코블레프는 수년간 관련 서류를 찾았지만 고르바초프는 그런 서류가 없다고 항상 장담했다. 야코블레프가 고르바초프에게 물었다.

"이 문서가 어떻게 여기 있습니까?"[8]

고르바초프는 옐친에게 권력을 양도하기 전에 오소바야 팝카를 검토한 기록물 보관 담당자들로부터 얼마 전에 알게 되었다고 주장했다. 야코블레프는 오랜 동지를 놀라고 불신하는 표정으로 쳐다보았다. 옐친은 그런 상황을 기억에 담아두었는데, 글라스노스트의 아버지인 고르바초프에게 써먹을 탄약이 필요할 때 유용할 수 있었다.

고르바초프는 옐친에게 호의를 기대할 수 없다는 사실을 잘 알고 있었다. 그러나 한때 아첨하던 관료와 경호원의 갑작스러운 태도 변화에는 충격을 받았다. 실각이 확실해지자 기를 써서 자신을 무시하는 것 같았다. 러시아공화국의 경호원들은 라이사에게 대통령 다차에서 개인 물품을 치워달라고 요구했다. 통치 마지막 순간에 고르바초프의 권력은 약 28만 제곱미터의 크렘린에서조차 작동하지 않았다. 이것은 실각한 지도자를 쫓아내는 오랜 러시아 전통의 일부였다.

12월 25일 오후 5시 직후 고르바초프는 캠프 데이비드에서 크리스마스 휴가를 보내던 부시 대통령에게 전화를 걸었다. 고르바초프는 라이벌 초강대국의 지도자와의 마지막 전화 통화에서 정치인다운 목소리를 냈다. 소련 핵 무기고의 안전에 대해 걱정할 필요가 없다고 안심시킨 후 새로운 독립국가연합, 특히 러시아를 지원해 달라고 요청했다. 부시는 고르바초프에게 두 사람이 이룬 일이 "역사에 길이 남을 것"이라고 말했다.[9]

고르바초프는 크렘린 3층 정치국 회의실 옆에 있는 집무실에서 대통령으로서의 마지막 시간을 보냈다. 측근들은 대통령이 핵 단추와 사임 발표문을 가지고 혼자 있고 싶어 하지 않으리라고 추측했다. 그래서 고르바초프의 말동무가 되어 스타브로폴의 공산당 당수 시절을 함께 회상했다. 7시가 되기 몇 분 전 고르바초프는 TV 스튜디오가 마련된 접견실로 나왔다. 접견실에는 고르바초프의 연설을 153개국에 중계할 소련 TV와 미국 CNN의 경영진을 포함해 10여 명이 기다리고 있었다.

보좌진 사이에 최고사령관 직책을 포기하는 문서에 서명하는 일을 사임 발표 전에 할지 발표 후에 할지에 관한 짧은 논의가 있었다. 고르바초프는 논의를 중단시키고 공보비서에게 펜을 달라고 했다. 백지에 펜을 테스트한 고르바초프는 "좀 부드럽게 나오는 펜"이 필요하다고 불평했다. 한 CNN 관계자가 가지고 있던 펜을 넘겨주자 고르바초프는 곧장 문서에 서명했다.

7시 정각 고르바초프는 2억 8000만 명의 소련 인민에게 연설하기 시작했다. 고르바초프는 옅은 녹색 바인더에 미리 준비한 연설문을 읽어가며 나로드에게 마지막으로 자신이 애초에 페레스트로이카를 시작한 이유를 설명하려고 애를 썼다. 땅, 석유, 천연자원이 풍부함에도 불구하고 소련이 서방에 뒤처져 있었다고도 했다. 냉전을 끝내고 소련 인민에게 자유를 되찾아 준 자신의 역할이 자랑스럽다고도 했다. 10분간 이어진 연설 끝부분에서는 직접 써서 마지막 순간에 연설문에 넣은 몇 문장을 특히 강조해서 읽었다.[10]

"지난 몇 년간 이룬 민주적 성취를 지키는 일이 정말 중요합니다. 이것은 우리의 전 역사의 고통, 우리의 비극적인 경험을 통해 얻은 대가입니다. 어떤 경우에도, 어떤 이유로도 포기해서는 안 됩니다. 그렇지 않으면 더 나은 미래를 위한 우리의 모든 희망이 사라질 것입니다."

고르바초프가 연설을 끝낸 지 30분이 채 지나지 않은 7시 35분 크렘린에 게양된 붉은 소련 국기가 마지막으로 하강되었다. 얼마 뒤 흰색, 적색, 청색으로 이루어진 러시아 국기가 같은 자리에 게양되었다. 붉은광장에 모인 몇몇 관광객 사이에서 박수와 휘파람이 나왔다. 눈이 약간 내리고 있었다. 상트페테르부르크의 겨울 궁전을 습격한 지 74년 뒤 소련은 지구상에서 사라졌다.

레닌, 마오쩌둥, 스탈린, 히틀러, 루스벨트, 처칠 등 20세기 주요 지도자 중 소련 공산당의 마지막 서기장은 확실히 가장 모순적이었다. 고르바초프라는 이름은 자신의 원래 의도와는 정반대로 획기적 변화를 연상시키게 될 것이다. 고르바초프는 공산주의를 해체한 공산주의자이자, 자신이 추진한 개혁에 추월당한 개혁자였으며, 세계에서 가장 큰 다민족 제국을 해체되게 한 황제였다. 고르바초프는 소련을 정보화시대로 이끌려고 했지만 소련의 몰락을 주재할 운명에 처했다. 혁명을 시작했지만 결국 자신이 착수한 혁명의 희생자가 되었다.

고르바초프의 가장 중요한 기여는 자신이 '한' 일이 아니라 자신이 원하지 않았어도 벌어지도록 '허용'한 일이었다. 로널드 레이건이 소통의 달인이었다면 고르바초프는 촉진의 달인이었다. 힘으로 유토피아를 만들기 시작한 초기 볼셰비키와는 대조적으로, 고르바초프는 역사가 자연스러운 경로로 되돌아가는 것을 허용했다. 역사의 물줄기를 바꾸려 하지 않고 그 안에서 헤엄을 쳤다. 혁명이 어디로 향하는지 명확해진 뒤에도 자신의 행동이 초래할 결과에서 뒷걸음치지 않았다.

고르바초프의 실수는 자신의 정치적 비전과 마찬가지로 대규모 실수였다. 그는 공산당이 신뢰가 바닥에 떨어지고 한참 뒤에도 자체적으로 개혁할 수 있다는 환상에 매달렸다. 다른 사람을 투표로 선출하는 일에는 적극적으로 찬성하면서도 자신의 국정 성과를 유권자의 판단에 절대 맡기지 않았다. 결정적 순간은 1989년에 일어났다. 고르바초프는 직접 선거를 거부하고, 새로운 소련 의회의 경쟁 없이 의석을 차지한 의원들에 의해 지명되는 것을 허용했다. 그때까지만 해도 고르바초프는 국민의 신임을 얻을 수 있었을 것이다. 경제가 아직 망가지기 전이었고, 고르바초프의 명성은 아직 높았다. 하지만 고르바초프는 정치국 동지와의 연대를 보여주기로 했다. 당에 대한 충성심은 옐친과의 마지막 대결에서 호된 대가를 치르게 했다. 당시 고르바초프는 믿을만한 정치적 무기가 없었다. 고르바초프는 기관총 사용을 비난하긴 했어도 투표의 정당성을 보장하는 데는 실패했다. 인민대표회의 첫 회기에서 안드레이 사하로프가 제기한 다음과 같은 질문에도 결코 만족스럽게 답하지 못했다.

"미하일 세르게예비치, 동지는 어느 편입니까?"

고르바초프의 또 다른 큰 실책은 경제를 다루는 방식이었다. 레이건이 고안할 수 있는 어떠한 정책보다 더 오락가락하는 경제정책을 통해 "악의 제국"의 종말을 촉진하는 것 이상의 일을 했다. 고르바초프가 정권을 잡았을 때 3퍼센트가 조금 넘던 국가 재정 적자는 실각할 시점에는 30~50퍼센트에 이르렀다. 거의 집권하는 순간부터 일이 잘못되기 시작했다. 1986~1987년에 시행해서 재앙이 된 금주 정책은 국가 재정의 가장 실질적인 재원을 제거했다. 정부는 적자를 메우기 위해 차츰 가치가 없어지는 루블화를 찍어내며 노동자들에게 초과근무를 강요했다. 가격자유화 시행을 거부함으로써 문제를 더 심각하게 만들었고, 소비재와 산업재의 만성적 부족을 초래했다. 소련에서는 그때껏 산업사회가 경험한 가장 재앙적인 경제 침체가 시작되었다.

엄청난 실책이긴 해도 역사적 명분에는 이바지했다. 공산주의에서 자본주의로의 이행은 절대 순탄할 수 없었다. 레닌과 스탈린이 만든 전체주의 질서는 소련인의 정신에 뿌리깊이 박혀 있어서 직접 제거할 수 없었다. 권력을 유지한 채 개혁을 지속하려면 은밀하게 진행해야 했다. 크렘린 음모의 대가인 고르바초프는 진짜 속셈을 공산주의 수사라는 안개에 감추고 서로 대립하는 파벌 사이를 교묘하게 헤쳐나갔다. 정치적 생존이 지상 과제였기 때문에 표리부동과 모호함이 필요했다. 목표를 분명히 밝혔다면 정치국 동지들은 훨씬 이전에 고르바초프를 제거하려 했을 것이다. 그들이 마침내 무슨 일이 벌어지는지 알아차렸을 때는 너무 늦었다. 공산당은 내부에서부터 무너졌다.

소련 공산당은 권력 유지를 위해 싸울 필요가 있다면 그럴 준비가 되어있었다. 전체주의 국가의 억압적 권력이란 내부 반란을 무자비하게 진압할 수 있음을 의미했다. 핵무기를 보유한 순간 외세의 침입을 걱정할 필요가 없었다. 유일한 출구는 경제적 소진에 의한 죽음이었다.

소련의 마지막 서기장이 공산당 소멸이라는 더 큰 역사적 임무를 완수하기 위해 실패해야만 했다는 사실은 아이러니였다. 고르바초프는 수십 년간 계속된 경제난에서 벗어나고 마르크스-레닌주의에 새로운 활력을 준다고 약속하면서 권력을 잡았다. 고르바초프가 성공했다면 공산 체제는 새롭게, 혹은 일시적으로 수명이 연장됐을 것이다. 대대적인 정치 개혁을 하라는 압박도 적었을 것이다. 경제난 악화로 민주주의로의 이행이 가능해졌어도 위험이 뒤따랐다. 과거 권위주의 시대의 안전을 그리워하는 이들도 많아졌기 때문이었다.

궁극적으로 소련 공산주의 붕괴는 불가피했다. 스스로의 무게를 감당하기에는 너무 무거운 체제라는 단순한 이유 때문이었다. 하지만 붕괴 시점이나 붕괴 방식에 관한 한, 꼭 그 시점에 그런 방식이어야만 했던 것은 아니다. 역사는 세계 최초의 사회주의 국가를 해체한 일련의 사건을 촉발시킨 인물이 다름 아닌 고르바초프라고 기록할 것이다. 천재성과 무능, 이상주의와 이기주의, 순진함과 교활함이 기묘하게 뒤섞인 프리볼노예 출신의 시골 소년은 역사상 가장 맷집이 좋은 독재체제에 치명타를 날렸다.

공산주의 체제에 새로운 활력을 불어넣으려다가 오히려 무너뜨리는 데 성공했다.

감사의 말

이 책은 1977년부터 1993년까지 유고슬라비아, 폴란드, 소련에서 특파원으로 근무하며 보도한 결과물이다. 구공산권 국가에 대한 나의 관심은 그보다 훨씬 이전으로 거슬러 올라간다. 아버지 조지프 돕스와 어머니 메리 돕스는 1948년 모스크바 주재 영국대사관에서 만났다. 그런 부모님 덕분에 나는 생후 8주 때 소련을 처음 방문했다. 그 뒤로도 스탈린에서 옐친에 이르기까지 구소련의 모든 지도자가 통치하던 시기에 이런저런 자격으로 소련을 방문했다. 유고슬라비아와 폴란드에 파견되었을 때에는 자주 출장을 다닌 부모님을 따라다니기도 했다. 빅브라더의 영향이 미치는 공간으로 데려가서 그런 경험에 대해 글을 쓸 수 있게 해준 부모님께 우선 감사드린다.

　이 책을 저술하기 위해 자료를 수집하면서 친구, 동료, 여러 나라의 취재원들과의 고무적인 대화와 그들이 베푼 친절로 큰 혜택을 받았다. 많은 취재원을 미주에서 언급했지만 특히 연구를 직접 도운 몇 사람에게 사의를 표하고 싶다. 〈워싱턴포스트〉의 다른 모스크바 특파원들과 함께 마샤 리프맨의 충고와 도움을 받는 행운을 누렸다. 재능 있는 러시아 기자인 마샤는 현재 러시아 뉴스저널인 〈이토기〉의 편집국장이 뇌었다. 여기 워싱턴에서는 나를 대신해서 오랜 시간을 의회도서관에서 보낸 연구보조원 브라이언 슬로여와 매리언 앨브스에게 감사를 표한다. 소련과 동유럽 문서보관소에서 흥미로운 자료를 많이 제공해 준 하버드대학교의 마크 크래머의 큰 도움을 받았다.

출판 에이전트인 래프 새갈린과 크노프출판사의 편집자인 애쉬빌 그린도 이 책을 쓰도록 독려하고 이 책이 완성되도록 나를 이끄는 데 큰 역할을 했다. 현재 〈뉴요커〉에서 일하고 있는 제프 프랭크, 모스크바 동료 프레도 히아트와 현재 〈워싱턴포스트〉의 의학 담당 기자인 데이비드 브라운도 원고 작성에 유용한 조언을 해주었다. 책에 실수가 있다면 그 책임은 내가 져야한다. 〈워싱턴포스트〉의 외교 전문 기자이자 『전환The Turn』의 저자인 돈 오버도퍼에게도 감사를 표한다. 그는 이 책을 쓰는데 특히 유용했던 냉전 종결에 대한 두 번의 프린스턴대학교 학술회의의 초록을 사용할 수 있게 해주었다.

소련의 붕괴는 20세기 가장 큰 뉴스거리 중 하나였다. 폴란드의 노조 소요를 시작으로 많은 극적인 사건들을 취재할 수 있게 해준 〈워싱턴포스트〉의 편집진, 특히 짐 호그랜드와 마이클 게틀러에게 감사드린다. 〈워싱턴포스트〉의 전·현직 기자들과의 대화는 이 이야기에 대한 나의 이해를 훨씬 풍성하게 했다. 브래들리 그레이엄, 잭슨 지엘, 로버트 카이저, 너스코 도더, 셀레스틴 볼렌, 캐리 리, 프레드 히아트, 마거릿 샤피로, 데이비드 호프만, 리 속스태더, 랜 서덜랜드, 블래인 하든, 매리 배타이아타, 손 폼프레트, 크리스틴 스폴라, 그리고 특히 데이비드 렘닉에게 감사한다. 이보다 더 좋은 동료를 가진 사람은 없다.

워싱턴의 우드로윌슨센터의 케넌 러시아고등연구소의 지원에 감사할 수 있어서 기쁘다. 케넌 연구소는 내가 1993년 8월 모스크바에서 워싱턴으로 돌아왔을 때 장학금과 편안한 작업 공간을 마련해 주었다.

무엇보다도 나와 모험을 같이 하고 나의 부재를 견뎌준 가족들에게 감사한다. 아내 리자는 가장 세심한 독자이자 통찰력 있는 비평가였다. 알렉스, 올리비아, 조지프는 공산주의가 무엇인지 잘 알지는 못하지만 공산주의가 파괴되고 매장된 후 오랜 시간 아버지의 시간을 많이 뺏어갔다는 것을 잘 알고 있다. 어느 날 아이들이 이 책을 읽게 되면 1991년 8월 19일 모스크바의 우리 집 앞을 굉음을 울리며 지나간 탱크들이 무슨 일을 했던 것인지 이해할 것이다.

옮긴이의 말

처음 번역을 제안받았을 때 소련 붕괴를 다룬 수많은 책과 개인 회고록이 있는데, 새삼 같은 주제를 다룬 책을 낼 필요가 있을까 하는 생각을 잠시 했다. 그러나 책 몇 페이지를 읽으면서 독자를 사건 현장으로 데리고 가는듯한 생생한 묘사에 매료되었다. 각 사건에 대한 저자의 평가와 해석도 깊이가 있었다. 옮긴이는 1988년 5월 미국에서 박사학위과정을 마친 후, 저자 마이클 돕스도 1년간 체류하며 책을 쓴 하버드 대학교 러시아연구소에서 2년 가까이 연구교수 생활을 하면서 매일 위성 TV로 중계되던 페레스트로이카 말기의 혼란을 지켜보고, 연구소에서 매일 열리는 4~5개의 세미나에 여러 유명 학자들과 함께 열띤 토론을 벌이던 시기로 되돌아간 느낌을 받았다.

　개인적으로 소련을 처음 방문하기 전에 가장 많은 정보를 얻은 책은 〈뉴욕타임스〉 모스크바 특파원인 헤드릭 스미스가 쓴 『러시아 사람들*The Russians*』이었다. 이 책이 주로 소련 중심부인 모스크바의 실생활을 세세하게 전달했다면, 마이클 돕스의 책은 소련이 지배한 주변국과 소연방의 각 민족공화국에서부터 균열이 가기 시작한 소련 제국에 대해 이야기한다. "소련 붕괴"라는 하나의 주제를 놓고 수십 대의 카메라가 균열이 벌어진 곳을 찾아가 생생하게 중계하듯이 생동감 있게 서술한 방식이 이 책의 큰 장점이다. 이 책은 소련의 내부적 요인보다는 동유럽 공산정권의 균열과 동요, 아프간 침공과 같은 과도한 팽창이 소련 제국 몰락의 직접적 원인이 되었다고 설명하는 듯한 인상을 준다. 지정학적 특성상 소련이 운명적으로 팽창적 대외 정책을 유지할 수밖에 없고, 제국을 유지하는 비용을 감당하지 못하는 때가 되면 중앙의 붕괴가 촉진되는 사이클이 고르바초프의 갈피를 잡을 수 없는 개혁 시도로 앞당겨졌다고도 볼 수 있다.

이 책을 읽으면서 개혁은 의도보다 과정이 중요하고, 목표 지점까지 영민하고 주도적으로 이끌고 가는 지도자의 역량이 중요하다는 생각을 하게 된다. 아무리 의도가 좋더라도 목적한 바대로 개혁을 완수하는 일은 쉽지 않다. 한 나라나 사회가 처한 상황과 문제에 대한 진단과 처방을 성급히 내리고 개혁 정책을 어설프게 밀어붙이면 큰 혼란과 고통을 초래할 수 있다는 것을 고르바초프의 개혁이 보여준다. 환자의 생명을 연장한다는 좋은 의도로 수술을 시도했다가 환자의 사망을 앞당긴 의사처럼, 고르바초프는 소련 체제를 개선하려고 페레스트로이카를 시작했다가 소련 붕괴를 가져왔다. 공산당 서기장이 볼셰비즘과 스탈린주의의 종말을 이끈 것은 큰 역설이다. 고르바초프에 대한 평가는 러시아의 관점과 다른 나라의 시각이 다를 수 있지만, 앞으로 많은 시간이 지나야 러시아 역사의 긴 흐름과 세계 역사의 관점에서 제대로 평가할 수 있을 것이다.

책에는 저자 마이클 돕스가 현장에서 목격한 천안문 사태가 2개 장에 걸쳐 묘사되어 있다. 같은 시기에 개혁을 시작한 소련과 중국이 경제 성장 면에서 다른 성과를 낸 점에 대해서는 지역전문가의 집단적인 연구가 필요하다. 경제적인 면만 보면 중국보다 훨씬 앞선 기초과학 수준과 공업 기술을 보유한 소련이 산업 현대화를 이루지 못한 것은 2000년 이후 치솟은 에너지 가격에 취해 고통스러운 경제 개혁을 중단한 탓이 크다. 이런 관점에서 본다면 러시아 경제를 일시적으로 성장시킨 주원인인 고유가는 꼭 "축복"으로 볼 수만은 없다. 해외에 내다 팔 변변한 자원조차 없던 중국은 돈이 되는 것은 무엇이든 만들고, 서방의 제조 기술을 열심히 모방하고 획득한 끝에 현대적 산업 경쟁력을 갖춰 미국을 위협하는 경제 강국이 되었다. 소련과 중국의 개혁 방향과 그 결과에 대한 거시적 비교 연구는 국내 학계에서 한 번은 꼭 수행해야 할 중요한 과제다.

역사는 반복된다는 말이 있지만 체제가 바뀌었어도 정치 문화의 관성, 통치 스타일의 관성은 상당 기간 지속된다고 봐야 할 것이다. 현대 러시아를 연구하는 사람은 외양적 변화를 떠나 현재의 러시아 사회는 소련 사회와 얼마나 달라졌는지, 지도자와 통치 방식은 얼마나 차이가 있는지, 러시아인은 소련인과 얼마나 구별되는지를 진지하게 살펴볼 필요가 있다.

고르바초프의 실패한 개혁과 옐친 시대의 혼란으로 인해 큰 트라우마를 겪은 러시아는 서구식 국가발전 모델은 포기했지만 아직 자국에 맞는 국가발전 모델을 찾지는 못한 것으로 보인다. 새로운 국가발전 모델을 찾기 위해서는 소련 제국의 붕괴 원인을 객관적으로 냉정하게 분석하는 작업이 앞서야 한다. 이런 점에서 소련의 마지막 10년을 영화처럼 재생한 이 책은 대중적 독서와 학술적 연구 모두에 가치가 있는 읽을거리이다.

러시아와 CIS 지역을 연구하는 사람으로서 독서의 재미와 학문적 배움이라는 두 마리 토끼를 다 잡을 수 있게 번역을 제안한 모던아카이브 박수민 대표와 주석 편집 작업에 도움을 준 고려대 대학원의 김한상 군에게 감사를 표한다.

2020년 3월

허승철

주석

출처 약어

CDSP	*Current Digest of the Soviet Press*
CNN	Cable News Network
FBIS	Foreign Broadcast Information Service
ICAO	International Civil Aviation Organization
LAT	*Los Angeles Times*
MN	*Moscow News*
NSC	National Security Council
NYT	*New York Times*
RFE/RL	Radio Free Europe/Radio Liberty
TsK KPSS	Central Committee of Soviet Communist Party
TsKhSD	Center for Storage of Contemporary Documentation
UN	United Nations
WP	*Washington Post*

1. Weather report, *NYT*, December 27, 1979, p.B8.

2. 소련 지도자 아나스타스 미코얀의 아들인 세르고 미코얀이 브레즈네프 다차 관련 세부 정보를 제공했다. 브레즈네프의 주치의인 예브게니 차조프 회고록 *Zdorov'ye i Vlast'*, pp. 86-87도 참조.

3. Roy Medvedev, "The Advantages of Mediocrity," *Moskovskie Novosti* (Moscow), September 11, 1988, pp. 8-9, translated in *CDSP*, vol. XL, no. 36, p. 5.

4. 브레즈네프의 건강 문제에 대한 세부 내용은 차조프 회고록(pp. 115-44)과 경호원 출신 인 미하일 도쿠차예프의 책 "Devyatka," *Novoye Vremya*(Moscow), no. 32 (1993), pp. 36-40 참조.

5. Chazov, p. 128.

6. Vladimir Medvedev, Chelovek Za Spinoi, pp. 148-49.

7. Chazov, p. 134.

8. Ibid., pp. 149-51. 이 사건에 대한 서방 보도로는 다음 참조. *NYT*, October 7, 1979, p. A1, Reuters dispatches from Berlin on October 6, 1979.

9. Chazov, p. 150. Edward Gierek, *Przerwana Dekada*, pp. 93-94.

10. Zdenek Mlynář, *Nightfrost in Prague*, p. 156.

11. David Holloway, *The Soviet Union and the Arms Race*, pp. 134-40에 인용된 1980 년 국방부 분석 참조. The U.S. Defense Department publication Soviet Military Power (1981, p.71)도 소련이 1970년대에 미국이 앞선 "모든 주요 기초 기술"에서의 격차를 "극적으로 줄였다"고 주장했다.

12. Vyacheslav Molotov, *Molotov Remembers: Conversations with Felix Chuev*, p. 8.

13. Deputy Soviet Foreign Minister Georgi Kornienko, *Novaya i Noveishaya Istoria* (Moscow), no. 3 (May-June 1993), p. 107

14. Ibid., p. 108.

15. Statement of Captain Abdul Hadud, reported in Colonel A. Lyakhovski and Lieutenant Colonel V. Zabrodin, "Secrets of the Afghan War," *Armiya* (Moscow), no. 6(March 1992), pp. 60 - 61.

16. 아민에 대한 소련의 의심에 대해서는 다음 자료 참조. Report by the Politburo Commission on Afghanistan, quoted in Aleksandr Lyakhovski, *Tragediya i Doblest' Afgana*, pp. 102-3. Kornienko, p. 110, Georgi Arbatov, *The System* p. 119, and Anatoly Dobrynin, *In Confidence*, p. 436.

17. KGB 입장은 다음 참조. Memoirs of Col. Aleksandr Morozov, former KGB deputy station chief in Afghanistan, published in New Times (Moscow), no.

38-41 (1991).

18. Andrei Gromyko, *Memoirs*, p. 99.

19. Memorandum signed by Konstantin Chernenko, December 27, 1979,

20. Chazov, p. 133.

21. Arbatov, p. 266,

22. Larisa Vasilieva, *Kremlin Wives*, p. 219

23. *NYT*, April 3, 1994. 안드로포프의 부다페스트 활동 세부 내용은 다음 자료도 참조. *Izvestia*, July 24, 1992, and Arnold Beichman and Mikhail S. Bernstam, *Andropov*, pp. 145-60.

24. Alexander Werth, *Russia at War*, pp. 213-17

25. *Soviet Military Power* (1981), p. 12.

26. Chazov, p. 90.

27. Ibid., p. 205.

28. Transcript of Politburo session, July 12, 1984, TsKhSD.

29. Arbatov, p. 198.

30. 그로미코가 아프가니스탄 침공을 지지한 이유에 대해서는 다음 참조. Reminiscences of former Foreign Minister Aleksandr Bessmertnykh and Gorbachev foreign policy aide Anatoly Chernyayev at Princeton University conference on the Cold War, vol. III, February 26, 1993.

31. Vladimir Medvedev, p. 130.

32. *Voenno-Istoricheskii Zhurnal* (Moscow), no. 1 (1993), pp. 30, 35.

33. Chernyayev, Princeton conference, Leonid Shebarshin, vol. III, pp. 22-23. Dobrynin, p. 439.

34. Chazov, p. 152.

35. 정치국에서 입수된 육필 결의안 사본은 *WP*(p. Al. on November 15. 1992)에 실렸다. 결의안에 서명을 하지 않은 유일한 정치국원은 코시긴이었다. 당시 중병을 앓고 있던 코시긴은 얼마 안 가 총리 자리에서 물러났다. Kornienko(p. 110)에 따르면 브레즈네프, 수슬로프, 안드로포프, 우스티노프, 그로미코가 침공 결정을 내렸다.

36. *Voyenno-Istoricheskii Zhurnal* (Moscow), no. 11 (1993), pp. 32-34.

37. Henry S. Bradsher, *Afghanistan and the Soviet Union*, p. 179.

38. Chernenko memorandum, December 27, 1979, TsKhSD, Dobrynin, p. 439

39. Dobrynin, p. 440.

40. Armiya, no. 6 (March 1992), p. 66.

41. Armiya, nos. 7 and 8 (April 1992), p. 54. 12월 27일 사건을 재구성하기 위해 Mikhail Boltunov, *Alpha-Sverkhsekretnii otryad KGB*를 참조했다. 아프간의 시각을

반영하기 위해 Raja Anwar, *The Tragedy of Afghanistan*을 참조했는데 이 자료는 소련 측 설명의 세부 내용을 확인해 준다.

42. *Armiya*, nos 7 and 8, p. 55.

43. Anwar, p. 189.

44. Boltunov, p. 37.

45. Ibid., p. 44.

46. Ibid., p. 72.

47. *Armiya*, nos. 7 and 8, p. 57.

48. Ibid.

49. Ibid., pp. 55-56. Lyakhovski, pp. 144-51.

50. Ibid, p. 56

51. Boltunov, pp. 86-89. 카르말의 성격과 음주 습관에 관해서는 Leonid Sher-barshin, *Ruka Moskvi*, pp. 206-09도 참조.

52. Foreign Broadcast Information Service (FBIS-SOV-79-251), December 28, 1979, pp. D1-2.

53. 아민 궁 습격에서 발생한 사상자 수에 대해서는 논란이 있다. 이 자료는 사건에 대한 소련 측의 준 공식자료인 *Armiya* nos. 7 and 8, p. 56 참조.

54. 흐루쇼프의 다차에 대한 설명은 1950년대와 1960년대 이곳에서 가족 휴가를 보낸 세르고 미코얀의 진술을 바탕으로 한 것이다.

55. 이 시기 농업문제에 관한 논의는 다음 자료 참조. Valery Boldin, *Ten Years That Shook the World*, p. 35. Also Zhores A. Medvedev, *Gorbachev*, pp. 103-12.

56. Eduard Shevardnadze, *The Future Belongs to Freedom*, pp. 23-26.

57. 1992년 10월 15일 진행된 인터뷰에서 고르바초프는 이 대화가 1979년 12월에 이루어졌다고 말했다. 셰바르드나제도 회고록에서(p. 37) 피춘다에서 대화가 진행되었다고 했지만, 대화가 이루어진 시점은 고르바초프가 소련 지도자가 된 직후인 1984년 겨울이라고 했다.

58. Boldin, p. 36.

59. *Stavropolskaya Pravda*, May 6, 1978. Quoted in Zhores Medvedev, p. 216.

60. XXV Congress of the CPSU. Official stenographic record. Politizdat, 1976. Vol. I, p. 186.

61. FBIS-SOV-79-251, p. D3.

62. Shevardnadze, p. 26. Interview, March 1994

63. CPSU Central Committee resolution, June 23, 1980, TsKhSD. Lyakhovski, p. 113.

64. Lech Wałęsa, *A Way of Hope*, p. 44.

65. Roman Laba, *The Roots of Solidarity*. pp. 15-56.

66. Wałęsa. *A Way of Hope*, p. 70.

67. Neal Ascherson, *The Book of Lech Wałęsa*, p. 55. Jean-Yves Potel, *Gdansk: La Mémoire ouvrière 1970-1980*, pp. 156-59.

68. Wałęsa, *A Way of Hope*, p. 117. 보로프치크의 설명은 다음 참조. Stan Persky and Henry Flam, *The Solidarity Sourcebook*, PP. 73-78. *Solidarity*, no. 11, August 30 1980 (the shipyard strike bulletin), interviewed the strike instigators. August 30 1980 (the shipyard strike bulletin). *The Polish August*에는 모든 파업 회보의 영어 번역문이 실려 있다.

69. Persky and Flam, p. 74.

70. Interview with strike committee member Gregorz Obernikowicz, August 14. 1980.

71. Wałęsa, *A Way of Hope*, pp. 117-18.

72. Solidarity strike bulletin, no. 11.

73. Wałęsa, *A Way of Hope*, pp. 116-17.

74. 이 연설은 몇 가지 버전이 있다. 본문의 출처는 다음 자료에서 나온 폴란드 측의 전체 설명이다. Andrzej Drzycimski and Tadeusz Skutnik, *Gdańsk Sierpień '80*, p. 437. 다음 자료도 참조. interview with Orianna Fallaci, March 1981, reprinted in Persky and Flam, p. 102.

75. Persky and Flam, p. 102.

76. Gierek. p. 169.

77. 공산주의 붕괴 후 해당 건물은 바르샤바 주식거래소로 바뀌었다.

78. Politburo transcript for August 15, 1980, in Zbigniew Włodek, ed. *Tajne Dokumenty Biura Politycznego: PZPR a Solidarność 1980–1981*, pp. 28-34.

79. Ibid., p. 29.

80. Gierek speech to Gdańsk shipyard workers on January 25, 1971. Mieczysław Rakowski, *Polityka*, no. 12 (March 21, 1981).

81. Gierek, p. 160.

82. 동지에 대한 기에레크의 의심은 Gierek(pp. 155-60) 참조. 카니아와 야루젤스키 둘 다 자서전에서 제1서기를 제거하려는 음모에 가담하지 않았다고 주장했다.

83. Włodek, p. 33.

84. *August 1980: The Strikes in Poland*, p. 11.

85. 1982년까지 존재한 Summer '80 task force 파일은 다음 자료로 출간됐다. *Życie Warszawy*. May 12. 1994. *Ekstra*, pp. 1-3. Jerzy Jachowicz. "Tajemnice Wojny z Narodem." *Gazeta Wyborcza* (November 7. 1990), p. 1. and Włodek. p.24

86. Interview with Kuroń, August 17, 1980.

87. Politburo meeting, August 23, Włodek. pp. 54-57.

88. Gierek, p. 165.

89. Interview with Czesław Szalanski. Gierek's personal electrician. July 1993.

90. Politburo meeting. August 26, Włodek, pp. 70-72.

91. Gierek's report to the Politburo on his meeting with Ambassador Aristov, August 28. Włodek. p. 78. 기에레크는 회고록(p. 168)에서 브레즈네프가 크렘린 직통 전화로 자신에게 전화했다고 주장하며 자신이 "반대파들의 주둥이를 틀어막으면 도움을 주겠다고" 제안한 것으로 기록했다. 브레즈네프와의 통화 내용에 대한 기예레크의 설명을 확인할 다른 문서 증거는 없다. 카니아와 야루젤스키는 이런 일이 일어났다는 것에 대해 회의적이다. 기에레크는 브레즈네프가 전화를 걸어왔을 때 두 사람이 현장에 있었고 통화 내용을 들었다고 주장하지만 카니아와 야루젤스키는 이를 부정했다. 다른 사건 서술에서도 기에레크는 신뢰하기 어려운 부분이 있으므로 그의 회고록은 조심스럽게 받아들여야 한다.

92. Stanisław Kania, *Zatrzymać Konfrontacje*. p. 32.

93. Ibid. p. 32. 이 시기 기에레크의 행동에 대한 카니아의 설명은 야루젤스키와 KGB 요원인 비탈리 파블로프에 의해 확인된다. 1993년 6월 진행된 인터뷰에서 파블로프는 기에레크가 소련의 군사 원조 문제가 정치국 회의에서 논의되기를 원했지만, 카니아가 반대했다는 얘기를 출처를 밝힐 수 없는 정보로 들었다고 증언했다.

94. *Życie Warszawy*. May 12. 1994. p. 1. Kania. p. 33.

95. Politburo meeting. August 29, Włodek. pp. 84-90. 당시 널리 퍼진 보도에 따르면 중앙위원회의 더 거물급 인물인 스테판 올쇼우스키도 무력 사용에 찬성했다고 한다. Timothy Garton Ash, *We the People: The Revolution of 89*. p. 62, or Neal Ascherson, *The Polish August*. p. 162. 올쇼우스키는 크루체크를 핑곗거리로 사용했을 수 있지만, 정치국 회의록에 따르면 추이를 지켜보자는 좀 더 온건한 입장을 취했고, 크렘린과의 "협의"와 파업 노동자를 상대로 한 적극적인 선전 공세만을 주장했다.

96. Interview with Colonel Ryszard Kukliński, *Kultura* (Paris, April 1987). translated in Orhis, no. 32 (Philadelphia. Winter 1988), p. 14. 쿠클린스키에 따르면 1980년 8월 24일 당정 지도부를 만들어서 계엄령 선포를 위한 준비에 즉시 착수했다.

97. 소련 정치국은 8월 25일 폴란드 사태의 추이를 분석하기 위해 수슬로프가 이끄는 위원회를 구성했다. 수슬로프 위원회 관련 기록물은 1993년 8월 옐친의 폴란드 방문 시 기밀이 해제되어 소책자 형태로 발간되었다. *Dokumenty Teczka Susłowa*, pp. 12-25.

98. Politburo memorandum, August 28, 1980. quoted by Mark Kramer, "New Evidence on the Polish Crisis," Cold War International History Project Bulletin. no. 5 (1995). p. 120.

99. A. Kemp-Welch, ed., *The Birth of Solidarity*, p. 140.

100. 이 장면은 다음 영화에 담겼다. *Man of Iron and Workers '80*.

101. Zbigniew Brzezinski, *Power and Principle*. p. 465.

102. Interview with Kukliński in *WP*. September 27, 1992, p. Ai. portrait of Kukliński by Ben Weiser in *WP* magazine, December 13, 1992.

103. Kukliński interview in Kultura. pp. 3-57. partially translated into English in *Orbis* 32(1988), pp. 7-31. *Orbis* pp. 32-48는 1980년 12월 폴란드 위기를 다룬 브레진스키의 백악관 비망록 내용을 다루고 있다. 이 사건에 관한 야루젤스키의 설명은 다음 참조. Wojciech Jaruzelski, *Les Chaînes et le Refuge*, pp. 237-39.

104. Brzezinski interview, April 1994. Jaruzelski, *Les Chaînes et le Refuge*, pp. 24-29.

105. Brzezinski, *Orbis*, p. 36.

106. Ibid., p. 37

107. Kania, p. 84.

108. Jaruzelski, *Les Chaînes et le Refuge*. pp. 16, 242.

109. Ibid., p. 239. 12월 4일 바르샤바에서 진행한 인터뷰에서 공산당 대변인 요제프 크와사는 "사회주의에 대한 진짜 위협이 가해지는 경우" 폴란드 공산주의자들은 다른 사회주의 국가들부터 도움을 요청할 권리가 있지만 그런 요청을 "경솔하게" 하지는 않을 것이라고 말했다. *WP*. December 5, 1980, p. A 20.

110. Deutschland Archiv, no. 3, March 1993, p. 336. *Moskovskie Novosti*, no. 48 (November 28, 1993), p. 12.

111. Kania, p. 88.

112. Honecker obituary, *LAT*, April 29, 1994.

113. Mlynář, p. 157.

114. Jaruzelski, *Les Chaînes et le Refuge*, p. 240.

115. Kania, p. 91. Vitaly Svietlov. 통역을 한 소련 공산당 간부는 실제로 오간 대화 내용이 다소 다르다고 기억했다. 그는 브레즈네프가 "좋소. 작전은 없을 것이요. 하지만 그들이 동무를 전복시키려고 하면 개입할 것"이라고 말했다고 밝혔다. Interview, Gazeta Wyborcza, no. 291 (December 11, 1992), p. 14.

116. Kania, pp. 92-93.

117. Politburo minutes, October 29,

118. Jaruzelski, *Les Chaînes et le Refuge*, p. 237. General Anatoly Gribkov, deputy chief of staff of the Warsaw Pact, in Voyenno-Istoricheskii Zhurnal (Moscow), no. 9 (September 1992), p. 55

119. Jaruzelski, *Les Chaînes et le Refuge*, p. 241. 야루젤스키는 카다르와 차우세스쿠가 반대해서 브레즈네프가 작전을 취소했다고 주장했지만 이를 뒷받침할 증거는 없다.

120. Gribkov, p. 54.

121. Kukliński, Kultura (Paris, April 1987), pp. 25-26.

122. Politburo session, January 22, 1981, TsKhSD

123. Report of Suslov commission on Poland, April 16, 1981, TsKhSD. Published in booklet form in Dokumenty Teczka Susłowa, p. 40.

124. Kukliński, *Orbis* (Winter 1988), p. 22.

125. Jaruzelski, *Les Chaînes et le Refuge*, p. 256.

126. Politburo session, April 9, 1981, TsKhSD. For the Polish leaders' version of this meeting, Jaruzelski, *Les Chaînes et le Refuge*. pp. 253-57, and Kania, pp. 120-23.

127. Dispatch from Moscow, *WP*, December 3, 1980, p. A21.

128. Information from East German archives. *Moskovskie Novosti*, no. 48 (November 28, 1993), p. 12.

129. Arbatov, p. 272.

130.Jaruzelski interview, August 1993. 야루젤스키는 우스티노프와의 대화가 소련군 개입을 암시한 은근한 협박이었다고 지적했다.

131. Gorbachev interview, Trybuna (War saw, November 9, 1992), p. 2.

132. Suslov's comments at Politburo session, October 29, 1980, TsKhSD, or the Suslov commission report of April 16, 1981, published in Dokumenty Teczka Susłowa, p. 38.

133. Politburo meeting, April 9, 1991, TsKhSD.

134. Kukliński, *Orbis*, p. 23.

135. Interview with KGB resident Pavlov, July 1993. 파블로프는 KGB가 직접 폴란드인을 포섭한 사실에 대해 부인했지만 다음 자료를 확인하라. Wojciech Jaruzelski, *Stan Wojenny Dlaczego*, pp 346-49. and Kuklinski, *Orbis* pp. 28-30.

136. 야루젤스키는 1989년 폴란드 대통령이 된 후 예전 이웃 주민의 방문을 받고 이 이야기에 대해 알게 되었다. Interview with author, August 1993.

137. Jaruzelski interview. Jaruzelski, *Les Chaînes et le Refuge*, pp. 41-66.

138. Jaruzelski interview.

139. Jaruzelski, *Les Chaînes et le Refuge*, p. 50

140. Ibid. p. 116.

141. Ibid., p. 38.

142. Ibid. p. 279.

143. Miecyzsław Rakowski, *Jak To Się Stało*, p. 25

144. *Dokumenty Teczka Susłowa*, p. 52.

145. Svietlov interview, *Gazeta Wyborcza*.

146. Jan Nowak, *Wojna W Eterze*, p. 255.

147. Janusz Rolicki, *Edward Gierek Replika*, p. 84.

148. Jaruzelski, *Les Chaînes et le Refuge*,p. 146.

149. Soviet Politburo discussion, October 29, 1980. 그로미코는 야루젤스키를 "믿을 만한 인물"이라고 했지만, "폴란드군이 폴란드 노동자를 상대로 발포하지 않을 것"이라는 발언에 우려를 표했다. TsKhSD.

150. Czeslaw Kiszczak, *General Kiszczak mówi…* , p. 129.

151. Jaruzelski, *Les Chaînes et le Refuge*, p. 291.

152. Rakowski, p. 25.

153. Jaruzelski, *Les Chaînes et le Refuge*, p. 272.

154. Interview with Polish government spokesman Jerzy Urban, "CIA had agent on Polish General Staff," *WP*, June 4, 1986. Jaruzelski, Stan Wojenny Dlaczego, PP 356-58.

155. Interview with former NSC starter Richard Pipes, June 2, 1994. 파이프스에 따르면 CIA는 쿠클린스키가 제공한 정보를 철저히 은폐했기 때문에 이 정보는 관료 "기구"에 들어가지는 않았다. 알렉산더 헤이그 국무부 장관도 쿠클린스키의 존재를 몰랐다. 나중에 파이프스는 CIA가 쿠클린스키의 경고가 극히 비현실적이라고 판단한 것을 알게 됐다. CIA는 쿠클린스키 문제를 어떻게 다루었는지에 대해 충분히 설명한 적이 없다.

156. Jaruzelski, *Stan Wojenny Dlaczego*. p. 404

157. Jaruzelski interview, August 1993.

158. Kiszczak, pp. 129-30.

159. *Dokumenty Teczka Suslowa*, P. 78. Jaruzelski, *Stan Wojenny Dlaczego*, pp. 390-91

160. Jaruzelski interview, August 1993.

161. Ibid.

162. Politburo session. December 10, 1981, TSKUSD, translated in Cold War International History Project Bulletin, no. 5 (1995), p. 137.

163. Jaruzelski interview, *Gazeta Wyborcza*, December 14, 1992, p. 13. 이 대화록은 공개된 적은 없다. 바르샤바 주재 KGB 요원인 파블로프는 수슬로프가 계엄령을 선포하는 데 어려움이 닥치면 병력 지원을 해달라는 야루젤스키의 요청을 거절했다고 주장했다. 파블로프에 따르면 수슬로프는 이렇게 말했다 "물질적으로, 재정적으로, 정치적으로 돕겠으나 군대를 보내지는 않을 겁니다." *Gazeta Wyborcza*, February 20, 1993, p. 15.

164. *Gazeta Wyborcza*, December 14, 1992, p. 13

165. Jaruzelski testimony to Sejm commission, March 9-10, 1993. *Sąd Nad Autorami Stanu Wojennego*, p. 235.

166. 그단스크에서 열린 자유노조의 마지막 회의에 참석한 마렉 올브리치 〈워싱턴포스트〉 기자의 설명.

167. Interview, *WP*, November 16, 1982, pp. A1–A14.

168. Bujak interview, Maciej Łopinski et al., Konspira, p. 5:

169. Wałęsa, *A Way of Hope*, pp. 207-10.

170. Dobbs, *WP*, January 17, 1982.p.A1; March 14, 1982, p. A1.

171. CPSU Politburo debate, January 14. 1982, translated in Cold War International History Project Bulletin, no. 5(1995), p. 138

172. Chazov, p. 148.

173. Vladimir Medvedev, p. 176.

174. Chazov, pp. 168–69.

175. Interview, December 1992.

176. Luba Brezhneva, *The World I Left Behind*, p. 162.

177. *MN*, no. 21, 1992, p. 16.

178. 이 보고서의 사본은 〈워싱턴포스트〉 모스크바 특파원인 더스코 도더(*WP*, August 3, 1983, p. A1)에게 유출됐다. 노보시비르스크 보고서의 전문은 다음 자료에 실렸다. Taiana Zaslavskaya, *A Voice of Reform*, pp. 158-83. 자슬랍스카야는 1987년 8월 저자와의 인터뷰에서 이 보고서의 배경을 설명했다.

179. Quoted in Henry Rowen and Charles Wolf (eds.), *The Future of the Soviet Empire*, p. 26.

180. Brzezinski, p. 36.

181. *LAT*, November 7, 1981, pp. 1, 8.

182. Peter Hebblethwaite and Ludwig Kaufmann, *John Paul II*, p. 108.

183. David Willey, *God's Politician*, p. 30.

184. Hebblethwaite and Kaufmann, p. 34.

185. Interview with Szumiejko, *Konspira*, p. 208.

186. Politburo session, April 26, 1984, TsKhSD.

187. Ibid.

제2부 체제의 반란

1. *Soviet Military Power* (1981), p. 64.

2. *Report of the Completion of the Fact-finding Investigation Regarding the Shooting Down of Korean Airlines Flight 007* (International Civil Aviation Organization, 1993), p. 49. Christopher Andrew and Oleg Gordievsky. KGB -*The Inside Story*, p. 497

3. Osipovich interview in *Izvestia*, January 24, 1991, translated in FBIS-SOV-91-025, p. 8. Seymour M. Hersh, *"The Target Is Destroyed,"* pp. 17-19.

4. Alexander Zuyev, *Fulcrum*, pp. 124-26.

5. Osipovich, *op. cit.*

0. ICAO annex, pp. 65-66.

7. Ibid.. pp. 146, 149.

8. Ibid., p. 103.

9. Ibid., pp. 127-29.

10. Osipovich, p. 11.

11. ICAO annex. pp. 9-10.

12. ICAO report, pp. 56-59.

13. Osipovich, p. 13.

14. ICAO annex, p. 72.

15. Chazov, p. 181. Arbatov, p. 286.

16. Speech marking fiftieth anniversary celebrations of KGB, December 20, 1967, reprinted in Martin Ebon, *The Andropov File*, pp. 166 - 76.

17. Chazov, p. 175.

18. Ibid., p. 90.

19. S. F. Akhromeyev and G. M. Kornienko, *Glazami Marshala i Diplomata*, p. 49

20. Politburo session, September 2, 1983, TsKhSD, published in Rossiyskie Vesti, August 25, 1992, pp. 1-4, translated in FBIS-SOV-92-167, p. 7.

21. Akhromeyev and Kornienko, pp. 45-46.

22. *Rossiyskie Vesti*, loc cit.

23. *Izvestia*, May 23, 1991, p. 6, translated in FBIS-SOV-91-104, p. 5.

24. Interview with Osipovich, *Izvestia*, January 25, 1991. p. 7. translated in FBIS-SOV-91-025, p. 12.

25. *Izvestia*, May 23, 1991.

26. *NYT*, September 11, 1983. p. A16.

27. Ronald Reagan, *An American Life*, p. 588.

28. Ibid., pp. 585-86.

29. Gorbachev, *Zhizn' i Reformi*, vol. 1, p. 249.

30. Yegor Ligachev, *Inside Gorbachev's Kremlin*, p. 70.

31. Nikolai Ryzhkov, *Perestroika-Istoria Predatel'stv*, p. 78.

32. Gorbachev, *Zhizn' i Reformi*, vol. 1,

33. Grishin testimony for the BBC television series *The Second Russian Revolution*.

Anatoly S. Chernyayev, *Shest' Lets Gorbacherym.* pp. 30-31, and Boldin, p. 59.

34. Roxburgh, *The Second Russian Revolution*, pp. 5-6. Ryzhkov, pp.78-79. 리가초 프(pp. 68-70)는 다소 다른 설명을 하는데, 그의 증언은 서기장 선출 선거에서 자신이 한 역할을 강조하려는 마음으로 윤색됐다.

35. Comments by Georgi Arbatov in *The Second Russian Revolution*.

36. Gorbachev address to former classmates, June 16, 1990, recorded by BBC for *The Second Russian Revolution*. 고르바초프는 1990년 6월 워싱턴에서 미국 지식 인들에게 이 일을 언급했다. (FBIS-SOV-90-107, p. 15.) Raisa Gorbachev, *I Hope*, pp. 4-5, and Gorbachev, *Zhizn' i Reformi*, vol. 1, p. 265.

37. Boldin, pp. 62-63. Chernyayev, pp. 29-30.

38. *MN*, no. 7, February 11, 1993, p. 15.

39. Raisa Gorbachev, p. 110. Gail Sheehy, *Gorbachev*, p. 40.

40. Robert Conquest, *The Harvest of Sorrow*, p. 303.

41. Gorbachev, *Zhizn' i Reformi*, vol. 1, p. 42.

42. Ibid., p. 38.

43. Ibid., p. 39.

44. Speech on Central TV, November 29, 1990

45. Akhromeyev and Kornienko, pp. 61-62

46. Gorbachev, *Zhizn' i Reformi*, vol. 1. p. 66.

47. Zdeněk Mlynář, "Il Mio Compagno di Studi Mikhail Gorbachev," *L'Unità*(Rome, April 9. 1985), p. 9.

48. Raisa Gorbachev, p. 66.

49. Gorbachev, *Zhizn' i Reformi*, vol. 1,

50. Ibid., p. 106.

51. Robert G. Kaiser, *Why Gorbachev Happened*, p. 76.

52. Interview, August 1993.

53. Interview, September 1993.

54. Reagan. *An American Life*, pp. 614-15.

55. George Shultz, *Turmoil and Triumph*, p. 568.

56. Edward Jay Epstein. "Petropower and Soviet Expansion," *Commentary*, (July 1986), p. 26.

57. Dobbs, "Oil's Skid Fuels Gorbachev's Reforms," *WP*, May 28, 1990, pp. Al, 18.

58. Soviet Politburo transcript, October 29, 1981, TsKhSD.

59. Chernyayev, p. 40.

60. Interview with Abel Aganbegyan, BBC/Lapping.

61. *Izvestia*, June 8, 1990. 리가초프 전 총리에 따르면 "유리한 국제 상황과 군사교리" 때문에 그런 결정이 내려졌다.

62. Gorbachev, *Zhizn' i Reformi*, vol. 1, p. 285.

63. BBC, September 6, 1985, SU/8049/C/1.

04. Testimony of Vremya producer Eduard Sagalayev. David Remnick, *Lenin's Tomb.* pp. 146-47. Boldin, pp. 110-11.

65. Boldin, p. 100

66. BBC, September 9. 1985. SU/8051/ C/1.

67. Marquis de Custine, *Empire of the Czar*, p. 437

68. Chernyayev, p. 39.

69. BBC. September 6, 1985, SU/8049/C/1.

70. Interview with Gorbachev foreign policy adviser Chernyayev, July 1993. Gorbachev, *Zhizn' i Reformi*, vol. 1, p. 276.

71. Ronald Reagan, *Speaking My Mind*, p. 247.

72. Presidential press conference, January 29, 1981.

73. Reagan, *An American Life*, p. 635.

74. Donald T. Regan, *For the Record*, pp. 308-09.

75. Gorbachev, *Zhizn' i Reformi*, vol. 2, p. 14.

76. Lou Cannon, *President Reagan: The Role of a Lifetime.* p. 280. Reagan, *An American Life.* pp. 636-37.

77. Testimony of school friend Yuliya Karagodina, Remnick, pp. 155-56.

78. Interviews with NSC adviser Robert McFarlane, December 1993, and former State Department official Tom Simons. NSC 소련 문제 전문가인 잭 매틀럭도 1993년 2월 26일 프린스턴 컨퍼런스 제4차 회기에서 가짜 레닌 저술서를 언급했다.

79. Interview with college radio stations, September 9, 1985.

80. Televised address to the American people, January 16, 1984. The "evil empire" speech delivered to the National Association of Evangelicals in Orlando, Florida, on March 8, 1983.

81. McFarlane interview, December 1993.

82. Joan Quigley, *What Does Joan Say?*. pp. 126-30.

83. Robert and Suzanne Massie, *Journey.* p. 190.

84. Massie interview, March 1994.

85. Daniel Schorr, "Reagan Recants: His Path from Armageddon to Détente," *LAT*, January 3, 1988. Cannon, pp. 289-91.

86. Martin Anderson, *Revolution*, pp.82-83.

87. Televised address, March 23, 1983.

88. 이 대화는 11월 20일 소련 대사관에서 이루어졌다. Don Oberdorfer, *The Turn: From the Cold War to a New Era*, pp. 147-50도 참조.

89. Shultz testimony, Princeton conference, Session IV.

90. Address to the British Parliament, June 8, 1982.

91. Kaiser, p. 119.

92. Interview, July 1994.

93. Interview, March 1994.

94. Princeton conference, Session II.

95. NSC memorandum, November 12, 1985, provided to author by Robert Mc-Farlane.

96. Boldin, pp. 95-96.

97. Dusko Doder and Louise Branson, *Gorbachev-Heretic in the Kremlin*, pp. 16-17.

98. Vestnik (Soviet Foreign Ministry publication), no. 1 (August 1987). Quoted by Oberdorfer, p. 162.

99. Chernyayev, p. 61.

100. Ibid., p. 70.

101. A. M. Aleksandrov-Agentov, *Ot Kollontaia do Gorbacheva*, p. 289.

102. Gorbachev, *Zhizn' i Reformi*, vol. 2, p. 14.

103. Dobrynin, p. 586.

104. Chernyayev, Princeton conference, Session II

105. Dyatlov interview, April 1992. 이 사건에 대한 가장 상세한 영문 설명은 다음 참조. Grigori Medvedev, *The Truth About Chernobyl* and Piers Paul Read, *Ablaze*.

106. Grigori Medvedev, pp. 73-76.

107. Dyatlov interview,

108. Grigori Medvedev, p. 87.

109. Grigori Medvedev, p. 114.

110. Interview with author, *WP*. August 21, 1988, p. A10.

111. Yuri Shcherbak, *Chernobyl, a Documentary Story*, pp. 152-54.

112. Interview with Shcherbak, *The Second Russian Revolution*, Part II, BBC-TV, March 1991.

113. Interview, April 1991.

114. Grigori Medvedev, p. 167.

115. Nigel Hawkes, *The Worst Accident in the World*, p. 122.

116. "Lies about Chernobyl," *Izvestia*, April 24, 1992.

117. Grigori Medvedev, p. 204.

118. "Chernobyl, Symbol of Soviet Failure." *WP*, April 26, 1991.

119. 정치국 분위기는 다음 참조. Boldin, pp. 162-65 참조.

120. Chernyayev, pp. 87-88.

121. Secret Politburo documents on Chernobyl, *Izvestia*, April 17, 1993, pp. 1 and 5.

122. Chernyayev, pp. 89-90.

123. Memorandum to Gorbachev from *Pravda* science editor Vladimir Gubarev of May 16, 1986, published in *Rodina* (Moscow), no. 1 (1992).

124. Grigori Medvedev, p. ix.

125. Chernyayev, p. 88.

126. 그레이트 게임에 관한 전통적인 정의는 다음 참조. George N. Curzon, *Russia in Central Asia*.

127. 소련 스페츠나츠 전술은 다음 참조. B. V. Gromov, *Ogranichenni Kontingent*, pp. 198-205, and "Taini Afghanskoi Voini," *Armiya* (Moscow), no. 10 (May 1992), pp. 50-51.

128. Muhamad Yousaf, *The Bear Trap*, pp. 174-77.

129. Lyachowski, p. 379.

130. Confidential memorandum to Brezhnev from Institute of World Economy director Oleg Bogomolov. *WP*, April 26, 1988.

131. Bradsher, pp. 189-99.

132. Brzezinski interview with author, April 1994

133. William Casey, *The Secret War Against Hitler*, p. xiv.

134. Joseph E. Persico, *Casey*, p. 7.

135. National Security Decision Directive 166. Robert Gates, *From the Shadows*, pp. 348-49.

136. Shultz, pp. 691, 844, 866.

137. Yousaf, pp. 78 - 79.

138. Ibid., pp. 189-95. *WP*, July 19, 1992, p. Al.

139. Abramowitz interview with author, January 1994

140. Interview with Michael Pillsbury, former Defense Department official, January 1994

141. Ibid.

142. 해당 정보원은 소련 방공사령부의 장군인 드미트리 F. 폴랴코프일 가능성이 크다. 폴랴코프는 올드리치 에임스가 1986년 KGB에 밀고한 후 처형됐다.

143. Chernyayev, p. 115.

144. Official Politburo minutes, November 13, 1986, TSKHSD: Chernyayev, p. 130.

145. Dobrynin, p. 442.

146. Chernyayev interview, July 1993.

147. Dobrynin, p. 443.

148. Chernyayev interview, July 1993.

149. 아프간 전쟁에 대한 소련의 평가는 다음 참조. Ryzkhov, pp. 232-33, Chernyayev, p. 193, and Akhromeyev and Kornienko, p. 167.

150. Ryzkhov, p. 231.

151. Chernyayev, pp. 14. 25. 192.

152. Comments by Paul Nitze, Princeton conference, Session III.

153. Gromov, p. 219. Akhromeyev and Kornienko, p. 167.

154. Interview, July 1993.

155. Chernyayev, p. 120.

156. Interview, June 1993.

157. Gromov, p. 254.

158. 이 대화는 1986년 12월 16일 진행됐다. Andrei Sakharov, *Memoirs*, p. 615.

159. *Pravda*, May 28, 1992, p. 3.

160. Akhromeyev and Kornienko, p. 76.

161. Boldin, p. 167.

162. Chernyayev, p. 159.

163. Dobrynin, p. 625.

164. Boris Yeltsin, *The Struggle for Russia*, p. 179.

165. Boris Yeltsin, *Against the Grain*, pp. 18-22.

166. Lev Sukhanov, *Tri Goda s Yeltsinym*, p. 143.

167. Yeltsin, *Struggle for Russia*, p. 98.

168. Yeltsin, *Against the Grain*, p. 67.

169. Ibid., p. 156.

170. *Izvestia*, no. 2, 1989, TsKh KPSS, pp. 214-15.

171. Yeltsin, *Against the Grain*, p. 76.

172. Ibid., p. 144.

173. Boldin, p. 235.

174. *Izvestia*, TsKh KPSS, p. 241.

175. Yeltsin, *Against the Grain*, p. 147.

176. Chernyayev, p. 135.

177. Gorbachev, *Zhizn' i Reformi*, vol. 1, p. 374.

178. Yeltsin, *Against the Grain*, pp. 153-54. 고르바초프는 옐친의 상태가 멀쩡했다고 주장한다.

179. *Moskovskaya Pravda*, November 13, 1987

180. Boris Yeltsin, *Ispoved' na Zadanhuyu Temu*. p. 178. 영문판 *Against the Grain*에는 이 숭요한 발언이 알 수 없는 이유로 누락됐다. 고르바초프는 이 대화가 모스크바 시당 위원회 전체회의 전에 이루어 졌다고 했다.

181. Ligachev, pp. 83 and 264.

182. Ibid.. pp. 256-60.

183. Interview. April 1993.

184. Interview, June 1993.

185. Interview with *Komsomolskaya Pravda*, June 5, 1990. 야코블레프의 가족 배경에 대한 상세한 추가 내용은 다음 자료를 참조. Profile by Bill Keller, *NYT Magazine*, February 19, 1989.

186. Speech marking hundredth anniversary of Khrushchev's birth, *Moscow Times*, April 16, 1994.

187. Interview, June 1993.

188. Ibid.

189. Ligachev, p. 105.

190. Chernyayev, p. 204.

191. BBC, *The Second Russian Revolution*, Part II; BBC/Lapping interviews with Laptev, Starkov, and Belyayev. Roxburgh, pp. 83-87. For Ligachev's self-serving account of the incident, pp. 298-307.

192. *Pravda*, March 19, 1988.

193. Chernyayev, pp. 204-05.

194. Dobrynin, p. 737.

195. Mikhail Gorbachev, *Avant-Mémoires*, pp. 211-30에 나온 체르나예프의 증언과 3월 25일 정치국 회의록을 바탕으로 재구성했다. Vitaly Vorotnikov, *A Bylo Eto Tak*, pp. 198 - 203도 참조.

196. Ligachev, pp. 304-08.)

197. Chernyayev, pp. 208 - 12.

198. Interview with *WP*, May 18, 1988.

199. Gorbachev, *Avant-Mémoires*, p. 215.

200. Boldin, p. 169.

201. Chernyayev, p. 204. Vorotnikov, p. 234.

202. Gorbachev press conference in Paris, October 6, 1985.

203. Interview with Niklus. October 1988.

204. Dobbs, "Gorbachev Plan Wins Support in Estonia," *WP*. October 17. 1988. P. A1.

205. Ligachev. pp. 137-40. Interview with Yakovlev, June 1993.

206. Chernyayev, p. 250.

207. FBIS-SOV-99-236. December 8. 1988. pp. 11-19.

208. Chernyayev, p. 267.

209. Ryzkhov, p. 179: Chernyayev, p. 267.

210. *WP*. December 12, 1988. p. A1.

211. Politburo meeting, February 29, 1988, TsKhSD.

제3부 민족의 반란

1. Chernyayev interview, July 1991.

2. Interviews with author, Termez, February 6. 1989.

3. Abdur Rahman, quoted in *Afghanistan, the Great Game*, p. 3.

4. Quoted in *WP*, February 13, 1989, p. A1.

5. Gromov, pp. 327-28.

6. Ibid., p. 311.

7. Ibid., p. 258.

8. Ibid., pp. 312, 342.

9. Ibid., p. 341.

10. Ibid., p. 347.

11. Dobbs, "Soviet Voters' Revolt Carries Hidden Dangers for Gorbachev," *WP*, March 29, 1989, p. A18.

12. Videotape of demonstration by Georgian filmmaker Eldar Shengalaya.

13. Rodionov address to Congress, May 30, 1989 (FBIS-SOV-89-125-S), p. 8. 로디오노프에 대한 외부자의 인상은 다음 참조. Anatoly Sobchak, *Tbiliskii Izlom*, pp. 79-80, 108-10.

14. Sobchak, pp. 134, 70-71. Defense Ministry instructions to Rodionov are reprinted on p. 211.

15. 해당 대화에 대한 로디오노프의 설명은 Ibid.. p. 130 참조. 파티아시빌리의 설명은 FBIS-SOV-89-125-S, p. 13 참조.

16. Sobchak, p. 132.

17. 시위 현장 비디오와 소브차크의 증언(pp. 138-44)을 바탕으로 재구성했다.

18. 소브차크 위원회 조사 자료 외에 '인권을 위한 의사들'이 작성한 "Bloody Sunday-Trauma in Tbilisi.(February 1990)가 도움이 많이 됐다.

19. KGB transcript. Sobchak, p. 66.

20. *WP*. May 18, 1989, p. A 38.

21. Dobbs. "Gorbachev, Deng to Meet on Rough Roads to Reform," *WP*. May 14. 1989. P. Al.

22. "Tale of Two Reformers." *Moscow Times*, April 16, 1994, p. 8.

23. Patrick Tyler. "Deng's Daughter Opens a Long-Shut Door," *NYT*. January 13, 1995, p. Al.

24. Orville Schell. *Mandate of Heaven*, p. 137.

25. Harrison Salisbury, *Tiananmen Diary,* p. 161.

26. *NYT*, January 13, 1995, p. Al.

27. Testimony quoted in Yi Mu and Mark Thompson, *Crisis at Tiananmen*, p. 268.

28. Salisbury, p. 56.

29. Custine, p. 346 ff. *Journey for Our Time*, George Prior, 1980, pp. 154-56.

30. Speech by Leonid Sukhov, FBIS-SOV-89-112-S. p. 25.

31. Speech by Yuri Vlasov, FBIS-SOV-89-127-S, p. 34.

32. Speech by Yuri Karyakin, FBIS-SOV-89-142-S, p. 10.

33. FBIS-SOV-89-125-S, pp. 5-14.

34. Speech by Alexei Yablokov, FBIS-SOV-89-159-S, pp. 23-27.

35. Speech by Yuri Chernichenko, FBIS-SOV-89-134-S. pp. 18-20.

36. Boldin, p. 224

37. Andrei Sakharov, *Moscow and Beyond*. 1986-1989, pp. 131-32.

38. Yakovlev interview, July 1993.

39. FBIS-SOV-89-142-S. p. 3. Anatoly Sobchak, For *a New Russia*, pp. 31-33, and Sakharov, *Moscow and Beyond*, pp. 133-35.

40. Sobchak, *For a New Russia*, p. 32.

41. Vorotnikov, pp. 239, 260-61.

42. Boldin, pp. 226-28.

43. Interview with Andrei Grachev, December 1989

44. *WP*, June 7, 1989, p. A17.

45. Wałęsa, *The Struggle and the Triumph*, pp. 167 and 174.

46. *WP*, June 5, 1989, p. Al; "The Curtain Rises," *LAT*, December 17, 1989. p. Q6.

47. Interview, July 1993.

48. Rakowski, p. 227.

49. Ibid., p. 228. Official transcript of meeting, published in Kultura(Paris), no. 3 (1993), pp. 41-51.

50. "The Curtain Rises," *LAT*, p. Q6.

51. Yan Kasimov, "Holiday-making in Crimea," *MN*, no. 34, 1992, p. 10.

52. Title of editorial by Adam Michnik, *Gazeta Wyborcza*, July 4, 1989.

53. *WP*, July 7, 1989, p. A 19

54. Gorbachev, *Zhizn' i Reformi*, vol. 2, p. 355

55. *WP*, October 27, 1989,

56. Interview, August 1993.

57. Interview, April 1993.

58. Chernyayev, pp. 294-95.

59. Ibid., p. 295.

60, Rakowski, p. 254.

61. Interview with Georgi Shakhnazarov, Gorbachev adviser, July 1993.

62. Rakowski, pp. 244-45

63. Blaine Harden, "Refugees Force aFateful Choice," *WP*, January 14, 1990, p. A35.

64. Peter Wyden, Wall, p. 23.

65. Information from Checkpoint Charlie Museum

66. Reuters dispatch from Berlin, August 18, 1995.

67. Wyden, p. 681.

68. Interview with Wałęsa adviser Bronisław Geremek, who was present at the conversation, July 1993.

69. BBC/Lapping, *Fall of the Wall*, Part II.

70. *Der Spiegel*, October 8, 1990. Elizabeth Pond, *Beyond the Wall*, pp. 1-3, 130 - 34.

71. Peter Ross Range, *When Walls Come Tumbling Down*.

72. BBC/Lapping, *Fall of the Wall*.

73. *Time* magazine, European edition (November 20, 1989), p. 15.

74. November 10, 1989. Complete text reprinted in Harold James and Marla Stone, eds., *When the Wall Came Down*, pp. 46-49.

75. Eyewitness account of former Soviet diplomat Igor Maksimichev, *Nezavisimaya Gazeta*, November 10-11, 1993.

76. *Der Spiegel* 41 (1990), pp. 104-09.

77. *Nezavisimaya Gazeta*, November 10, 1993.

78. Gorbachev, *Zhizn' i Reformi*, vol. 2, p. 412.

79. *Der Spiegel* 40 (1995), pp. 66-81.

80. Boldin, p. 143.

81. Kochemasov interview, *MN*, November 29, 1992, p. 12.

82. Chernyayev, p. 304.

83. East German Communist Party archives. Quoted in Hannes Adomeit, Post-*Soviet Affairs* (July-September 1994), p. 215.

84. Kochemasov, *op. cit.*

85. BBC/Lapping interview with presidential adviser Yuri Osipyan. Ceaușescu, p. 225.

86. BBC/Lapping interview

87. Kochemasov, *op cit.* Yakovlev.

88. *Nezavisimaya Gazeta*, November 1993.

89. Ibid.

90. "Dubček Returns; Prague Spring Reformer Cheered in Wenceslas Square," *WP*, November 25. 1989, p. A1.

91. Gorbachev, *Zhizn i Reformi*, vol. 2, p. 353

92. Interview, August 1988.

93. Alexander Dubček, *Hope Dies Last*, pp. 8-73 passim.

94. Interview, August 1988. Dobbs, "The Czech's Long Dissent; Playwright Vaclav Havel, 20 years after the Soviet Invasion," *WP*, August 22, 1988, p. CI.

95. Mlynář, *Nightfrost in Prague*, p. 146.

96. Dubček, p. 178.

97. Dobbs, "The Autumn of Alexander Dubček," *WP*, August 17, 1988, p. A12.

98. Dobbs, "The Czech's Long Dissent."

99. "Police Riot Sticks Spawn a Revolution," *WP*, January 14, 1990, p. A 39.

100. *WP*, November 25, 1989, p. A1.

101. David Pryce-Jones, *The Strange Death of the Soviet Empire*, p. 335.

102. "A Brutal Mistake Sparks a Revolution," *LAT*, December 17, 1989, p. Q12.

103. Dobbs, "Romania's Cult of the Personality," *Guardian* (London, June 20, 1980).

104. Chernyayev, p. 81; Gorbachev, *Zhizn' i Reformi*, vol. 2, p. 397.

105. Transcript of Political Executive Committee meeting, published in *Romãnia Libera*, January 10, 1990.

106. Eyewitness testimony to author, December 1989.

107. Edward Behr, *Kiss the Hand You Cannot Bite*, p. 17.

108. Transcript of trial, quoted in John Sweeney, *The Life and Evil Times of Nicolae Ceausescu*, p. 225.

109. Ibid. p. 217.

110. Author's contemporaneous notes. Dobbs, "Dictator's Dream Took Harsh Toll." *WP*, January 5, 1990, p. Al.

111. Interview with former NKVD executioner Vladimir Tokaryev, *Observer* (London, October 6, 1991), p. I.

112. 82nd Congress. *The Katyn Forest Massacre*, p. 1661.

113. Ibid., p. 1660.

114. Interview with Dmitri Volkogonov, January 1995. *Komsomolskaya Pravda*, October 15, 1992, p. 3.

115. 1992년 10월 옐친은 카틴숲 학살에 관한 문서 사본을 폴란드에 제공했다. 다음 참조. Wojciech Materski et al., *Katyn: Documents of Genocide.*

116. "The Katyn Documents: Politics and History," RFE/RL research, vol. 2, no.4 (January 22, 1993), p. 27.

117. Joint memorandum from Shevardnadze, Falin, and Kryuchkov, in author's possession. Materski and RFE/RL, "The Katyn Documents," pp. 28 - 29.

118. Interview, January 1993. Dobbs, "Gorbachev's Veracity Challenged," *WP*, January 22, 1993, p. A23.

119. 인터뷰에서 볼딘은 1987년 7월 자신이 소련-독일 간 협약 원본을 고르바초프에게 보여주었다고 말했다. 고르바초프는 원본을 찾을 수 없었다고 계속 주장했다.

120. Statement to author, January 1993.

121. Interview, June 1993.

122. Falin memorandum, February 22, 1990, quoted in RFE/RL, "The Katyn Documents," p. 29.

123. Official Tass statement, April 15, 1990.

124. Yeltsin, *Struggle for Russia*, p. 291.

125. Yeltsin. *Against the Grain*, pp 157-58.

126. Ibid., p. 164

127. Sukhanov. pp. 145 and 150

128. Ibid., p. 146

129. Ibid. p. 153

130. Mikhail Heller and Aleksandr Nekrich. *Utopia in Power*, p. 251.

131. Author's contemporary notes, "Yeltsin wins presidency of Russia," *WP*, May 30. 1990, p. Al

132. Dobbs. "Yeltsin Presses for Sovereign Russia," *WP*, May 31, 1990, p. Al.

133. Yeltsin, *Struggle for Russia*. p. 18. 약간 다른 설명은 Sukhanov, p. 269 참조.

134. Yeltsin. *Struggle for Russia*, pp. 20-21.

135. Viktor Alksnis interview with *Sovietskaya Rossiya*, reported in "Conservative calls on Gorbachev to get tough," *WP*, November 22, 1990, p. A62.

136. Petrakov interview, February 1991.

137. Shevardnadze, p. 212.

138. Ibid., p. 197.

139. Ibid., pp. 223-26.

140. "Shevardnazde quits as foreign minister," *WP*, December 21, 1990, p. A1.

141. Quoted in Kaiser, pp. 388 - 89.

제4부 공산당의 반란

1. Shevardnadze, p. 215.

2. Yevgenia Albats, *The State Within a State*, pp. 279 - 80.

3. Radio interview with coup investigator, FBIS-SOV-92-024, p. 61.

4. Vadim Bakatin, "Neizbezhnaya Otstavka," *Znamya* (Moscow), no. 12(1991), pp. 216-19.

5. Albats, p. 277.

6. Politburo debate, April 2, 1981, TsKhSD.

7. Vadim Bakatin, *Izbavleniye ot KGB*, p. 46.

8. Albats, p. 24.

9. Bakatin, *Izbavleniye ot KGB*. p. 44.

10. Ibid., p. 50

11. Interview, August 1993

12 Oleg Kalugin, *The First Directorate*, pp. 243-44

13. V. Stepankov and E. Lisov, *Kremlyovski Zagovor*. pp. 53-54

14. Interview with Kryuchkov's wife, *Moskovskaya Pravda*. August 22, 1992 (FBIS USR-92-119), p. 10. Andrew and Gordievsky. p. 446, and Leonid Shebarshin. *Iz Zhizni Nachalnika Razvedki*, pp. 7-9.

15. Gorbachev interview with Yuri Shchekochikhin, *Literaturnaya Gazeta*, December 4, 1991 (FBIS-SOV-91-233), p. 26

16. Chernyayev, p. 484.

17. 저자는 해당 사건을 목격했다. "Soviet troops seize Lithuania's TV station" and "Lithuania under Soviet military curfew," *WP*, January 13, 1991, p. A1, and

WP. January 14, p. A1, p. A13.

18. Interview with Lithuanian Procurator General Paulaskas, *Izvestia*, January 14, 1992 (FBIS-USR-92-013), p. 28.

19. Interviews with victims' relatives, January 1991. Official statement by Lithuanian Deputy Procurator General Norkunas, February 18, 1991.

20. Interview, January 13, 1991.

21. Stepankov and Lisov, pp. 272-79.

22. Boltunov, p. 188.

23. Norkunas statement.

24. Radio conversation intercepted by Lithuanian authorities. *Literaturnaya Gazeta* (Moscow, July 10, 1991), p. 3.

25. *Komsomolskaya Pravda*, August 28, 1991, p. 4. (FBIS-SOV-91-171), p. 35.

26. Remnick, p. 238.

27. Interview, January 13, 1991, 7:00 a.m.

28. Interview, May 1990. Landsbergis profile, "Unlikely revolutionary leader Lithuanian drive," *WP.* May 7. 1990. p. A13

scrambling for Quick Cash." *WP.* February 1, 1993. p. A1.

29. Interview, May 1990.

30. Ibid.

31. *WP*, January 17, 1991, p. A18.

32. *WP*, January 14, 1991. p. A16.

33. Remnick, p. 389.

34. *WP*, January 15, 1991. p. A1.

35. *Literaturnaya Gazeta* (July 15, 1992), p. 12. (FBIS-USR-92-097), p. 117.

36. Stepankov and Lisov. p. 271.

37. *MN*, no. 3 (1991), p. 1.

38. Chernyayev, p. 411.

39. New Times. no. 12 (1992), p. 12. 1993년 8월 인터뷰에서 고르바초프는 모스크바에 있어야 한다는 야코블레프나 이그나텐코의 "조언"을 받아들일 의사가 전혀 없었다고 말했다.

40. Vneshekombank report. Quoted in Stepankov and Lisov, p. 304.

41. "Republics assume Kremlin debt," *WP*, October 30, 1991, p. A31.

42. *Moskovskie Novosti*, no. 46 (November 17, 1991), p. 9. "Much of Soviet gold is sold," *WP*, September 28, 1991, p. A1.

43. 저자는 〈이스토크〉가 제공한 수출 허가증 사본을 소유하고 있다. 러시아 언론은 수확

'90 스캔들에 관한 여러 기사를 냈고 대표적인 것이 다음이다. *Izvestia*, October 21-26, 1992, and Trud, December 30, 1992.

44. 저자는 이스토크 사건에 대한 기소를 각하하는 러시아 내무부의 결정문(1994년 7월 4일)을 보관하고 있다. 타라소프는 이후 귀국해서 면책특권을 가진 인민대표회의 의원이 되었다. Statement by Russian prosecutor general Nikolai Marakov to Supreme Soviet, June 24, 1993.

45. Makarov statement.

46. Interview, September 1992. Dobbs and Coll, "Ex-Communists are

47. Stepankov and Lisov, pp. 302-03.

48. Interview with Soviet Prosecutor Sergei Aristov, March 1993

49. *Komsomolskaya Pravda*, January 22, 1992.

50. Interview, January 1993.

51. St. Stephen Handelman, Comrade Criminal, p. 372

52. Interview. September 1993.

53. Yeltsin, *Struggle for Russia*, pp. 224-34.

54. Veselovsky memorandum, September 24. 1991, leaked to *Komsomolskaya Pravda*.

55. Quoted in Robert D. Kaplan, *Balkan Ghosts*, p. 39.

56. BBC/Lapping, *Death of Yugoslavia*, Program 1.

57. BBC videotape of meeting.

58. Former Mayor of Belgrade Bogdan Bogdanović, quoted by Stephen Engelberg. *NYT Magazine*, September 1, 1991.

59. Slavoljub Đjukić, *Izmedu Slave I Anateme*, p. 187.

60. Interview, VUkobar, July 1993. 이 부분은 공산주의가 남긴 유산에 관한 연재를 하기 위한 유고슬라비아와 크로아티아 방문 취재에 바탕을 둔 것이다. Dobbs, "Yugoslavia Maps a Road to Ruin," *WP*, September 5, 1993, p. Al.

61. Interview, Zagreb, July 1993.

62. See, for example, Roger Cohen, "In the Balkans, Doing Well by Waging-War," *NYT* "Week in Review," March 26, 1995, p. 4.

63. Laura Silber and Allen Little, *Yugoslavia: Death of a Nation*, pp. 140 and 146.

64. BBC/Lapping, Death of Yugoslavia, Program 3.

65. Interview with former Borovo managing director Vladimir Husar, Zagreb, July 1993

66. Mary Battiata, "In Croatia, Time Heals No Ethnic Wounds," *WP*, July 13. 1991, p. Al.

67. Yakovlev interview, August 22, 1991.

68. Yeltsin, *Struggle for Russia*, p. 39; interview with Gorbachev, BBC *Second Russian Revolution*, final program.

69. Stepankov and Lisov, p. 85.

70. Interview with inventor, *Komsomolskaya Pravda*, January 28, 1992, p. 2. (FBIS-SOV-92-019, p. 7.)

71. Stepankov and Lisov, p. 138; "During the Soviet coup, who held nuclear control?" *WP*, August 23, 1992, p. A1.

72. "Physician Tells of Pre-Coup Events at Foros," *Izvestia*, September 24, 1991 (FBIS-SOV-91-185).

73. Stepankov and Lisov, p. 9; Gorbachev press conference, Moscow, August 22, 1991.

74. Gorbachev press conference; interview with Raisa Gorbachev, *Trud*, September 3, 1991; Gorbachev, *Zhizn' i Reformi*, vol. 2, p. 558.

75. Mikhail Gorbachev, *The August Coup*, p. 19.

76. Boldin, p. 26.

77. Stepankov and Lisov, p. 13.

78. Chernyayev diary, *Izvestia*, September 30, 1991.

79. Gorbachev, *The August Coup*, p. 21. Stepankov and Lisov, p. 14.

80. Gorbachev, *The August Coup*, p. 23.

81. Stepankov and Lisov, p. 15; extracts from prosecutor's report, *Novaya Yezhednevnaya Gazeta*, August 6, 1993, p. 3; TV interview with Raisa Gorbachev, FBIS-SOV-91-194, p. 32.

82. Stepankov and Lisov, p. 89.

83. Prosecutor's report, *Novaya Yezhednevnaya Gazeta*, July 30, 1993, p. 3.

84. Ibid.

85. Stepankov and Lisov, p. 90.

86. Prosecutor's report.

87. Stepankov and Lisov, p. 90.

88. Yeltsin, *Struggle for Russia*, p. 54.

89. Khasbulatoy memoirs, *Rossiiskaya Gazeta*, August 19, 1992, pp. 1-3.

90. Aleksandr Lebed, *Za Derzhavu Obidno*, p. 381.

91. Yeltsin, *Struggle for Russia*, p. 58. Author was present at the maneuvers.

92. Ibid., p. 58.

93. *Komsomolskaya Pravda*, August 19, 1992, p. I.

94. Yeltsin, *Struggle for Russia*, pp. 42 and 61.

95. Yeltsin press conference, attended by author.

96. Yeltsin, *Struggle for Russia*, p. 68.

97. In presence of author.

98. Chernyayev diary, *Izvestia*, September 30, 1991.

99. Stepankov and Lisov, pp. 139-43.

100. Chernyayev, p. 485; Chernyayev diary.

101. Gorbachev, *Zhizn' i Reformi*, vol. 2, p. 566.

102. Gorbachev, *The August Coup*, pp. 91 - 92.

103. Yazov testimony, *Izvestia*, October 10, 1991, p. 7.

104. Stepankov and Lisov, pp. 132-33.

105. Ibid., p. 161.

106. Lebed, pp. 383-411

107. Sergei Grigoriev, *Istina Momenta*, p. 190.

108. Ibid., pp. 21-26.

109. Stepankov and Lisov, p. 175.

110. *WP*, August 21, 1991, p. 24.

111. Grigoriev, pp. 49-50, 200.

112. Yeltsin, *Struggle for Russia*, p. 86.

113. Stepankov and Lisov, pp. 171-73.

114. Interview with *Literaturnaya Gazeta*, *CDSP*, vol. XLIII, no. 37 (August 28,1991), p. 20.

115. Khasbulatov memoirs *Rossiiskaya Gazeta*, August 19, 1992.

116. Grigoriev, p. 33.

117. Yu Kazarin and B. Yakovlev, eds., *Smert' Zagovora*, p. 110

118 *Moscow* magazine (November-December 1991).

119. Victoria Bonnell, ed., *Russia at the Barricades*, p. 205

120. Interview with the prosecutor general, quoted in *Krasnoye ili Beloye?*, pp. 124-29. Kazarin and Yakovlev, pp. 94-97

121. Yeltsin. *Struggle for Russia*, pp. 92-93.

122. Grachev interview, *Izvestia*, September 4. 1991. Grachev and Gromov testimony to prosecutors, *MN*, no. 29 (1994), p. 8: Stepankov and Lisov, pp. 174-76.

123. Stepankov and Lisov, pp. 183-84.

124. Interview with Raisa Gorbachev, quoted in *Krasnoye ili Beloye?*, pp. 141-42.

125. Chernyayev diary.

126. Quoted in Stuart H. Loory et al., *Seven Days That Shook the World*, p. 148.

127. Gorbachev press conference, August 22, 1991.

128. Chernyayev interview, July 1993.

129. Chernyayev diary.

130. N. Gulbinskii and M. Shakina, *Afganistan, Kreml', Lefortovo*, p. 135.

131. Gorbachev press conference, August 22, 1991.

132. Copy of document in author's possession.

133. CNN video film.

134. Shakhnovsky interview, May 1992.

135. Mishin interview, May 1992.

136. Smirnov testimony to Russian Constitutional Court, July 29, 1992.

137. *MN* (September 1, 1991).

138. CNN video.

139. Interview with CC official, August 1991.

140. *Den'* (January 19, 1992), p. 1.

141. Interview with Akhromeyev family, June 1992

142 Stepankov and Lisov, p. 22

143. *Sovietskaya Rossiya*, September 28. 1991. p. 6.

144. Interview. June 1992.

145. Stepankov and Lisov, p. 236.

<h2 align="center">에필로그</h2>

1. "Ukraine seen going independent", *WP*, December 2, 1991, p. A1.

2. Andrei Grachev, *Kremlyovskaya Khronika*, p. 339.

3. Yeltsin, *Struggle for Russia*. p. 112. Fred Hiatt and Margaret Shapiro, "Snubs Helped Seal Old Union's Fate," *WP*, December 14, 1991, p. A1.

4. *WP* interview with Kozyrev, December 1991, see Hiatt and Shapiro, ibid.

5. Kozyrev interview. Grachev, p. 343.

6. Grachev, p. 344.

7. Ibid. p. 352.

8. Yakovlev interview, July 1993.

9. "Gorbachev: The Final Hours," ABC *Primetime Live*, December 26, 1991; Grachev, p. 390.

10. Grachev. p. 389.

참고문헌

Akhromeyev, S. F., and G. M. Kornienko. *Glazami Marshala i Diplomata*. Mezhdunarodnie Otnosheniya, 1992.

Aksyutin, Yuri V., ed. *L. I. Brezhnev: Materiali k Biographii*. Politicheskaya Literatura, 1991.

Albats, Yevgenia. *The State Within a State*. Farrar, Straus, and Giroux, 1994.

Aleksandrov-Agentov, A. M. Ot *Kollontaia do Gorbacheva*. Mezhdunarodnie Otnosheniya, 1994.

Anderson, Martin. *Revolution*. Harcourt, Brace, Jovanovich, 1988.

Andrew, Christopher, and Oleg Gordievsky. *KGB-The Inside Story*. Hodder and Stoughton, 1990.

Anwar, Raja. *The Tragedy of Afghanistan*. Verso, 1988.

Arbatov, Georgi. *The System*. Times Books, 1992.

Ascherson, Neal. *The Polish August*. Penguin, London, 1981.

--, et al. *The Book of Lech Wałęsa*. Penguin, 1982.

August 1980: *The Strikes in Poland*. Radio Free Europe Research, 1980.

Bakatin, Vadim. *Izbavleniye ot KGB*. Novosti, 1992.

Baker, James A., III. *The Politics of Diplomacy*. Putnam, 1995.

Behr, Edward. *Kiss the Hand You Cannot Bite*. Villard Books, 1991.

Beichman, Arnold, and Mikhail S. Bernstam. *Andropov*. Stein and Day, 1983.

Beschloss, Michael R., and Strobe Talbott *At the Highest Levels*. Little, Brown, 1993.

Boldin, Valery. *Ten Years That Shook the World*. Basic Books, 1994.

Boltunov, Mikhail. *Alpha-Sverkhsekretnii Otryad KGB*. KEDR, 1992.

Bonnell, Victoria, et al., eds. *Russia at the Barricades*. M. E. Sharpe, 1994.

Bradsher, Henry S. *Afghanistan and the Soviet Union*. Duke University Press, 1985.

Brezhneva, Luba. *The World I Left Behind*. Random House, 1995.

Brzezinski, Zbigniew. *The Grand Failure*. Charles Scribner, 1989.

---. *Power and Principle*. Farrar, Straus, and Giroux, 1983.

Cannon, Lou. *President Reagan: The Role of a Lifetime*. Simon and Schuster, 1991.

Carrere d'Encausse, Helene. *Decline of an Empire*. Newsweek Books, 1979.

Casey, William. *The Secret War Against Hitler*. Regnery Gateway, 1988.

Chazov, Yevgeny. *Zdorov'ye i Vlast'*. Novosti, 1992.

Chernyayev, Anatoly S. *Shest' Lets Gorbachevym*. Progress, 1993.

Conquest, Robert. *The Harvest of Sorrow*. Oxford University Press, 1986.

Curzon, George N. *Russia in Central Asia*. 1889.

Custine, Marquis de. *Empire of the Czar*. Anchor Books, 1990.

Dobbs, Michael, et al. *Poland, Solidarity, Wałęsa*. McGraw-Hill, 1981.

Dobrokhotov, L. N ., ed. *Gorbachev- Yeltsin: I 500 Dnei Politicheskogo Protivostoyaniya*. Terra, 1992.

Dobrynin, Anatoly. *In Confidence*. Times Books, 1995.

Doder, Dusko, and Louise Branson. *Gorbachev-Heretic in the Kremlin*. Viking, 1990.

Dokumenty Teczka Suslowa. Interpress, 1993.

Drzycimski, Andrzej, and Tadeusz Skutnik. *Gdansk Sierpien '80*. AIDA, 1990.

Dubček, Alexander. *Hope Dies Last*. Kodansha International, 1993.

Đukić, Slavoljub. *Izmedu Slave I Anateme*. Filip Visnjic, 1994.

Ebon, Martin. *The Andropov File*. McGraw-Hill, 1983.

Feschbach, Murray, and Alfred Friendly, Jr. *Ecocide in the USSR*. Basic Books, 1992.

Garton Ash, Timothy. *We the People: The Revolution of 89*. Granta Books, 1990.

Gates, Robert M. *From the Shadows*. Simon and Schuster, 1996.

Gierek, Edward. *Przerwana Dekada*. FAKT publishing house, 1990.

Gjelten, Tom. *Sarajevo Daily*. HarperCollins, 1995.

Glenny, Misha. *The Fall of Yugoslavia*. Penguin, 1992.

Gorbachev, Mikhail. *The August Coup*. HarperCollins, 1991.

---. *Avant-Memoires*. Odile Jacob, 1993.

---. *Zhizn' i Reformi*. Novosti, 1995. 2 vols.

Gorbachev, Raisa. *I Hope*. HarperCollins, 1991.

Grachev, Andrei. *Kremlevskaya Khronika*. Eksmo, 1994.

Grigoriev, Sergei. *lstina Momenta*. Respublika, 1992.

Gromov, B.V. *Ogranichennii Kontingent*. Progress, 1994.

Gromyko, Andrei. *Memoirs*. Doubleday, 1989.

Gulbinskii, N., and M. Shakina. *Afganistan, Kreml', Lefortovo*. Lada-M, 1994.

Gwertzman, Bernard, and Michael T. Kaufman, eds. *The Decline and Fall of the Soviet Empire*. Times Books, 1992.

Handelman, Stephen. *Comrade Criminal: Russia's New Mafia*. Yale University Press, 1995.

Hawkes, Nigel, et al. *The Worst Accident in the World*. Pan Books, 1986.

Hebblethwaite, Peter, and Ludwig Kaufmann. *John Paul ll*. McGraw-Hill, 1979.

Heller, Mikhail, and Aleksandr Nekrich. *Utopia in Power*. Summit Books, 1986.

Hersh, Seymour M. *"The Target Is Destroyed."* Random House, 1986.

Holloway, David. *The Soviet Union and the Arms Race*. Yale University Press, 1983.

Hopkirk, Peter. *The Great Game*. Oxford University Press, 1991.

James, Harold, and Marla Stone, eds. *When the Wall Came Down*. Routledge, 1992.

Jaruzelski, Wojciech. *Les Chafnes et le Refuge*. Jean-Claude Lattes, 1992.

--. *Stan Wojenny Dlaczego*. BOW, 1992.

Jovic, Borisav. *Posledni Dani SFRJ*. Politika, 1995.

Kaiser, Robert G. *Why Gorbachev Happened*. Simon and Schuster, 1991.

Kalugin, Oleg. *The First Directorate*. St. Martin's Press, 1994.

Kania, Stanislaw. *Zatrzymac Konfrontacjf*. BGW, 1991.

Kaplan, Robert D. *Balkan Ghosts*. St. Martin's Press, 1993.

Kazarin, U., and B. Yakovlev, eds. *Smert' Dogovora*. Novosti, 1992.

Katyn Forest Massacre. 82nd U.S. Congress, 1951-1952.

Kemp-Welch, A. ed. *The Birth of Solidarity*. Macmillan Press, 1983.

Kennedy, Paul. *The Rise and Fall of the Great Powers*. Random House, 1987.

Khrushchev, Nikita. *Khrushchev Remembers*. Little, Brown, 1970.

Kiszczak, Czeslaw. *General Kiszczak Mowi* . .. BGW, 1991.

Klass, Rosanne, ed. *Afghanistan-The Great Game Revisited*. Freedom House, 1987.

Krasnoye iii Beloye? Terra, 1992.

Kto yest' Kto. Novoye Vremya, 1993.

Laba, Roman. *The Roots of Solidarity*. Princeton University Press, 1991.

Lebed, Aleksandr. *Za Derzhavu Obidno*. Moskovskaya Pravda, 1995.

Ligachev, Yegor. *Inside Gorbachev's Kremlin*. Pantheon Books, 1993.

Loory, Stuart H., et al. *Seven Days That Shook the World*. Turner, 1991.

Lyakhovski, Aleksandr. *Tragediya i Dobles' Afgana*. GPI Iskona, 1995.

Lopinski, Maciej, et al. *Konspira*. University of California Press, 1990.

MacDonald, Oliver, ed. *The Polish August*. Left Bank Books, 1981.

Maksimichev, Igor'. *Poslednii God GDR*. Mezhdunarodnie Otnosheniya, 1993.

Malcolm, Noel. *Bosnia-a Short History*. New York University Press, 1994.

Massie, Robert and Suzanne. Journey. Knopf, 1975.

Materski, Wojciech, et al. *Katyn: Documents of Genocide*. Polish Academy of Sciences, 1993.

Matlock, Jack F., Jr. *Autopsy ofan Empire*. Random House, 1995.

McFarlane, Robert C. *Special Trust*. Cadell & Davies, 1994.

Medvedev, Grigori. *The Truth About Chernobyl*. Basic Books, 1991.

Medvedev, Roy. *Lichnost i Epokha: Po/iticheskii Portret Brezhneva*. Novosti, 1991.

--, and Giulietto Chiesa. *Time of Change*. Pantheon Books, 1989.

Medvedev, Vadim. *Raspad*. Mezhdunarodnie Otnosheniya, 1994.

Medvedev, Vladimir. *Chelovek Za Spinoi*. Russlit, 1994.

Medvedev, Zhores A. *Gorbachev*. Norton, 1986.

Mlynat, Zdenl!k. *Nightfrost in Prague*. C. Hurst and Co.,1980. American edition: Karz publishers.

Molotov, Vyacheslav. *Molotov Remembers: Conversations with Felix Chuev*. Ivan R. Dee, 1991.

Morrison, John. *Boris Yeltsin: From Bolshevik to Democrat*. Dutton, 1991.

Narodnie Deputati SSSR. Izdanie Verkhovnogo Soveta SSSR, 1990.

Nowak, Jan. *Wojna w Eterze*. Odnowa, 1956.

Oberdorfer, Don. *The Turn: From the Cold War to a New Era*. Poseidon Press, 1991.

Pavlov, Valentin. *Gorbachev-putch: Avgust iznutri*. Delevoi Mir, 1993.

Persico, Joseph E. *Casey*. Viking, 1990.

Persky, Stan, and Henry Flam. *The Solidarity Sourcebook*. New Star Books, 1982.

Pipes, Richard. *The Russian Revolution*. Knopf, 1990.

Pond, Elizabeth. *Beyond the Wall*. Brookings Institution, 1993.

Pote!, Jean-Yves. *Gdansk: La Memoire ouvriere 1970-1980*. Maspero, 1982.

Pryce-Jones, David. *The Strange Death of the Soviet Empire*. Henry Holt, 1995.

Quigley, Joan. *What Does Joan Say?* Birch Lane Press, 1990.

Rakowski, Mieczysław. *Jak to się stało*. BGW, 1991.

Read, Piers Paul. *Ablaze*. Random House, 1993.

Reagan, Ronald. *An American Life*. Simon and Schuster, 1990.

---. *Speaking My Mind*. Simon and Schuster, 1989.

Reed, John. *Ten Days That Shook the World*. Penguin, 1991.

Regan, Donald T. *For the Record*. St. Martin's Press, 1989.

Remnick, David. *Lenin's Tomb*. Random House, 1993.

Rolicki, Janusz. *Edward Gierek Replika*. BGW, 1990.

Rowen, Henry S., and Charles Wolf, Jr. eds. *The Future of the Soviet Empire*. St. Martin's Press, 1987.

Roxburgh, Angus. *The Second Russian Revolution*. BBC Books, 1991.

Ryzkhov, Nikolai. *Perestroika--lstoria Predatel'stv*. Novosti, 1992.

Sakharov, Andrei. *Memoirs*. Knopf, 1990.

--. *Moscow and Beyond*, 1986-1989. Knopf, 1991.

Salisbury, Harrison. *The New Emperors*. Avon Books, 1993.

---. *Tiananmen Diary*. Little, Brown, 1989.

Schell, Orville. *Mandate of Heaven*. Simon and Schuster, 1994.

Schweizer, Peter. *Victory*. Atlantic Monthly Press, 1994.

Sejm commission, March 9-10, 1993. *Sąd nad autorami Stanu Wojennego*. BGW, 1993.

Shane, Scott. Dismantling Utopia: *How Information Ended the Soviet Union*. Ivan R. Dee, 1994.

Shawcross, William. *Dubcek*. Simon and Schuster/Touchstone, 1990.

Shcherbak, Yuri. *Chernobyl, a Documentary Story*. Macmillan, 1989.

Shebarshin, Leonid. *Iz Zhizni Nachalnika Razvedki*. Mezhdunarodnie Otnosheniya,

1994.

---. *Ruka Moskvi*, Tsentr-100, 1992.

Sheehy, Gail. *Gorbachev*. Mandarin, 1991. American edition: *The Man Who Changed the World: The Lives of Mikhail S. Gorbachev*. HarperCollins, 1990.

Shevardnadze, Eduard. *The Future Belongs to Freedom*. Free Press, 1991.

Shultz, George P. *Turmoil and Triumph*. Macmillan, 1993.

Silber, Laura, and Allan Little. *Yugoslavia: Death of a Nation*. TV Books, 1996.

Sobchak, Anatoly. *For a New Russia*. Free Press, 1992.

---. *Tbiliskii Izlom*. Sretenie, 1993.

Steele, Jonathan. *Eternal Russia*. Harvard University Press, 1994.

Stepankov, Valentin, and Yevgeny Lisov. *Kremlyovskii Zagovor*. Ogonyok, 1992.

Stokes, Gale. *The Walls Came Tumbling Down*. Oxford University Press, 1993.

Sukhanov, Lev. *Tri Goda s Yeltsinym*. Vaga, 1992.

Sweeney, John. *The Life and Evil Times of Nicolae Ceaușescu*. Hutchinson, 1991.

Thompson, Mark. *A Paper House: The Ending of Yugoslavia*. Vintage, 1992.

U.S. Defense Department. *Soviet Military Power*. 1981.

Vasilieva, Larisa. *Kremlin Wives*. Arcade, 1993.

Vorotnikov, Vitaly. *A Bylo Eto Tak*. Soviet Veteranor, 1995.

Wal-sa, Lech. *The Struggle and the Triumph*. Arcade, 1992.

--. *A Way of Hope*. Henry Holt, 1987.

Werth, Alexander. *Russia at War*. Dutton, 1964.

Willey, David. *God's Politician*. Faber and Faber, 1992.

Wlodek, Zbigniew, ed. *Tajne Dokumenty Biura Politycznego* PZPR *a Solidarność 1980-1981*. Aneks, 1992.

Wyden, Peter. *Wall*. Simon and Schuster, 1989.

Yakovlev, Aleksandr N. *Predislovia; Obval; Posleslovie*. Novosti, 1992.

Yeltsin, Boris. Against the Grain. Jonathan Cape, 1990. Original Russian version: *Ispoved' na Zadannuyu Temu*. Sredne-Uralskoye Publishing House, 1990.

---. *The Struggle for Russia*. Times Books, 1994.

Yi, Mu and Mark Thompson. *Crisis at Tiananmen*. China Books, 1989.

Yousaf, Muhamad. *The Bear Trap*. Leo Cooper, 1992.

Zaslavskaya, Tatiana. *A Voice of Reform*. M. E. Sharpe, 1989.

Zimmerman, Warren. *Origins of a Catastrophe*. Times Books, 1996.

Zuyev, Alexander. *Fulcrum*. Warner Books, 1992.

색인

1991 공산주의 붕괴와 소련 해체의 결정적 순간들

초판 1쇄 2020년 3월 14일
초판 2쇄 2020년 8월 05일

지은이 마이클 돕스
옮긴이 허승철
편집 박수민
독자감수 최재근 황병홍 심재현
펴낸이 박수민
펴낸곳 모던아카이브 · **등록** 제406-2013-000042호
주소 경기도 파주시 청석로 350
전화 070-8877-0479
팩스 0303-3440-0479
이메일 do@modernarchive.co.kr
홈페이지 modernarchive.co.kr

ISBN 979-11-87056-30-0 03900
이 도서의 국립중앙도서관 출판시도서목록(CIP)은 서지정보유통지원시스템 홈페이지(http://seoji.nl.go.kr)와 국가자료공동
목록시스템(http://www.nl.go.kr/kolisnet)에서 이용하실 수 있습니다.
(CIP제어번호: CIP2020007230)